MVP 머신

일러두기

1. 이 책에 등장하는 인명은 출생 국가 또는 국적에 따라 초판 출판 당시 국립국어원의 외래어표기법에 제시된 용례에 의거해 표기했고, 용례에 없을 경우 당사자의 발음 방식을 음역하였습니다.
2. 등장 인물들은 인터뷰 시점에서의 소속 및 직함으로 표기했으며, 주요 인물들의 경우 현재 소속 및 직함도 괄호로 처리해 추가하였습니다.

메이저리그 선수 육성 시스템의 대전환

MVP
MACHINE

벤 린드버그·트래비스 소칙 지음

김현성 옮김

두리반

유망주로 키워주신 부모님께

_ 벤 린드버그

엔트리에 들지 못한 모든 영혼을 위하여

_ 트래비스 소칙

이 책을 읽으며 문득 나의 선수 시절이 떠올랐다. 1995년 대학 졸업을 앞둔 나는 아버지와 동상이몽을 꾸고 있었다. 당시 보스턴 레드삭스에서 입단 제의를 받고(이 시절은 아버지가 에이전트 역할을 함.) 나는 찬성, 아버지는 반대하시며 롯데와 협상을 진행했으나 결국 계약 조건이 맞지 않아 야구를 접고 공부의 길을 택하고 대학원에 등록했다. 그 무렵 대한야구협회(현 대한야구소프트볼협회)로부터 애틀랜타 올림픽 출전 제의를 받아 1996년 2월 미국 행 비행기에 짐을 싣고 출국 게이트로 향하던 그때 나의 운명은 미국 행이 아닌 부산행 티켓으로 바뀌었다. 그리고 2006년 자유계약 당시 야구가 아닌 공부를 선택했는데 그때 처음 접한 데이터 야구 책이 《머니볼》이었다. 이 책은 오클랜드 애슬레틱스 단장인 빌리 빈(현재 부사장)이 선수의 기록 데이터를 바탕으로 선수들을 적재적소에 배치해 적은 돈으로 팀 성적 향상을 이끌어내는 과정을 다루었다. 이 책은 나에게 데이터의 중요성을 일깨워줬다. 그 이후 지금은 현재의 스승님이신 이기광 교수님(국민대 체육대학 학장)을 만나 지금까지 생체역학을 공부하고 있으며, 한국야구학회에서 세이버메트릭스를 주제로 다루면서 이 분야에 관심을 가지게 되었다.

놀라운 것은 세이버메트릭스와 영상 분석이 메이저리그에 적용된 시기가 각각 1913년과 1938년이라는 사실이다. 우리가 생각했던 것보다 훨씬 오래 전부터 데이터 야구가 시작되었다는 사실에 놀랐고, 메이저 리그 선수와 지도자가 이를 받아들이는 데 무려 80년이 걸렸다는 사실에 한 번 더 놀랐다. 메이저리그가 세이버메트릭스 야구를 인정하지 않은 기간이 길었던 이유 중에 하나는 이 문장에 담겨 있다. "나는 스탯이 싫다. 알아야 할 게 있다면 머릿속에 담아 둔다." 1930년대 에이스였던 명예의 전당 투수 디지 딘이 했던 말이다. 그리고 불과 몇 년 전까지만 해도 대부분 선수가 딘과 비슷한 생각을 가지고 있었다. 이런 면에서 보면 보수적인 야구 집단에서 선수 출신이 없는 데이터 팀은 현장에서 반응이 차가울 수밖에 없었을 것이다. 그 이후 현장과 소통이 가능한 선수 출신의 데이터 전문가가 배출되면서 데이터 야구가 급성장했다. 현재는 메이저리그 구단에 없어서는 안 될 부서로 성장했다. 최근 KBO 리그에서 NC의 성공 사례를 계기로 각 구단들은 측정 장비를 보유하고 사이언스 팀을 꾸려 현장에 적용하는 빈도가 높아지고 있다.

2020년 사이영 상을 수상한 트레버 바워는 어릴 때부터 많은 코치들에게 투구를 배워왔고, 자신에게 맞는 트레이닝을 찾기 위해 많은 과학자를 만나고 연구하고 노력하는 선수다. 또한 주변의 비난도 많이 받은 선수다. 책 내용 중에 바워는 왜소한 체격을 극복하고 투구 속도를 높이기 위해 운동역학 공식인 $E_k = \frac{1}{2}mv^2$(운동 에너지는 물체의 질량과 그 물체가 이동하는 속도의 제곱에 비례한다)을 토대로 발전해나가는 부분은, 생체역학을 전공하는 나에게 신선한 충격이었다. 바워는 자신의 약점을 보완하기 위해 자신만의 무기를 만들어 재기하는 데 성공했다. 그뿐만 아니라 메이저리그의 톱스타들과 가치를 인정받지 못했던 선수들도 추적(결과) 데이터와 3D 동작 분석을 토대로 재기하거나 가치를 증명할 수 있는 기회를 얻었다. 하지만 책에서 말해주듯이 메이저리그 구단들도 첫 50년 동안은 선수를 육성하지 않았다. 또 "시카고 컵스 구단주 윌리엄 리글리는 1938년 콜먼 그리피스를 채용해 영상 촬영 및 육성 진행 과정을 그림과 도표로 나타내며 노력했지만 실패를 했다고 하며, 메이저리그 구단들도 실패를 경험하고 나서야 지금의 시스템을 구축할 수 있었다.

국내 구단들도 육성 시스템을 갖추고 있지만 기대 효과가 떨어지면서 팀들은 육성보다는 트레이드, 자유 계약 선수 영입으로 선회하는 구단이 생겨나고 있다.

선수 육성을 위해 선행되어야 할 과제는 추적(결과) 데이터의 향상을 위한 방법으로 몸의 구조와 움직임 데이터를 얻을 수 있는 동작 분석 기반으로 코치, 트레이너, 사이언스 부문이 팀으로 구성되어야 하며 코치, 트레이너 팀과 데이터 팀을 연결할 수 있는 선수 출신 책임자 산하에 육성 시스템이 갖춰지면 짧은 시간에 효과를 볼 수 있을 것이다.

야구는 복잡한 구조 속에서 변수가 많은 종목이다. 메이저리그도 50년간 육성 시스템을 거부했고, 세이버메트릭스와 동작 분석을 받아들이는 데 80년의 세월이 필요했으며, 데이터 팀으로만 구성된 육성 시스템에 실패도 맛봤다. 야구는 결국 사람이 하는 것이다. 데이터가 중요한 건 누구나 아는 사실이지만 데이터에만 치중할 것이 아니라 육성 시스템이 자리를 잡기 위해서는 지도자의 자발적인 배움에 대한 의지와 선수의 자기 혁신 의지가 선행되어야만 구단도 선수 육성에 투자할 것이다.

이 책을 추천하는 이유는 D. K. 윌러드슨이 이 책에서 말하듯이 "가치는 양쪽이 머리를 맞대지 않으면 극대화시킬 수 없"기 때문이다. 이제는 스포츠분야뿐만 아니라 모든 분야에서 일어나고 있는 사례를 야구를 통해 이야기하고 있다. 우리 세대는 하나만 잘하면 되는 세대였지만 지금 세대는 AI 기반의 융합기술이 필요한 세대이며, 야구처럼 멀티 플레이가 가능해야 한다. 이에 데이터와 야구에 관심이 있는 독자들에게 필독해야 할 도서로 추천한다.

차명주 전 프로야구 투수·차의과대학교 스포츠의학대학원 겸임교수

차례

프롤로그 파워 업

가능한 일의 한계를 알아내는 유일한 방법은, 바로 그 한계를 조금 넘어 불가능의 영역에 들어가보는 것뿐이다. ······ 최첨단이라고 말할 수 있는 과학기술은 마법과 구별하기 힘들다.

　– 아서 C. 클라크Arthur C. Clarke의 《예언이 주는 위험성Hazards of Prophecy》에서

시애틀 남쪽 근교인 워싱턴주 켄트Kent. 그곳에는 드라이브라인 베이스볼Driveline Baseball이 있다. 트레버 바워Trevor Bauer가 간이 마운드에 오른다. 경사진 합판으로 실제 마운드의 높이와 모양을 흉내 내고, 그 위에 고무로 된 검정색 헬스장 매트를 덮은 구조물이다. 날짜는 2018년 1월 3일. 정규 시즌이 시작하기 세 달 전이다.

　호기심 많고 절실한 선수들이 성지 순례하는 곳, 바로 그곳이 드라이브라인 레슨장이다. 레슨장을 구성하는 세 개의 건물은 살풍경한 산업 단지에 여기저기 흩어져 있다. 산업 단지 안에는 오폐수 처리 시설과 유리 불기 공방, 유공압 업체 등이 상주해 있다. 바워는 비시즌의 대부분을 드라이브라인의 연구개발동에서 보낸다. 바닥 전체를 황록색 인조 잔디로 깔아 놓은 창고 같은 건물이다. 셔터로 된 입구는 보통 열려 있으며,

그 앞으로는 베이지색 양철 판을 가로로 세워 붙인 이웃 업체의 외벽과 소박한 자가용이 진열된 아스팔트 주차장이 보인다. 내부는 저 멀리서 입구를 마주보는 벽면을 따라 건물의 전체 길이만 한 투구 장소를 볼펜처럼 꾸며져 있다. 바워는 여기서 던질 준비를 한다. 목표물은 홈 플레이트이며, 공이 튀면 뒤에 있는 검정색 나일론 안전망이 직원과 컴퓨터들을 보호한다.

마운드 앞에는 나무판자가 있다. 여기에 달린 세 개의 작은 추적 장치는 바이오메카닉 정보를 분석한다. 임시방편으로 만든 진기한 장치다. 만든 지도 얼마 되지 않아 톱밥이 마운드 앞에 깔렸다. 드라이브라인이 사용하는 장비는 대부분 시중에 존재하지 않거나 가격이 만만치 않기 때문에 이런 식으로 급조했다. 세련미라고는 찾아볼 수 없는 그곳이 바워의 실험실이다. 바워는 비시즌마다 새로운 기술을 연마하며 실력을 높이는 데 공을 들인다. 올겨울에는 반드시 필요하다고 느낀 또 하나의 구종을 장착하는 것이 목표다.

바워는 클리블랜드 인디언스 소속으로 풀 시즌을 뛴 처음 3년(2014~2016)은 리그에서 평균 수준 정도 되는 선발 투수였다. 쓸모 있는 선수 정도였지, 기대했던 스타급 선수와는 거리가 멀었다. 그리고 2017년 5월부터는 기량이 하락세였다. 타자들은 바워의 속구를 받아치기 시작했고, 규정 이닝을 채운 선발 투수 가운데 최악의 평균 자책점(6.60)을 기록했다. 구원 투수로 전환시켜야 한다는 말도 나왔다. 그의 경기 후 인터뷰는 점점 짧고 퉁명스러워졌다. 한 번은 언더셔츠에 연결된 텔레비전 마이크를 집어 뜯어서 바닥에 내동댕이치기도 했다. 그래도 후반기에는 좋은 성적을 내면서 반등했다. 주 무기인 커브의 의존도를 높이고, 슬라이더처럼 움직이는 커터를 더 많이 던졌다. 하지만 커브만 잘 던진다고 해서 좋은 성적을 오래 끌고 가기는 어렵다는 점을 본인도 잘 안다. 게다가 던질 줄 안다는 커터는 제구가 잘 되지 않아 불편했다.

바워는 횡으로 떨어지는(상하가 아닌 좌우로 움직이는) 변화구가 없는 것을 자신의 단점이라고 생각했다. 게다가 머지않아 스물일곱 살이다. 선수라면 전성기의 정점을 이미 찍었을 나이다. 투수라면 더 그렇다. 그렇지만 속구와 폭포처럼 수직으로 낙하하는 커브에 좌우로 움직이는 믿을 만한 구종 하나만 더한다면 타자를 충분히 현혹시킬 수 있다. 불안한 투수에서 특급 에이스로 거듭나는 것이다. 그렇게 바워는 자신에게 새로운 구종을 처방했다. 바로 슬라이더다.

클리블랜드 구단에서 지급한 군청색 고강도 압박 티셔츠에 빨간색 반바지를 입은 바워. 그는 실내 마운드 뒤에 위치한 탁자로 향한다. 탁자 위에는 카메라 두 대가 설치되었다. 하나는 자신의 투구를 기록하기 위한 바워의 개인 스마트폰이다. 다른 한 대는 조금 독특하게 생겼다. 하늘색 정육면체에 동그란 렌즈가 튀어나온 모습이다. 바로 캘리포니아주 새너제이San Jose에 연고를 둔 샌스트리크Sanstreak라는 업체가 제작한 에저트로닉Edgertronic SC1 모델이다. 그 첨단 카메라는 공을 잡는 모양과 공이 날아가기 시작한 순간만을 잡는다. 빼곡하게 설치된 이등용 형광등 아래 바워는 2018년을 위한 중요한 프로젝트에 돌입한다.

바워는 깔끔하게 면도한 얼굴과 단정하게 크롭컷을 한 머리를 스마트폰 렌즈에 비추며 다음과 같이 말한다.

"일반 슬라이더 팔 각도. 검지를 완전히 구부려서 찍어 던지기."

그는 공을 쥐는 오른손의 모양을 내려다본다. 빨간색 솔기가 낯익은 말발굽 모양을 이루었지만, 엄지와 검지를 따라 손이 맞닿은 부분은 낯설다. 검지는 중지보다 살짝 안쪽에 놓고 하얀 가죽을 찍어 누른다. 그리고 투구판에 올라 투구 동작에 들어가며 공을 던진다. 공은 마치 투명한 식탁 위를 굴러가다 떨어지듯이 좌우보다는 상하로 움직인다. 좌타석 뒤에 서 있는 전자 레이더 표지판에 시속 115.4킬로미터가 찍힌다.

시즌 중에는 바워가 메이저리그 마운드에서 던진 모든 투구의 움직임을 방송용 중계 카메라와 투구 추적 장비가 잡는다. 하지만 그런 첨단 장비도 잡지 못하는 부분이 있다. 바로, 공이 손에서 나오는 움직임의 모양새다. 드라이브라인 마운드 뒤에 설치된 조그만 하늘색 카메라가 그런 부분을 잡아준다. 에저트로닉은 초당 수백 프레임의 고선명 화질로 팔의 동작과 손가락이 공에 회전을 가하는 모습을 매우 뚜렷하게 담는다. 바워는 각 세트 사이에 투구 영상을 살펴본다. 공은 엄지에서 먼저 떨어져나간 후에 중지와 분리되었다. 표면에 수직으로 내리꽂은 검지 끄트머리와 손톱은 떨어져나가는 마지막 순간까지 공에 닿으면서 회전축을 알게 모르게 바꾼다. 이때 타이밍만 제대로 맞출 수 있다면, 완벽한 회전축을 만들어서 원하는 움직임을 줄 수 있다.

바워는 공을 쥔 그립과 손목 모양을 재점검한 뒤 카메라를 향해 다시 말한다.

"두 번째 구종. 일반 슬라이더 팔 각도. 검지를 절반만 구부려서 찍어 던지기."

투구는 또다시 종으로 크게 떨어진다. 물론 검지로 완전히 찍었을 때보다는 덜하다. 바워는 그립에 살그머니 변화를 준다. 드라이브라인에서는 에저트로닉과 함께 랩소도Rapsodo 레이더 및 광학 추적 장비도 사용한다. 어디서나 투구의 회전수와 회전축, 구속 등을 측정하는 휴대용 장비다. 여러 개의 전자 눈이 감시하는 가운데, 바워는 오른 팔을 펴서 카메라에 비춘다.

"일반 슬라이더 팔 각도. 검지를 구부리지 않고 던지기."

준비 자세에서 투구 동작으로 들어간다. 이번에는 공이 좀 더 횡으로 떨어진다. 만일 왼손 타자가 들어섰다면, 타자의 몸 쪽으로 향하는 공이다. 본인이 바라는 투구에 근접했다. 움직임과 궤적이 속구와 커브의 딱 중간이 되는 공이다.

바워는 검지로 찍어 내리지 않는 슬라이더를 기합 소리와 함께 한 번 더 던진다. 그날 아침 가장 잘 나온 투구다. 횡으로 예리하게 시속 117.5킬로미터로 떨어지며 보호망에 붙인 고무판을 펑 소리와 함께 때린다. 대략 포수가 주저앉는 위치다. 이후에는 낮은 팔 각도에서 검지로 절반의 강도로 찍어서 던진다. 투구는 더 종으로 떨어지며 커브의 궤적에 가깝다. 바라던 방향이 아니다.

그렇게 던져서 쌓인 공은 홈 플레이트 주변을 서서히 확장한다. 바워는 50개 정도 던진 후 공을 양동이에 주워 담는다. 그리고 다시 시작한다.

MVP 머신

1장 구세주메트릭스Saviormetrics

Welcome to the machine 기계가 환영한다.

Where have you been? 어디 있었니?

It's all right, we know where you've been 괜찮아, 어디 있었는지 알아.

You've been in the pipeline, filling in time 파이프라인에 있었지. 시간 때우며.

Provided with toys and Scouting for Boys 장난감과 《소년들을 위한 스카우팅》

을 받고서.

— 핑크 플로이드Pink Floyd의 〈웰컴 투 더 머신Welcome to the Machine〉

2018년의 가을 야구

2018년 10월 27일, 이르면 이르고 늦으면 늦었다고 할 수 있는 시간에 메이저리그는 월등히 좋은 성적을 거둔 선수들을 주목했다. 몇 년 전까지만 해도 관심조차 갖지 않았던 선수들이었다.

로스앤젤레스에서 자정이 조금 지난 시간. 월드 시리즈 3차전이 시작한 지 7시간 20분이 지나고, 14회 클리닝 타임 후에 4이닝이나 더 뛴 시점이었다. 이때 로스앤젤레스 다저스의 맥스 먼시Max Muncy가 좌측 담장을 넘기는 타구를 날려 보스턴 레드삭스를 18회 말에 물리쳤다. 사상 최장 시간 포스트시즌 경기였다. 어떻게 보면 스윙 하나로 고행 같은 경기를 끝낼 선수로 충분히 먼시를 떠올릴 수 있었다. 먼시는 정규 시즌에 11.3타수마다 홈런을 쳤다. 50경기 이상 출전한 선수 가운데 가장 높은 홈런 비율이다. 그런데 과거 성적을 보면, 현재의 영웅 대접은 상당히 놀라운 성과다.

먼시는 2016년에는 오클랜드 애슬레틱스 소속으로 뛰었는데, 출전 기회를 많이 받지 못한 데다 타격은 최하위권이었다. 결국 이듬해 봄에 방출되었다. 그리고 한 달 가량 소속 없이 지내다가 다저스로부터 마이너리그 계약을 제시받았다. 그렇게 기다리며 야구 말고 무엇을 해야 할까 고민하는 동안, 그는 모교에 가서 타격 자세를 개조했다. 전체적인 자세를 낮추고, 방망이를 잡는 위치도 바꾸며, 좀 더 공격적으로 휘두르는 방법을 터득했다. 2017년에 트리플A에서 좋은 성적을 냈음에도 불구하고 과거 이미지 탈피에 실패해 2018년에도 마이너리그에 머물러야 했다. 그런데 4월 중순이 되자 줄 부상에 시달린 다저스는 먼시를 승격시켰다. 그는 첫 선발 출전에서 홈런을 쳤고, 이후로 좋은 타격을 이어나갔다. 0.263/0.391/0.582의 슬래시 라인(타율/출루율/장타율)을 기록하고 내셔널 리그에서 두 번째로 높은 타격을 선보였다. 2018년 시즌을 맞이할 당시에는 아무도 원하지 않는 애매모호한 선수였고, 출전시키면 오히려 손해 보는 통산 성적을 올렸던 먼시가 지구 우승팀에서 풀 시즌을 소화한 MVP로 등극했다.

그 엄청나게 길었던 경기에서 끝내기 홈런을 허용한 투수는 보스턴의 네이션 이발디Nathan Eovaldi였다. 그는 당시 예고 없이 등판해 6이닝 이상 소화해야만 했다. 이발디는 상황에 따라 선발과 구원 투수를 오가는

MVP 머신

스윙맨swingman이라 불리는 역할을 맡았다. 이발디도 스물여덟 살로 먼시와 동갑이었고, 2016년 시즌이 끝나자 방출 통보를 받았다. 그러면서 재기를 향한 자신만의 이야기를 쓰기 시작했다. 2017년에는 팔꿈치의 내측 인대가 파열되어서 통째로 쉬어야 했다. 그 시즌 전까지 이발디는 최상위권 속구 구속을 보유했음에도 불구하고 3년 동안 실점을 억제하는 능력은 평균보다 못했다. 토미 존 인대 접합 수술을 받고 나서 다시 수면 위로 모습을 드러낸 이발디는 완전히 새로운 모습도 선보였다. 포심 속구(구속은 더 늘고) 구사율은 줄고 커터를 더 많이 던졌으며, 어느 구종이 올지 파악하기가 더 힘들어졌다. 변화를 준 부분이 모든 것을 바꿨다. 2018년에 단일 시즌 개인 최고 삼진율과 최저 볼넷률을 올리자 보스턴이 트레이드 마감 당일에 영입했다. 과거의 이발디보다 어딘가 변한 이발디가 훨씬 나아졌다고 믿었다. 월드 시리즈가 끝나자 이발디는 자유 계약 선수 자격을 얻었고, 보스턴은 그를 4년 6,800만 달러에 재계약했다.

다저스는 투수를 아홉 명이나 기용해서 3차전을 버텼던 바람에 불펜이 남아나지 않았다. 3차전이 끝난 지 17시간도 되지 않아서 4차전이 시작되었는데, 다저스에 뜻밖의 왼손잡이 구세주가 나타났다. 몇 달 후에 39번째 생일을 맞이하는 리치 힐Rich Hill은 눈 밑에 심술주머니가 생기고 염소처럼 기른 수염의 가장자리는 희끗희끗하게 세었다. 월드 시리즈에 등록된 선수 가운데 가장 나이가 많았고, 월드 시리즈에 출전하기까지 그야말로 불가능한 길을 걸었다. 힐은 2008~2015년 사이에 세 번 방출당하고, 소속이 열 번이나 바뀌었다. 게다가 부상에 시달리고 마이너리그로 좌천당하면서 메이저리그에서 통산 182이닝밖에 채우지 못했다. 대부분 구원 등판이었고, 전체적인 투구 내용은 평균에도 미치지 못했다. 결국 독립 리그까지 떨어졌던 힐은 보스턴과 계약을 맺었다. 그곳에서 브라이언 배니스터Brian Bannister 코치와 단 한 차례 면담을 가졌는데, 잘 던지지 않았던 커브를 더 믿어보라는 말에 넘어갔다. 배니스터는 선수 시절에는 메이저리거라고 하기에는 애매한 선수였지만, 당시 보스턴에서는 데이터 분석 코치를 맡고 있었다. 회전수가 높았던 커브로 인해 힐은 한 이닝 당 대체 선수 대비 승리 기여도WAR: Wins Above Replacement가 메이저리그 최상위권 투수로 등극했다. 2018년에 75이닝 이상 던진 투수는 190명이었다. 그 가운데 힐보다 평균 속구 구속이 느렸던 투수는 11명뿐이었다. 그래도 힐은 자신의 친정 팀 보스턴을 상대로 6.1이닝을 1안타로 막으면서 좌절시켰다. 그가 강판되자 다저스는 패하고 말았다. 당시 미국 대통령이었던 트럼프도 어이가 없었던지 트위터에 결과론적인 비판을 남겼다.

당시 힐을 뒤에서 보좌했던 3루수와 좌익수는 각각 저스틴 터너Justin Turner와 크리스 테일러Chris Taylor였다. 둘은 2017년 내셔널 리그 챔피언십 시리즈 공동 MVP였다. 터너는 2014년으로 넘어가는 겨울에 떠돌이 생활을 하던 스물여덟 살의 유틸리티 유형의 선수로, 평균보다 못한 타격을 보였다. 그때 더그 라타Doug Latta의 도움으로 스윙은 물론 앞날마저 바꾸었다. 라타는 세간에 잘 알려지지 않은 '스윙을 속삭이는 자'로, 로스앤젤레스 근교에 튀지 않는 산업 단지 건물 한 동을 타격 공장으로 개조했다. 그는 아무도 몰랐던 터너의 잠재적인 파워를 일깨워주었다. 그 후 한때 뉴욕 메츠와 볼티모어 오리올스에서 거부당했던 터너는, 다저스 소속으로 5년 동안 일반적으로 기량이 떨어질 나이에 15위

MVP 머신

권 안에 드는 타격을 선보였다. 테일러의 경우 힘이 실리지 않는 똑딱이 스윙으로 메이저리그 300타수에 홈런은 단 한 개밖에 치지 못했다. 그때 또 한 명의 로스앤젤레스 근교에서 스윙을 가르치는 사람이 우울한 스윙에 활기를 넣어주었다. 그리고 2017년에 테일러는 홈런 21개를 쳤다.

4차전에서 보스턴의 4번 타자는 J. D. 마르티네스J. D. Martínez로 타자들이 발사각을 높이고, 더 강하게 치는 데 집중한 일명 '뜬공 혁명'을 대표했던 선수다. 그도 터너와 같은 시기에 단타와 타율을 늘리기 위한 스윙을 거부했다. 당시 마르티네스가 소속했던 휴스턴 애스트로스는 그의 잠재력을 보지 못하고, 스물여섯 살이었던 그를 이듬해 봄에 방출했다. 마르티네스는 보스턴으로 이적 후 5년 동안 터너보다 더 나은 성적을 거두며 리그에서 다섯 손가락 안에 꼽히는 타자로 평가받았다. 2018년에 자유 계약 선수 신분으로 보스턴과 5년 계약을 맺고, 같은 시즌에서 두 개(외야수와 지명 타자 부문)의 실버 슬러거 상Silver Slugger Award을 탔다. 이는 매년 포지션별로 가장 뛰어난 공격력을 보인 선수에게 주는 상이다.

당시 월드 시리즈에서 눈에 띈 선수라고 전부 굴곡진 길을 걸은 것은 아니다. 당시 보스턴의 우익수 무키 베츠Mookie Betts는 스물한 살에 메이저리그 무대를 밟자마자 두드러진 활약을 펼쳤다. 하지만 최상위권 선수라도 개선해야 할 부분은 있다. 베츠는 2018년에 아무도 모르게 스윙을 바꾸고, 팀 동료였던 마르티네스로부터 타격을 배웠다. 그 이후 거의 모든 공격 부문에서 상위권으로 도약했고, 특히 타율과 장타율 부문 1위와 함께 그해 MVP를 거머쥐었다. 5차전에서 베츠와 마르티네스는 클레이턴 커쇼Clayton Kershaw를 상대로 홈런을 뽑아냈고, 보스턴은 다저스를 4승 1패로 꺾고 우승했다.

새로운 야구 육성의 시대 ―――――――――――――

2018년 가을 야구의 공통된 주제가 한 가지 있다면 (경기들이 매우 오래 걸렸다는 점을 제외하고) 위와 같이 야구에 변화를 주고, 야구를 발전시키는 움직임을 수용한 선수들이 있었다는 점이다. 그렇게 급격한 성장을 계획한 이야기로 가득한 로스터는 마지막에 겨룬 두 팀만이 아니었다. 포스트시즌에 오른 나머지 팀에도 많았다. 콜로라도 로키스의 애덤 오터비노Adam Ottavino는 뉴욕 할렘Harlem에 마트 공간을 빌려 최첨단 투구 연구실을 차렸다. 그곳에서 아예 새로운 구종을 장착하고, 이미 던지고 있는 구종의 제구를 잡기도 했다. 애틀랜타 브레이브스의 포수 타일러 플라워스Tyler Flowers는 데이터를 공부해서 스트라이크 존 경계를 지나가는 투구를 매끄럽게 잡아서 스트라이크 판정을 얻어내는 능력을 키웠고, 그의 투구 프레이밍framing은 메이저리그 최고 수준이 되었다. 패권을 지키려고 했던 휴스턴은 아메리칸 리그 챔피언십 시리즈ALCS: American League Championship Series에서 보스턴에 침몰당했지만, 마르티네스를 놓친 경험을 교훈 삼아 기대 이하의 성적을 거둔 투수(콜린 맥휴 Collin McHugh와 찰리 모턴Charlie Morton, 저스틴 벌랜더Justin Verlander, 게릿 콜Gerrit Cole, 라이언 프레슬리Ryan Pressley 등)를 영입해서 조금 만져준 후에 더 높은 기량을 발휘하는 일의 제왕으로 등극했다.

그런데 그 움직임에 트레버 바워만큼 힘을 실어준 선수는 없다. 혁신적이지만 논란을 일으키는 경향이 있는 바워는 자칭 '최고의 투구 디자인pitch design 전문가'이자 '메이저리그에서 가장 과학적으로 생각하는

MVP 머신

선수 중 하나'다. 허세가 아니다. 그는 전통을 공격하고, 거기서 나온 마찰을 두려워하지 않았으며, 자신을 발전시킬 수 있다고 느낀 개념이나 기술을 전부 수용했다. 바워는 2018년으로 넘어가는 겨울에 시애틀 근교에 숨겨진 건물 안에서 위력 있는 좋은 구종을 새로 만들었다. 그곳은 드라이브라인 베이스볼로 최첨단 사고를 가진 선수들의 중심지가 되었다. 새로운 구종을 추가한 바워는 아메리칸 리그 사이영 상에도 도전할 수 있었다.

지금까지 소개한 사례는 선수가 직접 새로운 방법과 신기술을 사용해서 자신이 부족한 점을 체계적으로 해결하겠다는 선택을 한 경우들이다. 기술적인 부분을 수정해 스윙 안에 잠복해 있던 파워를 높인 경우도 있고, 스트라이크 존에 대한 이해도를 강하게 주입시킨 경우도 있다. 투수 중에는 훈련을 통해 구속을 높일 수 있다는 사실을 깨닫는 경우도 있고, 완전히 새로 설계한 구종이나 보조 구종이 주 무기가 되는 경우도 있다. 아니면 마음가짐이나 식단, 운동 프로그램 등을 고친 경우도 있다. 그러한 변화는 야구 전반에 걸쳐 메이저리그 구단뿐 아니라 대학교와 고등학교, 해외 리그까지 수많은 곳에서 일어나는 상황이다. 심지어 재능을 재정립해보자는 움직임이 이제 막 시작한 사설 인재 양성소에서도 이루어진다. 즉, 프로라는 테두리 밖에서 틀을 깨며 운영하는 시설을 말한다. 호기심 많거나 고군분투 중인 선수들이 잘 알려지지는 않았지만 관행을 타파하려는 지도자와 짝을 이루어 혁명의 불씨의 지폈다.

방황하는 노장 선수들은 커리어를 되찾는 반면, 정보와 친화적인 세대의 선수들은 처음부터 스탯stats을 찾는다. 그들은 메이저리그의 젊은 반란에 불을 지피고, 경기 수준을 지속적으로 끌어올리는 데 기여했다.

앤디 매케이Andy McKay 시애틀 매리너스 선수 육성 부장은 다음과 같이 말했다. "1980~1990년대에는 스테로이드에 의존했지만, 지금은 새로운 정보에 의존하고 있습니다."

기성 해설자들은 새로운 야구 육성의 시대를 어떤 식으로 표현해야 할지 감을 잡지 못했다. 2018년 포스트시즌 당시 공중파 해설자들은 대부분 '발사각'이나 '회전수'와 같은 용어에 애를 먹으면서 과학에 치중하는 미국 야구계를 한탄했다. 그러나 용어들은 생소할지 몰라도, 그 용어들 가리키는 것은 새로운 현상이 아니다. 과거 베이브 루스Babe Ruth가 친 타구도 발사각을 형성했고, 밥 펠러Bob Feller의 속구에도 회전수는 존재했다. 당시에는 어느 정도였는지 측정할 수 있는 방법이 없었을 뿐이다. 오늘날의 기술은 모든 것을 측정한다. 생각이 앞서나가는 선수들이 자신의 경기력을 분석하는 깊이는 엄청나다. 지금 보유한 기술을 잘 이해할수록, 더 나아질 수 있는 방향을 쉽게 분석할 수 있다.

스파이더맨이 방사능 거미에 물린 것처럼, 모든 선수가 이 팀 저 팀 떠돌다 별종 타격 코치에게 붙잡혀 홈런 수가 세 배로 늘게 되는 것은 아니다. 또한 모두가 은퇴를 바라보다가 세이버메트릭스Sabermetrics 전문가를 만나 갱생하는 것도 아니다. 그렇지만 리그 전반에 걸쳐 선수들의 경기력에 영향력을 행사할 만큼 많은 선수들이 변화를 경험했다. 심지어 그런 영향력은 코치진과 스카우트팀, 프런트를 구성하는 방법을 바꾸고, 단장이 등록 선수 로스터roster를 짜는 방법을 바꾸고, 이전에는 눈살을 찌푸리게 만들었던 훈련 방식을 널리 퍼뜨리고, 월드 시리즈 우승자와 개인 수상자가 누군지를 가린다. 물론 단점도 있다. 이런 움직임은 아직 걸음마 단계인데도 사생활 침해라는 문제가 나타나고, 야구가

MVP 머신

보이는 관람을 저해하는 경향이 심해졌으며, 어쩌면 노사 갈등으로 이어질 가능성마저 키웠다.

좀 더 근본적이고 널리 해당되는 이야기로 말하자면, 재능은 타고난 것이며 변하지 않는다는 오랜 사고방식이 번복되고 있다. 미국에서는 오래된 야구 스카우팅 용어 중에 '가이guy(사전적 의미는 '녀석' 또는 '놈'. 국내 스카우팅에서 호환되는 표현은 없다 — 옮긴이)'라는 표현이 있는데 다양한 용도로 갖다 붙인다. 한 스카우트는 미국 야구계에서 '가이'라는 단어를 "스머프들이 '스머프'라는 말을 쓰는 것처럼" 쓴다고 말한다. 유망주가 아닌 선수는 '가이'가 아니다. 아니면 (마지못한 말투로) '그냥' 가이다. 유망주는 가이다. 상위권 유망주면 '가이!' 아니면 '가이가이'다. 선수는 '가이'라는 간판을 다는 데 열중한다. 보스턴의 유망주였던 마이클 코펙Michael Kopech은 시카고 화이트삭스로 트레이드되었을 때 "오로지 팀을 위한 가이가 되는 모습을 보여주겠다"고 말했다. 또한 선수들은 미국 스카우트들이 '천장'이라고 말하는 최대 잠재력, 즉 선수가 보여줄 수 있다고 믿는 최고의 모습에 도달하기를 희망한다.

마이크 패스트Mike Fast 애틀랜타 브레이브스 단장 특별보좌관(특보)이자 전 휴스턴 애스트로스 연구개발 부장이 말하기를 지금까지는 구단이 위에 언급한 간판에 매달렸지만, 최근 대혁명의 최전선에 있는 구단은 '모든 것'은 변할 수 있다는 점을 깨달았다. 우리는 올바른 훈련으로 더 완벽한 선수를 만드는 시대에 돌입했다. 데이터에 따른 육성을 가장 초기에 수용한 선수들은 꾸물대는 선수들을 추월해버렸다. 패스트는 다음과 같이 덧붙인다. "데이터 분석으로 평준화된다는 말은 완전히 뒤처진 생각입니다. 오히려 지금보다 상상하는 것 이상으로 더 심하게 치우

쳤습니다." 휴스턴의 스카우트였다가 애틀랜타 연구개발부 분석원으로 이직한 패스트의 동료 로닛 샤Ronit Shah도 "가능성과 장점이 어마어마하다"며 그 말에 공감한다.

'가이'와 '천장'을 논한다는 것은 식별할 수 있는 한계가 존재한다는 점을 시사한다. 그럼에도 불구하고 '가이'가 아닌데 '가이'가 되거나, 그냥 '가이'에서 '가이가이'가 되는 방법을 알아내는 선수는 점점 많아진다. 어쩌면 천장이라고 확실하게 말할 수 있는 것이 없거나, 너무 높아서 천장이 도대체 어디인지 모르는 것이 아닐까 하는 근본적인 가능성도 제기해본다. 아니면 '가이가이'가 생각보다 더 많은 것일지도 모른다.

그렇게 기량의 정점을 새롭게 경신하는 일은 최신 기술의 결과물이라고만 할 수 없다. 인간이 가진 잠재성을 표현하고자 하는 새로운 철학이기도 하다. 성장에 대해 구단과 선수가 취하는 사고방식은 점차 타고난 신체 능력에 대한 전통적으로 가졌던 의견을 거부한다. 오늘날에는 타고난 능력이라고 하면 선수가 노력하겠다는 의지가 얼마나 되느냐 정도일 것이다. 스카우트들은 과거부터 다섯 가지 신체 툴tool 혹은 능력치를 바탕으로 선수를 평가해왔다. 그런데 지금처럼 개인 최적화 시대에는 선수가 훈련에 임하는 자세가 (이전에는 각광받지 못했지만) 그 다섯 가지 툴에 영향을 주는 여섯 번째 툴이다.

브라이언 배니스터는 "2010년대는 (가치의) 비효율성이 선수 육성에서 가장 중요한 화두였다"고 말한다. 그리고 영화 〈포레스트 검프Forrest Gump〉의 대사에 비유해, 부연 설명을 이었다. "오래 전부터 야구 선수들을 초콜릿 상자 정도로 여겼습니다. 종류는 정말 다양한데, 가장 좋은 거 몇 개 고르는 게 일이었죠. 우리가 선수 정보를 모을 수 있게 되고 거

MVP 머신

기서 뭔가를 배우는 속도도 빨라지면서 알게 된 건, 최고의 선수가 최고인 이유는 특정하게 공을 던지거나, 배트를 휘두를 때 몸이 완벽에 가깝게 움직이게 됐기 때문이라는 점이죠." 이어, 정보 친화적인 구단은 완벽을 추구하는 방향이 '이미 잘하거나 완벽에 가까운 신체 조건을 찾는 일'에서 '완벽한 투구나 완벽한 스윙에 근접하기 위해 데이터와 데이터를 통해 배운 걸 어떻게 이용할 수 있을까'를 질문하는 일로 바뀌었다고 한다. 그런 식으로 엘리스가 (이상한 나라로 향하는) 토끼굴로 뛰어들었다고 배니스터는 말한다.

이 부분은 우리와는 동떨어진 메이저리거들의 삶이 우리에게도 적용되는 순간이다. 어쩌면 우리 모두에게도 숨겨진 재능이 있을지도 모른다. 어쩌면 모든 사람이 자기가 하는 일에 더 능숙해질 수 있을지도 모른다. 단지 그것을 인식하지 못하고 있을 뿐이다.

빌리 빈의 '머니볼'이 놓친 것

2003년에 출판된 마이클 루이스Michael Lewis의 베스트셀러 《머니볼Moneyball》은 오클랜드 애슬레틱스에 관한 이야기다. 그 책은 각 프런트에 고립 공포감을 심어줬고, 각 구단은 오클랜드가 가진 분석력 있는 이미지를 모방했다. 색인에 '프로 선수'라는 용어를 찾으면 아홉 가지 하위 용어를 구성한다는 점을 알 수 있다. 우선, 책의 첫 페이지에 등장하는 '툴'과 2장 전체를 구성하는 '스카우팅과 영입', 세 군데에 기입된 '육안에 의한 평가', 9장이 다루는 '트레이드'가 있다. '스탯을 활용한 평가'도 있는데, 의외로 한 곳에만 기입되었다. 심지어 선수가 성적을 내지 못할 경우에 일어나는 '전력 외 통보'도 있다.[1]

그런데《머니볼》의 색인에 10번째가 될 수 있는 하위 용어가 누락되었다. 바로, '육성'이다. 그로 인해서인지 그동안 메이저리그 전체가 이 부분을 간과했다. 어쩌면 당시 오클랜드 단장이었던 빌리 빈Billy Beane(현 오클랜드 애슬레틱스의 운영 부사장 — 옮긴이)이 스스로 겪었던 과거 때문이었을지도 모른다. 원석 같은 재능으로 1라운드에서 지명받았지만, 그는 자신이 가진 재능으로 그라운드에서 성과를 내는 방법을 터득하지는 못했다. 루이스가 기록하기를 빈 단장은 선수 육성에 관심과 시간을 크게 투자하지 않았다고 한다.

《머니볼》의 극적인 이야기는 대부분 선수 이동에서 발생한다. 아마추어 드래프트에서 선수를 지명하고, 저평가된 구원 투수를 트레이드로 영입한 내용이다. 그리고 타율과 타점이 공격력을 나타내는 가치 있는 지표였던 시절에 공을 잘 골라내는 능력을 인정받지 못한 스캇 해테버그Scott Hatteberg를 계약했던 내용도 있다.《머니볼》은 오클랜드가 상대적으로 떨어지는 선수단 연봉 총액으로도 거대 구단들과 경쟁할 수 있었던 이유를 남들보다 뛰어났던 선수 영입에서 찾았다. 크리스 롱Chris Long 샌디에이고 파드리스의 전 선임 계량 분석원은 다음과 같이 말한다. "가치를 알아보거나, 가치를 창조하면 된다." 롱은《머니볼》효과로 출판 직후에 구단 프런트들이 채용한 여러 스탯쟁이 가운데 한 명이다. 두 가지를 다 한다면 이상적이다. 하지만 빌리 빈의 전임자이자 비선수 출신인 샌디 올더슨Sandy Alderson이 시작한 오클랜드의 최첨단 노력은 가치를 알아보는 일에만 집중했다.《머니볼》의 부제는 '불공정한 게임에서 이기는 방법'을 밝힌다고 약속했지만, 그 방법에 선수 육성은 포함되지 않았던 모양이다.

그렇다고 오클랜드가 소속 선수를 승격하지 못한 것은 아니다.《머니볼》만 읽어서는 잘 모를 수도 있겠지만, 오클랜드도 자체적으로 육성한 선수들은 있다. 물론 일부는 상위 라운드에 지명받은 선수로 언젠가는 스타가 될 운명이었다. 책 내용에 의하면 빌리 빈은 선수의 기량을 결정론적으로 바라보았고, 선수는 바뀔 수 없다고 믿었다. 당시 오클랜드의 드래프트 전략은 능숙한 보험 계리 업무와 흡사했다. 즉 과거에 성공한 선수는 특정 집단(대학 야구 투수)에서 나온 것을 바탕으로, 그 특정 집단에서 더 많이 지명하고, 위험 부담이 있는 선수(고졸 투수)는 적게 뽑았다. 게다가 볼넷의 시장 가치가 과소평가되었다는 점을 인식하고, 볼넷을 많이 얻는 타자를 영입 대상에 올렸다. 그 결과 타선의 절반을 이루는 자체 육성한 2000년대생들은 트레이드를 통해 영입한 나머지 절반보다 침착함이 떨어졌다. 그 부분으로 말미암아 루이스는 다음과 같이 적었다. "타석에서 수 싸움을 잘하는 타자는, 사실 프로 선수가 된 순간부터 오클랜드 타격 코치들에게 수 싸움을 잘 배운 타자를 말한다."

그런데 구단 유망주들이 '새로 영입한 선수들이 가진 능력'을 터득하지 못하거나, 배울 의지가 없다는 것이 증명되자, 빌리 빈은 "타석에서의 노림수를 가르칠 수 있다면 기저귀를 찰 때라도 데려와서 진행해야 한다"고 단정지었다. 그런 심정을 《에스콰이어Esquire》 잡지가 무려 1984년에 기막힌 방식으로 풍자한 바 있다. 그 글에는 열정 넘쳤던 또 한 명의 오클랜드 인물, 빌리 마틴Billy Martin 감독이 다음과 같이 말하는 모습을 그렸다. "노새의 엉덩이를 수없이 걷어찬다고 경주마가 되진 않는다."[2]

물론 빈 부사장의 입장을 대변하자면, 2000년대 초에는 노새를 당나

귀로 둔갑시키는 데 신경 쓴 사람이 없었다. 《머니볼》이 출간되던 해에 《패스 투 글로리Paths to Glory: How Great Baseball Teams Got That Way》(국내 미번역)의 공동 저자 마크 아머Mark Armour와 대니얼 레빗Daniel Levitt 은 다음과 같이 썼다. "프로 야구 밖에서 이루어진 연구는 어린 투수에 게 투구 수가 미치는 영향을 어느 정도 분석한 것뿐이지, 어린 타자의 파워를 끌어올리는 방법이나, 어린 투수의 변화구 제구를 잡아주는 훈 련 등에 관한 연구는 저조했다."[3] 메이저리그 내에서는 그런 면에서 앞 서나간 편이 아니었다. 빈 부사장이 가장 오랫동안 신뢰해온 보좌관은 현재 오클랜드 애슬레틱스의 단장 데이비드 포스트David Forst다. 포스트 단장은 당시 구단에서 마이너리그 투수가 경기마다 던져야 하는 체인지 업의 비율을 정해주고, 모든 마이너리그 타자에게 상대 투수가 스트라 이크를 던질 때까지 공을 거를 것을 지시해서 볼넷률을 10퍼센트 늘리 는 방안을 검토했던 일을 기억한다. 그는 그런 방법이 "요즘 할 수 있는 것에 비하면 좀 원시적이지만, 실행에 옮기거나 측정할 수 있는 장비가 없어서 더 앞서나가는 데 어려움이 있었다"고 말한다.

그렇다 하더라도 워낙 값싼 경주마들이 당시에 널렸던 나머지, 생각 이 앞서나간다는 빈 부사장조차도 단장 시절에는 군이 노새를 경주마로 바꾸는 데 신경 쓸 필요가 없었다. 오클랜드는 드래프트 전략을 통해 키 운 선수와 타 구단에서 손쉽게 구할 수 있는 해테버그 같은 선수들을 합 쳐서 경쟁력 있는 팀을 값싸게 구축할 수 있었다. 해테버그는 2002년에 오클랜드와 계약했고, 당시 메이저리그 최저 연봉의 세 배인 90만 달러 라는 단일 시즌 연봉으로 팀 내 세 번째로 높은 타격 성적을 올렸다. 포 스트 현 단장이 말하기를 "선수 육성이 선수 평가를 쫓아가지 못했던 시절"이다.

그러나 선수 영입에 관한 빈 부사장의 위력도 점차 줄어들었다. 《머니볼》의 성공으로 모방 구단들이 생긴 것도 있고, 세이버메트릭스가 《머니볼》이 화제가 되기도 전부터 메이저리그를 휩쓸었던 점도 있다. 참고로, 변화를 주도한 인물로 알려진 빌 제임스Bill James는 '세이버메트릭스를 '객관적인 야구 지식에 관한 연구'라고 설명했다. 빈 부사장도 《머니볼》이 서점에 진열된 지 두 달밖에 지나지 않았을 때 다음과 같이 말했다. "헐값에 뭔가를 얻을 수 있던 좋은 시절은 끝났다. 이제는 훌륭한 단장들이 굉장히 많이 생겼다."[4]

어느 순간부터 타 구단은 그들만의 해테버그를 놓치지 않았다. 게다가 오클랜드에는 재정적인 현실이 다시 대두되었다. 이후 2004년과 2005년에 포스트시즌 진출에 실패했고, 2007~2011년에는 5할 승률에 진입하지 못했다. 이후 잠시 부활하는 듯싶다가 2015~2017년에는 지구 꼴지를 면하지 못했다. 얄궂게도 2002년에 해테버그의 출전 기회를 확보하기 위해 트레이드로 보냈던 카를로스 페냐Carlos Peña라는 젊은 유망주는 해테버그보다 타격도 더 낫고 볼넷도 더 많이 골라나가는 타자로 성장했다. 시간은 걸렸지만, 페냐는 결국 터졌다. 물론 최근 성적을 보면 그렇다고 말하기는 힘들겠지만.

2015년은 빈 부사장이 단장으로 부임한 이후 처음으로 지구 밑바닥에서 시즌을 마감한 해다. 당시에는 거의 모든 구단 프런트는 스탯과 데이터 분석으로 선수 가치를 알아내는 데 집중 투자했고, 데이터 분석 수준이 높은 구단들은 2000년대 초반 오클랜드보다 훨씬 앞섰다. 그해 봄에 MLB 사무국은 스탯캐스트Statcast를 도입했다. 스탯캐스트는 카메라와 레이더를 연계해 메이저리그 구장에서 던진 모든 투구의 구속과 타구의 궤적 및 속도, 그라운드와 누상에 있는 선수의 이동 경로를 기록하는 장비다. 이전에 몇 시즌 동안 모든 투구의 구속과 움직임, 추정 회전수, 그리고 모든 타구의 속도와 발사각을 기록해 온 피치f/x와 히트f/x를 대체했다. 게다가 머지않아 스탯캐스트의 일부이기도 한 트랙맨TrackMan이 모든 구단의 상위부터 하위 단계의 마이너리그 선수들을 측정했다.

물론 구단마다 추적 데이터를 파고드는 정도는 달랐다. 그래도 데이터 자체는 널리 공유되었고, 10년 전에 존재한 최고의 재래식 대체 장비보다 더 많은 부분을 밝혔다. 데이터를 수집하던 사람들도 1988년(제임스는 영향력이 컸던 시절에 매년 《야구 초록Baseball Abstracts》을 발간했는데, 열두 번째이자 최종호가 발행되었던 해)이 되어서야 메이저리그 투구의 결과를 전부 기록했다. 공상 과학물에서나 나올 법한 장치가 그라운드에서 벌어지는 모든 결과로 이어지는 과정을 초당 4,000프레임으로 담았다.

새로운 데이터와 그 활용

데이터가 쌓여가자 방대한 데이터베이스와 그것을 전문적으로 분석할 수 있는 더 방대한 부서가 필요했다. 2016년 4월에 벤 린드버그Ben Lindbergh(책의 공동저자)는 공동으로 참여한 연구를 스탯 분석을 전문적으로 다루는 파이브서티에이트FiveThirtyEight라는 웹사이트에 소개했다. 구단들이 채용한 분석원이 급격하게 늘어난 사실이 연구를 통해 발견되었다. 당시 구단마다 평균 5명이 넘는 정규직이 연구와 기술 개발 업무

MVP 머신

를 맡았다. 2018년 봄에는 구단 당 평균 7.5명으로 늘어, 계속해서 증가했다. 긴축 재정을 이어나가는 마이애미 말린스만 한 명의 분석원을 두었고, 나머지 모든 구단이 복수의 분석원을 두었다. 일찍이 데이터 중심으로 움직였던 구단은 야구에 관한 빅데이터를 남들보다 먼저 수집했다. 그 결과 수많은 승리(그리고 수천만 달러)로 그 보상을 받을 수 있었다. 이후 구단 프런트들의 두뇌전이 심해지면서 데이터에서 앞서던 구단이 보던 이득은 줄었다. 그것을 야구 분석가 필 번바움Phil Birnbaum은 "영리해지는 것보다 바보가 안 되는 것이 더 이득"[5]이라고 설명했다. 그렇게 구단들은 좋은 선수가 바로 앞에 있어도, 알아보지 못하는 바보짓을 그만둔 지 오래다.

오클랜드가 남들보다 크게 앞섰던 전략들을 이야기할 때 '머니볼'이라는 표현을 쓰지만, 사실 팀을 꾸리거나 경기를 운영하는 방법을 의미한 적은 없다. 오히려 비효율적인 가치를 찾는 것이 목적인 하나의 철학이었다. 샌디에이고 파드리스에서 나온 뒤 여러 구단에 컨설팅을 제공한 크리스 롱은 다음과 같이 말한다. "세이버메트릭스와 머니볼이라고 하면 사람들은 주로 그라운드에서 벌어진 결과나 야구를 하는 방식을 떠올린다. 그런데 실제 가치는 그라운드 밖에서 일어나는 일이 대부분이다." 그라운드 안에서 이루어지는 변화는 눈에 쉽게 들어온다. 최근 소위 스탯쟁이들이 역효과 나는 전략이라며 수십 년 동안 비난해온 희생 번트와 효율성을 떨어뜨리는 도루 등은 멀리하기 시작했다(머니볼을 적용한 오클랜드도 거리를 두었던 전략이다). 그렇지만 쓸데없는 번트나 도루를 근절한다고 엄청나게 앞서 나가는 것은 아니다. 포스트시즌 진출이나 우승은 수준 있는 선수를 구하는 데, 또는 만드는 데 달렸다.

1920년대에는 전국을 누비며 재능 있는 신인 선수를 긁어모으는 전문가를 구단에서는 '상아 사냥꾼ivory hunter'(당시에는 우직한 운동선수를 코끼리 상아에 빗대어 표현했다 — 옮긴이)이라고 불렀다. 2010년대에는 그들을 '퀀트quant'라고 부른다. 계량 분석원quantitative analyst의 영문 표현을 줄인 말이다. 둘 다 같은 목표를 향해 달리지만, 방법만은 계속해서 진화한다.

2014년 여름에는 스탯에 열광하는 야구쟁이 수백 명이 보스턴에서 열린 세이버 세미나Saber Seminar라는 연례 데이터 분석 회의에 모였다. 거기에 14개 구단의 퀀트도 참석했다. 세이버 세미나의 강사 대부분 뜻밖의 은보따리를 찾겠다고 회귀 분석을 돌려보거나 복잡한 질의를 작성해본 연구 활동을 발표했다. 하지만 기조연설을 맡았던 벤 셰링턴Ben Cherington 당시 보스턴 단장은 (바로 전년도에 우승을 거머쥐고) 선수들이 이미 낸 성적 안에서 숨겨진 가치를 발견하는 일은 곧 종점에 도달한다고 알렸다. 셰링턴 전 단장은 "2002~2004년까지만 해도 확실히 잘하는 팀과 못하는 팀의 선수층 차이가 쉽게 나버렸고, 시즌이 시작하기 전에 많은 승리를 앉고 간다고 쉽게 기대했다. 이제는 그렇게 하기가 어려워졌다. …… 선수 기량을 극대화시키는 방법을 찾고, 더 높은 가능성의 범위 안으로 이끌어주는 일이 훨씬 중요해졌다"고 말했다.

더 높은 가능성의 범위. 그다지 섹시한 표현은 아니지만, 지금처럼 구단들이 출루율이나 한때 무시했던 기여도 스탯을 고집하지 않는 현실에서는, 이기는 야구가 그곳에 있다. 회의장의 청중은 셰링턴 전 단장이 사용하는 언어에 능통했다. 《머니볼》이 서점에 진열되기 몇 달 전에 네이트 실버Nate Silver라는 젊은 분석가가 세이버메트릭스 성향이 강한 베이스볼 프로스펙터스Baseball Prospectus라는 웹사이트에 선수 성적을 예측하는 새로운 기반을 공개했다. 그 기반은 PECOTA(피코타)로 표면적으로는 선수 실증 비교 및 최적화 검사 알고리즘Player Empirical Comparison and Optimization Test Algorithm의 약자지만, 사실은 평범한 선수의 전형이라고 할 수 있었던 전 메이저리그 내야수 빌 피코타Bill Pecota를 위한 헌사다. 실버의 작품은 공공 예측 체계의 기준이 되었다. 일단 가장 가능성 높은 선수의 예상 성적을 제시하는 방식이다. 아울러 가능성은 덜하지만 충분히 예측해볼 수 있는 성적도 구간별로 나누어 제공한다. 예를 들어, 10백분위 예상 성적은 모든 일이 풀리지 않는 시즌을 나타내고, 90백분위 예상 성적은 선수가 크게 기대 이상의 모습을 보여준 경우다.

PECOTA와 그 후발 주자들(공개 및 비공개)은 인간이 잘못된 판단을 하도록 이끄는 인지 편향에 대응했고, 그렇게 해서 야구 예측의 엄격함과 정확도를 새로운 경지에 올려놓았다. 예측 체계라는 것은 홈 3연전에서 불붙었다거나 끝내기 안타를 쳤다고 선수에게 빠져들지 않는다. 또는 4타수 무안타에 전 타석 삼진을 당했거나 야수 정면으로 쳤다고 눈을 다른 데로 돌리지도 않는다. 그렇지만 예측 체계가 영리해졌다고는 해도 상상력은 과거부터 부족했다. 공개된 예측 체계는 선수의 과거 성적에 큰 비중을 둔다. 거기에 최근 성적에 가중치를 두고, 경기력 수준과 구장, 연령 등에 대한 조정을 거친다. PECOTA의 경우 신체 조건과 연령, 재능, 과거에 비교될 만한 선수 등에 따라 남보다 성공할 확률이 클 것이라고 예측하는 선수들이 있다. 하지만 그것도 어느 선까지다. 성적이 좋지 않던 선수에게 긍정적인 예측을 해주지는 않는다.

평소 모습에서 크게 벗어난 경기력을 늘 기대한다면 PECOTA와 같은 모델은 잘 맞지 않는다. 팬들은 새로운 타격 자세나 스윙, 공의 그립을 바꾸는 일 등 기술적인 것들을 조금 바꾼 것으로 인해 선수가 불붙으면 그것이 영구적인 발전으로 이어질 것이라고 스스로 믿는데, PECOTA는 그런 잘못된 믿음을 차단해버린다. 때로는 기술적인 변화가 전혀 무관한 경우도 있다. 실제로는 도움이 되었지만, 계속 유지하기 힘든 경우도 있다. 그런데 정말로 전혀 다른 선수가 되는 경우도 있다. 그런 선수를 먼저 찾거나 그런 선수에 가깝게 육성하는 구단이 상위권으로 도약한다. 이제는 어느 선수가 잘할지 예상하지 못하는 구단은 없다. 하지만 상위권 구단들은 예상하지 못한 부분을 달성하는 방법을 찾는다.

포스트 단장은 이렇게 말한다. "시대를 잘못 태어났더라면 그저 마이너리거로 지내다 소멸됐을 선수들이, 자신의 평가를 뒤엎고 메이저리거로 거듭나는 이야기들은 이제 신화가 아니라 현실입니다." 매케이는 "판을 전부 엎어버렸다"고 표현한다.

머니볼에서 베터볼로의 전환

야구 관련 도서는 무궁무진하지만 선수 육성에 대한 책이 출판된 경우는 드물다. 선수 육성이란 보조 구장과 불펜, 타격 연습장처럼 우리 시야에서 많이 벗어난 곳이나 팬들에게 개방한 지 얼마 되지 않은 의미 없는 듯한 경기에서 벌어진다. 상당히 고되면서 투명하지 못한 과정이라고 할 수 있다. 많은 팬들이 알다시피, 대다수의 선수들은 드래프트가 끝나면 번데기 단계에서 사라진다. 어쩌다 아름다운 나비로 거듭나는 선수도 있긴 하지만, 대부분 말라 없어지면서 영원히 잊힌 존재가 된다. 만일 재능이라도 특출했다면 탈피하지 못한 것에 대해 영원히 아쉬운 소리를 듣는다.

그렇지만 선수를 메이저리그 마운드나 타석에 올려놓도록 완성시키는 과정에는, 비록 카메라에 잡히지 않지만 어떤 마력이 분명 존재한다. 스카우팅 이야기는 첫 스윙에 반했을 때 느끼는 설렘을 묘사하고, 《머니볼》 유형의 책들은 분노의 연승을 질주하고 샴페인까지 터뜨리는 순간들을 기록한다. 선수 육성은 그 중간 어딘가에 있다. 하지만 선수 육성 과정이 없다면 스카우트한 인재는 낭비되고, 이기는 야구는 할 수 없게 된다. 조 시핸Joe Sheehan 베이스볼 프로스펙터스 공동 설립자는 2018년 10월에 다음과 같이 적었다. "연봉과 세금, 분배된 수익과 그렇지 못한 수익 등 야구에 돈 이야기가 끊임없이 나오는데, 성공할 수 있는 유일한 방법은 오로지 선수 육성이다."

러셀 칼턴Russell Carleton 베이스볼 프로스펙터스 기자는 2015년 11월에 웹사이트에 "선수 육성에 대해 쓰고 싶다I Want to Write about Player Development"라는 제목으로 글을 올려 촉구와 호소를 부탁한 바 있다. 쉽지 않은 일이라는 것은 알고 있었다. 메이저리그 산하에는 공개된 데이터도 적고, 각 선수가 임하는 훈련에 대한 정보도 적고, 승패의 중요성 또한 작다. 그렇지만 메이저리그의 마지막 블랙박스를 개봉해서 최전선이 어디까지인지 알아내는 것만으로도 해볼 만한 일이다. 칼턴은 이렇게 적었다.

"사람들은 항상 #새로운머니볼을 찾는데, 사실은 눈앞에 있었다. 비용을 통제할 수 있는 젊은 선수가 1승 올리는 데 가져오는 평균 수익률은 자유 계약 시장에서 구단이 지불하는 비용의 절반 정도다. 평균이 그 정도다. 선수 육성을 어느 누구보다 잘할 수 있다면 비용을 통제할 수 있는 젊은 선수로 로스터를 구성해 그 흐름을 오래 이어갈 수 있을 것이다. 선수 육성을 제대로 진행할 수 있다면 남들보다 앞선다고 말할 수 있는 거 아닌가?"

그렇게 말할 수 있다. 아니 그렇다고 말할 것이다.

"요즘 머리 좋은 구단들이 데이터 분석을 한다고 말하면, 머니볼을 한다는 말이 아니다. 그 이후에 나오는 걸 한다는 말이다." 메이저리그 구단의 한 '퀀트'의 입에서 나온 말이다. 새롭게 다가오는 시대는 선수들을 더 나아지게 하는 시대다. 일명 '베터볼Betterball(더 나은 야구)'이다. 그리고 점점 그 방향으로 넘어가고 있다. 제리 디포토Jerry DiPoto 시애틀 매리너스 단장은 "먼 옛날처럼 엉금엉금 기어온 세이버메트릭스 혁명에 비하면 지금은 초고속으로 변하고 있다"는 의견이다.

미네소타 트윈스의 최고 야구 운영자Chief Baseball Officer(이후에 직함이 '운영 사장'으로 변경되었다 ― 옮긴이)라는 직함을 달았던 데릭 팔비Derek Falvey도 그런 움직임을 수용하는 팀을 세우려는 건축가다. 그는 이렇게 말한다. "우리는 항상 미개척 분야가 어디일까를 고민하는데요. 데이터 분석? 좋죠. 선수를 고르는 일? 이미 모델이 있습니다. 그런데 육성은 나머지 29개 구단보다 더 잘할 수 있는 방법을 찾을 수만 있다면, 효과를 볼 수 있는 기회가 생기는 분야입니다."

우리는 미국 내 야구장과 수수해 보이는 독립 시설을 통해 이제 막 시작한 선수 육성 혁명의 결실을 목격하고 있다. 야구의 경쟁 구도를 완전히 뒤엎어놓을 정도의 혁명이다. 무엇이 선수를 가치 있게 만드는 것인

MVP 머신

지, 이제 구단들은 그 어느 때보다 더 확실하게 안다. 따라서 일반 선수를 유망주로, 중위권 메이저리거를 MVP급 선수로, 그리고 큰 변화는 아니지만 좀 더 광범위하게는 좋은 메이저리거를 더 좋은 메이저리거로 둔갑시키는 것을 목표로 삼는다. 게다가 순전히 구단만 그런 목표를 갖는 것이 아니다. 이제는 호기심 많고 데이터 활용에 능한 선수들이 스스로를 자율적으로 향상시킬 수 있게 되었다. 때로는 혁명을 시작한 외부 강사와 협업하기도 한다. 머니볼은 그라운드 위에서 임원실과 스탯쟁이들에 의해 처음 벌어졌다. 그러나 머니볼을 대신할 후발 주자는 메이저리그의 화려한 조명으로부터 멀리 떨어진 곳에서 시작했다.

2장 타고난 광기와 만들어진 운동 능력

새는 바람 없이 날아오르지 못한다.

― 윌버 라이트Wilbur Wright

존 보이드John Boyd는 네바다주 사막에 위치한 넬리스Nellis 공군 기지에서 전술 교관으로 복무했다. 마치 영화 〈탑건Top Gun〉에 등장하는 바이퍼Viper(영화에서 탑건 학교장으로 등장한 인물 ― 옮긴이)의 원조가 되는 인물이었다. 보이드는 5년 동안, 1950년대에 F-100 슈퍼 세이버로 훈련하는 전투기 조종사를 상대로 하루에도 수차례씩 출격했다. 모의 전투에서 조우하면 자신과 상대 전투기의 위치를 관찰하고, 기록하고, 분석했다. 하늘에서는 40초 안에 누구도 이길 수 있다고 내기를 걸었던 적도 있다. 한국 전쟁에도 참전했던 보이드는 한 번도 패한 적이 없는 것으로 알려졌다. 그는 조종석 안에서 가장 효율적으로 상대를 제압하는 방법을 연구했다. 그러면서 선회할 때 기체가 감속하거나 고도가 낮아지는 이유가 에너지 손실이 생기기 때문이라는 점을 알았다. 항공기 설계사인 해리 힐러커Harry Hillaker는 이렇게 적었다. "보이드는 각종 기동 능력은 결국 에너지 문제라고 결론지었다. 승리를 위해서는 전투 조우 시 어떠한 환경에서도 가용 에너지를 적절하게 제어하는 것이 필수다."[1]

보이드는 전투기의 최고 속도는 빠른 기동과 상승에 비해 크게 중요하지 않다는 점을 밝혔다. 보이드 이전에는 항공기 조종에 대한 과학적 접근이 드물었다. 오히려 하나의 예술로 여겼다. 그때 보이드는 《공중 공격 연구Aerial Attack Study》(국내 미번역)를 집필하면서 근접 공중전에 물리학을 적용했다. 이후로 항공기 설계 방식과 조종사들의 비행 방법이 바뀌었다. 게다가 역사상 가장 성공적인 전투기로 알려진 F-16의 개발에 핵심 역할을 맡았다. 하지만 그는 다루기 힘든 사람이기도 했다.

전 《월스트리트저널Wall Street Journal》 칼럼니스트이자 컬래버러티브 펀드Collaborative Fund의 동업자인 모건 하우젤Morgan Housel은 2018년 8월에 펀드 웹사이트 내 블로그에 보이드에 대한 이야기를 적었다. 그는 보이드를 무례하고, 성질 급하고, 반항적이며, 동기들이 충격받을 정도로 상관에게 항명했다고 설명한다. 회의에는 거칠고 부적절한 태도로 임했다. 한 평가서는 보이드에 관해 이렇게 기록했다. "그는 독창적인 사고를 하는 젊고 훌륭한 장교다. 그러나 인내심이 부족하고 철저한 감독에 잘 대처하지 못한다. 맡은 일을 방해하는 사람을 견디지 못한다."

하우젤은 괴짜 천재가 가진 성격과 집착의 예로 보이드를 든 것이다. 그는 보이드의 행동이 테슬라를 설립한 일론 머스크Elon Musk와 비슷하다고 했다. 둘에 대해 '타고난 미치광이'로 묘사하면서 다음과 같이 적었다. "다른 방면에서 훌륭해도 예의 없다고 생각할 때 꼭 문제가 생긴다. 그런데 실은 다른 방면에서 훌륭하기 때문에 예의 없게 행동하는 것이다."

2018년 여름에 트레버 바워는 그 블로그 글을 자신의 트위터Twitter 계정에 공유했다. 바워를 그나마 이해했다고 할 수 있는 사람이 바로 하우젤이었다.

바워가 느끼기에 대중에게도 가장 화제가 되었던 오해는 2016년 10월에 일어났다. 클리블랜드 인디언스는 포스트시즌에 진출했고, 바워가 ALCS 3차전 선발 투수로 낙점되었다. 토론토 구장의 마운드를 올랐을 때 피로 떡진 오른손 새끼손가락에 검은 실밥을 꿰맨 상태였다. 메이저리그 규정 상 던지는 손에 이물질을 댈 수 없기 때문에 붕대도 감지 못했다. 경기가 시작하고 공을 몇 개 던지자 선혈이 바워의 손가락을 타고 흘렀다. 실밥은 터져버렸다. 야구 역사상 이런 부상 때문에 포스트시즌에서 강판당한 선발 투수는 없었다. 바로 드론drone 사고로 당한 부상이었다.

등판하기 며칠 전에 바워는 드론의 배터리를 충전하기 위해 전선을 꼽았는데 오작동이 나버렸다. 프로펠러가 갑자기 돌더니 그의 새끼손가락을 베었다. 포스트시즌 중인데 드론이나 날리는 것을 무책임한 행동으로 본 사람도 있다. 하지만 드론을 만드는 일은 바워에게는 취미 외에 다른 의도가 있다. 하루에 자신에게 한두 시간 정도 주는 야구로부터 벗어난 휴식이다. 그가 정말로 빠져 있는 일은 따로 있다. 자신을 가능한 한 최고의 투수로 만드는 일이다. 사람들이 보지 못한 것은 바워만큼 자기 계발 욕구가 강한 프로 야구 선수는 드물다는 점이다. 어쩌면 없을 수도 있다.

호기심에 찬 클리블랜드 관계자 무리가 호니이집트로Honea Egypt Road
를 달렸다. 텍사스주 몽고메리Montgomery(당시 인구 621명) 외곽에 깔린
2차선 도로다. 그들은 3단 가로보로 이루어진 흰색 울타리가 보이자 속
도를 늦췄다. 관계자들의 대열은 자갈로 이루어진 차도로 진입했다. 그
들은 곧 '텍사스 베이스볼 랜치Texas Baseball Ranch'라는 곳에 도착했다.

목초지 한 가운데에 자리 잡은 이 시설은 선수 육성과는 거리가 멀어
보였다. 깔끔하게 정리된 그라운드나 훈련장도 없었다. 대부분의 훈련
은 강철로 된 아주 단순한 아치형 구조물 안에서 이루어졌다. 마치 소형
비행기를 위한 싸구려 격납고 같거나 거대한 통조림 캔을 반으로 절단
해서 땅에 눕혀 놓은 형상이었다. 사치스러운 물건은 거의 없었다. 심지
어 텍사스의 찍어 누르는 한여름 더위와 습도 속에서도 에어컨 하나 없
었다. 사무실은 헛간처럼 생긴 건물 안에 있었다. 소유지 뒤에는 풀이 무
성한 그라운드가 있었고, 그 부근에 놓인 인조 잔디 조각들은 연습장으
로 만든 것이었다. 건물에서 떨어진 곳에 이런 장소가 있을 것이라고는
상상도 못했다.

바워는 그렇게 초라한 환경을 개의치 않았다. 오히려 화려한 훈련장
에는 관심이 가지 않았다. 아마추어 시절을 보면, 고등학교 때는 모자를
낡을 정도로 오래 썼고, UCLA에서 대학 야구를 뛰었을 때는 파란색이
었던 팀 모자가 땀과 햇빛에 절어 하늘색으로 바랬다. 2010년 대학 야
구 월드 시리즈College World Series에서는, 경기가 끝나고 기자 회견에 참
석했을 때 바워의 모자는 단상 앞에 같이 앉았던 동료들의 것보다 몇 단
계나 밝았다. 그리고 밝기 차이에 대한 질문이 있었다. 바워는 다음과 같

이 답했다. "저는 각 잡힌 모자를 별로 안 좋아합니다. 그렇게 쓰면 철도 기관사 같습니다." 선수들 앞에는 웃음이 터졌다. 바워도 미소를 지으며 답변을 이었다. "그래서 머리에 잘 맞는 모자면, 그걸로 끝까지 갑니다."

대학 야구를 마치고 드래프트가 시작되기 전에, 바워가 에이전시들의 제안을 고민할 때였다. 대형 연예 기획사 크리에이티브 아츠 에이전시CAA: Creative Arts Agency의 스포츠 부서에서 관심을 가졌다. 바워가 로스앤젤레스에 위치한 CAA 본사에 방문했다. 유리와 강철로 이루어진 14층짜리 건물에, 고급 승용차들이 대리 주차 차선에 줄지어 섰다. 고가 정장을 입은 대리인들이 있었고, 건물에는 자체 영화관까지 있었다. 그런 부수적인 부분들은 바워를 불편하게 만들었다. 그래서 CAA가 아니라 청바지를 입고 맞이했던 와서먼Wasserman이라는 에이전시를 택했다. 바워는 이렇게 말한다. "어떠한 환경 속에서도, 어떠한 외관이라도 좋은 정보는 나올 수 있습니다. 저는 대체로 소박한 환경이 편해요. 정보와 노력, 그리고 생각이 전부라는 개념에 부합하는 것 같습니다."

2012년에서 2013년으로 넘어가는 겨울에 텍사스 베이스볼 랜치에 도착한 차 안에는 클리블랜드의 크리스 앤토네티Chris Antonetti 운영 사장과 테리 프랭코나Terry Francona 감독, 데릭 팔비 당시 운영 부장이 탔다. 그들은 선수 육성 방식 개선과 아이디어를 얻기 위해 방문했던 것이다. 하지만 그곳을 방문했던 첫 번째 이유는 불순하고 비상식적으로 행동한다는 바워를 더 잘 알기 위해서였다. 클리블랜드는 12월에 트레이드로 바워를 영입했다. 애리조나 다이아몬드백스가 드래프트에서 전체 3번으로 지명한 지 18개월 만에 일어난 일이다. 그렇게 높은 순번에서 뽑은 선수를 18개월도 안 돼 내보내는 경우는 상당히 이례적이다. 사실 바위를 제외하고, 드래프트 전체 3번 안에 지명되고 얼마 지나지 않아 이적한 선수는 1973년 전체 2번으로 뽑힌 존 스턴스John Sterns라는 필라델피아 필리스의 포수뿐이다. 스턴스는 바위보다 8일 빨리 이적했는데, 이미 메이저리그 팀에서 포수를 보고 있는 밥 분Bob Boone 때문에 승격이 막혔다는 것이 이유였다.

바위는 그 겨울 동안 랜치에서 숙식을 하면서 비시즌 훈련 일과를 수행했다. 랜치에서 그렇게 한 메이저리거는 바위가 처음이었다.

클리블랜드 관계자들은 텍사스주 몽고메리에서 사흘 동안 지내면서 바위 뒤를 따라다녔다. 바위가 기억하기로는 그렇게 하면서 자신의 훈련 일과에 대한 질문을 했다고 한다. "이봐, 그건 왜 하는 건가? 의도를 하나하나 설명해줄 수 있을까?" 관계자들은 바위와 점심 식사를 가졌다. 프랭코나 감독과 앤토네티 사장은 그들이 타고 온 차로 따로 이동하고, 팔비는 바위의 스포츠카를 타고 이동했다. 둘은 식사 장소로 이동하는 동안 금방 친해졌다. 팔비가 말하기를 "저희는 투수 덕후에요. 그때부터 훈련하는 모습을 볼 수 있었고, 무슨 일을 하는지 볼 수 있었죠. 더 나은 성장, 그것이 트레버가 쏟는 노력의 핵심입니다." 건설적인 관계이자 팔비가 말하는 우정이 시작되는 순간이었다.

바위는 선수 생활 내내, 타고난 능력의 한계를 훈련으로 넘어섰다고 말한다. 그는 2011년 8월에 《스포츠 일러스트레이티드Sports Illustrated》 기자에게 이렇게 알렸다. "나는 타고난 운동선수는 아니다. 힘이 그렇게 세지도 않고, 달리기가 빠르지 않다. 폭발력이 있는 것도 아니고, 잘 뛰지도 못한다." 그렇다면 어떻게 메이저리그 신인 드래프트에서 전체 3번으로 뽑혔을까? 그는 자신이 만들어졌다고 말한다. 만일 그의 말이 사실이라면(미국 야구계의 오래된 훈련 방법과 사고방식을 완전 바꿔놓을 정도로 그가 만들어진 것이라면), 바워의 선수 생활은 학습과 기술 발달을 바라보는 시각에 급진적인 변화를 줄 수도 있다. 트레이드된 지 거의 6년이 지나자, 바워는 엘리트 중의 엘리트가 되었다. 하지만 사이영 상을 경쟁했던 2018년에도 그는 자신이 타고난 운동선수라고 하기에는 부적합하다고 또다시 주장했다.

"단거리 달리기 기록은 형편없을 정도예요. 근력도 훈련으로 나아질 수 있겠지만 좋은 편은 못 됩니다. 미식축구에서 특출 난 선수는 힘이 세고, 강하고, 빨리 달리고, 방향을 재빨리 바꿀 줄 압니다. 뛰어난 농구 선수는 점프와 민첩성, 손과 눈의 협응이 잘 이루어지죠. 그런데 그런 종목들이 필요한 특기를 나열하고 그중 어떤 것들을 잘하느냐고 묻는다면, 제가 잘할 수 있는 건 없습니다."

UCLA 대학 시절, 홈경기 선발을 마칠 때마다 아버지 워런 바워Warren Bauer는 웨스트우드 빌리지Westwood Village에 있는 식당에서 저녁을 먹기 위해 아들 트레버를 데리고 405번 고속도로를 건넜다. 트레버는 메뉴에서 항상 럼버잭 슬램Lumberjack Slam을 시켰다. 기름기와 탄수화물이 가득한 요리다. 아버지에게 아들의 타고난 재능이 무엇인지 물으면 망설임이 없다. 당장 스마트폰을 꺼내서 유튜브 영상을 실행한다. 앤절라 리 더크워스Angela Lee Duckworth의 TED 강연이다.

더크워스는 경영 자문 일을 그만두고 뉴욕시 중학교 1학년생들에게 수학을 가르쳤다. 그러면서 바로 지능지수 하나만으로 최상위권과 최하위권 학생을 가르기에는 신뢰성이 떨어진다는 점을 알았다. '충분한 시간과 노력'을 들인다면, 모든 제자가 교재를 숙달할 수 있다고 확신했다. 본인의 경험을 토대로 교육자는 동기 부여와 심리학에 의한 배움을 더 심도 있게 이해할 필요가 있다고 생각했다.

이후 더크워스는 심리학을 공부하기 위해 교사를 그만뒀다. 누가 성공하고, 왜 성공하는가? 그 질문에 대한 답을 찾고자 어린이와 성인이 어려운 상황에서 보여주는 기량을 조사했다. 더크워스는 미 육군사관학교 생도 중에 누가 군복무를 견딜 수 있는지 예측한 적이 있다. 전국 철자 맞추기 대회에 가장 오래 버티는 참가자를 예측하기도 했다. 또한 시카고 지역 고등학생을 대상으로 설문 조사를 진행해서 졸업한 학생의 답변을 분석하기도 했다(시카고 지역 공립학교의 졸업률은 70퍼센트대다. 대한민국은 90퍼센트대 — 옮긴이). 그 과정에서 성과를 예측하는 중요한 특성 하나가 나왔다. 그것은 지능지수가 아니었다. "그것은 바로 그릿grit 이었습니다." TED 강연에서 더크워스가 청중에게 들려준 말이다. "그릿은 장기적인 목표를 향해 나아갈 수 있는 열정과 끈기를 말합니다. 체력도 그릿입니다. 하루하루 여러분이 꿈꾸는 미래를 붙들고 늘어지는 것이 그릿입니다. 그리고 꿈을 실현시키기 위해 겨우 일주일, 한 달이 아니라 수년에 걸쳐 정말 열심히 노력하는 걸 말합니다." 아버지가 생각하기에 아들이 지닌 독특한 기질은 바로 그릿이 있다는 것이다.

더크워스는 그릿을 연구하는 데 직장 생활의 대부분을 쏟았다. 거기서 가장 놀라운 점은 그것을 어떻게 키울 수 있는지 우리가 아는 부분과 과학이 아는 부분이 너무나도 적다는 것이다. 선천적인 재능이 있다고 그 사람에게 '그릿'이 있는 것은 아니라는 점만은 확실했다. 그녀에게는 그릿이 재능과 반비례한다는 것을 나타내는 데이터가 있다. 그녀는 어린이에게 그릿을 가르치는 방법 중에 가장 좋다고 느낀 방법은 '성장형 마인드셋growth mindset'이라고 한다.[2]

성장형 마인드셋이라는 것은 캐럴 드웩Carol Dweck 스탠포드대학교 심리학 교수가 정립했다. 그녀의 연구는 재능은 사람의 능력을 어떻게 바라보는지에 따라 성장한다는 점을 시사한다. 그리고 드웩은 고정형 마인드셋fixed mindset이란 능력이나 기술, 기질은 변할 수 없다고 가정하는 것이라고 정의했다. 불가리아 출신 문화비평가 마리아 포포바Maria Popova는 여기서 말한 고정형 마인드셋을 가지면 "똑똑하다거나 능력 있다는 인식을 유지하기 위해 어떻게 해서든 실패하지 않으려고 애쓴다." 반면, 성장형 마인드셋은 실패를 바보 같다거나 능력이 부족하다는 것을 증명하는 것이 아닌 '성장과 타고난 실력을 향상시키기 위한 희망의 발판'으로 여긴다.

프로 야구에서 그릿이나 성장형 마인드셋에 대한 사례 연구가 존재한다면, 그것은 바로 바워다. 지난 2012년 가을, 클리블랜드는 바워가 어떻게 자기 자신을 최상위권 아마추어 투수이자 프로에서도 통할 유망한 투수로 성장시켰는지 알고 싶었다. 그렇지만 애리조나가 왜 전체 3순위로 선택한 선수와 결별을 서둘렀는지도 동시에 궁금했다. 클리블랜드도 이미 들었지만 바워에 대한 소문은 좋지 않았다. '좋은 팀 동료가 아니다. 외톨이에다가 고집불통이고, 다루기도 힘들다.' 그런 내용의 불만들이었다. 일부는 자신에게도 문제가 있다는 것을 바워도 인정하지만 대부분 억울하다는 입장이다. 하지만 일단 낙인이 찍혀버리자 거기에 대해 의문을 가지는 사람은 별로 없었다.

유년 시절의 바워

아마추어 시절 초기에 겪었던 갈등에 대해 묻자, 바워는 잠시 회상에 잠겼다. 주간 고속도로 제5호선을 따라 로스앤젤레스의 지대가 높은 해안선을 지나 북쪽으로 달리면, 태평양과 캘리포니아 해안이 주는 느낌은 사라지고 샌게이브리얼San Gabriel산맥을 지나게 된다. 공교롭게도 그 길은 노동자의 도시이자 바워의 고향인 샌타클래리타Santa Clarita로 이어진다. 로스앤젤레스 시내에서 57킬로미터 떨어진 샌타클래리타는 방갈로식 주택이 가득한 건조한 사막 지대다. 그곳을 이루는 수많은 행정 구역은 마치 자를 대고 일정하게 그은 모습이다. 그리고 관목으로 덮인 언덕들이 도시를 에워싼다.

땡볕이 내리쬐는 하트고등학교 야구장 불펜. 바워는 교내 엘리트 야구부에 입단하자마자 투구 동작이 이루어질 때 오른발로 완벽하게 균형 잡고 (고정된 채) 서는 훈련을 지시받았다. 바워는 말도 안 되는 훈련이라고 생각했다. 나름 대대로 전해진 전통적인 투구 훈련 방식이었지만 바워의 생각에는 잘못된 방식이었다. 그는 투구 동작을 하다 멈추고 오른발로 균형 잡는 동작을 과장되게 취하며 비꼬는 말투로 하트 고등학교 코치에게 물었다. "이 정도면 됩니까? 이제 던져도 됩니까?"

바워는 본인이 지시에 불응하는 것이 아니라 잘못된 조언을 거부하는 것이라고 말한다. 유용한 정보를 제시하고 논리적으로 설명할 수 있다면 얼마든지 배울 준비가 되어 있다고 설명한다. 그는 권위에 순순히 따르지 않는다. 오히려 의문을 가진다. 연습이나 훈련이 주어지면 거기에 담긴 과학이나 논리를 알고 싶어 한다. 그런 성향은 바워 가문의 DNA에 있다.

그는 다음과 같이 말한다. "아버지께서는 맹목적으로 복종하지 말고, 권위에 의문을 갖고, 자기 자신을 생각해야 한다고 가르치셨습니다. 가끔은 좀 과하다 싶을 정도로 그럴 때가 있긴 있어요."

바워의 친할아버지는 제2차 세계대전 때 폭격기 조종사였고, 독일 출신 미국 이민자 1세대였다. 이후에는 초창기 컴퓨터 프로그래머로 뉴멕시코 주정부 석유·천연가스과에서 근무했다. 바워의 아버지는 지금도 식탁 위에 코딩이 적혀 있는 종이 여러 장을 쌓아놓고 일하시는 선친의 모습을 기억한다고 말한다. 그는 열여덟 살에 독립해서 산타페Santa Fe에 있는 부모님 댁을 나오는 것이 계획이었다. 그는 던킨도너츠 매장을 매입해서 운영한 뒤 되팔았다. 그 돈으로 학비와 숙식비를 마련해 콜로라도광업대학교Colorado School of Mines에 입학해 화학공학을 전공했다. 그러고 나서 수년 동안 캘리포니아주 중부 유전에서 석유와 천연가스 사업에 종사하고, 다시 뉴멕시코로 돌아가서 형과 함께 가구 매장을 열었다.

바워의 아버지는 어렸을 때 스포츠를 즐기지 않았지만, 바워는 어릴 때부터 야구에 푹 빠져버렸다. 투수로 처음 등판한 것은 일곱 살 때 출전했던 리틀 야구 경기였다. 또래 중에 포수에게까지 제대로 던질 수 있는 몇 안 되는 투수다 보니 계속해서 등판했다. 시즌이 끝나자 아버지는 아들에게 계속해서 던지고 싶은지 물었고, 바워는 그렇게 하겠다고 대답했다. 그러자 실력을 늘리고 다치지 않기 위해 따로 돈을 내서라도 강습을 받게 하려고 했다. 대신에 바워는 그만큼 노력을 보여줘야 한다는 조건을 걸었다. 더 나아지는 데 노력을 쏟아부어야만 했다.

둘은 근처 타격 연습장에 가서 실비오Silvio라는 도미니카공화국 출신

　　　　　　　　　　　　　　　　MVP 머신

의 투구 강사를 알게 되었다. 그는 지도할 때 공인구보다 무게가 더 나가는 웨이티드 볼weighted ball도 던지게 했는데, 바워 부자가 처음으로 차용하게 된 비전통적인 훈련 방식이었다. 실비오에 의하면 도미니카공화국 투수들은 팔의 힘을 키우기 위해 웨이티드 볼이나 주변에 무거운 물체를 던졌다고 한다. 둘은 집에 돌아와서 커다란 플라스틱 용기에 물을 채우고 야구공들을 담갔다. 바워의 훈련법은 나중에 유명세를 타게 되는데, 거기에 사용되는 도구를 처음 체험해본 것이었다. 트레버가 여덟 살 때 일이다.

바워는 이렇게 설명한다. "사흘이 지나니까 물에 녹조랑 이끼랑 그런 걸로 가득 차더라고요. 악취가 심했습니다. 물에 흠뻑 젖은 공을 잡아서 던지니까 글러브도 젖고, 물이 얼굴에 막 튀고…… 당시에는 웨이티드 볼을 던지는 사람이 별로 없었습니다. 온라인으로 살 수 있었던 것도 아니었고요."

아버지는 당시 뉴멕시코주로 통근했다. 일요일에 비행기를 타고 앨버커키로 가서 금요일 아침에 귀가했기 때문에 바워는 스스로 연습해야 했고, 못하게 되면 거기에 대한 책임을 전적으로 자신이 졌다. 훈련을 철저하게 지키는 법을 그렇게 터득한 바워는 다음과 같이 말한다. "제 직업관은 어릴 때 형성되기 시작했습니다. 왜냐하면 그렇게 안 하면 교습을 못 받았거든요."

아버지는 야구를 하지 않았기 때문에 '야구 훈련은 이러이러하게 진행되어야 한다' 하는 선입관이 없었다. 아들의 활동은 중요한 과학 실험이었다. 아들과 함께 투구에 대해 배우고, 기술자처럼 모든 것을 기초부터 살펴보고 연구했다. 놀런 라이언Nolan Ryan은 공의 무게를 늘리기 위해 소프트볼 공에 못을 박았다는 이야기도 읽었다. 그리고 실비오에게 지도를 받은 지 2년이 되자, 그에게 배울 수 있는 것은 다 배웠다 느끼고 그의 훈련법에 의문을 갖기 시작했다. 성장이 필요했던 것이다.

바워가 열 살 때, 짐 와그너Jim Wagner라는 전 대학 야구 투수가 투수 지도를 시작한다는 소식을 접했다. 그는 바워의 가족과 친분이 있는 사이였다. 바워는 그렇게 와그너의 초창기 교습생이 되었다. 와그너는 처음에는 자신의 경험과 투구 교과서, 영상 등을 통해 모은 정보를 전달했지만, 체구가 크지 않았던 바워에게는 별다른 효과가 없었다. 와그너는 결국 전 팀 동료이자 투수 코치가 된 앨런 제이거Alan Jaeger를 소개했다. 그는 롱 토스long toss와 풀다운pulldown 훈련을 옹호하는 사람이었다. 롱 토스는 근본적으로 공을 최대한 멀리 던지는 훈련이고, 풀다운은 더 짧은 거리에서 원스텝(평지를 달리면서 짧게 한 번 뛰고 일직선으로 던지는 동작 — 옮긴이)으로 전력투구하는 것을 말한다. 제이거는 90미터가 넘는 거리부터 던진 후에 캐치볼 상대와 거리를 점점 좁히면서 풀다운 훈련을 시키는 경우도 많았다. 메이저리거 가운데 배리 지토Barry Zito와 댄 해런Dan Haren도 본인에게 지도받았다고 했지만, 제이거는 당시 롱 토스 훈련을 권장하는 몇 안 되는 코치였다. 굉장히 극단적이고, 전통과 상반된 훈련 방법이었다. 물론 바워는 그런 부분에 흥미를 느꼈다.

롱 토스와 전력투구는 의도성을 가르치는 목적이 있다. 야구공을 수십 미터 던지려면 투수는 온 힘을 다해 던져야 한다. 그러면서 신체가 가진 잠재력이 확장되고, 능력도 점점 성장한다. 기술적으로 보면 어깨의 외회전, 즉 몸의 중심으로부터 떨어진 부위에서 일어나는 움직임을 키워서 투구 동작이 더 유연해지도록 설계된 훈련이다. 외회전을 체험

MVP 머신

하자면 다음과 같다. 던지는 팔을 지면과 평행하게 벌린 후 손이 하늘을 향하도록 팔꿈치를 90도로 구부린다. 그러고 나서 거대한 고무줄을 당기듯이 손을 뒤로 젖히는 것이다. 아니면 가슴 한 가운데에 고무줄이 달렸고, 그것을 최대한 당긴다고 생각해보자. 그때 어깨 관절이 밖으로 회전하면서 팔꿈치도 함께 돌아간다. 외회전이 커진다는 것은 구속 향상과 밀접한 연관이 있다. 벤 브루스터Ben Brewster라는 전문 체력 코치는 "외회전이 구속과 연관된 것은 공에 힘을 가할 수 있는 운동 범위를 더 키우기 때문"이라고 말한다.[3] 내회전은 그와 반대되는 동작이며, 몸의 중심 방향으로 이루어지는 운동이다.

기본적으로 구속을 늘리는 방법은 세 가지다. 근력을 키우고, 더 효율적으로 던지는 기술을 익히며, 가동성을 높이는 것이다. 물론 투구를 연구하는 학자들은 늘 주의를 준다. 신체의 한계를 넓히면 어떤 영향이 발생하는지에 대해서는 알려진 바가 거의 없기 때문이다. 하지만 한계를 넓힐 때 나타나는 이득을 정량화시킨 사람들이 있다. 그들은 확실한 의도를 가지고 먼 거리를 던질수록 운동 범위가 커지고, 팔 스윙이 빨라진다는 것을 알아냈다. 2017년 《스포츠의학정형외과학회지Orthopedic Journal of Sports Medicine》에 실린 연구에 따르면, 미국 대학 야구 1부 리그 소속 투수 16명이 롱 토스 훈련을 사흘 동안 진행했는데 어깨 외회전이 129.4도에서 135.9도로 향상되었다는 내용이 있다.[4] 또한 2015년에 케빈 윌크Kevin E. Wilk 박사와 동료들이 발표한 논문은 2005~2012년 사이에 296명의 프로 투수의 데이터를 바탕으로 작성했는데, 어깨의 가동성을 늘리는 일이 투수의 팔을 보호하는 데 중요한 역할을 한다는 것을 증명했다. 내용인즉 어깨의 외회전이 잘 이루어지지 않는 투수는 충분히 이루어지는 투수보다 부상자 명단에 오를 확률이 2.2배 높고, 어깨 수술을 받을 확률이 네 배 더 많다.[5]

바워가 열두 살이 되자, 제이거는 이례적인 훈련 일과를 그에게 부여 했다. 캐치볼을 하기 전에 울타리나 가드 레일처럼 고정된 물체에 고무 밴드를 묶고 길게 늘어뜨려서 손목과 연결했다. 그 상태에서 몇 가지 저 항 운동을 시켰다. 원래는 파열된 회전근개를 재활하기 위해 만든 운동 이다. 밴드로 인해 바워의 외회전과 내회전이 향상되었다. 그렇게 몸을 풀고 나면 공을 최대한 멀리 던질 수 있는 공간만 있으면 되었다. 그렇 게 해서 의도를 가지고 던지는 데 능숙해졌고, 몸은 빠른 구속을 가장 효율적으로 내는 데 적응해나갔다. 롱 토스와 풀다운은 자신의 훈련 일 과에 빼놓을 수 없는 부분이 되었다.

랜치에서의 훈련

바워는 와그너를 통해 텍사스 베이스볼 랜치를 처음 알게 되었다. 와 그너는 스프링 제본 된 투구 기술서를 접한 적이 있다. 론 올포스Ron Wolforth의 《디 애슬레틱 피처The Athletic Pitcher》(국내 미번역)라는 책이 다. 투구 코치들이 처음에 가르치는 것은 대부분 기술적인 부분이다. 그 러나 올포스는 그러지 않았다. 그는 획일화된 지도 방식이나, 검증된 투수들의 투구 동작을 따라하거나 복제하다시피 하는 것을 반대했다. 1930~1950년대 투수들은 자연스럽고 자신에게 맞는 투구 동작을 가졌 지만, 더 많은 이닝을 던졌다고 지적했다. 게다가 겉보기에는 부상도 적 었다고 주장했다(물론 당시 부상과 관련된 데이터는 거의 존재하지 않았고, 투수들의 구속은 대체로 지금만큼 빠르지 않아서 신체에 주는 부담이 적었다).⁶ 게다가 투창 선수의 움직임을 공부했고, 웨이티드 볼과 롱 토스 훈련을 진행했다. 이에 호기심을 느낀 와그너는 자신의 아들을 그곳에 사전 답사하러 보냈다. 그리고 랜치에서 돌아온 와그너의 아들은 바워 식구에게 이런 말을 전했다. "꼭 가보셔야 합니다."

당시 울포스는 한 사람 당 200달러를 받고 주말 훈련 캠프를 진행했다. 참가비 5회분을 한꺼번에 지불하면, 여섯 번째는 무료였다. 바워가 처음 갔을 때 기억나는 것은 견디기 힘든 무더위였다. 선풍기들이 있었지만 38도나 되는 습한 바깥 공기를 내뿜을 뿐이었다. 반원 모양의 구조물 안은 더 더워 보였다. 참가자들은 세 개 조로 나누어서 서로 다른 훈련을 진행했다. 투수가 머리 위에서 두 손으로 1.8킬로그램짜리 공을 시속 64.4킬로미터로 던지는 훈련도 있었다. 울포스의 계산에 의하면 그렇게 하는 것이 마운드에서 시속 145킬로미터로 던지는 것과 같은 효과다. 투수가 시속 145킬로미터를 던지지 못하면 메이저리그에서 성공할 수 있는 확률은 적다. 2008년에 메이저리그 선발 투수의 평균 속구 구속은 시속 147킬로미터였다. 그 수치는 2018년에 시속 150킬로미터라는 신기록을 세웠다. 바워는 랜치에 처음 입소했을 당시 최고 구속이 시속 129킬로미터도 채 되지 않았다.

투수들이 조별로 이동하면서 서로 다른 훈련을 진행할 때, 바워의 아버지는 아들을 따라가지 않았다. 대신에 훈련 시설의 카메라 시스템에 꽂혀버렸다. 집에서는 캠코더를 아들을 향해 비추고, 던지는 모습을 VHS에 담았다. 하지만 랜치는 좀 더 세련된 영상 시스템을 사용했다. 기술적인 부분을 분석하기 위해 고프레임률 카메라를 사용했다. 아버지는 사흘 동안 브렌트 스트롬Brent Strom 코치(현 휴스턴 애스트로스 투수 코치)가 투수 영상 분석에 대해 설명하는 내용을 들었다. 그러고 나서 조시 보핵Josh Bohack이라는 고등학생 투수의 영상을 봤다. 그 투수는 시속 140킬로미터대 중반을 던지며, 이후에 노스이스트텍사스커뮤니티칼리지Northeast Texas Community College로 진학했다(당시 랜치에는 이름 있는 교습생이 없었다). 아버지는 보핵이 공을 손에서 놓는 순간 착지하는 앞다리의 무릎은 완전히 펴지고, 상체는 앞으로 구부러져서 직각을 형성하는 모습이 눈에 들어왔다. 그것 또한 구속 증가와 연관된 동작이다. "그 장면이 아버지의 머릿속에 각인되었다"고 바워는 말한다. UCLA 시절의 바워도 던질 때 그와 비슷한 면이 있었다.

하트고등학교 1학년 때(미국은 고등학교가 4년제다. 우리나라로 치면 중3 때 — 옮긴이) 바워의 최고 구속은 시속 122킬로미터였다. 그후 2년 동안 랜치에 다니자 3학년 시즌이 시작되기 전에 열린 대회에서 시속 151킬로미터를 던졌다. UCLA와 스탠포드대학교 코치진이 당시 속도 측정기에 찍힌 구속을 확인했다.

바워는 랜치에 16개월 동안 다녔던 것이 자신을 완전히 바꿔놓았다고 말한다.

랜치는 바워에게 구속 늘리는 방법을 가르쳐준 곳이다. 아버지와 함께 초고속 카메라의 힘을 알게 된 곳이기도 하다. 그곳을 통해 워닝 트랙warning track을 달린다든지 하는 지구력 훈련을 버리고, 던지는 행위에 가까운 폭발력 향상 훈련을 택했다. 게다가 그곳에서 투구 터널링 pitch tunneling이라는 개념을 배웠다. 서로 다른 구종을 똑같은 팔 각도로 던지고, 똑같은 궤적으로 가도록 해서 그 구종의 특성을 숨기면 그만큼 효과적인 위력이 나타난다는 이론이다. 아버지는 터널링을 훈련시키

MVP 머신

기 위해 33×25.5센티미터짜리 철틀을 제작해 연습 마운드로부터 6.1미터 떨어진 곳에 설치했다. 프로 수준의 타자가 방망이를 휘두를지 말지를 결정해야 하는 지점이다. 두 가지 구종이 철틀 안을 통과하면 한 터널을 공유했다는 뜻이다. 어쩌면 최초로 제작한 터널링 훈련 장비였을지도 모른다. 바워가 처음으로 미국 야구계에 혁신시킨 일이었다. 하지만 거기에서 끝나지 않았다.

바워가 얻은 장비 가운데 본인이 가장 소중하게 여기는 것은 숄더 튜브Shoulder Tube였다. 그는 일명 '흔들 막대' 또는 '투창'으로 불리는 그 장비를 지금도 사용한다. 양쪽 끝에 원통이 달린 1.8미터짜리 반강체 장대를 들고 구단 클럽 하우스를 들락날락거리는 투수는 바워뿐이다. 숄더 튜브 한 가운데를 잡고 머리 위에, 몸 앞에, 그리고 몸 옆에 특정 위치에서 흔들면서 몸을 푸는데, 그 절차가 끝날 때까지 공을 던지지 않는다.

바워는 공을 던지기 위해 몸을 푸는 것이지, 공을 던지면서 몸을 푼다고 생각하지 않는다. 숄더 튜브는 어깨와 팔뚝, 윗가슴의 근육을 활성화시키고 혈액 순환을 늘린다. 바워는 그것을 프로펠러처럼 돌리기도 하고, 등 뒤에서 잡고 흔들기도 한다. 고등학교 기수단에 들어가도 될 판이다. 울포스는 바워가 만일 모든 훈련 장비를 잃어버린다면 숄더 튜브부터 찾을 것이라고 말했다. 바워는 그것을 몸을 푸는 것을 돕는 장비일 뿐만 아니라 투수의 어깨와 팔에 내구성을 심어주는 비법이라고 생각했다. 그렇지만 고등학교 2년차 때 숄더 튜브를 사용하기 시작하자 코치와 동료들에게 놀림을 받았다. 바워의 '애착 이불' 또는 '육봉'이라며 조롱했다.

그래도 바워는 꿋꿋하게 숄더 튜브를 가지고 다녔다. 그런 비웃음이 크게 신경 쓰이지는 않았던 모양이다. 야구에 너무나도 빠져 있었고, 심지어 초등학교 때는 유니폼 바지를 입고 등교하겠다고 고집했다. 바워의 어머니는 놀림 받을 각오를 하라고 주의를 줬지만, 그는 그냥 입고 다녔다. 그리고 어머니의 예측은 적중했다. 그래도 계속해서 입고 다녔다.

마찰이 끊이지 않았던 고등학교와 대학 시절

바워와 어울리는 소수 정예 친구도 일종의 사회 부적응자들이었다. 아버지는 이렇게 설명한다. "그 친구들은 아들의 괴짜스러운 부분을 받아줬고, 아들도 그 친구들의 그런 부분을 받아들였기 때문에 서로 잘 어울려 다녔습니다. 아들이 잘 어울리지 못했던 사람은 트레버를 있는 그대로 받아들이기보다는 어떻게 해서든 아들을 자신의 수준이나 방식에 끼워 맞추려고 한 사람들이었죠."

아버지는 설명을 계속 이어나갔다. "제 아내도 고분고분한 사람이 아니고, 저는 말할 것도 없죠. 그래서 아들에게도 순응하라고 권하지 않았습니다. 그렇다고 그만두라고 한 건 아닙니다. 단지 자기 일은 스스로 결정하라고 권했던 거죠."

고등학교 시절, 떠오르는 교내 스타 선수임에도 불구하고 학생 식당에 가서 자리에 앉으면 주변 학생들은 순식간에 자리를 떴다. 바워는 그 당시 상황을 생생하게 기억한다. 그렇게 교내 최고 선수는 외롭고 곤혹스러운 감정을 피하기 위해 대학 진학반 물리 교사인 마틴 커비Martin Kirby와 점심시간을 보냈다. 그는 커비와 함께 물리학을 야구에 적용해보는 이야기를 나눴다. 선수 생활에 굉장히 큰 도움이 된 내용이었다. 당시부터 또래의 다른 친구들과 공유하는 부분이 많지 않았고, 그런 모습은 지금도 여전하다. 경기가 끝나고 외출하거나 팀원과 어울려 술을 마시러 가지도 않는다. 클럽 하우스에서는 카드놀이도 하지 않는다. 보통 혼자서 지내고, 그라운드나 훈련장으로 이동할 때는 목적의식을 갖고 간다. 고집에 세고, 성질이 급하며, 훈련하거나 정보를 수집하는 일에 집착한다. 목표를 세우면 그것을 달성하겠다고 결심한다.

바워는 스스로에 대해 이렇게 설명한다. "저는 성격이 좀 강박적입니다. 비디오 게임을 새로 사면 쉬지 않고 그것만 합니다. 그 당시에는 하고 싶은 게 그것밖에 없어요. 대학교 2학년 때에는 하루에 여덟 시간씩 게임을 해서 강의조차 제대로 들으러 나가질 않았습니다. 새벽 4시까지 하고, 낮 12시까지 잤죠. 밥 먹고, 그라운드에 나갔다가 과제물 조금 하고, 돌아와서 또 새벽 4시까지 했습니다. 그래서 정말 빠른 시간 안에 잘하게 됐어요. 그러자 성적이 곤두박질치고, 대학 야구 월드 시리즈에 출전할 수 없을 위기에 놓였죠. 그제서야 속으로 '내게 가장 중요한 일에 영향을 끼친다면 더 이상 게임을 하지 않겠다'고 다짐했습니다." 당시 바워에게 가장 중요한 일은 최고의 투수가 되는 것이었다.

고등학교 3학년 때 바워는 12승 무패의 성적을 올렸다. 숄더 튜브는 계속해서 사용했고, 고등학교 코치들의 조언은 계속해서 무시했다. 그렇게 갈등은 고조되었다. 아버지는 그에게 "더 나은 정보를 다른 곳에서 얻고 있으니, 코치가 받아들이지 않으면 그냥 무시하라"고 말씀하셨다고 한다.

방과 후에 저녁이 되면, 바워는 집에서 자전거를 타고 도시 중심가에 있는 공원까지 갔다. 롱 토스 훈련을 진행할 수 있을 만큼 잔디가 깔린 넓은 공터가 있기 때문이다. 지금도 선발로 등판하는 날에는 외야에서 롱 토스 훈련을 하는데, 90미터를 거뜬히 넘기는 송구를 아무렇지도 않게 던진다. 하루는 공원 안에 위치한 테니스장의 조명이 꺼진 이후에도 밤늦게까지 공을 던졌다. 그때 한 테니스 코치는, 공이 테니스장을 에워싼 철조망에 계속 부딪히자 그 소리를 참다못해 바워의 코치에게 고발한 적이 있다. 바워의 말에 의하면 다음날 코치들에게 한소리를 들었다고 한다.

사람들은 바워를 말을 듣지 않고, 타인을 존중하지 않는 사람으로 바라봤다. 그렇지만 본인은 자신이 공정하게 대우받지 못했다고 생각한다. 다른 선수와는 달리 그는 술판을 벌이러 나가지 않았다. 누구보다도 연습을 많이 한 모범생이었다. 그래도 코치진은 물론 심지어 야구부 선배들과도 마찰이 끊이지를 않았다. 바워의 자신만만함이나 훈련법에는 관심도 없었다. 결국 바워는 고등학교 마지막 시즌이 시작하기 직전에 야구부를 그만뒀다. 마지막 시즌을 뛰어서 지명 가치를 올리기보다는(J. J. 쿠퍼J. J. Cooper《베이스볼 아메리카Baseball America》잡지 편집 위원에 의하면 당시 프로 구단들이 지켜보는 선수였다고 한다) 고등학교를 일찍 졸업하고 2009년 봄 학기에 맞춰 UCLA에 입학했다. 대학 야구에 뛰게 될 경우, 바워가 입학하기로 약속한 학교가 바로 UCLA였다.

바워와 아버지는 존 새비지John Savage UCLA 감독과 만나 바워만의 독특한 훈련 방식을 어떻게 생각하는지 물었다. 감독은 바워가 팀과 관련된 모든 활동과 훈련에 참여하기만 한다면 허용해주겠다고 말했다. 그리고 성적이 좋으면 '내버려두기'로 약속했다. 바워는 대학에서도 압도적인 성적을 거뒀고, 감독은 약속대로 그를 내버려뒀다.

새비지 감독은 평일 경기가 있는 날에는 야구장에 일찍 출근했다. 그때 바워가 자동차 타이어 넘기기나 훈련 로프와 밴드를 이용한 저항 운동처럼 낯선 훈련을 하는 모습을 자주 목격했다. 야구장 관리인이 아버지에게 '감독이 바워를 보면 미소를 짓다가 감독실로 들어갔다'고 알려준 적이 있다. 2011년에는 전국 최고 아마추어 선수에게 수여하는 골든 스파이크 상Golden Spikes Award을 학교 역사상 최초로 받았다. 이어서 팀 린스컴Tim Lincecum이 세운 대학 야구 퍼시픽-10 컨퍼런스Pacific-10 Conference(현재는 두 개 학교를 추가하고 퍼시픽-12 컨퍼런스로 개명했다 —옮긴이) 통산 개인 최다 탈삼진 기록(491개, 그 숫자를 적어서 샌타클래리타 집의 침실 벽에 붙여놓았다)을 깨겠다고 다짐했다.

바워는 고등학교와 대학교 시절에 린스컴에 빠져 있었다. 린스컴은 이전에 샌프란시스코 자이언츠의 체구가 작은 에이스로 2008년과 2009년에 2년 연속으로 사이영 상을 받았다. 그는 투수 가운데 키가 작고 몸무게도 적게 나가는 축에 속했다. 바워는 스케이트보드 선수의 체구(180센티미터, 77킬로그램)와 머리 스타일을 가진 투수가 독특한 투구 동작으로 사이영 상을 여러 차례 수상했다는 사실이 신기했다. 그는 MLB닷컴에 접속해 린스컴이 수많은 타자들을 삼진으로 잡는 하이라이트 영상들을 검색했다. 게다가 워싱턴대학교 시절에 UCLA를 상대로 18개의 탈삼진을 잡는 린스컴을 다양한 각도로 찍은 영상을 발견했다.

"9회에 시속 160킬로미터를 꾸준히 던졌습니다. 이보다 현란할 순 없어요. 그 영상이 머릿속에 각인됐어요. 너무나도 많이 봤고, 어떻게 움직였는지 다 기억합니다."

린스컴의 투구 동작은 다른 투수와는 달랐다. 투수는 일반적으로 자기 신장의 80퍼센트만큼 긴 스트라이드를 가져간다. 반면 린스컴은

130퍼센트였다. 따라서 그만큼 더 많은 에너지를 낼 수 있었다. 바워도 가벼운 체중을 보완하기 위해 투구 동작을 더 빠르고 힘 있게 가져가야 했다. 아버지와 그는 $E_k=\frac{1}{2}mv^2$이라는 간단한 물리 공식을 떠올렸다. '운동 에너지는 물체의 질량과 그 물체가 이동하는 속도의 제곱에 비례한다'는 공식이다. 바워는 신장이 182센티미터이고, 체중은 대학교 1학년 때 75킬로그램, 2학년 때 77킬로그램, 3학년 때 79킬로그램이었다. 홈플레이트로 향하는 궤적이 더 빠르고 효율적(또는 직접적)일수록 작은 체구를 보완할 수 있다. 착지하는 다리로부터 던지는 팔까지 이루는 운동 사슬을 따라 에너지를 효율적으로 전환시키는 것이 구속을 높이는 그다음 결정 요인이다.

바워는 그것을 다음과 같이 설명한다. "인체의 한 분절分節이 가장 효율적으로 속도를 내려면 그 이전 분절은 완전히 멈춰야 합니다. 이전 분절의 움직임이 느려지는 순간 그다음 분절로 넘기는 에너지는 줄어듭니다."

린스컴의 별명은 '괴물The Freak'이었다. 그의 체구 대비 구속 때문이기도 했지만, 운동 능력이 뛰어났기 때문이다. 바워의 운동 능력은 린스컴만큼 뛰어나지는 않았다. 하지만 자기 스스로 스타가 되었고, 퍼시픽-10 컨퍼런스 기록집에 이름을 올렸다. 아쉽게도 린스컴의 퍼시픽-10 개인 통산 탈삼진 기록을 깨지는 못했다. 바워는 통산 460개를 잡았다. 그래도 린스컴의 단일 시즌 탈삼진 기록은 넘어섰다. 린스컴은 2006년에 125이닝 동안 199개의 탈삼진을 잡았고, 바워는 2011년에 136.2이닝 동안 203의 탈삼진을 기록했다. 바워는 그해 평균 자책점 1.25에 13승 2패를 기록했다.

MVP 머신

그럼에도 불구하고 팀 내 최고 선수의 라커룸 생활은 여전히 순탄하지 못했다. UCLA 전 동료였던 코디 데커Cody Decker는《USA투데이USA Today》와 진행한 인터뷰에서 다음과 같이 말한 적이 있다. "바워랑 잘 아는 사이라고 말할 순 없고요. 한 번 말 섞은 적은 있는데, '아, 다시는 하지 말아야지. 저런 경험은 평생 한 번 한 걸로 됐다'고 생각했습니다."

게다가 바워는 좋은 성적을 거두고도 금요일에는 등판하지 않았다. 금요일 경기는 대개 가장 잘 던지는 선발을 위한 무대다. 게릿 콜이 금요일을 맡았다. 콜은 모든 면에서 바워와 달랐다. 193센티미터의 신장에 몸무게는 104.5킬로그램이었고, 오른손 투수라면 이래야 한다는 모형이 되는 투수였다. 콜이 체구도 더 크고 구속도 더 빨랐지만, 바워는 거의 모든 부문에서 더 좋은 성적을 냈다. 성격과 관심사도 극과 극이었다. 둘이 대학 시절에 형성한 경쟁의식은 결국 메이저리그까지 이어졌다.

메이저리그 입성과 트레이드

2011년 신인 드래프트를 앞둔 시기였다.《스포츠 일러스트레이티드》는 바워의 자세나 태도 때문에 지명할 마음이 사라진 스카우트 부장들이 있다는 기사를 내보냈다. 경기 전에 제기차기를 한다는 것도, 불펜에서 몸을 풀 때 아이팟iPod을 듣는다는 것도 마음에 들지 않았고, 파란 빛이 바랜 바워의 모자도 싫었다. 사실 체구가 182센티미터에 80킬로그램밖에 안 되는 투수가 1라운더로 거론된다는 것 자체가 지각 변동이었는데, 이는 린스컴이라는 한 투수의 공로 때문이라고 할 수 있다. 바워도 이렇게 말한다. "린스컴 덕분이 큽니다. 제 지명 순위가 그 정도로 올라갈 수 있었던 건 오로지 린스컴 때문입니다. 넘을 수 없었던 벽을 깨주신 셈이죠."

6월 6일, 월요일, 2011년도 신인 드래프트가 시작됐다. 바워의 동료였던 콜이 전체 1순위로 지명된다는 것은 누구나 다 아는 비밀이었다. 피츠버그 파이리츠는 바워의 성적보다는 콜이 가진 체구와 최고 구속을 선호했다. 전체 2번을 뽑게 된 시애틀 매리너스는 드래프트에 나온 최고의 야수로 평가 받았던 라이스대학교Rice University 3루수 앤서니 렌던 Anthony Rendon을 선택할 것이라는 소문이 오래 전부터 떠돌았다. 그러나 렌던의 부상 이력 때문에 시애틀은 점점 조심스러워졌다. 드래프트가 시작하기 90분 전에, 당시 바워의 에이전트였던 조엘 울프Joel Wolfe는 전화 한 통을 받았다. 시애틀이었다. 바워를 전체 2순위로 지명하겠다고 주장했다. 그리고는 바워 측의 요구 사항을 물었다. 울프는 바워에게 바로 전화해서 물었다.

"저기, 2순위로 시애틀에 갈래? 아니면 3순위로 애리조나에 갈래?"

울프와 바워는 1~10순위로 지명하는 구단과 전부 면담하려고 했다. 만나기로 한 구단도 있지만, 거절한 구단도 있었다. 울프는 이렇게 말한다. "구단들은 우리를 면접 본다고 생각했습니다. 사실은 저희가 구단을 면접 보는 거였어요." 바워는 자기 훈련 일과를 수용해줄 만한 구단에 가기 위해 계약금도 양보할 생각이었다.

시애틀과는 면담도 이루어지지 않았다. 그리고 바워는 애리조나를 선호했다. 애리조나의 제리 디포토 당시 스카우트 및 육성 부사장은 드래프트를 준비하면서 여느 메이저리그 구단 임원만큼이나 바워를 잘 알게 되었고, 그 당시 일을 이렇게 기억한다.

"바워와 친분을 잘 쌓았다고 느꼈습니다. 눈을 보니까 알겠더라고요.

MVP 머신

새로운 길을 걷지 않았다고 말하긴 힘들죠. 왜냐하면 2011년에 지명 후 보자였을 때 바워의 경기 전 훈련 일과를 보고 눈 돌아가고 눈살 찌푸린 관계자들이 굉장히 많았습니다. …… 매일 경기가 시작하기 훨씬 전에 나와서 롱 토스 훈련을 철저하게 진행한 선수는 처음입니다. …… 불펜에서 숄더 튜브를 쓰는 것도 그랬고요. 당시로서는 처음 보는 장비들이 있는데, 지금은 사실 고등학교에서 프로까지 많이 사용하고 있습니다."

애리조나는 바워가 독특한 훈련 방식을 이어나갈 수 있도록 약속했다.

울프는 시애틀에 전화를 걸어 2,000만 달러(당시 약 220억 원)라는 터무니없는 금액을 요구했다. 참고로 전체 1번으로 지명받은 콜의 계약금은 800만 달러였다. 시애틀은 요구를 거절하고 전화를 끊었다. 그리고 두 시간이 채 지나지 않아서 버지니아대학교 투수 대니 헐첸Danny Hultzen을 지명했다. 이후에 어깨 부상이 심각해져서 선수 생활을 그만둬야 했던 투수다. 애리조나는 바워를 전체 3순위로 지명했다. 드래프트가 끝나고 디포토는 《스포츠 일러스트레이티드》에 다음과 같이 말했다. "투수의 능력이 어디까지인지 제대로 알아볼 수 있는 기회입니다."

바워는 7월 25일에 730만 달러(당시 약 80억 원)라는 계약금을 받고 입단했다. 그는 상급 클래스A 수준에서 프로 데뷔를 한 후에 더블A로 승격되었다. 시즌 말미에 합류했지만 프로 입단 첫해에 상대한 타자의 40퍼센트를 삼진으로 잡았다. 그런데 10월이 지나자 디포토는 에인절스의 단장 자리로 떠나버렸다. 애리조나는 바워와 케빈 타워스Kevin Towers 단장, 코치진과 육성 담당자 사이의 유일한 연결 고리를 잃어버렸다. 바워의 입장에서는 구단이 제대로 된 스카우팅과 배경 지식이 부족했기 때문에 관계가 틀어진 것이다. 디포토는 당시 상황을 다음과 같이 말한다. "제가 떠나서 구단이 바워와 소통하는 데 있어 어느 정도 영향이 있었던 것은 사실입니다."

애리조나와의 궁합은 재앙이나 다름없었다. 팀 동료들은 바워가 자만하며 냉담하다고 느꼈다. 본인도 자신이 말수가 적고 어울리려는 노력이 없었다는 것은 사실이라고 인정한다. 그렇지만 클럽 하우스에서 소외감이 자주 들고, 공통된 관심사를 찾지 못했기 때문이라고 한다. 예를 들면, 사냥에 대한 이야기를 나누는데 거기에 본인이 무언가 공유해줄 수 있는 것이 없었다고 한다.

설상가상으로 바워의 훈련 방식은 구단에서 해왔던 방식과 정반대였다. 초반에는 큰 문제없이 잘 흘러갔다. 메이저리그에 승격하는 데 그리 오래 걸리지 않았다. 2012년 6월 28일에 데뷔전을 치렀다. 지명된 지 1년이 조금 넘었던 때였다. 애틀랜타 브레이브스의 홈구장에서 4이닝 동안 2실점을 허용했다. 그런데 메이저리그 두 번째 선발 등판은 피닉스Phoenix에 위치한 홈구장에서 샌디에이고 파드리스를 상대로 가졌고, 경기 후에 기자단이 녹음기와 영상 카메라를 켜놓고 바워를 둘러쌌다. 신인이었던 바워가 노장 포수 미겔 몬테로Miguel Montero가 보낸 사인을 거절한 횟수와 몬테로의 볼 배합에 동의하지 않았던 부분에 대해 이야기하고 있었던 것이다. 투구에 관한 자기만의 방식을 몬테로에게 전달하는 데 더 신경 써야겠다고 설명했다. 그러고 나서 그 동일한 기자단은 몬테로 앞으로 모여 바워가 언급한 내용을 그대로 전했다.

"뭐라고요?" 몬테로의 반응이었다. "자기가 뭔데 저한테 이래라 저래라 하는 거예요?"

시즌이 끝나자 바워는 트레이드되었다. 데릭 홀Derrick Hall 애리조나 사장은 《USA 투데이》 기사를 통해 바워의 잘못을 내세우며 트레이드를 정당화했다. 기사에 따르면 익명을 요구한 애리조나 관계자들이 바워를 '외톨이'로 표현했다.

이듬해에 몬테로는 다음과 같이 지적했다. "자기가 다 안다는 식으로 생각하는 선수가 있으면 서로 합심하자고 설득하기가 상당히 힘듭니다. …… 전지훈련에서 제가 바워의 공을 받았는데, 첫날부터 100구를 던져서 엄청 힘들었습니다. 다음에 던질 때도 또 그러는 거예요. 남이 하는 얘기를 듣지 않았습니다."

팔비는 이 부분에 대해 이렇게 설명한다. "바워를 어떻게 생각하든지 본인은 모든 걸 다 안다고 생각하지 않습니다. 오히려 더 많은 걸 알기 위해 파고들려고 하죠."

선수 육성의 새로운 기준이 되다

그렇게 랜치에 처음 방문한 지 일주일 후에 클리블랜드 관계자로 이루어진 파견단은 휴스턴 근교를 다시 찾아, 바워를 저녁 식사에 초대했다. 애리조나가 감당하지 못한 그 선수를 더 알고 싶었다.

식사하면서 바워가 기대하는 부분을 듣고, 구단의 기대를 설명했다. 본인의 훈련 일과를 보장해주는 대신 클럽하우스 안에 있고, 구단의 방침을 따르며, 팀 동료와 잘 어울려야 한다는 조건을 걸었다. 먼 거리를 던지거나 본인만의 장비를 사용하는 것은 허락해주기로 했다. 새 출발이나 다름없었다.

물론 클리블랜드 입장에서는 저평가된 투수를 영입할 기회였다. 하지만 바워는 구단이 적극적으로 나온 데는 다른 의도가 있을 것이라는 낌

새를 쳤다.

당시는 클리블랜드가 선수 육성 방식 대부분을 재검토하고 있을 때였다. 예를 들어 웨이티드 볼을 사용하기 시작했지만, 팔비 운영 부사장에 의하면 '활발하게' 진행되지는 않았다고 한다. 만일 바워가 성공한다면 변화의 주역이 될 수 있다고 봤다. 더 나은 야구 선수를 육성하는 방법을 구단이 직접 목격할 수 있게 된다.

바워는 이렇게 설명한다. "얼굴 마담이 필요했던 거겠죠."

클리블랜드 관계자들이 떠나고, 바워는 다음 시즌 준비를 계속했다. 그러던 중 랜치에 초빙된 한 강사에 관심을 갖게 되었다. 울포스는 정기적으로 랜치에 전문가를 불러 강연을 진행해왔다. 그 강사는 데이터 수집과 첨단 기술에 대해 발표했다. 거기에서 바워가 소유한 것과 비슷한 초고속 영상 카메라도 소개했다. 랜치에는 첨단 장비가 많지 않았고, 기술 향상을 위한 연구가 엄밀하게 이루어지는 시도도 많지 않았다. 발표가 끝나자 바워는 궁금한 점이 있다면서 강사에게 다가갔다. 투구 동작을 초고속 영상 카메라로 찍으면, 화면에 나타나는 프레임이 누락되는 현상이 나타난다고 말했다. 그러자 강사는 답변했다.

"아, 큰 문제는 아니고요. 그냥 메모리 카드가 안 맞는 겁니다. 메모리 카드 속도가 너무 느려요."

둘은 번호를 서로 교환했다. 바워는 며칠 후에 연락해서 감사의 말과 함께 문제가 해결되었다고 전했다. 그 강사는 현재 야구의 오래된 관습을 뒤집는 데 있어 바워만큼이나 이름이 거론되는 인물이다. 그의 이름은 카일 보디Kyle Boddy다. 최초의 선수 육성 혁명은 거의 한 세기 전에 일어났는데, 바워와 보디는 그때만큼이나 격심한 변화를 함께 일으켰다.

MVP 머신

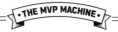

3장 노새를 경주마로 만들기

Can you take me high enough 나를 높이 데려가줘

to fly me over yesterday? 어제를 넘길 수 있도록

Can you take me high enough 나를 높이 데려가줘

It's never over 넘어가진 않아

Yesterday's just a memory 어제는 추억일 뿐이야.

– 댐 양키스Damn Yankees의 〈하이 이너프High Enough〉

팜 시스템과 체계적 선수 육성의 시작

트레버 바워가 텍사스 베이스볼 랜치에 입소하기 전까지 메이저리그 구단들은 수십 년 동안 각자의 방식으로 선수를 육성했다. 다른 방법이 나오면 적대적으로 대하거나 관심을 주지 않았다. 그런데 그보다도 이전, 즉 메이저리그 첫 50년 동안에는 구단이 선수를 육성하지 않았다. 육성을 제대로 하지 못한 것이 아니라, 실제로 선수가 최고의 무대에 가기까지 아예 지도하지 않았다는 뜻이다. 대신에 이미 만들어진 선수를 영입하거나 사들였다.

마이너리그는 대부분 20세기 초중반까지만 해도 메이저리그와는 아무런 유대가 없었다. 각 마이너리그 회원 구단은 독립체로 운영되었다. 경비를 대준다거나 가장 매력적인 선수를 홍보해서 얻는 수익을 거둬들이는 '모구단'이 없었다. 지금처럼 메이저리그 구단이 트리플A에서 유망주를 승격시키기 전에는 다른 메이저리그 구단이나 마이너리그 구단으로부터 재능 있는 선수를 트레이드해 오거나 사들였다. 아니면 경기력이 가장 높은 마이너리그에서 미처 승격되지 않은 선수를 지명하거나, 어떻게 하다 다른 마이너리그 또는 메이저리그 구단의 레이더망을 피한 즉시 전력감 아마추어 선수를 방방곡곡 찾아다녔다.

선수들은 마이너리그의 여러 단계를 밟아나가면서 수많은 자치단체를 거쳐야 했기에, 마크 아머와 대니얼 레빗의 2015년 저서 《페넌트를 찾아서In Pursuit of Pennants》(국내 미번역)에 의하면 그 당시 선수 육성은 오늘날보다 '훨씬 비효율적으로 통제되고, 무관심하게 운영되는' 방식이었다.[1] 오늘날 미국의 기술 산업 용어로 치면 붕괴의 시기가 무르익었던 것이다. 19세기 이후 최초의 흑인 선수였던 재키 로빈슨Jackie Robinson을 계약하고 메이저리그에 승격시킨 브랜치 리키Branch Rickey가 주된 붕괴 요인이었다. 리키는 선수 관리로 이름을 날리기 전에 잠시나마 메이저리그를 밟은 경험이 있다. 빌 제임스와 빌리 빈, 빌리 그레이엄Billy Graham 목사를 한 데 섞어놓고, 시가를 물리고, 송충이 눈썹을 붙이고, 나비넥타이를 달아주면 바로 리키의 모습이다. 그와 로빈슨은 인종 장벽을 무너뜨렸다. 눈에 띄게 잘못된 점을 바로잡고, 고의로 무시했던 재능을 활용하겠다는 것이 리키의 의도였다. 하지만 그보다 수십 년 전에 리키는 세인트루이스 카디널스의 임원이었고, 선수를 긁어모으고 선수 육성을 표준화하는 방법, 즉 팜farm(농장) 시스템을 선도하며 혁신을 일으켰다.

리키는 부자 구단과 돈으로 승부했다가는 필패한다는 것을 깨달았다. 그리고 당시 휘하에 훌륭한 스카우트였던 찰리 배럿Charlie Barrett에게 다음과 같은 전보를 쳤다. "짐 싸서 복귀할 것. 앞으로 선수는 자체 육성할 것임." 리키는 1919년 말에 샘 브리던Sam Breadon 당시 세인트루이스 사장과 함께 구단이 직접 소유하고 운영하는 마이너리그 구단들로 이루어진 네트워크를 구축해나갔다. 수백 년을 걸쳐 되풀이되는 현상이지만, 그때도 보수적인 야구 관계자들은 그렇게 틀을 깨는 사고방식을 비하했다. 당시 뉴욕 자이언츠(연고지를 바꾸기 이전의 샌프란시스코 자이언츠 — 옮긴이)의 전설적인 감독 존 맥그로John McGraw는 "가장 바보 같은 생각이다. 리키가 시도하려는 건 이루어질 수 없다"[2]고까지 말한 바 있다. 하지만 리키의 시도는 현실로 이루어졌다. 그 바탕에는 수시로 진행되는 입단 테스트와 배럿의 스카우팅 능력, 리키의 대학 야구 지도자 인맥이 큰 역할을 했다(아울러 마이너리그 선수의 보류권을 유지하기 위한 창의적이고도 합법적으로 보이는 방법들도 있었다).

대공황으로 인해 등록 선수 규모에 대한 규제가 완화되자, 세인트루이스는 1931년에 세 팀뿐이었던 팜 구단을 1932년에 11팀으로 늘렸다. 그 노력은 타 구단들이 모방하면서 전파되었다. 리키가 앞서나갔다는 것을 뒤늦게라도 알아차린 것이다. 1937년에 《더 스포팅 뉴스 The Sporting News》의 한 기자는 메이저리그가 급속도로 '리키화'되었다고까지 표현했다. 1920년에 총 세 팀에 불과했던 팜 구단이 1939년에 168팀으로 불었다.[3] 세인트루이스의 경우 1940년에 32팀까지 보유한 적이 있다. 직접 소유하지 않은 구단과 '업무 협약'을 맺은 경우까지 합친다면 800명에 가까운 선수들이 휘하에 있었다고 알려졌다. 아머와 레빗이 언급하기를, 선수 등록이 완화되고 10년 동안 팜 구단이 연평균 세 팀 미만인 구단도 있었던 반면, 세인트루이스는 20팀 이상에 달했다.

리키는 이후에 "팜 시스템은 가난한 구단이 유일하게 경쟁에서 체면을 살릴 수 있는 수단"[4]이라는 의견을 내놓았다. 그렇게 세인트루이스는 "양이 많으면 질 좋은 결과가 나온다"는 리키의 선수 육성 철학을 바탕으로 꽤 괜찮은 성과를 이뤘다. 리키의 팜 시스템에서 배출한 첫 선수가 데뷔했던 1922년부터 리키가 브루클린 다저스(연고지를 바꾸기 이전의 로스앤젤레스 다저스 — 옮긴이)로 이직했던 1942년까지 세인트루이스는 뉴욕 양키스 다음으로 가장 많은 승리를 거두었고, 내셔널 리그를 여섯 차례 우승했다. 그가 구축한 세인트루이스는 그가 떠난 직후에도 4년 동안 리그 우승 3회에 전체 우승 2회를 거머쥐었고, 1953년까지 매년 시즌 승률이 5할을 넘겼다. 1953년이면 리키가 일구어낸 브루클린 다저스가 만년 강팀이고, 리키는 피츠버그 파이리츠로 이직을 또 해서 1960년 월드 시리즈 우승팀의 주축 선수들을 긁어모았던 시기다.

그 시점에 거의 모든 마이너리그 구단은 메이저리그 구단의 혜택을 받았다. 아머와 레빗이 "20세기 전반 동안 선수단 구축과 선수 영입에 나타난 가장 큰 변화"[5]라고 표현한 것이 현실이 되었다. 그런 변화를 주도한 것도 리키였고 그런 변화로부터 가장 많은 혜택을 누린 것 역시 리키였지만, 그가 육성에 기여한 것은 거기에서 끝나지 않았다. 리키는 선수를 대량 영입해서 자기 '체인점'들을 채우는 방법을 고집했지만, 선수 육성의 비결이 그저 '계약해서 몇 년 동안 묵히면' 되는 것이 아니라는 점도 인지하고 있었다. 입맛에 맞는 선수가 되기 위해서는 약간의 조련이 필요했다.

경쟁자들은 경기를 뛰어야만 실력이 는다고 믿었다. 그러나 리키는 구체적인 기술을 연마하는 것이 중요하다는 의견을 믿었다. 그는 미시간대학교 야구부 감독으로 4년 간 부임하면서 배팅 케이지batting cage라고 부르는 타격 연습장을 고안했다. 본인도 선수 시설 포수였기에, 연습구를 빠지지 않도록 받아주느라 타격을 훈련할 기회가 적었던 포수들을 돕기 위해 생각해냈다. 몇 년 후에 등장할 타자 헬멧을 발명한 것도 리키였다. 주자가 베이스에 도달하는 방법을 연마하기 위해 슬라이딩 피트sliding pit라고 부르는 조그마한 흙밭도 만들었다. 아울러 끈을 다양한 방식으로 묶어서 투수의 제구를 잡는 데 도움을 주었다. 투수는 스트라이크 존의 가장자리에 던지면 원시적이지만 일종의 피드백을 받을 수 있었다. 리키는 취임 첫 해에 그렇게 만든 발명품들을 훈련장으로 가져갔는데, 이는 수십 년이 지나서도 팀 훈련의 중요한 부분으로 남았다. '선수의 약점을 고칠 수 있는 특효약은 땀'이라는 그의 신념이 남긴 부산물의 실체라고 할 수 있다.

로저스 혼스비Rogers Hornsby는 리키 밑에서 성장한 뛰어난 제자다. 신경질적이지만 그 누구도 넘지 못하는 2루수로, 1915년에 리키의 휘하에서 메이저리그로 승격되었다. 리키의 동료였던 렉스 보언Rex Bowen은 혼스비의 타격이 좋아진 것은 리키의 도움이 컸다고 이야기했다. 보언의 말에 따르면 혼스비는 초창기에 3루 파울선을 따라 당겨 치는 경향이 있었는데, 리키가 이 부분을 교정했다고 한다. 열흘 동안 매일 아침 모든 타구를 투수를 바라봤을 때 우측으로 보내는 훈련을 시켰고, 배트를 수없이 휘둘렀다. 보언은 "더 잘하겠다고 너무 열심히 한 나머지 엄

지손가락을 부러뜨릴 뻔한 적도 있다"고 말했다.[6]

그런 경험에 야구를 더 잘하겠다는 공통된 집념으로 인해 1926년에 혼스비가 트레이드될 때까지 리키와 혼스비 사이에 잦은 충돌이 있었다. 혼스비는 트레이드되기 바로 직전 시즌에는 선수 겸 감독으로까지 활약했다. 리키가 맡았던 감독 자리를 대체했던 것이다. 감독 자리에 오르자마자 혼스비가 한 일은 리키가 진행해왔던 경기 전 회의를 없애고, 설명을 묘사하기 위해 사용한 칠판들을 버린 것이다. "경기는 안타로 이기는 거지, 좋은 아이디어로 이기는 것이 아니다." 당대 최고 2루수가 주장한 말이다.

그의 말이 틀린 말은 아니다. 하지만 안타가 나오기 위해서 선수는 잠재력을 발휘해야 한다. 그리고 그 과정을 추진할 수 있는 동력이 아이디어다. 리키는 세인트루이스와 다저스에서 근무하는 동안 자칭 '완성된 선수를 만족시키는 능력'[7]을 개발하는 방법을 더 많이 적용했다. 리키의 스카우트들은 더 이상 메이저리그 유니폼을 바로 입을 수 있는 즉시 전력 선수를 보러 다니지 않았다. 장기적으로 보고 도박해볼 만한 선수를 쫓았고, 그렇게 해서 영입한 유망주는 리키가 말하기를 "돈이라는 열매로 익을 수 있도록"[8] 훈련시킬 관리인에게 넘긴다.

리키의 소위 조립 라인은 1940년대 말에 플로리다주 비로비치Vero Beach에 다저스타운 훈련장(2012~2020년에 SK 와이번스가 전지훈련장으로 이용 — 옮긴이)이 개장하면서 가장 큰 성과를 거두었다. 해군 기지가 있던 자리에 지은 엄청난 규모의 전지훈련장이었다. 리키의 전기를 썼던 리 로언피시Lee Lowenfish는 "영원한 야구 대학 캠퍼스로, 모든 선수가 최상급의 지도자들에게 훈련받을 수 있다"고 표현했다. 어마어마한

MVP 머신

규모 덕분에 메이저리그에서 클래스D까지(당시에는 마이너리그 체계가 트리플A, 더블A, 클래스A~D로 나눠졌다 — 옮긴이) 곧 다저스 소속으로 뛸 수백 명의 선수에게 동일한 훈련 내용을 전달할 수 있었다. 그곳에서 리키가 원하는 방식의 야구를 배웠다. 그의 강연을 듣고, 풀 시즌 리그를 뛰는 데 필요한 훈련을 진행했다.

리키의 신봉자로 잘 알려진 프레스코 톰슨Fresco Thompson은 오랫동안 다저스의 육성을 도맡았고, 그의 회고록 《다이아몬드라고 다 반짝이는 것은 아니다Every Diamond Doesn't Sparkle》(국내 미번역)에 다음과 같이 적었다. "무엇을 가르치고 어떻게 가르치는지에 대해서는 생각을 같이 하고 있다. 따라서 선수가 다저스타운을 떠나 마이너리그 구단에 간다고해서 다저스타운에서 배운 것과 상반되는 내용을 가르치지는 않는다는 것을 확신할 수 있었다." 톰슨은 타격 연습장과 투구 머신, 끈으로 준비한 불펜, 슬라이딩 연습장을 쭉 둘러보면서 농담을 던졌다. "어쩌면 다음 시즌에는 로봇 타자를 들여와서 실제 선수는 전부 없앨 수도 있겠네요."[9]

선수 육성을 위한 새로운 시도들

리키가 선도한 산하 마이너리그 구단 늘리기라는 유행에 응답한 구단은 메이저리그 성적으로 보상받았다. 롭 아서Rob Arthur 베이스볼 프로스펙터스 기자가 우리를 위해 그 부분을 분석해줬다. 1920~1960년에 산하 마이너리그가 없던 구단이 한 개 이상으로 늘리는 것의 가치는 연간 2.25승이었다. 산하 구단이 평균 미만에서 평균보다 많아지면 연간 7.7승이라는 놀라운 가치를 보였다. 하지만 평균보다 두 배 이상 많아지면 보상이 오히려 감소했다. 즉, 전체적으로는 팜 구단을 하나 늘리면 모구단은 향후 매년 2.25승, 5년 동안 평균 11승의 가치를 창출한다. 마이너리그 체계를 구축하고, 젊은 피를 그 안에서 수혈하는 것이 수년 동안 이기기 위한 가장 최선이자 경제적인 방법이었다.

하지만 그 정도로 절약할 수 있는 방법은 영원히 지속되지 않는다. 1960년에는 산하에 팜 구단이 일곱 개가 안 되는 구단이 하나, 12개가 넘는 구단이 하나였고 나머지 구단들은 모두 7~12개의 산하 구단을 가지고 있었다. 마이너리그 규모가 가장 큰 구단과 작은 구단의 격차도 줄었고, 육성 선수가 진화하는 속도도 느려졌다. 그렇다 하더라도 브랜치 리키의 혁신과 현대적인 선수 육성으로 인해 틀에서 벗어난 네 가지 과도적인 실험이 있었다. 그중 세 가지는 앞을 내다보지 못했고, 한 가지는 선견지명을 발휘한 경우였다. 앞을 내다보지 못한 경우가 먼저 일어났다.

필립 리글리Philip Wrigley 시카고 컵스 구단주는 1932년에 아버지가 돌아가시자마자 가업을 물려받았다. 아버지 윌리엄 리글리William Wrigley는 껌 사업에서 크게 성공한 거물이었다. 필립 리글리는 공장 자동화와 라디오 및 텔레비전 광고, 제2차 세계대전 때 미국 육군과의 협력 등 혁신적인 방법으로 재정 기반을 더 견실하게 다졌고, 그것으로 관리 능력을 인정받았다. 커다란 성과는 없었지만, 그는 데이터를 기반으로 한 껌 생산 및 영업 방식을 야구에 적용해보기도 했다.

리글리는 1938년에 스포츠 심리학이라는 신생 학문의 개척자였던 콜먼 그리피스Coleman Griffith를 채용했다. 시카고 컵스가 혹독한 훈련 프로그램을 적용하는 데 조언을 부탁했다. 그것이 바로 첫 번째로 실패한

과도적인 실험이었다. 리처드 퍼저Richard Puerzer 박사는 2006년 미국야구학회SABR: Society for American Baseball Research에 기고한 논문을 통해 그리피스는 "선수의 영상을 촬영하고, 향상된 훈련 체계를 추천하고, 육성 진행 과정을 그림과 도표로 나타내며, 타격 및 투구 훈련이 실전 상황과 근접하게 느껴지도록 변화를 줬다"고 설명했다.[10] 그리피스는 첨단 선수 육성 방식을 대략 80년이나 앞서 생각했던 것이다.

심리학 교수 크리스토퍼 그린Christopher D. Green은 2003년에 작성한 논문에 그리피스를 다음과 같이 설명했다. "그리피스는 코치들이 대개 생각하는 것과 달리, 메이저리그 선수들은 신체가 허용하는 경기력의 한계에 도달하지 못했다고 주장했다. 현재 진행하는 훈련법으로 늘릴 수 있는 한계에만 도달한 것이라고 생각했다." 한 보고서에서는 그리피스가 "감독과 선수 대부분 직전 시즌에 달성한 기술과 판단 능력을 회복하는 의도일 뿐, …… 새로운 기술을 습득하거나 이미 가진 기술의 기본적인 특성을 바꿔서 더 유용하거나 생산적으로 만들 의도는 없었다"는 불만을 털어놓았다. 또한 선수의 단점을 "본능이나 유전에 호소하는 일은 게으르고, 사무적이며, 무식한 사람이 직무를 회피하는 것이나 다름없다"고 주장했다.[11]

1938년에 컵스의 감독은 찰리 그림Charlie Grimm이었는데 시즌 도중에 교체되었다. 그는 로저스 혼스비의 후임으로 감독 자리에 올랐고, 혼스비보다 더 보수적이면 보수적이었지 개방적이지는 않았다. 심지어 자서전에는 '교수와 유사 과학자'에게 악담을 퍼부었다.[12] "빛의 속도를 재는 크로노스코프와 느린 영상 카메라로 무장한 소위 문어 대가리였던 그리피스는 위험인물이었다."

그리피스는 '경기력에 효과적인' 훈련은 하루에 평균 47.8분만 진행된다는 결론을 내렸다. 그러면서 '페퍼Pepper' 게임(경기 전에 많이 하는 몸을 풀어주는 훈련)을 할 때 타자와 야수 사이의 간격을 점차 줄여나가야 한다거나, 실전 타석처럼 타격 연습에 임한다거나, 투구 연습 시 타석에 실제 타자를 세워서 좀 더 실전과 같은 상황을 재현하는 방법 등을 제안했다. 하지만 당시 그림 감독은 무시하거나 딱 잘라버렸고, 그리피스의 분노를 샀다. 리글리 구단주에게 올리는 그리스피의 보고서 내용은 점점 더 신랄해졌다. 심지어 한 보고서에는 "'야구 마법'의 광범위한 믿음으로 인해 야구를 좀 더 과학적인 기반을 토대로 임하고자 하는 자신의 시도는 쇠퇴하게 되었다"며 한탄하는 내용도 있었다. 결국 구단과 그리피스의 인연은 1940년에 막을 내렸고, 이에 대해 크리스토퍼 그린 교수는 "시카고 컵스와 나머지 메이저리그 구단은 그리피스가 등장하기 이전의 상태를 이어나갔다"고 적었다.

이후 컵스는 16년 연속으로 5할 이하의 승률을 올리게 되는데, 1961년은 그 기간의 막바지였다. 리글리는 너무나도 실망했던 나머지, 현장 감독이라는 자리가 없이 진행하기로 결정했다. 리처드 퍼저 박사는 자신의 논문에서 이러한 결정을 '혁명적이고 급진적이며 지금까지 이어진 메이저리그의 관습에 도전한 것'이라고 평가했다. 그것이 바로 '순환 코치단College of Coaches'으로 불리게 된 개념이다.

리글리의 전략은 당시 컵스의 포수 엘 태피El Tappe의 제안에서 영감을 얻은 것이다. 마이너리그를 순회하는 전문 코치를 채용하자는 것이 태피의 의견이었다. 리글리도 브랜치 리키와 마찬가지로 능률적인 지도 방식을 원했고, 태피의 아이디어를 메이저리그 단계에도 확대했다. 새로

MVP 머신

운 모델은 8~14명으로 이루어진 코치진이 동일한 직위와 연봉을 받고 시카고 컵스와 그 산하 구단들을 순회하는 방식이었다. 코치진은 번갈아가며 메이저리그 구단의 '수석 코치'를 맡은 후에 마이너리그 구단들을 돌았다. 리글리가 보통 '관리팀'으로 불렀던 순환 코치단은 경영 효율성을 야구에 응용한 대표적인 사례였다.

《로스앤젤레스 타임스Los Angeles Times》의 한 기자는 리글리를 '사람을 달에 보내겠다고 하는 과학자', 그리고 그 과학자들에게 달을 향해 가보자고 지시했던 존 F. 케네디John F. Kennedy로 비유했다. 케네디 전 대통령은 자동화되었다고 노동력을 종식시키는 것은 아니라고 시사한 것(당시 케네디 전 대통령은 "인간이 실직자가 생길 만큼의 새로운 기계를 만들 능력이 있다면, 그들을 다시 복직시킬 능력도 있다"고 말했다 — 옮긴이) 처럼 컵스는 이제 한 명이 감독할 일을 열 명이 하게 되었기 때문이다.[13] 하지만 애석하게도 컵스의 투수진이 너무 약해서 감독이 몇 명이든 이기기 힘들었다. 게다가 그렇게 도입한 체제마저도 실패작이었다. 지도 방식에서 일어나는 불협화음을 줄이겠다는 의도로 기획했지만, 정반대의 결과가 나타났다. 결국 리글리는 1963년 1월에 실패를 인정하면서 다음과 같이 말했다. "수석 코치마다 자기만의 이상이 있었고, …… 표준화된 경기 방식을 이루겠다는 목표를 달성하지 못했다."[14]

그렇다 하더라도 리글리는 계속해서 전통적인 방식에 맞서겠다며 공군 대령으로 전역한 로버트 휘틀로Robert W. Whitlow를 육성 부장 자리에 앉혔다. 휘틀로는 구단 전체를 감독하고 리글리에게 직접 보고하는 일을 맡았다. 그는 운동 기구를 구입하고, 훈련 일정과 식단을 짜며, 심리학을 구단 운영에 접목할 것을 제안했다. 하지만 그리피스와 마찬가지로 그의 시도는 받아들여지지 않았고 1964년 시즌을 끝으로 휘틀로 역시 사임했다. 리글리는 "야구인들은 새로운 생각을 가진 사람을 받아들이는 데 둔하다"며 한탄했다.

야구 연구 사업

'순환 코치단'과 '휘틀로식 육성' 같은 시카고 컵스의 실험들이 사그라지자, 또 다른 내셔널 리그 구단이 잘 알려지지는 않았으나 장기간 이루어진 연구를 의뢰했다. 명칭은 야구 연구 사업Research Program for Baseball이었는데, 창의적인 연구 목적에 비해 상당히 진부한 이름이었다. 이 연구는 터비 레이몬드Tubby Raymond 당시 델라웨어대학교 야구부 감독이 밥 카펜터Bob Carpenter 필라델피아 필리스 구단주 겸 사장에게 대담한 제안을 하면서 시작되었다. 레이몬드는 타자 수백 명의 스윙 특성과 시력, 심리적인 기질 등을 검사할 계획이었다. 그것으로 필라델피아는 하위권 유망주를 추려내거나, 아니면 좀 더 적극적인 방법으로는 유망주들에게 달성 과제를 부여할 수 있도록 기준을 마련하는 것이었다. 카펜터 구단주는 당시 델라웨어대학교의 후원자로 잘 알려졌고, 레이몬드의 계획을 지원하는 일에 동의했다.

연구 사업의 관계자들은 1963년부터 매해 전지훈련 때마다 플로리다로 가서 여러 구단에서 뛰는 마이너리그 선수 수백 명의 정보를 수집했다. 정규 시즌 동안에는 필라델피아의 메이저리그 타자들을 검사했다. 데이터 수집은 델라웨어대학교에서 심리 검사를 담당하는 교수와 세계적인 눈 건강 제품 업체 바슈롬Bausch & Lomb에서 휴대용 검사기로 시력과 거리 인지 능력, 투구 판단 능력 등을 측정하는 사원의 도움을 받았다. 아울러 듀폰사의 물리학자들이 스윙의 속도와 가속도, 들어가는 힘, 평탄한 정도 등을 측정할 수 있는 배트를 제작해줬다. 연구 사업을 도왔던 밥 해나Bob Hannah는 다음과 같이 말한다. "당시 그런 사업은 유일했습니다. 오늘날 볼 수 있는 온갖 장비들의 선조격이라고 할 수 있죠." 해나는 레이몬드의 감독 자리를 물려받았다(레이몬드는 해나에게 감독 자리를 물려준 지 2년 후에 같은 대학교의 미식축구부 수석 코치로 부임했다 ―옮긴이).

사업의 한 해 진행 상황을 보고서로 작성하는 것이 해나의 업무였다. "본 연구는 근본적으로 프로 야구 선수를 선발하고 훈련시키는 데 유용할 유효하고도 신뢰할 만한 측정 기구 또는 장치는 제작될 수 있다는 점을 가정한다."[15] 그가 처음 쓴 스카우팅 보고서의 첫 문장이다. 지금이야 누구도 트집 잡을 그런 가정은 아니다. 그러나 1960년대에는 복잡한 기계가 선수 영입이나 육성에 관여한다는 일을 받아들이기에 무리가 있었다. 듀폰이 제작한 배트에는 가속도계가 장착되었고, 타자는 배트에 심은 스트레인 게이지와 연결된 기록 장치를 착용했다. 그렇게 해서 배트의 움직임을 사람이 기록할 수 있도록 전기 자극으로 변환해준다.

해나가 설명을 이었다. "전부 걸음마 단계였습니다. 저희가 진행했던 과정을 비교할 수 있는 배경 지식도 없었습니다." 시간이 지나자, 높은 수준의 타자가 어떤 특징을 가졌는지를 나타내는 분석표가 나왔다. 가장 빠른 스윙은 양손 타자 안타왕 피트 로즈Pete Rose가 오른쪽 타자석에서 휘둘렀던 것이다. 행크 에런Hank Aaron처럼 측정에 동의한 당대 전설급 타자들보다 앞섰다.

연구 사업의 데이터는 카펜터가 부과한 계약 조건에 따라 필라델피아만 사용할 수 있었다. 하지만 그 데이터를 의미 있게 사용한 적은 없었다고 해나는 말한다. 딕 앨런Dick Allen이 시력 검사를 받고 안경을 맞춰야겠다고 결심하게 만들기는 했다. 해나는 당시 상황을 이렇게 말한다. "당시 메이저리그는 오랫동안 전해온 규칙을 적용하기만 했던 시절이었습니다." 한 번은 필라델피아 소속 스카우트들과 회의를 가졌다. 연구 사업의 성과와 재능을 정확하게 판단하는 데 도움이 되는 부분에 대해 브리핑을 했고, 당시 상황을 이렇게 표현했다. "회의 중에 하품이 상당히 많이 나왔습니다. …… 진전이 빨리 이루어지진 않았죠."

당시 스카우트들은 육안에 의존하겠다고 고집했고, 장비를 사용한다고 해봤자 스톱워치에 그쳤다. 애매한 메이저리그급 선수들의 경우, 연구 사업의 존재를 더더욱 받아들이지 않았다. 3루수 돈 호크Don Hoak는 연구 결과가 자신이 방출될 건수를 (수준 이하의 타격 외에) 더 만들까 봐 불만이었다. 나이도 30대 중반에, 시력 검사에서 좋은 결과가 나오지 않았던 것이다. 해나의 말을 빌자면 이렇다. "정말로 들어와서, 검사 때문에 거리로 나가게 된다면 대가를 치르게 될 거라고 협박하더군요."

스카우트들이 완고하게 나오자, 해나와 동료들은 연구 결과를 선수 육성에 적용해보는 쪽으로 눈을 돌렸다. 그동안 수집한 데이터는 구단에게 데이터를 기록하는 방법을 제공할 뿐만 아니라, 객관적인 피드백을 주고 보완이 필요한 부분을 정확하게 진단함으로써 유망주들의 육성에 박차를 가할 수 있다는 점을 깨달았다. 《달러 사인 온 더 머슬Dollar Sign on the Muscle》(국내 미번역)은 1984년에 출판된 스카우팅에 관한 책인데, 저자 케빈 커레인Kevin Kerrane은 다음과 같은 글을 적었다. "연구진은 매년 전지훈련 때 시력 검사 결과와 배트 검사 결과를 같이 놓고 보자, 놀랍게도 어린 필라델피아 마이너리그 타자들의 공격력을 꽤 정확하게 예측할 수 있었다."[16] 그렇지만 윗사람의 관심이 없다면 예측은 아무 소용이 없다.

야구 연구 사업은 카펜터가 사장 자리에서 물러난 1972년까지 진행되었다. 이후에 연구원들의 노고가 담긴 결과물은 증발해버렸다. 어디 창고 안에 있거나, 어쩌면 문서 세단기에 갈렸을 수도 있다. 해나는 이렇게 말한다. "수년 간 쌓았던 기록들이 방 한 가득 있었는데, 어떻게 됐는지 전혀 모르겠습니다."

로열스 아카데미

선수 육성의 연대기를 보면 브랜치 리키에서 오늘날까지 오는 과정이 상당히 길지만 거의 한결같았다. 그래도 그 안에 확실하게 뛰었던 일 한 가지가 남았다. 바로, 리키의 집권적 지도 방식과 리글리와 해나의 과학을 접목한 로열스 아카데미Royals Academy다. 비록 오래 가지는 못했지만, 훌륭한 곳이었다.

리글리가 진행했던 실험들과 마찬가지로 로열스 아카데미도 야구인들의 시야를 넓히고자 노력했던 한 사업가의 두뇌에서 나온 아이디어였다. 1968년에 유잉 카우프만Ewing M. Kauffman은 아메리칸 리그에 편입될 신생 구단을 인수했고, 이후에 로열스Royals(캔자스시티 일대에서 개최하는 대규모 농축산물 전시회 '아메리칸 로열American Royal'에서 따온 별칭 ─ 옮긴이)라는 이름이 부여됐다. 카우프만은 1950년에 자기 지하실에서 매리언 연구소Marion Laboratories라는 제약 회사를 시작한 기업가로《더 스포팅 뉴스》는 그가 "막대한 개인 자산과 뛰어난 경영 감각, 그리고 아무것도 모르는 야구 지식으로 무장했다"고 표현했다. 마지막에 설명한 '아무것도 모르는 야구 지식으로 무장한 것'은 사실 불리한 조건이라기보다는 오히려 도움이 되었던 부분이었다. 야구는 전혀 새로운 분야였기에 카우프만은 과거에 했던 일이 주는 부담감으로부터 영향받을 일은 없었다.

전설적인 스카우트 아트 스튜어트Art Stewart는 현재 나이가 90대고, 지금도 캔자스시티의 고문으로 활동한다. 그는 카우프만 구단주와 스카우트들이 가졌던 첫 만남을 기억한다. 캔자스시티의 옛 콘티넨털 호텔에서 진행되었다. 스튜어트에 의하면 카우프만은 '훌륭하고 …… 시대를 앞섰던 사람'이며, 당시 야구인들이 들어보지도 못한 해답을 찾고 있었다. 스튜어트는 말을 이었다. "그분은 분명하게 물어보시더군요. '여러분, 우리 구단과 메이저리그 팀에서 뛸 수 있는 재능을 어떻게 찾습니까?' 그때 누군가 일어나서 이렇게 답했습니다. '지명하고, 트레이드하고, 웨이버도 있고, 뭐, 그 정도 아닙니까?' 그랬더니 그분(카우프만)은 선수를 육성할 수 있는 방법이 더 많아야 한다고 말씀하셨죠."

스튜어트 고문이 기억하기로는 카우프만은 그 자리에 모인 스카우트들에게 그 방법에 대해서 조금 더 생각해보겠다고 말했고, 이후에 다시 모인 자리에서 한 가지 방안을 제안했다. 바로 뛰어난 운동신경을 가진 운동선수들을 모아 입단 트라이아웃을 여는 것이었다. 그래서 육상과 미식축구, 농구 스타들을 보고 야구에도 적용할 만한 재능 있는 선수들을 찾았다.

카우프만 구단주는 전국적인 선수 수집망을 가동하면서 어떤 능력에 초점을 둬야 할지 결정하기 위해 미국 항공우주국NASA과 미국 해군연구청Office of Naval Research에서 실험심리학자로 근무한 레이몬드 라일리 Raymond Reilly 박사를 채용했다. 라일리 박사는 프로 선수 150여 명(대부분 캔자스시티 선수)의 시력과 심리 운동 반응, 심리적 기질 등을 검사한 결과 달리기 속도(브랜치 리키가 가장 좋아하는 능력)와 높은 시력, 빠른 반응 속도, 뛰어난 균형 감각을 가장 선호해야 할 신체 능력이라고 밝혔다. 이후에 구단에서 그런 능력을 가진 가능성이 있는 선수를 찾기 위해 트라이아웃 공고를 여기저기 홍보했다. 공고에는 참가자 가운데 위에서 언급한 네 가지 조건에 부합하는 자를 고려하겠다고 적었다. 기본 자격 요건은 만 20세 미만의 고등학교 졸업자고, 4년제 대학교에 등록되거나 타 메이저리그 구단에 지명된 경험이 없어야 하며, 야구화를 신고 60야드(약 55미터, 2개 베이스까지의 거리 — 옮긴이) 거리를 6.9초 이내에 달려야 하는 것이다.

스튜어트는 처음에는 능력 있는 선수들이 많이 참석할지에 대해 회의적이었다. 하지만 일을 막 시작할 즈음 친분을 맺었던 리키는, 트라이아웃이 본인 구단을 위해 얼마나 보람찬 일인지 말해주곤 했다. 그리고 스튜어트의 마음도 금방 바뀌었다. 1970년 6월에 캔자스시티에서 열린 트라이아웃을 기점으로 1년 동안 미국과 캐나다에 걸쳐 126회의 트라이아웃을 진행했고, 무려 7,682명의 후보자를 심사했다. 최종적으로 26개주를 돌며 총 42명을 선발해서 아카데미의 1기 훈련생들을 구성했다. 카우프만은 트라이아웃의 우수한 생존자들을 수용하기 위해 플로리다주 새러소타Sarasota 근교에 있는 약 49만 제곱미터 정도의 대지에 캠퍼스를 마련했다. 그곳에는 당시 공사 중이었던 카우프만스타디움 Kauffman Stadium의 그라운드와 제원이 동일한 그라운드가 다섯 개 있었고, 50실이 갖추어진 기숙사와 각종 행정 및 편의 시설들이 구비되어 있었다. 그렇게 카우프만의 소수 정예 부대는 10개월 동안 아카데미에서 공부와 훈련을 하게 되었다. 그들은 월급도 받고, 무료 숙식과 건강 및 생명 보험, 명절 때 집으로 다녀오는 왕복 항공권 등을 제공받았다.

오후에는 여덟 명으로 구성된 교수진으로부터 집중 지도를 받았다. 교수진은 야구의 여러 분야별 전문가는 물론, 육상 코치, 식단과 맞춤형 운동을 짜는 트레이너처럼 종래와는 다른 채용 인력으로 이루어졌다. 리처드 퍼저 박사는 미국야구학회에 기고한 또 다른 논문에 다음과 같이 적었다. "돌이켜보면 그곳에 투입된 전문가들의 집단은 야구 선수와 경기 방식을 측정하고, 평가하며, 향상시키고자 한 최초의 협력체를 구축한 것이었다."[17] 아카데미의 선수들은 주 25시간을 훈련하거나 인근 프로 또는 대학 야구팀과 연습 경기를 치르는 데 할애했다. 그리고 인근 2년제 전문대학교에서 주 3회 오전 강의를 들었고, 수료할 경우 자신이 원하는 대학교에 대해 4년 간 장학금을 받을 자격을 부여했다. 그런 식으로 들어가는 경비들을 합치면, 당시 건축비가 150만 달러였고, 운영비가 연간 60만 달러였다(1970년 환율로 건축비는 약 5억 원, 운영비는 연간 2억 원 정도였다. 지금으로 치면 건축비는 110억 원, 운영비는 연간 45억 원 가까이 드는 셈 — 옮긴이). 캔자스시티는 리키와 마찬가지로 선수 농사가 '돈이라는 열매로 익어서' 지출을 메울 수 있기를 기대했다.

카우프만은 1970년 8월에 아카데미 1기생을 '야구계의 우주 비행사'로 비유하면서 맞이했다. 야구계에서 시도해보지 않은 일에 참여한다는 이유였다.[18] 1970년에는 달에 사람을 보냈다는 이유로 과학자를 비난하는 사람은 아무도 없었기도 했다. 당시 보이 쿤Bowie Kuhn MLB 총재는 아카데미 개관식에서 이렇게 말했다. "야구가 발전하고자 하는 힘에는 한계가 없습니다. 우리는 새로운 시대를 시작하는 것에 불과합니다. 야구가 앞서나가기 위해서는 50년 전과 전혀 다른 세상에 적응하고, 그 속에서 성장할 수 있도록 준비해야 합니다."[19]

결과로 증명해낸 도전

로열스 아카데미의 초대 원장은 시드 스리프트Syd Thrift였다. 그는 뉴욕 양키스 마이너리그 선수 출신으로, 1950년 가을에 당시 양키스의 케이시 스텡글Casey Stengel 감독이 플로리다주 세인트피터스버그St. Petersburg에서 진행한 마무리 캠프에 참가한 적이 있다. 미키 맨틀Mickey Mantle 외 몇 명이 메이저리그에 빨리 오를 수 있게 만든 훈련으로 알려졌지만, 야구를 전문으로 해온 선수에게만 제공된 단기 프로그램이었다. 스리프트는 다음과 같이 말했다. "야구 기술은 날씨와 같다. 모든 업계 사람들이 이야기하지만, 뭔가 조치를 취하는 사람은 거의 없다. 우리에게는 완전히 새로운 아이디어들이 있었다."[20]

당연히 로열스 아카데미 계획은 여기저기서 비난받았다. 경쟁 구단은 물론 심지어 구단 내부에서도 비판의 목소리가 나왔다. 스튜어트는 이에 대해 다음과 같이 말했다. "대부분의 구단은 아카데미가 시간과 자금만 낭비할 뿐 성과가 없을 거라고 생각했습니다." 1971년에는 아카데미가 팀을 꾸려서 루키 단계인 걸프 코스트 리그Gulf Coast League에 보내 타 구단과 경기를 가졌고, 그 때문에 더 많은 불만이 나왔다. 등록 선수 28명 가운데 7명은 고등학교 때 야구를 해본 적이 없고 나머지는 신인 드래프트에서 무시되었지만, 아카데미 팀은 40승 13패의 전적을 올리며 리그 우승을 해버렸다. 게다가 팀 도루가 103개로, 팀 도루 2위 팀보다 두 배 가까이 많았다.

스튜어트는 당시 아카데미의 유망주들을 평가하는 일을 맡았다. 지금도 기억나는 일은 아카데미 팀이 시카고 화이트삭스의 루키 팀을 상대로 대승을 거두자, 상대 감독이 자기 선수들을 야단치는 모습이었다. "전부 집합시켜 놓고 젊은 선수들에게 폭언을 하고, 고함치고, 소리를 질렀죠. 그러면서 하는 말이 '저기 있는 애들 보라고! 우리를 10 대 0으로 박살냈는데, 너희는 계약금도 많이 받은 놈들이 쟤네 근처에도 못 가고 있어!'였어요. 절대 잊지 못하는 장면이에요. 선수 육성이 얼마나 중요한지, 반복되는 훈련이 얼마나 중요한지, 일대일 지도가 얼마나 중요한지 깨닫게 해준 일이었습니다."

선수들은 365일 아카데미에서 지냈기 때문에 다른 마이너리그 선수보다 훈련 시간이 많았다. 그렇지만 아카데미가 우수했던 점은 훈련의 양이 더 많았던 것뿐만 아니라 훈련의 질이 더 좋았던 이유도 있었다. 코치들은 수비 연습을 위해 투구 기계를 거꾸로 세우기도 했고, 실제 타구를 흉내 내기 위해 불규칙한 땅볼을 만들어내는 기계도 사용했다. 90킬로그램이나 나가는 주황색 영상 장비로 스윙 동작을 찍고 분석하기도 했고, 레이더 스피드 건으로 투수들의 구속을 쟀으며, 스톱워치를 이용해 베이스에서 리드하는 방법을 하나의 과학으로 승화시켰다.

로열스 아카데미는 최초로 스트레칭을 의무적으로 시켰고, 수영장을 부상 재활에 사용했다. 게다가 당시 일종의 이단처럼 여겼던 식단 관리와 근력 운동을 수용했으며, 또한 유망주들의 정신적인 부분에도 집중했다. 지도받을 때 특정 부분을 무의식적으로 집중할 수 있는 기술을 가르

MVP 머신

쳤다. 빌 해리슨Bill Harrison과 빌 리Bill Lee라는 두 명의 안과 의사는 시각화를 훈련하는 방법을 개발하고 시력 검사를 진행했다.

아카데미 관계자들은 외부 강사도 초청했다. 어쩌면 역대 최고의 타자라고 할 수 있는 테드 윌리엄스Ted Williams도 그중 하나였다. 윌리엄스는 로열스 아카데미와 같은 사관학교식 훈련을 알리기 위한 걸어 다니는 홍보물이었다. 그는 불우한 가정환경 때문에 유년 시절 대부분을 집 근처 놀이터에서 보냈다. 이후에 윌리엄스는 이렇게 기억했다. "평생 가장 큰 행운이었습니다. 1년에 12개월 동안 야구를 할 수 있는 기회였죠." 1938년에 열아홉 살짜리 마이너리그 선수였던 윌리엄스는 당시 마흔한 살이었던 로저스 혼스비의 지도를 받아 정교하면서도 힘으로 치는 방법을 배웠다. 윌리엄스가 1970년에 출판한 《타격의 과학The Science of Hitting》이라는 책에서는 (브랜치 리키에 의해 다시 태어난) 혼스비로부터 "위대한 타자는 타고나는 것이 아니라, 만드는 것이다. 연습하고, 실수를 고치고, 자신감을 키워서 만든다"[21]고 배운 것으로 기억했다. 그리고 그렇게 배운 내용을 아카데미 선수들에게 전파했다. 스튜어트는 "하루에 스윙을 100번 하는 게 아니라, 500번을 해야 한다고 말씀하셨다"고 기억한다.

로열스 아카데미는 1971년 12월에 1기 수료생을 배출했다. 여러 단계의 팀들과 상대하면서 총 241경기를 치렀고, 162승을 거뒀다. 당시 수료생이었던 프랭크 화이트Frank White는 캔자스시티에서 18년을 뛰었고, 최초이자 최고의 로열스 아카데미 출신 메이저리거가 되었다. 화이트는 나중에 아카데미가 "약간 군대 훈련소 같았고, 거대한 야구 실험에서 모르모트가 된 느낌이 가끔 들었다"고 기억했다. 그래도 거친 운동

선수가 메이저리거로 변신하는 데 아카데미의 경험을 언급했다. 아카데미 선수 가운데 최종 13명이 메이저리그를 밟았다. 화이트가 데뷔했던 1973년부터 1982년까지 캔자스시티는 그 기간 동안 여섯 번째로 많은 승리를 거두었다. 1980년에 아메리칸 리그를 우승했을 당시 화이트와 아카데미 동문인 U. L. 워싱턴U. L. Washington이 각각 2루수와 유격수를 맡으며 중간 내야 콤비를 이뤘다.

그런데 그때는 아카데미가 문을 닫은 지 한참 지나고 나서였다. 캔자스시티는 1973년에 100만 달러 적자를 봤다. 긴축 재정에 들어가자 구단 내부에서 아카데미에 회의적이고 모순된 사업이라고 생각했던 선수 육성 관계자들의 손쉬운 표적이 되었다. 비용이 많이 들어갔던 아카데미는 이단적인 방식을 사용했고, 메이저리그에 단기적으로 나타난 성과도 없었다. 경영진 가운데 카우프만을 제외하고는 누구의 지지도 받지 못하자, 스리프트는 원장 자리에서 사임했다. 그는 아카데미에서 근무했던 시간을 '지금까지 가장 활기찼던 경험'이었다고 표현했다. 1974년 5월에 아카데미가 문을 닫을 당시 부원장은 공교롭게도 리키의 손자 브랜치 리키 3세였다.

선수 육성의 역사를 보면, 로열스 아카데미를 제외하면 대부분 우연에 의한 결과였다. 1988년에 애틀랜타 브레이브스의 투수 톰 글래빈Tom Glavine은 그해 메이저리그에서 패전 투수로 가장 많이 처리되었다. 그런데 1989년 전지훈련에서 외야 배팅 수비를 하고 있을 때였다. 자기에게 굴러오는 타구를 잡는데, 평소와는 다른 방법으로 공을 쥐게 되었다. 중지와 약지를 실밥을 따라 잡고, 내야로 던지는데 공을 놓는 느낌이 알맞았다. 그렇게 자신을 대표하게 될 서클 체인지업을 발견했던 것이다.

글래빈은 1992년 《스포츠 일러스트레이티드》에 "공을 그렇게 주워서 그 구종을 발견하지 못했다면, …… 어떻게 됐을지 나도 모르겠다"고 말했다. 그는 1991년에 다승왕을 차지했고, 그렇게 투수로서 구원받은 지 25년이 지나자 명예의 전당에 입성했다.[22]

팀 동료와 잡담을 나누거나 구종을 공유할 때 각성하기도 한다. 그렇다고 모든 선수가 다 자기 것을 공유하지는 않는다. 미네소타 트윈스의 유망주였던 패트 머홈스Pat Mahomes는 1991년에 명예의 전당에 입성한 잭 모리스Jack Morris에게 스플리터(split-finger fastball의 준말 ─ 옮긴이)를 어떻게 던지는지 물어봤다가 그것을 잘 알게 되었다. 머홈스가 기억하기로 모리스는 이렇게 이야기했다. "저리 꺼져, 이 ××놈아! 내년에 내 자리 넘보려고?!"[23] 조금 더 긍정적인 사례를 들자면, 명예의 전당에 헌액된 해리 하일먼Harry Heilmann의 경우다. 디트로이트 타이거즈에서 처음 몇 년은 평범한 주전 선수였다. 그런데 팀 동료였던 타이 코브Ty Cobb가 1921년에 감독 겸 선수로 새롭게 부임하면서 하일먼의 타격 자세를 교정했다. 타자석 뒤쪽에서 타격을 하고, 양발을 더 모으고, 배트를 더 뒤쪽에서 들며, 웅크린 자세에서 투구를 기다리게 만든 것이다. 하일먼은 새로운 타격 자세로 코브를 뛰어넘어, 베이브 루스와 로저스 혼스비 다음으로 향후 10년을 대표하는 강타자로 거듭났다.

타이 코브는 모든 면에서 타격 지도의 대가였다. 그가 이끌었던 1921년 디트로이트는 팀 타율이 0.316로 직전 시즌에 비해 0.046가 올랐으며, 현대 야구 기록법을 적용한 이래 가장 높다. 그렇지만 코치가 교정해주는 경우는 대부분 시행착오이며, 결과는 모 아니면 도였다. 그렇게 메이저리그를 지배하는 원리 원칙은 과학보다는 직감을 바탕으로 진행되었고, 제대로 된 지도자와 선수, 시대적 환경이 잘 맞아떨어졌던 것에 의존했다. 그리고 검증된 훈련 프로그램에 반영하기보다는 여기저기 산발적으로 사용되었다.

로열스 아카데미는 운에 맡기는 상황을 최소화하고, 모든 선수가 개인 지도를 과학적인 방법으로 받을 수 있는 미래를 지향했다. 아카데미를 운영했던 시절의 캔자스시티는 각 산하 마이너리그 팀에 감독 외에 일반 코치를 최초로 배정한 구단이었다. 그리고 비록 로열스 아카데미는 문을 닫았지만, 그 형태는 국경을 넘어 전파되었다. 스튜어트는 그 부분에 대해 이렇게 말한다. "오늘날 중남미에 차린 아카데미들의 선조나 다름없었습니다." 그렇지만 당시 참여했던 사람이라면 로열스 아카데미를 통해서 더 큰 소득을 얻을 수 있는 기회를 놓쳤다고 생각할 것이다. 스튜어트는 후회되는 마음을 갖고 말한다. "카우프만 구단주는 돌아가시기 1년 전에 제게 이렇게 말씀하셨습니다. …… 야구에서 저지른 가장 큰 실수는 아카데미를 버리라는 말에 넘어갔던 것이라고요."

세이버메트릭스가 선수 육성에 도움을 준 최초의 사례 ————

에디 로빈슨Eddie Robinson 텍사스 레인저스 단장은 선수 출신으로, 메이저리그에서 뛴 경험도 있고, 몇 개 구단에서 마이너리그 운영을 도맡은 이력도 있다. 그는 1981년에 스물아홉 살짜리 선수 출신이 아니었던 크레이그 라이트Craig R. Wright를 채용했다. 한때 교사 지망생이었던 라이트는 고등학교 때 취미로 야구 데이터 분석에 빠졌다. (계속해서 등장하는) 브랜치 리키도 1913년에 통계학자를 채용한 바 있다. 그러나 '세이버메트릭스 전문가'라는 직함으로 메이저리그 구단에 근무한 것은 라이트가 최초였다. 사실 그런 직함은 생긴 지 1년이 채 되지 않은 데다 텍사스의 구단 미디어 가이드 편집자는 그 직함을 내보내는 것 자체를 거부했다. 어쨌든 직함이 생소한 것을 떠나, 라이트는 선수 평가만큼은 신뢰할 수 있는 사람으로 자리 잡았다. 주로 메이저리그 단계에서 이루어질 만한 선수 이동에 관한 의견을 요구했고, 선수 육성에 대해서는 자문을 구하지 않았다. 그런데 그는 잠재적인 트레이드 한 건에 관해 자신이 작성한 보고서를 놓고 '어쩌면 세이버메트릭스가 기량 향상에 도움을 준 최초의 사례'라고 설명한다.

1982년 12월, 로스앤젤레스 다저스의 젊은 포수였던 마이크 소샤Mike Scioscia는 타격 면에서 썩 좋지 못한 성적으로 시즌을 마무리지었고, 구단에서는 이름 있는 포수를 물색하기 시작했다. 당시 텍사스에 그런 포수가 있었다. 서른세 살의 짐 선드버그Jim Sundberg로, 골드글러브상Gold Glove Award(매 시즌 각 포지션별로 최고의 수비를 보여준 선수에게 주는 상 ― 옮긴이) 6관왕이었다. 그때 텍사스로 여러 선수를 보내는 트레이드가 논의되었는데, 그중에 유망주 오렐 허샤이저Orel Hershiser도 포함되었다.

라이트는 선드버그가 과대평가되었다고 생각했다. 그가 1989년에 낸 《다이아몬드 어프레이즈드The Diamond Appraised》(국내 미번역)에는 포수를 평가할 때 "눈에 보이는 것만 집중하는 경향이 있다. 홈 플레이트 뒤에서 보이는 순발력과 공을 뒤로 빠뜨린 수, 그리고 무엇보다도 송구 능력을 본다"[24]고 적었다. 선드버그는 1982년까지 통산 도루를 시도했던 주자의 43.2퍼센트나 잡았다. 같은 기간 동안 메이저리그 평균이 34.8퍼센트였던 것에 비하면 탄탄한 수치였다.

그럼에도 불구하고 라이트가 선드버그의 '포수 평균자책점'을 분석한 결과, 텍사스의 투수진은 백업 포수보다 선드버그에게 던질 때 더 많은 실점을 허용했다. 이후에도 라이트는 "선드버그의 리드 능력을 의심하는 선수와 코치, 감독과 스카우트들이 있다는 것을 알았다"고 적었다. 그런 의심을 라이트가 힘들게 진행한 스탯 분석이 뒷받침해줬다. 스탯은 선드버그가 '투수진에 막대한 손해'라고 결론을 내린 것이다. 라이트는 그 결론으로 인해 의사 결정권자들은 선드버그의 다른 능력에도 불구하고 '문제가 있다. 하지만 문제가 발생하면, 때로는 그것을 고칠 수 있는 기회도 생긴다'는 것을 받아들였다고 말한다.

트레이드가 성사되지 않자 텍사스는 딜레마에 빠졌다. 라이트는 당시 상황을 이렇게 기억한다. "그때부터 제 보고서에서 지적한 부분에서 어떻게 하면 선드버그가 투수진과 더 효과적으로 호흡을 맞출 수 있게 할 수 있을까로 바뀌었습니다." 그리고 이렇게 덧붙인다. "내년 전지훈련 때 언급하겠다'고 결정했습니다."

사실 라이트의 업무는 선수들과의 직접적으로 교류할 필요는 없었다. 마이너리그 출신 포수 코치였던 글렌 이젤Glenn Ezell이 선드버그의 약점을 언급했다는 것을 납득했다. 이젤이 기억하기로는 선드버그의 입지와 골드글러브 이력, 그리고 자신이 메이저리그 경험이 없었다는 점 때문에 '선드버그에게 지적하기 힘든 상황'이었다고 한다. "마이너리그에서 올라오자마자 '야! 왜 그걸로 냈어? 왜 저걸로 냈어? 도대체 뭘 던지라고 한 거야?'라고 할 수가 없죠." 그런데 이젤은 그 주제에 대해 '이야기는 나눴다'고 확인해줬다.

선드버그는 포수 리드를 '배움의 과정'이라고 설명하며, 1983년 초반에 변화를 주기 시작했다고 인정했다. 1988년에 진행된 인터뷰에서는 자기 포수 리드에 대해 지적을 받아서 "투수를 대하는 방식을 바꿨더니 더 좋아졌다"고 말했다. 30년이 지난 지금, 소통을 늘린 것이 변화였다고 고백한다. 덕분에 투수마다 선호하는 투구 방식에 익숙해졌다. "경기 이후에 투수와 이야기하는 것이 편해졌습니다. …… 특히 전날 등판이 안 좋았던 투수와 그렇게 할 수 있게 됐죠. 타격 연습을 할 때 외야에 서서 위로가 될 때까지 전날 경기에 대해 이야기를 나눴습니다. 투수와 소통을 시작한 후로 또 다른 문제는 생기지 않았습니다."

선드버그가 개선되었다는 점은 라이트가 제공한 스탯이 뒷받침해줬다. 1977~1982년에 대등하게 맞춘 1,075이닝(즉, 투수별로 호흡을 맞춘 이닝 수를 대등하게 조정해서 한 포수만 뛰어난 투수들과 배터리를 형성함으로써 결과를 왜곡하는 것을 방지하기 위한 조치) 동안 투수진은 선드버그가 포수일 때 평균자책점이 3.97이었던 반면, 백업 포수이면 3.62였다. 그러나 1983년부터 선드버그의 마지막 시즌이었던 1989년까지는 텍사스 외 세 팀에서 2,677.2이닝을 대등하게 맞춰서, 선드버그가 포수일 때 투수들의 평균자책점은 3.80이었던 데 비해 백업 포수일 경우 3.94였다. 참고로, 1988년의 경우에는 시즌 중반에 트레이드된 이후의 성적은 제외했다. 라이트는 그런 경우 투수와 호흡을 맞추는 데 어려움을 겪는다는 것을 알아냈기 때문이다. 어쨌거나 거의 9이닝 당 0.5점을 전환시킨 셈이고, 단타를 제외한 피장타율이 상대적으로 20퍼센트 가까이 개선된 것이 크게 작용했다.

선드버그가 포수 리드 방식을 바꾸었던 1983년은 텍사스가 구단 사상 처음으로 (그리고 지금까지도 유일하게) 아메리칸 리그 팀 평균자책점 1위에 올랐던 시즌이다. 비록 그해 선드버그는 골드글러브 상은 받지 못했고 그 이후에도 받지 못했지만, 매년 수상했던 시절보다 더 받을 자격이 있지 않았나 싶다. 1983년 시즌 후에 라이트는 보고서를 통해 "오랫동안 선드버그와 백업 포수 간의 포수 평균자책점 차이가 역전된 것은 선드버그가 스스로 개선한 것이라고 봐야 할 것"이라고 결론 내렸다. 그 성과는 세이버메트릭스 정보가 선수에게 전달된 것으로부터 시작되었고, 선수 출신과 외부 의견 사이의 오랜 장벽을 넘어간 일이었다. 라이트는 다음과 같이 말한다. "선수 육성과 경기력 향상에 이용되는 과학이 발전하는 건, 가장 필요한 곳에 분열을 얼마나 좁히느냐에 크게 달려 있습니다. 앞으로 프런트와 현장 관계자의 성패 여부는 그런 맥락에서 크게 결정될 겁니다."

당시의 구단들은 프런트에서 현장으로 정보를 전달하기 위한 기반을 다지는 데 소홀했다. 선드버그는 지금은 메이저리그 선수에게 주어지는 교본의 양에서 크게 달라졌다면서 "선수 생활 내내 기본적으로 팀 동료들에게 배웠다"고 지적한다. 콜로라도 로키스의 스카우팅 및 육성을 돕고 있는 제리 와인스틴Jerry Weinstein은 선진 코칭의 권위자이며 50년이 넘는 야구 인생을 보내면서 고등학교부터 메이저리그까지 모든 단계를 지도해본 경험이 있다. 그는 이렇게 말한다. "과거에는 감독과 트레이너가 전부였어요. …… 감독과 트레이너, 그리고 버스 기사. 대개 트레이너가 버스 기사까지 맡았죠."

가장 불리했던 점은 프런트의 의견을 받아들이는 더그아웃의 태도가 대개 적대적(아니면 최소한 무관심)이었다는 것이다. 1998년 쯤, 라이트는 자기 사설 업체에 본인이 직접 발로 뛰는 선수 기량 향상 컨설팅이라

　　　　　　　　　　　　　　　　　MVP 머신

는 서비스를 추가하려고 시도했다. 예비 고객이 될 가능성이 있는 구단 12곳에 안내문을 보냈지만, 관심을 보이는 곳은 없었다. 라이트가 가치 있는 보고서를 작성하기에 현장과 육성 관계자들이 협조해주지 않을 것이라는 게 가장 큰 이유였다.

그런 장애물 때문에 라이트는 《머니볼》의 빌리 빈처럼 선수 육성이 크게 유망한 분야라고 생각하지 않았다. "그 당시의 관점으로 봤다면 유망하지 않다고 말했을 겁니다. 아마 선수 평가가 훨씬 유망할 거라고 했겠죠. 왜냐면 격차가 눈에 보였거든요. 상당히 컸습니다. 그런데 그것이 뒤바뀌는 때가 확실히 다가오고 있습니다."

2015년에 샌디에이고 파드리스는 라이트에게 구단의 장기적인 이익을 위해 준비할 수 있는 가장 좋은 방법을 주제로 보고서를 의뢰했다. 거기에 라이트는 이렇게 썼다. "타당한 진화의 방향은 언제나 야구 과학을 응용하는 일이 프런트의 고위 관계자로부터 시작해서 서서히 전파되는 것이다. 세이버메트릭스 전문가 지망생들에게 선수 기량 향상과 육성에 과학적인 견해를 적용하는 일에서 눈을 떼지 말 것을 적극적으로 알리기 시작했던 때가 1992년이었다. …… 그 '지망생들'이 입사해서 은퇴하기 전까지는 상황이 바뀌어서 그들의 앞날에는 과학의 응용이 커다란 부분을 차지할 것이라고 기대한다고 말해줬다." 크게는 현장의 저항이 완화되고 정밀한 추적 기술이 등장한 덕분에 라이트는 그 미래가 다가왔다고 주장했다. 그리고 이렇게 덧붙였다. "메이저리그에 정보가 폭발적으로 증가함으로써 야구 과학을 선수 기량 향상과 육성에 지속적으로 사용하게 될 것이다. …… 선두 대열에 합류하는 것이 곧 경쟁력이며, 확실하게 이야기해두지만 지금 경주마들이 달리는 모습을 보면 중간만

가고 있을 때는 아니다."

트랙맨, 새로운 혁명 _____

메이저리그가 선수 육성 혁명을 받아들일 준비가 되자 훌륭한 장비 하나가 기다리고 있었다. 선수 육성 혁명에 힘을 실어준 주요 기술은, 회전을 중요시하는 또 다른 구기 종목에 먼저 기반을 다졌다. 바로 골프였다. 보스턴의 브라이언 배니스터는 "골프계를 보면 우수한 선수들의 자세 교정은 미세한 부분까지 손볼 정도로 훨씬 앞서 나갔다"고 말한다.

거기에 일부 기여한 것이 트랙맨이다. 트랙맨은 공을 추적하는 레이더 장치로 모든 메이저리그 구장뿐만 아니라 거의 모든 마이너리그 구장과 대다수 대학 야구 구장, 그리고 대한민국과 대만, 일본의 거의 모든 1군 구장에 설치되었다. 2003년에 덴마크에서 설립된 트랙맨은 골프 스윙과 타구 궤적을 추적하는 장비로 시작했다. 공동 설립자 겸 최고 기술 책임자인 프레드리크 툭센Fredrik Tuxen은 레이더 공학자로, 이전에 발사되는 무기를 추적하는 군사 기술을 다루는 일에 종사했다. 그는 트랙맨의 계획은 실외 연습장을 찾는 선수들에게 즉각적인 피드백을 제공해서 연습에 재미를 더하는 것은 물론 선수들이 '공을 그냥 치는 것이 아니라, 목적의식을 갖고 치게 하는 것'이었다고 말한다.

트랙맨이 잘못된 코칭 방식을 바로잡는 데는 얼마 걸리지 않았다. 일반적으로 골프 선수들은 골프공이 골프채를 스윙하는 방향대로 날아간다고 배운다. 그런데 트랙맨은 타구 궤적이 공이 닿는 골프채 페이스face의 방향에 달려 있다는 것을 드러냈다. 게다가 트랙맨은 드라이빙 거리를 위한 최상의 발사각과 회전수가 각각 12도와 2,700rpm이라는 것을 증명했고, 그것은 선수들이 공에 접근하는 각도를 전통적으로 배워왔던 것보다 더 높이 가져가야 한다는 것을 의미했다. 그에 대해 툭센은 이렇게 말한다. "이 정보를 처음에 선보였을 때, 저항이 거셌어요. …… 아무도 받아들이지 않는 거예요. 그런데 지금 나오는 젊은 선수들을 보면, 모두 그렇게 치고 있습니다."

골프에서 어느 정도 자리 잡자, 트랙맨은 더 어려운 도전이라고 여겼던 야구 관련 장비를 제작했다. 야구의 경우 측정값이 더 정밀해야 했다. 공이 배트에 맞거나 투수의 손에서 나오는 지점이 일정하지 않았으며, 타자 바로 뒤에 정확하게 설치하기도 쉽지 않다. 트랙맨은 2008년 초부터 각 구단에 제안했다. 툭센은 존 올샨John Olshan 트랙맨 단장과 함께 스프링 트레이닝 현장을 방문했다. 트랙맨 장비가 처음으로 메이저리그 투수의 데이터를 수집했던 장소는 공교롭게도 다저스타운이었다. 구속과 움직임을 나타낸 이전 기록들은 통찰력이 있었지만, 툭센이 속구의 회전수를 지적하자 대혼란을 초래했다. 툭센은 그때 상황을 다음과 같이 기억한다. "기록을 측정했던 투수와 릭 허니컷Rick Honeycutt 다저스 투수 코치가 저를 쳐다보며 '회전수가 좋은 건가요?'라고 물었고, 저는 '모르겠는데요. 아시는 거 아니었어요?'라고 물었어요. 아무도 몰랐던 겁니다. 그런 데이터를 소장해본 적이 없었거든요."

선수 육성이라는 분야에 존재하는 기술 장비의 수준은 낮았던 편이었다. 따라서 프런트의 분석원들이 보통 트랙맨의 전담 요원이었다. 올샨은 이렇게 말한다. "저희도 데이터 분석이라는 측면으로 접근했기 때문에, 많은 선수 육성 관계자들은 저희를 처음부터 신뢰하지 않았습니다." 따라서 장비를 갖고 영업에 들어가기 힘든 상황이었다. 올샨은 말을 잇는다. "그때 미팅들은 정말 어안이 벙벙했어요. 야구장 안에 있는 회의실에 들어가는데, 유니폼을 입은 사람들이 빙 둘러앉았습니다. 그러고 나서 제가 파워포인트로 미사일 추적 장치에 대해 설명하는데, 저를 미친 사람 쳐다보듯이 쳐다보더라고요."

그래도 사무실의 소위 스탯쟁이들은 회전수의 중요성을 명확히 알고 있었다. 그래서 트랙맨은 2011년에 공식적으로 출시하자마자 시장에서 빠른 반응을 보였다. 올샨은 다음과 같이 말했다. "정말 놀라운 성장세였습니다. 쓰레기 같은 사무실에 다섯 명이서 일하는데, 저희가 〈오즈의 마법사The Wizard of Oz〉라고 생각했죠. '커튼 뒤를 보지 마라' 뭐 그런 거죠."

브랜치 리키에서 필립 리글리, 밥 해나에서 유잉 카우프만, 그리고 크레이그 라이트에서 오늘날까지 진행되어온 것을 보면, 선수 육성의 역사는 간헐성과 꾸준함, 오해와 충돌, 외롭게 진행된 실험과 때늦은 발견이 전부 지금 일어나는 혁명이라는 열매를 맺고 있다. 선수를 최적화하려는 노력을 바로 구현하는 것이 오늘날이다. 더 이상 앞서 나가는 것이 아니다. 《다이아몬드 어프레이즈드》에 빌 제임스가 쓴 서문 중 한 마디가 떠오른다. "우리는 나아가지 않는 것은 아닐 것이다. 다만 바람을 향해 가는 쌍동선처럼 나아가는 것일지도 모른다. 맞바람에 45도로, 조금 전에 결정한 항로의 90도로 나아가고 있다."[25] 선수 육성에 불었던 바람은 야구가 탄생했을 때부터 맞바람이었던 것이다. 그리고 돛은 마침내 펄럭였고, 배는 움직이기 시작했다.

로저스 혼스비가 선수 육성을 퇴하시킨 지 80년이 지난 2005년, 어쩌면 역대 최고의 2루수라고 할 수 있는 조 모건Joe Morgan은 ESPN닷

MVP 머신

컴에서 진행한 만담에서 섬뜩하게도 거의 혼스비로 빙의했던 적이 있다. 까칠하기로 자처한 모건은 "이론이 아니라 '선수'들이 나가서 이기는 것"이라며 《머니볼》에 대해 부정적인 생각을 표출했다. 그러나 기술 장비들이 야구에 스며들면서 선수들은 마침내 비웃음을 멈췄다.

크리스 페터Chris Fetter 미시간대학교 투수 코치는 샌디에이고 마이너리그 선수 출신으로 나이가 아직 30대다. 하지만 선수 제자들을 자신을 능가할 특별한 존재라고 소개한다. "지금처럼 정보가 풍부한 가운데, 팬그래프스FanGraphs는 야구인들의 홈페이지나 다름없습니다. 요즘 어린 선수는 트위터에 접속할 때마다 발사각을 보게 되고, 타구 속도를 보게 되고, 온갖 정보를 여과 없이 보게 됩니다. 당연히 호기심이 생길 수밖에 없습니다. 결국 배우고 싶어 하죠." 마찬가지로 어른들도 점점 배우고 싶어 한다. 쉰 살인 제리 디포토 단장은 정보가 훨씬 적었던 시대에 메이저리거로 8년 경력을 쌓았다. 그는 이렇게 말한다. "메이저리그에 올라갔다고 육성이 끝나지 않습니다. 계속 배우고자 하는 움직임이 생깁니다."

마침내 구단들은 그런 선수들을 교육하게 되었다. 그렇지만 그 교육과정은 프로 야구라는 테두리와 멀리 떨어진 곳에, 선수 육성을 교란시키는 자들의 부정한 건물에서 탄생했다.

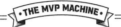

4장 제1원리

무언가를 안다는 것이 얼마나 힘든 일인지 잘 안다.

— 리처드 파인만Richard Feynman, 미국의 이론 물리학자

카일 보디가 트레버 바워와 만나기 6개월쯤 전인 2012년 8월 15일, 탬파베이 레이스가 시애틀과 경기하러 원정을 와 있었다. 그리고 미국 서부 원정에 탬파베이의 프런트 직원들이 총출동했다. 탬파베이는 저예산으로 운영하는데 아메리칸 리그 동부 지구에서 부유한 뉴욕 양키스나 보스턴 레드삭스와 경쟁해야 하다 보니, 늘 새로운 아이디어에 관심을 가졌다. 보디는 드라이브라인 메카닉스Driveline Mechanics라고 부른 자신의 블로그에 자기가 연구한 내용을 게시해왔는데, 맷 아놀드Matt Arnold 탬파베이 당시 부단장(2021년 현재 밀워키 브루어스 부단장 — 옮긴이)이 보디의 연구에 흥미를 가졌고, 그래서 그와 만나기로 약속을 잡았다. 탬파베이는 목요일 오후 경기였고, 보디는 경기 후에 구단 숙소에서 관계자들과 만나기로 했다.

보디는 야구인들로부터 자신의 아이디어가 엉터리라는 말을 수없이 들었다. 생각을 다르게 가질 만한 구단이 있다면 아마도 전향적으로 생

각하는 탬파베이가 아닐까 싶었다. 누구보다도 통념에 자주 대항한 구단이다. 내야 수비 시프트를 적극적으로 걸었던 모습만 봐도 알 수 있다.

마침내 소명을 찾았다는 희망 때문에 면담이 잘되기를 간절히 바랐다. 당시 스물아홉 살이었던 보디에게는 남다른 목표가 하나 있었다. 더 빠르게 던지고, 더 좋은 변화구를 개발하는 것을 도와 별 볼 일 없는 투수를 스타로 만드는 일이었다. 더 거시적으로 보면, 마이너리그와 선수 육성 체계를 전부 갈아엎어야 한다고 주장했다. 획기적인 발전은 모두 올바름을 추구하는 질문으로부터 시작한다. 그리고 보디는 언제나 질문을 던졌다. 왜 마이너리그 체계는 지금처럼 만들어졌을까? 왜 모든 코치진과 선수 육성 관계자들은 직함들도 비슷하고, 배경도 비슷하고, 규모도 비슷할까? 왜 선수 육성에서 데이터는 적게 사용하고, '감'을 많이 사용할까?

약속 장소로 이동하면서 보디는 경기의 진행 상황을 라디오로 들었다. 시애틀 매리너스의 에이스 펠릭스 에르난데스Félix Hernández는 탬파베이를 상대로 역대 23번째 퍼펙트게임을 노리는 중이었다. '아, ××! 뭐야.' 탬파베이 관계자들이 기분 좋은 상태에서 영업에 들어가기에는 글러 보였다.

숙소에 도착하자 앤드루 프리드먼Andrew Friedman 탬파베이 단장이 참석한 모습에 흥분했다. 프리드먼 단장은 메이저리그에서 총명한 임원으로 알려진 인물이다. 보디는 본인이 남보다 투수를 육성하는 방법을 잘 안다는 것과, 탬파베이를 어떻게 도울 수 있는지에 대해 설명했다. 프리드먼은 경청했다. 그리고 정곡을 찌르는 질문을 한 가지 전졌다. "왜 프로 야구 구단에서 일하고 싶으신가요?"

프리드먼 단장은 메이저리그를 바꾸고자 한다면 차라리 외부 그리고 밑바닥에서 분수 효과를 낼 것을 제시했다. 선수 육성을 내부에서 바꾸려면, 대규모 관료주의에 맞서 싸워야 했다. 프리드먼 단장은 탬파베이가 투수를 바람직한 방향으로 육성하는지 의심스럽다고 대답했다. 하지만 자신의 급진적인 생각 때문에 우수한 투수진을 육성해놓은 코치진을 혼란에 빠뜨릴 생각은 없어 보였다. 당시 탬파베이는 데이비드 프라이스David Price와 제임스 실즈James Shields, 맷 무어Matt Moore 등으로 구성된 우수한 투수진을 자체 육성했다.

탬파베이와는 인연이 아니었다. 보디가 야구를 바꾸려면 멀리 떨어진 곳에서 진행해야 했다. "그런 말을 듣고 싶진 않았습니다. 굉장히 짜증났었죠. 그런데 단장님의 말씀은 100퍼센트 맞았습니다."

보디는 당시의 만남이 기념비적인 면담이기를 바라면서 들떴는데, 혁명가다운 열정이 있어서였다. 그리고 지금도 그런 열정을 담아서 이야기한다. "할 수 있는데 시도조차 하지 않은 게 굉장히 많습니다. 저는 그런 것들에 열정을 가집니다. 뭔가 영원히 기억될 일이죠……. 우리가 그런 변화를 시작하기만 한다면요. 웨이티드 볼만 다루면 아무도 그걸 기억 못 할 거예요. 그걸 유행시킨 게 저였다는 사실도 아무도 모를 겁니다. 만일에 안다 해도, 누가 신경 쓰겠어요? 하지만 다저스 구단이 지금의 마이너리그 체제를 만든 건 누구나 다 기억합니다. …… 그 정도로 앞서 나가고 싶습니다. …… 사람들이 저를 차세대 브랜치 리키로 불렀으면 좋겠습니다."

차세대 브랜치 리키로 알려지는 일. 야구 관련 일을 처음 시작하는 대학 중퇴자이자 패밀리 레스토랑 아르바이트생이 가질 야심치고는 상당

MVP 머신

히 거만하다. 그러나 보디는 목표를 크게 잡는다. 꾸준히 차근차근 진행하는 것을 부정한다. 야구에 기반을 다지기 전부터 메이저리그가 아직까지 남아 있는 잘못된 구조와 사람들을 전면 개편하겠다는 계획을 세웠다.

"변화는 끊임없이 진행해야 한다지만, 저는 동의할 수 없습니다. 일이라는 게 그렇게 돌아가지 않죠. 한 지점에서 다른 지점으로 확 오릅니다. 선수 육성 쪽에 필요한 건 그런 게 아닌가 생각합니다. '100년 동안 우리가 해온 방식이다'에서 '아니다. 이제부터 그렇게 하지 않겠다'가 되는 겁니다."

선수 육성에 관심을 갖게 된 계기

프리드먼 단장과 만나기 6년 전, 보디는 오하이오주 파마Parma에서 부모님과 함께 살았다. 파마는 육체노동자들이 모여 사는 곳으로 클리블랜드의 제철소들의 영향력 아래 자리 잡았다. 지금은 제철소들이 대부분 가동을 멈췄지만, 파마는 제2차 세계대전 후 클리블랜드의 가장 큰 위성 도시로 발전했다. 보디의 아버지는 아일랜드계 전기공이었고, 어머니는 일본계로 집에 남아 아이들을 키웠다. 헝클어진 검은 머리와 검은 눈, 두꺼운 눈썹을 가진 보디는 부모를 모두 고르게 닮았다. 그는 튼튼한 사각 체형이었고, 고등학교 때 운동 신경이 좋아 여러 종목을 뛰었다. 그런 데다 지적이고 호기심도 많았다. 미국의 대학 수학능력시험에서 높은 점수를 받았지만, 집안 사정이 다른 주에 있는 상위권 대학 학비를 감당할 만큼 좋지는 못했다. 어렸을 때 아버지가 정리해고를 당하고, 당시 오하이오 북동부의 고용 불황 속에서 몇 년에 걸쳐 구직 활동을 한 것이 큰 영향을 줬다.

보디는 고등학교 마지막 해에 학교를 나와 카이아호가커뮤니티칼리지Cuyahoga Community College에서 대학 학점을 미리 땄다. 그리고 볼드윈월리스대학교Baldwin Wallace University에 장학생으로 입학했고, 전문대에서 딴 학점도 인정받았다. 그곳에서 경영학과 컴퓨터과학을 전공하고, 야구부에서 투수로 활약했다. 하지만 학교 수업이 자신의 미래를 밝혀줄 거라고 생각하지는 않았다. 자신의 적성이 사업가에 어울린다고 생각은 했지만, 어떻게 하면 사업가가 될 수 있는지를 몰랐다. 대학은 '프로그레시브 보험사Progressive Insurance(오하이오 주에 본사를 둔 미국의 대규모 자동차 보험사 — 옮긴이)의 노예'가 되기 위한 준비 과정으로 여기며 걱정했다.

보디는 자신이 추구하는 일에는 늘 열정적으로 매달려왔지만, 불안발작이나 우울증에 시달리기도 했다. 사춘기부터 겪었던 증세다. 그가 학교를 그만두겠다고 할 때 부모님이 만류하거나 반대하지 않았던 점이 놀라웠다. 부모님은 아들이 자신의 삶에 만족하지 못하고 있음을 알고 계셨다. 어머니는 보디에게 늘 서빙을 해보라고 권유했다. 그래서 보디는 학교를 그만두고 나서 파마에 있는 이탈리아식 음식점 체인에서 일을 시작했다.

"당시 할 수 있었던 일 중에 가장 좋았어요. 빨리빨리 움직여야 하는 부분이 있으니까요. 고객 응대라는 게 그렇잖아요. 제가 얼마나 일하고, 얼마나 성과를 내는지에 따라 버는 금액이 달라진다는 걸 처음 느꼈습니다."

보디는 식당에서 손님들에게 식사가 끝나면 차갑게 만든 민트 초콜릿을 내주었다. 무한 리필 파스타 행사 기간 동안에는 아무도 싱싱한 후추를 갈아주지 않았지만, 보디는 갈아주었다. 너무나도 반응이 좋았던 나머지, 하루는 손님 네 팀이 점장을 불러 보디를 칭찬했고 점장은 재료를 마음대로 낭비했다며 분노했다. "정말 분개하셨어요. 조금만 해도 평균보다 잘하게 된다는 걸 보여준 사례였습니다."

보디는 대학 시절 이후에도 우울증에 시달렸다. 친구들도 건강하게 사는 데 도움이 되지 않았다. 다들 그저 그런 일을 했고, 다 같이 주말에 모여 술 마시면서 불평불만을 늘어놓았다. 이런 삶이 매주 되풀이되었다. 보디는 자가 치료를 택했다. "당시 앰비엔Ambien이라는 수면제를 남용했어요. 잠을 이루려고 먹었습니다." 그리고 의식을 잃거나 건망증이 심해지는 부작용을 앓았다.

그 시기에 보디는 라이브저널LiveJournal이라는 SNS를 통해 지금의 아내를 만났다. 당시 그녀는 시애틀에 살았는데, 보디는 그녀와 가까워지고 싶었다. 하지만 보디의 가족 중 아무도 클리블랜드 지역을 떠나본 적이 없었던 데다가, 그가 시애틀에 갈 구실이 없었다. 그런데 하루는 수면제 부작용으로 노트북 컴퓨터 앞에 의식을 잃고 엎드려 있다가 깨어났는데, 놀라운 일이 펼쳐졌다. 자기도 모르게 온라인으로 입사 지원서를 몇 군데 보냈던 것이다. 그중 하나는 온라인 포커 사이트인 포커스타스PokerStars였다. 보디는 게임을 무척 좋아했다. 준프로급 온라인 포커선수였고, 집에서 가까운 캐나다 온타리오주 윈저Windsor에 있는 카지노에도 자주 다녔다. 또한 세계적인 트레이딩 카드 게임인 '매직 더 개더링Magic: The Gathering' 대회에 참가한 적도 있다. 결국 보디는 포커스타스의 담합방지 팀에 최종 합격했고, 클리블랜드를 떠날 수 있게 되었다. 그래서 2006년에 시애틀로 이사했다.

재택근무를 하던 보디는 시애틀에서 자신의 경쟁심을 달래기 위해 리틀 야구 코치로도 활동했다. 그러다가 루스벨트고등학교 야구부의 신입생 선수들을 지도했다. 교내 소프트볼부를 지도하던 여자친구의 아버지가 학교 체육 부장에게 보디를 소개해준 덕분이었다. 보디는 출루율과 볼넷을 골라내는 능력을 강조했지만, 참을성을 갖고 타석에 임하는 전략을 상대 학교 코치들이 바보 같다며 비웃었다. 보디는 당혹스러웠다.

"도대체 왜 출루율의 중요성을 이해하지 못하죠? 주자가 많아야 좋은 건데. 이때부터 '야구를 왜 이렇게 똑바로 이해 못해?' 하는 생각이 들었습니다."

보디는 근처에서 진행하는 코칭 강습회에도 몇 차례 참여했다. 거기서 나오는 이야기도 듣고, 질문도 던졌다. 하지만 질문을 하면 할수록 성에 차지 않는 답변만 돌아왔다. 그가 선수 육성에 관심을 갖게 된 계기였다.

보디가 루스벨트고등학교 코치였던 마지막 해에 감독이 맡았던 엘리트 팀은 리그에서 단 1승밖에 올리지 못했고, 보디가 맡은 신입생 팀은 중위권 성적을 거뒀다. 그럼에도 불구하고 체육 부장은 감독이 아니라 보디에게 전화를 걸어 해고를 통보했다. 엘리트 팀의 감독은 유임되었다.

사실 감독과 사이는 좋지 않았다. 그렇다고 대놓고 서로 우격다짐을 한 적은 없다. "그게 문제였던 거죠. 저를 보조해주는 코치와 저는 학교 내 정치에 관심 없었습니다. 야구인도 아니고요. …… 다 집어치우고 싶었습니다."

보디는 야구 일은 그만두었지만, 육성과 훈련에 여전히 관심을 가졌다. 야구 육성 관련 서적을 읽을 시간은 충분했다. 포커스타스를 나와 마이크로소프트Microsoft에서 새 일자리를 구했다. 주 4회 오후 11시부터 오전 10시까지 야간 근무를 하는 엑스박스Xbox 라이브 '돌보미'였다. "사고만 안 터지면 딱히 할 일은 없었어요."

보디는 그 시간을 이용해 공부하며 선수를 훈련시키기 위한 지식과 데이터, 객관적 방법론 등이 눈에 띄게 부족하다는 점을 깨달았다. 특히 야구에서는 투수 쪽이 더 그렇다고 확신했다. 어렸을 때 클리블랜드에서 항상 공을 던지면서 컸고, 최대한 멀리 던져보기도 했다. 동네에서 또래 친구들과 서로에게 최대한 세게 던지는 놀이도 즐겼다. 20미터 거리에서 원스텝으로 상대가 겁먹을 정도로 던졌다.

보디는 아이에게 의도성을 가르치기 위한 극단적인 방법을 소개한다. "여섯 살짜리와 캐치볼을 하지 마세요. 저라면 제 아이를 펜스 근처에 서게 한 다음, 펜스를 향해 있는 힘껏 던지겠어요. 최대한 강하게요." 보디에 의하면 그렇게 해야 아이가 어른이 무언가를 전력으로 임할 때 쓰는 기술을 보고 따라한다는 것이다. 아이는 자기 주변에 있는 어른을 따라한다고 지적한다. 메이저리거 2세들이 성공할 확률이 높은 이유는 유전자의 영향도 있겠지만, 효과적으로 던지고 움직이는 동작을 아이가 보고 은연중 따라하기 때문이라는 것이 그의 이론이다. 캐치볼을 가볍게 낮은 강도로 진행하면 아이는 잘못된 동작을 배운다고 말한다. "그래 놓고 열두 살이 되면 운동 능력이 없다고 야단치죠. 지난 6년 동안 바보처럼 던지는 것을 보며 배웠는데 도대체 뭘 기대하는 걸까요? 투수는 전력투구를 해야 구속이 증가하는데, 그동안 프로 야구는 정반대로 했다고 그는 직관적으로 믿었다.

아리스토텔레스의 제1원리

토드 밴포플Todd Van Poppel은 1990년도 아마추어 드래프트에서 최고의 투수로 평가받았다. 오클랜드 애슬레틱스는 그에게 계약금 60만 달러를 포함해 3년, 120만 달러짜리 메이저리그 보장 계약을 안겼다. 산하 사우스오리건 애슬레틱스South Oregon Athletics 소속으로 치른 프로 데뷔전에서 밴포플은 시속 151킬로미터를 찍었고, 스카우트들에게 강한 인상을 남겼다. 그렇게 해서 1991년에 최고 유망주로 꼽혔던 열아홉 살 밴포플을 메이저리그로 서둘러 올렸지만, 팔 부상에 여러 차례 시달리고 통산 WAR이 마이너스였다. 2001년에는 드래프트 전체 2순위 마크 프라이어 Mark Prior가 1,050만 달러짜리 메이저리그 보장 계약을 맺었다. 초창기에는 메이저리그에서 훌륭한 투구를 보여주었지만 이후 부상에 시달려 선수 생활이 평탄치 않았다. 혹사였을까? 아니면 너무 빨리 올린 것일까? 구단들은 투수에게 들어가는 돈은 점점 많아지는데 제2의 밴포플이나 프라이어가 나올까 봐 조심하면서, 투구 수와 이닝 수를 엄격하게 제한하게 되었다.

"캔자스시티는 지금도 이래요. 매일 7분 동안 캐치볼을 하는데, 누군가가 60, 90, 120을 외쳐요. 각 숫자를 외칠 때마다 60피트(약 18미터), 90피트(약 27.5미터), 120피트(약 36.5미터) 뒤로 이동하는 거죠. 그러고 끝납니다. 그런 걸 구단 철학으로 삼은 게 놀랍습니다. 120피트 넘게 던지지 말라고요? 유격수가 1루수에게 던지는 거리가 160피트(약 49미터)가 넘습니다."

1998년에 베이스볼 프로스펙터스는 투구 수를 기반으로 한 투수 혹사 점수Pitcher Abuse Points라는 지표를 만들었다. 부상을 예측할 수 있다고 주장한 그 지표는 혹사가 시작되는 기준을 투구 수 100개로 정했다. 《스포츠 일러스트레이티드》는 어린 투수가 이듬해에 그 이전 해보다 20이닝 이상 더 던지면 부상의 위험이 커진다는 주장의 기사를 냈다. 보디는 투구에 관한 규정들이 생겼지만, 과학에 근거를 둔 것은 아니라고 말한다. 게다가 효과는 나타나지 않았다.

2018년 시즌이 종료된 시점에 존 로글리Jon Roegele 하드볼 타임스 Hardball Times분석가가 제작한 토미 존Tommy John 수술(팔꿈치 내측 인대 접합 수술 — 옮긴이) 데이터베이스에는 총 1,651건(2021년 3월 기준으로 1,950건으로 증가 — 옮긴이)이 기입되었다. 토미 존 수술을 시작한 지 44년이 지났지만, 프로 선수가 받은 수술의 절반이 2012년 4월 1일 이후에 이루어졌다. 아무도 팔꿈치 부상이라는 유행병의 확산 속도를 둔화시키는 방법을 정확히 몰랐다. "베이스볼 프로스펙터스에서 쓴 내용의 60퍼센트는 사실이 아니었습니다. 악의적으로 거짓말을 한 것은 아니고, 단지 진위를 확인할 수 있는 통계적 정밀도가 떨어졌었던 거죠."

보디가 마이크로소프트에서 야간 근무를 했던 장소에는 형광등 아래 책상들이 띄엄띄엄 놓였다. 보디는 그곳에서 1년이라는 기간 동안 선수 훈련에 관한 책 30권과 논문 120편을 독파했다. 그는 야구 선수를 훈련하는 분야의 전문가가 되기 위해 어떤 이론이나 체계, 방법 등을 이루는 가장 기본적인 개념을 독학으로 공부했다.

그런 과정은 아리스토텔레스가 말했던 제1원리first principles(모든 사물이 유래하는 근원, 혹은 의심할 여지가 없는 궁극적 논거를 의미하는 정의 — 옮긴이)에 의한 사고방식에서 나왔다. 보디가 어렸을 때 그의 아버지가 심어준 개념이다. 기업가 일론 머스크도 그런 사고방식을 가진 사람이다. 머스크는 2016년 TED 인터뷰에서 자신의 혁신 과정은 "무엇이든 근본 진리만 남을 때까지 분해했다가, 그 진리로부터 사고하는 데서 시작한다"고 설명했다.[1] 그리고 그렇게 하는 것이 "타인을 모방한 후 약간 변형을 주는 유추에 의한 사고방식보다 월등하다"고 주장했다.

머스크는 로켓 만드는 법을 연구하던 시기에 미국의 기술 잡지 《와이어드Wired》[2]에 통상적인 방법을 제쳐 놓고 새로운 시각으로 접근했다고 말했다. "우리는 제1원리에 의해 생각하는 방법을 물리학에서 배운다. …… 로켓은 무엇으로 만들었을까? 항공 우주 기술용 알루미늄 합금에 구리, 탄소 섬유, 그리고 티타늄도 어느 정도 들어간다. 그리고 나서 물었다. 그 재료들은 상품 시장에서 얼마일까? 알고 보니 로켓의 재료비가 총 생산비의 2퍼센트 정도밖에 되지 않았다." 그렇게 해서 스페이스X가 탄생했다.

야구에도 그처럼 새로운 사고방식이 필요했다. 보디가 연구를 시작할 무렵, 코치와 구단들은 100년이 넘게 남이 한 일을 모방하면서 약간의 변형을 가해왔다. 재능을 성장시키는 데 실제로 필요한 부분에서 독창적인 사고는 매우 적었다. 보디는 그때부터 생체역학과 선수의 운동 사슬, 가동성과 근력을 증가하는 방법, 그리고 선수 육성에 혁명을 일으키기 위한 기본 요소와 제1원리에 대해 배우기를 원했다.

보디는 1974년 내셔널 리그 사이영 상 수상자 마이크 마셜Mike Marshall로부터 상당한 영향을 받았다. 신체운동학 박사였던 마셜은 자신이 배운 내용으로 뉴턴의 운동 법칙을 투구에 적용하자 틀을 깨는 투구 동작이 나왔다. 그는 프로 구단의 전권을 쥔다면 '모든 투수의 구속을 시속 13~16킬로미터 높일 수 있다'고 생각했다.[3] 보디는 그런 생각

MVP 머신

에 매료되었다. 마셜은 특이한 훈련 방식(많은 양의 투구 등)과 특이한 장비(손목 중량 밴드와 플라스틱 투창 등)를 요구했다. 그 이유는 보디가 자신의 블로그에 남겼듯이 투수의 힙을 2루 쪽으로 틀지 않고 '동력을 목표물로 잇는 하나의 직선', 즉 드라이브라인을 형성하기 위해서였다. 마셜은 드라이브라인이라는 개념을 좋아했고, 보디는 그것을 자신의 블로그명으로 사용했다. 2009년 10월에 시작한 블로그는 방문자가 많지 않았지만 꾸준히 유지했다. 그리고 이후에 자신이 운영하는 사업을 드라이브라인 베이스볼이라고 불렀다.

마이크 마셜이 쓴 《투수 코칭Coaching Pitchers》(국내 미번역)는 기술적인 부분을 심도 있게 다룬 책으로 감속과 손목 강화 운동이 주는 영향을 설명했다. 마셜은 감속시키는 근육이 투구 동작에서 생성된 힘을 견디지 못한다고 판단하면, 투수의 뇌가 던지는 속도에 무의식적으로 브레이크를 건다고 믿었다. 책 내용에는 다음과 같이 썼다. "드래그 레이스drag race용 자동차가 2킬로미터짜리 트랙에서 시속 800킬로미터까지 내는데, 결승선 30미터 뒤에 600미터 깊이의 낭떠러지가 있다. 거기서 우리는 묻는다. 운전자는 그 30미터 안에 차를 세울 수 있는가? 야구에서는 투수가 높은 구속으로 던질 때마다 투수의 뇌는 이렇게 묻는다. 공을 손에서 놓는 지점에서 홈 플레이트를 향해 최대한 뻗는 지점 사이에 근육은 던지는 팔을 별 탈 없이 멈추게 만들 수 있는가? 만일 그렇다면 투수들은 엄청난 브레이크를 가진 것이 틀림없다!"[4] 마셜의 제자들은 팔 근육의 브레이크 성능을 늘리기 위해 손목에 중량 밴드를 착용한 채 훈련했다. 그것은 나중에 드라이브라인의 필수 훈련 과정으로 자리 잡았다.

당시 마셜을 비판한 사람들은, 투구 기술의 불문율을 깨놓고는 시속 145킬로미터 넘게 던지는 제자가 왜 없었는지 의아했다. 미국 스포츠의학연구소ASMI: American Sports Medical Institute에서 근무하는 글렌 플라이시그Glenn Fleisig는 마셜의 주장에 회의적이었다. 그는 1990년부터 투수 2,000명을 대상으로 연구했다. 유소년부터 메이저리그 올스타급 투수까지 다양했다. 그는 투구 동작을 비교 분석하기 위해 투수의 신체에 마커marker를 부착해서 팔다리의 움직임을 추적했다. 그 결과 미국 스포츠의학연구소와 플라이시그는 부상이 없는 우수한 메이저리그 투수들이 가장 좋은 투구 기술을 터득했기 때문에 그 기술을 연구하고 모방해야 한다고 믿었다. 그러나 마셜은 투수가 메이저리그에 갔다고 해서 기술이 모범적이라는 것을 증명한다고는 생각하지 않았다.

결국 마셜은 자신이 가르친 투수들 몇 명을 미국 스포츠의학연구소에 데려가서 생체역학 조사를 받고, 플라이시그가 기록했다는 우수한 메이저리그 투수들의 기술과 비교했다. 마셜의 제자들은 어깨 회전과 팔꿈치를 펴는 속도(구속을 높이는 데 필수적인 동작)에서는 플라이시그의 표본과 비슷했지만, 구속은 현저하게 낮았다.

보디는 마셜의 제자들은 운동 사슬의 한 고리가 끊어진 것이라는 가설을 세웠다. 마셜은 팔꿈치의 내측 측부 인대UCL: ulnar collateral ligament를 보호하기 위해 투수가 팔뚝을 '몸 안쪽으로 강하게 틀어서' 던져야 한다고 믿었다. 투수가 던질 때 앞발을 착지하면서 힘이 발생하고, 그 힘은 큰 부위에서 작은 부위까지 신체를 타고 올라간다. 보디는 그런 운동 사슬의 한 부분이 팔뚝을 트는 내회전으로 인해 느려진 것이 아닌지 의심했다.

보디는 제1원리에 의한 사고를 통해 간단한 물리학 지식으로 빠른 구속을 만드는 일을 분석할 수 있었다. 예를 들면, 구속을 형성하는 힘은 지면에서 발생하고 위로 올라간다. 보디는 블로그에 다음과 같이 적었다. "다리가 지면 반발을 통해 힘을 생성한다." 투수는 스트라이드를 하면서 앞발(디딤 발)을 지면에 디딘다. 그러면 앞다리를 기준으로 골반이 돌면서 회전 운동이 시작하고, 거기서 발생한 관성으로 인해 던지는 팔은 채찍 끝이 뻗어나가는 것처럼 따라간다.

"채찍을 다루는 데 익숙한 사람들은, 마지막에 작은 음속 폭음이 나는 것은 채찍의 '유연함' 때문이라고 말한다. 채찍의 마디 하나를 딱딱하게 만들어버리면 운동 사슬 에너지의 흐름이 끊겨서 채찍 끝의 속도는 보통 때보다 훨씬 낮아진다."[5]

보디는 다른 사람들의 영향도 받았다. 과거에 파워리프팅power lifting 선수였고, 수많은 메이저리거를 봐준 에릭 크레시Eric Cressey도 선수 훈련에 대한 이해도를 높이는 데 도움이 되었다. 그뿐 아니라 보디는 과거 소련의 스포츠과학도 공부했다. 심지어 2010년까지는 자기만의 이론을 세우기도 했는데, 실험을 할 수 없었기에 스포츠계에서 통용할 수 있는 법칙으로 증명할 수 없었다. 게다가 자신이 필요한 정보는 대부분 존재하지 않았다.

이런 문제는 혁신가가 종종 겪는 일이기도 하다. 완전히 새로운 것을 실험하려면 새로운 진단 기구들을 제작해야 한다. 오하이오주 출신 사업가 중에 가장 잘 알려진 라이트 형제의 경우를 살펴보자. 그들은 1901년 노스캐롤라이나주 키티호크Kitty Hawk에서 첫 비행을 실패하자 낙심했다. 라이트 형제의 전기를 쓴 데이비드 매컬로David McCullough는 다음과 같이 기록했다. "기계가 형편없이 작동했다거나 더 해결해야 할 문제들이 있었던 것이 아니다. 다만, 라이트 형제가 오랫동안 확립하고 신뢰할 수 있다고 느낀 수많은 계산과 표, 그리고 신조처럼 여긴 데이터가 틀렸고 더 이상 신뢰할 수 없다는 것이 증명되었다."[6]

오빌 라이트Orville Wright는 일기에 이렇게 기록했다. "우리만의 데이터를 얻으려면 돈과 시간이 상당히 들어간다는 것은 이미 알았다. …… 모든 것을 직접 발로 뛰어서 알아내야 했다." 그래서 라이트 형제는 오하이오주 데이턴Dayton으로 복귀한 뒤 '항공학의 비밀'을 풀기 위해 1.8미터짜리 풍동 시험 장치를 제작했다.[7]

보디는 투구의 비밀을 풀고 싶었다. 그렇게 하려면 자신만의 풍동 시험 장치, 즉 생체역학 실험실이 필요했다.

드라이브라인의 시작

보디는 3차원 분석이 가능한 실험실을 원했다. 영상을 보고 판단하는 2차원 분석에는 한계가 있고, 보디도 진정한 생체역학 연구라고 여기지 않았다. 야구는 운동 방향이 관상면(전방과 후방)과 수평면(위와 아래), 시상면(좌측과 우측)의 세 가지 평면에서 이루어지기 때문이다. 최첨단 실험실을 세우려면 수십만 달러는 족히 들었다. 하지만 보디는 1,000달러 이내에서 만들 수 있다고 봤다. 일론 머스크의 로켓처럼 보디도 저예산으로 건축할 셈이었다.

그렇다면 어떻게 해야 최첨단 생체역학 실험실을 창조할 수 있을까? 일단 전문가에게 상담받기로 했다. 그렇게 해서 보디는 미국 스포츠의학연구소에 전화를 걸었다.

MVP 머신

보디는 자신이 만들겠다는 시설에 대해 이야기했고, 데이비드 포텐보 David Fortenbaugh 미국 스포츠의학연구소 연구원은 차분히 들었다. 포텐보는 파마 근처에 부유한 도시 안에 있는 로키리버 고등학교를 나왔다. 그는 불가능한 일이라고 설명했다. 보디가 기술자나, 정형외과 의사, 스포츠의학 박사가 아니라 대학교 중퇴자라는 알기 전에 나온 답변이다.

보디는 단념하지 않았다. 일단 물리적인 공간이 필요했다. 그래서 시애틀 북쪽 근교의 트레일러촌 옆에 실내 공간을 찾았다. 그는 임대료를 깎으려고 임대 공간 외에도 전체 공간을 관리하겠다는 제안도 했다. 그곳에 타격 연습장을 설치하고, 아령과 바벨 몇 개를 가져다 놓고 닭장 그물로 둘러서 웨이트 훈련장을 꾸몄다. 그렇게 집에서 도보로 이동할 수 있는 거리에 선수를 훈련시킬 수 있는 장소가 생긴 것이다. 그리고 거기서 1년 반을 지냈다. 이제, 각속도(한 지점이나 팔다리가 어떤 축을 기준으로 돌아가는 속도)와 같은 힘이나 투구 동작과 관련된 움직임을 측정할 수 있는 기술과 요령이 필요했다.

보디는 직접 선형 변환DLT: Direct Linear Transformation이라는 방법에 대해 읽었다. 1970년대에 물체의 움직임을 3차원으로 측정하기 위해 길을 텄던 이론이다. 그 이론을 사용하기 위해서는 수학에 대한 이해도가 필요했지만, 보디에게는 아직 판독하기 힘든 상형 문자에 불과했다.

그래서 선형 대수학을 독학했다.

수학적 이해도를 높인 이후, 보디는 마커리스markerless 신체역학 실험실을 차렸다. 먼저, 수강생을 관찰하기 위해 3차원 공간의 범위를 설정해야 했다. 그리고 보정하기 위해 기준이 되는 물체가 필요했다. 그래서 2010년 10월에 매슈 왜그숄Matthew Wagshol이라는 사람을 데리고 시애틀에 있는 미국의 대형 철물 매장을 찾았다(왜그숄은 이후에 드라이브라인에서 신체역학자로 오랫동안 일하게 된다). 두 사람은 통로에서 하얀색 PVC 파이프로 정육면체의 뼈대, 즉 첫 번째 대상을 만들기 시작했다. 그러고 나서 대상의 사진을 찍은 후에 계산을 하고 매장을 나갔다. 사진의 배경에는 계산대 위에 걸린 표지판이 나왔고, 다음과 같이 적혔다. "더 많이 하면, 더 많이 가지리라Do More, Have More."

둘은 당시에 초창기였던 드라이브라인 시설로 정육면체를 옮겼다. 그것으로 카메라와 원시적인 소프트웨어의 3차원 공간 범위를 설정할 수 있었다. 보디는 정육면체의 높이와 폭, 장선 간격을 재서 직접 선형 변환 알고리즘에 입력했다. 그러고 나서 왜그숄과 함께 '대학원생이나 쓸 형편없는 소프트웨어를 끝없이 돌리는 바람에 답을 구하기 위해 시행착오를 엄청나게 겪었다.' 정리하자면 보디는 2,000달러의 현금과 수백 시간의 노력으로 자기만의 신체역학 실험실을 마련한 것이다. "결제 한도까지 신용 카드를 긁어대진 않았어요. 과거에 그랬다가 신용 등급만 망친 적이 있었죠." 그렇게 지은 실험실에서 투수의 동작을 데이터로 수집하고, 더 효율적인 동작으로 만드는 방법을 배웠다. "객관적인 측정 지표를 최대한 많이 사용해서 자신의 이론을 시험해야 진정한 연구다." 보디가 블로그에 남긴 문장이다.[8]

오늘날 그의 사무실 화장실 위에 다음과 같은 문구가 붙어 있다. "철저함은 마치 임신한 것이나 다름없다. 임신을 조금만 한다는 표현은 없다."

시간이 지나자, 실험실은 한계에 부딪혔다. 미가공 데이터는 전후 관계나 정기적으로 찍은 투수의 스냅 사진 없이는 큰 의미가 없었다. 팔을 안이나 바깥으로 돌리는 동작처럼 촬영이 불가능한 부분도 있었다. 신

제품이 나오는 속도도 빨라졌다.

보디도 하나의 루틴을 형성했다. 초창기에는 시애틀 시내에 위치한 마이크로소프트 사무실에서 버스를 타고 귀가한 뒤에 저녁을 먹고 드라이브라인 시설로 걸어가서 일을 시작했다. 미국의 안내 광고 웹사이트인 크레이그리스트Craigslist에 홍보물을 게시해 선수를 모집했다. 타격과 투구 지도를 일주일에 네 번, 선수별로 신체 역학 실험을 한 달에 한 번씩 진행했다.

"처참했죠. 선수가 가장 많았을 때 고작 여덟 명이었습니다. 2년 동안 평균 네 명의 선수가 다녔던 셈이죠."

아무도 그의 연구를 주목하지 않았고, 우울증이 다시 생겼다. 하지만 그때 행운이 굴러 들어왔다. 다른 곳에서 주문한 웨이티드 볼 세트가 그만 드라이브라인으로 잘못 배송되었던 것이다. 그러다 한동안은 그 당시 동업자였던 제이컵 스태프Jacob Staff와 건물 모퉁이에 앉아 있을 때였다. "싹 정리를 하고 있다가 '웨이티드 볼을 그냥 버려야겠다'고 말했어요." 그때 스태프가 막았다. "지금도 그 친구가 말한 게 생생해요. '진짜 바보 아냐? 이게 안 된다고? 만일 되면 어쩔 건데? 너 머리 좋다면서 그런 말이 나오냐?'"

보디는 그때 들었던 생각을 잊지 못한다. '젠장, 다 맞는 말이잖아? …… 사람들이 다칠 수도 있을 텐데, 한 번 제대로 알아봐야겠다.' "그렇게 드라이브라인이 시작했습니다. 모든 걸 과학적 방법으로 접근해서 이런 질문을 던졌습니다. 더 알아야 할 건 무엇인가? 웨이트 훈련이 정말로 도움이 될까? 어쩌면 하면 안 되는 걸지도 모른다고 생각해봤죠."

보디는 웨이티드 볼에 관한 연구들을 검색하다가 쿠프 더렌Coop

DeRenne 하와이대학교 교수가 1994년에 쓴 논문을 발견했다. 연구에 참여한 고등학생과 대학생들이 웨이티드 볼로 훈련한 결과, 신체에 부정적인 영향 없이 구속을 올릴 수 있었다는 내용이었다. 더렌이 연구한 선수는 고등학생 45명, 대학생 180명이었다. 그들을 대조군을 포함해 세 개의 실험군으로 나눴다. 그리고 투수들은 10주 동안 훈련했다. 두 개 실험군은 웨이티드 볼로 훈련하며 가벼운 공과 무거운 공 모두 사용해서 부상 확률을 높이지 않고도 구속이 올라갔다. 그 결과를 지속시킬 수만 있다면, 웨이티드 볼 훈련은 선수 육성을 완전 뒤바꿔놓으며 불가능하다고만 생각한 투수의 최고치를 높일 것이었다.

보디는 위의 개념에 바탕이 된 과학적인 이론도 파고들었다. 그때 읽은 책이 프란스 보스Frans Bosch의《근력 훈련과 협응: 통합적 접근 Strength Training and Coordination : An Integrative Approach》(국내 미번역)이었다. 신체가 어떻게 움직이고, 어떻게 운동 능력을 늘리는지에 관한 책 중 이 정도로 내용이 방대한 책은 없다. 보슈는 웨이티드 볼을 사용하는 훈련을 일종의 고중량 훈련으로 정의했다. 즉, 운동선수가 '아직 익숙하지 않아서 적응이 필요한' 기구를 사용하는 훈련을 말한다.[9] 트레버 바워가 그때 이미 사용했다는 웨이티드 볼은, 훗날 보디의 사업과 떼려야 뗄 수 없는 관계가 되었다.

예를 들어, 200그램 정도의 무거운 야구공을 던지면 전체적인 힘이 증가한다. 공을 던지려고 팔을 뒤로 젖혀서 외측 회전이 최대한 일어나면, 공은 무겁게 느껴진다. 그때 신체는 전체 힘이 더 커진 것을 감당하기 위해 거기에 적응한다. 그런데 고중량 운동을 '저중량' 운동과 병행하면 서로 보완이 되고, 전체 힘과 최대 힘을 늘릴 수도 있다. 가벼운 공을 던지면 팔 동작이 더 빨라져서 최대 힘은 더 커지고 궁극적으로 구속에 영향을 준다. 무거운 공으로 전체 힘을 늘려서 단련하면 감당할 수 있는 최대 힘이 높아진다.

웨이티드 볼 훈련이 위험하다고 생각한 지도자들이 많았다. 하지만 일부는 그런 추측에 이의를 제기했다. 에릭 크레시는 2009년에 미식축구공(425그램)이 야구공보다(142그램) 세 배나 더 무거운데, 쿼터백이 투수보다 어깨와 팔 부상이 적다고 지적했다. 게다가 어쩌면 쿼터백은 투수보다 더 많이 던질 수도 있다. 보통 웨이티드 볼 세트라고 하면 85그램에서 312그램까지 다양한 무게의 야구공으로 구성된다. 크레시는 그 원리를 다음과 같이 적었다. "기구(이 경우 야구공)의 중량을 늘리면, 팔 동작이 느려진다. …… 팔 동작이 좀더 느려지면, 그때 들었던 무게를 더 이상 들지 못하게 된다. 따라서 팔에 무리가 오히려 덜 간다.[10] 플라이시그는 2017년에 미국 스포츠의학연구소에서 "구속과 팔 스윙은 가벼운 공을 던질 때 빠르고, 관절 운동량은 무거운 공을 던질 때 크다"는 가설을 실험했다. 가벼운 공을 던지면 구속과 팔 스윙이 빨라지는 것은 맞았다. 그런데 가설의 두 번째 부분은 틀렸다는 결과가 나왔다. 오히려 무거운 공으로 인해 "완력과 회전력, 구속이 감소했다."[11] 다만 당시에는 위와 같은 연구 활동과 선수 육성에 관한 데이터가 흔치 않았다.

노 리스크, 노 리턴

드라이브라인 베이스볼은 2011년이 되자 과거에 슈퍼마켓이 있던 더 넓은 장소로 이전했다. 그리고 보디는 RIPS 베이스볼RIPS Baseball의 체력 코치 자리를 수락했다. 당시 시애틀 지역 선수를 훈련하고 여러 유소년 선발팀을 운영하는 곳이었다. 보디는 그렇게 해서 수십 명의 선수와 인연을 맺을 수 있었다. 거기서 중학생과 고등학생 투수 44명이 자원해서 보디가 말하는 맥스빌로 프로그램MaxVelo Program이라는 훈련을 거친 실험에 참여했다. 그 훈련은 "고난이도 감속 훈련과 커넥션 볼connection ball(물렁한 노란색 공. 감각을 익히고, 비효율적인 투구 동작을 개선하는 데 사용한다 — 옮긴이)을 이용한 훈련, 플라이오메트릭plyometric 훈련, 고속 카메라 영상 분석, 율동적 안정화 기법 등을 결합했다. 그러고 나서 놀라운 결과가 나왔다.

보디는 선수들을 세 그룹으로 나누었다. 먼저 투수 14명으로 이루어진 대조군은 스스로 훈련했고, 훈련 강도는 대부분 높지 않았다. 이들은 전체적으로 실험 기간 동안 평균 구속이 시속 113.9킬로미터에서 시속 113.1킬로미터로 살짝 떨어졌다. 두 번째 대조군은 기본적인 투구 훈련 일과를 따랐고, 평균 구속이 시속 109.6킬로미터에서 113.1킬로미터로, 시속 3.5킬로미터 증가했다. 마지막 맥스빌로 실험군에서는 10명의 투수가 감속 훈련과 고속 카메라 영상 분석 등 보디가 추구하는 여러 가지 훈련에 임했다. 그 실험군의 평균 구속은 시속 115.9킬로미터에서 시속 127.3킬로미터로, 무려 시속 11.4킬로미터나 증가했다.

보디는 독학으로 배운 내용을 바탕으로 훈련을 기획했다. 그중에 드라이브라인의 고중량 및 저중량 구속 향상 훈련에서 주요 훈련으로 꼽히는 풀다운이 가장 잘 알려졌다. 보디의 경우 주변에 공터가 없었기 때문에 투수들이 서로 짝지어서 캐치볼을 하기보다는 실내 연습장의 나일론 그물에 공을 던졌다.

보디가 지도한 선수들은 결국 구속이 증가했다. 2016년과 2017년에는 드라이브라인에서 웨이티드 볼 훈련을 마친 대학 투수들이 처음과 마지막 불펜 투구의 구속이 각각 평균 시속 4.3킬로미터와 5.3킬로미터씩 증가했다. 하지만 드라이브라인이 2018년에 웨이티드 볼의 효과를 알아보기 위해 동료 평가로 진행한 구속 연구에 의하면 6주 훈련 동안 관절 가동 범위가 커졌다는 결과가 나왔으나, 구속이 전체적으로 높아지지는 않았다. 다만, 구속이 증가한 실험군의 투수들은 부상이 없었다. 그럼에도 불구하고, 풀다운으로 시속 161킬로미터를 던지는 선수의 영상을 온라인에 올릴 때마다 훈련에 대한 비판이 이어졌다. "마운드에서 셋 포지션으로 던지면 구속이 과연 얼마나 나올까? 절대 같을 수가 없지." "저건 그냥 뿌려대는 거지, 집중해서 스트라이크를 던지는 게 아니잖아!"

그래서 보디는 그런 회의적인 시각에 케이시 웨더스Casey Weathers의 사례로 대응했다. 웨더스는 밴더빌트대학교Vanderbilt University에서 스타 투수로 활약하고 2007년에 콜로라도 로키스로부터 지명받았다. 하지만 팔꿈치 부상과 토미 존 수술로 인해 구속도 낮아지고 선수 생활에 위기가 찾아왔다. 이로 인해 웨더스가 방황하자, 웨더스의 대학교 후배이자 당시 뉴욕 양키스 마이너리그 투수였던 케일럽 코섬Caleb Cotham은 드라이브라인에 연락해볼 것을 권했다. 그래서 2014년 3월에 보디에게 이메일을 보내 갈 길을 잃었다면서 구속을 회복할 수 있도록 도움을 요청했다. 웨더스가 드라이브라인에 간 첫날, 보디는 웨이티드 볼로 전력투구를 시켜서 고속 카메라로 촬영하고, 투구의 레이더 기록을 남겼다.

보디는 웨이티드 볼로 최대한 세게 던져보라고 했을 때 웨더스의 얼굴 표정이 정말 웃겼다고 적었다. 생전 처음 보는 시설에서 142그램짜리 공인구로 첫 원스텝 전력투구가 시속 149.7킬로미터였다. 사흘 후에 공인구 최고 기록은 시속 153킬로미터로 늘었다. 열흘이 지나자 원스텝 투구는 시속 155.9킬로미터를 찍었다. 그리고 2주 후에는 시속 158.8킬로미터였다. 그렇게 해서 웨더스는 그해 여름에 탬파베이와 마이너리그 계약을 맺었다. 비록 더블A 수준을 넘지 못했지만, 실력을 늘려서 프로 무대에 복귀하는 데는 성공한 것이다.

그렇지만 드라이브라인은 부상 위험이 크다는 비판과 인식으로부터 벗어나지 못했다. 일부 프로 구단은 투수들이 웨이티드 볼로 혼자 훈련하다가 다치는 경우가 발생한다고 불평했다. 하지만 보디는 제대로 된 지도와 근력 강화 없이 웨이티드 볼과 전력투구 훈련에 임하는 행위를 분명히 경고한다. 구속과 토미 존 수술 사이의 상관관계는 이미 아는 내용이었다. 다만, 부상당하고 훈련과 회복을 제대로 진행한 투수는 몇 명이었는지, 다른 훈련에 임해도 부상당할 투수는 과연 몇 명이었을지 궁금했다. 게다가 모든 투수는 언제든지 수술대에 오를 가능성이 있는 반면, 최상위권 구속이 아니라면 메이저리그에서 던질 수 있는 투수는 상당히 드물다. 따라서 위험 부담도 어느 정도는 안고 가야 할 때가 있다.

보디는 베이스볼 프로스펙터스 기자에게 이렇게 말한 적이 있다. "제가 엄청 거만해서 '우리 방식만 옳다'고 생각하지는 않습니다. 하지만 저희는 열린 마음을 갖고, 연구 활동도 많이 합니다. …… 큰 틀에서는 저도 부상이 상당히 염려되죠. 부상을 퇴치하지도 못했고, 과연 퇴치할 수 있는 문제인지도 잘 모르겠습니다."[12]

그리고 트위터 계정에는 다음과 같이 남겼다. "위험을 줄이려는 사람들이 '위험-보상 스펙트럼(투자에서 보상과 위험 부담 간의 관계. 큰 보상을 위해서는 그만큼의 위험 부담을 감수해야 한다 — 옮긴이)'이라는 말을 남발한다. 프로 갬블러로 활동하면서 가치와 보상을 극대화하는 사람은 극소수라는 것을 배웠다. …… 매사에 안정지향적일 수는 없다. 스포츠에서는 기회 손실이라는 위험 부담이 가장 크기 때문이다. 시간과 노화라는 형태로 혼쭐난다. 게다가 끊임이 없고 멈출 수도 없다. 결과를 무조건 극대화해야 한다. 그러기 위해서는 커다란 위험 부담을 감수해야 할 때가 많다는 뜻이다."

다시 말하면, 시속 145킬로미터를 던지려다 다치는 투수들이 생기겠지만, 그만큼 던지지 못하면 메이저리그는 물론 대학 야구 1부 리그에도 가지 못한다. 보디는 구속 늘리는 것을 중요시하지 않았던 코치들을 향해 트위터에 이렇게 남겼다.

"'가운데로 넣어!' *3주 후에 구속이 안 나온다는 이유로 퇴출시킴*."

보디는 늘 성급하고 자신만만하다 보니 대인 관계가 원만하지는 않았다. 바워와 마찬가지로 자기 확신과 고집 덕분에 괴짜로 성공했지만, 조금 무지하다 싶은 사람과는 긴장된 관계를 이뤘다. 그는 우둔함과 게으름을 타협하지 않았다. 직원이 인터넷에 검색하면 충분히 알아낼 수 있는 사항을 물으면 야단쳤다. 트위터를 통해 소위 키보드 배틀도 자주 했다.

코치들 사이에서는 반드시 선수로 뛰어야 인정받겠지만, 보디는 순혈주의나 직위에 별다른 감흥이 없다. 그는 드라이브라인 입사 지원서에 명문대 학위가 적혀 있으면, 대개 마이너스 요인으로 취급한다. 2018년 여름에는 구글과 애플이 더 이상 학력에 제한을 두지 않겠다는 방침에 대해 칭찬하는 글을 트위터에 올렸다. 보디는 평범함과 거리가 먼 사람들을 원했다. 무엇보다 자기 자신이 그런 사람이 아닌가.

트레버 바워의 만남

2012년은 보디가 아직 잘 알려지지 않았던 시절이다. 케이시 웨더스가 드라이브라인을 찾기 2년 전이고, 트레버 바워가 애리조나에서 처음으로 맞이한 풀 시즌을 소화하느라 고생했던 해다. 당시 보디는 본업에서 만큼은 승승장구했다. 마이크로소프트를 떠나 연봉 12만 달러(약 1억 3,600만 원)를 받는 소프트웨어 개발 업무를 맡았다. 그러나 보디의 마음은 누가 봐도 드라이브라인에 가 있었다. 그래서 보디는 2012년에 고소득 직장을 포기하고, 자신의 미숙한 업체를 전업으로 운영하겠다고 다짐했다. 상당한 위험 부담을 감수해야 했다. 아내와 아이가 있고, 주택 담보 대출까지 받았는데 재정적인 안정을 빈곤에 가까운 소득으로 맞바꿨다(보디는 아내가 '무한 이해심'을 발휘한다고 설명한다). 그리고 2011년 2월부터 야구 분석 웹사이트인 '하드볼 타임스'에 글을 쓰기 시작했다. 그곳을 통해 소위 말하는 '야구 덕후'들에게 자신을 알릴 수 있었다. 그는 팀 린스컴의 구속 저하라던가, 토론토 블루제이스의 유망주 마커스 스트로먼Marcus Stroman이 체격이 작아도 믿어봐야 하는 이유와 같은 주제로 연구하고 글을 썼다. 참고로 스트로먼에 대한 예측은 맞았다.

결국 론 울포스가 보디의 존재를 알게 되었고, 보디의 블로그 글을 칭찬했다. 보디는 울포스가 누구인지 알아보다가 그의 가장 잘 알려진 수강생이 트레버 바워였다는 것을 알았다. 보디는 바워가 대학 야구 월드 시리즈에서 던지는 모습을 텔레비전으로 시청했었다. 당시 ESPN 중계는 바워가 숄더 튜브를 사용하는 모습을 잡았고, ESPN 분석가이자 전

126   MVP 머신

메이저리그 올스타였던 노마 가르시아파라Nomar Garciaparra는 '이상한' 운동이라면서 비웃었다. 게다가 프로에서는 부상 위험 때문에 자기만의 운동을 지속하기에는 무리가 있다고 말했다(얄궂게도 가르시아파라는 선수 시절에 수많은 부상에 시달렸다). 같은 중계에서 전 메이저리그 선수이자 감독이었던 로빈 벤투라Robin Ventura는 바워가 "실력이 매우 좋기 때문에 그런 운동이 허용된 것"이라고 말했다. 보디는 바워가 신기했다. 그는 하드볼 타임스에 "투구 기술과 데이터의 불확실성, 그리고 두려움 Pitching Mechanics, the Uncertainty of Data, and Fear"이라는 제목으로 첫 글을 올렸다. 그리고 단 한 번도 만난 적이 없는 바워를 글에 인용했다.

"보통 메이저리그에 가려고 들인 노력 때문에 메이저리그에서 살아남는다는 것을 알아야 한다. 트레버 바워의 독특한 기술과 훈련 방식을 두려워할 필요가 없다. 오히려 경탄하고, 들여다봐야 한다."

보디는 울포스가 정기적으로 코칭 특강을 진행한다는 소식을 들었다. 그래서 자신의 연구 활동을 발표하고 싶은 마음에 울포스에게 이메일을 보냈고, 이듬해에 강사로 초대받았다. 그는 원시적인 착용 기술 장비를 공유하고자 했다. 보디는 네오프렌 소재와 닌텐도 위Nintendo Wii(일본 게임 업체 닌텐도에서 움직임 감지 기술을 사용해서 제작한 가정용 게임기 — 옮긴이) 부품으로 팔 토시를 제작해서 투구 동작에서 나오는 힘과 장력을 측정했다.

사실 PVC 파이프로 만든 정육면체처럼 허접하고 촌스러웠지만, 팔 스윙 속도와 회전, 내전, 수평 회전, 수직 회전 등을 측정할 수 있을 만큼 필요한 것은 다했다. 비록 금전적인 소득은 없었지만, 매우 소중한 경험이었다.

그는 2012년 12월에 울포스의 특강에서 이틀 동안 두 차례에 걸쳐 데이터 수집 및 기술을 설명하고, 팔 토시와 고속 카메라를 통해 얻은 정보를 소개했다. 두 번째 발표가 끝나자 질문 세례를 받았다. 그 자리에서 바워가 고속 카메라의 메모리 카드에 대해 물었다. 둘의 미래는 물론이고, 야구의 한계에 대한 지배적인 개념을 바꿔버릴 관계가 그렇게 소박하게 시작되었다.

바워와 보디는 과학기술 탐구에 대한 열정을 공유했다. 하지만 그들이 가까워지게 된 계기는 투구의 신체 역학이 공통 관심사였다는 점이다. 바워는 2013년에 클리블랜드 소속으로 첫 해를 보내는데, 이전 해에 애리조나에서 생기기 시작한 통증에 대한 걱정이 커졌다. 이후에 사타구니와 등, 갈비뼈와 이두근에 통증과 불편함을 느꼈다. "메이저리그에서 10년 더 뛰려면 투구 동작을 바꿔야만 했습니다."

바워는 그동안 린스컴의 동작을 모방하기 위해 애썼다. 자신도 체격이 작았기 때문에 어느 정도 일리는 있었다. 그리고 린스컴이 2012년부터 무너지기 시작했다는 점도 잘 알았다. 린스컴은 스물여덟 살에 더 이상 평균보다 좋은 성적을 내지 못하는 투수가 되었다. "근육과 골격이 그런 과격한 동작을 버티지 못했고, 그 부작용이 장기적으로 누적된 겁니다. 저도 린스컴처럼 되고 있었던 거죠."

2012년 시즌이 끝나자마자 바워는 투구 동작을 깔끔하게 정리하고자 정보를 수집했다. 우선 스탠포드대학교 의사를 찾아 고관절과 어깨 영상을 찍었다. 바워는 시즌이 끝날 때마다 연례행사처럼 찍었고, 수년 전부터 자신의 팔꿈치와 어깨 영상들을 보관해왔다. 그리고 나서 신체 역학자 밥 키스Bob Keyes에게 투구 동작 매핑mapping을 부탁했다. 키스는 바워가 마운드로부터 최고 수준의 속도와 에너지를 만들어내지만, 자세가 어긋났다는 점을 발견했다. 척추의 기울기가 너무 컸다. 공을 손에서 놓는 순간에, 척추는 1루 방향으로 45도 기울어졌다. 키스가 측정한 최고의 투수는 그레그 매덕스Greg Maddux와 로저 클레멘스Roger Clemens였다. 내구성과 경기력을 대표하는 두 투수의 경우 70도로 좀 더 곧게 선 자세였다. 게다가 고관절과 어깨가 더 크게 꼬였다. 고무줄을 꼬아주는 모습처럼, 어깨가 고관절을 기준으로 더 많이 돌아가면 에너지 생성은 그만큼 많아진다. 키스는 그렇게 어깨와 고관절이 꼬이는 각도를 측정했는데, 바워는 52도였던 반면 매덕스와 클레멘스는 72도나 되었다.

바워는 2013년 전지훈련 때 메이저리그 로스터에 들지 못한다는 소식을 접하자, 투구 동작을 재구축하기로 결심했다. 그리고 처음에는 누구에게도 알리지 않았다.

동작을 개조하려다 보니 엉망이 되었다. 트리플A와 메이저리그를 오가면서 138.1이닝 동안 볼넷을 무려 89개나 허용했다. 1년 전에 애리조나에서 시속 150.3킬로미터였던 평균 속구 구속도, 평속 구간이 시속 143~146킬로미터에 머물렀다.

바워는 그 당시 상황을 이렇게 기억한다. "코치들이 전부 짜증냈습니다. 뭔가 이야기해줘도 제가 듣지를 않았으니까요. 더 낮게 던지라고 얘기해주는데, …… 그러면 뭐 하나요? 동작을 고치기 전까지는 기술을 연마한다고 좋을 게 없습니다. 그 부분을 이해하지 못하는 것 같았습니다."

클리블랜드는 루벤 니에블라Ruben Niebla 마이너리그 투수 코디네이터를 산하 트리플A 구단인 콜럼버스 클리퍼스Columbus Clippers로 보내 바워에게 과제를 내도록 지시했다. 구단은 그가 달성하려는 목표를 이해하고 싶었다. 바워는 종이 두 장에 도표와 막대 인간을 앞뒤로 채워서 다음날 트리플A 직원에게 제출했다.

"과제물을 받더니 우주에서 온 외계인을 본 듯한 표정을 지었습니다." 마이크 처노프Mike Chernoff 클리블랜드 단장은 아직도 그 그림들을 갖고 있다.

일부 코치와 의견 충돌도 있었는데, 코치들은 디딤발이 땅에 닿을 때 글러브를 낀 팔을 몸 쪽으로 짧게 접기보다는 몸 앞으로 길게 뻗기를 원했다. 즉, 투구 동작에서 양팔의 대칭이라는 전통적인 개념을 요구한 것이다. "그건 정말 아니에요." 당시 경험을 설명하다가 감정에 격했는지 주먹으로 탁자를 내려쳐서 유리잔과 그릇이 흔들렸다. "저보다 모르면서 이래라 저래라 하는 사람하고는 잘 지내지 못합니다." 바워는 투구 동작에서 던지는 팔이 넘어올 때 글러브를 낀 팔을 몸 아래쪽으로 접는 '유익한 끊김positive disconnection'에 대한 찬성론자다. 회전 속도를 최대한 끌어올리기 위해 상체를 빠르게 비틀 수 있게 만들어주는 동작이다. 투구 구속을 늘리는 데 회전 속도는 매우 중요한 요소다.

2013년 시즌이 끝나자, 바워는 자신의 견해를 뒷받침하기 위해 처노프 단장에게 자신의 신체 역학 매핑 자료를 보냈다. 바워는 아버지와 함께 자신의 주요 관절들에 반사 테이프를 붙인 후 투구 동작을 촬영했다. 첫 번째 영상은 점들이 허공에 움직이는 모습이었다. 거기에 한 가지 영상을 더 첨부했는데, 점들이 실은 바워가 던지는 형상이라는 것을 보여 줬다. 그리고 상체의 회전축은 일부 코치들이 주장했던 것처럼 척추를 기준으로 형성되는 것이 아니라, 글러브를 낀 팔이 기준이라는 것을 입증했

MVP 머신

다. 단장이 선수로부터 그런 이메일을 받은 일은 아마 처음이었을 것이다.

바워는 2013년 마이너리그 시즌이 종료되자 자신이 어떤 동작을 원하는지 알게 되었다. 당시 운영 부사장이었던 데릭 팔비도 투구 동작 교정을 도왔지만, 바워는 새로운 동작을 새로운 방식으로 적용하고 싶었다. 비록 시즌 중에는 자주 연락하지 못했지만, 보디에게 해답이 있을 것이라고 기대했다.

바워의 새로운 비시즌 보금자리

2013년 10월, 바워는 드라이브라인을 방문했다. 보디는 사업장을 워싱턴주 터코마Tacoma 교외로 옮겼다. 클럽하우스71Clubhouse 71로 불리는 건물 2층으로, 이전에는 체육관에서 UFC 격투기의 낮은 단계 경기들을 개최하기도 했다. 바워는 그곳을 지붕을 받드는 강철 I빔이 여기저기 보이는 다락방이라고 묘사했다.

바워는 그날 던진다는 생각 없이 갔다. 그런데 보디가 해결책과 훈련법을 설명하자, 너무나도 공감이 가서 흥분이 몰려왔다. 바워는 당시 사복에 운동화 차림이었다. 그럼에도 불구하고 공을 들고 마운드에 올랐다.

자세를 교정하고 회전력을 더하기 위해, 보디는 바워에게 고중량 기구인 907그램짜리 공을 글러브에 넣고 투구에 임할 것을 지시했다. 훈련의 의도는 하체가 앞으로 나아갈 때 글러브를 낀 팔을 높게 유지하고, 척추의 기울기를 줄이면서 상체를 뒤로 가져가도록 하는 것이었다. 보디는 이것을 '선형 당김linear distraction'이라고 표현했다. 그렇게 하면 글러브를 낀 팔은 제대로 된 동작으로 감속할 수밖에 없었다. 던지려고 하면 907그램짜리 공을 최대한 몸 쪽에 억지로 당기게 되고, 몸과 머리가 목표물과 일직선을 유지한 가운데 회전 속도는 증가했다. 바워는 좋아진다는 느낌이 바로 들었다.

그러고 나서 보디는 바워에게 드라이브라인을 대표하는 훈련 중 하나인 피벗 픽pivot pick을 소개했다. 둘은 합판 벽으로 자리를 옮겼다. 선수들이 모래로 채운 플라이오케어PlyoCare 공을 내던지기 위해 만들었다. 일명 플라이오볼은 무게도 다양하고, 외관은 유연한 PVC로 만들어져서 야구공을 던진다는 느낌이 없다. 따라서 투수는 기술적인 부분에 얽매이지 않고 던질 수 있다.

우선 보디는 바워가 오른쪽 어깨가 합판 벽을 향해 서도록 지시했다. 바워의 임무는 오른쪽 팔꿈치를 어깨 높이만큼 올린 후 발을 떼지 않고 가슴이 벽과 평행하게 될 때까지 상체를 비트는 것이다. 그 자세에서 공을 합판 벽에 최대한 세게 던졌다. 고관절도 회전했다. 어색하게 느껴지는 각도로 던졌고, 플라이오볼을 벽에 던졌을 때 왼발을 축으로 삼았다. 코어core가 비틀어지는 것을 본인도 느꼈다. 게다가 어색한 각도에서도 던지는 힘을 생성하도록 글러브를 낀 팔을 억지로 몸에 끼게 되면, 불필요한 팔 동작도 정리되고 유익한 끊김이라는 개념도 강화되었다.

동작을 설명하는 것은 야구 코칭의 기초로 자리 잡은 지 100년이 넘었다. 하지만 보디는 그렇게 하기보다는 바워 자신이 직접 움직여보면서 암묵 학습을 할 수 있도록 도왔다. 그렇게 해야 더 효율적이고 자연스러운 동작이 나올 수 있는 토대를 마련할 수 있다.

바워는 "사실 밥 키스를 통해 기술적인 부분을 다루고 싶었습니다. 하지만 그는 선수를 지도할 만한 훈련이나 생각들이 많지 않았어요. 그런데 보디는 자기만의 지도 방법이 있었습니다"라고 말한다.

MVP 머신

코치들이 주는 대부분의 조언은 언어적인 단서를 바탕으로 하지만 보디는 그러지 않았다. 드라이브라인 웹사이트에 다음과 같이 적었다. "언어적인 단서의 효과와 우리 선수들에게 내리는 지시를 알아볼 시간을 따로 마련하지는 않았다. …… 코치가 선수에게 동작을 바꾸라고 지시한다고 선수가 동작을 당장 바꾼다거나 영구히 바꾸는 데 효과적이라는 증거는 많지 않다." 그리고 코치들이 자주 사용하는 지시와 그것이 야기하는 혼란의 사례를 몇 가지 소개했다.

"하체를 더 써." 어떻게? 힘을 더 내라고? 아니면 더 빠르게 움직이라고?

"닫아 놓고 던져." 어디를? 상체 아니면 하체?

"중심을 남겨둬야지." 얼마 동안?

가운데를 보고 던지라는 말도 속설이다. 시선 추적 결과 시선을 목표물에 고정시키는 것이 제구와 아무런 상관이 없다는 것이 밝혀졌다. 던지고 바로 (수비할) 준비하라는 것도 틀린 말이다. 그렇게 하면 운동 사슬이 끊어진다. 바워는 드라이브라인의 지도 방식과 무엇이든지 의문을 갖는 보디의 자세가 마음에 들었다. 그렇게 첫 만남 이후 보디는 바워가 "동작을 굉장히 높은 수준으로 재현하기 때문에 제구와 구속, 건강 면에서 크게 향상될 것"이라는 소견을 남겼다.

2014년 애리조나 전지훈련에서 바워는 전체적인 자세도 좋아지고, 어깨와 고관절의 회전과 상체와 글러브를 낀 팔의 당김도 향상되었다. 바워는 이렇게 말한다. "시범 경기에서 시속 153킬로미터 밑으로 떨어진 적이 없었습니다. 다들 너무 놀라서 시범 경기 동안에는 아끼고 정규 시즌에 보여달라고 했습니다."

그는 시즌 중에 5월 20일 디트로이트 타이거스전 선발 투수로 낙점되어 메이저리그로 다시 승격되었다. 그날 속구의 평균 구속이 시속 156킬로미터였다. 본인의 대학 시절 최고 구속이다. 결국 시즌 평균 구속은 시속 152.8킬로미터로 마쳤다. 150이닝 이상 던진 투수 가운데 아홉 번째로 높았고, 2012년 시즌 평균 구속에 비해 시속 2.4킬로미터 높았다. 그리고 무엇보다도 몸 상태가 더 좋았다는 것이 고무적이었다. 비록 아메리칸 리그 선발 투수 전체 평균 자책점인 3.92보다 조금 높은 4.18을 기록하면서 불규칙한 시즌 성적을 거뒀지만, 처음으로 대부분의 이닝을 메이저리그에서 채웠다. 바워는 드라이브라인을 통해 눈에 띄는 결과를 낸 것이다. 그리고 그곳은 바워의 새로운 비시즌 보금자리가 되었다.

5장 타격, 뜬공 혁명이 시작되다

비상하고 터무니없는 일을 벌였다거나 품위 있는 시대의 단조로움을 깼다면 자축하라. 한 젊은이를 위한 어진 충고를 들은 적이 있다." 항상 두려워하는 일을 하십시오."

— 랠프 월도 에머슨Ralph Waldo Emerson, 《히로이즘Heroism》

타격 자세의 변화

2018년 4월 16일은 보스턴 레드삭스가 로스앤젤레스에서 보내는 휴식일이었다. 그렇지만 보스턴의 외야수 무키 베츠에게 휴식이란 없었다.

보스턴의 타격 코치 팀 하이어스Tim Hyers는 하루 시간 내서 더그 라타와 훈련해볼 것을 권했다. 은발에 파란 눈을 가진 라타는 자칭 스윙을 속삭이는 자다. 월요일이었던 그날 아침, 라타는 구단 숙소로 차를 끌고 가서 베츠를 태웠다. 베츠는 자기 이름을 새긴, 손잡이가 도끼 손잡이처럼 생긴 액스배트Axe Bat 두 자루를 들고 탔다. 둘은 라타가 어쩌다 한 번씩 사용하는 시설로 이동했다. 로스앤젤레스에 둔 본거지보다는 오히려 애너하임Anaheim과 더 가까웠다. 그곳은 앤트이터볼파크Anteater Ballpark로, UC어바인 야구부가 홈구장으로 쓴다. 라타의 친구가 야구부 코치로 활동하고 있었다.

당시 스물다섯 살이었던 베츠는 훌륭한 성적으로 2017년 시즌을 마쳤지만, 스스로는 만족하지 못했다. 출루율과 장타율을 더한 스탯, 즉 OPS가 0.803였고 평균보다는 나았지만 이전 시즌에 기록한 0.897에 비해서는 많이 떨어졌다. 물론 그것을 제쳐놓아도, 최고의 주루 능력과 우익수 수비 덕분에 WAR이 대체 선수 대비 5승인 선수가 되었다. 사실, 변화를 두려워하는 운동선수는 많다. 하지만 베츠는 달랐다. 라타처럼 선수로는 2년제 전문대 수준을 넘어 본 적이 없는 외부 강사라도 조언을 들을 의향이 있었다. 이미 올스타에 두 차례나 선정되었지만, 베츠는 더 발전하기를 원했다.

과거에는 타자가 변화를 시도한다면, 대부분 절실하거나 선수 생활을 연장하기 위한 방편이었다. 하지만 베츠처럼 특급 재능을 가진 선수가 더 좋은 스윙을 한다면 어떻게 될까? 그는 이미 훌륭한 운동 능력과 눈/손 협응으로 잘 알려진 데다가, 스윙 속도와 제어를 늘리려고 제작한 특수 손잡이를 실험해보는 중이었다. 스타 선수들이 자신의 잠재력에 대해 다시 생각해보고, 도약을 하고 있는 상황이라면 어떨까?

하이어스는 2년 동안 로스앤젤레스 다저스의 보조 타격 코치로 활동하고, 2017년 시즌이 끝나자마자 보스턴에 입단했다. 그는 조지아주 출신으로 남부 사투리도 조금 남아 있다. 짧은 기간이지만 메이저리그를 체험하기도 했다. 샌디에이고 파드리스와 플로리다 말린스(명칭을 바꾸기 이전의 마이애미 말린스 — 옮긴이), 디트로이트 타이거스에 걸쳐 133경기에 출전해서 통산 타율 0.217에 홈런 두 개를 쳤다. 그는 이제껏 내려치는 스윙을 배웠다. 그래서 자신이 강타자가 될 것이라고 생각하지 않

MVP 머신

았다. 그는 재능에 한계를 그어버렸다고 생각했다.

하이어스는 저스틴 터너가 라타에게 배운 스윙에 대해 이야기하는 것을 듣고 2016년 봄에 라타를 찾아 나섰다. 하루는 로스앤젤레스의 실버레이크Silver Lake 근교에서 아침 식사를 함께 했는데, 무려 네 시간이나 이야기했다.

그 당시까지만 해도 라타를 신뢰하는 프로 구단 코치들은 드물었다. 다들 자기 선수에게 참견하는 비야구인이라며 달갑지 않게 여겼다. 베츠는 그해 전지훈련 때부터 새로운 스윙 자세 교정에 들어갔다. 하이어스는 시즌 초 원정을 떠난 전용기가 로스앤젤레스에 도착하자, 베츠의 새로운 스윙에 '새로운 견해', 즉 라타의 견해가 필요하다고 느꼈다. 라타는 신체의 모든 부위가 어떤 방식으로 협력하는지를 이해하는 데 뛰어났다.

라타가 베츠를 UC어바인 야구장으로 데려가면서 몸 쓰는 일을 해도 괜찮은지 물었다. 베츠는 토요일 경기에서 홈 충돌 중 왼발을 다치는 바람에 일요일 경기에는 빠졌다. 엑스레이 촬영 결과 음성이었기에 그는 괜찮다고 말했다. 그래서 라타는 자기를 찾아온 대부분의 타자들에게 했던 대로 강습을 진행했다. "몸이 균형을 유지한 채 앞으로 이동하기 위해서, 양손이 움직이는 궤적이 제대로 작용하도록 길게 가져가야 합니다." 올려치는 것과 동시에 앞으로 뻗어나가는 스윙을 만들어야 한다는 라타의 말이었다.

연둣빛 물결 모양 철제 지붕으로 덮인 야외 타격 연습장에서 두 사람은 몇 시간에 걸쳐 훈련을 진행했다. 다음 날 베츠는 당시 큰 화제가 되었던 로스앤젤레스 에인절스의 신인 투수 오타니 쇼헤이大谷翔平를 상대로 타선에 복귀했다. 선두 타자였다. 메이저리그에서 대부분의 타석을 선두 타자 자리에서 나섰다. 베츠는 175센티미터에 81킬로그램으로 특급 눈과 손 협응력 외에도 1번 타자에 알맞은 체형을 타고났다. 게다가 의외의 장타력도 보였다. 충분히 위협적인데, 더 두드러진 능력을 보일 조짐이었다.

애너하임의 석양 아래, 오타니는 풀 카운트에서 속구로 승부했고 무릎 높이로 홈 플레이트 근처에 넣었다. 관찰력이 예리하다면 베츠의 스윙이 달라 보였을 것이다. 베츠의 스윙은 하이어스의 지도하에 전지훈련 동안 이미 많이 바뀌어 있었다. 오타니가 던지자 베츠는 왼쪽 다리를 들어서 투수 쪽으로 스트라이드를 가져가며, 배트를 들고 있던 손은 벨트 가까이 내렸다. 라타가 가르쳤듯이 몸이 앞으로 나아갈 때, 배트는 뒤에 그리고 공의 궤적보다 '밑에서' 잡았다. 그렇게 해야 배트를 어퍼컷 모양처럼 휘두를 수 있다. 투수가 던진 공은 마운드처럼 높은 곳에서 나오고, 중력이 작용하기 때문에 아래로 내려 꽂힌다. 배트의 궤적이 지면과 평행하면 투구와 같은 평면에 있는 시간이 상당히 짧다. 하지만 올려 치는 궤적이라면 정타가 이루어질 확률이 높아진다.

그렇게 순식간에 오타니가 던진 공을 배트에 맞추자, 공은 저 멀리 샌개브리엘산맥의 윤곽이 드러나는 보랏빛 하늘로 날아가버렸다. 베츠는 그때부터 스윙을 마무리할 때 손목을 꺾어서 배트를 등 뒤로 돌리기보다는 어깨보다 살짝 위로 높은 궤적으로 돌렸다. 어떻게 보면 골프 스윙이나 저스틴 터너의 스윙과 거의 흡사했다.

타구는 125미터 날아가, 좌중간 담장을 넘어 바위 모형을 맞추고 다시 외야로 떨어졌다. 베츠는 베이스들을 신속하게 돌았다. 얼굴에 미소

도 내비치지 않았다.[QR-1]

3회에 베츠가 타석에 다시 들어섰을 때, 오타니는 루크 바드Luke Bard로 교체되었다. 그리고 바드의 2구는 가운데로 몰리는 슬라이더였다. 베츠는 배트를 다시 낮게 내렸다. 배트의 궤적은 투구와 같은 수평면에 형성되었고, 번개 같은 스윙으로 공의 약간 아랫부분을 관통하듯이 날려버렸다. 이번에는 홈 플레이트로부터 127미터나 되었고, 좌중간 불펜도 넘겼다. 그는 고개를 숙이며 배트를 교묘하게 던져버렸다.[QR-2]

8회에는 캠 베드로시언Cam Bedrosian을 상대했다. 저녁 시간이 되면서 기온이 떨어졌다. 베츠는 액스배트를 잡고 오른쪽 타자석에 들어가기 전에 손을 모아 그 안에 입김을 불었다. 베드로시언은 초구를 몸 쪽 속구로 승부했다. 베츠는 휘둘렀고, 홈 플레이트 저 앞에서 타격이 이루어졌다. 홈런으로 대부분 이어지는 타격 지점이었다. 타구는 중견수 쪽으로 날아갔다. 이번에는 아주 짧게나마 쳐다봤다. 그리고 미소를 살짝 머금었다. 공은 그라운드를 넘어 130미터나 날아가 인조 잔디로 만든 작은 언덕에 떨어졌다.[QR-3] 그 경기에서만 세 번째 홈런이었다. 그리고 5월 2일에 한 경기, 3홈런을 다시 한 번 기록했다.

QR-1
URL https://youtu.be/qEl0FN0C7Xo?t=731

QR-2
URL https://youtu.be/qEl0FN0C7Xo?t=4863

그렇게 베츠는 이전에 선택받은 타자들이 개척해놓은 길을 가고 있었던 것이다. 그리고 그중에 하나는 라타의 도움으로 버림받은 신세에서 스타로 변신했다.

새롭게 태어난 저스틴 터너

2013년 9월 6일, 당시 뉴욕 메츠의 유틸리티 내야수였던 저스틴 터너는 팀 동료 루커스 두다Lucas Duda의 배트를 빌려서 클리블랜드 홈구장 그라운드에 설치한 타격 연습장으로 향했다. 현대 야구사에서 상상도 못할 변신이 바로 거기서 시작되었다.

터너의 팀 동료였던 말런 버드Marlon Byrd가 피츠버그로 트레이드된 지 일주일이 지난 시점이었다. 터너와 버드는 타격에 대해 이야기를 자주 나눈 사이였다. 버드는 2013년에 성적이 좋았는데, 사람들은 그를 의심했다. 2012년에 스테로이드 성분을 은폐하는 약물 복용이 적발되어 50경기 출장 정지를 받았던 이력 때문이었다(버드는 2016년에 또 한 번 약물 복용 사실이 적발된 후 은퇴했다). 하지만 2013년의 버드는 약물과 아무 상관이 없이 타격 자세만 바꿨을 뿐이었다. 그때 터너와 팀 동료이자 똑딱이 타자였던 대니얼 머피Daniel Murphy는 버드의 조언을 받아들이기로 했다.

버드는 183센티미터에 111킬로그램의 체격 조건을 갖췄고, 2013년

QR-3
URL https://youtu.be/qEI0FN0C7Xo?t=10588

이전에는 땅볼 타자였다. 그는 2013년 트래비스 소칙Travis Sawchik(책의 공동 저자)에게 이렇게 말했다. "저는 전통적인 야구를 배웠습니다. 어렸을 때 가르침을 받았던 1970~1980년대 코치들은 아래를 향하게 스윙하라고 가르쳤죠."

개인 최다 홈런(22)과 최고 장타율(0.526)을 기록했던 2013년 시즌에 버드는 서른여섯 살이었다. 일반 선수라면 하락세를 보이는 시기다. 물론 2012년에 출장 금지를 받아서 환각 상태에서 읽는 숫자들처럼 보이겠지만, 버드는 스윙 방식과 타격이 이루어지는 각도를 완전히 바꿨었다.

버드와 터너는 타격 연습할 때와 경기 중에, 그리고 메이저리그 일정을 소화하기 위해 이동하는 전용기 안에서 많은 이야기를 나눴다. 터너는 버드가 소개한 급진적인 타격 이론에 흥미를 가졌다. 그리고 버드는 비시즌 겨울 동안 더그 라타의 도움으로 앞다리를 들어 올렸다 치는 레그 킥leg kick과 공을 더 높이 쳐 올리는 스윙을 하게 되었고, 그 결과 투구에 더 직접적으로 다가가서 치게 되었다는 이야기도 털어놓았다. 터너는 버드의 땅볼 비율이 2012년에 통산 땅볼 비율에 근접하는 49.2퍼센트에서 2013년에 39.2퍼센트로 줄었다는 사실은 알고 있었다. 그 과정에서 뜬공 비율은 12.2퍼센트 높아졌는데, 역대 세 번째로 높은 증가폭이었다. 프로 타자라면 처음 배트를 손에 쥐는 순간부터 프로에 입성하는 순간까지 수천수만 번의 스윙을 하면서, 근육이 스윙 궤적을 기억해서 굳어지게 만든다. 대다수의 코치는 그런 특성은 바꿀 수 없다고 생각해왔다. 버드는 그런 생각에 도전해서 나이가 많은 타자도 비교적 빠른 시간 안에 진화할 수 있다는 것을 시사했다.

버드는 뉴욕 메츠의 데이브 허진스Dave Hudgens 타격 코치가 옹호한 타격 방식과 전혀 다른 방식을 수용했다(허진스는 이후에 휴스턴 애스트로스의 타격 코치로 자리를 옮기고 나서 자신의 생각을 바꿨다). 전지훈련때 포트세인트루시Port St. Lucie에 위치한 메츠의 훈련 시설에서 타격 연습을 하는데, 버드의 타구가 보조 야구장 담장을 계속해서 넘어갔다. 그러나 코치진은 버드의 새로운 스윙이 경기에서는 통하지 않을 것이라고 말했다. 버드는 코치들이 틀렸다는 것을 확신했다. 그리고 경기에서도 충분히 홈런을 칠 수 있다고 믿었다.

터너는 2013년에 183타석 동안 홈런이 없었고, 9월에 진입할 때 OPS가 0.693이었다. 리그 평균에 훨씬 미치지 못했다. 그는 좋은 수비와 빨간 머리에 호박색 턱수염으로 잘 알려진 후보 선수였다. 하지만 그날 (2013년 9월 6일) 오후 클리블랜드에서 7시 5분 경기가 시작하기 전에 터너는 새로운 타격 자세를 시도했다.

터너는 자신의 배트보다 1인치가 길고, 28.3그램이 무거운 배트(34인치, 935.5그램)를 쓰는 두다의 배트를 집어 들었다. 어쩌면 힘을 더 실을 수 있다고 생각했을 것이다. 그는 그라운드에 설치한 타격 연습장에 들어가서 실험에 임하기 전에 버드가 설명한 내용을 떠올렸다. "스트라이드는 크게. 그리고 앞으로 나가." 몸을 투수 쪽으로 이동하면 궤적이 일직선으로 형성되어서 에너지를 더 효율적으로 전환할 수 있다. 그리고 버드는 타격 지점에 대해 귀가 닳도록 되풀이했다. 전통적으로는 대개 타자가 공을 홈 플레이트 가까이, 더 안으로 들어오도록 잡아놓고 쳐야 한다고 가르치지만 버드는 공을 홈 플레이트 앞에 놓고 친다는 생각을 가져야 한다고 말했다. 앞에 놓고 쳐야 공을 당겨서 공중에 띄울 수 있는 자세를 더 잘 잡을 수 있기 때문이다. 당겨서 공중에 띄운 공은 타구 중에 MVP급 타구다. 2018년에 메이저리그 타자들은 당겨서 친 뜬공으로 타율 0.565와 장타율 1.267를 기록했고, 그렇게 친 타구의 32.7퍼센트는 홈런이었다.

터너는 평생 '직선 타구를 낮게 치고, 타구는 최대한 깊숙이 찔러 넣으라'고 배웠다. 이제 터너는 2013년 11월에 스물아홉 살이 되지만, 실험할 준비는 되었다. 시즌 후에 구단이 보류 명단에서 제외시킬 수 있다는 점을 잘 알았다. 출전 기회를 더 받거나, 심지어 선수 생활을 이어나가려면 변화가 필요했다.

터너는 캘리포니아주립대학교 풀러턴캠퍼스에서 신체운동학을 전공했고, 야구부에서 통산 1,008타수 동안 일곱 개의 홈런을 쳤다. 물론 버드의 이론은 일리가 있었지만, 당시 터너는 자신이 홈런 타자가 될 것이라고 생각하지 않았다. 메이저리그에서 다섯 시즌 동안 홈런은 고작 여섯 개에 불과했다. 하지만 베츠와 달리 그는 잃을 것이 많지 않았다. 고정형 마인드셋을 버리고 성장형 마인드셋을 택한 것이다.

터너는 이렇게 말한다. "타격 연습 때 최대한 앞에 놓고 때려야겠다고만 생각했습니다."

변화의 시작을 직접 목격한 사람은 많지 않았다. 그들은 터너가 타구를 5.8미터 높이의 좌측 담장 위로 넘기는 모습을 봤다. 타구가 텅 빈 외야석을 때리는 소리가 사람이 거의 없었던 구장에 울려 퍼졌다. 터너는 그런 소리를 만들어내는 데 익숙하지 않았다. 팀 동료들도 놀랐다.

"세게 휘두른다는 느낌도 안 들었습니다. '이거 대박인데' 싶었죠."

앞의 두 타석에서 스콧 캐즈미어Scott Kazmir를 상대로 땅볼 아웃만

두 번 쳤다. 그런데 7회 초에 오른손 구원 투수 코디 앨런Cody Allen이 등판했다. 터너가 높은 속구를 홈 플레이트 앞에 놓고 치는 모습을 1만 5,962명의 관중이 지켜봤다.

터너는 홈런을 친 느낌에 이질감을 느꼈다. 타자석을 얼른 뛰쳐나갔다. 시선은 담장 쪽을 향해 달려가던 마이클 본Michael Bourn에게 고정되었다. '넘어라! 넘어라!' 하며 머릿속으로 외쳤다. 1루로 접근하는데 심장이 거세게 뛰었고, 타구는 아직도 공중에 떠 있었다. 공이 중간 담장 뒤에 심은 나무들 사이로 사라지자, 터너는 물론 거기 있던 모두가 놀랐다.^{QR-4}

"맙소사! 방금 무슨 일이 일어난 거지?' 싶었습니다. 홈런을 친 적이 별로 없다 보니 얻어 걸릴 때의 느낌이 어떤지 몰랐습니다."

터너는 베이스를 부유하면서 돌았다. 마치 많이 해본 양 침착함을 유지하고 감정을 나타내지 않기 위해 노력했다. 문제는 많이 해보지 않았다는 것이다. 동료들은 다들 놀라서 입만 벌리고 있었다. '방금 터너가 친 거 맞아?' 경기가 끝나고 터너는 클리블랜드 시내에 있는 카지노에서 여자 친구를 만났다. 그 여자 친구는 지금 터너의 아내다. 그는 불빛이 비추는 자리에서 카지노의 소음을 뚫고 그때의 느낌과 깨달음에 대해 이야기꽃을 피웠다.

이틀 후, 일요일 오후에 터너의 뉴욕 메츠는 클리블랜드와 신인 강속

QR-4
URL https://youtu.be/z0KMYqxwbAI?t=8184

MVP 머신

구 투수 다니 살라사르Danny Salazar를 상대했다. 터너는 두 번째 타석에서 3-1 카운트까지 갔고, 살라사르는 시속 155킬로미터짜리 높은 속구로 승부했다. 터너는 홈 플레이트 앞에서 잡아놓고 쳤다. 타구는 장엄한 궤도를 타고 날아가서 일광욕을 한창 즐기고 있던 좌중간 외야석 한가운데에 떨어졌다.**QR-5** 마치 영화 〈내추럴The Natural〉에 등장하는 로이 홉스Roy Hobbs가 터너의 저지를 입고 오른쪽 타자석에서 치는 모습이었다. 터너는 그렇게 통산 여덟 번째로, 그리고 당시 사흘 동안 두 번이나 베이스를 돌게 되었다.

터너는 당시 9월에 새로운 스윙을 갖고 10경기에 출전했다. 표본이 적지만 타율 0.387에 장타율 0.677를 기록했다. 그는 더그 라타를 반드시 만나봐야겠다는 생각이 들었다.

땅볼보다 뜬공이 낫다

캘리포니아주 노스리지Northridge가 확장하고 있는 지역에 산업단지가 철길 근처까지 길게 뻗었다. 근처에는 코스트코와 트레일러촌, 인앤아웃 버거(류현진이 2012년에 방문해서 국내에 알려진 햄버거 체인—옮긴이)가 있다. 단지 안에 길게 뻗은 건물이 있는데, 그곳에서 라타는 타자들을 변신시킨다.

볼 야드Ball Yard로 불리는 라타의 시설에는 타격 연습장 두 개와 소

QR-5
URL https://youtu.be/xmDgN1l_gbU?t=4176

파 두 개, 화장실과 조그만 주방이 있다. 공을 몇 시간씩 치는 데 필요한 것들만 있다. 주로 쓰는 타격 연습장 밖에는 커다란 텔레비전이 있었는데, 라타는 화면에 투명한 종이를 입혔다. 그러면 화면을 정지시키고 보드 마커로 영상 위에 고쳐야 할 부분 등을 적을 수 있다. 직접 제작한 텔레스트레이터telestrator인 셈이다. 벽면은 하얀 석고보드로 두르고, 바닥은 초록색 인조 잔디로 덮인 수수해 보이는 공간이다. 만일 타자가 호사스러운 시설을 기대하고 들어가면, 라타는 다음과 같이 말한다. "공간이 넓다고 실력이 좋아지는 것은 아닙니다." 재능을 육성하는 곳이라면 다 마찬가지다. 생각과 정보, 열정과 반복되는 연습만이 필요하다. 정말 엄청난 양의 연습이 필요하다. 볼 야드에서 라타는 2013년에서 2014년으로 넘어가는 겨울에 떠돌이 생활을 하던 터너를 더 나은 선수로 둔갑시켰다.

2018년의 볼 야드에서는 라타가 영상 파일들을 검색하다가 터너의 과거 영상을 찾아서 타격 연습장 밖에 설치한 평면 텔레비전 화면에 띄운다. 2014년 1월 27일에 찍었던 영상이다. 당시 터너는 무적 신분이었다. 뉴욕 메츠의 보류 명단에서 제외되었다. 영상 속의 터너는 티셔츠와 반바지를 입고, 모자를 거꾸로 쓰며, 턱수염도 짧다. 그가 배트를 휘두른다. 앞 다리를 들어 올리고 과장된 스트라이드를 가져간다.

"스트라이드를 좁게 가져가기 전 모습입니다. 저 당시에는 그냥 펌핑 pumping만 하던 시기였어요." 라타가 영상 속의 터너가 취한 자세에 대해 설명한다.

라타가 말한 '펌핑'이란 배트를 많이 휘두른다는 뜻이다. 이번에는 2014년 4월 24일에 찍은 영상을 틀었다. 터너가 로스앤젤레스 다저스

MVP 머신

의 전지훈련에 초청 선수로 참가하는 조건으로 마이너리그 계약을 맺은 직후였다. 당시 마이클 영Michael Young이 은퇴했고, 그 자리를 대체하기 위해 메이저리그 명단에 이름을 올리게 되었다. 이번 영상 속의 터너는 1월보다 배트를 높게 든다. 앞다리도 더 높이 든다. 몸을 앞으로 가져가면 앞발은 가상의 타자석 밖으로 빠져나가는데, 그렇게 균형이 맞지 않아 보이는 경우가 많다. 그리고 휘두를 때 뒷다리로 체중을 보냈다가 앞다리로 이동시킨다. 라타가 좋아하지 않는 동작이다.

"사람들은 터너가 과거에 어땠는지 잊었습니다. 스트라이드도 짧아지고, 앞다리는 더 높게 들어올리게 됐죠. 동작도 점점 쉽게 하고 자연스러워졌습니다."

그곳에 라타와 터너만 있던 것은 아니다. 버드도 자주 가서 타격 연습도 하고, 어떤 의미에서 보조 코치 역할도 맡았다.

터너는 그 겨울에 볼 야드에서 3개월 동안 일주일에 4일씩 훈련했다. 그는 라타와 한 번 만날 때마다 세 시간씩 훈련했고, 한 시간에 타격 연습을 1회에 15~20구씩 7~8회 정도 진행했다. 전부 해서 2만 번 정도 휘두른 것으로 예상한다.

라타는 터너가 진화해온 과정을 전부 기록했다. 그 겨울 이후, 둘은 문자 위주로 연락을 취했다. 물론 터너는 감각을 되살리기 위해 볼 야드를 이따금 방문한다. 라타는 자기와 아직 친숙하지 않으면 영상 통화 앱으로 소통한다. 터너의 경우 매 타석을 실시간으로 챙겨본다. 처음에는 마음을 다잡게 해줄 만한 것들을 끊임없이 보냈다. MLB 네트워크MLB Network(MLB 사무국에서 운영하는 방송사 — 옮긴이)나 다른 방송에서 베이브 루스가 배트를 휘두르는 모습이 나오면, 찍어서 터너에게 바로 전송했다. 루스는 타격 자세의 보폭이 굉장히 짧지만, 스트라이드를 크게 가져갔다. 공은 앞에 놓고 쳤고, 그 순간에 뒷발은 지면에서 떨어졌다. 2018년 전지훈련 때 베이브 루스의 스윙 영상에 대해 언급하자 터너는 웃었다.

터너는 라타가 루스의 영상을 첨부해서 보낸 문자를 떠올리면서 말했다. "베이브 루스를 잘 보세요. 정말 중심을 남겨놓고, 공을 앞에 놓고 칩니다." 루스는 라타와 터너가 못마땅하게 여긴 전통적인 가르침의 정반대로 했고, 심지어 올려치는 스윙으로 마무리했다.

"베이브 루스와 미키 맨틀Mickey Mantle처럼 그 당시 타자들을 보면, 전부 앞다리를 들어 올리거나 앞발을 살짝 내디뎠다가 칩니다. 그리고 전부 엄청나게 앞으로 나갑니다. 스트라이드가 굉장히 크죠. …… 물체가 한 번 운동을 시작하면, 그 운동을 계속 유지한다는 이론입니다. …… 제가 가장 좋아하는 타격 코치는 아이작 뉴턴입니다. 옛날 분들이 말하는 스윙을 내려친다거나, 공을 찍어 친다는 거 있잖아요? 다 쓸데없는 이야기들입니다."

이렇게 말하면서 분노가 치밀었는지, 터너는 주먹으로 탁자를 내리쳤다. 수많은 코치가 수많은 선수의 수준을 떨어뜨린 것이 아닌가?

터너는 2014년에 0.340/0.404/0.493(타율/출루율/장타율)를 쳤다. 비록 322타석에 불과했지만, 리그 평균을 100으로 설정하고 타자의 공격력을 종합적으로 나타내는 비율 스탯인 wRC+Weighted Runs Created Plus(가중 득점 창출 지수. 구장별, 득점 환경별 조정을 거친 타격 지표. 100이 리그 평균 수준을 말한다 — 옮긴이)는 158로, 최소 300타석을 채운 타자 가운데 9위였다. 그리고 로스앤젤레스 다저스는 호기심이 발동했는지 연봉 조정 자격을 얻는 터너에게 250만 달러에 1년 계약을 맺었다. 2015년에는 439타석에 나가 0.294/0.370/0.491를 치고 141wRC+를 기록해, 전해와 거의 비슷한 성적을 거뒀다. 2013~2015년 동안 땅볼 비율도 12.5퍼센트나 줄였다. 역대 네 번째로 높은 감소폭이다. 마침내 2016년이 되자 풀타임 자리를 얻으면서 홈런을 27개나 쳤다. 그렇게 해서 시즌이 끝나자 터너는 다저스와 4년, 6,400만 달러짜리 계약을 맺었다.

발사각의 중요성

2018년 여름, 라타는 2017년 1월에 볼 야드에서 찍은 터너의 영상을 튼다. 이제 터너가 양다리를 벌린 보폭은 훨씬 짧다. 체중을 뒷다리로 보냈다가 앞다리로 다시 이동하는 동작도 없다. 스윙을 시작하기 위해 왼쪽 다리를 들 때, 배트를 든 손은 올려치는 스윙을 하기에 좋은 위치로 내려간다.

라타는 "터너가 여기서 어떻게 하려는 걸까요? 바로, 균형을 유지하면서 타구를 멀리 날려 보내려 하는 겁니다"라고 말한다.

이번에는 라타가 느린 화면으로 다시 보여준다. 터너의 뒷다리와 어깨는 가상의 직선을 완벽하게 형성한다. 체중을 뒤로 가져가는 움직임은 없다. 균형을 이룬 것이다.

앞다리, 즉 왼쪽 다리는 몸 앞으로 많이 나가서 내딛는다. 배트를 든 손은 낮춰서 스윙을 날릴 준비를 한다. 라타는 이 모든 동작을 다음과 같이 말한다. "신체의 모든 부위가 서로 협력하면서 움직이는 겁니다. 지금 이 자세에서 바로 밑을 대고 휘두릅니다. 그리고 몸의 뒷부분이 뒤따라오면 모든 에너지가 공을 향해 나아갑니다. 그러면 앞으로 많이 뻗어 나가게 된다고 말하죠." 스윙은 느린 화면으로 마무리된다. 라타는 화면에 씌운 투명 종이 위에 올려치는 스윙의 궤적을 보드 마커로 표시한다. 그러면서 터너가 가진 모든 에너지가 홈 플레이트 앞에 형성한 타격 지점에 모였다고 설명한다.

라타에게는 발사각과 타구 속도를 측정해주는 히트트랙스HitTrax 레이더 기계가 있다. 하지만 최신 기술을 잘 사용하지는 않는다. 라타는 타자가 타이밍과 균형, 움직임이 없으면 희망이 없다고 생각한다. 그는 최근 SNS에서 보이는 지도 방식에 대한 우려를 감추지 않았다. 그런 영상들은 균형과 스윙을 맞춰주는 일은 무시하고 주로 타구 속도를 내는 데만 집중한다. 라타는 타자를 설명할 때 '스윙'이나 '스윙을 가져가는 평면'과 같은 용어는 거의 사용하지 않는다. 스윙이 알아서 나올 수 있도록 각 신체 부위의 동작만 정리해준다. 그는 일부 사설 육성 시설들이 선수를 돕기보다 제품을 파는 데 더 신경을 쓴다고 생각한다.

소위 말하는 뜬공 혁명의 발상지는 볼 야드임이 분명하다. 그런 야구계의 움직임에 기여한 지도자와 지지자들이 그곳에 모여 서로가 가진 생각을 이야기했다. 말런 버드는 뉴욕에서 자기가 아는 지식을 저스틴 터너와 대니얼 머피에게 전파했다. 참고로, 머피는 서른 살까지 3,300타수가 넘도록 62홈런뿐이 못 쳤는데, 이후 서른세 살까지 1,400타수가 안 됐는데 이미 60홈런을 기록했다. 터너는 현재 다저스의 클럽하우스에서 전도한다. 코디 벨린저Cody Bellinger와 코리 시거Corey Seager 등 재능 있는 젊은 타자들을 가르치고, 팀 하이어스와 같은 타격 지도자들에게 영향을 끼치고 있다. 2017년에 신인이었던 벨린저는 슬라이더를 공략하지 못하자, 속으로 스윙을 너무 올려친 것이 아닌가 싶었다. 그해 여름이 끝날 무렵, 터너는 벨린저를 다저스타디움Dodger Stadium 실내 타격 연습장으로 끌고 갔다. 거기서 슬라이더 기계를 틀고, 벨린저에게 슬라이더가 오는 궤적 밑을 조준하고 헛스윙 하라고 시켰다. 벨린저는 전부 배트에 맞는 바람에 헛스윙을 할 수 없었다. 이 연습을 통해 벨린저는 결국 슬라이더에 대한 가중 출루율wOBA: Weighted On-Base Average이 2017년에는 0.418, 2018년에는 0.341가 되었다. 리그 평균이 각각 0.271와 0.263였던 것에 비하면 엄청난 차이였다. 자신의 올려치는 스윙이 먹히게 되었다.

뜬공 혁명은 스탯캐스트 덕분에 전파되기도 했다. 스탯캐스트는 2015년부터 메이저리그 경기에서 나온 모든 타구의 발사각과 타구 속도를 측정했다. 그때부터 구단들은 스윙 추적 장비를 모든 단계의 타격 연습장에 갖추었다. 데이터에 의하면 뜬공이 땅볼보다 낫다는 것이 확인되었다. 발사각 -30도부터 30도까지 10도씩 구간을 나눴을 때, 2018년에는 그 구간의 각도가 높아질수록 인플레이 타구에 대한 리

발사각과 wOBA의 상관 관계

-30~-20도: 0.050
-20~-10도: 0.188
-10~0도: 0.245
0~10도: 0.462
10~20도: 0.712
20~30도: 0.731

그 전체 wOBA가 증가했다. 심지어 모든 발사각에서 나온 타구들의 wOBA인 0.315를 훨씬 웃돌았다. 참고로, 0도는 직선 타구를 말하며 홈런의 평균 발사각은 28.2도다.

타자들은 올려치는 스윙을 하는 것이 이득이었다. 위에 설명한 관계에 대한 이해도가 높아지기도 했고, 아직 밝혀지지는 않았지만 2015년부터 타구가 더 멀리 날아가게 하기 위해 메이저리그 공인구에 변화가 생기기도 했다. 스탯캐스트에 의하면 타구의 발사각은 2015년에 10.5도에서 2016년에 10.8도, 2017년에 11.1도, 2018년에는 11.7도로 매년 증가했다. 같은 기간에 발사각을 10도 이상 이룬 타구의 비율은 3.3퍼센트 증가했다. 베이스볼 프로스펙터스의 데이터에 의하면, 2018년 리그 전체 땅볼 비율이 1950년 이후로 최저치였다.

2017년에는 메이저리그 타자들이 총 6,105개의 홈런을 쳐서 2000년에 세운 기록을 무려 412개 차이로 갱신했다. 2017년과 2018년, 2016년은 각각 역대 페어 타구에 대한 홈런 비율이 1~3위에 오른 시즌이고, 소위 말하는 스테로이드 시대를 넘어섰다.

"높이 치고 경축하자"나 "땅볼은 우리의 주적"이 타격 연습장에서 쓰는 표어가 되었다. 2018년에 알렉스 코라Alex Cora 보스턴 감독은 이렇게 말했다. "저희는 땅볼을 싫어합니다. 공중에 띄우는 걸 좋아합니다." 그는 컵스가 구호처럼 사용한 "땅에서 기어 다니는 장타(민달팽이를 뜻하는 slug를 사용한 중의적 표현 — 옮긴이)는 없다"라던가, 클린트 허들Clint Hurdle 피츠버그 파이리츠 전 감독이 선수단에게 조언했던 "여러분의 OPS(군사 작전을 뜻하는 ops를 사용한 중의적 표현 — 옮긴이)는 공중에서 펼쳐진다"와 같은 표현을 반영했다. 즉, 업계의 표어들이 비야구인의 철학에서 나온 것이다.

라타는 메이저리그를 바꾸겠다는 의도를 가지지는 않았다. 그저 야구가 너무나도 좋았을 뿐이다. 그는 '힘든' 가정 형편 속에서 자랐다. 고등학교에 올라가서야 제대로 갖춘 야구부에서 뛰었다. 대신 어린 시절을 보냈던 한인타운Koreatown에서 친구들과 길거리 야구를 즐겼다. 당시 이웃집 차고를 포수 후면으로 사용했다고 한다. 이후에 로스앤젤레스커뮤니티칼리지Los Angeles Community College와 캘리포니아루터대학교California Lutheran University 야구부에서 뛰고, 패서디나 레드버즈Pasadena Redbirds라는 성인 야구 리그 팀에 입단했다.

"제 자신을 성장시키고, 더 나아지고, 불리한 상황을 극복할 수 있는 도전거리는 늘 존재했습니다. 에드 파머Ed Farmer와 제리 루스Jerry Reuss, 크레이그 체임벌린Craig Chamberlain처럼 메이저리그급 투수들을 상대했죠. 그러니까 도전을 받는 느낌은 확실히 들었습니다."

멕시코 리그에서 뛸 수 있는 기회도 생겼지만 라타는 거절했다. 이미 돈벌이가 되는 일을 하고 있었다. 라타는 열아홉 살에 개인 수영장을 청소하는 사업을 시작했다. 패서디나 레드버즈에서는 1995년까지 야구를 계속했다. 그러면서 크레이그 월렌브록Craig Wallenbrock이라는 프로 스카우트를 알게 되었고, 같이 친분을 쌓았다. 라타는 월렌브록을 '생각하는 사람'으로 설명한다. 월렌브록은 열정적인 독서가였고, 1980년대 말부터 개인 타격 지도를 진행하면서 공부한 내용을 적용했다.

라타의 선수 생활은 1990년대 말에 끝났지만, 사람들과 정보를 공유하고 싶다는 생각을 했다. 마침 공유할 수 있는 공간도 있었다. 그는 로스앤젤레스에 커다란 창고형 건물 절반을 소유했는데, 그곳에 수영장

청소에 사용할 화학 물질을 저장했다. 나름 당시 최신 기술을 이용한 염소 주입기에 넣는 물질이었다. 이후에 건물의 나머지 절반을 매입할 수 있는 기회가 생기자, 라타는 아이디어가 번뜩 떠올랐다. 바로, 나머지 절반에 실내 타격 연습장을 만들 생각을 했다. 그렇게 하면 타격 지도도 하고 대관도 할 수 있다. 그리고 그곳을 '볼 야드'라고 부르기로 했다.

"그 지역에 실내 타격 연습장이 없었죠. 그런 것 자체가 존재하지 않았습니다."

이전에 사무실로 썼던 공간을 라타가 혼자서 철거하는 데 4개월 걸렸다. 그러고 나서 인조잔디와 타격 연습장을 설치했다. 윌렌브룩도 그 공간을 개인 지도하는 데 사용하고 싶었다. 또 다른 지도자도 공간 대여를 희망했는데, 라타가 기억하기로 '평평한 스윙'을 가르쳤다고 한다. "속으로 말했죠. 절대로 안 된다고." 윌렌브룩이 라타의 철학과 더 맞아 떨어졌고, 자기 공간에서 타자들을 지도하는 데 합의했다. 라타는 볼 야드에서 찍어 치거나, 내려치거나, 땅볼을 치도록 가르치는 행위는 금지했다고 말한다. 그렇게 해서 윌렌브룩은 메이저리거를 포함해 수많은 선수들을 데리고 왔다.

볼 야드에서는 프로 야구 안팎에서 활동하는 타격 코치들과 정기적인 모임도 가졌다. 라타는 그것을 두뇌 집단이라고 표현한다. 시설에 항상 접이식 의자 30개 정도를 챙겨놨는데, 참가 인원도 늘고 모임 횟수도 잦아졌다. 참가자들은 모여서 타격 이론을 이야기했다. 그중에는 유행을 타기 훨씬 전부터 공을 띄웠던 테드 윌리엄스의 이론도 언급되었다. 윌리엄스는 1970년 자신의 저서 《타격의 과학》에 다음과 같이 적었다. "만일 힘을 실어서 타구를 띄우면 가장 가치 있는 안타인 홈런을 만들어내는 능력이 생긴다. …… 그런 점 때문에 약간 올려치는 스윙을 선호한다.” 전직 메이저리거이자 지도자로 변신한 돈 슬로트Don Slaught와 시카고 화이트삭스 및 애틀랜타 브레이브스의 타격 코치였던 그레그 워커 Greg Walker가 자주 참석했다. 그리고 모임은 오랫동안 지속되었다.

“제게는 대학원 연구 활동이나 다름없었습니다. 월렌브록과 14년 동안 함께하면서 프로 타자들이 겪는 일을 직접 봤으니까요. 돈 주고도 못 사는 경험 아닌가요?”

하지만 얼마 안 있어 레터와 월렌브록은 사이가 틀어졌고, 월렌브록은 주목할 만한 선수를 모두 데리고 떠났다. 라타도 결국 지금의 위치로 볼 야드를 이전했다. 그러고 나서 몇 년이 지났다. 라타는 계속해서 독특한 올려치는 스윙 이론을 가르쳤다. 주로 인근 지역 대학 야구 선수와 고등학교 야구 선수들을 상대했다. 그러다가 2012년 가을에 말론 버드가 타격 연습할 장소를 구하다가 라타의 시설을 찾았다. 라타에게 현역 메이저리거 고객은 버드가 최초였다.

J. D. 마르티네스와 무키 베츠

2017년 2월 6일, 트래비스 소칙은 팬그래프스에 “그라운드를 뜨는 타자들이 더 많아질 수 없는가?Can More Hitters Get Off the Ground?”(땅볼을 벗어나자는 중의적 표현 ― 옮긴이)라는 기사를 게시했다. 기사에 따르면 2012~2016년은 타격이 극심하게 침체된 기간으로 뜬공과 직선 타구 비율에 큰 변화가 없었다. 심지어 그 5년 동안 장타력과 관계가 먼 캔자스시티 로열스와 샌프란시스코 자이언츠가 합쳐서 세 차례나 우승했다. 공인구가 바뀌기 전이었던 2014년에는 메이저리그 구단들이 경기

당 4.07득점밖에 올리지 못했다. 1976년 이후 파업으로 단축된 시즌을 제외하면 최저치다. 그것에 메이저리그 관계자와 팬들은 투수들의 구속이 높아진 시대에 타격이 어떻게 살아날 수 있을 것인지 염려했다. 그런데 기사가 게시된 지 불과 몇 분 만에 라타는 하이어스로부터 연락을 받았다. 칼럼은 라타에 대한 이야기도 언급했다.

"하이어스가 오전 7시 32분에 전화로 '그 기사 때문에 앤드루 프리드먼 사장의 연락을 받았다'고 말했습니다. 다저스 사장이라고? 멋진데? 하이어스에게 저에 관한 기사가 나간다는 이야기는 해줬어요. 그런데 하이어스가 '사장님께서 그 기사를 사무실에서 보고 읽으셨다'고 말했습니다. 저는 '프리드먼 사장이 팬그래프스도 읽는다는 것이 대단하다' 싶었죠. 그런 분도 접속해서 금방 읽잖아요? 누가 어떻게 관심 갖는지는 아무도 모릅니다." 라타는 당시 상황을 설명한다.

그 기사로 인해 로스앤젤레스 다저스 타격 코치들 사이에서 토론이 벌어졌다. 거기에는 전통적인 방식을 대변하는 터너 워드Turner Ward 수석 타격 코치, 그리고 구단 고문으로 잠시 일했던 월렌브룩과 그의 분신이나 다름없는 로버트 밴스코이옥Robert Van Scoyoc도 포함되었다. 밴스코이옥은 2018년 시즌 이후 로스앤젤레스 다저스의 타격 코치로 선임되었다. 이 사례를 통해서도 알 수 있지만, 뜬공 혁명과 선수 육성에 대한 전체적인 변화는 선수들이 구전으로 퍼뜨린 일이다. 하지만 이제는 구단들이 모든 내부 조직에 전파하려고 앞장선다.

하이어스는 2017년 말에 보스턴 타격 코치로 선임되었다. 하이어스는 물론 구단 자체도 타격에 대한 철학을 개조하기 위해 노력했다. 코치진은 새로 영입한 타자 J. D. 마르티네스에게 무키 베츠를 연구해보라는 과제를 내줬다. 마르티네스는 베츠가 2017년 새 버전의 스윙으로 전지훈련에서 타격하는 모습을 보고 이렇게 말했다. "그렇게 해서 통할지 잘 모르겠다." 베츠는 기분 상하지 않았다. 오히려 정보를 원했다.

마르티네스는 자기만의 스윙을 만들어서 선수 생활을 되살린 뒤, 2017~2018년 겨울에 보스턴과 5년, 1억 1,000만 달러짜리 계약을 맺었다. 하지만 2013년까지는 그냥 대체 선수 수준의 메이저리거였다. 메이저리그 3년차까지 wRC+가 87이었다. 타격은 평균보다 못했고, 수비는 형편없었다. 그렇게 선수 생활에 위기를 맞았다.

2017년에 마르티네스는 소칙에게 다음과 같이 말했다. "코치들은 지금도 이렇게 얘기하죠. '응, 2루쪽 직선 타구를 쳐야지. L자형 안전망을 때려야 해.' 다 좋은데, 그러면 고작 단타밖에 더 돼요?"

그는 자기가 가장 잘 휘두른 스윙의 결과가 '고작 단타'가 되는 것에 의문을 갖고 2013년 터너와 비슷한 시기에 새로운 스윙을 찾아 나섰다. 그리고 로스앤젤레스 근교에서 윌렌브룩과 그의 제자 밴스코이옥의 도움으로 원하던 스윙을 찾았다.

"제가 생각하는 이론 비슷한 게 있습니다. 최고 선수들을 보면, 자기 자신에 대해 불안감을 느낄 때 엄청나게 성장하는 것 같습니다. …… 쇠퇴하기 싫기 때문이죠. 계속해서 동기 부여가 됩니다. 아마 베츠도 자신을 살짝 의심했던 것 같아요. …… 다른 선수들은 성적이 나쁘지 않으면 바꿀 생각을 안 합니다. 그런데 베츠는 '이거 안 풀리는데, 어떻게 해서든 고쳐야겠다'고 그럽니다."

베츠의 스윙 검진도 밑에서부터 시작했다. 하이어스와 마르티네스는 발이 지면에 닿는 방식을 강조했다. 거기서부터 스윙의 운동 사슬이 시작하기 때문이다. "손을 고치기 전에 발이 지면에 닿는 과정부터 고쳐야 했습니다. 엔진은 저 밑에 있습니다." 보스턴은 최근 원정에 지면 반력기를 갖고 다닌다. 지면에 붙어서 밀어주는 힘을 측정하는 기계를 말한다. 타자들은 메이저리그 구장의 실내 타격 연습장에 설치한 지면 반력기를 통해 자기 힘과 균형을 측정할 수 있다. 커다란 체중계처럼 생겼는데, 트랙맨과 마찬가지로 골프에서 먼저 유행했다. 베츠는 지면을 사용해야 한다는 생각을 해본 적이 없다. 이에 대해 하이어스는 "지금까지 공을 열심히 날려버리고, 자세히 생각해보지 않았던 것"이라고 말한다.

터너가 다저스에서 했던 것처럼, 마르티네스도 클럽하우스에서 하이어스의 이론을 소개하는 열정적인 교사이자 동료였다. 2017~2018년에 인플레이 타구를 최소 150개 친 타자는 260명이었고, 베츠와 중견수 재키 브래들리 주니어Jackie Bradley, Jr., 유격수 산더르 보하르츠Xander Bogaerts가 강한 타구(타구 속도가 시속 153킬로미터 이상인 타구) 비율 증가폭이 각각 4위와 8위, 11위였다. 또한 베츠와 보하르츠, 브래들리는 같은 기간에 인플레이 타구 대비 배럴barrel('공을 부숴버릴 정도의 타구'를 의미하는 스탯캐스트 용어) 비율 증가폭도 각각 1위와 2위, 13위에 올랐다.

"J. D. 마르티네스의 도움이 굉장히 컸습니다. 몸소 보여준 슈퍼스타가 와서 본인이 한 말을 뒷받침하고, 선수들과 일대일로 상담해준 셈이죠. …… 베츠에게 가서 '이건 네가 할 수 있어'라고 말해준 게 컸어요. 둘이 나눈 이야기들도 큰 도움이 되었죠."

결국 베츠도 타격 유행을 이끄는 존재가 되었다. 그를 따라 경쟁 타자들도 손잡이 끝이 둥근 것을 선호하지 않게 되었다. 심지어 이제는 일부 배트 제조사들은 골프채 설계사처럼 감지기로 각 선수에게 알맞은 길이와 중량, 그립 등을 측정하는 데 사용하곤 한다. 트레버 스토킹Trevor Stocking 액스배트 마케팅 부장은 이렇게 말한다. "베츠가 리그 내에서 영향력이 있다는 것을 알게 됐습니다. 휴스턴의 조지 스프링어George Springer가 베츠에게 배트 한 자루를 달라고 했고, 어느새 스프링어가 베츠의 배트를 쓰게 됐죠. 그리고 이제 스프링어가 다른 선수한테 그 배트를 주고요. 서로 장비를 물려주는 일종의 순환 체계인 셈입니다."

사실 장비뿐만 아니라 스윙도 물려주고 있다. 따라서 더 어린 나이부터 공을 띄운다. 버드는 선수 생활 끝 무렵에 뜬공 이론을 수용했다. 터너는 30대가 되기 직전에 빛을 봤다. 마르티네스와 베츠는 전성기에 변화를 줬다. 그들은 이제 본의 아니게 영향받기 쉬운 마이너리거들에게 타격에 대한 모범을 보이고 있다. 그중에 보스턴의 상위권 유망주도 있다. 보비 달벡Bobby Dalbec은 2016년 신인 드래프트에서 4라운드 지명을 받은 스물네 살의 3루수다. 2018년에 더블A로 승격되었고, 마이너리그를 통틀어 홈런(32)과 2루타(35)를 합친 개수가 가장 많다(2020년 8월 30일에 메이저리그 데뷔. 92타석에 8홈런 기록 ― 옮긴이). 선수들은 수년에 걸쳐 '큰 한 방을 위해 다른 것을 희생'한다는 표현을 써왔다. 즉, 크게 휘두르기 위해 타율을 희생한다는 뜻이다. 하지만 달벡은 그런 표현을 냉정하게 바라보며 다음과 같이 말한다. "타율을 희생하거나 카운트 초반에 땅볼을 치는 건 타석을 낭비하는 일이라고 생각합니다."

그는 공을 세게 그리고 멀리 치고 싶지만, 미련하게 임할 생각은 없다. "알맞은 접근각을 만들고, 투구와 같은 수평면에 맞추는 것을 잘하고 싶습니다. 메이저리그 단계에 그게 가능한 선배들을 볼 수 있어서 정말 좋습니다." 비록 마르티네스의 수준에 비해 한참 부족하다고 언급하지만, 마르티네스나 베츠와 같은 타자들에게 배울 수 있기를 희망한다. "그들이 허락하거나 시간만 된다면 하루 종일 이것저것 캐묻고 싶습니다." 운 좋게도 마르티네스는 타격을 논하는 자리라면 얼마든지 시간을 내준다.

6장 1만 투구의 법칙

의도를 가지고 연습하려면 심리적인 안정으로부터 벗어나서 지금 가진 능력 이상
으로 끊임없이 노력해야 한다. 따라서 즐겁지는 않겠지만, 전력을 다할 정도여야
한다.

— 안데르스 에릭손Anders Ericsson, 《1만 시간의 재발견Peak》[1]

1만 시간의 법칙

런던은 길 찾기가 굉장히 힘든 도시다. 구시가지는 큰 도로들이 엉망으
로 엮이고, 꺾이고, 템스강River Thames으로 인해 더 갈라져서 시내를 휘
감는다. 《뉴욕타임스 매거진》의 한 기사에 의하면, '런던 전역' 택시 기
사 자격증을 따기 위해서는 런던의 중심지라고 할 수 있는 채링 크로스
Charing Cross로부터 9.7킬로미터 반경 안에 존재하는 거의 모든 거리와
구조물을 암기해야 한다. 즉, 292제곱킬로미터(여의도 35배 크기 — 옮긴
이)에 달하며 2만 5,000여 개의 거리가 있는 지역이며, 모든 호텔과 공
원, 병원, 공공 기관, 종교 시설, 명소 등을 숙지해야 한다.

2000년, 신경과학자 엘리너 매과이어Eleanor Maguire는 자기 공명 단
층 촬영MRI: magnetic resonance imaging으로 택시 기사 16명과 택시 기사

가 아닌 일반인 50명의 뇌를 비교했다. 이를 통해 택시 기사의 해마 후부가 일반인보다 크다는 것을 밝혔다. 해마 후부는 뇌에서 공간 지각 능력 및 기억력과 연관된 부분이다. 5년 후에 그녀는 택시와 버스 기사의 뇌를 비교했다. 택시 기사는 목적지를 예측할 수 없지만, 버스 기사는 정해진 노선만 가면 되기 때문이다. 이번에도 역시 택시 기사의 해마 후부가 더 큰 것으로 나타났다.

2007년에는 택시 기사 자격증 수험생 79명과 대조군으로 택시 기사가 아닌 일반인 31명을 모집했다. 연구를 시작하기 전에 전원의 뇌를 촬영했고, 해마 후부의 크기는 두 집단 간에 차이가 없다는 것을 확인했다. 4년 후에 똑같은 사람들을 찾아 다시 측정했다. MRI 결과는 어쩌면 당연하게도 수험생 중에 택시 기사가 된 집단의 해마 후부가 자격증을 따지 못한 수험생과 일반인 대조군에 비해 더 컸다. 현역 택시 기사들은 매일 같이 런던 안에서 임의의 목적지로 가야 하는 시련을 겪었기 때문이다. 그리고 그들의 뇌는 거기에 맞춰서 발달했던 것이다.

스웨덴의 심리학자 안데르스 에릭손은 자신의 저서 《1만 시간의 재발견》에 엘리너 매과이어의 연구가 "인간의 뇌가 훈련에 따라 변화하고 성장한다는 가장 인상적인 증거가 아닌가 싶다"고 적었다. 트레버 바워는 자신이 만들어진 메이저리그 투수고, 능력은 발달시킬 수 있다는 점을 늘 알았다. 그는 기술을 습득하는 일에 집착한다. 미엘린myelin은 뇌의 신경 섬유를 둘러싸는 절연 수초를 생성하는 지방 조직으로 자극을 전달하는 속도를 높인다. 즉, 미엘린은 뇌의 대역폭이다. 사람이 어떤 행동을 많이 연습할수록 해당 경로에는 미엘린이 증가하고, 뇌에서는 그만큼 빠르고 효율적인 신호를 보낼 수 있다. 인간은 미엘린의 힘으로 재능을 터득할 수 있다는 뜻이다.

바워는 "할 수 있는 능력의 100퍼센트 이상을 보여야 합니다. 기술을 늘리고, 최고 수준으로 높일 수 있는 방법을 찾아야 합니다"라고 말한다.

에릭손은 플로리다주립대학교 심리학 교수로, 1993년에 초보자부터 전문가까지 음악가의 '예상 누적 연습 시간'을 알리는 연구를 발행했다.[2] 그것을 통해 사람은 생각보다 연주력을 더 많이 높일 수 있다는 점을 시사했다. 그리고 전문 음악가는 아마추어보다 연습 시간이 훨씬 많았던 것이지, 더 '타고난' 것은 아니라는 사실도 밝혔다. 그러나 그 이론은 당시에는 큰 호응을 얻지 못했다가, 대중 작가 맬컴 글래드웰Malcolm Gladwell이 우연히 읽고 1만 시간의 법칙이라는 용어를 만들면서 알려지게 되었다. 글래드웰은 그 개념을 2008년에 출판한 베스트셀러《아웃라이어Outliers》에 소개했다. 에릭손은 이후에 연습 시간보다 연습의 질이 더 중요하다는 점을 분명히 했는데, 이에 대해 글래드웰은 "연구에 참여한 음악가들이 '의도를 가진 연습'과 '연습이라고 쳤던 활동'들을 구별하지 않았다"고 적었다. 즉, 악기를 1만 시간 주구장창 연습한다고 숙달하는 것은 아니다. 의도를 가지고 몰두하는 '의식적인' 연습이 쌓여야 전문 기술을 더 빨리 터득할 수 있다.

에릭손은 전문 기술을 터득하는 지름길이 있다고 생각하지 않았다. 반면에 바워는 새로운 기술을 빨리 익혀서 선수 생활을 최대한 끌어올려야 한다고 느꼈다. 더 효율적인 훈련법이 필요했다. 아무리 바워라지만, 3~4달밖에 안 되는 비시즌 동안에 1만 시간이나 의도를 가지고 연습할 능력은 없었다. 그리고 무엇보다도 시간은 흐를수록 선수의 능력을 갉아먹는다는 점을 잘 알았다. 그때 이미 바워는 스물일곱 살이었다.

30대 초반이 되면 정점을 찍고 하향 곡선을 그릴 일만 남았다.

바워가 자신의 야망을 달성하려면, 구종을 늘려야 했다. 그러나 고비 상황에서 세계 최고의 타자를 상대로 자신 있게 던질 수 있는 새로운 슬라이더를 3~4개월의 비시즌 동안에 장착하는 것은 쉽지 않다.

슬라이더를 빨리 터득하려면 "반복되는 훈련에 피드백이 더 필요하다"고 말한다. 마운드 위에서 반드시 결과를 내야 하는 구종을 무의식적으로 숙달하고 제어할 수 있는 효율적인 방법이 필요했다. 투수들은 이것을 감각이라고 부른다. "손에서 공이 떠나는 감각이 좋다고 그러죠. 그래서 감각이 흔들리기 시작하면 이것도 해보고 저것도 해보게 됩니다. 감각을 되찾으려고 노력하는 거죠. …… 빠르면 한 달 걸립니다. 운 좋은 경우죠. 1년 걸리기도 하고요. 영영 못 찾기도 합니다. 그렇게 되면 앞날이 확 바뀌게 되죠."

궁극의 야구 장비 에저트로닉

과거에는 프로 투수가 야구공을 던질 때 작용하는 물리학을 신비롭게 여겼다. 메이저리그 투수의 손이 내는 각속도는 초당 수천 도에 달한다. 육안은 물론 일반 고선명 영상으로 깔끔하게 잡아내기 어려울 정도로 너무 빠르다. 따라서 공을 잡는 그립이 공에 회전을 가하는 원리는 미지의 영역이었다. 지금까지는 투수들이 시행착오라는 과정을 통해 새로운 구종을 연마해왔다. 많은 투수들이 감각을 익혀보겠다고 몸부림을 치는 데 수많은 시간을 허비했다. 더 효율적으로 기술을 터득하고, 훈련하고, 볼 수 있는 지름길이 있다면, 엄청난 경쟁 우위를 차지하는 것이다.

"새로운 기술을 전부 배우는 학습 곡선을 어떻게 단축시킬 수 있을

MVP 머신

까? 모두가 그런 성배를 찾고 있습니다."

그 과정에서 바워가 발견한 명검은 바로 에저트로닉 카메라였다. 그는 '궁극의 야구 장비'로 부른다.

바워는 늘 실력을 높이는 데 도움이 될 만한 새로운 아이디어나 기술 장비를 아버지와 함께 찾았다. 그러다가 샌스트리크에서 나온 에저트로닉 SC1을 소개하는 글을 읽었다. 화질과 속도를 놓고 봤을 때 경쟁사 제품에 비해 가격이 저렴하고 성능도 좋았다. 물론 5,500달러가 싼 가격은 아니지만, 기능이 비슷한 다른 카메라보다는 감당할 만했다. 그렇게 해서 2014~2015년 겨울에 한 대를 장만했다.

"저희는 그랬죠. '쓸모 있는지 없는지는 사보기 전까지는 모르니까, 일단 사보자.' 그리고 첫 촬영을 했는데, '바로 이거다' 싶었죠."

에저트로닉은 셔터부터 달랐다. 스마트폰에 달린 것과 같은 디지털 카메라는 대부분 롤링 셔터rolling shutter라는 것을 사용한다. 이는 동일한 화면에서 위아래로 각기 다른 화소를 나타내는 셔터를 말한다. 한곳에 고정되거나 느리게 움직이는 물체를 찍으면, 크게 부정적인 효과는 나타나지 않는다. 그런데 공을 던지는 투수의 손처럼 빠르게 움직이는 물체의 경우, 물체가 흔들리거나 늘어지게 찍히는 젤로 효과jello effect가 나타난다. 과학 연구에서 젤로 효과는 용인되지 않는다. 이제 막 초기 단계를 시작한 투구 디자인이라는 분야에서도 마찬가지다.

대신에 에저트로닉 카메라는 글로벌 셔터global shutter를 사용한다. 매 프레임마다 한순간에 모든 화소를 상당히 높은 프레임 속도(FPS)로 담기 때문에 젤로 효과가 없다. 게다가 글로벌 셔터를 쓰는 고속 카메라 상당수에 비해 빛을 더 많이 담아서 높은 해상도를 낼 수 있다. 마이클 매터Michael Matter 샌스트리크 CEO는 에저트로닉이라는 명칭을 초고속 플래시 사진의 혁신가 해럴드 에저턴Harold Edgerton의 이름에서 따왔다. 매터는 어릴 적,《라이프Life》잡지에 실린 에저턴의 작품에 매료되었다. 매터는 "늘 사람들이 기대하는 것보다 더 빠르게 작동하도록 만드는 데 소질이 있다"고 말한다.

매터는 에저트로닉이 과학이나 연구 분야에 쓸모가 있을 것이라고 예상했다. 2013년에 상용 버전이 출시되자 다양한 분야의 논문에 언급되었다. 우주공학자들은 로켓 배기 상태를 촬영하거나 화합물 연소 상태를 확인하는 데 사용한 바 있다. 캥거루쥐는 반사 속도가 보통이 아닌 것으로 알려져 있는데, 캘리포니아주 리버사이드Riverside에서 활동하는 한 생체역학자가 그것을 연구하는 데 에저트로닉을 썼다. 영상을 보면 방울뱀이 입을 벌려서 돌진하지만 캥거루쥐가 방울뱀보다 10배 정도 빨리 반응하면서 가까스로 피한다. 유튜브를 통해서도 확인할 수 있다.[QR-6] 하지만 매터는 메이저리그가 자신의 최대 고객이 될 것이라고는 상상도 못했다.

메이저리그라는 시장은 바워가 구입하면서 열렸다. 이후에 주문이 계속 이어졌다. 2018년 봄 기준으로, 휴스턴 애스트로스만 해도 무려 75대를 장만했다. 산하 마이너리그 구장에 전부 설치하고, 스카우트들에게는 휴대용으로 보급했다. 카일 보디는 여섯 대를 보유한 로스앤젤

QR-6
URL https://www.youtube.com/watch?v=yJQVey2l8e8

MVP 머신

레스 다저스가 그다음으로 많이 구매한 구단인 것으로 추정한다. 매터는 2019년이 시작하면 15개 구단이 적어도 한 대 이상을 구매하고, 거래의 절반이 메이저리그에서 나올 것으로 예상한다.

바워가 에저트로닉을 처음 구매하자, 그의 아버지는 2015년 초에 짐 와그너가 샌타클래리타의 한 창고 건물에 물결 모양 철제 지붕과 인조 잔디를 설치해서 차린 스로존 아카데미ThrowZone Academy로 가져가서 이것저것 실험했다. 일단 해상도와 속도에 놀라움을 금치 못했다. 그때까지 고속카메라는 몸의 커다란 움직임만 비출 수 있었다. 그런데 새로운 사용법이 떠올랐다. 에저트로닉으로 투수가 공을 던질 때 그립이 공에 주는 영향을 보는 것이 가능해졌다. 바워는 이전에 썼던 카메라로 찍은 영상들은 손가락 끝을 보기에 선명도가 떨어졌다고 말한다. 하지만 이제는 그립이 공에 어떻게 회전을 가하는지, 공의 회전축이 정확하게 어디인지 확인할 수 있었다.

"벌새에 눈을 떼지 않는 게 얼마나 힘든 줄 아시나요? 위치를 굉장히 빨리 이동합니다. 그런데 느린 영상으로 제대로만 찍으면 다 볼 수 있어요. 벌새가 날고, 상승하는 데 어떻게 날개를 사용하는지 정확하게 보여줍니다. …… 대놓고 얘기를 해주기 때문에 벌새가 어떻게 나는지 굳이 고민할 필요가 없습니다."

에저트로닉 덕분에 바워의 아버지는 아들과 장기간에 걸쳐 벌여온 설전을 이겼다. 바워는 투수들이 공은 언제 놓을지 결정한다고 생각했던 반면, 아버지는 무의식적인 행동이라고 봤다. 영상을 촬영한 결과, 투수들은 손가락을 이용해서 공을 놓지 않았다. 오히려 손이 공을 일직선상으로 가속시키면서 손가락이 자연스럽게 뻗거나 열리는 것이다. 그때부터 바워는 그립은 공이 빠져나가기 위한 탈출로라는 깨달음을 갖고 투구 디자인을 하기 시작했다.

그 겨울에 바워는 처음으로 에저트로닉을 이용해 구종을 개발했다. 자기만의 투심 속구로, 층류laminar flow의 원리를 참조해서 래미나 익스프레스Laminar Express라는 이름을 지었다. 층류는 야구공이나 구체를 던질 때 그 움직임에 영향을 주는 특성을 가진다. 공기의 흐름은 방해만 없다면 평행하게 흐른다. 그런데 구체의 한 면은 매끄러운데 반대 면이 거칠면, 매끄러운 면을 흐르는 공기는 방해를 받지 않아 층류를 형성하는 반면 거친 면을 흐르는 공기는 난류를 형성한다. 그러면 공은 난류가 생긴 쪽으로 움직이는데, 마치 그쪽으로 이끌린 것처럼 보인다. 그래서 투수들이 규정 위반임에도 불구하고 공의 한 면에 흠집을 내는 것이다.

명예의 전당 오른손 투수 그레그 매덕스는 1990년대에 돌아오는 투심 속구를 완성했다. 그 공은 좌타자 몸 쪽으로 향하다가 스트라이크 존 안으로 휘어 들어갔다. 공에 흠집을 냈던 것은 아니다. 의도하지는 않았지만, 층류를 이용했던 것이다. 투구를 디자인하기 위해 층류를 의도적으로 적용한 사람은 없었다. 그런데 카일 보디가 '로드 크로스Rod Cross 호주 시드니대학교 물리학 교수가 야구와 크리켓 공에 층류의 원리를 이용해 움직임을 가하는 방법을 설명한 2012년 영상'을 우연히 보게 되었다. 크로스 교수는 2011년 4월 30일 양키스타디움Yankee Stadium에서 벌이진 경기에서 프레디 가르시아Freddy Garcia가 던진 스플릿핑거 속구가 반대 방향으로 떨어지는 모습을 보고 층류가 야구공에 주는 영향을 주목하게 되었다. 유튜브에도 올린 영상을 보면**QR-7**, 크로스 교수가 스티로폼으로 제작한 공으로 층류의 영향을 시연하는데 "약간의 마법이 들어간다"고 설명했다.[3] 보디는 영상에서 설명한 과학이 얼마나 중요한지를 바로 이해했다. '투구에 관해 가장 중요한 영상'이라고 확신했다.

보디는 2015~2016년 겨울에 드라이브라인에서 그 영상에서 보인 이론을 이용해 바워가 투구를 디자인할 수 있도록 도왔다. 투구가 홈 플레이트까지 이동하는 동안 매끄러운 면이 끝까지 타자 쪽으로 보이게 해서 실밥의 영향을 받지 않는 회전축을 만들려고 했다. 바워는 다양한 그립을 잡아서 실험했고, 에저트로닉으로 지속적인 피드백을 받은 결과 매덕스의 투심 속구를 꽤 비슷하게 재현할 수 있었다. 최고 수준에서 통하는 기술을 굉장히 짧은 기간 안에 습득한 것이었다. 보디는 구종을 그런 식으로 재빨리 익히는 일이 새로운 기준이 될 것이라고 확신한다며 다음과 같이 말한다. "저도 몰랐는데, 타격 코치들이 크로스 교수의 영상을 통해 저희가 투심 속구를 습득한 걸 보고 나서 '앞으로 10년 정도는 타자들이 죽 쑤지 않겠냐'고들 했죠. 그리고 실제로 그렇게 될 겁니다."

투수들은 에저트로닉을 통해 새로운 구종을 빨리 익힐 수 있을 뿐만 아니라 이미 던지는 구종을 보강할 수도 있다. 바워는 2015~2016년에 투심 속구를 열심히 익히고 있을 무렵, 에저트로닉으로 자신의 '모든' 구종이 가지고 있는 특성과 개선점을 살펴봤다. 당시에 존재했던 투구 추

QR-7
URL https://www.youtube.com/watch?v=t-3jnOIJg4k

적 기술은 공이 손을 떠나고 어떻게 움직이고 얼마나 빠른지만 측정했지, 그 이외에는 별다른 정보가 없었다. 당시에는 그립을 바꿔가면서 던진 것을 에저트로닉으로 촬영한 뒤에 어도비 포토샵으로 공의 회전수를 셌다. 지금은 랩소도라는 추적 장비가 광범위하게 측정해준다. 레이더 기술을 기반으로 한 트랙맨과는 달리 회전축을 표시하고 회전하는 유형도 구분한다. 어쨌거나 바워는 커브 그립을 잡을 때 검지를 구부려서 공을 찍어 누른 채로 던지면 회전이 분당 250회 증가한다는 사실에 흥분했다. 2017~2018년 겨울이 되자, 바워는 슬라이더를 개발하는 데 에저트로닉을 사용했다.

새로운 슬라이더 만들기

에저트로닉은 전문 기술을 빨리 습득하는 데 효과적인 도구다. 그러나 새로운 구종을 디자인하는 일은 제1원리로부터 시작한다. 속구와 체인지업, 슬라이더 등 투구의 종류는 매우 다양하다. 그렇다면 투구란 무엇일까? 구속과 회전수, 회전축의 결합이다. 구종을 개발한다는 것은 마술이 아니다. 물리학이다. 바워가 래미나 익스프레스를 개발했던 것처럼 내재된 특성을 파고들면 구종 개발의 비밀을 풀 수 있다. 투구 디자인은 공의 움직임을 지배한다는 회전을 이해해야 가능하다.

두 가지 회전 방식이 공을 움직인다. 바로, 횡 회전과 총알 회전이다. 회전 방식은 회전축에 달려 있고, 궁극적으로는 공을 잡는 그립에 달려 있다. 횡 회전으로 인해 투구는 움직이고, 슬라이더는 휘어 들어간다. 그 이유는 횡 회전이 마그누스 효과Magnus effect에 예민하게 반응하기 때문이다.

1852년에 하인리히 구스타프 마그누스Heinrich Gustav Magnus라는 독일 물리학자는 활강포에서 쏜 포탄의 탄도가 예측할 수 없는 방식으로 휜다는 사실에 당혹스러웠다. 그는 포탄의 회전수로 인해 주위의 기압 차이가 증가해서 탄도가 똑바로 이루어지지 않는다는 것을 발견했다. 야구공 혹은 아무 구체든 빠르게 날아가면 주변에 얇은 공기 막을 형성하고 양쪽에 압력차가 생긴다. 공은 결국 기압이 낮은 쪽으로 움직인다. 회전수가 높을수록 압력차는 커지고, 그에 따라 움직임도 커진다. 따라서 커브는 톱 스핀top spin에 의해 마그누스 효과가 아래로 작용해서 아래로 떨어진다. 회전수가 높은 속구는 백스핀back spin에 의해 중력을 이겨내고 공을 위로 밀어 올리는 마그누스 효과가 생겨서 위로 뜨는 것처럼 보인다. 하지만 엄밀히 말하면 회전수가 낮은 속구보다 덜 떨어지는 것뿐이다.

'총알' 회전은 나선으로 던진 미식축구공이나 소총에서 발사된 총알에서 볼 수 있다. 총알 회전을 이루는 물체는 마그누스 효과의 영향을 받지 않기 때문에 똑바로 날아간다. 참고로 미국의 남북 전쟁에서는 머스킷이라는 새로운 총이 등장했는데, 이 총은 총열 내부에 강선을 파서 회전의 안정성을 높이자 탄도의 사정거리와 정확도가 증가했다.

날아가는 물체가 총알 회전을 하면, 회전축이 날아가는 방향과 일치한다. 그렇지만 대부분의 투구는 회전축이 어느 정도 기울어졌다. 다시 말하면, 대부분의 구종은 회전하는 방식에 따른 특징을 지닌다. 전문 용어로 말하면, 회전 효율이 100퍼센트가 되지 않는다. 그래서 바워는 자신의 미래(더 나아가 투수들의 미래)가 물리학을 이해하고 이용해서 구종을 디자인하고 개선하는 데 달려 있다는 것을 알았다.

우리는 2018년 시즌이 시작하기 전에 바워의 투구 디자인 과정을 지켜볼 수 있었다. 바워는 슬라이더를 추가할 계획이었고, 2017년 10월 중순에 시작했다. 당시 클리블랜드 인디언스는 아메리칸 리그 디비전 시리즈ALDS: American League Division Series에서 뉴욕 양키스에게 패해 시즌이 종료되었고, 바워는 집으로 돌아가기 위해 로스앤젤레스로 향했다. 샌타클래리타에 콜로니얼 양식으로 지은 집에서 바워는 아버지와 함께 슬라이더를 구상한다고 여섯 시간을 보냈다.

바워가 원했던 것은 일반적인 슬라이더가 아니었다. 완벽한 슬라이더를 원했다. 중력에 의한 수직 움직임만 존재하면서 우타자 입장에서는 바깥쪽으로 확 빠지고, 좌타자 입장에서는 몸 쪽으로 확 들어오는 공을 말한다. 수평으로 25.4센티미터 움직이거나 꺾이게 하는 것을 목표로 삼았다. 참고로, 2017년에 로스앤젤레스 다저스에서 뛰었던 다르빗슈 유ダルビッシュ有가 평균 22.9센티미터로 메이저리그에서 수평 움직임이 가장 컸다. 공이 그 정도로 꺾이려면 회전축을 거의 완벽한 수직 방향으로 만들어야 한다. 또한 완벽한 슬라이더란 속구처럼 보이다가 마지막 순간에 움직임이 일어나야 한다. 그렇지만 커브와는 궤적과 구속이 달라야 하고, 투심 속구와 체인지업의 반대 방향으로 움직여야 한다. 새로운 구종이 있다는 것은 또 다른 이점이 있다. 타자가 어떤 공이 올지 예측하거나 분별하기가 기하급수적으로 어려워진다.

바워는 그립마다 이루는 회전축을 시각적으로 나타내기 위해 야구공 두 개에 압정을 박아서 회전축을 표시했다. 회전축을 완벽하게 남북으로 만든다는 목표는 쉬운 것처럼 들리겠지만, 손과 손목이 가진 신체 역학 때문에 포심 속구처럼 회전축을 동서로 만드는 것에 비해 굉장히 어렸다. 바워의 아버지는 노트북 컴퓨터를 켜고 이전 에저트로닉 영상을 살펴보다가 바워가 엄지를 치켜든 채로 슬라이더를 던졌다는 것을 발견했다. 그때 공이 손을 어떻게 빠져나가는지, 어떻게 하면 그립을 바꿀 수 있는지 고민했다.

바워는 모방하고 싶은 슬라이더의 움직임을 느린 영상으로 살펴봤다. 거기에는 팀 동료 코리 클루버Corey Kluber와 마이크 클레빈저Mike Clevinger의 영상도 있었다. 바워는 아버지와 함께 홈구장과 전지훈련장에 에저트로닉을 설치해서 두 투수의 슬라이더 그립을 찍기도 했다.

슬라이더에 대한 개념이 잡히자, 바워 부자는 와그너의 스로존으로 향했다. 바워는 영업시간이 끝난 이후에 여섯 시간 동안 에저트로닉 카메라와 투구 추적 장비를 이용해 다양한 그립을 실험해봤다. 그때 슬라이더가 가끔 수평 움직임을 보이면서 가능성을 조금 보였다. 그리고 그해 12월 4일에 바워는 시애틀로 이동해서 아파트를 여러 채 샀다. 한 채는 비시즌에 자기가 쓰고, 나머지는 임대를 놓았다. 그렇게 해서 그의 비시즌 본부라고 할 수 있는 드라이브라인에 자신을 못 박아 놓았다.

드라이브라인이 가진 문화

드라이브라인은 초창기부터 사람들이 구속 향상 훈련과 연관 지었다. 그러나 카일 보디는 투구의 모든 면과 기타 모든 야구 기량을 연구하고 향상시키고 싶어 한다. 비록 풀다운과 전력투구, 시설 곳곳에 설치한 구속 표시기들이 구속의 중요성을 대변하지만, 2015년에 바워의 아버지가 보디에게 에저트로닉 카메라를 소개한 이후에는 투구 디자인에 더 중점을 뒀다.

바워의 아버지는 처음에 보디에게 에저트로닉 영상들을 영업 비밀인 양 보여주지 않았다. 그래도 보디는 계속해서 추궁했다. "아버님, 그러지 마시고 어떤 영상들인지 한 번 보여 주십시오." 결국 바워의 아버지는 마지못해 동의했다. 바워 부자는 드라이브라인까지 날아갔고, 에저트로닉을 파손되지 않도록 특수 보관함에 담았다.

바워의 아버지는 드라이브라인에서 지금은 단골이 된 케이시 웨더스를 촬영했다. 그러고 나서 영상을 보기 위해 모두 앉았다. 바워의 아버지가 재생 버튼을 누르자, 보디는 초당 수천 프레임의 속도로 웨더스의 투구 동작을 세밀하게 볼 수 있었다. 공이 손에서 빠져나가는 모습은 신기할 정도로 자세했다. 지금까지 그런 영상을 본 적이 없었다. 메이저리그에서 바워 부자 외에는 본 사람이 없었다.

탁자 위에 팔을 얹고 있었던 보디는 거기에 얼굴을 파묻었다. 투구 디자인만큼은 앞서나가지 못했던 현실을 깨달았다. 그러고 나서 갑자기 일어나더니 자기 컴퓨터로 향했다. 5분 후에 돌아와서 하는 말이 "방금 하나 샀습니다"였다. 당시 현금이 남아돌았던 것은 아니지만, 투구 하나만 보고도 에저트로닉이 판을 뒤바꿀 것이라는 생각을 가졌다.

에저트로닉은 랩소도와 같은 추적 기술과 함께 투구 디자인의 로제타석이나 다름없었다. 바워와 보디는 그것이 야구의 미래라고 확신했다. 보디는 당시 이렇게 말했다. "그렇다면 이제부터 중요한 건, 각 구종을 어떻게 개발할 수 있을지 연구하는 일입니다. 제가 장담하겠는데, 그렇게 해본 구단은 하나도 없을 겁니다. 휴스턴도 안 했고, 클리블랜드도 안 했습니다."

바워의 투구 디자인이 전부 성공한 것은 아니다. 수많은 실패를 거

MVP 머신

쳤고, 구종이 통하더라도 그때까지 이런저런 미세한 실패들을 겪었다. 2016~2017년 겨울에는 스플릿 체인지업Split-changeup이라는 구종을 만들려고 했다. 그러나 슬라이더를 만들었던 시기와 비교하면 두 가지 차이점이 있다.

한 가지는 새로운 구종 개발이 비시즌 말미에 진행되었다는 점이다. 바워는 그 겨울에 스플릿 체인지업으로 타자를 세워놓은 모의 실전 투구는 15이닝밖에 던지지 못했다. 2017~2018년 겨울에 슬라이더를 디자인할 때는 모의 실전 투구에 40이닝 던지고, 디자인 작업도 더 많이 진행했다.

다른 한 가지는 슬라이더를 개발할 당시 미키 캘러웨이Mickey Callaway (2005~2007년 현대 유니콘스의 외국인 투수 — 옮긴이)가 클리블랜드의 투수 코치가 아니었다. 캘러웨이는 바워가 구종을 실험하고 다양하게 던지는 것을 반대했다. 게다가 투구에 대한 이론과 방식에 대한 이견 때문에 둘의 관계가 전투적으로 변했다.

바워는 캘러웨이를 다음과 같이 설명한다. "'대군주님'께서 탐탁지 않으셨어요. 캘러웨이는 구종을 단순하게 가져가길 원했죠. …… 결국에는 제가 원하는 대로 하긴 했지만, 항상 불이익에 대한 염려와 두려움이 있었습니다."

그러던 중 2018년 전지훈련이 시작되기 전에 캘러웨이는 뉴욕 메츠의 감독으로 선임되었고, 칼 윌리스Carl Willis가 공석이었던 투수 코치 자리를 채웠다. 바워는 캘러웨이보다는 덜 고압적일 것으로 기대했다. 그래서 바워는 이번에는 현재 진행형인 구종보다는 새롭게 완성된 구종으로 전지훈련에 참가하겠다는 의도를 보였다. 그는 항상 노력하고, 던지고, 그 와중에 속구 구속도 유지했다. 그 겨울에 85그램짜리 가벼운 공을 풀다운으로 시속 188.1킬로미터를 찍어서, 보고 있던 사람들이 감탄했다. 드라이브라인 신기록이었다.

바워는 겨울 내내 모의 실전 투구에서 속구와 슬라이더만 던졌다. 두 개 구종으로 제한하면 타자가 나머지 구종들을 머릿속에서 지워도 되기 때문에 아마추어나 마이너리거라도 바워의 공을 칠 수 있다. 보디는 "타자들이 신나게 쳤습니다"라고 말한다. 그렇지만 바워가 속구와 슬라이더만 던졌던 이유는 두 구종이 홈 플레이트에 도착할 때까지 최대한 오랫동안 최대한 비슷한 구종으로 보이게끔 하려고 했던 것이다.

모의 실전 투구를 마치면, 바워는 투구의 움직임에 대한 피드백을 받았다. 비록 드라이브라인은 데이터와 카메라, 추적 기술로 가득한 일종의 연구소지만, 선수 의견도 중요하게 여겼다. 타자들은 바워의 슬라이더가 횡으로 충분히 꺾이지 않아 커브처럼 보인다고 알려줬다.

사실 바워는 로스앤젤레스나 다른 곳에서 훈련할 수도 있었지만 드라이브라인을 선택했다. 그만큼 드라이브라인이 가진 문화와 분위기가 중요했다. 주변 선수들을 보면 더 매진하게 되었는데, 능력을 개발하는 데 열정만큼 중요한 것이 없다. 드라이브라인은 절박함의 문화를 만들었다. 프로나 대학 야구에 가겠다며 동기부여나 절심함에 찬 선수들이 지푸라기라도 잡는 심정이 모여서 이루어진 문화다. 보디는 드라이브라인 문화에 맞지 않다고 느낀 선수들은 돌려보내기도 한다. 2016~2017년 겨울에 하루는 바워가 웨더스에게 웨이트 훈련이 힘들다고 불평한 적이 있다.

웨더스는 바벨에 중량을 더하면서 이렇게 말했다. "누구는 재미있어서 하는 줄 아나? 나도 집에서 아내랑 같이 있고 싶다고. 찡찡대지 마.”

찡찡댄다고 말하면 바워는 정말 화낸다. 그는 웨이트 훈련장을 갑자기 뛰쳐나갔다. 바워는 찡찡댄다는 말을 들으면 마커스 러트럴Marcus Luttrell이라는 전 미국 해군 특수부대원이 쓴 책《론 서바이버Lone Survivor》(국내 미번역)를 떠올렸다. 러트럴은 아프가니스탄 산악 지대에서 탈레반 조직으로부터 매복 공격을 당해 여러 곳에 총상을 입고 다리마저 부러진 적이 있다. 러트럴이 그런 상황 속에서 살아남았다면, 바워도 웨이트 훈련쯤은 극복할 수 있다.

바워는 다시 웨이트 훈련장을 들어갔는데, 웨더스가 바벨에서 중량을 빼는 모습을 보고 놀랐다.

“뭐 하시는 거예요?” 바워가 물었다.

“응, 너무 무리했나 봐.” 웨더스가 말하면서 그날 훈련을 중단했다.

바워는 당시 일을 생각하면서 웃음을 터뜨렸다. 웨더스는 결국 집으로 돌아갔지만, 바워는 자극받아서 훈련을 끝까지 마쳤다.

2018년 1월 말이 되자, 보디는 바워에게 언제부터 다른 구종도 섞어던질 것인지 물었다. 모의 실전 투구는 거의 끝나가는데, 그때까지도 속구와 슬라이더만 고집했다. 타자들은 바워의 커브 구위를 알고 있었다. 처음에는 제발 커브도 던져달라고 부탁했다가, 그다음에는 던질 것을 요구했고, 그 이후에는 도발했다.

바워는 거절할 때마다 이렇게 말했다. “그러지 마라. 후회한다. 서로 정신 건강에 안 좋아.”

그래도 요구는 이어졌다. “제발! 마지막 날에 다 보여줘!” 타자들은 간청했다. 바워는 마음이 약해졌다. “알았어. 다섯 가지 구종 전부 던지고,

딱 5이닝 던진다." 다들 환호했다.

독립 리그에서 뛰던 돈 콤스톡Don Comstock과 마이애미 말린스의 마이너리그 타자 거너 폴먼Gunner Pollman 등 프로 타자들이 바워를 상대해보겠다고 타자석에 들어섰다. 다들 주춤하고, 바람만 가르다가 잔뜩 놀란 채로 타자석을 나왔다. 바워는 5이닝 동안에 한 타자도 진루시키지 않았다. 그리고 그중에 13명을 삼진으로 돌려 세웠다. 보디는 지켜보면서 웃음만 터뜨렸다.

보디는 그 상황을 이렇게 말한다. "정말 웃겼습니다. 다섯 개 구종을 던지는 메이저리거한테는 상대가 안 되는 애들이거든요. 커브를 처음 던지니까 다들 그냥 '우와!' 하는 거였어요."

그렇게 1월에 드라이브라인에서 타자들을 상대한 것은 메이저리그에서 상대할 타자의 수준과 비교하기에는 무리가 있다. 하지만 다양한 구종이 주는 위력만은 느낄 수 있었다. 그리고 그중에는 새롭게 장착한 슬라이더, 이름하여 미엘린 익스프레스Myelin Express도 있었다.

축복이자 동시에 저주인 바워의 신체 능력

에저트로닉 덕분에 기술을 재빨리 익힐 수 있었지만, 의도를 가진 연습은 대체할 수 없었다. 바워의 공식적인 비시즌 훈련량은 없다. 하지만 바워 자신은 2017~2018년 비시즌에 프로 투수 가운데 가장 많이 던졌을 것이라고 생각한다. 참고로, 2018~2019년 비시즌에는 총 8,820구를 던졌고, 타자들과 훈련 관련 내기를 해서 3,000달러 잃었다고 한다. 게다가 훈련 강도는 높았고, 집중해서 임했다.

보디는 바워의 훈련에 대해 이렇게 설명한다. "자기 자신한테 엄청 소리 질러요. 소름 끼치는데, 웃기기도 합니다. 사무실 안에 있으면, 바워는 공을 던져요. 그러다가 갑자기 '아, 씨×!' 그래요. 그러면 저는 그러죠. '씨×, 놀래라! 왜 그래? 오늘 스트라이크 비율도 좋구먼.' …… '집중이 안 돼서요'라고 그럽니다."

바워도 인정한다. "그 순간에 모든 게 집중이 안 되거나, 훈련에 방해가 되면 정말 화가 납니다."

최근에는 선수들이 야구 한 종목만 집중해서 하기 때문에 투수 부상이 늘었다고 말하는 프런트 임원이 많다. 특히 바워는 그렇게 한 종목을 특화한 극단적인 사례라고 할 수 있다. 미국 스포츠의학연구소와 기타 스포츠 관련 기관들은 비시즌에는 휴식을 길게 취할 것을 권고한다. 그렇지만 바워는 멈추지 않고 던진다. 어쩌면 훈련에 대한 통념이 틀린 것일 수도 있다. 3월에 토미 존 수술로 이어지는 부상이 가장 많이 보고된다. 겨울 내내 가볍게 던지다가, 전지훈련에 가서 투구 강도를 급격히 끌어올리면서 압박을 견디지 못한 것도 이유일 수도 있다. 존 로글리 분석가에 의하면 토미 존 수술의 60퍼센트는 1~5월에 일어난다.

보디는 '한 종목에만 집중하면 위험하거나 좋지 않다'는 말은 모순이라고 생각한다. "어린이들은 이것저것 많이 해봐야 합니다. 열세 살이 되면 본인이 정말 뭘 하고 싶은지 아무도 모르니까요. 그런 관점에서는 그 말에 동의합니다. 그런데 특화라는 관점에서 보면 달라집니다. 왜냐하면 도미니카 공화국 출신 메이저리그 선수 비율이 가장 크게 늘고 있는데, 그 나라 아이들은 하루 종일 야구만 합니다. 그렇다고 부상 비율이 높지도 않아요."

보디는 계속해서 말을 잇는다. "사람들은 인과 관계를 반대로 해석하고 있습니다. '모든 메이저리그 선수가 여러 종목을 뛰었기 때문에 여러 종목을 뛰어야 메이저리그 선수가 될 수 있다'는 말은 사실이 아닙니다. 모든 메이저리그 선수가 여러 종목을 뛰었던 건 세계 정상급 운동선수들이니까 그런 겁니다. 열네 살에 칼 크로퍼드Carl Crawford처럼 운동 신경이 좋다면 모든 종목을 뛰어야죠. 다 눌러버릴 수 있으니까요. 게다가 코치들은 욕심이 많거든요. 반면에 바워 같은 아이는 열네 살이 되면 야구에 집중하지 않으면 프로에 못 간다는 걸 압니다. 바워는 그걸 일찍 깨우쳤을 뿐입니다."

바워는 의도를 가진 연습과 근면함을 어릴 때 배웠다. 아버지와 캐치볼도 많이 하지 않았다. 오히려 공을 최대한 멀리 그리고 세게 던졌다. 구속이란 어떤 개념인지도 스스로 배웠다. 그리고 지금은 슬라이더를 스스로 습득해보겠다고 결심한 것이다.

"메이저리그에, 아니면 더블A까지 쳐도 바워보다 운동 능력이 떨어지는 투수는 없을 겁니다. 단 한 명도 없을 거예요. 프로에 가서는 안 되는 친구입니다. 정말 믿을 수 없는 이야기죠."

보디의 말은 다양한 프로 선수들을 측정해왔기 때문에 객관적이라고 할 수 있다. 그는 바워의 달리기와 점프 능력은 한심한 수준이라고 지적한다. "수직 점프는 아마 일반 프로 운동선수보다 표준 편차가 두 단계 낮고, 그냥 일반인보다도 한 단계 낮을 겁니다. 50센티미터도 뛸까 말까 해요." 바워는 팔 스윙도 느리고 테스토스테론 수치도 낮다. "좋은 운동선수의 몸이 아니에요. 사람들은 웨이트 훈련을 안 해서 그렇다고 생각하는데, 사실이 아닙니다. 데드리프트는 245킬로그램을 들고, 벤치프레스bench press는 45킬로그램짜리 덤벨로 합니다. 그래봤자 아무 소용이 없었어요. 테스토스테론이 없다 보니까 신체에 변화가 안 나타나는 거죠."

한 번은《ESPN 매거진》의 보디 이슈The Body Issue of ESPN: The Magazine (매년 발간하는 다양한 종목 운동선수들의 세미 누드 화보 ─ 옮긴이)를 이야기하다가 누군가가 바워는 불쾌한 몸매를 온 세상에 공개할 용기가 없을 것이라고 농담을 건넨 적이 있다.

바워는 말한다. "2019년에는 '보디 이슈'에 제가 나올 거라고 클럽하우스에 큰소리치고 다녔습니다. 다들 '말도 안 돼!'라고 했죠. 그냥 제가 웃긴 거죠. 내년에 제 엉덩이 사진을 실물 크기로 뽑아서 웨이트룸 벽에다 붙이고, '거 봐, 나온다 했지?'라고 할까 봐요."

그런데 보디는 바워가 운동 능력이 떨어져서 생기는 이점이 하나 있다고 한다. 팔 스윙이 느려서 팔꿈치와 어깨에 압박이 덜 간다는 점이다. 따라서 엄청난 훈련량을 견딜 수 있다.

보디는 바워가 각속도로 측정한 전형적인 프로 투수의 팔 스윙 속도가 표준 편차에서 적어도 한 단계 내지 두 단계 떨어진다고 말한다. "메이저리그에서 가장 효율적으로 시속 153~156킬로미터를 던지는 투수입니다. 팔에 최소한의 압박을 가해서 엄청난 구속을 내는 거죠."

어떻게 보면 바워는 1만 시간 법칙의 화신으로 볼 수도 있다. 올바른 방식으로 충분히 연습하면 전문가가 될 수 있다는 것을 몸소 보여줬다. 하지만 보디는 그런 생각을 부정한다. "기술을 개발할 때 열정이 없으면 계획을 어떻게 세우든지 소용없습니다. 누군가에게 1만 시간 동안 훈련하고, 깊이 있게 연습하면 성공할 수 있다고 말하는 거, 다 맞는 말이긴 하죠. 그런데 바워는 경쟁에 집착하는 병을 가졌어요. 연습은 겉으로 보이는 증상일 뿐입니다. 다른 선수가 '사이영 상을 받고 싶고, 그렇지 못하면 실패자'라고 말하면 그저 대중에게 좋게 보이려고 말하는 걸 거예요. 하지만 바워가 그렇게 말하면, 진심입니다. 그런 쓸데없는 생각을 해요. 정말 바보 같은 목표죠. 하지만 그렇기 때문에 그 과정에서 1라운드 지명도 받고, 골든 스파이크 상Golden Spikes Award(매년 미국 최우수 아마추어 선수에게 수여하는 상 — 옮긴이)도 받았습니다. 사실 그것도 다 바보 같은 목표들이에요." 여기서 바보 같다는 말은 현실적이지 못하다는 의미다. 그렇지만 바워는 그렇게 생각하지 않았다.

바워의 사례는 누구나 집중하고 의도를 가지고 연습하면 실력이 향상될 수 있다는 것을 증명한다. 그러나 훈련량이라는 관점에서 보면 모든 투수가 바워처럼 던질 수 있는 것도 아니고, 그렇게 시도해서도 안 된다.

"바워가 '이 세상에 혹사라는 것은 없다'라는 말을 대표한다는 점은 저도 그렇고, 바워 자신도 우려하는 바입니다. 바워는 아버지의 도움 없이 담장에 대고 매일 공을 던졌죠. 어린 나이에 웨이티드 볼을 던졌어요. 하지만 바워는 모든 사람이 그렇게 해야 한다고 생각하진 않습니다. …… 바워의 이야기는 지역 축제에서 공놀이 게임을 했는데 시속 88.5킬로미터가 안 나오는 괴짜들이 읽어야 하는 내용입니다. 열두 살의 잭 그레인키Zack Greinke처럼, 어리고 어깨가 좋은 괴짜라면 읽으면 안 돼요. 그 이야기를 최대한 멀리해야 합니다. …… 바워는 자신의 가장 큰 약점을 강점으로 바꿨습니다. 운동 능력을 타고나지 못했지만, 아무리 많이 던져도 거의 부서지지 않는 어깨를 가졌습니다. 그건 축복이자 동시에 저주죠."

MVP 머신

아울러 바워가 '별난 천재'라는 의견은 사실에서 크게 벗어난다고 덧붙인다.

"분석하는 걸 보면 머리가 그렇게 좋지는 않습니다. 제가 말하는 '머리가 좋다'는 건 빨리 습득하는 걸 뜻해요. 바워는 그런 건 정말 못해요. 그런데 억지로 꾸역꾸역 하는 건 정말 잘합니다. …… 그 친구는 메이저리그에 있으면 안 돼요. 그런데 망상에 빠져서 거기 간 거예요. 사실 그런 이야기가 소개됐으면 좋겠는데, 사람들이 좋아하지는 않죠. 아이들에게는 '너는 무엇이든지 할 수 있어'라는 교훈이 필요하니까요." 원대한 야망을 이루려면 미친 열정을 가져야 한다는 것이 보디가 제시하고 싶은 교훈이다. "그게 진정한 기술 습득이라고 생각합니다. 바워는 자신이 가진 걸 최대한 활용하는 친구예요."

일론 머스크는 바워가 자신과 동일시하는 대상이다. 자신이 하는 일에 빠져 있고, 비현실적이고 불가능한 목표를 자주 내뱉는다. 머스크는 화성에 가고, 하이퍼루프hyperloop 초음속 열차를 만들고 싶어 한다. 바워는 사이영 상 3관왕에 오르고 싶어 한다. 바워는 '역대 사이영 상 3관왕은 열 명'이라며 줄줄 늘어놓는다. "그중에 일곱 명은 명예의 전당에 올랐고, 두 명(클레이턴 커쇼와 맥스 셔저Max Scherzer)은 현역입니다. 나머지 한 명은 (스테로이드와 연관되어 이미지가 퇴색된) 로저 클레멘스고요. 솔직히 말씀 드리면, 저를 불태우는 게 뭔지 잘 모르겠어요. 지난 10~15년 동안 왜 최상위권에 오르고 싶은지 고민했습니다. 자아 성취일까요? 모든 사람에게 엿 먹으라고 하는 걸까요? 그게 올바른 일이라고 생각해서일까요? 정확히 잘 모르겠습니다. 결국에는 그냥 '최고가 되고 싶다'로 수렴하는 것 같습니다."

시간이 얼마 남지 않았다. 앞선 목표들을 달성하려면 시간을 잘 활용해야 한다. 바워는 2월 초에 시애틀을 떠나 애리조나주 굿이어Goodyear에 위치한 클리블랜드의 전지훈련장으로 향했다. 새로운 슬라이더의 기반을 다진 상태였다. 완성까지는 아니지만, 근접했다고 느꼈다. 기자들에게는 자신의 능력을 최대한 발휘하는 상태에 그만큼 근접해본 적이 없다고 말했다. 하지만 그저 말일 뿐이다. 실제로 어떻게 던지느냐에 모든 것이 달렸다.

7장 현장과 데이터 이론을 이어주는 도관 역할

사진은 찍는 것이 아니라, 만드는 것이다.

– 앤설 애덤스Ansel Adams

주목받기 시작한 변화구

"속구와 커브밖에 없네!" 2018년 월드 시리즈 4차전이었다. 보스턴 레드삭스 더그아웃에서 크리스 세일Chris Sale이 소리치며 로스앤젤레스 다저스의 리치 힐을 향해 야유를 보냈다. 그날 이른 아침에 연장 18회에서 다저스에게 3차전을 내주고 이미 바짝 따라 잡힌 상태인데, 6회 말에 4 대 0으로 뒤져 있었다. 3이닝만 지나면 리드마저 사라질 판이었다.

하지만 보스턴은 이후에 홈런 두 개로 동점을 만들고, 9회에 승리까지 거두면서 우승의 발판을 마련했다. "크리스 세일의 샤우팅에 힘입어 보스턴 우승까지 1승"이라는 제목으로 AP통신Associated Press 기사가 나갔다. 실제로 리치 힐에게 속구와 커브밖에 없었는지 모르겠으나, 보스턴은 불펜을 상대로 역전했지 리치 힐을 상대로는 점수를 뽑지 못했다.

세일이 소리친 내용은 사실이다. 당시 서른여덟 살이었던 힐은 4차전에서 92개의 공을 던졌는데, 포심 속구는 53개, 커브가 39개였다. 세 번째 구종까지는 필요하지도 않았다. 6.1이닝 동안 1안타 3볼넷 7탈삼진을 기록하고, 4 대 0으로 앞선 상황에서 물러났다.

힐을 탁월하게 만든 장본인은 브라이언 배니스터로, 우연하게도 그날 보스턴 유니폼을 입고 있었다.

당시 보스턴의 투수 육성 부사장 겸 투수 보조 코치였던 브라이언 배니스터는 클럽에서 경기가 진행되는 상황을 지켜봤다. 메이저리그는 더그아웃에 들어갈 수 있는 코치 수를 일곱 명으로 제한한다. "야구팬으로선 경기를 즐기는 동시에 그 상황이 싫기도 하죠."

배니스터는 전 메이저리그 투수로 2011년에 은퇴했다. 보스턴은 2015년 1월에 그를 프로 스카우트(마이너리그와 독립 리그 선수들을 평가하는 스카우트 — 옮긴이) 겸 분석원으로 채용했다. 그해 8월에 힐과 인연이 닿았다. 당시 서른다섯 살이었던 힐은 워싱턴 내셔널스 트리플A 구단에서 시즌을 시작했지만, 6월에 방출되었다. 16개월이라는 기간 안에 세 메이저리그 구단이 그를 방출했다. 심지어 그중에 하나는 보스턴으로 2010~2012년에 보스턴에서 트리플A와 메이저리그를 오르락내리락했고, 재영입 후 다시 2014년 3월에 방출했다. 결국 리치 힐은 날품팔이 선수들이 최후의 수단으로 생각하는 독립 리그를 찾았다. 2015년 7월에 애틀랜틱 리그Atlantic League의 롱아일랜드 덕스Long Island Ducks에 입단했다. 그곳에서 두 번 등판해서 인상적인 투구를 보여준 뒤 보스턴에 세 번째로 입단해서 8월 14일에 트리플A 팀인 포터킷Pawtucket으로 발령받았다.

같은 날에 보스턴의 존 패럴John Farrell 감독은 림프종 치료를 위해 잠시 휴직하겠다고 발표했고, 구단 코치진의 인사이동이 일어났다. 밥 키퍼Bob Kipper 트리플A 팀 투수 코치가 메이저리그로 승격되고, 낮은 단계 팀의 코치가 그 자리를 대체했다. 그리고 대체자가 도착할 때까지 그 짧은 기간 동안에는 배니스터가 빈자리를 메꿨다. 그는 보스턴에서 첫 해는 스카우트로 일했지만, 그라운드에 복귀할 수 있는 날을 기약하며, 투수 육성을 더 향상시킬 수 있는 방법을 구단에 제안서 형태로 제출해왔다. 그리고 영향력을 직접 행사할 수 있는 기회가 온 것이다. 그때 떠오른 선수가 한 명 있었다.

매사추세츠주 밀턴Milton 출신인 힐은 8월 15일에 입단 후 첫 등판을 이미 마친 상태였다. 당시 필라델피아 필리스 산하 팀을 상대로 6.1이닝 무실점으로 호투했지만, 압도하지는 못했다. 볼넷을 세 개 허용하고, 탈삼진은 두 개밖에 잡지 못했다. 배니스터는 힐보다 한 살 아래지만, 힐과 이틀 연속 한 시간 반씩 만나 면담하면서 변신을 위한 로드맵을 펼쳐놓았다. "언젠가는 누군가에게 적용해보고 싶은 아이디어 중 하나를 힐에게 제시했습니다." 배니스터는 트랙맨을 통해 힐의 커브가 시속 140킬로미터대 초중반을 오가는 속구와 구별하기 힘들기 때문에 위력 있는 구종이라는 것을 알 수 있었다. 데이터를 뽑아보니, 공을 회전시키는 재능이 엄청났다. 힐이 커브 사용법만 바꾼다면, 훨씬 자주 던질 수 있었다.

힐은 불과 일주일 전에 소속팀도 없었는데, 이제는 구단 관계자가 커브가 손에서 나오는 모습을 클레이턴 커쇼와 맥스 셔저, 크리스 세일과 비교하고 있었던 것이다. 메이저리그에서 100이닝 넘게 던진 시즌 딱 한 번뿐이고, 이후 8년 동안 다섯 개 구단을 돌며 어깨와 팔꿈치 수술 각각 한 차례씩 받았던 힐은 무슨 이야기든 들을 준비가 되어 있었다.

"배니스터 코치 덕분에 창의적으로 던진다는 데 눈을 떴습니다. 커브를 창의적으로 던지라는 말씀이었죠. 궤적에 변화를 주는 거죠. 사실 그때까지는 그런 이야기를 들어본 적이 없었습니다."

배니스터는 커브의 구속과 회전수, 던지는 위치 등을 바꾸면서 던질 수 있고, 높게 던져서 속구처럼 보이게 할 수도 있다고 설명했다. 그 말을 듣자마자 힐은 '그렇다면, 지금까지 지시받아온 것보다 커브를 더 많이 던질 수 있겠구나'라고 생각했다. 그는 투심 속구를 버리고, 새로운 구종을 장착한 계획을 진행했다. 이후에 네 차례의 트리플A 선발 등판에서 탈삼진 27개를 잡고, 볼넷은 6개만 허용했다.

2015년 9월 8일, 보스턴은 확장된 등록 명단에 포함시킬 마지막 선수군을 발표했다. 그중에 한 명이 힐이었다. 5일 후에 2009년 7월 이후에 첫 메이저리그 선발 등판을 가졌다. 성공적인 등판이었다. 탬파베이 레이스를 7이닝 동안 10개의 탈삼진을 잡으면서 1안타, 무실점으로 막았다. 다음 등판에서는 토론토 블루제이스를 상대로 또 10개의 탈삼진을 잡았고, 그다음에 볼티모어 오리올스를 상대로도 10개를 기록하며 2안타 완봉승까지 챙겼다. 그해 세 경기 연속으로 10탈삼진 이상 잡은 투수는 여섯 명이 더 있었을 뿐이다. 그리고 뉴욕 양키스가 상대였던 시즌 마지막 등판에서는 6이닝, 2실점, 6탈삼진을 기록했다.

힐은 커브 구사율을 39퍼센트로 늘렸고, 아메리칸 리그 동부 지구의 모든 팀을 상대해서 평균 자책점 1.55에 34퍼센트의 탈삼진율을 올린 것이다. 그해 22이닝 이상 던진 선발 투수 가운데 커브 구사율이 두 번째로 높았다. 힐이 6년 만에 처음으로 선발 등판할 날로부터 시즌 종료일까지 10이닝을 넘은 선발 투수 90명 가운데 네 명만이 힐보다 탈삼진이 많았다. 그리고 내셔널 리그 사이영 상 수상자 제이크 애리에타Jake Arrieta만이 힐보다 피안타율(0.141)과 WHIP(0.66, 이닝 당 출루 허용률)가 낮았다. 이듬해에 배니스터는 "그렇게 놀라운 (4경기) 연속 행진은 처음 봤다"고 표현했다.

그때까지 힐이 받은 메이저리그 계약 보장액은 총 390만 달러였다. 그런데 배니스터를 만난 지 3개월도 채 안 되어서 사인 하나로 그 금액을 뛰어넘었다. 힐은 오클랜드 애슬레틱스와 1년, 600만 달러 계약을 맺었다. 드라마 〈600만 달러의 사나이Six Million Dollar Man〉가 갑자기 떠오르는 것은 기분 탓일까.

힐은 2016년에 오클랜드와 시즌 도중에 트레이드 되었던 로스앤젤레스 다저스에서 평균 자책점 2.12를 기록하며 좋은 모습을 이어나갔다. 그해 커브를 47퍼센트 던졌는데, 최소 100이닝 던진 투수 가운데 역대 가장 높은 구사율이다. 결국 젊은 나이가 아님에도 불구하고, 다저스와 3년, 4,800만 달러짜리 계약을 얻어냈다. 비록 손가락에 물집이 종종 잡혀서 많은 이닝은 소화하지 못했지만, 2015~2018년에 최소 400이닝 던진 투수 가운데 탈삼진율은 5위(29.3퍼센트), 평균 자책점은 6위(2.98)였다.

배니스터는 힐을 도와주기 전부터 자신이 제대로 개입할 수 있다면 몇몇 선수들의 선수 생활을 부활시킬 수 있다고 믿었다. 2016년에 그는 이렇게 말했다. "올바른 마음가짐이나 체력 훈련, 투구 배합, 새로운 구종을 가르쳐서 그 선수의 가능성과 최대치가 완전히 바뀌는 일이 매력적이었습니다." 그러나 2015년 이전에는 그런 이야기는 이론에 불과했다. 힐의 부활은 하나의 개념을 증명했을 뿐만 아니라 일종의 자극제가 되었다. "힐은 지금까지 못 본 걸 해냈습니다. 전구에 불이 들어와서 '엇, 이거 되네?' 하는 것처럼 신났죠."

힐이 그렇게 물꼬를 트고 자신의 행진을 유행시키자 수많은 전구에 불이 들어왔다. 배니스터는 그때 이후로 선수들이 변화구를 더 많이 던지는 걸 볼 수 있다고 말한다. "그 이전에는…… 속구를 안 던지면 연약하다고 여겼습니다. 지금은 '아니야. 아웃 잡는 게 네 임무다. 수단과 방법을 가리지 마라'가 되었죠."

투수들은 매년 그 방식을 더해가고 있다. 2017년에 휴스턴 애스트로스의 랜스 매컬러스 주니어Lance McCullers, Jr.는 힐의 커브 구사율 기록을 근소한 차이로 깼다. 2008~2017년에 100이닝을 넘긴 투수 가운데 다섯 명이 슬라이더를 40퍼센트 이상 던졌다. 그렇게 던진 투수가 2018년에만 여섯 명이었다. 그중에 애리조나 다이아몬드백스의 패트릭 코빈Patrick Corbin은 수년 간 슬라이더의 구위가 좋았던 것에 비해 구사율은 25퍼센트 정도뿐이었다. 그러다 구단의 추천으로 슬라이더 구사율을 40퍼센트대로 높이면서 개인 최고의 한 해를 보내고, 그해 12월에 워싱턴과 6년, 1억 4,000만 달러 계약을 맺었다. 댄 해런 애리조나 투수 전략 코치는 "시간이 지나면서 철학도 바뀌었다"고 말한다. 그도 배니스터나 힐과 동년배다. "이제는 정말로 주 무기를 한 경기에 몇 번 던질 수 있는지가 중요합니다."

리그 통계를 보면 변화구 구사율이 유행을 타고 있다는 것을 보여준다. 2010년에는 싱커sinker를 슬라이더보다 75퍼센트 더 많이 던졌다. 2018년에는 역대 최초로 슬라이더 구사율이 싱커 구사율을 능가했다. 배니스터는 '아주 단순한 개념'이라고 말한다. 똑바로 오는 것보다 휘어

MVP 머신

들어오는 걸 치기가 더 힘들기 때문이다.

2018년에 타자들은 슬라이더에 34퍼센트를 헛스윙했다. 싱커의 경우 14퍼센트만 헛스윙으로 이어졌다. 타격이 이루어지면 wOBA가 슬라이더를 상대로 0.263였던 반면 싱커를 상대로는 0.351였다. 그 차이는 볼카운트마다 비슷하게 이어진다. 배니스터는 다음과 같이 말한다. "제 생각에는 모든 구단이 성과가 나오는 방향으로 움직일 겁니다. 지금 시대에 싱커 투수로 살아남으려면 힘들 거예요." 스탯으로 보면 왜 그런지 금방 눈에 들어오겠지만, 배니스터와 힐의 도움으로 투수들은 변화구를 거부하는 성향으로부터 해방되었다.

힐이 부활하는 데 많은 일들이 맞아 떨어졌다. 우선, 구단이 배니스터를 채용한 지 얼마 되지 않았고, 배니스터는 패럴 감독의 지병 때문에 트리플A 포터킷에 있었다. 그러고 나서 힐이 때마침 9월에 승격이 되었다. 그것도 보스턴의 스티븐 라이트Steven Wright가 8월에 팀이 타격 연습을 하고 있는 가운데 스프린트 훈련을 하다가, 타구에 목을 맞아 뇌진탕에 걸렸기 때문에 일어났다. 아울러 힐의 회전수를 측정할 수 있는 기술도 때마침 갖춰져 있었다. 덕분에 배니스터도 힐의 잠재력을 알아보고, 다른 구단들도 네 번의 성공적인 선발 등판이 우연히 아님을 확신할 수 있었다. 힐은 (2013년) 이전으로 거슬러 올라가면 그런 데이터 자체가 존재하지 않아서 자신에게 관심을 갖지 않았을 것이라고 말하며, 다음과 같이 덧붙였다. "그런 데이터 덕분에 스카우트들이 편협하게 보던 때보다 선수들이 기회를 더 많이 받고 있습니다. 그전까지 스카우트들은 그저 '스피드 건에 찍힌 숫자'에만 관심을 가졌죠."

그런데 소위 보조 구종(속구를 제외한 구종. 속구를 뒷받침해주는 구종 — 옮긴이)을 더 장려할 수밖에 없는 또 다른 이유가 있다. 변화구가 투수의 팔에 무리를 많이 준다는 오랜 생각과 달리, 실제로 팔에 손상을 가장 많이 가하는 구종은 속구라는 것이 최근 연구 결과에 나타났기 때문이다. 거기에 대해 배니스터는 이렇게 말한다. "변화구를 던지는 투수의 부상이 급증한 적이 없습니다. 오히려 반대일 수도 있어요. 그렇게 본다면, 지금까지 없었던 기회들이 엄청나게 열리는 겁니다. 지금까지는 사람들이 변화구를 던지는 일을 두려워했거든요." 그리고 변화구에 대한 근거 없는 편견으로 인해 '수천 명의 투수들이 더 높은 단계로 올라가지 못했다'고 덧붙인다. 구단들이 그들을 알아볼 수 있는 도구를 갖추고, 장점을 가장 잘 살릴 수 있도록 의지를 갖고 기용하기 전까지 힐처럼 공이 느린 투수들이 얼마나 많이 중도에 좌절했을까?

기술 장비와 그것을 제대로 이해시킬 수 있는 해설자가 제 시간에 나타나 힐을 이 시대의 모델로 만든 셈이다. 이제 선수 출신 스탯쟁이들이 늘면서 그들은 배니스터와 함께 선수들이 더 이상 서른다섯 살이 될 때까지 재능을 활용하지 못하거나, 최악의 경우 아예 일깨우지 못하는 일이 더 이상 발생하지 않도록 하는 것을 임무로 삼았다.

'시대를 역행하는 야구인'과 '야구도 안 해본 숫자쟁이' ————————

투자 분석가에서 스윙 정비사로 전직한 D. K. 윌러드슨D. K. Willardson은 2018년에 출판한 저서 《퀀티터티브 히팅Quantitative Hitting》(국내 미번역)을 통해, 야구가 스탯을 더 현명하게 다룬 이후에도 지식 격차가 선수 육성의 발전을 막는다고 지적했다. "데이터 분석 진영은 데이터에 집중한 나머지 기술적인 면을 피했고, '전통적인' 지도와 선수 육성 진영은

MVP 머신

데이터를 피했다. 그 결과 양극화된 두 진영 사이 한 가운데에 인적이 드문 비옥한 지대가 형성되었다.[1]

이론상으로는 그 지대에 발을 들인 구단들이 우위를 선점해야 한다. 하지만 윌러드슨은 "문제는 진로도 없고, 데이터 분석과 기술 양쪽에 경험 있는 인재 풀이 아예 존재하지 않는다는 것이다. 그렇지만 거기서 나오는 가치는 양쪽이 머리를 맞대지 않으면 극대화시킬 수 없다"고 말을 이었다. 올바른 교훈들은 있었지만, 그것을 전달하는 전령은 없었던 것이다.

팜 시스템은 선수를 위한 학교나 다름없다. 심지어 메이저리그도 기술 장비와 스탯이 야구에 퍼지면서 점점 평생교육원처럼 되어가고 있다. 교육자들은 수십 년 간 하향식, 데이터 중심의 개혁이 크게 효과가 없었던 것으로부터 교훈을 얻었는데, 그중에 구단들이 참고할 만한 사항이 있다면 소통과 문화 이해가 핵심임을 간과했다는 점이다. 예일 대학교 교수이자 지역 사회 심리학의 아버지로 불렸던 시모어 세라슨 Seymour Sarason은 교육 개혁에 대한 근본적인 연구를 1971년 저서 《교육 문화, 그리고 변화의 문제점The Culture of the School and the Problem of Change》(국내 미번역)에 담으면서 야구에서 선수 육성을 저해하는 문제점을 자기도 모르게 예상했다. 세라슨은 "교육이라는 하나의 조직 문화 밖에서 변화를 이끄는 사람들은 바꾸려고 하는 조직 문화를 무시하는 일이 꽤 빈번하고, 만일 변화를 이끄는 사람이 그 문화권에 소속된 경우에는 외부에서 변화를 이끄는 사람들로부터 똑같이 무시를 받는다는 것이 난제"라고 적었다. 외부인들은 '교육 분야도 결국 하나의 복잡한 사회 제도인데, 성취하고자 하는 바로 인해 부정적인 영향을 받는다는 점을 자주 경시하는 경향'을 보인다. 반면, 내부인 다수는 "변화를 추구하지 않거나, 변화에 열렬한 반응을 보이지 않는다." 그렇게 상호적으로 무시하다 보니 관계는 양분되었다. 그런 분열이 야구에도 일어나면서 '시대를 역행하는 야구인'과 '야구도 안 해본 오만한 숫자쟁이'라는 고정 관념을 낳았다. 두 진영이 가진 공통점이라고는 자기들만이 해답을 알고 있다는 생각과 다른 진영 사람이 간섭하는 것을 불쾌하게 여긴다는 점이다.[2]

"나는 스탯이 싫다. 알아야 할 게 있다면 머릿속에 담아 둔다." 1930년대 에이스였던 명예의 전당 투수 디지 딘Dizzy Dean이 했던 말이다. 불과 몇 년 전까지만 해도 대부분 선수는 딘과 비슷한 어조로 스탯을 말했다. 비선수 출신 분석원이라면 그들에게 가르쳐주고 싶은 것이 한두 개가 아니었을 것이다. 다만 세이버메트릭스 개혁가들은 소위 신성한 존재들에게 성급한 마음으로 조언하거나, 통념을 물리치겠다는 생각을 지나치게 가지기도 했다.

명예의 전당 감독 존 맥그로John McGraw는 1914년에 집필한 《야구하는 법How to Play Baseball》(국내 미번역)이라는 교범에, 포수가 투구를 받자마자 홈 플레이트 쪽으로 끌어와서 '공이 들어온 위치를 자신이 정해' 스트라이크 콜을 유도하는 방법에 대해 적었다. 그럼에도 불구하고 90년이 지나고 나서 세이버메트릭스 전문가들은 그런 투구 프레이밍의 존재를 부정하고, 공격형 포수보다 수비형 포수를 선호하는 감독들을 비웃었다. 수비의 중요성, 선수의 성격과 클럽하우스 분위기가 주는 가치, 핫 핸드 효과hot-hand effect의 존재 등은 야구의 오랜 지혜라고 할 수 있지만, 스탯쟁이들은 탐탁지 않게 바라봤다. 그래도 이후에 이루어진 연구 덕분에 프레이밍을 비롯한 오랜 지혜들을 어느 정도 살렸다. 더 나은 데이터를 근거로 두기도 했고, 지금 존재하는 스탯들이 모든 의혹을 풀기에는 부정확한 면이 있다 보니 마지못해 인정한 경우도 있다. 사람들은 한때 키 작은 내야수 데이비드 엑스타인David Eckstein에게 '열정'과 '그릿'이 있다고 호평한 적이 있다. 그때도 스탯쟁이들은 호평한 사람들을 비웃었다. 비록 엑스타인의 키가 168센티미터밖에 되지 않고 19라운드에서 지명되었지만, 메이저리그에서 10년이나 뛰었고, 같은 해에 지명되었던 1,224명의 선수 중 14번째로 가치가 높다. 신세대 관계자들은 그릿이 성공적인 훈련의 비밀이라고 여기던데, 그래서 엑스타인이 잘한 것이 아닐까?

이미 검증된 선수가 갑자기 기량이 오르는 것도 그런 사례라고 할 수 있다. 스탯쟁이들은 한때 검증된 선수의 성적이 갑자기 좋아지는 현상을 표본이 적어서 나타나는 우연이며 보로스의 법칙Voros' Law이 적용되는 것으로 일축했다. 보로스의 법칙은 2000년에 보로스 매크래컨Voros McCracken이라는 세이버메트릭스 전문가가 다음과 같이 정한 법칙이다. "(메이저리그) 타자에게 60타수면, 어떤 성적이든 낼 수 있다."[3] 휴스턴이 J. D. 마르티네스를 저평가한 지 몇 달 후, 조 시핸Joe Sheehan 베이스볼 프로스펙터스 공동 설립자는 2014년 9월에 다음과 같은 글을 트위터에 남겼다. "기술에 대한 설명은 집어 치우고, J. D. 마르티네스가 변한 거라곤 파워가 좀 세진 것 뿐. 실제 타선에서 5번 타자는 무리다."

4년이 지나자, 시핸은 자신의 뉴스레터에 실수를 인정했다. "불과 얼마 전까지만 해도 선수가 타격 자세나 스윙, 투구판을 밟는 위치 등을 바꾼다는 말을 무시하는 경향이 있었다. …… 하지만 이제는 그렇게 쉽게 무시할 수는 없을 것이다." 시핸은 투구나 스윙 개조가 가지는 변화의 가능성을 인정했다. "야구 선수를 스탯으로 평가하는 방식을 오랫동안 옹호했지만, 기술적인 부분이 내가 범한 오류들을 들춰낼 것이라고는 생각지도 못했다."

시핸이 쓴 글에서 언급했듯이, 그라운드에서 보이지 않는 힘이 복잡하게 얽히다 보니 빅데이터는 비교적 단순해 보인다. 결국 스탯쟁이들도 듣는 연습이 필요했다. 정보가 더 많고, 데이터 내용이 아무리 좋아도 사람들의 사고방식을 바꾸기에는 대개 무리가 있다. 인간은 자신의 신념에 강한 애착을 형성하기 때문에 거기에 반박하면 오히려 자신의 신념에 더 눌러앉는 결과만 낳는다. 우리가 흔히 알고 있는 역효과 또는 역화 효과다. 그런데 애덤 버린스키Adam Berinsky 매사추세츠공과대학 정치과학자는 오보가 전파되는 과정을 연구하면서, 당파심이 강하고 선입견이 있더라도 특별히 신뢰하는 정보가 있다는 것을 밝혔다. 바로 정보가 생각지도 못한 출처에서 나오는 경우다.

선수 사이에서는 '생각지도 못한 출처'가 선수 출신 스탯쟁이다. 시모어 세라슨이 이상적인 중재자가 공동체 안으로 들어가서 '학교에 기여하고 학교의 일부가 되어야 한다'고 제시한 조건을 만족시킨 경우다. 메이저리그에서는 정말 보기 드문 부류로, 프런트의 언어를 알면서, 동시에 더그아웃에서 나오는 지혜의 샘에 발을 담군 이들이다. 2017년에 앤디 그린Andy Green 샌디에이고 파드리스 감독(2021년 현재 시카고 컵스 수석 코치 — 옮긴이)은 그런 사람들이 "사무실의 이론가로부터 정보를 받아 그라운드에서 하루하루 버티는 일에만 익숙한 이들에게 전달하는 도관 역할로 완벽하다"고 말했다. "양쪽 언어를 사용할 줄 아는 사람이

MVP 머신

정보를 통역해주지 않으면 결국 서로 들은 체 만 체한다. 프런트가 아무리 완벽한 경기 전략을 세웠다 하더라도 그런 도관을 통해 전달되지 않으면 현장에서 이해하지 못하거나, 전혀 시행되지 않거나, 아니면 딱 잘라 거절해버릴 수가 있다."[4]

힐도 투구에 문제가 있다는 말을 들었지만, 같은 선수 출신으로부터 들었다는 것이 중요했다. 힐을 영입한 일은 보스턴이 정말 영리했다는 것을 보여주는 서막에 불과하다. 마이크 패스트 전 휴스턴 연구개발 부장은 신세대 프런트가 영리하다는 이유는 따로 있고, 자유 계약 선수의 계약이나 영입으로 인한 효과는 일부일 뿐이라고 말한다. "사실 도관 역할과 그것을 보강하는 기술 장비라는 부분이 제일 큽니다."

'라스트 마일last mile'은 기술자들이 사용하는 용어로 광대역 인터넷과 같은 네트워크 서비스를 최종 사용자에게 제공하는 구간을 뜻한다 (원래는 '사형수가 자신의 방에서 사형장까지 걸어가는 거리'를 뜻하지만 최근에는 '사용자에게 최종적으로 전달되는 통신 네트워크의 접점 부분'의 의미로 더 많이 사용된다 — 옮긴이). 동서로 4,800킬로미터가 넘게 뻗는 네트워크를 구축하는 일이야 어렵지 않지만, 가정이나 사무실로 연결되는 구간에서 병목 현상이 일어난다. 야구에서 라스트 마일은 프런트와 더그아웃의 분열을 말하며, 스탯이 사용자에게 전달되는 것을 막는다. 배니스터는 2015년에 그런 분열을 넘을 수 있는 도관이 되었다. 그런데 그는 메이저리그로부터 부름을 받기 훨씬 전부터 도관 역할을 준비해왔다.

펠릭스 에르난데스 사건

배니스터는 투수 집안에서 자랐다. 아버지인 플로이드 배니스터Floyd

Bannister는 1976년 신인 드래프트에서 전체 1번으로 지명받고, 메이저 리그에서 15년을 던졌다. 외삼촌은 한 해 전 드래프트에서 2라운드 지명을 받았고, 트리플A까지 올라갔다. 배니스터는 3남 중 장남이고, 막내는 스탠포드대학교에서 던졌으며 둘째는 배니스터와 마찬가지로 서던캘리포니아대학교를 나와서 지명받았지만 루키 단계에서만 머무르다 말았다. 아버지는 애리조나주립대학교를 졸업한 후 애리조나주 스코츠데일Scottsdale에 정착했고, 형제는 그곳에서 자랐다.

아버지는 배니스터가 열한 살일 때 은퇴했다. 아버지는 선수 생활을 하면서 함께한 전설적인 투수도 많았는데, 다들 각자만의 방식으로 좋은 성적을 거뒀다. 톰 시버Tom Seaver는 완벽한 투구 자세와 칼날 같은 제구를 앞세웠고, 스티브 칼턴Steve Carlton은 남다른 훈련 일과와 압도적인 슬라이더를 자랑했다. 게일로드 페리Gaylord Perry는 부정 투구의 달인이었고, 놀런 라이언은 순수한 힘을 상징했다. 배니스터는 질문을 던지면서 야구에 대한 지식을 쌓아나갔다. 공이 움직이는 이유와 투수마다 투구 자세가 다른 이유가 늘 궁금했다.

아버지는 선수 생활을 오래 했지만, 구장별 조정을 거친 평균 자책점은 정확하게 리그 평균이었고, 전체 1순위로 지명받은 선수치고는 기대에 미치지 못한 느낌이었다. 어쩌면 당시에 유망주를 너무 고평가했던 것일지도 모른다. 하지만 아버지의 통산 WAR은 26.6승으로, 1965~2003년에 전체 1순위로 지명받았던 선수들의 평균 통산 WAR인 22.3승보다 높다. 아버지는 속구로 잘 알려졌고, 코치들은 대부분 속구로 '승부'하라고 요구했다. 그런데 본인은 평균 이상이었던 변화구를 더 활용했어야 했다고 말한다. "(커브를) 더 많이 던졌어야 했어요. 그랬으면 더 좋은 성적을 냈을 겁니다."

아버지는 자동차를 손보면서 컸다. 머릿속으로 구상하고, 손으로 구현했다. 배니스터는 아버지의 그런 공학적 사고방식을 물려받았다. "뭘 만드는 걸 좋아했습니다. 놀이방에 가서 레고나 블럭을 갖고 몇 시간을 놀았죠. 조각을 하나도 남기지 않고 만드는 게 목표였던 것 같아요. 만드는 걸 보면 놀랍죠. 시간 가는 줄 모르고 앉아서 만들었습니다." 이후에는 도시를 만드는 게임인 심시티SimCity로 갈아탔다.

배니스터가 열 살 때, 아버지는 포토샵이라는 프로그램을 새로 구매했는데 이것이 배니스터의 마음을 바로 사로잡았다. 그는 눈에 보이는 것을 정확하게 그렸고, 숫자에도 밝았다. 미국 대학 수학능력시험에서 수학 영역은 한 문제만 틀렸다. 이후에는 결국 사진 찍는 일에 끌렸고, 투구와 마찬가지로 자신의 과학적인 면과 예술적인 면을 잘 섞을 수 있었다.

결국 2002년에 서던캘리포니아대학교 졸업을 1년 앞두고, 아버지에게 사진 스튜디오를 하나 차리자고 제안했다. 당시 아버지에게는 투자 목적으로 사 뒀던 건물이 있었다. 그리고 아버지는 그곳을 로프트 19Loft 19라고 부르는 840제곱미터짜리 전문 시설로 손수 바꿔놨다. 그러고 나서 배니스터가 없을 때 직접 운영하면서 장비를 대여해주고 사진이나 영상 촬영을 진행했다. 아버지는 "스튜디오를 차리고 나서 아들은 컴퓨터를 켜놓고 자기가 좋아하는 사진작가들을 공부했습니다. 그리고 인터넷에 접속해서 조명을 어떻게 설치했는지 살펴봤습니다"라고 말한다.

대개 진지한 모습을 보이는 배니스터는 투수 육성에 대한 모든 걸 (사진작가) 앤설 애덤스에게 배웠다고 말한다. 본인만의 육성 절차를 애덤스의 존 시스템zone system에 비유했다. 애덤스는 1948년에 출판한 두 번째 저서《네거티브The Negative》(국내 미번역)에서 존 시스템은 최적화된 필름 노출과 현상을 보장하는 기술이라고 설명했다. "존 시스템을 통해 음화 필름이 지닌 화학 성분의 물리적 한계를 이해하고, 그 한계를 본질적으로 극대화하거나 더 나은 이미지를 만들기 위해 다른 방식으로 우회하려고 한 것"이라고 배니스터는 설명한다. 배니스터에 의하면 애덤스는 일례로 요세미티 국립공원Yosemite National Park에서 자신이 가장 이상적이라고 생각하는 경치를 머릿속으로 미리 그려놓는다고 한다. 사진작가는 카메라와 필름의 사양을 안다면, 자신에게 주어진 도구로 특정 장면을 위한 완벽한 환경을 계산할 수 있다.

배니스터는 '야구 선수를 코치하는 것도 마찬가지'라고 말한다. "절반은 예술과 경험, 창의력입니다. 나머지 절반은 순수 과학과 데이터를 알고 선수에게 가장 득이 되는 방향으로 지도하는 겁니다." 배니스터는 지도할 때 투수가 가장 적절한 동작과 투구를 갖춘 완벽한 형태를 머릿속으로 그린다. 그는 투수마다 신체 구조와 공이 주는 한계를 잘 이해하고, 목적을 달성하기 위해 던지는 팔이나 손목의 각도, 공을 잡는 그립 등을 살짝 바꾼다. 배니스터는 애덤스가 가장 인상적인 요세미티의 경치를 담으려는 노력은 '코치들이 완벽하거나 완벽에 최대한 가까운 야구 선수를 만드는 노력과 다르지 않다'고 말한다.

사실 배니스터는 완벽한 투수와는 거리가 멀었다. 아버지와 생김새는 닮았는데, 188센티미터에 91킬로그램으로 체격은 약간 더 크다. 그렇지만 리그 탈삼진율을 두 차례나 석권한 강속구 왼손 투수였던 아버지와는 달리, 배니스터가 던진 포심 속구의 평균 구속은 시속 145킬로미터가 안 되었다. 그는 2003년 신인 드래프트 7라운드에서 뉴욕 메츠가 뽑아갔고, 마이너리그에서 74번 등판한 뒤에야 메이저리그 무대를 밟았다. 그에 비해 아버지는 일곱 경기 만에 승격되었다. 배니스터는 최상위급 유망주는 아니었다. 2006년에 메츠에서 스물다섯 살짜리 신인으로 데뷔해 36이닝만 소화한 뒤 캔자스시티 로열스로 트레이드되었다.

2007년에 배니스터는 메츠를 바보로 만들어버렸다. 선발로 27번 등판해서 3.87의 평균 자책점을 찍고 최우수 신인상 투표에서 3위에 올랐던 것이다. 참고로 그의 아버지는 1977년에 같은 부문에서 4위에 그쳤다. 하지만 스탯을 너무나도 잘 알았던 배니스터는 당시 성적을 계속 낼 것이라고는 생각하지 않았다. 그는 메츠 시절에 릭 피터슨Rick Peterson 투수 코치의 소개로 세이버메트릭스에 입문했다. 이후 레고와 포토샵, 앤설 애덤스에 쏟았던 집중력을 스탯에 쏟았다.

배니스터 이전에 스탯 전문 집단이 메이저리그 투수의 경기력에 영향을 줄 뻔했던 적이 한 차례 있었다. 지금은 '펠릭스 사건Félix Incident'이라고 부르는 일이다. 데이브 캐머런Dave Cameron은 당시 주업은 의류 브랜드 헤인스Hanes의 비용 분석원이었지만, 부업으로 시애틀 매리너스 소식을 다루는 블로그 U.S.S. 매리너U.S.S. Mariner에 글을 올리고 있었다. 지금은 팬그래프스의 편집국장을 거쳐 샌디에이고의 선임 분석원이다 (2021년 현재 샌디에이고 단장 특별 보좌관 — 옮긴이). 그는 2007년 6월에 당시 시애틀 투수 코치였던 라파엘 차베스Rafael Chaves에게 '공개서한'이라는 제목으로 글을 올렸다. 그때 차세대 에이스로 꼽혔던 펠릭스 에르난데스는 재능이 뛰어났지만, 기복이 심한 면도 있었다. 캐머런은 에르난데스가 경기 초반에 속구에 너무 의존한다는 것을 보고, 차베스 코치에게 투구 배합을 다양하게 가져가 달라고 호소한 것이다. 그리고 나서 한 관중이 게시물을 출력해서 차베스 코치에게 전달했다. 차베스 코치는 이전부터 에르난데스에게 구종을 다양하게 던지라고 충고해왔는데, 이 캐머런의 게시물을 전달함으로써 온 세상이 그의 투구 배합을 안다는 사실을 알렸다. 7월 초에 두 번 연속 선발로 호투했던 에르난데스는 "코치님께서 보고서를 주셨다"며 운을 띄웠다. "인터넷에서 1회에 속구를 많이 던지면 실점을 많이 한다더군요. 그래서 1회에 구종을 많이 섞어서 던져봤습니다."

메이저리거의 데이터 야구 활용법

펠릭스 사건은 획기적이었지만, 구단들은 의사 결정 과정에 블로거들의 의견이 반영되는 것을 원하지 않았다. 에르난데스에게 인터넷 글을 더 읽게 되었는지 묻자, 웃으면서 그렇지 않다는 대답을 했다. 배니스터의 재능은 에르난데스에 비하면 일부에 불과했지만, 블로그계는 자신을 옹호하는 선수를 따질 상황이 아니었다. 배니스터가 메이저리거로는 처음으로 자신이 세이버메트릭스 전문가라는 것을 공개하고, 피치f/x 데이터를 믿는다고 고백하자, 인터넷 영웅으로 등극했다. 그 당시에도 그는 도관 역할을 자처하며 "비야구인도 흥미로운 정보를 공유한다는 사실이 밝혀지고 있으며, 그 간격을 좁힐 수 있다면 기꺼이 하겠다"고 말했다.

그런데 스탯 개척자 배니스터에게는 두 가지 모순이 존재했다. 첫째, 그가 소속된 구단은 현장 스카우팅을 중시하는 데이턴 무어Dayton Moore가 단장이고, 구시대적인 방식을 고집했다. 둘째, 배니스터의 성적은 전통 스탯보다 세부 스탯으로 볼 때 더 좋지 않게 나타났다. 최상위권 투수는 탈삼진과 볼넷, 홈런이라는 '세 가지 순수한 사건three true outcomes'을 통제해서 수비와 운에 의존하는 비율을 낮춘다. 하지만 배니스터는 그러지 못했다. 2007년에 150이닝 이상 던진 94명의 투수 가운데 탈삼진율이 여덟 번째로 낮았다. 인플레이 피안타율BABIP: batting average on balls in play은 0.261로 아메리칸 리그 평균에 비해 0.040이나 낮았다. 게다가 리그에서 세 번째로 낮았던 덕분에 위기에서 자주 벗어날 수 있었다. 스스로도 인플레이 피안타율은 언젠가 올라가고, 평균 자책점도 따라 올라갈 것을 알았다.

배니스터는 2008년에 인플레이 피안타율이 제자리를 찾아가는 것을 미연에 방지하려고 삼진을 잡는 데 신경 썼던 결과 탈삼진율이 조금 올라가긴 했다. 하지만 예상대로 인플레이 피안타율은 0.308로 높아졌다. 게다가 원래부터 뜬공 비율이 높았는데, 뜬공들이 담장을 넘어가는 횟수도 높아지자 역효과가 나버렸다. 기본적인 경기력은 한 해 전과 별 차이 없었지만, 평균 자책점은 5.76으로 치솟으면서 옹호해주기 힘든 상태가 되었다.

소속 구단이 머니볼을 거부하고 있던 시기에 배니스터는 이미 머니볼을 넘어선 사고방식을 보여줬다. 그는 《시애틀 타임스Seattle Times》와의 인터뷰에서 이렇게 말했다. "대부분 예측을 위해 스탯을 쓴다. 하지만 나는 예측을 바꾸려는 목적으로 사용한다. 약점을 알고 예측을 바꾸려면 어떤 스탯이 도움이 되는지 알고 싶다. 그리고 거기에 맞춰 투구 방식을 바꾸려고 한다."[5]

헛스윙을 유도하지 못하는 것이 배니스터의 약점이었다. 그 부분을 고쳐보려고 했다가 실패하자, 정면 돌파를 시도했다. 어차피 타구를 허용할 것이라면 땅볼을 유도하고 담장을 넘지 않도록 '약한' 타구를 만들어야 했다. 피치f/x 데이터에 의하면, 포심 속구가 받쳐주지 못하고 있었다. 그래서 슬라이더와 싱커의 중간 형태를 띠며 땅볼 위주의 타구를 유도하는 컷 패스트볼cut fastball 또는 커터cutter를 더 사용하기로 했다. 2008년보다 커터 사용률을 30퍼센트 높이며 절반 가까이 던졌다. 게다가 고속 체인지업을 장착하고, 낙차를 더하기 위해 동갑내기 오른손 투수 제임스 실즈의 그립을 모방했다.

그렇게 자기 주도적인 재건 사업으로 눈에 띄는 성과가 나타났다. 2009년 시즌을 트리플A에서 시작했지만, 곧 메이저리그로 승격되었고 완전히 새로운 투수가 되었다. 우선 땅볼 비율이 12퍼센트 증가했다. 2002~2018년에 2년 연속 150이닝 이상 던진 투수 중에 사이영 상을 받았던 2004년 시즌의 요한 산타나Johan Santana만이 그보다 증가폭이 높았다. 그리고 평균 자책점을 4.73으로 낮추고, 수비 무관 투구FIP: fielding independent pitching는 개인 최저치인 4.14로 낮아졌다.

사실 더 좋은 성적을 거둘 수도 있었다. 첫 20번의 선발 등판에서는 평균 자책점 3.59와 FIP 4.00를 기록하고 땅볼 비율도 더 낮았다. 하지만 완벽에 가까운 모습을 찾는가 싶더니 새로운 곳에서 결함이 나타나고 말았다. 그해 8월 2일, 20번째 선발에서 탬파베이를 상대로 117구를 던져 7이닝을 무실점 막았지만, 그 과정에서 어깨 회전근개가 일부 파열되었다. 부상 속에서 투혼을 발휘해봤지만, 이후 여섯 차례 등판에서 31이닝 동안 34실점을 하면서 캔자스시티는 9월 초에 배니스터의 시즌을 종료시켰다. 그리고 이듬해에는 성적이 좋아지지 않고, 평균 자책점도 6.34로 치솟았다. 어깨가 따라주지 않으니 두뇌만으로 버티기에는 무리였다. 2011년에는 일본에서 뛰기로 했으나, 아내와 둘째를 갖기 위해 노력 중인 데다 일본 도호쿠 지방에 지진과 해일이 일어나자 미국에 남는 것이 안전하다고 판단했다. 배니스터는 그때 서른 살이 막 되었지만, 투수로서의 생명은 끝나고 말았다.

잭 그레인키

2011년 11월에 캔자스시티에서 배니스터의 투수 코치였던 밥 매클루어 Bob McClure가 팬그래프스와 인터뷰를 했다. 그는 배니스터가 고민을 너무 많이 했다며 구시대적인 야구에서는 큰 죄라는 식으로 넌지시 말했다. "배니스터는 열정이 지나치고, 자신의 능력보다 더 많은 것을 하려고 했죠. 공이 어떻게 돌아가느냐 같은 것에 빠졌는데, 제가 볼 때 (야구는) 그렇게 복잡한 게 아닙니다." 매클루어 코치는 배니스터의 아버지와 동시대에 뛰었고, 야구에 평생을 바쳤으며, 데이터의 역할에 대해서는 마음속에 의구심을 품고 있다. 그리고 인터뷰에서 "최대한 많은 타자에게 속구로 승부하라"는, 리치 힐의 성장을 방해했던 오래된 충고를 내뿜었다. 매클루어는 이듬해에 보스턴의 투수 코치로 선임되었다가 그해 8월에 해임되었다. 지구 꼴찌였던 보스턴의 투수진은 구장별 조정을 거친 FIP가 역대 최악이었다.

그런 비난을 듣자 배니스터는 괴로웠다. 비록 부상에 시달렸어도, 자신에게 주어진 보잘것없는 능력을 그래도 최대한 활용했다고 생각했기 때문이다. "조금 억울하다고 생각했죠." 2008~2010년에 배니스터의 감독이었던 트레이 힐먼Trey Hillman(2017~2018년 SK 와이번스 감독. 2021년 현재 마이애미 말린스 3루 코치 — 옮긴이)도 매클루어와 비슷한 이야기를 한다. "당시에는 배니스터가 데이터 분석에 너무 치우쳤다고 생각했습니다." 하지만 그 이후에 데이터 분석의 선두주자라고 할 수 있는 다저스와 양키스, 휴스턴에서 일해본 결과 배니스터가 한참 앞서 나갔었다는 것을 깨달았다. 배니스터는 지금도 매클루어와 친하게 지낸다. 매클루어는 그 이후로 선수들이 사용하는 장비들을 더 많이 받아들이게 되었다. "당시에는 너무 새로운 개념이었고 코치님도 메이저리그에 오래 계셨던 분이다 보니 이것저것 연결해봤을 때 제 기량을 펼치는 데 정보가 오히려 독이 된다고 느끼셨던 거 같아요." 배니스터는 그러한 환경 때문에 야구에서 잠시 물러나겠다고까지 결정했다. 야구는 아직 변화할 준비가 되지 않았던 것이다.

앞으로 나아가는 데 기여하려면 더 많이 알아야 했다. 캔자스시티 시절에 잭 그레인키라는 '투구를 함께 연구하는 공범'이 있었다. 그레인키는 배니스터와 마찬가지로 투구를 하나의 과학 실험으로 여겼다. 2007년, 배니스터가 캔자스시티에서 보낸 첫 시즌에 그레인키는 첫 일곱 번의 선발 등판에서 평균 자책점 5.71을 찍고 불펜으로 유배되었다. 배니스터에 의하면, 그때 그레인키는 자신의 제구가 뛰어나도 굳이 스트라이크 존 경계만 노릴 필요가 없다는 것을 배웠다고 한다. 타자를 제압하는 방법을 얼마든지 생각해낼 수 있었다. 그리고 시즌 말미에 그레인키는 선발진에 합류해서 일곱 번을 더 등판하고 1.85의 평균 자책점을 기록하며 명예의 전당급 성적을 향한 출발을 알렸다.

배니스터는 "그레인키가 써볼 수 있는 가장 살벌한 투구 배합을 구상했다"고 말한다. 마음에 들었던 배열은 2009년에 던졌던 것이다. 우타자를 상대로 우선 시속 100킬로미터대의 느린 커브로 스트라이크를 잡고, 몸 쪽 높은 곳에 시속 150킬로미터대 후반의 속구를 같은 팔 각도에서 나오도록 찔러 넣으면 타자는 대개 파울을 친다. 그러고 나서 바깥쪽 낮게 시속 145킬로미터짜리 슬라이더로 최후의 일격을 안겼다. 배니스터는 그레인키가 그 배합 하나로 그해 사이영 상을 탔다고 말한다. 2009년에 그레인키의 WAR은 10.4승이었는데, 랜디 존슨Randy Johnson 이 4년 연속 사이영 상을 받았던 마지막 시즌인 2002년 이후로 15년 동안 저 정도로 높은 단일 시즌 WAR을 쌓은 투수는 없었다. 그리고 그레인키는 사이영 상을 받자, 《뉴욕타임스》에 다음과 같은 소감을 말했다. "브라이언 배니스터가 팀 동료다 보니 저도 세이버메트릭스를 따르고 제가 통제할 수 있는 스탯을 자세히 들여다봅니다. …… 그게 제가 던지는 방식입니다. FIP를 최대한 낮추려고 노력합니다."[6]

그레인키는 배니스터와는 달리 구종이 다섯 가지가 넘는 거장이었다. 그는 배니스터의 최고 구속을 거뜬히 뛰어넘었을 뿐만 아니라, 둘 중 누가 더 느린 커브로 스트라이크를 잡을 수 있는지 겨루면 그것마저도 이겼다. 2009년에는 시속 97~161킬로미터 범위에 찍어보지 않는 구속이 없었다. 둘은 피치f/x 자료를 서로 봐주고 어떤 공이 통할지 의논하면서 한계에 도전했다. "나중에는 배열과 터널링이라는 개념으로 이어지고, 투구 배합과 완급 조절에 이어 움직임이 가장 많이 일어나는 곳으로 던지는 것도 다뤘습니다. 메이저리그 최상위권 투수가 정보 면에서도 앞서 나가고, 그걸 활용하는 모습을 보니까 즐거웠습니다."

배니스터는 세이버메트릭스에 관해서는 그레인키의 정신적 지주나 다름없었다. 그러면서 그는 도관 역할로서의 소명을 받아들였다. "제 미래는 사이영 상을 받거나 올스타로 선정되는 게 아니라는 걸 깨달았습니다. …… 남보다 더 많이 공부해서 세계 최고의 선수들이 발전하는 데

그 정보를 쓰는 거였습니다. 아니면 기대치보다 성적을 내지 못하는 이유를 예측하는 방식으로 확인하고, 기대치만큼 하지 못하는 이유를 이해하도록 돕는 거죠."

보스턴 레드삭스 코치진에 합류하다

배니스터는 선수 육성에서 바뀌지 않는 부분 한 가지를 입증했다. 바로, 자기가 이해한다고 생각하는 것도 틀릴 수 있다는 것이다. 그는 선수 생활을 하면서 구위가 실망스러워도 성적을 내거나, 구위가 압도적이어도 성적이 나지 않는 투수들을 신기하게 여겼다. 예를 들어, 2006년에 팀 동료였던 톰 글래빈은 마흔 살에 시속 137킬로미터짜리 속구로 올스타가 되었다. 배니스터는 보면 볼수록, 들으면 들을수록 '투구의 가치는 어떻게 높아지는지 아무도 모른다'는 것을 알게 되었다. "혹시 우리가 공을 제대로 던지지 못하고 있었던 건 아닌지 싶었죠. 수십 년 동안 잘못 가르쳐왔던 건 아닌지, 구종마다 올바르게 던지는 법이 있는 건지, 지금은 올바르게 던진다는 것에 얼마나 근접했는지 궁금했습니다."

그로부터 3년 동안 배니스터는 피치f/x 데이터를 공유하는 브룩스 베이스볼Brooks Baseball이라는 웹사이트를 하루에 8~10시간씩 검색하면서 좋은 투수가 잘하는 점을 처음부터 다시 재현했다. 잘하는 투수들의 특징만 분리한다면, 다른 투수를 통해서도 재현할 수 있었다. 마치 포토샵으로 3차원 도형을 복원하는 일과 같았다. 그렇게 검색하다가 발견한 것이 속구를 잘못된 위치에 던져왔다는 점이다. 스트라이크 두 개를 잡고 나서는 항상 바깥쪽 낮은 부분을 공략했다. 물론 투구 추적이라는 것이 없던 시절에는 통했던 것이, 가장자리에서 살짝 벗어난 공도 구심이

스트라이크를 잡아주도록 유도할 수 있었다. 그러나 구심들이 추적 장비가 설정한 스트라이크 존을 기준으로 평가하기 시작하자, 타자가 갔다 맞출 수 없는 공은 스트라이크 판정을 받지 못했다. 게다가 회전수가 높은 속구는 떠오르는 것처럼 보이는데, 높게 던지면 타자를 속일 수 있다는 것을 기술 장비들이 밝혀냈다.

"바깥쪽 낮게 던지라고 세뇌되다시피 들어왔기 때문에 저한테는 혁명과도 같았죠. 너무나도 많은 투수들이 속구를 성과가 안 나는 곳에 계속 던지고 있습니다. 전통 때문일 수도 있고, 시대에 안 맞는 개념 때문일 수도 있고, 데이터를 해석하기 위한 지식이 부족해서일 수도 있습니다."

그는 트레버 바워나 카일 보디와는 달리 급진적이거나 무례하지는 않다. 트위터로 누군가를 저격하거나 자기와 견해가 다른 코치의 실명을 거론하며 언쟁을 하지 않는다. 배니스터는 팀에서 가장 잘 따르는 선수가 되는 것이 목표였다고 말한다. 그럼에도 불구하고 개인 연구 결과는 바워나 보디의 의견과 크게 다르지 않았다. 피치f/x 이후의 시대가 선사하는 다량의 지식 속에서도 메이저리그는 검증되지 않은 속설들로 시달리고 있다는 점이다. '오른손 투수는 공을 더 잘 숨기기 위해 투구판을 3루 쪽으로 밟고 던져야 한다.' '투수는 투구할 때 균형을 이루는 지점을 거쳐야 한다.' '체인지업은 속구보다 적어도 시속 16킬로미터는 느려야 한다.' '투수는 높은 팔 각도에서 내리꽂는 투구를 해야 한다.' "유망주들이 새로 들어올 때마다 계속해서 재탕하는 투구 이론들인데, 대부분 틀렸다는 걸 증명했습니다. 게다가 전혀 동의할 수 없는 게 대부분이죠. …… 전부 좋은 의도로 이야기했겠지만, 수년 동안 그런 속설이야말로 투수의 생명을 가장 많이 박살냈습니다."

배니스터도 드라이브라인과 같은 사립 시설을 설립할 마음이 있었다. 그곳에서 사람들에게 투구의 가치에 대한 새로운 원리를 심어주려고 했다. 그는 2014년 인터뷰에서 '선수들을 위한 머니볼'이자 '스테로이드 대신 스탯을 홍보'하는 수단을 꿈꾼다고 말했다. 그런데 예기치 않게 메이저리그가 그를 불렀다. 프로 투수로 마지막 공을 던진 지 몇 년이 지나고, 배니스터의 의견을 듣겠다는 구단이 생겼다.

2013년에 배니스터는 댄 브룩스Dan Brooks 브룩스 베이스볼 설립자의 초청으로 보스턴에서 열린 세이버 세미나에서 「현장에서 쓰는 세이버메트릭스」라는 통찰력 있는 주제를 발표했다. 2014년에도 세미나에 초청받아 야외에서 실시간으로 트랙맨 장비를 시연했다. 그 자리에 톰 티핏Tom Tippett 보스턴 선임 분석원도 참석했다. 티핏은 배니스터에게 다가가 마이너리그 운영을 보조할 사람을 찾는데, 면접을 볼 생각이 없는지 물었다.

다음 날 그는 티핏과 함께 역사가 깃든 보스턴의 홈구장을 향해 걸었다. 그린 몬스터Green Monster(펜웨이파크의 명물이라고 할 수 있는 11.3미터 높이의 좌측 담장 — 옮긴이) 위에 설치한 관중석에 앉아 당시 마이크 헤이즌Mike Hazen 부단장이 진행하는 면접에 임했다. 하지만 대화를 나눌수록 마이너리그 운영을 보조하는 일은 배니스터에게 맞는 역할이 아니라는 것이 나타났다. 배니스터는 투수 중심으로 관심을 가졌고, 현장에서 선수와 가깝게 지내기를 원했다. 그는 구단이 자신에게 어떤 역할을 줘야 하는지 잘 몰랐던 것 같다고 말한다. 당시 보스턴에는 배니스터에게 맞는 직책이 없었다. 그래서 양측은 우선 채용은 하되 직책은 추후

MVP 머신

에 발전적인 방향으로 천천히 생각해보기로 합의했다. 선수 출신 숫자쟁이는 지금까지 존재하지 않았던 부류였다. 그리고 보스턴은 그런 사람을 꼭 한 명 채용하고 싶었다.

보스턴 구단의 투수 육성 변화

앤설 애덤스는 자신의 저서에 "사진을 정직하고 효과적으로 찍는 것이란 표면에 드러나지 않는 것을 보고, 살아 있는 자연의 가치와 모든 사물에 깃든 인간성을 담는 일"이라고 적었다. 배니스터가 보스턴에서 맡은 일은 '사진을 … 찍는'을 '투수를 … 육성하는'으로 바꾸면 설명된다. 투수의 잠재력을 알아내고, 그것을 끌어내는 일이다. 2015년에 리치 힐이 보스턴으로 복귀한 날, 배니스터는 투수 분석 및 육성 부장으로 승진했다. 이듬해 7월에는 투수 보조 코치로 메이저리그 코치진에 합류했다. 그리고 같은 해 11월에는 투수 보조 코치 업무를 유지하면서 투수 육성 부사장으로 다시 한 번 승진했다.

배니스터는 말한다. "대부분의 선수가 메이저리그에서 던질 잠재력을 가졌습니다. 단, 각자에게 알맞은 재료를 줘야 합니다." 그렇다고 모두가 재료를 원하는 것은 아니다. 배니스터에 의하면, 선수에게 어떤 제안을 설득하는 일은 광고 대행사가 기업에 캠페인을 펼치는 일과 거의 비슷하다. 그가 선수나 코치에게 데이터 분석에 의한 의견을 처음 제시하면 보통 다음 네 가지 반응이 나온다. 첫째, 방어적인 태도를 취하는 부류가 있다. 배니스터는 전혀 다른 방식을 제시하다 보니 현재 훈련 방식에 소위 돌직구를 던지는 방식으로 비판하는 사람들이 있다. 둘째, 두려워하는 부류다. 프로에 오기 위해 해왔던 방식을 괜히 건드리고 싶지 않은 것이다. 셋째, 화를 내며 과학기술이 야구를 망치고 있다고 큰소리치는 부류도 있다. 그리고 마지막은 너무 과하게 받아들이는 부류다. 정보를 끝없이 욕망해서 배니스터조차도 기량을 펼치기에 자유롭지 못할 정도로 깊게 빠진 부류다. "제가 말하는 걸 그냥 머릿속으로 한 번 돌려 보고, 감정적으로 대하지 않고, 장점을 본 다음, 한 번 해보겠다. 그렇게 자연스럽고 평범한 반응을 보기가 힘듭니다."

배니스터는 프런트와 현장이 돌아가는 상황을 의료계에 비유했다. 사무실에 있는 분석원들은 방사선 전문의로, 데이터를 해부해서 외과 의사(코치)에게 전달한다. 그리고 외과 의사는 환자(선수)를 수술한다. 배니스터는 세 가지 역할을 모두 경험했다. 그는 기술 장비의 도움 없이 선수를 고치는 행위를 MRI 검사도 없이 수술에 임하는 행위에 비유했다.

수술 이야기를 계속하자면, 조지프 리스터Joseph Lister가 19세기에 감염증에 맞서기 위해 무균 수술을 개발하고 나서 수술실에서 시행하는 손 위생이 보편적으로 등장하기까지 정말 긴 시간이 흘렀다. 리스터의 제안이 채택되기까지 불필요한 희생들이 있었다. 물론 야구에서 이루어지는 결정으로 인해 생사가 갈리지는 않는다. 그래도 구단들은 그런 유예 기간을 단축시키기 위해 노력한다. 더 나은 정보가 존재하기 전에는 경험과 시행착오가 많을수록 유리했다. 지금은 겸손함을 수반하지 않는다면 발목을 잡을 수 있다. 배니스터는 코치들에게 다음과 같이 말한다. "여러분은 아무리 배워도 분석원들이 배우는 속도를 따라가지 못합니다. 대신 도관이 되십시오."

도관 역할을 맡을 능력이 되는 코치라면 그만큼의 보상도 있다. 할 일을 한 것뿐인데 책임지고 나가야 하는 사태는 없다. 전체 1순위로 뽑혔던 배니스터의 아버지는 최상위권 유망주에 손댄다는 것은 오래 전부터 코치 생명을 위기에 빠뜨리는 일임을 누구보다도 잘 안다. "뭔가 수정해줬는데 부상을 당하거나 구위가 떨어지면 고개를 들고 다니지 못합니다. 대부분 코치는 그걸 두려워하죠. 그런 일을 많이 봤습니다." 재능이 가장 뛰어난 선수가 지도를 가장 적게 받는다는 것이 무사안일식 코칭의 결과라고 할 수 있다. 하지만 오늘날에는 무언가를 고쳐보겠다는 코치의 지혜를 데이터로 검증하거나 뒷받침할 수 있다. 물론 그렇다고 성과가 나온다는 보장은 없지만, 문제가 발생했다고 코치가 십자가에 매달릴 일도 없다.

너무나도 당연하겠지만, 기술 장비로 인해 구단이 무엇을 고치는지가 변했다. 매클루어가 2011년에 배니스터를 비난했던 인터뷰에서 이런 이야기도 했다. "구위가 엄청나야만 좋은 투수가 되는 건 아닙니다. 제구가 좋고, 투구에 대한 감각만 있으면 됩니다." 하지만 배니스터는 개인 연구를 통해 다른 부분을 강조했다. "저라면 (메이저리그 스카우트들의 20~80등급에서) 50점짜리 구종을 던지려는 곳에 정확히 던지는 투수보다 70~80점짜리 구종을 가졌지만 던지면 어디로 튈지 모르는 투수가 낫습니다. 저는 항상 투구 가치가 좋은 쪽으로 선택하겠습니다."

슬라이더의 회전축을 15퍼센트만 수정해도 공이 더 효과적으로 움직이거나, 헛스윙을 더 유도할 수 있다. 즉, 타자가 계속 커트해내느냐, 진정한 결정구가 되느냐의 차이일 수도 있다. 배니스터는 "70~80점짜리 공을 던질 수 있는 신체인데 그립을 잘못 잡고 있었다는 걸 알면 '바로 그거야!' 하면서 크리스마스 분위기 난다"고 말한다. "마지막 퍼즐 조각과 같은 거죠. 본인은 그립으로 인해 70~80점짜리 공이 50점이나 60점에 그치고 있다는 걸 모릅니다."

그런 통찰력도 하나의 예술이다. 그렇다고 설명할 수 없는 그런 개념은 아니다. 배니스터는 "투구는 불가사의한 것이 아니라, 단순한 물리학"이라고 말한다. "저희는 '한 투수의 특징을 다른 투수에게 절대 가르칠 수 없다'고 생각하지 않습니다. …… 무슨 마법이 아닙니다. 그냥 다른 투수보다 무언가를 더 잘하는 것뿐입니다." 구단에서 그 '무언가'를 알아내고, 투구 가치의 구성 요소를 확인한다면 재포장할 준비가 된 선수를 찾는 작업은 거의 자동으로 이루어진다. 기계학습과 기초적인 인공지능을 통합하는 프로그램이라면 투구 동작과 구종별 특징에 관한 데이터를 쭉 훑어보고 최적 상태에 못 미치는 데이터를 표시할 것이다. 예를 들어, 뛰어나지만 거의 던지지 않는 구종이나, 회전수는 높지만 회전효율이 낮아서 기대만큼 성과가 나타나지 않는 구종 등이 있다. 배니스터는 후자의 경우를 엔진은 강력하지만, 타이어가 마모된 자동차에 비유한다. 자동차 경주라면, 코치와 소통을 돕는 사람으로 구성된 피트 크루pit crew가 출동해서 결점을 고칠 수 있는 최고의 전략을 짜는 것이다.

배니스터는 현재 맡은 일에 대해 다음과 같이 설명한다. "타격 연습이나 불펜 투구 때 외야에 나가서 각각의 투수에게 스마트폰에 나타난 데이터를 보여주고, 설명해주고, 고칠 부분에 대해 이야기해주고, 그 자리에서 백업을 실행하는 것이 제 일의 전부입니다." 배니스터는 보스턴에 입사하자마자 데이터베이스에서 정보를 더 빨리 검색하기 위해 SQL을 배웠다. SQL은 최근 프런트에 취업을 희망하는 경우 필수로 배워야 하는 프로그래밍 언어다. 그런데 그가 작성한 질의는 자신의 목적을 달성하기에는 효과적이지 못했다.

바로 그때 페드로PEDRO라는 프로그램이 새로 등장했다. 페드로는 Pitching(투구), Evaluation(평가), Development(육성), Research(연구), Optimization(최적화)의 약자이며, 보스턴의 전설적인 투수이자 배니스터와 한때 한솥밥을 먹었던 페드로 마르티네스Pedro Martínez를 기리기 위해 지은 이름이다. 페드로를 설계한 스펜서 빙골Spencer Bingol 연구개발 분석원은 배니스터가 채용한 전직 야구 블로거로, 선수 육성과 스카우팅 쪽에서 아이디어 상자 역할을 한다. '페드로' 프로그램은 자기만의 투수 평가 방식을 '대단위'로 적용해서 컴퓨터에 앉아 있는 시간을 줄일 수 있게 되었다. 이전에 몇 시간 또는 며칠씩 걸렸던 일을 클릭 하나로 줄인 셈이다.

선수와 대면하는 시간도 대부분 카메라와 함께 이루어진다. 배니스터가 사진을 좋아하는 이유는 단순히 비유할 수 있는 표현이 많아서가 아니다. 에저트로닉과 랩소도, 키나트랙스KinaTrax 등 광학 장비를 다룰 때 활용할 수 있는 기술이기 때문이다. 여기서 키나트랙스는 수십만 달러짜리 장거리 모션캡처motion-capture 장비다. 1루에서 3루 관중석까지 8~16개의 고속 카메라를 설치해서 대상 선수의 25개 관절을 촬영하는 방식이며, 서비스를 구매한 구단은 홈구장에 출전한 선수들의 동작을 세밀하게 분석할 수 있다. 2018년에는 네 개 구단이 키나트랙스를 이용했다.

배니스터는 그런 기술을 자신의 선수 생활에서 계속 남아 있던 궁금증을 푸는 데도 사용했다. 그는 자신이 강속구 투수는 아니었지만, 속구구위가 좋지 못했던 이유가 구속에만 있지 않다는 것을 알고 있었다. 그리하여 다른 투수를 진단하듯이 자기 자신을 진단했더니 수수께끼가 풀렸다. 자신의 속구는 회전수가 낮았던 것이다. 그는 지금 알고 있는 걸 그때도 알았다면, 전혀 다른 방식으로 던졌을 것이라고 말한다. 그 당시에는 정보가 불충분하다 보니 제구에 신경 쓰고 커터로 보완했지만, 지금이라면 자신의 신체 역학과 팔 동작을 완전히 갈아엎었을 것이라고 한다.

하지만 과거에 회전 효율이 반 토막 난 것에 대해 한탄하지 않는다. "짧다고 할 수 있는 선수 생활은 인생에 한 번 뿐입니다. 하필 그땐 데이터가 없었던 거죠. 최첨단 기술이 배니스터의 선수 경력을 살리기에는 너무 늦게 개발되었다. 하지만 그가 다른 선수를 돕는 데는 늦지 않았다.

경기 도중에 그는 보통 클럽하우스에 앉아 스탯캐스트를 검색하면서 부상을 알릴 만한 구종 선택이나 회전수, 구속 변화 등을 관찰한다. 만일 투수의 제구가 흔들리면, 동작이 어긋났는지 키나트랙스 영상으로 확인하고, 다른 문제가 발생하면 투수나 투수 코치가 직접 와서 조언을 구한다. 그렇지만 대부분의 마법은 경기 전에 부린다. 배니스터는 외야나 불펜에 각종 카메라와 추적 장비를 설치해서 상호 작용하는 투수 연구소로 개조한다. 그곳에 투수들을 불러서 서로 질문도 하고, 정보도 공유하고, 캐치볼을 하면서 이것저것 실험하는 데 더 집중하기도 한다. "그런 커피숍과 같은 환경을 만들면 투수들이 자기 기술에 대해 더 터놓고 이야기하기 때문에 소양을 많이 길러줍니다. 실력이 조금씩 좋아진 투수들을 보면 여러 가지 작은 기적들이 일어납니다."

배니스터의 영향이 가장 확연하게 드러난 것 중 하나는 보스턴 투수들이 포심 속구를 스트라이크 존 상단에 던지는 비율이었다. 배니스터가 입사하고 얼마 지나지 않아 보스턴은 높은 포심 속구의 제왕이 되었

MVP 머신

다. "데이터 분석에서 나온 개념을 활용하고 상대 팀을 놀라게 해서 재미를 봤죠."

2015년에 구장별 조정을 거친 평균 자책점 20위였던 보스턴은 2016~2018년에 각각 5위와 3위, 그리고 2위로 올랐다. 그렇지만 보스턴이 높은 속구로 맹공해서 유리해진 것은 오래 가지 못한다. 배니스터는 보스턴이 타 구단에 비해 데이터 분석 이해도가 2년 정도 앞서 있다고 생각하지만, 선진 구단들보다 크게 앞서나가는 것은 이제 불가능하다. 전술이 잘 통하면 타 구단의 모방 심리를 자극한다. 그리고 멀리 뒤처지는 구단은 '이길 수 없다면 데려오라'는 방침에 의존해버린다. 2016년 말에 한때 전통을 고집했던 애리조나가 마이크 헤이즌을 단장으로 임명했다. 그리고 나서 헤이즌은 보스턴 임원이었던 아밀 소데이Amiel Sawdaye를 부단장으로, 수석 코치였던 토리 로벨로Torey Lovullo를 감독으로 데려왔다. 그리고 얼마 지나지 않아 슬라이더 비중을 높인 패트릭 코빈이 팀 에이스로 등극했다.

배니스터는 주식 시장에도 관심이 많은데, 위와 같이 치열한 경쟁 속에서 살아남는 방법을 주식에서 얻기도 한다. "리그 전체를 상대로 장기

스트라이크 존 높게 던진 속구의 비율(2015~2018)

연도	메이저리그	보스턴	리그 전체 순위
2015	40.0	39.4	16
2016	39.9	48.6	2
2017	45.3	59.1	1
2018	45.9	59.1	1

전을 벌이면 이길 수가 없습니다. 그런데 새 아이디어가 떠오르면 단기전에서는 이길 수 있죠. 그렇게만 하려고 합니다." 데이터를 기반으로 좋은 아이디어를 산하 구단이나 일부 마이너리그 투수 집단에 시범적으로 운영하고, 결과를 평가해서 의사 결정권자들로부터 청신호를 받을 때는 이미 남들보다 앞서나가기에 늦다. 배니스터는 독자적으로 행동하지만 이성적인 사람을 채용하는 것이 낫다고 생각한다. 미국 드라마 〈24〉에 등장하는 잭 바워스Jack Bauers처럼 형식적인 절차를 무시하고, 혜택을 받을 만한 메이저리거에게 아이디어를 직접 적용하며 효과를 관찰하고, 효능이 높으면 나머지 선수들에게도 확대해서 적용할 수 있어야 한다.

다른 구단을 밀어낼 수 있는 육성 전략이 떠오르면, 더 이상 유효하지 않은 날까지 초읽기에 들어간다. "그다음 단계를 항상 생각해내야 합니다. 그렇게 생각해내면 '아, 작년에 했으면 남들보다 훨씬 앞섰을 텐데, 그땐 생각을 못했네' 하는 생각이 들죠. 끝없이 돌고 도는 겁니다. 토끼굴은 점점 깊어만 가는 거죠."

점차 늘어나는 중재자들

보스턴에서 도관 역할을 하는 인력은 이제 두 명이다. 배니스터가 메이저리그 팀과 이동하는 반면, 선수 시절에 상대했던 데이브 부시Dave Bush(2012년 SK 와이번스 외국인 투수 — 옮긴이)가 산하 마이너리그 팀에서 같은 역할을 수행한다. 현대 육성법이 메이저리그의 방식으로 정착될수록, 그만큼 마이너리거들도 모방하고 싶어 한다. 부시는 마이너리거들이 메이저리거처럼 보이고 싶고, 메이저리거처럼 행동하고 싶어 한다고 말한다. "데이터도 메이저리거처럼 사용하고 싶을 겁니다." 그렇게 권하는 사람들이 메이저리거라면 더욱 더 그러고 싶을 것이다.

앞서 배니스터가 말한 것처럼 선수 육성에 대한 격차가 줄어들고 있다고 우려했듯이, 너무나도 당연하겠지만 타 구단들도 서둘러 도관 역할을 하는 인력을 채용했다. 보스턴을 제외하면 적어도 여덟 개 구단이 최근에 은퇴한 머리 좋은 선수를 채용해 프런트와 현장 사이에 정보 전달 역할을 맡겼다. 그중에 댄 해런을 제외하면 올스타 출신은 없다. 해런은 20대 때 몇 년 동안은 최상위권 투수였다. 타자 출신은 대부분 후보 선수에 선수 생활도 짧았고, 투수 출신은 대부분 속구의 평균 구속이 시속 145킬로미터 미만이었다. 심지어 해런도 30대에는 홈런을 많이 허용하는 기교파 투수로 변신해야 했다. 그의 트위터 계정은 '나는 시속 88마일(시속 141.6킬로미터) 던진다'는 뜻인 '@ithrow88'이다. 전부 순수한 힘이나 속도에 의존하기보다는 머릿속으로 한 번 '생각하고' 동작에 들어가야 했다. 부시는 다음과 같이 말한다. "정말 열심히 노력하고, 다른 부분에서 특출해야 살아남을 수 있는 선수들이 확실히 있습니다. 그런 선수들이 도관 역할로 모여드는 게 어쩌면 당연합니다."

해런과 텍사스 레인저스의 브랜던 매카시Brandon McCarthy를 제외하면, 아무도 메이저리그 기준으로 떼돈을 번 경우가 없어서 더 의욕을 갖고 일하게 된다. 전직 외야수 샘 풀드Sam Fuld(2017년 2월 월드베이스볼 클래식에서 대한민국 대표팀을 상대했던 이스라엘 대표팀의 주전 중견수 — 옮긴이)는 "은행 잔고와 밀접한 관련이 있는 게 확실하다"고 말한다. 풀드는 메이저리그 경력 8년 동안 700만 달러 가까이 벌고, 2015년에 선수 생활을 마감했다. 그는 2018년에 메이저리그 선수 정보 코디네이터라는 직함을 받고 필라델피아에 입사했다. 업무가 광범위한 것치고는 좀 불분명한 직함이다. 그는 2018년 5월에 이런 말을 했다. "제가 코치인지, 프런트 직원인지 그런 기본적인 사항도 알고 싶습니다." 답은 누가 봐도 '양쪽 모두'에 해당된다. 어떤 날은 사무실에서 몇 시간 보내다가 슈퍼맨처럼 유니폼으로 재빨리 갈아입고 그라운드로 뛰어간다. 그리고 어떤 날은 정반대가 된다.

풀드는 다섯 살 때 아버지에게 매년 출판되는 메이저리그 가이드북을 선물받았다. 그는 각종 스탯으로 꽉 채운 그 책을 집요하게 공부했다. 이후에는 스탠포드대학교에서 경제학을 전공하고, 2004년 드래프트 10라운드에서 시카고 컵스에 지명받았다. 그리고 2005년 프로 입단 첫해에 《머니볼》이라는 책을 알게 되었다. 그는 '머릿속으로만 생각했던 것들을 엄청나게 확인했던 때'였다고 말한다. "세상에 그렇게 생각하는 사람들이 있다는 걸 아니까, 멋지기도 하고 마음도 정말 편해졌습니다."

그도 과거에는 애매한 선수였고, 로스터 자리를 놓고 경쟁해야 했다. 따라서 장기적으로는 도움이 되더라도 메이저리그에 올라와 있는 상황을 위태롭게 만들까 봐 변화를 두려워하는 어중간한 메이저리거의 심리 상태를 이해한다. "'저라도 지금 수백만 달러를 벌고 있는데, 내년에 5만 달러를 받는 트리플A에서 뛰고 싶진 않습니다.' 이런데, 어떻게 선수 탓을 합니까?" 그런 난관 속에서도 선수를 설득하는 것이 도관 역할이다. 전지훈련과 올스타전 휴식기 때 풀드는 게이브 캐플러Gabe Kapler 감독과 맷 클렌택Matt Klentak 단장을 비롯한 코치와 프런트 직원들과 함께 모든 선수를 상대로 데이터를 기반으로 한 개인 면담을 진행한다. 그렇게 해서 잘되는 부분을 보강하고, 기량을 늘리기 위한 구체적인 목표를 제공한다. "풀어서 설명해주는 사람이 있다는 건 정신적으로 돕는 거와 다를 게 없습니다." 필라델피아는 2018~2019년 비시즌에 에드 루커스 Ed Lucas와 롭 세거딘Rob Segedin 두 은퇴 선수를 마이너리그 선수들을 위한 정보 보조 인력으로 채용했다.

캐플러 역시 도관 역할을 하는 인물로, 전 마이너리그 운영 부장이다. 도관 역할을 하면서 선진 육성 방식의 다양한 면을 경험하면 감독 후보 감이 된다. 마이너리그 운영이 감독 권한 밖이었던 시대는 지나갔다. 현대 야구의 감독은 선수 육성에 참여해줄 것을 기대한다. 풀드는 다음과 같이 기억한다. "제가 메이저리그에 승격되었는데 당시 컵스의 감독이었던 루 피니엘라Lou Piniella 감독님께서는 제가 누군지 전혀 몰랐어요. 저한테 물으시더라고요. '좌익수 볼 줄 알아?' 속으로 그랬죠. '그럼요. 이미 알고 계셔야 하는 거 아닌가요?'" 풀드는 2018년 말에 토론토 감독직 면접을 봤고, 전해지는 바로는 좋은 인상을 남겼다고 한다. 하지만, 현재 보직에 만족하고 식구들이 이전하는 것을 꺼렸던 나머지 감독직에 지원한 것을 취소했다(2019년 말에도 몇 개 구단으로부터 감독직 제의를 받았으나 거절했다. 2021년 현재 필라델피아 필리스 단장 — 옮긴이).

일본 프로 야구의 도관, 가네토 노리히토

선수의 세밀한 육성과 거기에 따른 도관 역할은 바다를 건너 확산되기 시작했다. 일본 프로 야구 NPB는 세계에서 두 번째로 높은 수준의 경기력을 자랑하는 리그다. NPB의 라쿠텐 골든 이글스에도 도관 역할을 하는 사람들이 등장했다. 라쿠텐은 NPB 구단 최초로 자체 데이터베이스를 개발했고, 2014년에는 트랙맨 장비를 설치했으며, 2018년에는 스탯캐스트와 비슷한 체계를 시범적으로 운영했다. 그리고 전략실 인원을

10명으로 늘리는 데 적극적으로 움직였다. 그 인원 중에 한 명은 좌완 구원 투수 출신 가네토 노리히토金刀憲人(재일교포 3세 — 옮긴이)다. 그는 프로 경력 10년 중 마지막 절반을 라쿠텐에서 보냈으며, 2017년을 끝으로 은퇴했다.

가네토는 선수 시절에 스탯을 잘 알지 못했지만, 전략실에 합류한 이후 시각이 180도 바뀌었다. 그와의 대화는 무라타 신고村田慎吾 전략실장이 통역을 맡아주었다. 무라타 전략실장은 이어서 말한다. "가네토 씨는 이전에 데이터를 쓰지 않은 걸 후회하고 있죠. 하지만 지금은 어린 선수들이 똑같은 실수를 저지르지 않기를 원합니다. 굉장히 다양한 자원을 활용할 있다는 걸 알았으면 한답니다. 저는 가네토 씨를 전략실의 영업 사원으로 부릅니다."

어쩌면 선수 육성은 메이저리그보다 NPB에서 더 중요하다. 12개 구단으로 이루어진 리그에서 선수는 여덟 시즌을 채워야 자유 계약 선수로 풀릴 수 있다. 그렇기 때문에 선수 이동이 제한적이고, 각 구단이 등록할 수 있는 선수의 숫자도 훨씬 적다. 매년 지명해서 입단하는 선수와 최대한 네 명까지 활용할 수 있는 외국인 선수 자리를 제외하면 등록 선수 명단은 크게 변하지 않는다. 그래서 구단들은 이미 보유한 선수의 실력을 키워야 한다.

일본은 선후배 사이의 위계질서가 잡혀 있어서 연공서열이 높은 사람에게 복종하는 것을 장려하는 문화다. 따라서 어린 선수들이 전통에 저항하기가 더 어렵다. 그렇기에 가네토 코치의 이야기는 선수들에게 '거의 절대적'이다. 그런 그가 선수들에게 무라타 전략실장과 데이터를 활용한 개인 면담을 권유한다. 전략실장과 클럽하우스에서 면담을 가질

MVP 머신

것을 권하는 사람은 가네토뿐만이 아니다. 시오카와 다쓰야塩川達也 코치도 그중 하나다. 그는 라쿠텐 내야수 출신으로, 2011년에 은퇴하고 전략실에서 일한 뒤에 전략 및 내야수 코치라는 직함을 달고 클럽하우스에 복귀했다(2021년 현재 라쿠텐 2군 내야 수비 및 주루 코치 — 옮긴이). 전략실과 처음 면담하고, 공을 던질 때 트랙맨 장비를 처음 사용한 선수는 다름 아닌 노리모토 다카히로則本昂大였다. 그는 라쿠텐의 스물여덟 살 에이스로, 2018년 NPB 퍼시픽리그 WAR 1위였다. 무라타 전략실장은 "노리모토는 매 경기 저희를 놀라게 할 공 한 개씩 던지는 게 목표"라고 말한다. 라쿠텐의 마무리 투수 프랭크 허먼Frank Herrmann(2021년 현재 지바 롯데 마린스 구원 투수 — 옮긴이)은 전직 메이저리거이자 클리블랜드 인디언스에서 선수 생활을 하면서, 좀 더 세부적인 선수 육성 방식에 대한 이해도가 높아졌다. 그는 라쿠텐이 "청사진을 갖고 있으며 적절하게 대처하고 있다"고 말한다. 그는 무라타 전략실장의 도움으로 슬라이더에 대한 믿음이 생겼고, NPB 2년차 시즌에 첫해보다 슬라이더를 다섯 배나 더 많이 던졌다.

라쿠텐에서 신체 역학 전문가로 일했던 진지 쓰토무神事努 박사는 2016년에 퇴사하고 일본의 드라이브라인으로 불리는 넥스트베이스ネクストベース로 이직했다. 넥스트베이스는 학생 야구부 출신 IT 업체 임원인 나카오 신이치中尾信一가 2014년에 설립해, BACSBaseball Analytics and Coaching System라는 프로그램을 통해 트랙맨 데이터를 기반으로 선수들에게 교정이 필요한 부분을 추천한다. 또한 동작 분석을 진행하는데, 지금까지 70여 명의 프로 투수들을 촬영했다. 지금은 사내 이사로 승진한 진지 쓰토무 박사는 "선수 육성에 추적 데이터가 도움이 되기 때문에 선

수들이 이를 활용해야 한다"는 것이 넥스트베이스의 핵심 가치라고 말한다. 비록 그렇게 하는 NPB 선수는 소수지만, 그중 일본의 최상위권 투수인 기쿠치 유세이菊池雄星도 있다. 기쿠치는 세이부 라이언스의 선발 투수였고, 2018년 시즌을 마치고 시애틀과 계약했다. 그는 메이저리그를 대비하기 위해 투구 디자인과 투구 배합, 터널링 등을 손보는 데 넥스트베이스의 도움을 받았다.

윌러드슨이 스탯과 기술을 두루 경험한 인재 풀이 아예 존재하지 않는다고 적었지만, 점점 그 말과 달라지고 있다. 브라이언 배니스터는 선순환 구조를 시작했다. 소수의 선수 출신 스탯쟁이들이 도관 역할을 맡으며 또 다른 선수 출신 스탯쟁이들을 양성했다. 그중 일부는 은퇴하면 도관 역할을 하게 될 것이다. 도관 역할을 하는 인력과 데이터를 기반으로 한 코치들이 선수 육성 과정에 당연히 필요하다는 인식이 정착되면 스탯을 수용하라고 선수를 설득하는 일은 없을 것이다.

데이브 부시는 "새로 입단하는 기수가 거듭할수록 스탯을 받아들이는 마음이 더 열려 있다"고 말한다. 그리고 거기에 저항하는 선수는 도태되고 말 것이다.

MVP 머신

8장 절대 감각

완벽주의자란 뭘까요? 그 어떤 사회적 쟁점보다 지금 당장 앞에 놓인 일부터 처리하겠다는 책임감이 우선인 사람입니다. 타인의 호감을 얻기보다는 옳다고 생각하는 일을 하겠다는 사람입니다.

– 맬컴 글래드웰의 팟캐스트 〈리비저니스트 히스토리Revisionist History〉

말썽쟁이 바워

적막이 흐르는 애리조나주 굿이어의 아침, 동쪽에 깔린 슈퍼스티션산맥 Superstition Mountains 위로 해가 얼굴을 내밀었다. 전지훈련 일과는 평소보다 일찍 시작한다. 선수들은 대개 오전 7시 이전부터 훈련 시설에 가 있다. 시간이 지나자 투수들이 던진 공이 글러브와 충돌하는 소리가 적막을 깨뜨렸다. 예로부터 전해 내려오는 소리다. 최근 들어서는 보조 구장 철조망에 걸어 놓은 매트에 웨이티드 볼이 부딪히며 울려 퍼지는 소리도 함께 들린다. 그리고 그날 아침은 트레버 바워가 크게 화내는 소리가 더했다.

바워의 언성이 천장을 높게 올린 최신식 클럽하우스에 울려 퍼졌다. 팀 동료였던 마이크 클레빈저에게 웨이티드 볼을 빌려줬는데, 클레빈저가 바워의 라커로 다시 가져다놓지 않았기 때문이다. 바워는 자신의 훈련 일과를 방해했다고 클레빈저를 책망하며, 다시는 장비를 빌려주지 않겠다고 말했다. 근처에 있던 몇몇 동료들은 바워가 폭주하는 모습이 재미있었는지 낄낄거렸다.

클레빈저는 "자기 훈련 일과를 계획대로 못하게 했다고 저한테 화냈던 것"이라고 말한다. "서로 의견이 자주 엇갈렸습니다. 저도 불건전한 단어들을 같이 써 가면서 이야기를 나눴죠. 지금은 화해했습니다. ……저희는 형제나 다름없습니다. 저도 제 친형한테 맨날 쌍욕을 하면서 꺼지라고 하는데요. 바워도 그런 사이입니다."

클레빈저는 클리블랜드 인디언스 선수들 가운데 바워와 사이가 가장 가깝다. 경기 도중에 더그아웃 난간에 나란히 기대면서 대화를 나누는 모습을 자주 볼 수 있다. 그렇지만 클레빈저도 바워가 요구 사항이 많고 상대하기 어렵다는 점을 부인하지는 않는다.

"정말 그래요. 그 친구는 원래 그래요. 그냥 그렇구나 하면서 알아가는 거죠. …… 불평을 잘 늘어놓는다는 이야기도 있습니다. 아주 솔직하게 늘어놓죠. 예의가 없거나 더러운 놈이라도 솔직하면 저는 인정합니다. 솔직하면, 저는 고맙게 생각해요."

클리블랜드의 프런트는 바워와 함께하는 일이 쉽지 않을 것이라는 점은 예상했었다.

2016년 포스트시즌에서 악명 높았던 드론 사건을 겪고 난 이후, 바워는 2017년 2월에 하루 종일 정치적인 글을 트위터에 쏟아붓던 날이 있었다. 애플과 트위터가 "도널드 트럼프(대통령)를 비난하는 진보 성향의 기사로 휴대폰을 끊임없이 도배한다. 공정하고 균형 잡힌

보도 맞는가?"라고 불만을 표하면서 시작되었다. 결국 그 트윗은 수백 개의 비난 댓글을 불러왔다. 그런데 바워는 일부 사용자와 언쟁까지 벌였다. 그러는 과정에서 '거의 모든' 팀 동료가 2016년 11월 대통령 선거에서 도널드 트럼프를 지지했다는 글도 올렸다. 당시 클리블랜드 2루수 제이슨 킵니스Jason Kipnis는 그 주장을 부정한다는 트윗에 '좋아요'를 눌렀다. 팀 동료 댄 오테로Dan Otero의 아내 티퍼니 오테로Tiffany Otero는 트럼프를 지지하는 트위터 글들을 보고 소름 끼쳤던 나머지, 시할머니가 쿠바를 떠나 망명한 이야기를 링크로 걸어서 대응했다.

바워는 실제로는 트럼프를 찍지 않았고, 사실 아무도 찍지 않았다고 말한다. 텍사스주는 미국 공화당의 텃밭이라 투표가 크게 의미 없는 일로 느꼈다고 한다. 바워는 그날 트위터에서 이러쿵저러쿵 언쟁을 벌이는 과정에서 인간이 기후변화에 주는 영향을 의심하는 발언도 하고, 클리블랜드 인디언스의 마스코트 와후 추장Chief Wahoo를 보고 기분 나빴다는 북미 원주민을 만나본 적이 없다고도 썼다(인디언스라는 팀명에 맞춰 제작한 로고와 마스코트로 붉은 피부색을 띤 북미 원주민 전사의 모습을 코믹하게 표현했다. 인종 차별과 문화 도용을 통한 마케팅에 지나지 않는다며 1970년대부터 팀명과 로고 변경을 요구하는 시위가 지속적으로 이루어졌다. 클리블랜드는 최근 새로운 팀명을 기획 중이라고 발표했다 — 옮긴이). 보통은 SNS에 대마초나 음담패설을 즐기면서 유치한 농담을 주로 올리지만, 그날만큼은 상당히 무례한 말투들이 오갔다. 한 사용자는 바워가 암에 걸리기를 희망했고, 바워는 자신을 비판한 사용자를 향해 "인생을 포기하라"는 말까지 했다.

바워는 그렇게 하루 종일 거사를 치른 후에 운영 사장실로 불려갔다.

그리고 구단 관계자들은 그 자리에서 바워에게 좋은 팀 동료가 될 것을 당부했다. 그러자 그는 좋은 팀 동료의 정의가 무엇인지 관계자들에게 되물었다. 바워에게 좋은 팀 동료란 그들 속으로 들어가는 것이 아니다. 유용한 정보를 공유하고, 동료가 자기 실력을 최대한 발휘할 수 있도록 돕는 사람을 말한다. 구단 관계자들은 좋은 팀 동료의 정의를 종이에 몇 가지로 간추려줬다. 거기에는 팀 스트레칭에 늦지 않는다거나 훈련 일정을 채운다 등의 내용이 적혀 있었다. 그리고 마지막에 '타인을 불편하게 하는 행위는 하지 말 것'이라는 항목은 굵은 이탤릭체로 적고, 누군가가 동그라미를 친 후에 화살표까지 여러 개 그려놓았다. 크리스 앤토네티 운영 사장과 관계자들은 면담에서 바워의 트위터 계정에도 주목했다. 그리고 결과적으로 구단은 바워에게 2017년 시즌 동안 트위터 사용을 자발적으로 중단해줄 것을 요구했다.

역치가 낮은 선수

비록 트위터에서는 실수를 저질렀지만, 2017년 전지훈련 때는 클리블랜드의 클럽하우스에서 불편함 없이 동료들과 잘 지냈다. 애리조나 시절부터 클리블랜드로 이적한 뒤 초반까지는 외톨이라는 이미지를 벗지 못했다. 그때는 영상 작업을 하거나, 사진과 드론을 연구하는 등 클럽하우스에서 주로 혼자 시간을 보냈다. 그러다가 그 이후에는 동료들과 교류하고 농담도 주고받는 방법을 터득했다.

2017년 트래비스 소칙과 진행한 인터뷰에서 그는 이렇게 말했다. "그 시간에 차라리 다른 일을 하고 싶은 마음은 있습니다. 하지만 그렇게 (교류)하는 게 저한테는 더 이득이니까요. 그렇게 조금씩 배워나가고 있습니다. 제 자신이 아니라는 느낌이 많이 드니까 힘들긴 하죠. 지금은 동료들과 농담도 주고받습니다. 그런데 2년 전에는 동료들에 대한 생각을 속에 담아두기만 했더니 저를 나쁜 동료 취급하더라고요. 지금은 동료들에게 본인이 얼마나 형편없는지 대놓고 말해주고 다니니까 좋은 동료랍니다. 뭔가 뒤바뀐 느낌이죠."

구단 기준에서 '좋은 팀 동료'가 되었는지는 모르겠지만, 바워는 동료들이 그라운드에서 실력을 더 발휘할 수 있도록 도움을 주는 소중한 동료임은 확실하다. 클레빈저가 클리블랜드로 이적할 당시, 바워에 대해 알았던 것은 UCLA에서 썼던 '지저분한 야구 모자'뿐이었다. 2015년에 굿이어에서 처음 맞이하는 전지훈련에서 바워에게 다가가 투구 기술에 대한 이야기를 꺼냈다.

클레빈저는 처음에는 바워가 정신 나간 사람인 줄 알았다고 한다. "이런저런 훈련도 하고, 밴드나 다른 기구를 써가면서 운동하는 데 '저 사람은 뭐 하는 건가?' 싶었습니다. …… 그런데 그 이후로 혼자 공부하고, 영상도 보고, 드라이브라인 영상도 보고, 카일 보디와 이야기도 나눴습니다."

바워는 보디에게 클레빈저를 소개했다. 클레빈저가 클리블랜드로 트레이드 되었을 무렵, 구단이 텍사스 베이스볼 랜치에서 진행하는 웨이티드 볼 훈련 몇 가지를 도입했다. 당시 클레빈저가 웨이티드 볼로 세 가지 간단한 훈련을 하고 있을 때 바워는 훨씬 포괄적인 훈련을 진행하고 있었다. 보디는 드라이브라인이 웨이티드 볼을 사용하는 이유를 설명한 PDF 파일을 클레빈저에게 보냈다.

"혼자 쭉 읽어봤어요. 뒷받침하는 근거들이 있었습니다. 저도 과학을 좋아해요. 사실을 알고 싶고, 증거를 보고 싶습니다. 하나 얻어 걸리라는 식으로 시행착오를 겪고 싶지는 않습니다. 메이저리그에 올라와 있는 동안 (바워에게) 도움을 많이 받았습니다."

클레빈저는 바워가 어째서 저런 식으로 훈련하는지, 어째서 저런 사람이 되었는지 생각해볼 시간을 가졌다. 그리고 바워는 클레빈저에게 웨이티드 볼로 훈련하는 방법을 가르쳐줄 시간을 만들었다. 암묵 학습을 통해 '운동선수와 같은' 동작을 갖도록 도왔다.

클레빈저는 바워를 지켜본 결과 남이 자신의 훈련 일과를 방해하는 일(예를 들어 웨이티드 볼이 없어지는 일)을 못 견디고, 사회학자 마크 그래노베터Mark Granovetter가 정의하는 '역치threshold'가 낮다는 것을 알았다. 그래노베터는 사람들이 시위나 폭동을 일으키는 이유를 찾으면서 집단행동 역치 모형을 생각해냈다. 그는 사람마다 동조 압력에 민감한 역치 점수가 있다고 설명했다. 맬컴 글래드웰은 그 이론을 자신이 진행하는 〈리비저니스트 히스토리〉라는 팟캐스트 방송을 통해 다음과 같이 설명했다. "여러분의 역치라는 것은 여러분이 어떤 일에 동참하기까지 앞서서 한 사람이 몇 명이었냐는 뜻입니다." 역치 점수가 낮으면 옳다고 생각하는 일을 진행하는 데 타인의 지지나 승인, 동행이 필요 없다고 덧붙였다. 그리고 육성에 대해서만큼은 바워의 역치는 0에 가까울 것이다.

글래드웰은 NBANational Basketball Association 인기 선수였던 릭 배리Rick Barry도 역치 점수가 매우 낮았을 것이라는 의견을 내놓았다. 배리는 선수 시절에 자유투 성공률(통산 89.3퍼센트)이 높았다. 그런데 자유투를 무릎 아래에서 언더핸드로 던졌다(일본 만화 〈슬램덩크〉에 등장하는 사쿠라기 하나미치(한국명: 강백호)라는 인물이 이렇게 던진다 ─ 옮긴이). 신체 역학적으로도 단순해서 자유투가 불안한 선수들이 그렇게 던져서 성공률을 높일 수 있음에도 불구하고 '할머니 슛'이라며 놀림 받는 동작이다. 그런 파격적인 방법을 사용한 NBA 선수는 사실상 없었다. 심지어 자유투 성공률이 심각하게 낮았던 샤킬 오닐Shaquille O'Neal(통산 52.7퍼센트)도 그렇게 하지 않았다. 그는 언더핸드로 던지느니 차라리 성공률이 '0퍼센트'인 것이 낫다고 릭 배리에게 직접 말한 적이 있다. 월트 체임벌린Wilt Chamberlain도 성공률이 낮았는데(통산 51.1퍼센트), 1961~1962년 시즌 동안만 자유투를 언더핸드로 시도한 적이 있다. 그리고 그 시즌에 개인 최고 자유투 성공률(61.3퍼센트)를 기록했다. 그런데 다음 시즌에는 원래 던졌던 동작으로 돌아갔다. 그는 "할머니 슛을 하면서 남들이 자신을 겁쟁이로 봤다"고 적었다. 오닐과 체임벌린은 역치가 높았다. 다만 역치가 낮으면 주변 사람과 잘 어울리지는 못한다. 거만하고, 타협할 줄 모르고, 사회적 규범을 지키지 않는다는 인식을 타인에게 심어준다. 뉴욕 네츠New York Nets(현재는 브루클린으로 연고지 이전 — 옮긴이) 시절 동료였던 빌리 폴츠Billy Paultz는 "선수단 절반은 릭 배리를 별로 안 좋아했어요. 나머지는 절반은 배리를 증오했죠"라는 유명한 발언을 했다.[1]

그리고 배리는 글래드웰에게 이런 이야기를 했다. "남한테 좋은 인상 남기고, 좋은 소리 듣고 싶어서 자신이 이룰 수 있는 성과를 단념한다고요? 그런 태도를 가질 수 있다는 게 저는 이해가 안 됩니다. 정말 안타까운 일입니다."

역치가 낮은 삶은 외로워질 수 있다. 그렇지만 글래드웰은 이렇게 마무리지었다. "릭 배리는 자신이 될 수 있는 최고 선수가 됐습니다. 월트 체임벌린은 그렇게 얘기할 수 없습니다." 트레버 바워도 자신이 될 수 있는 최고 투수였다는 말을 할 수 있기를 원한다.

클리블랜드에서 바워의 도관 역할을 맡았던 데릭 팔비도 이렇게 말한다. "(바워는) 직접 실험해봅니다. 실패하면 그걸 통해 배웁니다. 그런 일련의 과정이 현실적이고 도움이 되죠. 대부분 사람은 좋은 모습만 보이려고 그렇게 하기 힘들어해요. 바워는 그런 것에 대한 두려움이 없습니다."

물론 바워는 짜증날 정도로 고집불통이다. 그런 반면에 인정을 덜 받은 부분이기는 하지만, 본인이 나서서 하는 일이 있다. 팔비는 "바워에게는 기꺼이 공유하려는 마음이 있다"고 설명한다.

클리블랜드 구단의 변화

텍사스 베이스볼 랜치는 2013년에 프란스 보스라는 네덜란드인 선수 트레이너를 강연자로 초청한 적이 있다. 그는 발표하면서 칼 뉴얼Karl Newell 조지아대학교 신체운동학 교수가 주장한 강제 유도에 의한 운동 학습 이론을 언급했다. 보스는 청중에게 훈련할 때 세 가지 변수 중 하나를 바꾸면 발전 속도가 빨라진다고 말했다. 바워는 집중해서 들었다.

바워는 그 내용을 다음과 같이 전달한다. "새로운 기술을 가장 빨리 터득하려면 환경이나 도구 또는 활동 방식을 계속 바꿔주면서 그 기술을 발휘해야 한답니다. 같은 목표를 갖고 세 가지 변수 중 하나를 매번 바꿀 수 있으면 신체가 그 기술을 그만큼 빨리 습득한다고 합니다."

무게와 크기를 차등적으로 미세하게 바꾼 웨이티드 볼들이 강제 유도의 예다. "보통 전지훈련을 제외하면 1년에 32번 불펜 투구를 하는데,

시간 낭비입니다. 왜냐하면 항상 정신 차리고 있지는 않거든요. 머릿속으로는 그러죠. '그래, 불펜 투구를 하는구나.' 그런데 두세 번 던지고 나면 딴 생각을 하기 시작해요. 대부분 속구 다섯 개, 커브 세 개, 그런 식으로 (정해진 대로) 던지니까 더 그렇습니다. 기술 습득이라는 건 있을 수가 없죠."

바워에 의하면, 웨이티드 볼처럼 무게나 크기가 다른 공들을 몇 번씩 던지는 식으로 변화를 주면 더 효과적으로 배울 수 있다. 공을 던질 때마다 느낌이 다르기 때문에 두뇌는 강제로 활성화되고, 신체도 거기에 맞추려고 반응한다. 바워는 경기에서 제구가 어려워지거나 투구에 대한 감각을 잃으면, 다음 불펜 투구에서 색다른 공을 던져본다. 드라이브 라인에서 차별화 커맨드 볼 세트differential command balls라고 부르는 그 공들이 가지는 가치는 구속 증가 훈련 그 이상이다. 바워는 "다음 등판에서 갑자기 감이 돌아온다"고 말한다. 비시즌에는 투구 간격마다 농구공을 던지거나, 배트를 휘두르거나, 축구공을 차는 등 더 강화된 무작위 훈련을 진행한다.

팔비에 의하면, 바워가 구단에 차별적 반복 훈련differential training이라는 개념을 소개했다. 암기나 암송과 같은 능력을 습득하는 데 도움이 된다고 입증한 문서들이 많다. 바워는 차별적 반복 훈련(일종의 무작위 훈련)이 주는 혜택을 설명한 연구 논문을 프런트 관계자들과 공유했다.

야구는 전통적으로 정반대의 훈련 방식인 구획 훈련block practice을 진행해왔다. 타격 연습을 떠올려보자. 타자들은 매일 그라운드에서 타격 연습을 한다. 그때 코치는 실전보다 느린 공을 반복해서 던진다.

캘리포니아주립폴리텍대학은 1994년에 무작위 타격 연습과 구획 타격 연습의 효과를 비교해봤다.[2] 30명의 2년제 전문대 선수를 통제군과 구획 연습 실험군, 무작위 연습 실험군으로 나눴다. 타자마다 15구씩 속구와 커브, 체인지업을 던져줬다. 무작위 연습 실험군은 구종을 예측할 수 없게 던졌다. 속구, 체인지업, 체인지업, 속구, 커브 등 그런 식이었다. 구획 연습 실험군의 경우 구종마다 몇 구씩 묶어서 던졌다. 속구 세 개, 체인지업 세 개, 커브 세 개 등. 이후 실험 단계에서는 경기 상황에서 나오는 타구의 질을 봤을 때 무작위 훈련 실험군이 구획 훈련 실험군보다 기량이 훨씬 높았다는 점을 연구원들이 발견했다.

클리블랜드는 이후에 새로운 선수 육성 방식에 열린 마음을 갖고, 코치진을 확대하고 교체도 감행했다. 팔비도 승진시키고, 에릭 크레시의 제자인 맷 블레이크Matt Blake를 2016년 시즌 투수 코디네이터로 선임했다. 2016년 10월에는 제임스 해리스James Harris를 마이너리그 운영 부장으로 임명했다. 해리스는 프로에서 1년 뛴 것을 제외하고는 조직화된 야구를 해본 적이 없었다. 클리블랜드로 이직하기 전에는 피츠버그 파이리츠에서 1년 근무했고, 그 직전까지는 NFLNational Football League의 필라델피아 이글스 구단에서 칩 켈리Chip Kelly 전 수석 코치 밑에서 보조 역할을 맡았다. 켈리는 미식축구계에서 선수 육성 방식을 선도하고 있었다. 매일 아침 필라델피아 선수들의 라커에는 플라스틱 컵이 놓였다. 소변 검사를 위한 것이었다. 선수들은 이외에도 아이패드로 매일 같이 심박수를 재고, 신체에 불편한 곳과 기분을 알리는 질문지를 작성해야 했다. 클리블랜드는 작가이자 '1만 시간의 법칙' 신봉자인 대니얼 코일Daniel Coyle마저 컨설턴트로 채용했다.

미키 캘러웨이도 사라지자, 바워는 아이디어와 정보를 공유하고 불펜 투구를 웨이티드 볼로 하는 것이 편해졌다. 클리블랜드는 선수 육성 방식을 공격적으로 바꾼 구단 중에 하나였고, 보디도 바워에게 잘 맞는 구단이라고 생각했다. 그런데 바워는 구단이 더 전향적으로 생각하고, 변화를 더 빨리 수용하며, 자기가 낸 아이디어를 수용해주기를 원했다.

팔비는 다음과 같이 말한다. "투수 전체가 발전하기를 원했던 것 같습니다. 자기 자신을 넘어서 생각하는 거죠. 아마 이 부분에서 오해가 생기지 않았나 싶습니다."

바워는 항상 밀고 나가기를 원했다. 생소한 분야라고 할 수 있는 투구 디자인도 마찬가지로 생각한다. 그러나 새로운 구종을 개발하는 일이 생각처럼 순탄하게만 진행되지 않는다는 점을 알아가고 있었다.

말썽을 일으키기 시작한 슬라이더

2018년 3월 7일, 전지훈련 시범 경기가 시작된 지 2주가 지나자 바워의 슬라이더가 말썽을 일으키기 시작했다.

컵스를 상대로 야간 시범 경기가 펼쳐졌는데, 바워는 이미 5실점을 허용한 상태였다. 그때 상대팀 중견수 앨버트 앨모라Albert Almora에게 슬라이더를 던졌다. 공은 밋밋했고 가운데로 몰려버렸다. 그리고 앨모라는 그대로 받아쳐서 3점 홈런을 만들었고, 공은 외야 잔디밭에 떨어졌다. 팬들은 공을 줍기 위해 서로 다퉜다. 바워는 타격이 이루어지자마자 고개를 저었다. 던졌던 방식 때문에 기분이 더러웠다.

전지훈련이 진행되는 동안 바워는 자기 자신은 물론 구단에도 불만이 생겼다. 구단이 마음에 들지 않았던 부분은 에저트로닉 카메라에 적극적으로 투자하지 않았다는 점이었다. 선수는 수두룩한데, 구단은 굿이어에 한 대밖에 마련하지 않았다. 3월 12일 경기에는 보디가 참관했다. 바워의 최근 상태를 보기 위해 외야 중앙 카메라 지역에 에저트로닉까지 설치했는데, 영상을 일정하게 보기가 힘들었고 드라이브라인에서 즉각적으로 주고받던 피드백이 불가능했다. 그렇다면 바워가 가진 에저트로닉을 쓰면 되지 않냐고 할 수도 있겠지만, 한 번은 바워의 아버지가 보조 구장에서 그렇게 했다가 부자는 소위 '교장(감독)실'로 불려 갔다. 바워가 전지훈련 시설을 실험 장소로 만들고 있다며 기분 나빴던 코치들이 있었다고 한다.

바워의 평균 속구 구속은 시속 153킬로미터였다. 커브는 떨어지는 각이 좋았다. 그리고 시범 경기를 만족스러운 성적으로 마쳤다. 비록 홈런 5개를 허용했지만, 29.1이닝 동안 탈삼진 39개를 잡았다. 그렇지만 개막일이 점점 다가오자 슬라이더는 수평 움직임은 줄어들고 수직 움직임만 커졌다. 그런데 그것을 되돌려놓기 위한 정보가 부족했다. 3월 22일, 선발 등판에서도 샌디에이고 파드리스의 마누엘 마르고트Manuel Margot가 불완전한 슬라이더를 받아쳐서 홈런을 만들었다.

또 한 가지 문제점이 있었다. 바워는 당시 투구 동작도 살짝 변했다고 한다. "몸이 풀려 있고, 던지는 양이 있다 보니 비시즌과 정규 시즌의 투구 동작은 달라집니다. 전지훈련 초반에는 슬라이더가 좋았어요. 그런데 끝날 무렵에는 움직임이 바뀌었습니다. 옆으로 꺾이지 않았습니다."

3월 말이 되자, 클리블랜드는 이사 트럭에 장비를 싣고 시즌을 시작하기 위해 위로 향했다. 하지만 바워의 새로운 구종은 정반대로 가고 있었다.

4월이 되자 바워는 슬라이더에 대한 불만이 더해갔다. 경기가 끝나면 라커 앞에 앉아 매번 스마트폰으로 투구의 수평 움직임을 확인했지만, 움직임이 점점 작아지고 있었다. 비시즌 프로젝트가 실패로 돌아가고 있었다. 첫 달에는 준수한 성적을 거뒀지만(평균 자책점 2.45, 40.1이닝, 16볼넷, 46탈삼진), 슬라이더가 나아지지 않았다는 사실에 좌절하고, 새 구종 없이 성과를 유지할 수 있을지 의문이었다.

4월 1일, 슬라이더의 수평 움직임은 평균 17센티미터였다. 시즌 두 번째 등판인 4월 7일 캔자스시티 로열스전에서는 수평 움직임이 평균 15.8센티미터로 줄었고, 4월 12일 디트로이트 타이거스전에서는 11.4센티미터였다. 바워는 25.4센티미터를 원했다. 성적은 비교적 잘 냈지만, 그때까지 약팀들만 상대해왔다. 타 지구 팀들과의 상대 전적을 보면, 2018년 아메리칸 리그 중부 지구의 승률이 역대 두 번째로 낮았다. 게다가 그 안에서 가장 잘했던 팀은 자신이 속한 클리블랜드이기 때문에 상대할 필요가 없었다. 4월 20일 볼티모어 오리올스전에서는 수평 움직임이 평균 13센티미터였다. 게다가 타자를 속이기 위해 수직 움직임을 아예 없애서 속구와 최대한 같은 평면을 유지시키기를 원했다. 그런데 7.6~10.2센티미터나 떨어지는 것이었다. 마치 자신의 커브가 위력이 떨어졌을 때와 비슷해졌다.

바워에 의하면 구단은 원정 갈 때 에저트로닉을 지참하지 않았고, 홈에서도 생각 날 때만 사용했다. 가끔은 홈 플레이트 뒤에 방송사 카메라가 에저트로닉을 가리는 바람에 사용하지 못한 경우도 있었다.

구단 영상 담당자에게 생소한 장비였다는 점도 있었다. 결국 불펜 투구가 제대로 촬영되지 못하는 경우도 발생했다. 바워는 전부 마음에 들지 않았다.

게다가 클리블랜드는 에저트로닉으로 가능한 정보 수집 능력을 100퍼센트 사용하지 못하고 있었다. 오히려 휴스턴 애스트로스가 이전부터, 그리고 바워는 개인적으로 더 이전부터 이 부분을 잘 활용했다. 바워는 자기 자신에 대해서만 연구하려는 것이 아니었다. 최상위권 투수들도 연구하고 싶었다. 미겔 몬테로 같은 동료들은 바워는 자기가 다 안다는 식으로 행동한다며 비판했지만, 아이러니한 것은 바워는 실제로 자신이 모든 것을 안다고 생각하지 '않았다'는 점이다. 항상 더 나은 정보와 방법을 갈구해왔다. 팀 동료 가운데 코리 클루버와 마이크 클레빈저가 던지는 슬라이더가 최정상급이었다. 이전 시즌에 두 투수의 그립을 촬영하고 연구해서 비시즌 동안 자신만의 슬라이더를 디자인하는 데 참고했다. 그리고 4월 13일에 또 한 명의 투수가 자신의 연구 대상에 올랐다. 토론토 블루제이스의 마커스 스트로먼이었다.

스트로먼과 바워는 오래 전부터 멀리서 서로에게 존경을 표했던 사이다. 스트로먼은 2012년 신인 드래프트에서 1라운드 지명을 받기 전에 트위터에서 바워를 '투수계의 선구자'로 불렀던 적이 있다. 그는 듀크대학교 기숙사에서 바워의 UCLA 시절 등판 영상을 봤다고 했다. 바워는 스트로먼을 가장 재미있게 보는 타 팀 선수라고 언급했다.

드디어 완성한 슬라이더

바워는 최고 수준의 슬라이더를 당장 원했다.

4월의 쌀쌀한 저녁이었고, 스트로먼의 등판 직전에 바워는 그를 에저트로닉으로 반드시 촬영해달라고 영상 담당 직원들과 밥 체스터Bob Chester 팀장을 부추겼다. 1회에 클레빈저가 선발로 출전해서 던지고 있었다. 그런데 홈 플레이트 뒤 촬영 구역 안에 백발에 학구적인 인상을 지닌 체스터도, 에저트로닉 카메라도 없었다. 스트로먼을 촬영하지 못하면 바워는 격노할 것이다. 마침 공수 교대 때 체스터는 에저트로닉을 갖고 촬영 구역에 얼굴을 비췄다. 스트로먼이 던지기 시작하자, 그는 홈 플레이트 뒤쪽에 에저트로닉을 삼각대 위에 설치했다. 그러고 나서 촬영 구역을 떠났다.[QR-8] 그런데 카메라 시야가 가려진 상태였다. 스트로먼의 슬라이더를 에저트로닉으로 볼 수 있는 유일한 기회였다. 1회가 끝나고 확인해본 결과 쓸 만한 영상은 없었다. 그때 체스터는 잘못 설치한 것을 알아차리고 2회에 다시 나타나 에저트로닉이 홈 플레이트 왼쪽 공간과 직선을 이루도록 위치를 옮겼고, 스트로먼이 카메라 시야에 확실하게 들어왔다.[QR-9] 비록 투구 디자인의 역사는 짧지만, 어쩌면 가장 중요한 고속 카메라의 위치 이동으로 길이길이 기억되어야 할지도 모른다.

경기가 끝나자마자 바워는 영상을 틀었다. 글로벌 셔터는 스트로먼의 투구 동작을 매 순간 초당 수천 프레임으로 11분 51초 분량이나 세밀하게 담았다. 바워는 5월에 트래비스 소칙에게 해당 영상을 보여주면서 스트로먼의 오른손을 가리켰다.

QR-8
URL https://youtu.be/KKlBMYp1z3o?t=1511

QR-9
URL https://youtu.be/KKlBMYp1z3o?t=2555

"엄지손가락 보이시죠? 공이 정말 일찍 빠집니다."

그것이 핵심이었다. 스트로먼의 상체가 돌고 오른 팔이 넘어와서 던질 때 공은 엄지와 가장 먼저 떨어졌다. 검지와 중지는 공을 놓기 직전까지 공과 맞닿았다. 중지로 공을 가장 멀리서 잡고, 검지는 팔이 뻗는 방향대로 잡았다. 바워는 화면을 정지했다.

"보시면 중지로 깊게 잡지 않습니다. 그냥 공 옆면을 쓸어내린다고나 할까요. 그러고 나서 공이 손을 떠날 때 검지가 보입니다. …… 검지로 공을 (스트로먼의 왼쪽으로) 누르는데, 그렇게 해서 공에 사이드 스핀side spin처럼 회전이 걸립니다. 이 영상을 보자마자 손으로 잡고 있어도 엄지가 빨리 빠질 수 있는 방법을 찾아야겠다고 생각했죠."

이틀 후에 그는 홈구장 깊숙이 자리 잡은 콘크리트 참호 같은 곳에서 불펜 투구를 진행했다. 그는 구단의 에저트로닉을 가져가서 촬영했다. 초반에 던진 공 중에는 마그누스 효과가 통하지 않는다는 총알 회전을 완벽에 가깝게 만든 것도 있었다. 하지만 원하는 공은 아니었다. 검지와 중지가 공을 너무 감쌌고, 엄지가 여전히 걸리적거렸다. 공이 엄지에서 더 빨리 빠져나가게 하려고 엄지를 안으로 구부려 봤다. 그러면 회전축이 높아져서 사이드 스핀이 형성되고 수평 움직임이 커질 것으로 기대했다. 그렇게 해서 던졌는데 처음에는 공이 빠지기도 했다. 오른손 타자가 실제로 서 있었더라면 헬멧에 맞았을 것이다. '8'자 모양을 그린 실밥이 넓게 고리를 형성하는 곳을 따라 검지와 중지로 잡고 더 눌러줬다. 드디어 진전이 있었다. 회전축이 살짝 높아진 것이다. 하지만 충분하지는 않았다.

바워는 그 실험을 다음 네 번의 실전 선발 등판에 이어서 진행했다.

240   MVP 머신

4월 20일 볼티모어전(평균 수평 움직임 13센티미터)과 4월 25일 시카고 컵스전(12.2센티미터), 4월 30일 텍사스 레인저스전(13.7센티미터), 5월 5일 뉴욕 양키스전(11.2센티미터)에서 여전히 뜻대로 움직여주지 않았다.

5월 11일 캔자스시티전을 앞둔 하루 전날 바워는 배팅 수비를 하다가 공을 내야로 던지는 과정에서 새로운 것을 발견했다. 그는 비시즌부터 '말발굽 모양'을 이루는 실밥을 중지로 잡아 왔다. 투수 대부분이 슬라이더를 던질 때 그렇게 잡는다. 그런데 투심 속구 그립을 잡고 엄지만 스트로먼처럼 안으로 구부린 채 슬라이더를 던져봤다. 항상 투심 속구를 던졌듯이 두 개의 실밥이 좁아지는 구간에 검지와 중지를 벌려서 나란히 잡고, 엄지를 안으로 꺾고, 손목을 똑바로 세웠다.

"'대박!' 그랬죠. 회전축이 확실히 달라졌습니다. 버킷에 공 모은다고 던지고 있었는데, 두 개 정도 그립을 잡고 넘겨봤어요. 왼쪽으로 꺾는 게 보이더라고요. ······ '내일 꼭 해봐야겠다'고 생각했습니다."

새로 잡은 그립 덕분에 공이 엄지에서 빨리 빠졌고, 회전축도 수직에 가까워졌다. 공이 손에서 빠져나갈 때 검지가 마지막 순간에 공을 간신히 쓸어내면서 사이드 스핀을 걸었다. 총알 회전과 사이드 스핀이 원하는 만큼 잘 반영되었다. 지면과 완벽한 수직을 이룬 회전축은 만들 수 없다는 것은 잘 알고 있었다. 그래서 자기 쪽으로 60도 정도 기운 회전축을 만들어보기로 했다.

대부분의 투수는 실전 경기에서 구종을 실험하지 않는다. 실험은 불펜에서 진행한다. 하지만 바워는 수만 명 앞에서 실패해도 신경 쓰지 않는다. 자신이 옳다고 생각하는 일이라면 타인이 어떻게 생각하든 상관없다. 만일 바워가 항상 싹싹하게 투수 코치의 말을 들었다면, 자신은 성공하지 못했을 것이라고 주장한다.

바워는 5월 11일 등판에서 새로운 그립을 2회와 3회, 그렇게 두 이닝을 사용해봤다. 슬라이더가 수평으로 움직였다. 경기 후에 데이터를 보는 과정에서 슬라이더 하나가 20.3센티미터나 꺾였다고 나왔다. 좋아 죽을 지경이었다. 아쉽게도 에저트로닉으로 한 이닝밖에 촬영하지 못했다는 소식을 들었을 때까지만 그랬다. 공은 원하는 대로 움직였는데, 제구하기가 아직 버거웠다.

"(경기 도중에) 다시 원래 그립으로 돌아갔습니다. 어디로 튈지 모르겠더라고요. 자체 보존 모드로 전환했습니다. 원래 그립이 편하긴 했지만, 원하는 움직임은 안 나왔죠."

그날 선발 등판은 처참했다. 4.2이닝 동안 11안타, 5실점을 허용했다. 그렇지만 바워에게는 그해 가장 중요한 등판이었을 것이다. 원하는 움직임을 만들어주는 그립을 찾았기 때문이다.

클리블랜드가 다음에 방문한 곳은 디트로이트였다. 바워는 거기서 불펜 투구를 진행했다. 그립과 회전축은 똑같이 만들 수 있다고 느꼈다. 불펜 투구를 목격했던 이들은 더 나아진 부분이 눈에 들어오지도 않았을 것이다. "머릿속은 축제 분위기였습니다. 그것만 던졌는데, 움직임이 크게 달라졌다고 나타났죠."

새로운 슬라이더 그립에 대한 자신감이 충만한 상태에서 3연전 중 3차전 낮 경기에 선발로 나섰다. 1회 2사에서 바워는 닉 카스테야노스Nick Castellanos를 상대로 2-2 카운트까지 갔다. 그때 새로운 그립으로 슬라이더를 던졌다. 포수 로베르토 페레스Roberto Pérez는 홈 플레이트 뒤에서 타자 바깥쪽, 스트라이크 존 바로 밑에 미트를 댔다. 슬라이더는 홈 플레이트 근처에 오자 왼쪽으로 꺾어서 페레스의 미트 안으로 빨려 들어갔다. 카스테야노스는 헛스윙으로 물러났다.^{QR-10} 2회에는 존 힉스 John Hicks를 상대로 또 투 스트라이크까지 잡고 슬라이더를 던졌다. 그때도 슬라이더는 홈 플레이트 중앙을 향해 가다가 왼쪽으로 꺾었다. 힉스도 헛스윙으로 물러났다.

바워가 슬라이더를 그토록 원했던 이유 중 하나는 래미나 익스프레스로 부르는 투심 속구와 짝지어주고 싶었기 때문이다. 둘 다 수직 움직임이 작고, 홈 플레이트에 가는 동안 동일한 궤적을 유지하다가(터널을 형성하다가) 타자가 조정해서 반응할 수 있기 전에 서로 반대 방향으로 수평 움직임을 보인다. 4회가 시작되고, 오른손 타자 피트 코즈마Pete Kozma를 상대로 투 스트라이크를 잡고 시속 153킬로미터 투심 속구를 던졌다. 공의 회전축 때문에 타자를 바라보는 면에는 층류가 형성했다. 반대편에는 난류가 일어나서 공은 다시 홈 플레이트 쪽으로 이끌렸고, 스트라이크 존 바깥쪽을 걸쳤다. 코즈마는 공이 밖으로 빠질 줄 알고 걸렀다. 하지만 세 번째 스트라이크를 넋 놓고 쳐다보는 꼴이 되었다.^{QR-11}

7회 2사에서 바워는 또다시 힉스를 상대했다. 바워는 2-2 카운트에

QR-10
URL https://youtu.be/YMJl1XlUnzA?t=1481

QR-11
URL https://youtu.be/YMJl1XlUnzA?t=4292

트레버 바워 선발 등판별 슬라이더 수평 움직임

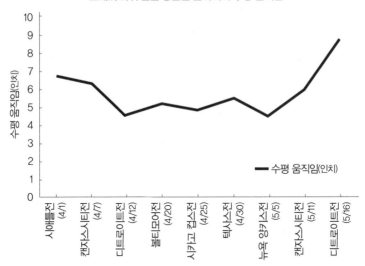

트레버 바워 선발 등판별 슬라이더 수평 움직임

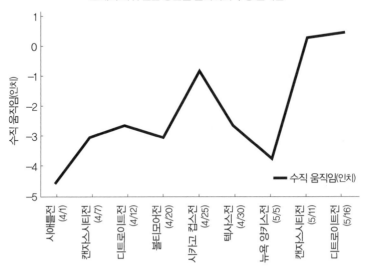

MVP 머신

서 훌륭한 슬라이더를 던졌다. 평면을 유지하면서 바깥쪽을 걸치려는 속구처럼 가다가 밖으로 빠졌다. 힉스는 헛스윙으로 이닝을 종료했다. 바워는 전문가처럼 많이 해봤다는 태도로 마운드를 내려왔다. 머릿속으로는 자축하고 있었다. 아마 개인적으로 가장 완벽하게 던진 경기였을 것이 틀림없다. 8이닝, 4안타, 무실점, 무볼넷, 10탈삼진을 기록했다. 탈삼진 10개는 전부 슬라이더에 의한 헛스윙 삼진이거나 투심 속구에 의한 루킹 삼진이었다. 그날 새로운 슬라이더를 16번 던졌고, 헛스윙을 여덟 번 유도했다. 헛스윙 비율whiff rate(전체 스윙 횟수에 대한 헛스윙의 비율—옮긴이) 50%로 그날 등판에서 던진 구종 가운데 가장 좋았다.

새로운 슬라이더의 평균 수평 움직임은 21.8센티미터로 자신의 목표에 근접했고, 지난 여섯 번의 등판에서 보여준 것보다 두 배 가까이 늘어난 셈이다. 중력에 대한 평균 수직 움직임은 0.8센티미터였다. 거의 완벽에 가까운 공이었다.

바워는 그해 첫 아홉 번의 등판에서 2.59의 평균 자책점과 2.82의 FIP를 올렸다. 59이닝 동안 탈삼진은 67개를 잡았고, 45안타만 허용했다. 그리고 마지막 등판에서야 공이 완전 가동 상태에 이르렀다고 느꼈다.

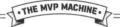

9장 선수 육성의 제왕, 휴스턴 애스트로스

조종사들은 숙련도나 '판단 능력'을 유지하기 위해 정기적으로 극한 상황까지 비행해야 한다는 것을 진심으로 믿었다. 이것은 운동선수가 몸매를 유지해야 한다는 고민과 동일한 논리라고 생각할 수 있다. 하지만 다른 한편으로는 자질을 갖추기 위한 비법이라고 생각하고, 만천하에 그 자질을 보여줘서 얻는 기쁨이 말로 표현할 수 없기 때문이었다.

— 톰 울프Tom Wolfe 《라이트 스터프The Right Stuff》

해리 포터, 호그와트에 도착하다

2018년 7월 27일에 여섯 명의 선수들이 트레이드되었고, 라이언 프레슬리는 그중에 다섯 번째로 잘 알려진 선수였다. 휴스턴으로 가게 된 그날은 선수 생활의 전환점이었다. 그는 2007년 신인 드래프트에서 보스턴 레드삭스에 11라운드에서 지명받았고, 마이너리그에서 선발로 힘겨워하다가 2012년에 결국 불펜으로 갔다. 구원 투수로는 조금 낫지만, 보스턴이 40인 로스터에 포함시킬 정도는 아니었다. 그 결과 매년 열리는 마이너리그의 벼룩시장과도 같은 룰5 드래프트Rule 5 Draft 대상으로 올랐다(4~5년차 마이너리그 선수들이 타 구단으로 이적해서 출전 기회를 받을 수 있도록 하는 것을 목적으로 시행하는 드래프트. 국내 KBO 리그 2차 드래 프트와 유사한 개념—옮긴이). 한 구단에 수년 간 틀어박혔던 선수들이 타 구단으로부터 구출되는 제도다. 프레슬리는 미네소타 트윈스로부터 지명받고, 2013년에 메이저리그에 데뷔했다. 그런데 메이저리그에서 버 틸 정도는 던졌지만, 두드러진 활약은 없었다. 2013~2017년은 그가 메 이저리그에서 활동한 첫 5년이다. 그 기간에 구원 투수들의 리그 평균 자책점은 3.80이었다. 같은 기간에 프레슬리는 3.81이었다.

2017년 시즌은 첫 18이닝 동안 19실점을 허용하면서 트리플A로 강 등되는 등 비참하게 시즌을 시작했다. 2018년 전반기는 그래도 훨씬 나 았다. 그리고 7월 26일까지 최다 등판 1위보다 1경기 적은 등판 기록을 갖게 되었다. 하지만 아무도 스물아홉 살짜리 무미건조한 평균 자책점 3.40을 기록한 평범한 오른손 투수가 후반기에 엄청난 활약을 할 것으 로 기대하지는 않았다.

비록 프레슬리는 트레이드 때문에 혼란스러웠지만, 구단을 옮겨서 얻 는 혜택도 있었다. 우선 텍사스주 댈러스 출신이기 때문에 고향으로 돌 아갈 수 있었다. 게다가 팬그래프스의 포스트시즌 진출 확률에 의하면, 진출 확률 1.2퍼센트인 팀에서 99.9퍼센트인 팀으로 가게 되었다. 그는 보스턴에서 바로 비행기를 타고 휴스턴으로 날아갔다. 다음날 텍사스 레인저스와 가진 지역 라이벌전에 맞춰 휴스턴의 홈구장에 도착했다.

그는 클럽하우스에서 짐을 풀기 시작했는데, 15분도 채 지나지 않아 서 면담에 참석하라는 통보를 받았다. 면담 자리에는 브렌트 스트롬 투 수 코치와 더그 화이트Doug White 불펜 코치, 그리고 프런트 분석원 여 럿이 앉아 있었다. 휴스턴은 프레슬리가 더 잘할 수 있도록 계획을 세워

놓았고, 분석원들이 구체적인 내용을 읊었다. 프레슬리는 그들이 자신을 앉혀 놓고 xy 도표랑 이것저것 꺼내 들었다고 말한다. "외국어를 한다는 느낌을 많이 받았습니다. 저는 손을 들고 '저기, 그냥 뭘 던지고, 뭘 던지지 말지만 알려주세요'라고 말했습니다." 분석원들은 프레슬리가 좌타자들에게 던지는 투심 속구는 위력이 없었지만, 커브는 마음에 들어서 더 많이 던져주기 바란다고 말했다. 그리고 포심 속구를 더 높이 던지며, 속구 구위를 높이기 위해 슬라이더를 더 던지라는 제안도 덧붙였다.

휴스턴 신입 프레슬리는 모든 조언을 받아들이기로 결심했다. 미네소타에서는 '왜 안 될까'를 늘 고민했다. 그런데 그제서야 해답을 제시하는 사람들이 생겼다. 게다가 다른 구단도 아니고 휴스턴 애스트로스였다. 지난 시즌 월드 시리즈를 우승하고, 자기보다 더 완성된 투수들을 영입해서 발전시킨 사례들이 많다. 디트로이트 타이거스 에이스이자 최근 아메리칸 리그 최고 투수라고 할 수 있는 저스틴 벌랜더도 그중 하나였다. "저한테도 과연 통할지 궁금했습니다. 일단 속는 셈치고 받아들이기로 했죠. 명예의 전당급 투수가 저렇게 있잖아요?" 벌랜더를 언급한 것이다. "서른다섯 살인데 최고의 해를 보내고 있잖습니까? 뭔가 '나도 시키는 대로 해야겠다' 싶었습니다."

바로 그날 밤, 프레슬리는 7회에 투입되었다. 텍사스 2루수 루그네드 오도르Rougned Odor를 첫 타자로 상대했다. 그는 구단에서 주문한 재료로 여섯 개의 공을 던졌다. 포심 속구 네 개(그중 세 개는 높게)와 커브 한 개, 슬라이더 한 개였다. 오도르는 슬라이더였던 6구를 당겨 쳐서 오른쪽 담장을 넘겨 홈런을 만들었다.QR-12

프레슬리는 당시 상황을 이렇게 기억한다. "속으로 '와, 말도 안 돼.

어디서 뻥치고 있어'라고 생각했죠. 그런데 동시에 '일단 몇 번 더 해보자'라는 생각도 들었습니다."

프레슬리는 구단에서 제시한 청사진대로 진행했다. 2017~2018년에 미네소타에서 좌타자를 상대로 싱커를 13퍼센트 던졌다. 거기서 헛스윙은 딱 한 번 있었다. 휴스턴에 와서는 좌타자한테 던진 싱커 비율이 1퍼센트가 되지 않았다. 2018년에 미네소타에서 커브를 24퍼센트 던졌다. 휴스턴에서는 그 비율이 39퍼센트로 높아졌다. 그리고 포심 속구도 높이 던지고, 슬라이더도 좀 더 많이 사용했다. 당시 휴스턴 연구개발 부장이었던 마이크 패스트는 프레슬리를 영입할 때 이렇게 말했다. "메이저리그에서는 전반적으로 '속구를 던져야 한다', '남자라면 몸 쪽 승부를 해야지' 같은 마초적인 분위기가 있습니다. 그게 속구에 자신 없어도 던져야 한다는 식으로 변하죠. 저희 구단은 오래전부터 '가장 자신 있는 공을 던져라'라는 것에 한 치의 망설임도 가지지 않았습니다." 2017~2018년도 휴스턴은 커브와 슬라이더를 34퍼센트 이상 던졌고, 이것은 역대 가장 높은 비율이었다. 2017년 ALCS 7차전에서 찰리 모턴과 랜스 매컬러스는 둘이서 총 108구를 던졌는데, 그 가운데 65구가 커브였다. 역대 가장 높았던 단일 경기 비율이다.

프레슬리는 구단이 제시한 공식이 잘 통한다고 크게 느꼈던 적이 한 번 있었다고 한다. 8월 31일 홈경기에서 그는 8회에 등판해 2010년

QR-12
URL https://youtu.be/15A5iyBdjNw?t=7337

대 최고 선수라고 할 수 있는 로스앤젤레스 에인절스 중견수이자 리그 MVP 2관왕 마이크 트라우트Mike Trout를 상대했다. 우선 몸 쪽 속구로 승부를 시작했다. 그러고 나서 슬라이더를 두 번 연속으로 던졌다. 각각 파울과 볼이었다. 2-1 카운트에서 그는 물리학으로 설명할 수 없는 커브를 던졌다. 몸 쪽으로 가다가 바깥쪽 구석으로 떨어졌는데, 포수의 프레이밍으로 스트라이크 판정을 받았다. 그리고 2-2 카운트에서 다시 슬라이더를 커브를 던졌던 위치보다 살짝 높게 던져서 세 번째 스트라이크를 잡았다. 트라우트는 순간 얼었다. 항의하지도 않았다. 완벽하게 당했는지 팔꿈치 보호대를 풀면서 천천히 고개만 여러 번 끄덕였다.^{QR-13}

그는 "경기가 끝나고 콜린 맥휴가 다가와서 '트라우트가 저러는 모습을 처음 본다'고 했다"고 말한다. "허를 찔렀죠. 믿을 수 없을 정도로 대단한 타자인데, 그렇게 삼진을 잡았으니까 '아, 이게 먹히는구나' 싶었습니다."

트라우트뿐만이 아니었다. 프레슬리는 7월 28일 이후로 20이닝 이상 던진 130명의 메이저리그 구원 투수 가운데 평균 자책점은 4위(0.77), FIP 3위(1.49), 피OBP(0.179) 3위, 탈삼진율-볼넷률 5위(34.5퍼센트), 피wOBA 5위(0.171)였다. 게다가 땅볼 비율은 8위(60.4퍼센트)였고, 약한 타구 비율(31.3퍼센트)은 1위에 올랐다. 휴스턴 포수 맥스 스태시Max Stassi는 당시 "리그 전체를 초토화시켰다"고 말한다.

QR-13
URL https://youtu.be/5JDE7RoamFs?t=9550

MVP 머신

그는 휴스턴에 이적해서 정규 시즌 26경기에 등판했고, 해당 기간만 치면 팀에서 가장 많이 등판했다. 게다가 휴스턴의 포스트시즌 8경기 중에 5경기에 등판해 5이닝 동안 7탈삼진을 잡고 1실점만 허용했다. 프레슬리는 트레이드된 후 면담 한 번 하고 나서 최상위권 구원 투수가 되었다.

휴스턴은 그를 영입하기 위해 두 명의 유망주와 맞바꿨다. MLB닷컴은 두 유망주를 팀 내 순위를 각각 10위와 15위로 매겼고, 트레이드 당시에는 무의미한 선수들은 아니었다. 하지만 뚜껑을 열어봤더니 2019년까지 보류권을 행사할 수 있는 최상위권 필승조 투수를 거저나 다름없이 얻은 것이 되었다. 트레이드가 성사되자, A. J. 힌치A. J. Hinch 휴스턴 감독은 '휴스턴의 투구 방식에 맞는 투수'라고 평했다. 프레슬리는 휴스턴이 원하던 선수였다. 그들은 2018년에 클리블랜드 인디언스를 제치고 팀 평균 회전수 1위를 차지했다. 같은 해에 커브를 150구 이상 던진 134명의 투수 가운데 프레슬리(3,225rpm)보다 회전수가 높았던 선수는 없었다. 참고로, 그해 리그 평균 커브 회전수는 2,493rpm이었다. 프레슬리의 슬라이더와 속구도 회전수가 최상위권이었다. 사실 2018년에 '어떤' 구종이든 400구 이상 던진 투수는 506명인데, 그중에 프레슬리의 전체 투구의 평균 회전수보다 높았던 투수는 없었다.

프레슬리는 자기가 '어떻게' 회전수를 높였는지 아직도 잘 모른다. 그렇지만 휴스턴이 가장 효과적인 투구 배합을 제시해서 회전수가 높은 세 가지 구종으로 공략하자, 도저히 칠 수 없는 상대가 되었다. 구원 투수가 변화구 여러 개를 잘 던지고 자주 사용하는 일은 드물다. 2018년에는 250명의 구원 투수가 30이닝 이상 던졌다. 그중 프레슬리만 커브와 슬라이더를 25퍼센트 이상 구사했다. 그리고 빠른 회전 덕분에 커브를 200구 이상 던진 아메리칸 리그 투수 가운데 수평 움직임이 두 번째로 컸다. 가장 컸던 투수는 팀 동료 찰리 모턴으로, 커브 회전수는 오히려 프레슬리보다 낮았다. 한편 프레슬리의 슬라이더는 메이저리그에서 가장 치기 힘든 공으로 파악되었다. 더 낮게 던지고, 투 스트라이크에서 더 자주 던졌던 결과 3분의 1을 헛스윙으로 유도하는 무기로 탈바꿈했다. 2018년에 200구 이상 던진 구종 가운데 헛스윙 비율이 가장 높았다. 포심 속구의 평균 구속이 시속 156킬로미터에 달하고, 최고 구속이 시속 161킬로미터(100마일)에 살짝 못 미친다는 사실은 부연 설명에 지나지 않는다.

싱커를 버리고 나머지 구종을 29~39퍼센트씩 사용했더니 타자들은 어떤 공이 올지 알기 힘들었고, 바람만 자주 갈랐다. 프레슬리를 상대했던 휴스턴 타자들은 회전수가 높은 속구를 높게 던지면 공이 붕 뜨는 것처럼 보였고, 변화구는 어떻게 할지 결정하기에 이미 늦은 지점까지 속구로 보인다고 평가했다. 프레슬리는 이렇게 말한다. "다들 그러더라고요. '공이 다 똑같아 보이다가 갑자기 방향을 제각각 틀어버려. 노리고 칠 수 있는 게 없잖아.'"

프레슬리는 늘 회전수가 빨랐다. 만일 휴스턴이 타 구단보다 회전수가 빠른 투수들을 수집한 일이 전부였다면, 출루율을 이용한 오클랜드 애슬레틱스의 머니볼과 전략 면에서 근본적인 차이는 없다. 그러나 프레슬리의 공을 치기 힘들었던 것은 단지 회전수만이 아니었다. 본인 말로 '차원이 달라진' 이유는 구단 요청으로 바꾼 부분들이 있었기 때문이다. 프레슬리에게 휴스턴으로 트레이드된 일은 마치 해리 포터가 호그와

트에 도착했을 때와 같았다. 처음으로 자신이 가진 힘을 완전히 이해하고, 사용하라고까지 권장받았다. 마침내 자기 자신이 되었다고 느꼈다.

그는 새로운 동료들에게 이야기를 듣기보다는 동료들을 지켜보면서 더 많이 배웠다. "속구를 스트라이크 존 높게 던진 다음에 커브를 던지는 게 다 보이죠. 그러면 갑자기 알게 됩니다. '나도 저런 공이 있는데……' 저 투수들이 성적이 좋다면 나도 가능하지 않을까?" 프레슬리에게는 분석원이 만든 도표보다 불펜에서 보람 없는 스윙들을 반복해서 감상했던 것이 더 효과적인 영업 전략이었다. "그냥 휴스턴의 철학인 것 같습니다. 여기는 마인드셋 자체가 다릅니다."

꼴찌 팀 휴스턴의 반란

마인드셋은 심리학 개념으로, 이미 TED 강연에서 단일 주제로 다룬 적이 있다. 앞서 2장에서 언급했듯이 캐럴 드웩 스탠포드대학교 심리학 교수는 고득점자와 저득점자를 구분해서 설명할 수 있는 사고방식의 차이를 정립하면서, '마인드셋'이라는 단어를 경영 분야의 전문 용어로 이끌었다. 드웩 교수는 자신의 저서에 다음과 같이 적었다. "자신의 재능을 노력이나, 좋은 전략이나, 타인의 영향을 통해 개발할 수 있다고 믿는 사람은 성장형 마인드셋을 가진다. 그들은 자신의 재능이 타고났다고 생각하는 고정형 마인드셋을 가진 사람보다 더 많이 성취하는 경향이 있다.[1] 휴스턴만큼 소속 선수들에게 성장형 마인드셋을 중시하는 구단은 없다. 구단 자체가 성장형 마인드셋을 상징한다. 심지어 최상위권 선수도 손대지 않은 잠재력이 있다는 면을 가장 잘 보여줬다.

휴스턴은 2009~2014년에 382승을 거뒀다. 해당 기간 동안 메이저리그에서 가장 적게 승리했다. 그 6년을 둘로 쪼개면 절망감의 강도가 각각 달라진다. 2009~2011년에는 승리가 네 번째로 적었고, 세 시즌에 걸친 승률은 0.424로 좋지는 않았지만 그렇다고 절망적일 정도는 아니었다. 그런데 2012~2014년에는 0.362의 승률만을 올리며, 그 기간에 두 번째로 승리가 적었던 팀과 24승 차이나 났다. 앞의 세 시즌 성적은 드레이턴 매클레인Drayton McLane 구단주와 에드 웨이드Ed Wade 단장하에 올렸다. 뒤의 세 시즌은 짐 크레인Jim Crane 신임 구단주와 그가 2011년 12월에 직접 선임한 제프 루노Jeff Luhnow에 의해 나온 것이다. 크레인 구단주는 조선업과 물류업으로 부를 축적한 억만장자 기업인이고, 루노 단장은 세인트루이스 카디널스 임원 출신이다.

교체된 수뇌부는 노쇠화되고 기량이 부족한 선수단과 육성하려다 만 마이너리거들을 물려줬다. 휴스턴은 2011년에 56승 106패를 기록하며, 너무나도 당연하게도 전체 최하위 팀이 되었다.《베이스볼 아메리카》는 휴스턴의 마이너리그를 30개 구단 중에 26위로 평가했다. 휴스턴은 구조적으로 경쟁력도 없고, 전망도 어두웠다. 그때 루노 단장은 과감한 결단을 내렸다. 선수단의 뼈대만 남기고 싹 다 철거하고, 패배를 많이 하더라도 유망주들을 비축하기로 했다. 비록 선수들은 그라운드에서 최선을 다하겠지만, 프런트는 단기적인 승리를 포기한 것이나 다름없었다.

루노가 단장으로 부임하고 나서 처음 몇 년 간은 눈 뜨고 볼 수 없는 팀이 되었다. 그리고 실제로 보지도 않았다. 2013~2014년에는 시청률이 0.0퍼센트였던 경기들이 종종 있었다. 즉, 적어도 닐슨Nielsen 설문에 참여한 가정은 휴스턴 경기를 틀어서 볼 정도로 피학적이지 않았다는 뜻이다. 게다가 루노 단장은 2013년 시즌 개막전까지 선수단 전체 연봉을 2,610만 달러로 줄였다. 등록 선수들에게 그렇게 적은 액수를 챙겨준 구단은 지난 5년 동안 없었다. 그해 51승을 올리고 리그 밑바닥을 기었다. 그 시절 가장 기억에 남던 순간은 2012년 8월, 워싱턴 내셔널스전에서 벌어졌다. 연장전에서 실점으로 이어진 코미디 같은 장면이었다. 송구 실책 두 개가 나오고 휴스턴 야수끼리 충돌했던 플레이로, 그 모든 일이 고작 번트에서 시작되었다.**QR-14** 그것도 4승 34패라는 전적을 남겼던 기간 말미에 일어났다. 동일한 기간 동안 무능함을 그 정도로 연이어 보여준 팀은 1916년 이후 없었다.

리빌딩을 진행하면서 좋지 못한 성적을 올린 팀은 지금까지 많았다. 하지만 그렇게 극단적인 전략을 시도한 구단은 없었을 것이다. 루노 단장과 크레인 구단주는 장기적인 이익을 위해 당장의 만족을 포기함으로써 메이저리그 버전의 '마시멜로 실험(아이들에게 마시멜로를 주고 얼마나 절제하는지를 통해 아이의 자기통제력과 절제성을 관찰해 이를 미래의 성공과 연결 짓는 실험 — 옮긴이)'을 통과한 셈이다. 그런 인내는 리틀 야구에서나 볼 수 있는 플레이와 1960년대 신생 구단 뉴욕 메츠 이후 최악의 세 시즌 합산 전적, 그리고 15연패로 2013년 시즌을 마감한 결과로 이어졌다. 그렇지만 드래프트 상위권 지명과 노장 선수와 맞바꾼 유망주, 아마추어 선수 계약에 쓸 수 있는 높은 한도 금액, 앞날을 위해 비축한 자금 등 보답도 있었다. 휴스턴은 끝까지 버틴다는 엄격한 신념으로 리

QR-14
URL https://youtu.be/QZ2n5MKjRbc?t=84

빌딩을 강행했다. 그런 이유로 휴스턴이라는 구단에 정이 가지 않기도 하지만, 그만큼 이기기 힘든 팀이었다. 그리고 그런 사고방식 덕분에 편협한 생각을 지키겠다는 자들에 맞서 엄청난 육성 머신을 구축했다. 물론 거기에 따라 그만큼 인력이 희생되기도 했다.

휴스턴은 계획한 대로 오랜 황무지에서 유망주로 울창한 구단이 되었다. 2015년에는 와일드카드 자리를 확보하면서 10년 만에 포스트시즌 진출을 달성했다. 2017년에는 창단 첫 월드 시리즈 우승을 이뤘고, 《베이스볼 아메리카》로부터 세 번째로 유망한 마이너리그를 구축했다고 평가받았다. 휴스턴은 대략 6년이라는 기간 동안 야구를 가장 못하고 유망주도 최하위권이었던 구단에서, 가장 실력 있고 유망주도 많은 구단으로 탈바꿈한 것이다.

휴스턴은 2015~2018년에 아메리칸 리그에서 가장 많은 374승을 올렸다. 2017~2018년에는 메이저리그 전체에서 가장 많은 204승을 올렸다. 2018년도 팀은 정규 시즌에 103승에 '그쳤지만' 수십 년 만에 가장 압도적인 팀으로 평가받기도 했다. 그들은 1954년 이후 세 번째로 큰 득실차를 기록했다. 앞에 두 팀은 1998년도 뉴욕 양키스와 2001년도 시애틀 매리너스로, 역대 정규 시즌 최고 승률로 세 손가락 안에 꼽히는 팀이다. 그리고 피타고라스 승률Pythagorean winning percentage은 0.679로, 제2차 세계대전 이후 두 번째로 높다. 피타고라스 승률은 당시 득점과 실점, 리그 득점 환경이라는 가정 조건 속에서 올렸어야 할 예상 승률을 말한다. 비록 ALCS에서 보스턴에 패했지만, 안타는 더 많이 쳤다.

2018년에 팀에서 가장 잘한 선수는 앨릭스 브레그먼Alex Bregman이었다. 야구를 너무나도 못해서 상위권 지명을 얻은 덕분에 맺은 하나의 결실이었다. 2012년 드래프트 전체 1순위로 뽑은 유격수 카를로스 코레아Carlos Correa는 2016~2017년에 팀에서 두 번째로 잘했고, 2015년에는 팀에서 세 번째로 잘했다. 휴스턴의 암흑기를 끊은 2015년도 팀을 이끌었던 네 선수 중 나머지 세 명은 호세 알투베José Altuve와 조지 스프링어, 댈러스 카이클Dallas Keuchel로, 전부 루노 정권 이전에 영입했다. 그 세 명의 핵심 선수를 주축으로 하면 휴스턴이 이룩한 과정은 간단해 보인다. 미래 스타 선수 몇 명 물려받고, 많이 져서 드래프트 상위 지명권을 받는 것이다. 하지만 물려받은 유망주들이 상위권 지명자들이나 지속적인 자원이라고는 할 수 없었다. 물려받은 유망주들은 한때 물망에 오를 스타로 여겨지지도 않았다. 루도는 거기에 의존하기보다는 팀 자체적으로 지탱할 수 있는 선수 스카우팅 및 육성 모델을 실행해서 전임 단장들이 남긴 선수들이나 상위 지명한 즉시 전력 선수들보다 오래 뛸 수 있도록 만들었다.

그 결과 휴스턴은 메이저리그보다 마이너리그를 장악했다. 2018년에 휴스턴 소속 투수진들은 메이저리그부터 단기 시즌 클래스A까지 총 여섯 단계에서 탈삼진율 1위에 올랐다. 일곱 번째 단계인 루키 단계에서는 아쉽게도 2위로 밀렸다. 메이저리그를 제외한 다섯 단계를 합산하면 상대한 모든 타자의 26.5퍼센트를 삼진으로 돌려 세웠다. 같은 조건에서 2위를 차지한 뉴욕 양키스 소속 투수진에 비하면 2.4퍼센트나 높았다. 그것은 2위 양키스와 19위 시카고 컵스의 차이와 같다. 그렇다고 마이너리그에 연차 높은 선수들이 스탯을 부풀린 것도 아니다. 출전 기회에 가중치를 두면 루키보다 높은 단계 투수들의 평균 연령은 22.9세로, 세 번째로 젊고 아메리칸 리그에서는 가장 젊다. 한편 루키 단계를 제외한 휴스턴의 마이너리그 타자들은 여덟 번째로 젊고, 삼진-볼넷 비율은 두 번째로 좋았다. 홈런 비율은 타자 친화적인 홈구장을 사용하는 팀이 없는데도 네 번째로 높았다. 게다가 앞선 세 팀 중 적어도 한 개 팀은 홈구장이 작거나 높은 고도에 위치했다. 마지막으로 전적을 보자면, 루키 단계를 제외한 전체 산하 팀 승률(0.583)과 단기 시즌 클래스A까지 제외한 승률(0.587), 클래스A까지 제외한 승률(0.589)과 상급 클래스A까지 제외한 승률(0.592)에서 30개 구단 중 가장 높았다.

그렇게까지 할 수 있었던 '방법' 또한 인상적이다. 다른 구단에서 얻은 트랙맨 데이터에 의하면, 휴스턴 마이너리그 타자들은 당겨 친 타구 비율과 뜬공 비율이 가장 높았고, 그 와중에 시속 153킬로미터 이상인 타구 비율은 전체 7위였다. 그렇게 파워 중심의 타격을 했음에도 불구하고 스트라이크 존을 벗어난 공에 스윙한 비율이 세 번째로 낮았고, 타격 비율contact rate([타수-삼진]/타수×100 — 옮긴이)은 평균보다 높게 유지했다. 투수들의 경우 속구 구속과 변화구(커브, 슬라이더, 슬러브 등 — 옮긴이) 회전수, 타이밍 뺏는 구종(변화구를 포함한 체인지업, 스플리터 등 — 옮긴이) 구사율, 스트라이크 존을 가로로 3등분 했을 때 속구를 상단에 던진 비율, 스윙에 대한 헛스윙 비율은 1위였고, 내야 뜬공을 세 번째로 가장 많이 유도했다. 오늘날 데이터를 기반으로 한 육성 추세를 말해보자. 휴스턴은 메이저리그 단계에서만 최전선에 있거나 최전선에 근접한 것이 아니다. 이미 지금 등록된 메이저리그 선수를 대체할 인력을 트리플A부터 도미니카 하계 리그까지 모든 단계에서 키우고 있다.

2012년 8월, 코미디 같은 번트 플레이가 일어난 지 며칠이 지나고 루

MVP 머신

노 단장은 휴스턴 시즌권 구매자들에게 서신을 보냈다. 거기에는 다음과 같이 적혔다. "우리 구단은 지속적으로 경쟁하기 위해서 세계적인 스카우팅 운영과 마이너리그 체계를 갖추고 유지해야 합니다. 스카우팅과 선수 육성을 통해 승리하는 선수를 배출하고 지킬 수 있습니다. 야구에서는 이런 부분에 능한 구단들이 대개 우승합니다." 휴스턴은 5년 뒤에 월드 시리즈를 우승하고, 루노 단장은 자신이 한 말을 증명했다. 그리고 우승할 당시 휴스턴의 스카우팅과 선수 육성 과정은 다른 구단과 전혀 다른 형태를 갖추고 있었다.

휴스턴의 선수 육성 시스템

참신한 선수 육성 방식을 채택한 구단은 대부분 야구인으로 평생 살아온 사람이 이끌지 않는다. 휴스턴도 마찬가지다. 루노 단장은 매킨지McKinsey & Company 컨설턴트 출신이다. 빌 디윗 주니어Bill DeWitt Jr. 세인트루이스 구단주는 당시 세이버메트릭스 유행에 뒤지지 않겠다며 루노를 세인트루이스의 스카우팅 임원으로 채용했다. 루노는 2005년에 신설한 데이터 분석팀을 이끌 인물로 머니볼 신봉자였던 시그 메이달Sig Mejdal을 채용했다. 메이달은 전직 시간제 블랙잭 딜러로, 수많은 학위를 딴 후에 방위 산업체 록히드 마틴Lockheed Martin과 NASA에서 기술자로 근무했다. 그는 고생해서 정리한 대학 야구 스탯을 바탕으로 아마추어 선수 예측 모델을 제작했고, 그 노력으로 이후 몇 년 간 세인트루이스는 모든 구단 중 '메이저리그까지 올라간 선수를 가장 많이 지명한 구단'이 되었다.

루노는 구단의 선수 육성 과정을 감독하긴 했지만, 메이달과 함께 드래프트 쪽에 더 집중했다. 메이달은 말한다. "휴스턴에 와서 정성과 에너지를 쏟았지, 세인트루이스에서는 그렇지 않았습니다. 참가자보다는 참관자에 가까웠죠."

루노가 휴스턴 단장 자리로 갈 때, 메이달을 의사 결정학 부장으로 선임했다. 휴스턴은 직함들도 남달랐다. 그곳에서도 메이달은 자신만의 드래프트 모델을 사용해서 정당하게 평가받지 못한 선수들을 세인트루이스 시절만큼 발굴하기를 기대했다. 그러나 곧 다른 구단들에게 따라잡혔다는 사실을 깨달았다. 다른 구단들이 메이달의 모델이 지정한 선수들을 이전보다 빨리 낚아챘다. 5라운드까지 떨어질 것이라고 예상했던 선수들이 2~3라운드에서 호명되고, 한때 가능성만 보고 10~15라운드에 뽑을 정도의 선수들은 그때까지 기다렸다가는 명단에서 사라져버렸다. "돌이켜 보면 제가 순진했던 거죠. 드래프트에서 저희가 몇 년은 더 앞서 있을 거라고 생각했습니다. 혁신 수용 곡선이 그렇게 가파를 줄 몰랐던 것 같습니다. …… 2005~2010년에 몇몇 구단만 썼던 과정은 이제 드래프트의 기본이 되었습니다."

휴스턴 프런트는 드래프트에서 점점 앞서나가지 못하자 미개척 분야로 눈을 돌렸다. 드웩 교수는 저서에 이렇게 적었다. "성장형 마인드셋을 구현하는 조직은 성과가 나오지 않을 가능성을 알면서도 어느 정도 위험을 감수한다." 휴스턴은 그런 조직이었다. 시그 메이달은 "루노 단장님은 혁신을 강조합니다. 다음에는 어떻게 해야 저희가 나아질 수 있는지를 항상 고민합니다"라고 말한다. "형편없는 아이디어든 근거 없는 경계심이든 다 수용합니다. 그래서 저희가 선수 육성으로 눈을 돌리게 된 게 아닌가 싶기도 해요."

　　　　　　　　　　　　　　　　　　　　MVP 머신

데이터에 기반을 둔 선수 육성은 2012년에 마이크 패스트를 프런트 분석원으로 하고 나서, 2013년부터 본격적으로 승승장구하기 시작했다. 패스트는 물리학을 전공한 기술자 출신으로, 2007년에 자기만의 야구 분석 내용을 자신의 블로그에 게시하다가 세이버메트릭스 웹사이트의 서열을 타고 올라갔다. 피치f/x를 새로운 방식으로 분석한 내용을 게시하자, 곧 구단들의 관심이 그에게 쏠렸다. 2011년 9월에는 그가 메이저리그에 가장 큰 영향을 준 글을 베이스볼 프로스펙터스가 게시했다. 포수의 투구 프레이밍이 미치는 영향을 확실하게 입증하는 내용이었다. 그로부터 얼마 지나지 않아 휴스턴은 패스트를 대중으로부터 아무도 모르게 빼왔다.

패스트는 2008년에 기술이 선수 육성에 도움을 줄 수 있다는 가능성을 이미 맛본 적이 있다. 당시 브라이언 배니스터가 자신의 BABIP를 낮추려고 노력한다고 언급했는데, 그 발언을 분석해서 스탯 스피크Stat Speak라는 야구 분석 사이트에 3부작으로 게시했다. 배니스터는 3부 밑에 패스트의 글을 칭찬하는 댓글을 길게 남긴 후, 패스트에게 피홈런을 줄일 수 있는 방법을 직접 이메일로 물었다. 패스트는 27시간 동안 데이터를 살펴보고 나서 50여 개의 도표가 들어간 15쪽짜리 PDF 파일을 제작했다. 그리고 결론에는 몇 가지 제안도 했지만, 다음과 같이 제약이 있었던 부분도 인정했다. "투수 본인의 통찰과 전통 스카우팅, 영상 장비와 피치f/x 궤적 정보에서 질의가 가지는 힘 등을 통합해서 피드백 순환이 더 빠르게 이루어질 수 있도록 하는 것이 가장 효과적이라고 생각합니다." 그는 구단에 직접 접근하지 못하면 불가능한 과정을 설명하고 있었다. 그리고 4년 후에 드디어 그런 접근이 가능하게 되었다.

패스트가 휴스턴의 야구인이 되자, 코치나 선수들과 협업하면서 자신이 가진 통찰을 그라운드에 전달했다. "제가 입사하고 선수 육성 목표를 보는데 '장난 아니구나' 싶었습니다. 어떻게 할 수 없는 내용들이었습니다. 그런 거죠. '제구를 늘리자.' 그렇게만 얘기하면 투수가 비시즌에 들어가는데, 제구 늘릴 방법을 어떻게 알겠어요? 구체적인 훈련을 제시해야 합니다. 그리고 얼마나 나아지고 있는지 측정할 수 있어야 합니다." 브랜치 리키는 그 부분을 이해하고 있었다. 그래서 감독이 '고칠 수 있는 방법을 제시하지 않고 선수가 저지른 실수를 지적하는 행위'를 금지했다. 리키의 동료였던 프레스코 톰슨은 다음과 같이 적었다. "어린 선수에게 삼진을 너무 많이 당한다고 말해준다고 해서 나아지는 것은 아니다. 그 부분은 선수도 감독만큼이나 잘 안다. 삼진 숫자를 줄이는 방법을 반드시 알려줘야 한다."

제이슨 캐스트로, 호세 알투베 그리고 콜린 맥휴

크레이그 라이트나 짐 선드버그의 사례처럼 포수부터 두각을 나타내기 시작했다. 제이슨 캐스트로Jason Castro는 휴스턴이 2008년 신인 드래프트 1라운드에서 지명한 포수다. 캐스트로는 2012년에 메이저리그 데뷔를 했고, 타격에 재능을 보이면서 포수로 대다수의 경기에 출장하게 되었다. 하지만 수비에서 보인 한계가 심각했다. 포수가 허용할 수 있는 실점이란 실점은 다 허용해봤다. 특히 평균에 미치지 못하는 프레이밍이 가장 큰 문제였다.

패스트의 과거 연구를 바탕으로 프레이밍부터 손보는 것이 가장 타당하다는 결론이 나왔다. 그래서 2013년 전지훈련 때 패스트와 캐스트로, 댄 래디슨Dan Radison 코치는 매일 아침에 모여 영상을 보고, 지표가 좋지 못한 포구를 개선해나갔다. 그리고 빨라진 피드백 순환은 큰 도움이 되었다. 베이스볼 프로스펙터스에 의하면, 캐스트로의 프레이밍 기술은 2012년에 평균보다 훨씬 떨어졌지만, 2013년에는 평균, 그리고 2014년에는 평균보다 크게 높아졌다. 메이저리그에 데뷔하고 첫 두 시즌은 절반만 뛰고 자신의 포수 수비로 인해 24실점을 허용했다. 그것은 대체 선수보다도 못한 수치였다. 하지만 이후 4년 동안에는 오히려 41실점을 방지했다. 비록 자유 계약 선수로 팀을 떠났지만, 자신을 대체할 맥스 스태시에게 그때까지 배운 내용을 인수인계해줬다. 스태시도 초창기에는 특출난 포수는 아니었다. 하지만 캐스트로와 자주 이야기하면서 프레이밍 기술을 개선해야겠다는 확신이 들었다. 스태시는 이렇게 말한다. "캐스트로가 가장 먼저 가르쳐주었습니다. 정말 제대로 알고 있더라고요." 스태시는 2018년에 64경기에만 주전으로 출장했음에도 불구하고 프레이밍으로 아메리칸 리그 포수 중에 가장 많은 14실점을 방지했다.

이듬해에 그다음 선수가 터졌다. 호세 알투베는 2012년에 처음으로 풀시즌을 치르면서 올스타로 선정되었다. 하지만 그 당시 알투베의 타격은 평균보다 못했다. 스물두 살에 올스타로 선정되었던 것은 '누군가는' 비참한 휴스턴 애스트로스를 대표해서 나가야 했기 때문이다. 그다음 시즌에는 타격이 후퇴했다. 키가 작은 알투베는 베네수엘라에서 1만 5,000달러의 계약금을 받고 휴스턴에 입단했다. 그는 유망주 순위에 올라본 적도 없었는데, 모든 역경을 딛고 메이저리그를 밟으면서 스카우트들을 당황시켰다. 하지만 스카우트들은 알투베의 장타력을 165센티미터라는 키만큼이나 낮게 평가했고, 실제로 메이저리그 1,500타석에서 장타율이 0.377밖에 되지 않았다.

2013~2014년 비시즌 동안 알투베는 구단 관계자들의 도움으로 좀 더 힘 있는 타격을 가져가고자 노력했다. 패스트는 존 메일리John Malee 타격 코치가 알투베를 도왔다고 말한다. 알투베는 새로운 레그 킥을 시도하면서 타이밍을 맞추느라 2014년 시범 경기에서 슬럼프에 빠졌다. 정규 시즌 첫 23경기에서도 홈런이 없었으며, 4월이 지났을 때 장타율은 0.370대에 머물렀다. 그런데 그 이후부터 새로운 스윙이 통하기 시작했다. 4월 이후로 타율 0.355, 장타율 0.471를 치면서 타격왕에 오르고, 안타 1위에 2루타 3위로 시즌을 마감했다. 결국 이후에는 두 자리 수 홈런도 기록하고, 2017년에 MVP 상도 받았다.

알투베가 새로운 스윙을 훈련하는 동안, 구단에서는 콜로라도 로키스의 스물여섯 살 투수 콜린 맥휴를 들여다보고 있었다. 그는 2012~2013년에 뉴욕 메츠와 콜로라도에서 선발진과 불펜을 오가며 47.1이닝 동안 무려 50실점이나 허용했다. 베이스볼 프로스펙터스는 매년 출판하는 가이드북에 "다시 한 번 처참한 시즌을 보냈다. …… 맥휴가 메이저리그 팀에 제공할 수 있는 것이 무엇인지 진지하게 물을 때다"라고 적었다. 대중에게는 알려지지 않았지만, 맥휴도 커브 회전수가 높았고, 싱커를 필요 이상으로 던졌다. 결국 휴스턴은 웨이버에 따른 양도 선수로 영입한 뒤, 선발진에 넣으면서 싱커를 버리고 커브를 믿으라고 조언했다. 맥휴는 평균 자책점 2.73을 기록하고 이닝 당 한 타자 이상을 탈삼진으로 잡았으며, 최우수 신인상 투표에서 4위에 올랐다. 그리고 이듬해에는 사이영 상 후보에 오르기도 했다.

캐스트로와 알투베, 맥휴라는 선수 육성 3인방은 불과 1년 안에 강력한 개념 증명을 보여준 셈이다. 세 명 모두 대체 선수보다 못한 수준에서 주축과도 같은 선수로 성장했다. 여기서 대체 선수란 트리플A에서 승격되고, 메이저리그에 있기에 애매한 가공의 선수를 말한다. 더 고무적인 일은, 교정한 부분이 수비와 타격, 투구 모든 면에서 효과를 나타냈다. 휴스턴은 그렇게 빠른 성과를 바탕으로 최적화 할 수 없는 부분이 없을 정도가 되었다.

두 차례의 실패

휴스턴의 선수 육성 기조는 꾸준히 오르막길을 가지 않았다. 빠른 성과 속에서도 두 차례의 선수 양성 실패 사례가 이목을 끌었다.

J. D. 마르티네스는 2011년에 알투베와 함께 메이저리그에 데뷔했다. 2011~2013년에는 알투베보다 장타율이 1푼 높았다. 2014년 전지훈련에 참가했을 때 새롭게 변신했다고 주장했지만, 구단은 증명할 기회를 주지 않았다. 그는 보 포터Bo Porter 감독의 휘하에 시범 경기에 14번 출전해서 18타수밖에 얻지 못한 채 방출되었다. 참고로, 포터 감독은 시즌 말미에 해임되었다.

마르티네스가 어떤 선수로 성장할지 사실 아무도 몰랐다. 당시 디트로이트와 마이너리그 계약을 맺는 것이 그에게 남은 최선의 선택이었다. 디트로이트는 마르티네스를 트리플A 팀에 배정하고, 17경기 동안 홈런 10개를 치는 모습을 보이기 전까지 메이저리그로 올리지 않았다. 하지만 휴스턴은 타 구단보다 더 잘 알았어야 할 선수를 경시해버렸다. 시그 메이달은 이렇게 말한다. "최고의 선수가 될 타자를 내보냈는데, 아무도 40인 등록 명단에 안 넣었다는 건 저희가 가진 지식이 얼마나 한 정적인지를 잘 보여주는 사례입니다. 마르티네스가 이후에 낸 성적만큼 이나 큰 교훈이 됐습니다."

믿기 힘들겠지만, 휴스턴은 같은 시즌에 더 큰 오명을 남기는 일을 겪었다. 2012년 모욕적인 시즌을 버텨서 2013년 신인 드래프트 전체 1순위 지명권을 보상받았다. 그 지명권을 오른손 선발 투수 마크 어펠 Mark Appel을 뽑는 데 사용했다. 그는 키가 196센티미터인 휴스턴 출신 으로 스탠포드대학교 4학년 때 평균 자책점 2.12를 기록하고, 9이닝 당 11개의 탈삼진을 잡았다. 그런데 이듬해 상급 클래스A 팀인 랭캐스터 Lancaster에서 44.1이닝 동안 51실점에 홈런 9개나 허용하는 대재앙으 로 프로 무대를 시작했다. 이듬해에는 그저 그런 성적을 내자, 휴스턴은 2015년 12월에 필라델피아 필리스의 켄 자일스Ken Giles를 영입하기 위 해 어펠을 여러 선수와 함께 묶어서 트레이드해버렸다. 이후 어펠은 트 리플A에서 두 시즌을 뛰었지만 크게 나아진 것이 없었고, 결국 2018년 에 은퇴했다. 그는 부상에 시달렸던 스티브 칠콧Steve Chilcott(1966)과 브라이언 테일러Brien Taylor(1991)와 함께 메이저리그를 밟아보지 못한 전체 1순위 지명자라는 불명예를 안았다.

프런트 입장에서는 어펠의 발달 저해 요인은 정보가 비효율적으로 전 달된 증상이었다고 본다. 한 휴스턴 관계자는 다음과 같이 말한다. "구 단 내 모든 코치와 코디네이터, 특별 보좌관이 어펠이 왜 못했는지 자기 만의 진단을 내리고 있었습니다. 기술적인 문제라고도 하고, 심리적인 문제라고도 하고, 전혀 다른 문제라고도 했죠. 그래서 랭캐스터에서 한 창 고생하고 있을 때, 온갖 상충되는 의견들을 받았던 거죠." 어펠은 '서로 말들이 달랐다'는 것을 인정하면서 이렇게 덧붙인다. "생각은 해봤던 문제였습니다. 언제든지 그때를 떠올리면서 '아, 누구누구 코치가 그런 말을 안 했더라면……'이라고 말할 수 있는 거거든요."

그렇게 휴스턴은 두 번의 실수로 큰 교훈을 얻었다. 그 당시까지 마르티네스에 대한 평가를 수정하는 데 주저했던 일 때문에 선수가 가진 진정한 재능을 재빨리 파악하고, 더 나아가 바꿀 수 있는 기술이 필요하다는 점이 강조되었다. 어펠의 사례에 대해 패스트는 다음과 같이 말한다. "그때 실패는 정말 큰 자극이 되었습니다. 이듬해 전지훈련 때 모든 마이너리그 투수에게 트랙맨 데이터를 포함한 투수 육성 계획을 제시하고, 프런트에 그걸 풀어서 설명해주는 직원을 뒀습니다."

점점 거대해지는 선수 육성 부서의 힘

구단별 미디어 가이드를 통해 확인한 결과, 휴스턴은 루노 단장이 들어오기 전인 2011년 전지훈련을 기준으로 정확히 리그 평균 규모였던 51명의 선수 육성 관계자를 뒀다. 코치와 감독, 선수 육성에 기여하는 프런트 임원 등이 거기에 해당된다. 2015년 전지훈련에는 그 숫자가 78명으로 늘었다. 선수 육성 부서가 리그 전반에 걸쳐 급성장한 일이 반영되었다. 2011~2018년 사이에 메이저리그 구단들의 선수 육성 관계자는 2011년에 평균 51명에서 2018년에 평균 77명으로 51퍼센트 증가했다. 그 이후로도 계속해서 증가하고 있다. 참고로, 부유한 뉴욕 양키스는 2018년에 리그에서 가장 많은 102명의 선수 육성 관계자를 뒀다.

휴스턴은 2015년 전지훈련 때 육성 코치라는 보직을 신설하면서 선수 육성의 몸집을 키우는 데 박차를 가했다. 이후에 타 구단들도 모방하기 시작했다. 육성 코치는 이미 존재하는 코치 자리를 대체하지 않는다. 마이너리그 코치들을 상대하며 데이터에 대한 요구를 처리하는 별도의 보직을 말한다. 시그 메이달은 새로운 개념의 육성 코치를 이렇게 설명한다. "우리가 으레 생각하는 코치보다 기술 장비나 정량 분석에 능숙한 사람인 거죠. …… 배팅 볼도 던지고, SQL 질의도 사용할 수 있는 사람을 말합니다."

일반 코치들은 대부분 업무량이 이미 많기 때문에 후자의 업무까지 부담시키는 것은 어려웠다. 전직 휴스턴 스카우트는 이렇게 설명한다. "일반 투수 코치라면 오후 3~4시쯤 경기장에 출근해서 좀 빈둥대다가 투수들이 공 던지는 걸 지켜보죠. 휴스턴 투수 코치들은 오전 9~10시에 출근해서 영상 자료를 준비하고, 수업을 준비합니다. 정말 열심히 일하죠. 이게 코치의 미래가 아닌가 싶습니다. 코치들이 이렇게 합심하기까지 5년이라는 시간이 걸리고 90퍼센트라는 이직률을 감수했습니다."

메이저리그 전반에서 구단들은 열린 선수 육성에 초점을 두고, 코치 서열은 그 부분을 점점 반영한다. 앤디 매케이 시애틀 선수 육성 부장은 다음과 같이 말한다. "2018년에는 코치가 가져야 할 가장 중요한 능력은 출전 경험이 아니라 성장형 마인드셋입니다. 호기심을 갖고 이미 여기저기 널린 정보를 잘 활용하는 능력을 말합니다. …… 과거에는 면접을 보면 '야구 어디서 했나요?'라는 질문으로 시작했지만, 이제는 '학습 능력이 얼마나 좋은지'를 묻고 있습니다."

그런 변화는 마이너리그에만 국한되지 않는다. 과거에는 대부분의 메이저리그 코치는 감독과 돈독한 사이였다. 전통적으로 감독이 코치진을 구성해왔기 때문이다. 오늘날 육성에 초점을 둔 프런트들은 감독이 선수들에게 단계별로 전달하는 지침의 일관성을 흐트러뜨릴 수 있는 결정을 하도록 놓아두기를 꺼린다. 한 휴스턴 관계자는 이렇게 말한다. "유망주가 많은 젊은 구단들은 선수 육성을 (메이저리그 단계에서도) 계속하기를 바라기 때문에 타격 코치나 투수 코치들이 실제로 선수들을 지도하기를 바랍니다. 극단적인 개념이죠. 메이저리그 기준으로는요."

메이저리그 단계의 코치진도 선수 육성 부서처럼 커졌다. 2019년이 시작될 무렵, 30개 구단은 기존에 있었던 여섯 개 코치 자리(수석 코치, 타격 및 투수 코치, 1루 및 3루 주루 코치, 불펜 코치)를 제외하고도 총 80명의 코치를 메이저리그 단계에 등록했다. 거기에는 타격 보조 코치 25명과 투수 보조 코치 6명, 그리고 포수를 전문적으로 지도하는 코치 또는 퀄러티 컨트롤quality control 코치(영상과 데이터를 분석해서 경기 전략을 준비하고, 팀 내 소통을 도우며 선수와 분야별 코치들을 준비시키는 코치. 1990년대에 미식축구에서 시작한 보직이다 ―옮긴이)도 여럿 포함되었다. 참고로 다저스와 에인절스, 시카고 화이트삭스 등은 타격 보조 코치를 세 명이나 두었다. 지도적인 입장에 있는 코치도 여럿 채용해서 트위터에서 화제가 된 적도 있다. 이제 메이저리그 선수의 평균 연봉은 450만 달러를 상회한다. 선수들이 잠재력을 최대한 발휘할 수 있도록 돕는 우수 인력이라는 작은 투자를 하는 것이 이치에 맞을 수밖에 없다. 패스트는 "'아! 그런 건 보여주지 마. 머리만 복잡해진다'라며 필터 역할을 하는 코치들이 있습니다. 반면에 '와! 정말 도움 되는 자료네. 선수들이 이걸 할 수 있게 돕는 훈련법이 있군' 하며 데이터를 두려워하지 않는 코치들도 있습니다. 후자와 같은 코치들이 저희들에게 소중한 인재죠."

그렇다면 선진 구단들이 감독 자리에 젊고 감독 경험이 없는 인물을 물색하는 추세는 우연이 아니다. 은퇴한 지 얼마 되지 않은 선수가 감독이 되면 젊은 선수들과 소통이 원활할 수 있다는 이유도 있고, 프런트가 타순이나 투수 교체와 같은 경기 전술을 직접 지시하기를 원하는 이유도 있다. 감독 경력이 길면 후자의 경우를 자기만의 영역이라고 생각할 수 있다. 그런데 앞선 휴스턴 관계자는 프런트가 코치를 자체적으로 선임하려면 "서로 코치 자리를 청탁하고 받아주는 집단에 속해 있지 않고, 지금 자리까지 오르기 위해 신세를 진 코치가 적고, 프런트가 코치를 선임하는 것에 크게 개의치 않는 인물, 즉 코치 친구들이 적은 인물을 앉혀야 한다"고 말한다.

라이언 프레슬리의 친정팀 미네소타가 그것을 최근에 보여준 교훈적인 사례다. 사실 미네소타 프런트는 프레슬리의 커브가 가진 위력을 알고 있었다. 대니얼 애들러Daniel Adler 미네소타 운영 부장은 2018년 10월에 스포츠 언론 매체《디 애슬레틱The Athletic》을 통해 프레슬리가 미네소타를 '떠난' 이후에야 변화를 받아들인 점은 '굉장히 뼈아픈 교훈'이었다고 밝혔다.

2018년 시즌이 종료되자, 미네소타는 예순두 살의 폴 몰리터Paul Molitor 감독을 해임한 후 코치진 대다수를 내보냈다. 데릭 팔비 미네소타 최고 야구 경영자는 기자 회견에서 "선수단이 젊어지다 보니 그들을 대표하는 목소리와 운영 방식에 변화가 필요하다고 느꼈다"고 말하며 팀 내 젊은 선수들에게 가능한 한 최고의 자원을 지원할 필요가 있다고 지적했다. 팔비는 몇 주 후에 신인 감독을 채용했다. 탬파베이 레이스에 있던 서른일곱 살의 로코 볼델리Rocco Baldelli가 주인공이었다. 팔비는 그를 감독에 앉히며 "볼델리는 데이터가 선수들에게 미치는 영향을 잘 이해할 뿐만 아니라 선수들과 함께 호응한다"고 말했다.

휴스턴도 비슷한 일을 겪었다. 2014년에 루노 단장은 당시 포터 감독과 언쟁을 벌인 적이 있다. 포터 전 감독은 자기에게 아무런 이야기 없이 마크 어펠을 휴스턴으로 소환해 브렌트 스트롬 투수 코치 앞에서 불펜 투구를 시킨 것이 불만이었다. 그는 생각이 편협한 경향이 있고, 자신의 권위에 도전하는 행위를 싫어했다. 그래서 스트롬 코치가 자기를 거치지 않고 프런트에 직접 보고하자 거기에 놀랐다. 결국 루노 단장은 시즌 말미에 포터 감독을 해임하고 스트롬 코치 체제로 끌고 가면서 자신이 어떤 가치를 추구하는지 보여줬다. 참고로, 스트롬 코치는 오랫동안 텍사스 베이스볼 랜치에서 지도 활동을 한 바 있다. 스트롬 체제로 간 이유는 어쩌면 당연하다. 그는 전직 메이저리그 투수이자, 70세의 메이저리그 최고령 현역 투수 코치이며, 휴스턴이 탐내는 코치 유형이다. 메이달은 "스트롬 코치는 아마 데이터 분석 움직임에서 가장 인정받지 못한 분"이라고 설명한다. "누구보다도 경험이 풍부하기도 하지만, 본인이나 구단이 앞서 나갈 수 있는 것을 찾겠다는 끝없는 호기심과 경쟁심이 있습니다."

캐럴 드웩 교수는 성장형 마인드셋을 가진 조직의 또 다른 특징이 "직원이나 구성단위 간 경쟁보다는 부서를 넘나드는 협력을 추구한다"고 말한다. 2014년 9월에 휴스턴은 스트롬을 방해하지 않을 만한 감독을 채용했다. 당시 마흔 살이었던 A. J. 힌치를 더그아웃으로 복귀시킨 것이다. 힌치는 메이저리그 포수 출신이고, 공교롭게도 스탠포드대학교에서 심리학을 전공했다. 감독직을 수락하기 전에 애리조나 다이아몬드백스에서는 마이너리그 육성 부장과 감독이었고, 샌디에이고 파드리스로 옮겨서 프로 스카우트 부사장 겸 부단장으로 일했다. 그는 여러 보직을 돌면서 감독은 선수 육성이라는 장기 사업의 마지막 구간을 책임지는 집사에 불과하다는 점을 이해했다. 힌치는 자신이 어느 정도 열려 있으며, 열린 사고를 가진 감독이 필요하다고 느낀 구단에서 자신을 채용했다고 말한다. 휴스턴은 2018년 여름에 그의 계약을 2022년까지 연장했다.

새로운 코치들로 세대교체하다

시그 메이달은 안데르스 에릭슨 교수의 연구 활동과 의도를 가진 연습이 주는 효과에 대한 이해가 점점 조직 전체에 스며들었다고 말한다. 그리고 구단은 그런 철학을 선수뿐만 아니라 프런트에도 적용했다. 패스트는 "선수 육성 부문은 지난 3년 정도 동안 크게 도약했습니다. 그리고 매년 상황이 점점 더 나아졌습니다."

여기에는 육성 코치라는 보직이 도움이 되었다. 이직률이 높아도 필요한 자리에 필요한 사람을 앉히는 단호함도 있었다. 카일 보디는 2013~2014년에 휴스턴에 투구 동작에 대한 컨설팅을 제공하고, 플로리다주 키시미Kissimmee에 위치한 전지훈련 시설을 방문한 결과 루노 단장의 무자비함에 감탄했다. "단장님은 무엇을 하든 가장 높은 수준으로 몰입합니다. 무언가를 결정할 때 거기에 올인해버립니다."

그동안 수많은 코치들이 옷을 벗었다. 휴스턴은 구단의 방향을 따를 수 있는 지도자로 대체했는데 대부분 대학 야구에서 넘어왔다. 루노 단장은 2012년에 휴스턴 소속으로 첫 풀 시즌을 보냈다. 2012년 초에 선수 육성 관계자가 53명이었지만, 6년이 지나자 기존에 있던 선수 육성 관계자 중 두 명만 남았다. 심지어 육성 부장이자 이후에 선수 관리 부

MVP 머신

장으로 근무했던 퀸턴 매크래컨Quinton McCracken도 성과를 내지 못한 선수나 코치를 적극적으로 쳐내지 못하는 등 프런트가 바라는 치열함이 부족하다는 이유로 2017년에 팀을 떠나야 했다. 또 다른 휴스턴 관계자는 이렇게 말한다. "프런트에서 원하는 방향을 부하 직원에게 강요하지 않았다는 이유로 그 기간에 많은 인원이 잘려 나갔습니다. 코치나 스카우트들까지 프런트를 이 정도로 철저하게 뒤엎은 사람이 있었는지 모르겠습니다."

비록 루노 단장은 그런 숙청 작업으로 자신의 권위를 내세웠지만, 그렇다고 해서 직원들이 혁신 능력을 꺾은 것은 아니다. 하루는 메이달이 《스포츠 일러스트레이티드》에서 2012년에 델라웨어주립대학교 타자들이 역대 대학 1부 리그 몸에 맞는 공 기록을 깼다는 기사를 접했다. 당시 코치 중에 하나가 러스 스타인혼Russ Steinhorn이었는데, 선수들이 출루를 너무나도 간절히 바라게 만들었던 나머지 선수들은 팀을 위해서라면 몸으로 때워서라도(총 152번) 기꺼이 출루하려고 했다. 수단과 방법을 가리지 않는 휴스턴의 프런트는 그런 헝그리 정신에 매력을 느꼈다. 결국 2013년에 스타인혼을 마이너리그 타격 코치로 채용했다. 그는 처음에는 타격 코치로 일하다가 마이너리그 감독으로 선임되었고, 2017년 10월에 클렘슨대학교Clemson University 선수 육성 부장으로 갔다(2021년 현재 세인트루이스 마이너리그 타격 코디네이터 —옮긴이).

그는 어느 정도는 프런트의 재량에 맡기는 부분이 있었다고 설명한다. "휴스턴이 처음 시작한 게 많았고, 다른 구단들은 이제 쫓아오고 있었죠. 설명이나 해석하는 방식이 장점입니다. …… 지식이나 정보를 갖고 저희에게 '자, 이게 우리가 아는 거다. 당신들이 좋은 코치, 좋은 지도자인 것을 안다. 마이너리그에서 이런 부분을 어떻게 극대화할 수 있는가?'라고 한 후에 대안을 제시하면 '그럼 그대로 실행해달라'고 당당하게 말해줍니다. 저희는 구단을 믿었고, 구단도 저희를 믿어주니 결과는 알아서 나오는 거죠."

스타인혼 코치에게는 자신이 원하는 훈련을 진행할 수 있는 자유가 주어졌다. 일일 타격 연습 순위를 발사각과 타구 속도별로 게시했고, 기존 방식대로 치거나 티tee에 올려놓고 치기보다는 실제 구속이나 변화구를 상대로 치게 했다. 그는 의도성과 연속 학습을 조장하고, 안일한 환경을 피할 수 있다면 무엇이든 해본다. 스타인혼 코치는 "안일한 환경 속에서는 일반적인 동작을 반복하기만 해서 어떤 단계에서든 선수가 크게 성장할 수 없다"고 말한다.

휴스턴에 피트 퍼틸라Pete Putila가 없었다면 프런트와 마이너리그 사이에 신뢰와 친밀한 관계를 유지할 수 없었을 것이다. 한 휴스턴 직원은 그를 '구단 내에서 가장 소중한 인력'이라고 부르고, 또 다른 직원은 휴스턴 임원 가운데 예비 단장감으로 가장 적합한 사람이라고 설명한다. 퍼틸라는 성숙하고 품위가 있는 인물로 2011년 1월에 운영부 인턴으로 시작했다. 그는 코치와 분석원 사이에 협력하는 문화를 조성하는 데 중심 역할을 하며 고속 승진을 거쳐 2016년 8월에 지금의 자리인 선수 육성 부장으로 선임되었다(2021년 현재 휴스턴 선수 육성 부단장 — 옮긴이).

지도와 소통의 질이 좋아지면서 데이터도 덩달아 좋아졌다. 착용 추적 장치나 고속 카메라에 돈을 들이자, 경기력이라는 퍼즐을 맞춰나갈 수 있었다. 패스트는 얼마 전까지만 해도 '타자는 그냥 나가서 친다'라는 말을 휴스턴이라는 구단조차도 보편적으로 받아들였었다고 말한다.

MVP 머신

특별히 타자에게 데이터로 분석시키는 일은 하지 않았던 것이다. "그 이후로는 실력이 좋은 타자와 그렇지 못한 타자의 차이에 대해 많은 걸 알아냈고, 선수들에게 훈련시킬 수 있게 되었습니다." 투수들은 마이너리그 경기에서 캐타펄트Catapult라는 호주 스포츠 추적 장비 업체에서 제작한 허리띠를 착용한다. 또한 선수들에게 캐타펄트 GPS 추적 장비를 등 쪽 저지 안에 입혀서 활동 범위와 에너지 소모량을 관찰한다. 그리고 마이너리거들은 무선 동작 추적 장비 업체인 K-베스트K-Vest나 4D 모션4D Motion의 추적 장치를 훈련 때 착용하기 시작했다. 게다가 '심층 학습' 기술을 통해 고속 카메라 영상을 수집한 다음 데이터로 전환해서 코치와 분석원들이 약점을 분류하고, 정량화하고, 교정할 수 있도록 돕는다.

2016년에는 퍼틸라에 의해 에저트로닉 카메라를 몇 대 구매하면서 휴스턴의 능력치가 상승했다. 그는 에저트로닉에 대해 트레버 바워나 카일 보디와는 별도로 알아냈다. 패스트는 하드볼 타임스에 기고한 글 "투구 그립을 향한 온라인 경례A Digital Salute to Pitch Grips"에서 투구 그립 지도와 같은 개념을 구상했다. 즉, 공을 쥐는 모양과 공에 손가락이 어느 부분을 대고 있는지에 따라 연구자가 그립을 설명할 수 있도록 돕는 표시법을 말한다. 투수들이 공을 쥐고 있는 손을 담은 고화질 사진이 쉽게 공개되지는 않았다. 그런데 패스트와 프런트가 에저트로닉으로 모든 투수의 그립을 촬영할 수 있게 된 순간 그런 표시법으로 진단하고 교정하는 것이 수월해졌다. 회전수는 높지만 효율이 떨어지는 공에 미세하게 조정만 해도 움직임을 더하는 데 회전을 최대한 활용할 수 있다.

캐럴 드웩 교수는 성장형 마인드셋을 가진 조직은 "모든 조직원의 성장에 전념하며, 성장과 발전의 기회를 폭넓게 제공하는 식으로 말 뿐만 아니라 행동으로 나타낸다"고 적었다. 휴스턴이 바로 그런 조직이다. 일단 입단하면 하위권의 유망주라도 구단이 가진 장비로 신체 역학 분석을 받는다. 레지 존슨Reggie Johnson은 햄프던-시드니칼리지Hampden-Sydney College라는 작은 학교 출신으로 2016년에 미지명 자유 계약 선수 신분으로 영입됐다. 그 학교는 3부 리그 소속으로 1962년 이후로 메이저리거를 배출한 적이 없었다. 존슨은 시속 142~145킬로미터를 던지는 오른손 구원 투수로, 2016년에 입단하자마자 루키 단계에서 24이닝 동안 17실점(7자책점)이나 허용하며 가장 밑바닥에서 2017년 전지훈련을 맞이했다. 그랬던 존슨도 트랙맨과 에저트로닉으로 훈련했다. 그는 이렇게 말한다. "첫해에는 저런 장비가 왜 그렇게 중요한가 싶었습니다. 아웃 카운트만 잡으면 되는 거 아닌가라고 생각했거든요. 그런데 1년 지내보고 전지훈련에 가서 팀이랑 동료들에게 효과가 나타나는 걸 보면서 점점 이해했습니다."

존슨은 구단의 최첨단 장비들 덕분에 2016년보다 탈삼진-볼넷 비율이 두 배로 늘었지만, 야구를 그만두어야 하는 시간도 단축해버렸다. 휴스턴이 2017~2018년에 산하 마이너리그 구단을 아홉 팀에서 일곱 팀으로 정리했기 때문이다. 두 개였던 도미니카 팀을 하나로 줄이고, 상급 루키 단계로 분류되는 애팔래치안 리그Appalachian League에 속했던 그린빌Greeneville 팀을 없앴다. 그린빌은 존슨이 2016년에 소속된 팀이었다. 그렇게 로스터 정리를 하자 존슨처럼 애매한 선수들은 밀려날 수밖에 없었다. 선수 육성에서 크게 앞선 구단이 마이너리그를 축소한다는 것이 이상하게 보일 수도 있겠지만, 그만큼 효율성이 좋아졌기에 마이

MVP 머신

너리그 팀을 줄일 수 있게 된 것이다. 한 전직 휴스턴 관계자는 말한다. "메이저리그감인지 아닌지를 알기 위해 선수들에게 풀 시즌을 1~3년씩 뛰게 할 필요가 없어졌습니다." 적은 표본으로도 결론을 내고, 과열된 아마추어 시장에서 쉽게 구할 수 있는 선수들이 줄자, 구단은 더 유망한 선수들을 집중 지도하기로 선택했다. 휴스턴은 브랜치 리키가 선수 육성에 대해 "양이 많으면 질 좋은 결과가 나온다"고 말한 격언을 다음과 같이 그들만의 방식대로 편집했다. "정량화가 이루어지면 질 좋은 결과가 나온다."

개인 맞춤형 육성 시스템

전직 프런트 직원은 자신이 봤을 때 실패한 유망주 마크 어펠은 부상과 연관이 있었을 것이라고 말한다. 속구 제구가 좋지 못해서 고생했고 투구 동작에 문제가 있다는 것을 시사했지만, 구단이 당시에는 그런 데이터를 체계적으로 수집하지 않았다고 한다. 그리고 2017년부터 투수들마다 전지훈련 때 맞춤형 목표를 세워주고, 매 등판 후에 트랙맨 데이터를 바탕으로 피드백을 제공했다. 아울러 더 자세하게 들여다보고 싶다면 고정형이나 휴대용 에저트로닉이 있었다. 참고로, 휴스턴은 홈구장에 일곱 대를 설치했고, 일곱 개 마이너리그 구장에 각각 한 대씩 설치했다. 그 전직 프런트 직원은 이렇게 아쉬움을 표현한다. "당시 그런 과정을 통해 부상을 진단할 수 있었다는 게 아니라, 적어도 투수가 어떤 동작을 취하고 어떤 걸 취하지 않았는지는 더 자세하게 진단할 수 있었다는 겁니다."

첨단 기술로 인해 휴스턴은 타격을 향상시킨다는 개념을 다시 생각했다. 2013년 말은 조지 스프링어가 메이저리그에 데뷔하기 한 해 전이었다. 그의 삼진율은 더블A와 트리플A를 오가며 27퍼센트까지 올랐다. 마이너리그에서 헛스윙이 그렇게 많다면, 메이저리그에서는 '더 많아지기' 때문에 공격력이 상승하기 힘들어진다. 그런데 바로 그것이 시대에 뒤떨어진 생각이었다. 머니볼 이후의 시대에서는 삼진율이란 그대로 굳어지는 것이 아니다. 공을 더 맞출 수 있도록 구단이 도울 수 있었다.

2014년에 스프링어는 아메리칸 리그에서 삼진율이 가장 높았고, 2015년에는 메이저리그 전체에서 두 번째로 높았으며, 그의 높은 삼진율은 2016년에도 계속 이어졌다. 비록 삼진이 다른 아웃보다는 낫고, 볼넷이나 홈런과 상관관계가 없지는 않다는 것이 알려져서 삼진을 둘러싼 오명이 줄었다고 하지만, 휴스턴은 그 부분을 더 줄일 수 있다고 봤다. 볼넷과 홈런을 기록하고 타격 수준을 유지하면서도 삼진을 줄일 수 있다는 결론이 나왔다.

휴스턴은 블래스트Blast 추적기와 고속 카메라로 무장하고 데이터 분석을 통해 어떻게 타석에서 성과를 내는지 알아봤다. 그런데 타격에서 만큼은 그들이 선두 주자가 아니라는 것을 뒤늦게 알아냈다. 찰리 라우 Charley Lau라는 영향력 있는 타격 코치가 로열스 아카데미에서 영상 분석이라는 것을 진행하면서 당시 신대륙을 개척한 바 있다. 그는 자신이 지도한 조지 브렛 외에 유명 타자들이 성과를 내자, 코치로는 최초로 6년 계약을 맺고 수십만 달러에 달하는 연봉을 받았다. 패스트는 휴스턴이 2016년에 에저트로닉 카메라로 알아낸 건, 찰리 라우 코치가 이미 알아냈던 걸 다시 발견한 것에 불과했다고 말한다. "결국 스윙 동작만큼은 라우 코치가 가르쳤던 걸 그대로 가르치고 있었던 거죠." 또한 찰리

　　　　　　　　　　　　　　　MVP 머신

라우 코치가 강조한 균형과 중심 이동, 리듬, 흐름, 마무리의 중요성은 "내려치는 거와 연관돼왔지만, 라우 코치가 가르친 스윙은 실제로 정반대의 효과가 나타났다"고 설명한다.

그런 사실을 알아낸 휴스턴은 홈런 스윙이 전체적인 타격을 저해하지 않는 타자를 영입하고, 스윙이 스트라이크 존에 오래 머물도록 훈련시켰다. 스윙해야 하는 상황을 현명하게 판단하고, 투 스트라이크까지는 빠지는 공을 거르는 것을 장려하도록 앱 기반 점수 체계를 개발했다. 또한 스프링어의 스윙을 라우 코치가 강조한 대로 재구성했다. 그 결과, 삼진을 자주 당했던 스프링어는 2017년에 평균 타자보다 '더 많이' 갖다 맞추고 파워도 더하면서 개인 최고 성적을 냈다. 제프 설리번Jeff Sullivan 팬그래프스 기자(2021년 현재 탬파베이 분석원 ─ 옮긴이)는 "메이저리그에서 존재할 수 없는 교타자Baseball's Improbable Contact Hitter"라는 제목으로 글을 게시하면서 "스프링어가 이룩한 수준을 아무렇지도 않게 해내는 타자는 없다"고 적었다. 심지어 휴스턴과 같은 타선을 보인 팀도 많지 않았을 것이다. 2017년의 휴스턴은 메이저리그 전체에서 가장 낮은 삼진율과 가장 높은 순장타율([장타율-타율] ─ 옮긴이)을 기록하면서 베이브 루스와 루 게릭Lou Gehrig이 앞뒤로 쳤던 시절 이후 공격력이 타석 대비 기준으로 가장 좋았다. 패스트는 이렇게 말한다. "코레아와 스프링어, 알투베, 브레그먼을 보면서 '최상위권 타자들이면 당연히 그렇게 할 수 있는 거 아니냐?'고 합니다. 그런데 그들은 저희와 훈련하기 전엔 그 정도로 극단적인 성과를 낸 선수들이 아닙니다."

구단이 현대적인 선수 육성을 받아들이면, 선수 사이에서 정보 교환이 이루어지기 때문에 내부적으로 정보에 대한 욕구가 점점 불어난다.

하지만 발전 가능성이 있다고 판단되는 선수를 트레이드로 영입할 때, 그 선수가 변화를 기꺼이 받아들일지 예측하기란 힘들다. 한 줄기 희망도 보이지 않는 선수일 경우에 변화를 받아들일 확률이 크다. 데이비드 포스트 오클랜드 단장은 "트레이드를 진행하면 알아볼 수 있는 정보는 다 알아본다"고 말한다. "어떻게 될지 정말 모릅니다. 영입하고 나서 고쳐야 할 부분을 알려주면 '아닙니다. 그냥 하던 대로 하겠습니다'라고 말하는 선수들이 당연히 있죠."

휴스턴이라도 '아닙니다'라는 말은 간간이 나온다. 그러나 성공 사례가 생길 때마다 선수들을 점점 설득하기 쉬워진다. 2018년에 《보스턴 글로브Boston Globe》는 찰리 모턴이 휴스턴에서 나아진 모습을 기사화하면서, 휴스턴은 "투수들에게 마법 가루를 뿌릴 줄 안다"고 표현했다. 하지만 그들의 실적은 초자연적인 힘과 관계없다. 휴스턴은 2016년 11월에 모턴과 2년, 1,400만 달러짜리 계약을 맺었다. 그는 회전수가 매우 높았지만, 선수 생활이 부상으로 얼룩지고 기복도 있으며, 통산 WAR이 대체 선수 대비 −0.5승이었다.

"선발 투수 시장이 과열되었다는 첫 번째 증거." 전국구 특종 기자로 알려진 존 헤이먼Jon Heyman이 트위터에 남긴 글이다. 그는 또 이렇게 남겼다. "미친 짓!" 1년도 지나지 않아 모턴이 월드 시리즈 7차전에서 다저스 타선을 잠재우자, 헤이먼은 트위터에 모턴의 공이 좋다고 언급하고 "제프 루노 단장이 잘 계약했다"고 칭찬했다. 면담 한 번이 그렇게 큰 변화를 가져다준다.

모턴도 이렇게 말한다. "저는 투심 속구로 알려졌죠. 땅볼을 유도하려고 싱커를 많이 던졌습니다. 그런데 휴스턴에 오니까 헛스윙 유도를 해

　　　　　　　　　　　　　　　　MVP 머신

달라고 하는데, 그런 부탁은 처음 들어봤습니다." 휴스턴은 모턴에게도 프레슬리나 맥휴처럼 싱커를 포심으로 대체하고 좌타자에게 강했던 커브를 두 배 더 던지라고 요구했다. 그래서 평소보다 훨씬 많이 던지기 시작했다. "돌이켜 보면 이전부터 더 많이 던졌어야 했습니다." 모턴은 휴스턴에서 두 시즌을 활약하고 2018년에는 올스타로도 선정되자, 더 열린 마음을 가지면서 특정 위치에 던지겠다거나 스트라이크 존을 벗어나지 않겠다는 충동으로부터 벗어났다. "이제는 던질 때 가상의 직사각형을 그려 놓고 던지지 않습니다. 타자들이 공격적으로 휘두르는 데만 노립니다." 2018년 말에 서른다섯 살이 된 모턴은 또 다시 자유 계약 선수 신분을 얻고 탬파베이와 2년 3,000만 달러에 계약하며 이전 계약 조건을 두 배 넘게 늘렸다(탬파베이에서도 좋은 모습을 보인 후 2020년 11월에 서른일곱 살의 나이로 1년 1,500만 달러 조건으로 친정팀인 애틀랜타 브레이브스로 복귀했다 — 옮긴이).

업적으로 치면 저스틴 벌랜더도 모턴과 크게 다르지 않았다. 벌랜더는 2017년 8월에 웨이버 공시 마감을 불과 몇 초만 남겨 놓고 휴스턴으로 트레이드되었다. 그는 과거에 MVP도 받았지만, 더 배우려는 자세를 가졌다. 벌랜더는 휴스턴이 '장점을 잘 이야기해주는 것이 장점'이라고 말한다. 휴스턴은 벌랜더에게 포심 속구가 최상위권이며 공 끝이 엄청나다고 확신시키고, 다른 종류의 속구를 던질수록 오히려 해가 된다고 알려줬다. "제 투심 속구는 구위가 떨어진 포심 속구라는 걸 몰랐습니다." 게다가 벌랜더는 에저트로닉을 써서 슬라이더에 변화를 주고, 휴스턴에서 슬라이더를 그 어느 때보다 많이 던졌다. 과거보다 더 낮게 던져서 헛스윙도 더 많이 유도했다. 그렇게 한 결과, 2018년 아메리칸 리그 사이영 상 투표에서 2위에 올랐다.

2018년 전지훈련 때 벌랜더와 함께 오랜 시간 던지며 대화를 나눴던 상대는 게릿 콜이었다. 그도 트레이드로 이적했고, 벌랜더와 휴스턴 에이스 자리를 놓고 경쟁했다. 콜은 전지훈련이 시작하기 한 달 전에 캘리포니아주의 한 포도주 양조장에서 아내와 함께 와인을 마시고 있었다. 그때 피츠버그 파이리츠가 자기를 휴스턴으로 보냈다는 소식을 접했다. 피츠버그는 2011년 신인 드래프트에서 트레버 바워를 거르고 그의 UCLA 동료였던 콜을 지명했다. 그는 전화를 끊자마자 와인을 더 마셨다고 말한다. 콜도 처음에는 2015년에 내셔널 리그 사이영 상 투표에서 4위까지 오르면서 피츠버그의 기대에 부응했다. 하지만 스물일곱 살이 되자, 정체기가 온 느낌이었다. 그도 모턴처럼 속구와 커브로 압도하는 유형인데, 피츠버그는 콜에게 땅볼로 맞춰 잡는 싱커 투수로 유도했다. 피츠버그는 콜을 그들만의 틀에 넣고 그의 능력을 봉인해, 2017년에 리그 평균 수준의 투수로 만들었다. 휴스턴은 콜을 해방해주고 싶었다. 힌치 감독은 다음과 같이 말한다. "구단에 가장 강력한 도구는 맞춤형 돌봄과 맞춤형 육성입니다. 야구는 천편일률적이지 않습니다."

콜이 전지훈련에 나타나자, 구단은 그를 회의실로 데려가서 한 시간가량 맞춤형 영업에 들어갔다. 콜은 상석에 앉아서 휴스턴 프런트 관계자들이 지금까지 자기를 지켜봤고 트레이드로 영입하려고 애쓴 지 2년 정도 되었다는 말을 들었다. 그들은 콜의 장점과 보완점을 나열했다. 힌치 감독은 "완전 갈아엎겠다는 식으로 선수에게 겁을 주면 안 된다"고 말한다. "게릿 콜이라면 더더욱 그러면 안 되죠." 관계자들은 모든 제안을 영상과 히트 맵, 명확한 설명으로 뒷받침했다. 그래서 의도했던 결과가 나타났다. 콜은 당시 '충격적'이었다고 설명한다. "그런 면담은 생전 처음이었습니다."

이후에 어떻게 되었는지는 이제 여러분도 알 것이다. 콜은 포심을 더 많이 던지고, 싱커를 줄이며, 커브 구사율은 개인 최고치를 기록했다. 그 결과, 생애 두 번째로 올스타에 선정되고, 사이영 상 투표에서 5위권 안에 들었다. 선발 투수 가운데 콜보다 탈삼진율이 높았던 투수는 크리스 세일과 저스틴 벌랜더, 맥스 셔저뿐이었다. 콜은 휴스턴이 자신에게 '커브가 결정구'라는 점을 강조했는데, 누군가가 그렇게 얘기해주기까지 6년 걸렸다고 말한다. 그가 가진 구종들은 항상 1선발감이었지만, 트레이드 전까지 그는 잘못된 구종을 던지기 일쑤였다.

캐럴 드웩 박사는 "기업 전체가 성장형 마인드셋을 수용하면 직원들이 자율성과 헌신을 크게 느낀다고 보고했다"고 주장했다. 휴스턴으로 트레이드된 후에 신봉자가 된 선수들이 그 주장을 뒷받침한다. 2013년 4월 당시, 휴스턴 소속이었던 투수 버드 노리스Bud Norris는 "구단만의 철학이 있다는 건 이해하지만, 안타깝게도 우리가 충돌 실험 마네킹"이라고 말한 바 있다. 그때는 이제 한참 지났다. 오늘날 휴스턴 선수들은 프런트의 실험에 기꺼이 참여하고, 결과는 더 이상 충돌로 이어지는 것이 아니다.

2013년 신인 드래프트 33라운드에서 지명받은 타일러 화이트Tyler White(2020년 SK 와이번스 외국인 타자 ─ 옮긴이)도 블래스트 장비를 사용해서 평균보다 잘하는 메이저리거로 꽃피울 수 있었다. 그는 휴스턴이 웃음거리에서 선도자로 발전한 모습을 목격할 정도로 오래 있었고, 타 구단 소속 친구들은 휴스턴이 어떻게 가르치는지, 선수의 능력을 최대치로 끌어내기 위해 어떻게 하는지 궁금해하고 부러워했다. 화이트는 데이터 기반 선수 육성을 최대한 실현하는 구단에서 뛰었다는 데 자부심을 가진다. "저희가 그런 기술을 갖고 올라갔죠. 지금보다 더 나은 선수가 되는 데 도움이 되면 좋겠습니다."

구식 스카우팅의 소멸

러스 스타인혼 코치는 "휴스턴 프런트와 현장 관계자 사이에 벽은 존재하지 않는다. 양측은 항상 대화한다"고 말한다. 과거에 선수 육성을 하던 방식과 많이 달라졌다.

과거에는 '격납고 같은 곳'들이 있었다고 크리스 롱 샌디에이고 전 선임 분석원은 말한다. "선수 육성 쪽 사람들은 저희와 완전 다른 주나 도시에서 선수를 훈련시켰습니다. …… 구단 소속은 맞는데, 수천 킬로미터 떨어져 있는 거죠. 그래서 교류가 거의 없었습니다." 그렇게 지리적으로 떨어져 있다 보니 정보나 철학이 갈려버렸다. "저희는 선수가 어떤 훈련을 하는지 전혀 알 수 없었어요. 완전 오프라인으로 진행됐기 때문이죠. …… 직접 (마이너리그 팀을) 방문하거나 전화로 들볶지 않으면 그런 정보는 아예 접근도 못 했습니다."

그렇게 해서 발생한 간격을 기술 장비들이 좁혔다. 프런트는 트랙맨이나 초고속 영상 전송 기술 덕분에 마이너리거들의 기량을 거의 실시간이나 다름없게 관찰할 수 있다. 휴스턴은 더욱이 슬랙Slack이라는 사내 소통 전용 앱을 사용해서 전 직원과 연결할 수 있기 때문에, 육성 코치와 경기력 실습생들에게 연락 창구가 충분히 제공된다. 참고로, 경기력 실습생이란 2019년에 신설한 보직으로 선수들의 체력 관리에 집중

284   MVP 머신

한다. 프런트는 2017년에 코치들과 소통하는 것에서 한술 더 떠서 시그메이달을 코치로 '선임'했다. 단기 시즌 클래스A 팀인 트라이-시티 밸리캐츠Tri-City ValleyCats에 육성 코치가 공석이어서 그해 여름 동안만 메이달이 그 자리에 들어갔다. 메이달은 "제가 간 이유는 '마이너리그가 겪는 제약'을 프런트가 더 잘 알기 위한 것도 있었습니다"라고 말한다. "저희가 좋은 개선 방법을 생각해낸다 하더라도 현장에서 보란듯이 실패하기도 합니다. 아무튼 그런 아이디어가 어떤 결과로 이어질지 잘 예측하지 못했습니다."

사실 메이달도 '그' 아이디어가 어떤 결과로 이어질지 확신이 서지 않았다. 그는 리틀 야구 이후 유니폼을 입어본 적이 없었지만 배팅볼 정도는 던질 수 있었다. 하지만 일부러 시간 내서 펑고fungo(수비 연습을 목적으로 야수를 향해 친 타구 — 옮긴이) 치는 연습을 했는데, '못 봐주는 수준에서 정말 못 치는 수준'이 되었을 뿐이다. 메이달은 당시 상황을 이렇게 기억한다. "처음에는 선수들이 저를 이렇게 생각할까 봐 걱정됐죠. …… '젠장! 왜 NASA에서 온 놈이야. 진짜 코치를 보내라고! 구단에서 우리를 끔찍이도 생각해주네.'"

레지 존슨도 당시 트라이-시티에서 투수로 활약했다. 그는 "처음에는 부장님이 여기 왜 오셨나 궁금했습니다. …… 무슨 꿍꿍이가 있나 싶었죠"라며 선수들이 의심했다는 것을 고백한다. 하지만 메이달은 곧 적응해서 1루 코치를 맡으면서 선수와 함께 버스를 타고 식사를 하는 등 일반 코치진과 큰 차이가 없었다. 그는 투수들이 유리한 카운트를 가져가는 것이 중요하다는 점을 강조하고, 타자들에게 스윙 추적 장비 사용법을 알려주며, 항상 노트북 컴퓨터를 들고 다니면서 데이터를 검색하고 선수들이 이해할 수 있도록 전달했다.

메이달의 마이너리그 모험은 머니볼 이후에 시도한 모든 분야 가운데 선수 육성이 가장 중심에 있다는 점을 상징한다. 올인하기로 한 휴스턴에는 선수 육성이 모든 것이고, 모든 것이 선수 육성이다. 그런데 선수 육성 혁명에 원동력이 되는 기술 장비로 인해 희생된 사람들이 있다. 바로 스카우트들이다. 한 휴스턴 관계자는 "5년 정도 지나면 스카우트가 아예 없는 구단도 나타날 것"이라고 말한다. 휴스턴의 경우 산소 호흡기를 단 상태다.

《머니볼》의 여파로, 전통주의자들은 스탯이 스카우트를 멸종시킬 것이라고 우려했다. 그런데 이후 10년 동안은 정반대의 일이 일어났다. 구단들은 '더 많은' 스카우트를 채용했다. 프런트는 정보에 대한 욕망을 키웠고, 해외 출신 선수들이 더 풍부해졌다. 그러나 당시 그렇게 많이 채용했던 일은 이제 와서는 마치 죽어가는 별이 중심핵이 붕괴되기 전에 더욱 빛나는 현상처럼 보인다. 구식 스카우팅이 소멸된다면 사인은 선수 육성 혁명을 탄생시킨 이유와 동일하다. 바로, 기술 장비를 통해 얻은 데이터가 거의 모든 방면에서 인간보다 더 나은 스카우팅 업무 능력을 보이기 때문이다.

휴스턴도 대부분 구단처럼 현장 전력 분석을 스탯캐스트와 영상으로 대체했다. 더 최근에는 프로 선수, 심지어 마이너리그 선수에 대한 현장 스카우팅을 없애는 매우 극단적인 행보를 보였다. 그렇게 정리된 어느 스카우트는 관계자 사이에서 돌고 있는 '프로 스카우트 명단'을 언급한다. 그는 2018년 휴스턴 스카우트 명단을 찾아보면 "그냥 휴스턴 애스트로스라고 적혔고, 맨 위에 케빈 골드스틴Kevin Goldstein(단장

특별 보좌관)의 사진이 있습니다. 그 사진 하나예요." 그는 다른 구단에서 일을 새로 시작했다며 다음과 같이 말한다. "메이저리그 구장에 (월드 시리즈) 우승 반지를 자주 끼고 갔죠. 갈 때마다 사람들은 반지 좀 보자면서 '올해는 휴스턴 소속 스카우트를 한 번도 못 봤다'고 말합니다."

2017년 8월에 휴스턴은 여덟 명의 스카우트에게 계약 연장을 하지 않겠다고 통보했다. 루노 단장은 그렇게 한 것을 '구조 변경'이라고 칭하며 MLB닷컴에 "스카우트부의 전체 인원은 오히려 늘거나 비슷한 수준일 것"이라고 알렸다. MLB닷컴은 이것이 '일반적인' 소식이고 '매년 일어나는 일'로 간주했다. 휴스턴은 2009년에 스카우트가 55명이었고, 당시 메이저리그 구단 평균 41.5명보다 많았다. 2016년 전지훈련 당시 52명까지 있었지만, 메이저리그 구단 평균은 2009년보다 10명 가까이 증가했다. 이후에 정리 해고를 여러 차례 감행하자, 2019년 초에는 20명도 남지 않았다. 스카우트가 두 번째로 적은 구단의 절반도 안 되는 숫자였다. 휴스턴은 쓸모없다고 여긴 스카우트를 전부 해고할 필요도 없었다. 처음에 한 차례 정리하자 일부 스카우트는 분위기를 파악하고 자발적으로 퇴사하거나 은퇴했다. 또 다른 전직 휴스턴 직원은 이렇게 표현한다. "상당히 계산적이었죠. 우연히 일어난 일은 하나도 없었습니다. 사람을 엄청 갖고 놀고, 마키아벨리식으로 수단과 방법을 가리지 않는 조직입니다."

대규모 정리 해고가 일어나기 전에도 한 스카우트는 휴스턴이 무조건 숫자를 직감이나 주관적인 의견보다 우선순위에 뒀다고 말했다. 스카우트를 파견할 장소는 주로 스탯이 결정했다. 한 전직 아마추어 스카우트는 스탯 점수가 나쁘면 보러 가는 것도 허락이 안 됐다고 말한다.

"어차피 지명을 안 할 거니까요." 그 스카우트는 휴스턴 신입이었을 때의 기억을 떠올렸다. "불펜 포수로 쓸 만한 연차 초과자를 추천했다고 웃음거리가 됐죠. 말 그대로 면전에 대고 웃더라고요. 포수면 전력 이탈이 생길 때 쓸 수가 있잖습니까? 메이저리거감은 아니더라도 구단에 제공할 수 있는 가치라는 게 있습니다. 그래서 추천한 건데…… 다들 저를 보고 웃기만 하더라고요. '이 선수는 스탯 점수가 −50점이에요.'"

스카우트에게는 안 된 일이지만, 인간의 눈은 고속 카메라나 회전수를 측정하는 장비보다 예리하지 못하고, 경험으로 극복하기에는 한계가 있다. 휴스턴이 모턴과 콜, 프레슬리를 영입한 이유는 스카우트들이 보고 왔기 때문이 아니다. 휴스턴에서 선수들을 연구하는 소규모 스카우팅 분석 집단의 의견을 물었기 때문이다. 또 다른 전직 휴스턴 스카우트는 다음과 같이 설명한다. "휴스턴은 스카우트 한두 명에 다수의 영상 찍는 인원이 여기저기 돌아다니는 스카우팅을 내다보는 것 같습니다. 거기에 스카우팅 분석 집단에 기술직들만 있고, 프런트에는 숫자를 계산하고, 데이터를 분석하고, 영상을 분석할 줄 아는 프런트가 있는 구조죠."

그렇다면 스카우트가 더 열린 자세로 데이터 분석의 영역을 접근하면 살아남을 수 있지 않냐고 물을 수 있다. 그러나 휴스턴 프런트는 스카우트들이 깜깜무식이길 바라는 경향이 있었다. 한 전직 스카우트에게는 이런 일이 있었다고 한다. "프런트에서 그러더라고요. '어떤 게 중요한지 저희가 잘 아니까, 이 블래스트(추적 장비)를 선수들 배트에 설치해주세요.' 중요한 게 뭔지 알려주지도 않더라고요. 그래서 물었죠. '그게 뭐죠? 어떤 걸 찾는 거죠? 이걸 설치하는 이유가 뭐죠? …… 배우고 싶었는데 아무런 지도도 못 받았습니다."

MVP 머신

적응력이 뛰어난 스카우트들은 열린 자세를 드러냈지만 소용없었다. 또 한 명의 전직 스카우트는 구단에서 기술 장비를 이용하는 면에 관심이 많고, 실제로 업무에 적극적으로 반영했다고 말한다. "저는 다른 스카우트와는 다릅니다. 어떤 모델을 통해 봐야 할 선수를 지시받는 일에 민감하지 않습니다. 그게 효과 있다는 걸 저는 알거든요." 그는 트랙맨 데이터를 보고 에저트로닉 교육을 받고 싶다고 요청했지만, 그런 학습 욕구가 그를 살리지는 못했다. 스카우트보다 영상 촬영 기사나 영상 촬영 인턴을 보내는 쪽이 비용이 더 저렴했기 때문이다. 그리고 무엇보다도 휴스턴은 남은 스카우트들이 데이터로 인해 선입관을 갖지 않도록 기술 장비에 손대지 않기를 원했다.

스카우트가 아직 필요한 아날로그 지역들이 존재한다. 하지만 그런 학교와 해외 시장도 해가 지날수록 줄어든다. 휴스턴은 영상 기술의 우월성을 유지하고자 장비를 위장하려고 한동안 현장에서 에저트로닉 카메라의 로고 위에 불투명 테이프를 붙인 적이 있다. 제조사에서 항의하자, 그제서야 그런 방첩 전술을 그만뒀다. 하지만 아직도 휴대폰으로 선수를 찍는 구단들이 많기 때문에 휴스턴은 여전히 앞서 있다. 브라이언 배니스터는 "해외에서도 휴스턴이 에저트로닉 카메라를 사용하는 모습을 자주 볼 수 있다"고 말한다. "포수 후면에 스카우트 20명이 서 있으면, 그중 장대 위에 고속 카메라를 달고 있는 사람이 보입니다. 굳이 배낭 인식표를 안 봐도 어느 팀 스카우트인지 뻔하죠."

휴스턴은 2019년 신인 드래프트 전에 전국을 돌며 아마추어 대회를 여러 차례 진행할 계획이다. 각 대회에서 에저트로닉 6~8대가 매순간을 담고, 트랙맨이 그라운드에서 돌아간다. 어린 선수들이 카메라 앞으로 오는데 굳이 스카우트를 어린 선수가 있는 곳으로 보낼 필요가 있을까? 비록 국제 스카우팅이 확대되면서 2009년 전지훈련 기준으로 구단 평균 41.5명이었던 스카우트의 숫자가 2019년 전지훈련 당시 54.6명으로 늘었지만, 타 구단들도 휴스턴이 선도했던 방식을 따르면서 프로 스카우트들을 줄이기 시작했다. 아울러 각 구단의 스카우팅을 보완하고자 1970년대부터 MLB 사무국에서 운영한 MLB 스카우팅 뷰로MLB Scouting Bureau는 2018년 초에 폐지되었다.

물론 과학기술 속에서도 사각 지대는 계속해서 발생한다. 스탯은 투수들이 공을 숨기는 동작을 잘 파악하지 못하고, 선수의 기질이나 성격은 판단하지도 못한다. 그렇다고 스카우트라고 정확하게 판단하는 것만은 아니다. 휴스턴도 선수들이 스탯으로 무장한 포집망 사이로 빠져나갈 수 있다는 점을 잘 안다. 그렇지만 자신 있게 전망하고 육성할 수 있는 선수에 집중해서 그런 단점을 만회할 수 있다고 생각한다. 게다가 데이터 분석에 의한 전망을 실수투성이 인간이 흐리는 일도 없다. 실직자가 된 전직 휴스턴 스카우트도 대부분 구단이 구조 조정을 통해 보여준 지혜를 어느 정도 알고 있다. 사실 그 부분이 우려되는 것이다. 한 전직 스카우트는 말한다. "데이터를 통한 결과가 좋았기 때문에 부정하기가 어렵습니다. 계속 좋은 성과가 나면 더 이상 스카우트가 필요 없기 때문에, 자신이 스카우트라면 걱정될 수밖에 없습니다." 그는 그렇다 해도 "먼 훗날에는 스카우트를 데이터로 대체한 것으로 인해 곤란에 처할 수도 있을 것"이라고 말한다. 일단 지금까지는 휴스턴은 괜찮고, 스카우트들은 그렇지 못하다.

구식 스카우팅이 죽음으로 소용돌이치자, 부서들은 지금까지 존재한

MVP 머신

단절을 극복하고 있다. 전통적으로는 스카우트 부서가 선수를 계약하고, 선수 육성 부서는 주어진 선수를 갖고 최선을 다했다. 한 전직 마이너리그 육성 부장은 드래프트실에 들어가면 "스카우트 부장과 마이너리그 육성 부장이 서로 언쟁을 벌인다"고 설명한다. 그런데 2017년에 휴스턴은 드래프트 전 회의 형식을 바꿔버렸다. 그들은 스카우트들이 잘 모르는 육성 중심 드래프트 준비 과정을 소개했다.

한 휴스턴 관계자는 최근 바뀐 회의에 대해 이렇게 표현했다. "오후 시간 동안 …… 수많은 인원이 드래프트실에 앉습니다. 우선 스카우트들이 이야기를 하고, 프런트 사람들은 입을 거의 열지 않습니다. 홈경기가 있어서 회의를 마치고 스카우트들이 경기를 보러 나가면 남은 사람들의 회의는 계속 이어집니다. 마이크 일라이어스Mike Elias 부단장과 퍼틸라는 이미 아마추어 경기에서 수집한 에저트로닉 영상을 분석하고, 프런트 직원 몇 명이 트랙맨 데이터를 검토하죠. 일라이어스와 퍼틸라가 투수를 한 명씩 짚고 넘어갈 때마다 연구개발부는 투수의 구종들이 스탯으로 어떻게 나타나는지를 보고 채점하고, 퍼틸라는 마이너리그에서 교정이 가능한지에 대해 초점을 맞춥니다. 다음날 스카우트들은 들어와서 드래프트 상황판이 바뀐 것으로 보고 어떻게 된 일인지 아무도 모릅니다."

2018년부터는 구단의 선수 육성 과정을 잘 알고 있는 스카우팅 분석원들이 드래프트를 준비했다. 전통적인 스카우트들의 입지는 점점 줄어들었다. 전직 휴스턴 직원은 "메이저리그에서는 선수 육성과 스카우팅은 별개의 조직이지만, 휴스턴은 그렇게 여기지 않는다"고 말한다. 휴스턴은 구단에서 향상시킬 수 없는 선수는 애초에 선택하지 않는다.

휴스턴의 선수 육성이 가진 영향력은 상대적이다. 2006~2008년에는 구단을 막론하고 마이너리그에 입단한 선수 가운데 13.6퍼센트만 메이저리그 무대를 밟았다. 휴스턴도 여느 구단과 마찬가지로 실수투성이고, 마이너리거들이 성공하기보다 실패하는 경우가 더 많다. 대부분 지는 게임에서 현재 선두에 달리고 있는 것일 뿐이다.

휴스턴은 최대한 눈에 띄지 않으려고 하지만, 결과마저 숨기지는 못했다. 이제 모든 구단은 휴스턴의 경기 영상을 보면서 트랙맨 데이터를 분석할 수 있다. 그렇지만 육성 과정은 여전히 주목을 받지 않는 곳에서 이루어진다. 그리고 원하는 성과를 요구한다고 선수가 성장할 수는 없는 것처럼, 휴스턴이 이기는 모습을 본다고 해서 타 구단이 똑같이 흉내 낼 수는 없다. 메이달은 리그 전반에 '뭐야? 어떻게 하는 거지?'라는 식의 관심이 생겼다고 말한다. 루노 단장은 타 구단뿐 아니라 인터뷰하는 우리의 질문에도 대답할 마음이 없다. 그는 이렇게 이야기하면서 인터뷰를 거부했다. "본인도 메이저리그에서 선수 육성이 혁신의 가장 큰 원천이고, 가장 치열한 전쟁터라고 말씀하시잖아요. 혁신적이거나 타당성 있다고 여기는 활동에 대해 자발적으로 노하우를 이야기할 구단이 있을까요?"

휴스턴은 비밀을 지킨다는 일이 얼마나 어려운지 가장 먼저 알았다. 크리스 코레아Chris Correa는 루노 단장과 메이달의 세인트루이스 시절 동료였다. 그런데 그는 2013년부터 오랜 기간 동안 그라운드 컨트롤 Ground Control로 불리는 휴스턴의 데이터베이스에 수차례 해킹한 혐의로 기소되어 결국 교도소 신세를 져야 했다. 하지만 경쟁 구단이 하는 일을 충분히 합법적으로 알아낼 수도 있다. 패스트는 이렇게 설명한다. "다른 구단 사람들에게 들은 이야기인데요. 트레이드할 때 저희 마이너 리그 선수가 타 구단에 가면, 가자마자 자기 목표나 훈련 방식을 잘 알고 있는 선수라는 평가가 항상 나온답니다." 선수들은 조용히 있지 않는다. 선수 간에 이야기하기도 하지만, 성가시다고 느끼는 기자들에게도 입을 연다.

비록 기밀 유지 계약서는 분석원이나 코치들이 구단 자산을 함부로 갖고 나가는 행위를 금지하지만, 선수들의 머릿속으로 아는 지식까지 통제하지는 못한다. 거기서 문제가 발생한다. 물론 휴스턴이 메이저리그의 장벽을 허물어서 선수 육성을 현대화했지만, 분열도 충분히 이루어질 수 있는 조직이기 때문이다. 서로 단합해서 우승을 향해 노력했지만, 2017년 우승 이후에는 스카우트가 아닌 다른 관계자들도 '루노 단장이 비용에 민감하고 숫자에 지나치게 의존한다'며 불만을 품기 시작했다. 휴스턴이 한창 수단과 방법을 가리지 않고 리빌딩을 진행할 당시 외부 관계자들이 비판했던 점과 다르지 않다.

프런트 직원들은 스카우트와 정보를 얼마나 공유할 것인지, 몇 명의 스카우트를 보낼 것인지, 구원 투수 로베르토 오수나Roberto Osuna를 트레이드로 영입할 것인지 등 여러 가지 안건을 놓고 충돌해왔다. 결국 오수나를 2018년에 영입했는데 대중의 반발이 일어났다(당시 전 세계적으로 번졌던 미투 운동과 시기가 맞물리기도 했다 — 옮긴이). 그는 당시 가정 폭력 혐의로 출전 정지 명령을 이행하고 있는 상태였고, 거기에 루노 단장은 논란거리를 무마해보겠다며 '모든 폭력 행위에 대한 무관용 원칙'을 시행하겠다는 식으로 나오면서 혼란만 증폭시켰다. 복수의 관계자에 따르면 대다수의 프런트 직원이 트레이드를 강하게 반대했지만, 루노 단장은 구단주의 지지 속에서 트레이드를 강행했다. 루노 단장은 구단주와 함께 가치의 비효율성(저비용 고효율)을 추구하며 로스터를 한 순간에 뒤엎고 선수 육성 체계를 개조했지만, 거기에 너무 확신한 나머지 선을 넘어버렸다. 심지어 루노 단장이 채용한 사람들도 대부분 루노를 도덕적으로 비난받아 마땅하다고 여긴다. 전직 휴스턴 관계자는 이렇게 말한다. "솔직히 말하면, 사람들이 뭐라고 하든지 신경도 안 씁니다. 루노 단장은 자기가 하겠다는 일은 끝까지 하는 성격입니다." 그러고 보면 휴스턴은 역치가 낮은 구단이다.

아무리 여론이 부수적인 문제라 하더라도 휴스턴의 노력은 내부 불화로 틀어질 수 있다. 또 다른 관계자는 루노 단장이 오수나 영입에 공개적으로 변명한 것에 온갖 정이 떨어졌다며 "안타깝게도 월드 시리즈(우승) 이후에 인간미라는 부분에서는 안 좋아졌다는 느낌이 든다"고 말한다. 게다가 계속되는 정리 해고나 투명성 없는 구단 운영은 직원들 사기에 악영향을 미쳤다. 한 휴스턴 관계자는 "누군가 그만둔 걸 슬랙 계정이 비활성화 된 걸로 알게 됩니다. 공지되는 게 하나도 없어요."

그래도 휴스턴이 구축한 마이너리그 체계만큼은 탄탄하다. 스타인혼 코치는 휴스턴의 마이너리그 체계가 위아래로 탄탄하다 보니 모방하기가 힘들다고 말한다. "아무리 애써봤자 힘듭니다."

그럼에도 불구하고 타 구단의 시도는 계속된다. 그리고 이제는 휴스턴 출신 관계자들의 도움을 대부분 받는다.

2018년 말에 '비활성화된 휴스턴 슬랙 계정'이 유난히 많았다. 볼티모어 오리올스는 마이크 일라이어스를 새 단장으로 선임했다. 마이크 패스트는 재계약을 포기하고 팀을 떠나기로 했다. 그러자 16개 구단에서 영입 제의가 왔고, 행선지를 애틀랜타 브레이브스로 택하면서 최근 휴스턴에서 망명한 스카우팅 분석원 로닛 샤와 재회했다. 시그 메이달과 크리스 홀트Chris Holt 투수 보조 코디네이터는 일라이어스를 따라 볼티모어로 향했다. 조시 보니페이Josh Bonifay 마이너리그 총괄 감독은 필라델피아 마이너리그 육성 부장으로 갔다. 그라운드 컨트롤 제작에 일등 공신이었던 라이언 핼러핸Ryan Hallahan 선임 기술 설계사는 정규직 자리를 그만두고 아예 야구계를 떠났다. 2012년에 휴스턴의 소위 '덕후 소굴Nerd Cave'을 채웠던 분석팀 초창기 인원이 전부 떠난 셈이다. 루노 단장은 2019년 2월에 리처드 저스티스Richard Justice 칼럼니스트에게 "비시즌에 타 구단 운영부 고위직의 약 20퍼센트가 휴스턴 출신으로 충원되었다"고 말한 바 있다. 한 전직 휴스턴 직원은 거기에 대해 이렇게 말한다. "루노 단장은 성공하는 조직이라면 항상 있는 일이라고 말하는데 저는 그렇게 생각하지 않습니다. 남아 있기 좋은 조직이라면 어떻게 해서든 남아 있으려고 하겠죠."

코치들은 더 일찍 탈출했다. 2017년 시즌이 끝나자, 얼론조 파월Alonzo Powell 타격 보조 코치는 샌프란시스코 자이언츠의 주 타격 코치로, 크리스 영Chris Young 스카우팅 슈퍼바이저는 필라델피아의 투수 보조 코치(주 투수 코치로 승진 후 2021년 현재 텍사스 레인저스 단장으로 선임 — 옮긴이)로, 알렉스 코라 수석 코치는 보스턴의 신임 감독으로 각각 영입되었다. 코라 감독은 보스턴에서 휴스턴을 그들의 방식을 역이용해서 제압했다. 포스트시즌에서 선발 투수를 구원으로 등판시키고, 타구를 띄우는 데 집중하며, 파워와 타격을 적절히 사용하는 등 휴스턴 시절에 배웠던 것을 써먹었다. 2018년 시즌이 끝나고 또 한 차례 이직 바람이 불었다. 뉴욕 양키스는 딜런 로슨Dillon Lawson 마이너리그 타격 코치를 영입하고 그를 타격 코디네이터로 승진시켰다. 그 외에도 네 명의 마이너리그 감독이나 코치가 휴스턴 팀을 떠나거나 정리되었다. 탬파베이는 로드니 리나레스Rodney Linares 트리플A 감독을 3루 주루 코치로, 세인트루이스는 제프 앨버트Jeff Albert 타격 보조 코치를 주 타격 코치로, 토론토 블루제이스는 데이브 허진스Dave Hudgens 타격 코치를 수석 코치로, 로스앤젤레스 에인절스는 더그 화이트 불펜 코치를 투수 코치로 각각 영입했다. 결국 힌치 감독이 2014년에 구성한 코치진 가운데 브렌트 스트롬 코치와 개리 페티스Gary Pettis 3루 주루 코치만 남았다.

퍼틸라는 휴스턴의 장점은 '새로운 방법을 처음 시행하고, 실패하는 것을 두려워하지 않았다는 점'이라고 말한다. 지금처럼 수많은 것을 측정할 수 있는 시기에 새로운 방식이 얼마나 더 남았고, 휴스턴이나 다른 구단이 계속해서 앞서나갈 수 있는지는 장담할 수 없다. 다만, 선두 주자 휴스턴에서 몸담았던 사람들은 이러한 변화의 페이스가 느려질 것이라고 예측하지 않는다. 패스트는 이렇게 설명한다. "휴스턴에서 일한 지 몇 년이 지나니까 트랙맨을 통달했으니 숨 좀 돌릴 수 있겠지라는 생각을 가졌어요. 그러자 블래스트 모션이 나왔고, 스탯캐스트가 나왔어요. 그런 식으로 페이스는 오히려 빨라졌습니다. 기울기는 점점 커지고 있는 거죠." 그리고 오래된 육성 방식은 점점 뒤처지고 있다.

프레드 커랠Fred Corral 미주리대학교 투수 코치는 1980년대에 테네시주 내슈빌Nashville에서 개최한 미국 야구코치협회ABCA: American Baseball Coaches Association 정기 회의에서 팔 관리를 주제로 한 분과 회의에 참석한 적이 있다. 그때 마이애미-데이드커뮤니티칼리지Miami-Dade Community College에서 오랫동안 지도한 찰리 그린Charlie Greene 감독이 자리에서 일어나 그때까지 구시대적인 육성 방법을 옹호했던 자신에 대해 반성을 털어놓았다. 커랠 코치는 찰리 그린이 다음과 같이 말했다고 기억한다. "죄송합니다. 저희는 잘못된 걸 가르치고 있었습니다. 지금 가르치는 방식은 저희가 과거에 가르쳤던 방식에 비하면 훨씬 낫습니다." 커랠 코치는 말을 이었다. "제가 존경하고 무척 좋아하는 분이라 그러시는 걸 더 이상 못 봐주겠더라고요. 중간에 끼어들어서 이렇게 말씀드렸습니다. '감독님께서는 사과하실 필요 없으십니다. 감독님은 아폴로 1호를 끌고 달까지 가신 우주 비행사십니다. …… 저희 모두 우주 비행사입니다. 그게 뭐가 문제입니까?'" 거기에 어울리게도 휴스턴은 지난 몇 년 간 메이저리그에서 가장 대담한 우주 비행사들이었다. 그리고 선수가 휴스턴으로 갈 때는 자신에게 맞은 능력 없어도 나갈 때는 반드시 얻을 것이다.

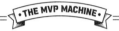

10장 스핀게이트 사건

내 생각에 야구공에 소금과 후추, 초콜릿 소스 토핑 빼고 다 써본 것 같다. ……
혹시나 심판이 닦아내라고 할까 봐 적어도 두 군데에 기름 덩어리를 항상 발라
놨다. 하지만 마운드에서 적발되는 것은 절대 원치 않았다. 프로답지 못하다고 생
각한다.

— 게일로드 페리, 명예의 전당 헌액 투수이자 부정 투구spit-ball의 달인

휴스턴 투수들의 늘어난 회전수

트레버 바워는 2018년 5월 27일 휴스턴 애스트로스전을 앞두고 여느
때처럼 경기 전 훈련 일과를 시작했다. 그는 햇볕이 내리쬐는 클리블랜
드 홈구장 외야 잔디에서 좌우측 파울 기둥 사이에 90미터가 넘는 거리
를 던지며 포물선을 그렸다. 그러고 나서 캐치볼 상대와 공을 서로 주
고받으면서 간격을 점점 좁혔다. 18미터 정도가 되자 풀다운으로 던졌
다. 캐치볼 상대에게는 꽤나 위협적이었을 것이다. 바워는 성장형 마인
드셋을 가장 잘 보여줬다. 이제 자신이 옹호해온 전략을 뼈대로 삼은 구
단을 상대해야 했다. 그는 여러 가지 측면에서 휴스턴을 존중했다. 메이
저리그에서 모범을 보이는 구단이라고 생각한 것이다. 하지만 휴스턴은

2018년에 바워를 몹시 싫어하게 되었다.

마침내 바워는 몸을 풀기 위해 홈구장 불펜 마운드에 올랐다. 그곳에는 양팀 불펜이 우중간 담장 뒤에 나란히 마련되었다. 대학 팀 동기였던 게릿 콜이 지대가 살짝 높은 원정팀 불펜에서 바워와 나란히 몸을 풀었다. 역사상 그렇게 어색한 경기 전 불펜 투구도 드물 것이다. 콜과 바워는 나란히 공을 던졌지만, 서로 눈인사조차 하지 않았다. 둘은 2010년에 UCLA를 대학 야구 월드 시리즈까지 견인했음에도 불구하고 둘 사이에는 아무런 친분이 없었다. 그런데 몇 주 전에 둘의 관계가 논란에 휘말렸다. 이미 2018년 초를 압도한 두 투수가 서로 붙는다고 해서 주목을 끌었는데, 더 흥미로워졌다.

트래비스 소칙은 4월 10일에 팬그래프스에 "휴스턴에 또 다른 에이스가 나타났나?The Astros Might Have Another Ace"라는 제목으로 콜이 휴스턴에서 잠재력을 터뜨린 일을 기록했다. 그런데 콜이 보인 잠재력에는 휴스턴이 일반적으로 손보는 것이라고 하기에는 이상한 부분이 있었다. 2017~2018년에 콜은 구속은 그대로인데 회전수가 껑충 뛰었다.

2015~2017년에 콜의 평균 포심 속구 회전수는 2,163rpm, 구속은 시속 154.7킬로미터를 나타냈다. 2018년 시즌이 시작하고 나서 4월 14일까지 세 차례 선발 등판에서 평균 포심 속구 회전수는 2,322rpm, 구속은 시속 154.3킬로미터를 보였다. 그 기간에 21이닝 동안 3실점, 4볼넷에 36탈삼진을 기록했다. 그의 속구 헛스윙 비율은 41.3퍼센트로 메이저리그 1위였고, 2017년에 21.6퍼센트였던 것에 비하면 두 배 가까이 올랐다. 아울러 회전수가 늘자 수직 움직임도 약 2.5센티미터 증가했다. 참고로, 2018년 시즌을 마쳤을 때 콜의 평균 포심 속구 회전수는

2,379rpm, 구속은 시속 155.3킬로미터를 기록했다.

드라이브라인 연구원과 바워, 그리고 앨런 네이선Alan Nathan 일리노이대학교 물리학 교수이자 MLB 사무국 컨설턴트처럼 공의 회전에 대해 잘 아는 사람들은 구속이 일정하게 나오는 환경인데 회전수가 자연스럽게 큰 폭으로 증가할 가능성은 적다고 입을 모은다. 네이선 교수는 파이브서티에이트에 다음과 같이 설명했다. "개인이 그런 수치(속구 회전수)를 바꾸기는 어렵다. 속구는 순수한 힘에서 나온다. 어떠한 기교도 들어가지 않는다." 구속이 늘면 회전수도 자연스럽게 증가하는데, 드라이브라인은 투수는 지문처럼 고유한 회전수/구속 비율을 타고난다는 것을 발견했다. 그리고 투구나 기량을 표준화하고 서로 비교하기 위해 거기에 바워 단위Bauer Unit라는 이름을 붙였다. 2018년에 애리조나 다이아몬드백스와 시카고 컵스에서 활약한 구원 투수 호르헤 데라로사Jorge de la Rosa(+2.31)가 유일하게 콜(+2.01)보다 전년도 대비 회전수/구속 증가 폭이 컸다.

바워와 카일 보디가 확인한 바로는 속구의 회전수/구속 비율이 증가하려면 투수의 손이나 공에 끈끈한 물질을 바르는 방법뿐이라고 한다. 소칙은 앞서 언급한 콜에 대해 쓴 글을 홍보하기 위해 트위터에 공유했는데, 보디가 4월 11일에 다음과 같이 답변을 달면서 콜이 외부 물질을 발랐다고 고발했다.

"에라, 모르겠다. 내가 (총대 매고) 말하겠다. 송진 또는 펌 그립Firm Grip 스프레이, 아니면 둘 다. 속구나 슬라이더 회전수를 높이고 싶다면 사용하시오."

이어서 바워도 트위터에 "어떤 경기에서든 송진이 스테로이드보다 경쟁 우위를 더 확보해주는 편"이라고 남겼다. 다소 과장된 것처럼 느껴질 수 있겠지만, 그는 리그 전반에 걸쳐 회전수에 따른 속구의 결과를 비교하면서 자신의 주장을 뒷받침했다. 2018년 시즌에 회전수가 2,000~2,299rpm인 속구는 0.270의 피안타율과 7.5퍼센트의 헛스윙 스트라이크 비율, 2,300~2,599rpm이면 0.245의 피안타율과 9.8퍼센트의 헛스윙 스트라이크 비율, 2,600rpm 이상이면 0.226의 피안타율과 11.9퍼센트의 헛스윙 스트라이크 비율이 나왔다.

메이저리그 공식 야구 규칙 6.02(c)에는 공에 '모든 종류의 이물질'을 바르는 행위를 금지한다고 명시되었다. 이론상으로 투수가 이 규칙을 어기면 자동으로 10경기 출전 정지다. 그러나 현실은 너무 눈에 띄게 위반하는 경우에만 행사한다. 2014년에 전 뉴욕 양키스 투수 마이클 피네다Michael Pineda가 목에 송진을 바른 것이 드러나서 결국 출전 정지를 당했던 일이 그런 경우다. 감독들이 심판에게 상대 투수를 확인해달라고 요청하는 경우는 드물다. 자기 선수들 중에도 위반자가 있을 수 있다는 것을 알기 때문이기도 하다. 상호확증파괴(MAD, 적이 핵 공격을 가할 경우 적의 공격 미사일 등이 도달하기 전에 또는 도달한 후 생존해 있는 보복력을 이용해 상대편도 전멸시키는 보복 핵 전략―옮긴이)에 대한 불안이 매우 끈끈한 유대를 형성하게 한 것이다. 그런데 2018년 ALCS에서 알렉스 코라 보스턴 레드삭스 감독이 심판에게 휴스턴 애스트로스 포수 마르틴 말도나도Martín Maldonado의 미트를 확인해달라고 요청을 했다. 다행히 말도나도의 미트는 이상이 없었다. 아무튼 끈끈한 이물질은 메이저리그에 널리 사용되고 있다고 대부분 인식하고 있다.

스핀게이트가 터지다 ——————

과거에는 투수들이 끈끈한 이물질을 사용하면 제구가 잡혀서 몸에 맞는 공을 예방할 수 있다며 안전 상 이유를 들먹이며 자신들의 행동을 정당화했다. 그러나 회전수 추적 기술을 도입하자 움직임과 경기력에 미치는 영향이 상당하다는 것이 드러났다. 회전수는 구속보다 더 가치 있다고 여겨지면서 회전수 만능주의가 도래했다.

2015~2018년에 휴스턴 투수진의 회전수/구속 증가폭(+0.90)은 양키스(+1.47)와 로스앤젤레스 다저스(+1.12)에 이어 세 번째로 높았다. 양키스와 다저스도 데이터 분석이 강한 구단들이다. 회전수가 많은 투수를 수집하거나, 회전수를 늘리는 방법을 가르치거나, 둘 다 진행하는 구단들이 확실히 있었다. 휴스턴은 회전수가 극단적으로 높은 투수들을 영입 대상에 넣었다. 저스틴 벌랜더와 라이언 프레슬리가 극단치를 보였던 투수들이다. 프레슬리는 휴스턴에 와서 회전수가 늘지 않았다. 그렇다고 끈끈한 이물질의 도움을 받지 않았다는 것은 아니다. 2018년 8월에는 오클랜드 원정팀 불펜에서 왼쪽 팔뚝에 이물질을 뿌리는 장면이 중계 카메라에 잡혔다. 그리고 마운드에 올라서 거의 매 투구 사이에 손으로 팔뚝을 만졌다. 투수가 마운드 위에서 야구모나 글러브, 팔뚝, 바지를 만지는 일은 흔하지만, 프레슬리의 경우는 좀 더 뻔뻔했다.

5월 1일에 한 트위터 사용자가 콜과 벌랜더, 찰리 모턴 등 휴스턴 투수들의 회전수가 증가한 것을 보디에게 물었다. 보디는 연구 결과 '수상할 정도로 우연'이라는 답변 옆에 생각하는 이모티콘을 붙여서 의심스럽다는 생각을 시사했다. 바워도 생각하는 이모티콘을 여러 개 남겨서 답변한 후 다음과 같이 트윗을 날렸다. "회전수를 아주 빨리 늘리는 방

MVP 머신

법이 있다면 얼마나 좋을까? 하룻밤 사이에 몇 백 rpm 늘릴 수 있다는 걸 알고서 트레이드로 데려온다면 어떨까? …… 트레이드 시장에서 얼마나 횡재할 수 있을지 생각해보자!"

보디와 바워가 5월 1일에 트위터에 남긴 글들은 일명 스핀게이트 SpinGate에 불을 붙였다. 비시즌에 텍사스에서 바워와 함께 훈련하는 휴스턴 3루수 앨릭스 브레그먼이 바워를 향해 조롱하는 글을 날리면서 그모든 것이 시작되었다.

"타일러 형, 진정해. …… 월드 시리즈 공은 회전이 다르던데(모욕하려고 일부러 다른 이름으로 부르고, 월드 시리즈 우승은 휴스턴이 했다는 점을 상기시킴—옮긴이)."

그리고 나서 휴스턴 투수 랜드 매컬러스 주니어도 콜이 잘 나가는 것에 대해 바워가 질투하고 있는 것이라고 비아냥했다. "질투는 잘 어울리지 않아. 당신도 열심히 노력해서 좋은 공 던지시잖아. 우리라고 다를 것 없어. 이렇게까지 할 필요는 없지."

그때 바워는 자기가 비난하는 대상은 휴스턴 투수들이 아니라 "규칙을 자기들 입맛에 맞게 적용하는 MLB 사무국의 위선"이라고 답변했다. 사무국이 끈끈한 이물질을 쓰는 것을 허용하고, 예를 들어 송진 주머니 옆에 크레이머사에서 만든 펌 그립(끈끈한 이물질) 통을 갖다 놓는다면, 누가 쓰던 상관하지 않겠다고 바워는 말했다. 물론 실제로 그렇게 시행한다는 것은 매우 어렵다는 점을 잘 안다.

5월에 클리블랜드 인디언스와 휴스턴이 붙었을 때, 콜은 소칙에게 포심 속구가 좋아진 것은 구단 분석팀과 훈련하면서 속구 구위를 극대화할 수 있는 방법을 배우고, 벌랜더의 도움을 받았기 때문이라고 말했다.

그는 벌랜더와 캐치볼을 하며 나누었던 내용에 대해 말했다. "(구단에서) 마음에 들어 하는 포심 영상을 보여줘서, 그 얘기를 벌랜더에게 꺼내고 포심에 대한 이야기를 나눴습니다. 아무래도 포심 하면 벌랜더잖아요? …… 벌랜더는 포심을 던질 때 유효 회전이랑 솟구치는 것에 집중한다고 말했어요. …… 그래서 그가 보는 데서 서너 개 던지니까, 고개를 끄덕이더라고요. 벌랜더를 불러서 '저 공 안 놓고 완전 세게 던졌는데요.' 하니까, 그가 '전혀 그렇게 안 보이는데?'라고 말했습니다. …… 저는 '아, 그럼 배트를 따라 나오게 하려면 포심이 필요한 거군요?' 하고 물으니까 '그렇지. 배트를 따라 나오게 하려면 필요한 거지'라고 했습니다."

끈끈한 이물질만이 회전수를 늘릴 수 있다는 의혹에 대해서 콜은 "저는 다른 사람들의 의견은 신경 쓰지 않습니다"라고 단호하게 말한다. 또한 바워와 관계에 대해 물으니 "사적인 일은 이야기하지 않겠습니다"라고 대답했다.

바워는 기자들과 만난 자리에서 콜과 "대학 때 아무 탈 없이 지내지는 못했다"고 인정했다. "저한테 야구로 먹고 살 수 없을 거라고 하고, 새내기 때 제가 가진 태도를 놀렸죠. 저는 그런 건 싫어합니다. 그때부터 서로 안 좋은 감정을 가졌습니다." 하지만 그런 감정은 시간이 해결해줬다고 덧붙였다.

5월 중순에는 대학 야구부 동료였을 때 콜이 자기 생각을 무시했다는 말도 했다.

"저는 틀린 건 틀렸다, 아니면 뒤떨어진 건 뒤떨어졌다고 말을 합니다. 그래서 비난의 화살을 많이 받는 거 알아요. 제가 드라이브라인에 다닌다거나 훈련 방식이 남다르다는 것을 드러내지 않을 수 있어요. 구단과 이야기하지 않고, 남모르게만 훈련하고, 그냥 묵묵히 나가서 경기를 뛰면 돼죠. 아무도 제가 다른 선수와 다르다고 느끼지 못할 거예요. 그런데 그건 제가 아닙니다. 저를 속이는 행위일 뿐입니다."

테리 프랭코나 클리블랜드 감독은 휴스턴이 클리블랜드로 출발하기 전에 힌치 감독에게 스핀게이트 논란을 일으킨 것에 대해 사과했다. 힌치 감독도 경기가 시작하기 전에 기자들 앞에서 논란에 대해 입을 열었다.

"신경 쓰이죠. 사람들이 근거 없는 의혹을 제기하기 전에 자기 자신부터 조심할 필요가 있다고 생각합니다. 개인적인 앙갚음인지, 뭔가 불만이 있는 건지 모르겠습니다. …… 다들 야구에만 집중합시다."

어쩌면 바워는 자신이 주장한 끈끈한 이물질이 가진 힘을 확인하려는 실험을 이미 진행했을지도 모른다.

4월 30일 텍사스 레인저스전에서 그는 1회에 속구 아홉 개를 던졌다. 지금까지 던져 보지도 못하고, 그 이후로도 던지지 않은 공이었다. 그때 1회에 던진 속구들의 평균 회전수는 2,597rpm(평균 구속은 시속 150.5킬로미터)이었다. 그것이 1회 이후에는 2,302rpm(평균 구속은 시속 150.0킬로미터)으로 낮아졌다. 바워는 한 이닝 동안 회전수를 무려 300rpm에 가깝게 높인 셈이다. 어떻게 된 일일까?

"노코멘트 하겠습니다." 다음 날 그가 기자들에게 한 말이다. 사람들은 회전수가 급증한 것을 지적하면서 공에 이물질을 발랐는지 물었다. 스핀게이트 논란이 불거지자, 바워는 수많은 기자들이 모인 가운데 몇 가지를 더 언급했다.

"지금 메이저리그는 끈끈한 이물질과 회전수 때문에 문제를 겪고 있습니다. 우리는 이물질이 회전수에 어떤 영향을 미치는지 압니다. 또 회전수가 결과와 투구, 움직임에 어떤 영향을 주는지, 그것이 한 경기나 한 시즌, 그리고 선수 개인 성적에 얼마나 큰 차이를 남기는지 압니다. …… 그렇게 하지 않겠다는 선수들이 불리해졌습니다."

그렇다면 수많은 선수들이 부정행위를 하고 있는 가운데, 바워는 어째서 하지 않는 것일까?

그는 "제가 이룬 업적은 100퍼센트 아무런 도움 없이 달성했다는 걸 알리고 싶다"고 말했다.

MLB 사무국은 해당 문제를 조사하고 있는지에 대해 함구했다. 하지만 MLB 사무국은 이제 스테로이드 시대와 달리 스탯캐스트라는 도구를 써서 부정행위자를 찾아내거나, 적어도 이상 징후를 포착할 수 있다. 사실 바워는 모두 감추려는 문제점을 폭로한 것이다. 그리고 그 과정에서 선수들이 성공 요인을 이해하면, 자신이 가진 능력을 정당한 방법으로든 부정한 방법으로든 최대한 발휘할 수 있다는 점을 다시 한 번 증명했다.

끈끈한 이물질과 회전수의 관계 실험 ──────────────

2018년 6월, 시애틀에서 우리는 맷 대니얼스Matt Daniels 당시 드라이브라인 투수 코디네이터에게 도움을 요청해서 끈끈한 이물질이 회전수에 어떤 영향을 미치는지, 그 영향을 측정할 수 있는지에 대해 직접 알아봤다. 참고로 대니얼스는 2019년 1월에 샌프란시스코 자이언츠에 입단해서 투구 분석 코디네이터라는 신설 보직을 맡았다. 그는 이물질 실험을 진행하기 위해 아이패드를 켜서 랩소도 장비에 연결했다. 우선 아무런 이물질도 바르지 않고, 드라이브라인 연구개발동 마운드에서 12구를 던졌다. 그것이 대니얼스의 통제군이었다. 그는 약 80퍼센트 강도로 던져서 시속 110킬로미터대 중반을 형성했다. 몇 번 더 던진 후에 구속과 회전수를 알아봤다. 자신의 순수 회전수 범위는 1,700~1,750rpm이고, 순수 회전수/구속 비율 범위는 24.0~24.4였다. 2018년에 메이저리그 평균은 24.2였다.

대니얼스는 그렇게 기준을 세운 후에 두 가지 제품을 실험했다. 우선 오른손에 펌 그립을 뿌렸다. 끈적거리는 정도에 웃음이 나왔다. 그러고 나서 80퍼센트 강도로 몇 구를 더 던졌다. 랩소도는 그의 회전수가 급증했다고 나타냈다. 펌 그립을 뿌리고 던진 처음 3구는 각각 26.3과 25.7, 26.7의 바워 단위를 보였다. 순수 회전수 범위도 1,850~1,900rpm으로 늘고, 회전수가 빨라지자 마그누스 효과가 커져서 공의 수직 움직임도 덩달아 커졌다.

그는 펌 그립을 어느 정도 제거하려고 애썼다. 그다음에 오른손 검지와 중지를 펠리컨 그립 딥Pelican Grip Dip에 담갔다. 인간이 만든 가장 끈적거리는 물질에 속한다. 그도 오랜만에 써보는 것이었다. "와! 죽인다."

펠리컨을 발랐더니 야구공을 놓는 소리가 실제로 들렸다. 마치 반창고를 맨살에서 뗄 때 나는 소리다. 대니얼스는 처음에 패대기를 쳤다. 끈적거리는 이물질이 손가락에서 공이 떨어지는 각도를 크게 바꿨던 것이다. 그래도 펠리컨 덕분에 그의 회전수/구속 비율은 27.5와 27.9로 급증했다.

그는 "와, 말 그대로 손가락에 야구공이 붙었다!" 그 자리에 있던 소수의 사람들이 모여서 그의 손을 면밀히 검토했다. 정말로 하얀 잔여물, 즉 야구공 가죽이 손가락에 붙어 있었다.

2018년 11월에는 바워가 드라이브라인에서 끈끈한 이물질을 실험했다. 한 세트에서는 펠리컨을 바르고 80퍼센트 강도로 5구를 던졌다. 결과는 다음과 같이 나왔다.

시속 132.9킬로미터 / 2,500rpm (30.2)

시속 133.3킬로미터 / 2,428rpm (29.3)

시속 130.8킬로미터 / 2,421rpm (29.7)

시속 129.6킬로미터 / 2,518rpm (31.2)

시속 129.6킬로미터 / 2,561rpm (31.8)

회전수들이 상당히 극단적으로 나왔다. 그는 그다음에 마치 실전 경기에서 공수 교대 때 더그아웃이나 터널에서 바르는 것처럼 한 세트를 던지기 직전에 펠리컨을 바르고, 그 이후로는 바르지 않았다.

시속 126.2킬로미터 / 2,486rpm (31.7)

시속 126.8킬로미터 / 2,412rpm (30.6)

시속 129.2킬로미터 / 2,401rpm (29.9)

시속 131.2킬로미터 / 2,444rpm (29.9)

시속 130.2킬로미터 / 2,312rpm (28.5)

시속 130.0킬로미터 / 2,409rpm (29.8)

시속 131.6킬로미터 / 2,334rpm (28.5)

시속 131.1킬로미터 / 2,278rpm (27.9)

시속 130.5킬로미터 / 2,228rpm (27.4)

시속 **133.3킬로미터 / 2,223rpm** (26.8)

손에 바른 이물질이 닳아 없어지면서 회전수/구속 비율도 점점 줄었다. 이것도 MLB 사무국이 부정 투구를 잡을 수 있는 방법이 될 수 있다. 공수 교대 때 이물질을 바르는 투수들이 있다는 의혹도 제기되었다. 그경우 던질수록 이물질은 닳아 없어진다. 따라서 한 이닝이 지속되면서 회전수/구속 비율이 큰 폭으로 줄어드는 것, 즉 인위적으로 치솟았다가 해당 투수의 보통 회전수/구속 비율로 돌아오는 것도 주의를 살 수 있다. 물론 누가 물으면, 투수는 스탯캐스트가 구종을 잘못 구별했다거나 훈련으로 회전수를 늘렸다는 식으로 주장할 수는 있다. 그래도 이닝 도중에 바워 단위가 급감한 것을 둘러대기란 쉽지 않을 것이다.

실험이 끝나자, 바워도 자기 검지와 중지를 사진으로 찍어서 공유했다. 그의 손가락에도 대니얼스처럼 야구공의 하얀색 가죽이 묻어 나왔다.

빌 페티Bill Petti 하드볼 타임스 기자는 MLB 사무국의 조사가 없자 공개된 스탯캐스트 회전수 데이터를 2018년부터 분석했다. 당시 공개하지는 않았지만, 그의 연구 결과에 의하면, 평균 이닝 내 첫 포심 속구와 마지막 포심 속구 간 바워 단위 하락폭이 가장 컸던 구단은 (반전!) 클리블랜드로, 평균보다 표준 편차가 2.6 높았다. 휴스턴은 전체 10위였다. 하지만 빌 페티는 자신이 사용한 방법은 이물질을 투구 사이마다 꾸준히 바르는 행위도 포함되었고, 한 이닝만으로 땀이 회전수/구속 비율에 미치는 영향을 분리하는 것은 불가능하다고 시인했다. 참고로, 2017년에는 클리블랜드와 휴스턴이 각각 2위와 18위에 올랐다. 어쨌거나 페티 기자의 연구에 따르면 2018년에 50이닝 이상, 한 이닝에 포심 속구를

5구 이상 던진 투수가 178명이었고, 바워는 169위였던 것으로 나타났다. 그렇게 그가 끈적거리지 않는 청정 투수였다는 것을 다시 한 번 입증했다. 콜은 전체 27위로, 지난 시즌들에 비해 큰 폭으로 올랐다.

5월 27일 바워의 회전수는 지극히 정상이었다. 그는 7.1이닝 동안 13명의 휴스턴 타자를 삼진으로 돌려 세웠다. 그리고 클리블랜드는 연장전에서 승리를 거뒀다. 바워는 2018년 첫 두 달 동안 정정당당하게 최상위급 투수로 자리매김을 했다.

11장 아마추어 현장

학교에서나 써 먹는 방법으로 야구를 가르치지 않는다고 세상에 자신 있게 말할
수 있다.

— 슈리스 조 잭슨Shoeless Joe Jackson

미주리대학교의 변화

1948년 전지훈련, 다저스타운에서는 아침마다 특이한 광경이 펼쳐졌다.
예순여섯 살 브랜치 리키는 브루클린 다저스 유망주들이 훈련하러 오기
훨씬 전부터 연습 구장 홈 플레이트 옆에 스툴을 갖다 놓고 앉았다. 평
소처럼 나비넥타이를 매고, 불을 붙이지도 않은 시가를 질겅질겅 씹었
다. 그 자리에 타격 코치 조지 시슬러George Sisler가 함께 있었다. 그는
리키가 감독한 팀을 통해 대학 야구와 메이저리그에 데뷔했고, 이후에
명예의 전당에도 입성했다. 마운드에는 마이너리그 투수 출신이자 스카
우트 겸 지도사 존 캐리John Carey가 올랐고, 홈 플레이트 뒤에는 캐리의
공을 받아줄 포수가 있었다. 그 모든 의식은 타자석에 들어선 인물을 위
해 준비했다. 그 인물은 22세 왼손 타자이자 중견수 듀크 스나이더Duke
Snider였고, 30여 년 후에 명예의 전당에 헌액되어 리키, 시슬러와 어깨

를 나란히 했다.

듀크 스나이더는 재키 로빈슨처럼 메이저리그를 1947년에 데뷔했다. 로빈슨은 최우수 신인상을 받았지만, 스나이더는 첫 시즌 40경기에서 고전했다. 그해 최소 80타석 이상 쳤던 선수는 245명이었고, 그중 스나이더의 삼진 대 볼넷 비율(8 대 1)은 뒤에서 일곱 번째였다. 다섯 명은 투수였고, 나머지 한 명은 그 이후로 메이저리그에서 보지 못했다. 스나이더는 1988년에 출판한 회고록《듀크 오브 플랫부시Duke of Flatbush》(국내 미번역)에서 이렇게 적었다. "선수들이 메이저리그에서 살아남지 못하는 이유는, 스트라이크존을 이해하지 못하기 때문이다." 1947년에 자기 자신도 그렇게 될 뻔했다.

그는 원석과도 같았던 신인 시절에 커브와 높게 오는 속구를 가만히 놔두지를 못했다. 그래서 리키는 스나이더를 하루에 한 시간씩 지도하기로 했다. 스나이더가 기억하기로는 리키의 지시하에 매일 한 시간 중에 처음 15분은, 타자석에 서서 배트를 휘두르지 않고 공이 오면 볼인지 스트라이크인지 판정을 내려야 했다. 다음 15분 동안에는 스트라이크라고 생각한 공에 휘두르고, 스윙 여부에 상관없이 리키에게 볼 판정을 해줘야 했다. 리키는 스나이더의 판정을 듣고 나서 나머지 세 코치의 판정도 들었다. 그다음 15분 동안에는 스트라이크 존에 티를 맞춰서, 거기에 공을 놓고 쳤다. 그리고 마지막 15분 동안에는 다시 투구를 보고 휘둘렀는데, 캐리는 커브와 체인지업만 던졌다. 게다가 스나이더는 이전에 혼스비가 했던 것처럼 무조건 유격수 방향으로 밀어 쳐야 했다.

스나이더는 회고록에 "브랜치 리키 단장님께서 내게 스트라이크 존을 이해하고 나쁜 공을 걸러내는 방법을 가르쳐주셨다"며, "리키 단장 덕분

MVP 머신

에 메이저리그 타자가 될 수 있었다"고 남겼다. 그래도 그는 여느 강타자처럼 계속해서 삼진을 많이 당했다. 그는 1948년부터 1961년까지의 기간에 홈런을 가장 많이 치고, 삼진은 세 번째로 많이 당했다. 하지만 선구안도 보였다. 1955년에는 삼진보다 볼넷이 더 많았고, 1956년에는 볼넷 1위에 올랐다. 리키에게 직접 '개인 과외'를 받은 스나이더는 이후 17년 동안 볼넷 한 개 당 삼진을 1.25번 당했다.

그로부터 70년이 지나자, 당시 스나이더의 나이보다 훨씬 어린 선수가 그와 비슷한 훈련을 받아야 했다. 다행히, 현대 선수 육성 방식이 최근 아마추어 야구에 영향을 미치면서 그 어린 선수는 시의적절하게 최첨단 훈련을 받고 야구에 눈을 뜰 수 있게 되었다.

테론 '트레이' 해리스Terone 'Trey' Harris는 사설 아마추어 스카우팅 업체 퍼펙트 게임Perfect Game이 선정한 한때 전국 고교 2루수 랭킹 2위에 올랐다. 그런데 미주리대학교로 진학하자마자, 2015~2016년 두 시즌 동안 고전했다. 해리스는 1, 2학년 때 총 369타수에서 5홈런에 장타율 0.333밖에 기록하지 못하고, 볼넷 한 개 당 삼진을 2.5번이나 당하면서 출루율도 0.300을 간신히 넘겼다. 체격 조건을 보면 그가 찍은 스탯만큼이나 초라했다. 좋게 봐줘야 180센티미터에 98킬로그램 정도였고, 예비 프로 선수 같이 보이지는 않았다. 그가 역할 모델로 삼았던 조시 해리슨Josh Harrison도 슈퍼스타가 아니었다. 해리슨은 뛰어난 유틸리티 선수로, 해리스처럼 스윙 궤적도 짧고 체구도 작지만 단단했다. 하지만 계속해서 타격이 받쳐주지 못하면 해리슨만큼 되기도 힘들 것이었다.

2016년 여름, 해리스가 2학년을 마치자 미주리주 출신 스티브 비저Steve Bieser가 새 감독으로 부임했다. 그는 1990년대 말 뉴욕 메츠와 피츠버그 파이리츠 소속 대타와 외야수로 메이저리그에 아주 잠깐 모습을 비췄고, 프로 선수로 13년 뛰었다. 그는 은퇴하고 나서 고등학교 수학 교사 겸 야구부 감독이 되었는데 그가 맡은 야구부는 미주리주 선수권 대회를 두 차례나 우승했다.

비저 감독이 부임했던 시기에 미주리대학교는 투수를 잘 육성하는 학교로 정평이 나 있었다. 당시 맥스 셔저가 두 번째 사이영 상을 탔던 시즌이었는데, 그도 미주리대학교 야구부 출신이다. 비저에 따르면, 대학 행정 관계자들이 자신에게 처음 물었던 질문이 "공격력을 어떻게 키울 것인가?"였다고 한다. 비저 감독은 트랙맨 장비를 사겠다고 답변했다. 그리고 학교는 2017년 시즌이 시작하기 직전에 트랙맨을 설치했다. 타자들은 더 이상 직감에 의한 훈련을 하지 않게 되었다.

트랙맨 장비를 구매할 학교 예산은 확보했는데, 데이터를 분석해줄 풀타임 직원이 없었다. 그런데 운 좋게도 비저 감독 첫 해에 맷 케인Matt Kane이라는 학생이 미주리대학교에 입학해서 새내기 시절을 보내고 있었다. 케인은 경제학과 수학, 통계학 복수 전공자로 세이버메트릭스에 미쳐 있었고, 당시 스포츠 관련 연구 활동을 찾고 있었다. 케인이 야구부에 연락했을 때, 당시 딜런 로슨 타격 코치는 트랙맨 데이터베이스를 제작할 사람을 마침 구하는 중이었다고 말했다. 케인은 야구 스탯에 대한 개인적인 관심을 달래기 위해 컴퓨터 프로그래밍 기술을 배웠고, 비저 감독과 로슨 코치가 상상하는 선진 프로그램을 구현하기에 충분했다.

미주리대학교는 살아남기 위해 육성 실험실을 자처했다. 그들은 2012~2013학년도 직전에 빅12Big 12 지구에서 동남부 지구SEC: Southeastern Conference 소속으로 이전했다. SEC는 전미대학체육협회

NCAA: National Collegiate Athletic Association 대학 야구 1부 리그 가운데 가장 치열한 지구기도 한데, 미주리대학교가 지구 학교들 가운데 가장 북쪽이다. 케인은 "플로리다대학교는 1월에도 15도 날씨에서 훈련하는데, 미주리는 3월에 눈 때문에 경기가 순연되는 상황"이라고 말한다. 눈은 훈련뿐만 아니라 선수 모집에도 악영향을 미친다. 비저 감독은 "경쟁 학교들이 예비 선수들에게 미주리의 날씨를 반드시 언급한다"고 말한다.

선구안 기르기

미주리대학교의 체육 시설은 평균도 되지 못한다. 게다가 관중 동원이나 시청률을 놓고 동쪽으로는 세인트루이스 카디널스, 서쪽으로는 캔자스시티 로열스와 경쟁한다. 미주리대학교 경기의 평균 관중은 800명 정도로 14개 학교가 소속된 SEC에서 꼴지를 달린다. 그중에 루이지애나 주립대학교는 메이저리그 구단인 마이애미 말린스보다 더 많은 관중을 끌어들인다. 그런 점에서 뒤처지다 보니 미주리대학교는 더 현명하게 움직일 수밖에 없다. 비저 감독은 목표 자체가 '선수 육성'이라고 말한다. "남들은 안 하지만, 저희는 선수들이 앞서 나가는 데 도움이 될 만한 작은 것들에 신경 씁니다."

케인이 가장 큰 역할을 한 부분은 선구안을 정량화하고 향상시킨 일이다. 테드 윌리엄스의 저서 《타격의 과학》에서 첫 번째 규칙은 '치기 좋은 공을 골라내는 것'으로 스윙과 아무런 관련이 없다. 윌리엄스는 "투수에게 스트라이크 존 가장자리로부터 2인치(2.5센티미터) 가량 더 내주면 스트라이크 존이 35퍼센트나 커진다"고 적었다. 선구안이 좋지 못하면 심지어 대학 야구 투수에게도 당할 수 있다. 따라서 비저 감독은 최신 장비가 가진 강력한 장점은 타자들이 스트라이크 존을 이해시키는데 있다고 확신했다.

윌리엄스는 의도를 가진 연습이 얼마나 강력한지도 알렸다. 당시 워싱턴 세너터스Washington Senators(현재 텍사스 레인저스의 전신 — 옮긴이) 1루수 마이크 엡스타인Mike Epstein이 목적 없이 무작정 반복만 하는 연습을 고쳐줬던 일을 《타격의 과학》을 통해 밝혔다. "엡스타인은 팀에서 가장 많이 그리고 열심히 연습했지만, 올바르게 하지는 않았다. 타격 연습 때 실전처럼 임하지 않고, 투수에게 어떤 공을 던질지 미리 알려달라고 했다." 그런데 엡스타인이 윌리엄스의 조언을 받아들인 이후로 결과가 좋아졌다. 1969년은 윌리엄스가 워싱턴 세너터스의 감독으로 부임했던 첫해였고, 엡스타인은 그해 첫 달 타율이 0.231에 그쳤지만, 남은 시즌 동안 0.990의 OPS를 기록했다. 해당 기간 동안 그보다 OPS가 더 높았던 선수는 네 명뿐이었고, 네 명 모두 명예의 전당에 올랐다.

미주리대학교는 윌리엄스가 그렇게 언급한 지혜를 수용했다. 케인과 로슨은 공격력을 극대화해보겠다는 노력으로 안데르스 에릭손 교수가 의도를 가진 연습에 대해 쓴 《1만 시간의 재발견》을 읽었다. 2016년 시즌을 휴스턴 애스트로스 마이너리그 코치로 활동한 로슨은 선구안을 점수제로 환산해서 득점 순위를 클럽하우스 게시판에 공개하고, 뒤처지는 타자들에게는 개인 지도를 제공하려고 했다. 그리고 코치들은 케인의 도움으로 '좋은 스윙과 나쁜 스윙, 공을 잘 본 것과 그렇지 못한 것'을 기록할 수 있었다.

케인은 자신이 개발한 지표를 일종의 선구안을 기르는 게임으로 만들었다. 볼 카운트와 투구 위치, 타자의 결정을 바탕으로 각 투구 결과

MVP 머신

에 따라 득점 또는 감점이 일어났다. 예를 들면, 3-1 카운트에서 바깥쪽 공을 휘두르면 감점이 주어졌다. 볼이었으면 볼넷을 얻을 수 있었고, 치고 싶었다면 좀 더 가운데로 몰린 공을 노려야 했기 때문이다. 만일 그 상태에서 바깥쪽 공을 걸렀거나, 존 안으로 들어온 공을 쳤다면 타구의 질에 상관없이 득점이 주어진다. 타자들은 결정을 내릴 때마다 점수에 변동이 생기는 것을 볼 수 있었고, 로슨 코치는 선수마다 진행 상황을 관찰하고 필요에 따라 개입할 수 있었다. 그렇게 비저 감독이 부임하고, 트랙맨을 가동하며, 케인의 도움을 받은 첫해에 팀 출루율은 0.015, 팀 장타율은 0.040 증가해서 장타는 30퍼센트, 홈런은 70퍼센트 가까이 늘었다. 게다가 2016년에 타격 성적이 가장 좋았던 세 명이 전력에서 빠진 상태였다.

트레이 해리스의 작지만 인상적인 성공 ─────────────

해리스는 2학년까지 트랙맨에 대해 들어본 적도 없었는데, 그 혜택은 가장 많이 받았다. 2학년 때 기대에 부응하지 못하고 타율 0.213에 홈런은 고작 한 개였다. 밑바닥을 친 순간, 새로운 훈련법을 써서라도 스스로 목표했던 타자가 되고 싶었다. 그리고 3학년이 되자, 케인이 개발한 프로그램에 호기심이 생겼다. 그 프로그램은 타자의 판단에 따라 투구 위치를 빨간색(나쁜 판단)이나 초록색(좋은 판단)으로 표시한 보고서를 작성했다. 해리스는 매 경기 목표가 초록색을 찍는 것이었다고 말한다. "그러고 나서 초록색 점을 많이 찍고 있다는 걸 느꼈고, 안타도 더 많이 나온다는 걸 느꼈습니다." 안타를 친 것은 당연히 환영받을 일이었지만, 그보다는 매 경기마다 초록색 점을 찍는 일이 더 중요했다. "굉장히 중요했죠. 전쟁 안의 또 다른 전쟁 같았습니다."

해리스는 자신의 핫 존hot zone과 콜드 존cold zone(스트라이크 존을 아홉 개 또는 가장자리까지 포함해서 16개로 분할해서 위치별로 성적을 표시한 데이터 시각화 방식 — 옮긴이)을 자세히 살펴봤다. 그 결과, 바깥쪽 공은 스트라이크인지 볼인지 잘 구별했지만, 안쪽 모퉁이들은 그렇지 못했다. 그렇게 진단을 내린 결과, 문제가 되는 위치에 공이 들어오면 더 신경 쓰고 다시 결과를 살펴보면서 수정해나갈 수 있었다. "다 트랙맨 덕분이었습니다. 공이 정확히 어디로 왔는지, 어떤 구종이었는지 알 수 있어서 도움이 컸습니다."

트랙맨이 해리스에게 제공한 것은 리키가 스나이더에게 해줬던 것과 같다. 단지 차이점이 있다면 스나이더의 경우 사람이 주관적으로 투구 위치를 판단했다는 것과 한 선수의 훈련을 위해 세 명이 한 시간씩 시간을 내야 했던 것이었다. 트랙맨으로 성장한 해리스는 3학년 때, 삼진은 27번 당하고 볼넷은 32번을 골라 나가서 출루율을 무려 0.090 가까이 올렸다. 볼넷은 1, 2학년 때 얻었던 것을 다 합친 수보다 많았다. 팀 내 100타수가 넘는 타자 가운데 해리스만큼 출루한 타자는 없었다. 해리스가 성장한 부분은 여기에서 그치지 않는다.

그라운드에서 타격 연습을 하면, 트랙맨에 연결된 아이패드가 모든 타구의 발사각과 타구 속도를 표시했다. 심지어 타구가 해당 궤적과 속도로 날아가면 실전에서 안타가 될 확률이 얼마인지도 나타냈다. 그것으로 선수들 간에 경쟁을 붙이기도 했다. "그걸로 저희끼리 매일 게임했죠. 발사각 얼마 이상 치기나 발사각 몇 도에서 몇 도 사이로 치기 같은 걸 했고, 점수도 매겼습니다." 해리스는 트랙맨을 처음 사용했을 때 장

MVP 머신

타력이 문제가 아니었다는 것을 알았다. "공은 세게 쳤어요. 그런데 발사각이 땅으로 향하곤 했습니다." 로슨 코치는 외야 중앙 백스크린 상단을 맞춘다는 생각을 가지라고 말했다. 해리스는 그렇게 케인과 로슨 코치의 도움으로 내려치는 스윙을 점점 올려칠 수 있게 고쳤다.

사실 해리스는 물론 비저 감독도 과거에 해왔던 훈련 방식을 버렸기 때문에 해리스가 재기에 성공할 수 있었다. 감독은 "처음 코치했던 시절을 생각하면, 스윙 동작을 잘못 가르치고 지도했다"고 말한다. 어렸을 때부터 내려치고, 깎아 쳐서 타구에 백스핀을 가해야 한다고 배웠던 방식을 믿었고, 선수들에게도 그대로 전수했었다. 해리스도 그런 지도를 받은 적이 있다. 그렇지만 트랙맨을 통해 발사각이 15~25도 사이일 경우 리그 전체 타율이 0.700이라는 것을 알았고, 0.213를 치는 타자에게 그 사실은 좋게 들릴 수밖에 없다. 해리스는 3학년 때 타율 0.268, 장타율 0.508에 홈런 12개를 쳤다. 홈런은 1, 2학년 때 합친 수의 두 배가 넘었다. 다만, 메이저리그 구단들은 해리스의 실력이 나아졌다고 확신하지 않았고, 그는 2017년 신인 드래프트에서 지명받지 못했다. 그런데 4학년 때 홈런 11개에 0.316를 치자, 갑자기 관심을 가진 스카우트들이 늘었다.

프로 선수가 되려면 자신의 능력을 어느 정도 믿어야 한다. 상대 투수가 던진 속구를 제대로 맞출 수 있다거나, 강타자가 따라잡지 못하는 공을 던질 수 있다는 믿음이 필요하다. 그런 자신감은 어느 정도 유리하게 작용하기도 한다. 상대가 경기력을 제대로 발휘하지 못하도록 불안함을 심어주는 효과도 있다. 하지만 실제로는 변화가 필요한 선수가 자신은 완벽하다고 암시하게 만들기도 한다. 아니면 데이터의 도움으로 나아져도 데이터보다는 자기가 잘해서 성과를 보인 것이라고 여기기도 한다. 해리스는 그런 착각에 빠지지는 않았다. 발전의 30퍼센트만 타고난 재능 때문이고, 나머지 70퍼센트는 트랙맨의 도움이었다고 생각한다.

해리스는 2018년 5월에 미주리대학교를 졸업했다. 하지만 야구부 졸업은 6월까지 기다려야 했다. 예상했던 대로, 신인 드래프트 1, 2일차, 즉 10라운드까지는 호명되지 않았다(메이저리그 드래프트는 무제한이었다가 1998년부터 50라운드로 제한했다. 그리고 2012년부터 40라운드로 줄였으며, 2021년부터는 20라운드로 축소되었다 — 옮긴이). 3일차는 뽑힐 것으로 희망한 날인데, 어머니는 출근하고 아버지는 여동생과 외식하러 나갔다. 해리스는 괜히 밖에 나갔다가 통신사 전파가 끊겨서 운명의 순간을 놓치는 일을 만들고 싶지 않았다. 그리고 마침내 운명의 순간이 왔다. 전화 상대는 애틀랜타 브레이브스로부터 32라운드에서 지명되었다고 알렸다. 기대했던 것에 비해 늦은 순번의 지명이었다. '운동선수답지 않은 체형'으로 평가받아왔던 것 때문에 손해를 봤다. 그래도 2학년이 끝나고 앞길이 깜깜했던 것을 고려하면 지명받은 것 자체만으로도 기뻐할 일이었다. 물론 32라운드 지명 선수가 메이저리그를 밟을 확률은 매우 낮다. 하지만 잘 생각해보면 비저 감독도 마찬가지였다. 그도 32라운드에서 지명되었다.

미주리대학교는 지구에서 힘들게 분투하고 있어도 해리스와 같은 성공담 때문에 경쟁에서 살아남는다. 빅12 지구를 떠난 이후로 NCAA 전국 선수권 대회에 진출한 적은 없지만, 비저 감독하에 두 시즌 승률은 2008년 이후 가장 좋았다. 게다가 선수 육성 성공 사례들도 성적만큼이나 중요하다. 고교 야구 유망주들은 미주리대학교가 아마추어 선수의 실력을 향상시키고, 데이터가 풍부한 환경에 적응하도록 돕고, 드래프트에 지명되는 데 도움이 될 만한 데이터를 메이저리그 구단에 제공할 수 있다는 것을 알게 되었다.

고등학교 선수들이 미주리대학교를 견학하면 비저 감독과 코치진은 선수마다 각자의 육성 계획을 휴스턴식으로 소개하며, 프로 선수가 되기까지 로드맵을 제시한다. 케인은 자신이 견학 코스의 명물이 되었다고 고백한다. 코치가 어린 선수들을 인솔할 때 가끔은 자기 사무실 앞을 일부러 지나간다고 말한다. 덕후가 존재한다든지, 온갖 기술 장비들이 널려 있다든지, 지금까지 해오던 방식을 반드시 교정하는 등 한때 운동선수들의 흥미를 잃게 했던 부분이 이제는 오히려 홍보 전략으로 급부상했다.

우수한 선수 육성 방식을 채용한 대학교들

미주리대학교와 같은 사례는 굉장히 흔하다. 그런 점이 '선수 육성을 경쟁력으로 삼겠다는 전략'을 크게 가로막는다. 성적도 좋고, 자원도 풍부한 학교들도 미주리대학교만큼이나 현대식 육성에 투자했다. 최초로 트랙맨 장비를 설치한 학교는 UCLA였다. 그리고 트랙맨 관계자에 의하면 2019년 개막일에 57개 대학교가 트랙맨 장비를 설치했다. 한 곳을 제외하면 전부 1부 리그 소속이고, SEC 14개교 중 11개 학교가 설치했다. 강팀들도 똑같이 머리를 쓴다면 약팀이 성공하기는 더욱 어려워진다.

그런데 대학 야구부들은 대규모 연구개발팀을 따로 두고 있지 않기 때문에 트랙맨 장비를 100퍼센트 활용하지 못할 뿐 아니라 개인 기량을 발전시킨다는 가치를 잘 살리지 못한다. 일부 대학 야구부들은 소규모 메이저리그 운영부와 흡사하지만, 나머지는 잭 데이Zach Day 트랙맨 매니저에 의하면 장비를 구매한 후에 "자, 이제 이걸 갖고 어떻게 하지?"라며 머리만 싸맨다고 한다. 데이 매니저는 '다수의 대학생들'이 NCAA 데이터를 분석한 뒤에 메이저리그 구단에 채용되는 모습을 기대한다. 케인은 이미 피츠버그에서 인턴으로 근무하고 있다(케인은 2020년에 피츠버그 정규 계량 분석원으로 전환되었다 ─ 옮긴이). 15개교 야구부와 메이저리그 다섯 구단이 피치그레이더PitchGrader라는 앱으로 데이터를 직관적이고 자동화된 도구로 전환해서 선수 육성에 사용한다. 웨인 보일 Wayne Boyle 피치그레이더 개발자는 자신이 제작한 앱을 써서 아들인 오른손 투수 숀 보일을 2018 신인 드래프트 25라운더로 만들었다. 보일 부자는 2019년 1월에 공동으로《투구 응용 기술Applied Technology in Pitching》(국내 미번역)이라는 책을 출판했다.

노스캐롤라이나대학교는 2018년에 5년 만에 대학 야구 월드 시리즈에 복귀했다. 그곳에서는 마이카 데일리-해리스Micah Daley-Harris라는 맷 케인 역할을 하는 학생과 열린 마음을 가진 투수 코치 로버트 우더드 Robert Woodard가 짝을 이루고 있다. 우더드 코치는 다음과 같이 말한다. "저는 어깨가 많이 안 좋았습니다. 그래서 변칙 와인드업으로 타자들의 타이밍을 뺏었습니다. 저는 부드럽고, 쉽고, 깨끗한 와인드업을 갖고 지는 것보다는, 자유롭게 던져서 이기는 게 낫다고 생각합니다. 안타깝게도 사람들은 패배하더라도 문제되지 않도록 판에 박히게 던지는 경향이 있는 것 같습니다." 노스캐롤라이나대학교는 선수층이 두텁다 보니 데이터를 경기 전술에 주로 사용해왔지만, 선수 육성에도 조금씩 활용하기 시작했다.

데지 드루셜Desi Druschel 아이오와대학교 전 투수 코치는 트레버 바워나 카일 보디, 더그 라타 등의 트위터 글을 리트위트했다. 그는 안전망과 기계로 가득한 시설에서 선수들이 자신의 한계를 시험해보는 모습도 공유했는데, 마치 영화 〈록키 4Rocky IV〉에 등장하는 훈련 장면을 연상시켰다. 한때 피트 로릿슨Pete Lauritson 전 보조 코치의 '땅볼을 방지하는 만리장성'이 화제가 되었던 적이 있다. 타자들이 올려치도록 유도하기 위해 내야에 안전망을 일렬로 세워 놓은 장면이다. SNS를 통해 널리 퍼지자, 클리블랜드 인디언스는 로릿슨 코치를 마이너리그 타격 코치로 채용했고, 탬파베이 레이스는 로릿슨 코치의 훈련 방식을 전지훈련에 도입했다.

그밖에 댈러스침례신학대학교Dallas Baptist University와 웨이크포레스트대학교Wake Forest University, 밴더빌트대학교, 코스털캐롤라이나대학교Coastal Carolina University, 클렘슨대학교, 브랜치 리키가 코치로 데뷔했던 미시간대학교, 2018년 대학 야구 월드 시리즈 결승에서 맞붙었던 오리건주립대학교와 아칸소대학교 등이 우수한 선진 육성 방식을 자랑한다. 오리건주립대학교 야구부에는 드라이브라인 수강생들이 수두룩하다. 아마추어 야구는 마이너리그보다 이기는 야구를 해야 하기 때문에, 선수를 프로 구단이 지명해 가기 전에 최대한 활용해야 한다는 위기의식을 가진다.

프로 구단의 아마추어 코치 강탈

해리스는 2018년 신인 드래프트가 끝난 지 2주도 지나지 않아 애틀랜타의 걸프 코스트 리그 팀 중견수로 프로에 데뷔했다. 처음에만 잠시 고

전하고, 금방 불붙은 결과 마이너리그 시즌의 마지막 한 달을 클래스A 팀에서 뛰게 되었다. 게다가 조지아주 롬Rome을 연고로 둔 팀이라 집에서 가까웠다. 그해 두 단계에서 총 53경기에 출전해서 타율 0.302에 출루율 0.409를 기록하고, 삼진보다 볼넷이 많았다. 플로리다에서는 트랙맨 데이터를 확인할 수 없었지만, 레이더 장비에 대한 애정은 롬에서 다시 살릴 수 있었다. 그는 매일 타자석에서 내린 결정을 다시 짚고 넘어갔다. 그해 2루타는 189타수 만에 18개나 쳤는데, 담장을 넘긴 공은 한 개뿐이었다. 발사각이 7도로 본인 기대에 조금 못 미쳤다. 그는 비시즌 동안 스윙에 불필요한 동작을 정리하고, 체중은 7~9킬로그램 빼서 2019년에 상급 클래스A로 승격되어서 타율은 0.280 이상, 홈런은 5~10개를 치는 것을 목표로 삼았다. 성장하기 위해 모든 노력을 기울였기 때문에 앞으로 올라갈 일만 남았다.

과거에는 선수들이 대학을 졸업해도 모르는 것이 많았다. 1978년 신인 드래프트 3라운더였던 더그 존스Doug Jones는 1987년에 서른이 되어서야 메이저리그에서 처음으로 풀 시즌을 소화했다. 그는 서른한 살에 올스타로 선정되고 40대까지 선수 생활을 이어나갔다. 그렇지만 야구에 눈을 뜨기 전까지 마이너리그 246경기에 출전했고, 다섯 가지였던 구종을 시행착오를 통해 믿을 만한 속구와 체인지업 두 개로 추렸다. 존스는 1989년에 《뉴어크 스타-레저Newark Star-Ledger》와의 인터뷰에서 이렇게 밝혔다. "야구에서는 대부분 스스로 적응해나간다는 점을 배웠습니다. 사람들이 이것저것 많이 알려주지만, 어떻게 해야 하는지 알려주는 사람은 사실 없어요. 스스로 알아가야 합니다." 그는 자신처럼 정체기를 겪는 마이너리그 선수들에게 포기하지 말라는 조언만 남겼다.

MVP 머신

고성능 장비를 마련하는 학교들이 많아지자, 새로운 유형의 선수들이 프로 야구에 진입하고 있다. 해리스가 그것을 잘 보여준 예다. 브라이언 배니스터는 다음과 같이 설명한다. "보셨겠지만, 트랙맨과 분석원이 있는 1부 리그 대학 출신 선수들이 더 많아졌고, …… 프로에 들어올 때 이미 자기 공의 움직임이나 자신을 설명하는 데이터에 대한 지식도 많이 갖고 있습니다. 이미 어느 정도 준비되어 있기 때문에 그만큼 빨리 성장할 수 있습니다." 야구에서 시계는 여러 개가 돌아간다. 구단 보류권이 종료되는 시점과 선수의 전성기가 끝나는 시점, 선수 생활이 끝나는 시점까지 돌아가는 시계들이 각각 존재한다. 거기에 오늘날 최신 장비 덕분에 건설적인 시간을 더할 수 있게 되었다.

데이터 분석에 두각을 나타내던 대학교들은 코치진의 두뇌 유출이 심해졌다. 프로 구단들은 드래프트에서 우수한 선수들을 선발하듯이, 코치 유망주들을 빼가고 있다. 데릭 팔비는 "프로 야구에 도움이 되는 인력은 프로 야구에만 있다고 생각하지 않는다"고 말한다. 미네소타는 2018년 11월에 웨스 존슨Wes Johnson 아칸소대학교 투수 코치를 메이저리그 투수 코치로 선임했다. 그들은 이전에도 세 명의 마이너리그 코디네이터를 대학교에서 빼온 적이 있다. 존슨 코치의 경우는 오랜만에 일어난 파격 인사였다. 하지만 구단들이 연고주의보다 성과를 우선시하는 추세다 보니 그런 인사이동은 더 잦아질 것으로 전망된다. 12월에는 러스 스타인혼 클렘슨대학교 육성 부장이 필라델피아 필리스로 이직했고, 우더드 코치가 텍사스 마이너리그 투수 코치로 갈 뻔했다. 노스캐롤라이나대학교가 막판에 신경 써서 남기로 결정했다. 그리고 2019년 초에 세인트루이스는 마이클 맥도널드Michael McDonald 코스틸캐롤라이나 대학교 영상 및 분석 코디네이터를 설득해서 마이너리그 관계자로 영입했고, 뉴욕 양키스는 데지 드루셜 아이오와대학교 코치를 투수 육성 매니저로 채용했다. 그나마 대학교 코치 자리가 마이너리그나 메이저리그 코치보다 고연봉에 고용 안정이 보장되기 때문에 그런 인재 빼가기가 덜한 편이다.

2017년 말에는 해리스를 변신시킨 딜런 로슨 미주리대학교 코치가 휴스턴의 마이너리그 타격 코치로 복귀했다. 미주리대학교는 대체자로 J. D. 마르티네스의 멘토였던 크레이그 월렌브룩의 제자 맷 라일Matt Lisle을 영입했다. 하지만 그도 5개월 만에 시카고 화이트삭스 타격 분석 지도사라는 신설 마이너리그 보직에 선임되었다. 그런 식으로 프로 구단들은 계속해서 아마추어 코치들을 강탈한다.

어쩌면 프로 구단들의 강탈은 더 낮은 단계로 이어질 수도 있다. 해리스는 "고교 야구부에 트랙맨이 있다 해도 놀랍지 않다"고 말한다. 캘리포니아주 샌환캐피스트래노San Juan Capistrano에 위치한 제이세라가톨릭고등학교JSerra Catholic High School와 플로리다주 브레이든턴Bradenton에 위치한 IMG아카데미IMG Academy, 적어도 이 두 군데는 이미 설치되었다. 브렛 케이Brett Kay 제이세라가톨릭고등학교 야구부 감독은 이전부터 데이터 기반 육성을 확대했지만, 여느 최초 시도자와 마찬가지로 비난을 피하지 못했다. 케이 감독은 고등학교라는 틀 안에서 눈살을 찌푸리는 사람들이 많다고 밝혔다. 어린 아이들에게 너무 일찍부터 무겁게 가는 것 아니냐, 모든 선수들의 스윙이 로봇처럼 획일화된다, 감수성 예민할 나이에 몸도 아직 다 성장하지 않았는데 정보의 홍수에 매몰된다 등 비난이 많았다고 말한다. 그러나 팀 안에서 그런 저항은 없었다.

케이 감독은 선수들 사이에서는 모두 관심 갖고 기대한다고 말한다. 고등학생이라도 실력이 좋아질 수 있다는 유혹은 크다. "고등학교를 택하게 될 중3 학생들에게 사전 교육을 한다면, 실력이 좋아질 수 있도록 저희가 돕고 싶죠." 미래에 메이저리거가 될 중3 학생들이 있다. 그리고 최근 들어서는 그렇게 되는 시간도 짧아졌다.

린드버그, 첨단 장비 검사를 직접 체험하다

소칙과 나(벤 린드버그)는 중3 이후로 야구를 해본 적이 없다. 따라서 다른 아마추어 선수와 비교해도 현대 육성 방식을 체험하기에 충분한 자격을 갖췄다고 본다. 우리 중에 적어도 한 명은 기술 체험단이 되어서 최신 장비를 직접 체험해봐야 한다고 결정했다. 내가 그렇게 하기로 했다. 실제 선수들이 단점을 파악하고 자신을 발전시키는 방법에 대해 쓰는데, 한 번쯤은 내가 가진 단점도 같은 방식으로 알아봐야 하지 않을까?

한여름 시애틀이었다. 단조롭게 보이지만 카일 보디의 드라이브라인 베이스볼을 품고 있다는 산업 단지에 도착했다. 야구 연구소가 숨어 있을 것이라고는 상상도 되지 않는다. 그때 알루미늄 배트가 내는 타구 소리가 울려 퍼진다. 소리를 따라가니 요란한 오디오, 툭 떨어지는 바벨, 가끔씩 나오는 웃음 등 다른 소리들이 들린다. 전부 주황색 드라이브라인 로고가 새겨진 조립식 단층 건물에서 나온다. 에어컨도 틀어놓지 않은 무더운 날이고, 시설은 땀으로 가득하다. 진짜 운동선수들이 모여서 각자의 불안함을 극복 중이지만, 나는 오히려 그 불안을 더 키우려고 온 것이다.

드라이브라인에 수강료를 지불한 선수는 첫날에 타격 또는 투구 능력 평가와 가동성 검사, 근력 검사라는 세 가지 검사를 통해 입소 절차를 밟는다. 바로 그것을 체험하고자 왔다. 그것은 선수의 신체 능력과 야구 실력을 파악하는 작업이다. 그렇게 해서 선수의 진행 상태를 판단할 수 있는 기준점을 마련한다. 물론 내가 검사받으면 유년 시절 이후에 출전 경험이 전혀 없는 사람과 프로 경력이 있거나 프로를 지망하는 사람 사이에 어떤 차이가 있는지 정량화가 정확하게 이루어질 것이다.

첫 번째 절차는 조 마시Joe Marsh 드라이브라인 선임 기술자의 인솔을 따른다. 마시는 열아홉 살 때 초창기 드라이브라인에 나타나 맥스빌로 훈련을 거쳤고, 원스텝으로 던질 때 구속을 5개월 만에 시속 21킬로미터나 늘렸다. 당시 드라이브라인은 공식 페이스북 계정에 마시의 성과를 크게 알렸다. 다만, 기본적인 단서라며 다음과 같이 써서 첨부했다. "보통의 성과는 절대 아닙니다. 보통의 야구 선수는 군살이나 찌고, 의지박약하며, 자기 자신을 충분히 밀어붙이지 못하는 불평쟁이이기 때문입니다." 마시는 드라이브라인이 옵티트랙OptiTrack이라는 모션 캡처 장비 업체로부터 카메라 15대를 구매할 때쯤 학교를 마치고 드라이브라인의 정식 직원이 되었다. 이후 신체 역학의 장인으로 자리매김하며, 고정형 모션 캡처 카메라 설치와 '이동식 신체역학 실험실' 구축을 감독했다. 그 덕분에 구단이 요청하면 출장 방문하는 것이 가능해졌다.

마시는 드라이브라인을 찾는 프로 선수들을 담당한다. 다시 말하면, 미천한 나를 봐주는 것이다. 시애틀에서 가장 무더운 여름날에 재능도 없고, 유망주도 아닌 나에게 몸을 풀어달라고 말했다. 그리고 나서 상의를 벗으란다. 운동선수를 훈련시키는 일을 업으로 하는 사람들 앞에서 신체의 한계를 보여야 한다는 사실에 이미 긴장하고 있는데, 그 긴장감은 금세 두 배로 올랐다. 참고로 현역 운동선수도 보였다. 한때 캔자스 시티의 최상위권 유망주였던 카일 지머Kyle Zimmer가 부상당한 후에 재활하러 다녔다. 옷을 벗으니까 뭔가 역할이 바뀌었다는 불편함을 느꼈다. 야구 기자라면 정기적으로 옷을 다 갖춰 입고 클럽하우스를 방문해서 선수들이 다양한 수위로 탈의한 모습을 봐야 한다는 위험을 감수해야 한다. 그때 옷을 갖춰 입은 운동선수들이 가득한 곳에서 반노출하고 있는 기자보다 반노출하고 있는 운동선수들이 가득한 곳에서 갖춰 입은 기자인 것이 엄청나게 쉬운 일임을 몸소 알게 되었다.

옷을 벗는 이유는 긴장감을 더하려고 한 것은 아니고, 마시가 내 상체와 팔다리에 47개의 볼록한 회색 마커를 붙여야 했기 때문이다. 카메라들이 마커를 인식해서 내 움직임을 추적하고, 결점이 보이면 도형과 힘, 각도 등으로 나타냈다. 마시는 "기자님을 비디오 게임화해서 분석한다"고 말했다. 마커 몇 개는 마치 기준 미달인 숙주를 거부하듯이 내 몸에 붙지 않았다. 마시는 결국 접착 스프레이를 뿌려서 대부분 억지로 붙게 만들었다. 그렇게 온몸을 볼록한 물체로 장식한 채 트레버 바워가 타자들을 압도한 변화구를 개발했던 바로 그 마운드에 올랐다.

마시는 장비를 동기화해야 한다며 내게 홈 플레이트를 바라보고 T자로 양팔을 벌리라고 했다. 그러고 나서 던져도 좋다는 신호를 보냈다. 가만히 서 있으면 야구 선수로 보일지 몰라도 일단 동작에 들어가면 카메라 15대를 속일 방법은 없었다. 사실 야구 선수들의 몸을 직접 본 적이 있다면 내가 방금 한 말이 얼마나 얼토당토 하지 않은지 알 것이다. 내가 마지막으로 선수로 뛰었을 때는 어깨가 크게 중요하지 않은 2루수를 맡았다. 위플볼wiffle ball(구멍이 뚫린 플라스틱 공과 플라스틱 배트를 사용하는 야구 — 옮긴이)을 제외하면 투수는 해본 적이 없었다. 일단 우격다짐으로 최고 시속 96.6킬로미터를 찍었다. 긍정적으로 보면 메이저리그 평균 속구의 3분의 2는 된다는 소리다. 몇 번 더 던지는데, 옆에서 지켜보던 보디가 변화구도 던질 줄 아는지 물어봤다. 나는 그저 웃기만 했다.

그렇게 불펜 투구가 끝나고 마시와 함께 마커를 찾아서 뗐다. 마시가 사무실에서 내 투구를 관찰하는 동안, 보디는 컴퓨터로 제작한 모형을 보여줬는데 내 어설픈 동작을 그대로 따라하고 있었다. 비록 창피함은 면해야겠다는 강한 욕구 때문에 최대한 세게 던졌다고 느꼈지만, 실상은 전혀 그러지 않는다는 것을 볼 수 있고 그러지 않는 이유가 세 가지가 있었다. 첫째, 그럴 필요가 없었다. 둘째, 몸을 다치고 싶지 않았다. 그리고 셋째, 전력을 다하는데도 레이더에 찍히는 숫자가 낮을 때 생기는 '마음의 상처'를 입고 싶지 않았다. 필요하면 얼마든지 힘을 더 쓸 수 있는 척하는 것이 정신 건강에 좋다.

이후에 보디는 내 결과를 여섯 쪽짜리 PDF 파일로 보내고, 마시는 '기자님이 메이저리거가 아닌 과학스러운 이유'라면서 전문 용어를 이해하기 쉬운 말로 통역해준다. 아무래도 과학은 거기에 대해 할 말이 많다. 구속을 더하는 데 어깨 외회전은 중요한 요소다. 최대 160도를 이뤄야 하지만, 나는 고작 128도다. 착지발이 지면이 닿을 때 내 몸통은 3루 방향에서 홈 플레이트 쪽으로 25도를 형성한다. 마시는 이렇게 설명한다. "최상위권 투수들은 0도를 형성해서 홈 플레이트 방향과 직각을 이룹니다. 머리를 뒤에 두고 중심을 남겨놓는 거죠. 기자님은 머리가 홈 플레이트 쪽으로 쏟아집니다." 골반과 어깨가 틀어지는 각도나 골반과 몸통을 최대한 회전시킨 각도가 작다. 마시는 "기자님 골반이 돌아갈 때 어깨가 뒤늦게 따라가는 것이 아니라 거의 동시에 돌아갑니다"라고 설명한다. 내 앞다리 무릎은 '무너져서' 몸을 지탱하지 못하기 때문에 나머지 수치들이 느리거나 낮게 나온다. 내 동작이 채찍이라면, 소리를 내지 못한다. 공이 손을 떠날 때, 내 몸통은 홈 플레이트 쪽으로 기울어지지 않고 오히려 11도 뒤로 젖혀진다. 즉, 앞에서 던지는 거리도 평균이 되지 않는다는 뜻이다. 보폭도 신장의 75퍼센트여야 하는데, 62퍼센트밖에 되지 않는다.

그 와중에 고무적이라고 할 수 있는 일은 동작이 형편없다 보니 팔에 무리를 주지 않는다는 점이다. 그리고 보디가 '소칙은 현장에서 바로 입스가 왔다'며, 소칙보다는 잘했다는 말을 하기는 했다. 어쨌든 팔꿈치를 펴는 속도와 어깨 내회전 속도는 현역 투수에 비해 70~75퍼센트 수준이다 보니, 관절에 40뉴턴미터 정도의 압력이 발생한다. 보통 선수들은 100뉴턴미터가 발생한다. 마시가 요약하기를 "기자님은 프로 선수보다 자세도 안 좋고 동작도 느리지만, 회전력이 정말 낮아서 부상당할 일은 거의 없을 겁니다!" 그러나 자존심은 구겨질 대로 구겨졌다. 적어도 바워와 공통점이 있다면, 지금까지 팔 부상은 없었다는 점이다.

"넌 나에게 모욕감을 줬어"

내게 상대적으로 강점이 있다면 타격이다. 친구들과 야구를 하면 거의 다 갖다 맞힌다. 물론 친구들의 운동 능력이 나와 별 차이가 없는 것이 확실하지만……. 그렇기 때문에 좀 더 당당하게 제이슨 오차트Jason Ochart 드라이브라인 선임 타격 지도사와 만났다. 게다가 타격 평가에서는 노출도 크게 할 필요가 없었다. 오차트의 기본적인 타격 평가 절차는 수백 개의 타구와 일주일이라는 기간에 걸쳐서 이루어진다. 하지만 나는 그 정도로 오래 머물러 있지 못한다. 일단 오차트는 내게 길이 33인치, 무게 850그램인 배트에 블래스트 장비를 손잡이 끝에 달아서 건네주었다.

배트에 붙었기 때문에 신체나 공의 움직임은 식별하지 않는다. 대신에 배트 속도와 손잡이 최고 속도, 접근각, 타격 동작 시간 등 스윙에 관한 정보를 제공한다. 참고로 드라이브라인이 진행한 연구는 타자의 접근각이 1도가 변할 때마다 발사각은 0.25도씩 변한다는 것을 알아냈다.

오차트는 티를 설치하고 위에 타격용 플라이오케어 볼을 놓는다. 훈련용 공으로 모래를 채워서 무게를 더했다. 타격이 이루어지는 순간 공은 변형되는데, 일반 야구공보다 타구의 질에 대한 피드백이 더 좋다. 플라이오케어 볼은 빗맞으면 비뚤어진 방향으로 나가기 때문에 스윙을 잘못한 것이 바로 드러난다. 아무튼 티에 올린 공은 이동하는 물체가 아니므로 빗맞히지 않도록 신경 썼다. 몇 차례 스윙하고 나서 오차트는 블래스트 결과를 보여주면서 드라이브라인을 다니는 프로 선수와 비교했다. 타격이 이루어지는 지점에서 배트 속도는 시속 87.5킬로미터로, 수강생 평균인 시속 119.4킬로미터보다 시속 32킬로미터 느렸다. 손잡이 최고 속도는 시속 28킬로미터로 평균보다 시속 9.2킬로미터 낮고, 접근각은 7도로 평균인 12도보다 5도 낮았다. 그리고 스윙 동작 시간은 0.22초로, 빠른 것처럼 '들리겠지만' 평균인 0.14초에 비하면 상당히 느린 것이다. 결국 오차트는 이렇게 알려줬다. "말씀드리기 죄송하지만, 프로에서 뛰려면 정말 많이 노력하셔야겠습니다."

투구와 스윙 측정이 끝나자, 맥스 고든Max Gordon 드라이브라인 타격 트레이너가 타이틀리스트 경기력연구소TPI: Titleist Performance Institute 검사를 진행했다. 타이틀리스트라는 골프 장비 업체에서 제작한 검사로 스윙에 결점이나 부상을 유발하는 동작을 파악한다. 골프를 즐기는 사람들이 많이 다치면, 골프채를 휘두르는 시간도 그만큼 줄고, 거기에 따라 골프공도 덜 구매하게 될까 봐 걱정되었던 모양이다. 어쨌든 고든은 내 몸을 여러 가지 방법으로 비틀어서 유연성과 균형 감각을 시험하고 결과를 앱에 입력하면, 앱은 신호등 색깔로 결과를 채점했다. TPI는 내가 양쪽 다리를 각각 독립적으로 회전시키는 능력은 물론, 하체만 따로 회전시키는 능력이 부족하다고 알렸다. 게다가 어깨를 위아래로 굽히는 각도가 약 120도라는 것도 밝혔다. 참고로, 170도가 이상적이다.

고든은 자신이 진행하는 시험이 끝나자, 수치심의 바통을 샘 브렌드 Sam Briend 선임 트레이너에게 넘겼다. 그는 내 가동 범위와 근력을 측정했다. 처음에는 나를 치료대 위에 눕히고, 그다음에는 엎드려놓았다. 그러고 나서 신체 일부들을 뚝 부러지기 직전까지 밀어보고 당겨도 보았다. 가끔은 밀어보라면서 힘을 측정했다. 그다음은 웨이트 거치대로 가서 백 스쿼트와 데드리프트, 벤치 프레스를 실시했다. 내가 '드디어' 원했던 것들을 하게 되었다. 브렌드는 하지 않아도 괜찮다고 말했지만, 바위를 이끌었던 미국 해군 특수부대원(바위가 감명 깊게 읽었던 《론 서바이버》에 나온 주인공 — 옮긴이)도 이 정도 운동을 못하겠다고 하지는 않았을 것이다. 그래서 물을 조금 들이켜고 용감하게 임했다.

드라이브라인은 속도를 기반으로 근력 훈련을 진행한다. 즉, 최대 중량보다는 선수가 움직이는 속도나 폭발력에 치중한다. 나는 브렌드의 지도하에 각 운동을 몇 차례 반복했다. 그리고 한 번 할 때마다 내 신장과 체중에 가장 적합한 최대 중량을 기준으로 미리 정해놓은 비율에 맞춰 중량을 더해나갔다. 바벨 끝에 달린 클립은 감지기와 전선으로 연결되어 있었다. 한 번 들어 올렸다 내릴 때마다 삐 소리가 나면서 얼마나 빨리 진행했는지 기록했다. 참고로, 보디는 이때로부터 두 달 후에 브렌드의 훈련소에 새로운 장비를 마련했다. 옵티트랙에서 카메라 18대로 운영하는 장비를 제작했는데, 웨이트나 점프 등의 움직임을 추적할 수 있다.

폭발력을 위해 훈련해본 적이 없기 때문에 기대만큼 빨리 들지는 못했지만, 브렌드는 양쪽 어깨나 팔꿈치의 근력과 회전에 불균형은 발견하지 못했다. 만일 발견되었다면 부상이 임박했다는 뜻이고, 더 크게 다치기 전에 운동을 중단시켰을 것이다. 사실 '중단'시킨다 해도 내 평상시 일상에는 전혀 지장이 없다. 그런데 그는 무심코 조 마시나 맥스 고든과 똑같은 말을 했다. 잘 쓰지 않는 쪽 어깨를 위로 올리는 가동성이 낮은 것으로 나온다고 알려주었다. 상체 근육에 전방 경사가 생겼다는 징조다. 브렌드는 "전거근에 문제가 있거나 회전근개가 제대로 기능하지 못하거나, 흉추가 앞으로 굽었을 수도 있다"고 말했는데, 생전 생각지도 못한 신체 부위를 걱정하게 되었다. 그렇게 자존감을 꺾어버리는 정보는 내가 더 나은 기자가 되는데 아무런 쓸모가 없지만, 열심히 노력하는 타자나 투수에게는 기량을 최대치로 끌어올릴 수 있는 비결로 이어질 수도 있다.

브렌드는 내 결과를 설명한 후에 이메일로 요약본을 보냈다. 문서 상단에는 내 이름과 검사일, 그리고 소름끼치는 문장이 보였다. "운동선수 아님." 이 문장은 내가 '미디어 관계자이지, 수강생이 아니라는 뜻'이라

MVP 머신

고 생각한다. 내 능력에 대한 의견이 아니다. 어쨌거나 어떻게 해석하든 옴싹달싹 할 수 없는 데이터만 잔뜩 얻었다.

트레이닝 보조 기기, 프로티어스 ─────────────

올스타로 세 번 선정되었던 존 크러크John Kruk는 "나는 운동선수가 아니라, 프로 야구 선수다"라고 말한 적이 있다. 이제는 양쪽 모두가 아니고서는 높은 수준의 선수가 되기 힘들어졌다. 그런 요구에 따라 보스턴 바이오모션Boston Biomotion이라는 회사에서는 근력 훈련을 빨리 진행할 수 있도록 프로티어스Proteus라는 장비를 개발했다. 2016년에 설립한 보스턴 바이오모션은 혼란스럽게도 본사가 뉴욕시 퀸스Queens 지역에 위치한다. 그곳은 프로티어스가 "운동선수들이 재활하고 훈련하는 방식을 근본적으로 바꾸고 향상시킨다"고 주장한다. 2018년 말에 로스앤젤레스 다저스가 보스턴 바이오모션과 제휴를 맺은 최초의 메이저리그 구단이 되면서 프로티어스 장비를 설치했다.

나는 퀸스 내 롱아일랜드시티Long Island City에 위치한 보스턴 바이오모션 본사에서 설립자이자 최고 경영자 샘 밀러Sam Miller를 만났다. 그리고 자동차를 만드는 커다랗고 각 잡힌 로봇처럼 생긴 프로티어스가 맞이하고 있었다. 밀러가 자신의 아버지가 그것을 구상하고 어린 시절 살던 집 지하실에서 일부 제작했다는 이야기를 하는 동안 프로티어스는 침착하게 기다리고 있었다. 밀러의 아버지는 저항 강도를 입체적으로 가할 수 있는 기계를 머릿속으로 그렸다. 하지만 결국에는 자신의 능력으로는 제작이 불가능하다고 느꼈던 나머지 포기했다. 한참 후에 밀러는 아버지가 구상했던 장비가 시기를 만났다는 것을 깨달았다. 밀러는 자가 측정에 신경을 많이 쓴 기술들을 수차례 봤다고 설명한다. 그렇지만 근력 측정이나 훈련에 초점을 둔 장비는 많지 않았다.

그래서 밀러는 로봇공학 및 기계전자공학 전문가와 풀 스택 소프트웨어 개발자 등을 영입했다. 그렇게 해서 기다란 금속 팔을 회전부에 부착한 형태의 기계를 제작했다. 그 기계는 세 개의 축으로 움직이고, 원하는 저항 강도를 부드럽게 구현하기 위해 기차에 들어가는 전자석 제동 장치와 팔의 위치를 찾아내는 감지기나 알고리즘을 활용한다. 이것은 기계가 회전할 수 있는 범위 때문에 야구와 골프 선수들에게는 확실히 안성맞춤이다.

일단 밀러가 운동 모드와 저항 강도를 설정하는 스크린을 만지는 동안 나는 손잡이를 잡아서 프로티어스의 팔을 안팎, 위아래 그리고 양쪽으로 밀고 당겨본다. 프로티어스가 자유 모드로 설정된다. 즉, 손잡이를 잡고 아무 동작을 취할 수 있다는 뜻이다. 팔로 풍차를 돌리고, 공 던지는 동작도 따라하고, 손잡이를 배트 잡듯이 잡고 휘둘러보기도 한다. 그러면 프로티어스는 마지못해 내가 움직이는 대로 간다. 그런데 움직임의 강도가 낮아도 마치 물속을 헤엄칠 때처럼 동작에 힘이 들어가게 된다.

프로티어스로는 투수들이 재활할 때 많이 하는 수중 치료처럼 구심성 중심 운동들을 할 수 있다. 웨이트 훈련을 하면 바벨을 들 때 구심성 수축이 일어나고, 내려놓을 때 원심성 수축이 일어난다. 그때 원심성 수축이 근섬유를 더 손상시키기 때문에 근육은 가장 크게 성장하지만, 그만큼 부상 위험도 커지고 회복 시간도 길어진다. 프로티어스는 그런 이유로 구심성 수축에 집중한다. 구심성 수축은 폭발력을 키우고 근육 성장에 도움이 되면서도 원심성 운동으로 인한 손해는 발생하지 않는다. 게다가 저항 강도를 여러 방향으로 적용시킬 수 있다 보니 운동을 반복할 때마다 근육은 더 성장할 수 있다. 밀러는 이렇게 설명한다. "운동이나 중량이 같아도 프로티어스의 저항 강도가 자유 중량이나 기계 중량보다 근육을 두세 배 더 활성화시킵니다. 그런데 근육 긴장이나 외부 자극은 덜하죠. 그러니까 관절이나 조직, 인대에 부하가 덜 생깁니다."

그렇다고 프로티어스가 데드리프트나 벤치 프레스를 대체하지는 못한다. 다만, 재활이나 시즌 중 훈련처럼 선수들이 몸매 관리는 하되 전력에서 빠지는 일은 발생시키지 않으려고 할 때 이상적일 수 있다. 밀러는 선수들이 프로티어스로 팔과 어깨 관리나 전신 운동, 경기 전 준비 운동, 경기 후 정리 운동 등을 진행하는 미래를 그린다. 기계 중량 운동은 더 이상 필요 없고, 자유 중량 운동은 제한적으로 실시하며, 구단마다 프로티어스를 대여섯 대씩 마련할 것이다. 어디선가 돈이 결제되는 소리가 들리는 것은 기분 탓인가?

프로티어스는 운동을 시작하기 전에 항상 몸 상태가 어떤지 묻는다. 그리고 운동이 끝나면 힘들었는지를 묻는다. 예의도 바르지만, 사실 모든 것을 기록하는 중이다. 운동을 한 차례 마치면 화면에 요약된 통계 결과가 나타나고, 색 공간 모형으로 사용자가 움직인 궤적을 추적하고 사용자가 힘을 최대로 쓴 순간을 표시한다. 그리고 모든 통계 자료는 클라우드cloud 저장 공간에 담아서 장기간 진행 보고도 가능하다.

2018년 말 기준으로 프로티어스는 다저스가 소유한 장비를 포함해서 전 세계적으로 단 네 대만 존재한다. 밀러는 구단들에 프로티어스 영업에 들어가면 "이런 건 처음 본다"는 말을 늘 듣는다. 하지만 성과를 내기 시작하면 곧 익숙해질 것이다. 밀러는 일단 가격이 내릴 때까지는 프로 구단과 전문 시설 위주로 영업하지만, 언젠가 모든 헬스클럽이 프로티어스를 가상의 트레이너 개념으로 한 대 이상씩 보유한 세상을 상상한다. 어쩌면 우리 모두 로봇 팔에서 이어지는 도움의 손길이 필요할지도 모른다.

K-베스트, 기술이 타석에 들어서다

《파퓰러 메카닉스Popular Mechanics》잡지는 1984년 5월호에 "과학이 타석에 들어서다Science Goes to Bat"라는 제목으로 특집 기사를 내면서 다음과 같이 적었다. "이기는 야구는 과학이나 예술로 여겨졌지만, 이제는 최첨단 즐길거리로 빠르게 변모하고 있다." 그러면서 당시 메츠 소속 신인 감독인 데이비 존슨Davey Johnson이 컴퓨터를 '여섯 번째 코치'라고 한 말을 인용했다. 해당 잡지는 8년 후에 같은 주제를 놓고 제목을 '기술이 타석에 들어서다'로 살짝 바꿔서 새로운 기사를 실었다. 물론 지금은 수십 년이 지났고, 당시에 최첨단 기술이라고 소개되었던 장비들은 시대에 뒤떨어져 보이기는 한다. VHS 규격 비디오는 선수들이 자신의 스윙을 관찰하도록 도왔고, 배불뚝이 컴퓨터는 기본적인 타구 데이터나 상대 타자 또는 투수별 스탯을 불러냈고, 회전체 두 개짜리 피칭 머신pitching machine은 다양한 구종을 발사했으며, 레이더 스피드건은 누구 공이 빠른지 분명하게 알려줬다. 참고로 당시에는 시속 145킬로미터면 빠른 축에 속했다. 그밖의 아이디어들은 1980년대 중반이 감당하기에는 비현실적이었다. 그중에 하나는 '혁신적인 텔레비전 장치'였다. 아마 비디오테이프로 녹화한 투수가 던지면 3차원 홀로그램 공이 나오고, 타

자는 그것을 보고 전자 배트를 휘두르면 레이저 빔이 나와서 기록한다
는 내용이었다. 그런데 몇 가지 제품은 지금 사용하는 장비와 큰 차이가
없다. 예를 들면, 시범적으로 제작한 다이애그노스틱 배트Diagnostic Bat
는 스윙의 길이와 강도를 측정할 수 있었고, 퀵 배트 IIQuick Bat II는 광
학 감지기를 통해 스윙 속도를 쟀다.

물론 그 후손으로 볼 수 있는 제품들은 보다 정확하고, 사용 방법도
더 쉽고, 가치 있으며, 더 포괄적으로 측정한다. K-모션이라는 업체에서
개발한 신체 역학 피드백 장비인 K-베스트가 그중 하나고, 이 역시 트
랙맨처럼 골프에서 시작해 야구로 넘어왔다. 하지만 공을 추적하는 트
랙맨이나 배트를 추적하는 블래스트와 달리 선수 기량에서 색다른 데이
터를 제공한다. 브라이언 버밀리에이Brian Vermilyea K-모션 CEO 겸 사
장은 "그런 장비들은 결과를 측정한다"고 말한다. "K-베스트는 스윙 속
도나 발사각, 타구 속도 등을 어떻게 내는지를 알려줍니다." 어떻게 보면
설득력 있는 영업 문구다. 그래서 2018년에 휴스턴과 세인트루이스, 양
키스, 보스턴, 오클랜드 등 총 여덟 개 구단이 K-베스트 고객이 되었고,
협의 중인 구단도 있다.

K-베스트 한 세트 가격은 5,500달러 선이고, 그 안에는 무선 관성 감
지기 네 개가 들어 있다. 타자는 감지기로 주요 동작의 속도와 방향, 가
속, 감속 등을 기록할 수 있다. 감지기 네 개는 각각 위로 올라가게 잡는
손에 끼는 배팅 장갑과 팔꿈치 윗부분, 어깨에 메는 하니스harness, 골반
을 두르는 벨트에 부착한다. 만일 배트를 휘두르면 감지기들은 각 신체
부위에서 나온 측정치를 색깔이 서로 다른 선으로 그래프에 그리기 때
문에 타자의 동작을 더 정확하게 평가할 수 있다.

드라이브라인의 제이슨 오차트도 최근에 K-베스트로 갈아탔다. 그는 "어떤 타자들은 두드러진 부위가 있는 반면, 에너지를 낭비하는 부위도 있다"고 설명한다. 골반은 마이크 트라우트만큼 빨리 돌아가는데, 타격이 이루어지는 과정에서 잠재적인 파워가 소멸된다. "골반과 어깨, 팔, 손, 배트 속도를 측정하고 서로 어떻게 연결되는지 확인하게 되니까, 타자가 어떤 부분이 부족한지 확실하게 알 수 있습니다."

자, 이제 나를 측정해볼 차례다. 짐 비들Jim Beadle K-모션 3차원 모션 캡처 컨설턴트는 뉴욕시 맨해튼에 직접 장비를 챙겨서 몸소 방문해주었다. 우선 비들이 실내에서 시범을 보인 후에 밖으로 나갔다. 42번가에 야구 배트를 마음 놓고 휘두를 공간이 없기 때문에 내가 사는 건물 테라스로 향했다. 기물을 파손할 위험 부담을 줄이기 위해 야구공 대신에 테니스공을 사용하기로 했다. 건물 외관은 더더욱 훼손해서는 안 된다. 우리 콘도 관리 위원회로부터 심문 당하면 득이 될 것이 없다.

비들의 도움으로 감지기들을 착용하고, 몸을 풀기 위해 배트를 몇 번 휘둘렀다. 그는 내 옆에 쭈그리고 앉아 공을 위로 띄워주고, 나는 공이 올라올 때마다 미련 없이 휘둘렀다. 모든 움직임이 비들의 스마트폰으로 전송된다는 사실을 인식하지 않으려고 노력했다. 감지기들은 내 자세를 초당 200회 정도 기록했다. 손에 달린 감지기는 타격이 이루어지는 순간을 확인하고, 스윙 정보를 저장할 때와 다음 스윙을 기록할 준비가 될 때마다 땡 하는 소리를 냈다. 이후에 비들은 도표를 보내주고 데이터를 분석해주었다. 좋은 소식은 감지기를 부착한 신체 부위들이 올바른 순서대로 최고 속도에 도달한다는 것이다. 즉, 골반과 몸통, 팔꿈치 윗부분, 손이라는 순서로 일어났다. 비들은 말한다. "스윙이 중간 지점까지 가기 전에 골반이 최고 속도에 도달하는 게 좋습니다. 그리고 그다음에 골반 속도가 적절하게 줄어들어서 타격이 이루어지기 직전에 0에 근접하는 점도 좋습니다. …… 다시 말하면, 골반에서 몸통으로 에너지가 그럭저럭 잘 전달된다는 뜻입니다." 갑자기 의기양양해졌다. 내 골반에 대한 근거 있는(?) 자신감만 채웠다.

그렇지만 아무리 올바른 순서대로 최고 속도에 도달해도 평균보다는 못했다. K-모션은 고객 구단으로부터 타자 수백 명의 데이터를 수집해서 프로 선수의 부위별 속도 범위도 보여준다. 내 손에서 나온 스윙의 각속도는 초당 1,344도밖에 되지 않았다. 프로 선수들은 보통 초당 1,500~2,230도가 나온다. 최근에 명예의 전당에 입성한 에드거 마르티네스Edgar Martínez 시애틀 타격 고문은 50대 나이에도 초당 3,000도를 쉽게 넘긴다. 내 몸통은 자칭 모범적이라고 주장하는 골반에 비해 1.5배 더 빠르고, 팔도 골반보다 1.5배 빠르게 움직였다. 다만, 비율을 그런 식으로 계속 유지되어야 하는데, 손은 팔보다 1.9배나 빨랐다. 비들은 그에 대해 "스윙을 손으로만 하는 경향이 강하다는 것을 나타낸다"고 설명했다. 손 이야기가 나와서 말이지만, 그래프에 표시된 선을 보면 내가 스윙할 때 손을 움직이다가 멈추다가 다시 시작한다. 새로운 타법을 선도한 것이 아닌가 싶지만, 오차트가 "이런 건 한 번도 본 적이 없다"고 말한 것은 좋은 의미는 아닐 것이다.

프로 선수의 범위와 비교하는 항목은 수십 개에 달한다. 비들은 결과들을 쭉 짚고 넘어갔고, 나는 비록 최고 속도가 느리지만 자세가 잡혀 있다는 것에 만족스러우면서도 놀랐다. 그런데 한 가지 문제가 있었다. 유일하게 기대했던 골반이 배신했다. 일단 최고 속도는 적절한 순간에 도달하지만, 동작이 너무 '위아래로'로 움직였다. 원래는 앞으로 나아가야 한다. 그래야 대둔근을 쓰고, 코어를 써서 타구를 좀 더 강하게 보낼 수 있다고 한다. 그렇다고 충분히 회전하는 것도 아니었다. 드라이브라인에서 공을 '던졌을' 때와 마찬가지로, 타격이 이루어지는 순간에 몸통과 골반이 비틀리는 각도가 매우 작았다. 비들은 내 요대에 문제가 있거나 고관절이나 골반을 트는 능력에 문제가 있다고 말한다. 그렇게 내 신체 결함은 어깨 관절을 제대로 움직이지 못하는 것과 함께 점점 늘어만 간다. '이제 내가 춤을 추지 못하는 변명거리가 생겼다.'

K-베스트 세트는 부족한 부분을 따로 구분해서 좋아지도록 하는 훈련법들을 소개한다. 타자들은 특정 부위의 움직임이 좋지 못하면 그것을 보완하는 훈련을 진행할 수 있다. 그러고 나서 힘이나 유연성이 붙으면 감지기를 착용하고 반복 훈련을 통해 올바른 동작을 익힐 수 있다. 사용자가 알맞은 범위를 입력하면 화면에 표시되고, 감지기에서 땡 소리가 난다. 버밀리에이 사장은 다음과 같이 말했다. "만일 골프를 지도한다면 '골반을 더 돌려줘야 한다. 공을 칠 때 골반이 더 내려가는 듯한 느낌을 줘야 한다'는 말을 할 수 있겠죠. 그렇게 되면 제가 하는 말을 아예 이해하지 못할 수도 있고, 제가 받는 느낌을 공감하지 못할 수도 있습니다. K-베스트는 그런 장벽을 허물어줍니다. …… 기술을 훈련할 때 습득 시간을 단축시켜주죠." 시작하기도 전에 벌써부터 골반을 더 돌려준 느낌이 들었다.

그나마 K-베스트 점검 과정에서 처음으로 골반 문제가 터진 타자는 내가 아니었다. 버밀리에이 사장은 오클랜드 선수가 비슷한 문제를 겪다가 교정한 뒤로 야구에 눈을 떴다면서 내게 자신감을 불어넣어주었다. "팀에서 골반을 3도 교정해줬는데, 시범 경기에서 터졌죠." 그 선수가 일라이 화이트Eli White라는 것을 나중에 알았다.

일라이 화이트는 오클랜드가 2016년 신인 드래프트 11라운드에서 지명했고, 2018년 중반에 스물네 살이 되었다. 2018년 시즌이 시작할 당시 그는 여러 수비 위치를 소화할 수 있다는 것을 장점으로 내세웠다. 프로에 입성하고 나서 다섯 개의 포지션을 뛰었고, 포수를 제외하고 가장 가치가 높은 포지션인 유격수와 중견수도 그중에 포함되었다. 사실 떠오르는 슈퍼 유틸리티 선수가 되기에는 시기가 좋다. 불펜진은 확대되고 후보 선수들이 줄자, 구단은 대수비 요원들에게 어디에 갖다 놔도 무리 없이 수비해주기를 더 많이 요구하고 있다. 그 결과 2018년 시즌은 사상 처음으로 경기마다 평균 한 선수 이상이 자기 주 포지션 이외의 포지션에서 뛰었다. 여기서 지명 타자는 제외하고, 외야수 세 포지션을 하나로 묶어서 조사했다. 게다가 벤 조브리스트Ben Zobrist같은 슈퍼 후보 선수들이 승격을 기다린다. 2018년에 100경기 이상 출전한 마이너리그 선수 가운데 29퍼센트가 두 포지션 이상 뛰었고, 화이트를 포함한 13퍼센트가 세 포지션 이상 소화했다. 두 비율 모두 베이스볼 프로스펙터스가 마이너리그 종합 데이터베이스를 시작한 1984년 이후 가장 높았다.

그렇지만 2013년 저스틴 터너처럼 슈퍼 후보 선수 지망생이라도 타격이 받쳐줘야 한다. 그리고 190센티미터에 79.5킬로그램으로 가냘파 보였던 화이트는 2018년 이전에 마이너리그나 대학교 시절에 한 해에 홈런을 다섯 개 이상 친 적이 없다. 게다가 대학 시절에는 장타율이 0.379였다. 그런데 2018년 전지훈련 때 오클랜드가 K-베스트를 유망주들에게 시험하기로 하면서 화이트는 실험 대상으로 선발되었다. 그는 자신들이 모르모트였던 것 같다고 말한다. 그는 속구가 나오는 피칭 머신을 칠 때 K-베스트를 착용했고, 구단은 결과를 그에게 전달했다. "골반이 앞으로 살짝 쏠리고, 앞발을 착지할 때 골반이 바로 반응해주지 않고 있음. 그리고 몸 쪽 공에는 스윙 궤적을 끝까지 가져가지 않고, 경직된 자세에서 배트를 약간 제껴버리는 경향이 있음."

화이트와 그를 담당했던 타격 코치는 K-베스트가 잡아낸 결점을 고치는 데 집중했다. 그리고 전지훈련이 끝나자, 그는 상급 클래스A에서 더블A로 승격되었다. 비록 경쟁은 더 치열하고 우타자에게 불리한 홈구장에서 뛰었지만, 5월까지 홈런 5개를 치면서 개인 단일 시즌 최다 홈런 기록을 갱신했다. 그는 9홈런에 장타율 0.450을 치고, 오클랜드 마이너리그를 통틀어서 최다 안타와 최다 득점을 기록하면서 시즌을 마감했다. 그는 자신의 장타력을 일깨운 것은 데이터 덕분이었다고 말한다. "파워는 항상 갖고 있었습니다. 그런데 제 스윙 궤적이나 골반 회전이 문제였죠. 이 문제를 정리할 수 있었고, …… 그렇게 해서 좋은 시즌을 보냈습니다."

화이트는 K-베스트를 착용하기 전까지는 MLB닷컴에서 선정하는 오클랜드 30대 유망주 안에 든 적이 없었다. 하지만 시즌이 끝날 무렵 17위에 올랐고, 최상위권 유망주들만 선발된다는 애리조나 추계 리그 Arizona Fall League에도 출전했다. 총 여섯 팀으로 이루어진 애리조나 추계 리그는 MLB 사무국이 주도해서 마이너리그 비시즌에 한 달 가량 진행한다. 그리고 나서 12월에 텍사스로 트레이드되었고, 텍사스 유망주 12위에 올랐다. MLB닷컴은 그를 다음과 같이 요약했다. "화이트는 타격

MVP 머신

기술을 대폭 수정한 이후 공격 면에서 눈을 뜰 수 있었다. 지금은 좋은 타격 자세를 꾸준히 유지하고, 직선 타구와 뜬공으로 더 많이 이어질 수 있는 스윙 궤적을 갖게 되었다." 그리고 메이저리그 승격 시기는 2019년 으로 바라봤다(2020년 9월 1일에 데뷔했다 — 옮긴이).

"기자치고는 잘하셨어요. 정말이에요."

나만의 소박한 야구 여행의 마지막 행선지는 더그 라타의 로스앤젤레스 본부라고 할 수 있는 볼 야드다. 비즈니스센터드라이브Business Center Drive라는 매우 지루해 보이는 도로변에 평범해 보이는 가게 뒤에 숨어 있었다. 한여름의 토요일인데도 볼 야드는 북적거렸다. 다리를 다쳐서 무릎 보조기를 착용하고 몇 번 휘둘러보라고 부모님에게 끌려온 고교 선수, 하버드대학교 야구부에 입단 합의를 해놓고 입단 전에 마지막으로 준비하겠다며 온 말끔한 고졸 선수가 대기했다. 그리고 라타의 휴대폰은 일정을 잡거나 기술적인 문제에 부딪힌 고객들로부터 걸려온 전화로 쉴 틈 없이 진동했다. 전부 차세대 저스틴 터너가 되기를 원하며, 그 계시를 전달받기 위해 라타를 찾았다.

K-모션이나 드라이브라인에 비하면 장비의 기술 수준이 상당히 낮다. 고해상도 카메라 15대 대신 20년 넘게 사용한 흑백 일반 해상도 카메라가 한 대 있다. 그는 흑백 화면이 컬러보다 색 대비가 더 선명하고, 화면 앞에서 스윙을 오랫동안 분석해도 눈에 자극이 덜 간다고 말한다. 트레버 바워와 그의 아버지는 공이 손가락을 떠나는 모습을 포착하기 위해 해상도에 신경 썼지만, 라타는 낮은 해상도를 문제 삼지 않는다. 그는 "새끼손가락이 어떻게 움직이는지 알 필요 없다"고 말한다. 데이터

에 입각한 타법을 옹호하지만, 발사각이나 타구 속도 등으로 고객들을 몰아붙이지 않는다. 라타는 '타격은 균형이 모든 것'이라고 생각한다.

테드 윌리엄스는 《타격의 과학》에서 다음과 같이 적었다. "무릎을 굽혀서 유연하게 가져간 채, 체중을 양쪽 발볼에 균등하게 분산시켜서 균형을 이뤄야 한다. 체중이 발뒤꿈치에 자꾸 쏠린다면, 야구는 적성에 맞지 않다는 뜻이다." 윌리엄스는 책에서 균형을 다섯 차례 언급했을 뿐이지만, 라타는 대화한 지 몇 분 만에 다섯 번도 더 언급했다. 그는 타격에 대해 논할 때는 소크라테스식 문답법을 사용한다. 즉, 주로 질문을 한다. 설의법이라고 하기에도 애매한 질문을 할 때 어떻게 대답해야 할지 잘 모르면 균형에 대해 말하는 것이 가장 안전한 답변임을 곧 깨달았다. 예를 들면 다음과 같다.

라타: 앞쪽 팔 어깨를 보세요. 어느 방향으로 움직이죠?

나: 뒤…… 로…… 가나요?

라타: 그렇죠. 뒤로 가죠. 공은 이쪽으로 가는데, 기자님 어깨는 저쪽으로 가고 있어요. 그러면 어떻게 되는 거죠?

나: 아무래도…… 제 균형이 깨지는 거겠죠?

라타: 그렇죠! 균형이 깨지는 겁니다.

한참 질문 공세를 퍼붓자, 학창 시절에 이름 불릴까 봐 덜덜 떨었던 불편한 기억들이 떠올랐다. 그러고 나서 나는 라타에게 검정색 루이빌 슬러거Louisville Slugger 배트를 건네받고, 타격 연습장에 들어가서 몇 분 동안 공을 쳤다. 그는 L자 안전망 뒤에 앉아 양동이 안에 있는 공을 하나씩 던져주었다. 이후에 텔레비전 화면으로 측면에서 찍은 스윙을 살펴보았다. 자세하게 보기 위해 화면을 멈추기도 하고, 계속해서 프레임 별로 재생했다. 라타는 "몸의 움직임이 나쁘지는 않다"고 말했다. 아마 빈말일 것이다. "장점들이 있네요." 그러나 문제점들도 많이 찾아냈다. 첫째는 블래스트 장비도 잡아냈듯이 스윙 궤적이 수평으로 눕혀서 나오며, 일라이 화이트처럼 타격이 이루어지는 순간까지 가는 데 너무 오래 걸렸다. '배트가 돌아 나오는 것'도 좋지 못한 점이었다. 그렇게 효율성이 떨어지면 수준 높은 투수들을 상대할 수 없다. 라타는 그런 식으로 스윙하는 사람들은 대부분 "짐이나 나르는 일을 하게 된다"고 말한다.

라타는 "문제점들은 배트를 휘두르기도 전에 일어난다"고 설명했다. 일단 어깨에 힘이 들어가고, 뒷다리에 체중을 실어서 오르막길을 올라가는 것처럼 뒤쪽으로 기댄 상태였다. 라타는 내 중심이 뒤에 있어서 몸이 뒤로 젖혀진다고 말했다. 게다가 상체는 앞으로 쏠리고 앞발이 열려서 '에너지를 축적'하지 못하고 있었다. 휘두를 때 어깨는 뒤로 향하고 손은 몸 뒤쪽에서 장전하고 있는데, 앞발이 옆으로 빠져버렸다. 그렇게 처음부터 궤적이 서로 어긋났기 때문에 타격이 이루어지면 약한 타구만 나왔다. 라타는 이렇게 설명한다. "그렇게 하면 통제를 할 수 없으니까 어쩌다 운 좋게 얻어 걸리거나, 공을 억지로 갖다 맞혀야 하는 상황이 오는 거죠." 물론 느린 공이야 계속해서 잘 갖다 맞힐 수 있다고 하더라도 높은 수준의 투구를 상대하다가는 스스로 '다급해진 모습'을 곧 볼 것이라고 라타는 경고했다.

계속해서 부족한 부분을 고민하고, 보완해야 할 결점들을 생각하고 있던 와중에 라타는 자비롭게도 지적을 멈췄다. 실컷 두들겨 패놓고, 다시 토닥였다. "운동 신경이 있어요. 운동선수 하셔도 됐을 텐데." 단지 '억압되어 있는 상태'라고 라타는 말했다.

나는 능숙하다고 할 수 없지만, 지도는 잘 따른다고 자부한다. 다시 연습장에 들어가서 어깨에 힘을 빼고 뒤로 기대지 않게끔 중심을 잡았다. 배트를 휘두르면, 앞발이 어떻게 착지하는지 직접 봤다. 라타의 지도로 만들어진 스윙은 몇 번 휘둘러봐야 몸에 익는다. 하지만 공이 오면 어떤 동작들을 갖춰야 할지 고민했던 모습에서 새로운 스윙을 자연스럽게 취하는 모습으로 바뀌는 데는 얼마 걸리지 않았다. 움직임은 적어졌는데, 각 동작에 의미가 더 부여된 느낌이었다. 배트도 덜 돌아 나오고, 스윙도 더 힘찼다. 그때 원래 스윙에 비해 '타구가 뻗어나간다'는 것을 알아차렸다. 라타가 공을 세게 던지지는 않기 때문에 처음에도 바람만 갈랐던 것은 아니지만, 갑자기 능숙한 모습으로 공을 때렸다. '배트에 맞는 소리'도 더 커지고, 타구도 계속해서 직선을 그리며 나갔다.

내 얼굴은 빛으로 환해졌다. 사도 바울의 회심을 느꼈다는 실제 선수들의 경험담을 수없이 들었지만, 직접 겪어보니 희열감이 생겼다. 짧은 시간 안에 내가 그만큼 좋아졌다면, 실제 선수가 꾸준히 훈련하면 당연히 도약할 것이다. 미소를 참을 수 없었다. 미소를 바보 같이 크게 지으면서 배트를 휘두르는 모습은 아무리 생각해도 어리석어 보였다. 소가죽으로 만든 공을 나무 막대기로 치는 실력이 더 좋아진 것에 무척 기뻐하는 모습도 한편으로는 웃기다. 특별한 기술로 치면 수백만 달러 값어치를 한다는 부질없는 미국 문화 활동 아닌가. 제정신에 할 수 있는 일은 아니지만, 성취감 하나만큼은 확실했다. 오랫동안 야구로 먹고 살면서 깨작거리기만 했는데, 이때만큼은 '열심히 먹는다.' 미국 야구 선수들이 미련 없이 날려버린다는 뜻으로 사용하는 은어다. 내가 헝그리 정신을 이 정도로 발휘할 수 있는지 처음 알게 됐다.

라타는 영상을 돌려보면서 10분 정도 치고 나니까 더 나아졌다고 말했다. "이제는 동작들이 많이 달라졌죠? 운동 신경도 더 좋아지고 배트도 더 쉽게 돌리는 것처럼 보이는데, 타구들은 강해졌어요. ⋯⋯ 스윙 궤적도 더 길어졌죠."

그렇게 치고, 돌려보며, 수정하는 과정을 여러 번 거쳤다. 라타로부터 피드백을 받기도 했지만, 나 스스로도 강하게 때린다는 느낌이 들었다. 그런데 최근 들어 의도를 가진 연습을 신봉하게 되지 않았던가. 훈련이 정량화되지 않는 부분이 내심 아쉬웠다. 이렇게 한 차례 교습을 받아서 발사각이나 타구 속도가 어느 정도 늘었는지 라타에게 물어봤다. 그러나 또 한 번의 소크라테스식 문답법이 시작되고 말았다.

라타: 스윙을 제대로 하니까 뜬공이 몇 번 나왔죠?

나: 많이요.

라타: 엄청 많이죠. 어느 정도로 잘 쳤습니까?

나: 더 잘 쳤습니다.

라타: 그렇죠. 제가 공을 띄워 치라고 지시했던가요?

나: 아니요.

라타: 연습장 천장을 맞히라고 강요했나요? 아니라고요? 그럼 어떻게 된 거죠? 이런 기적이 어떻게 일어난 거죠?

'균형을 잘 잡아서'라고 대답할까 싶었지만, 동작을 자연스럽게 가져갔다는 식으로 중얼거렸다. 라타는 우리가 한 것을 숫자로 치부하지 않기를 원했다. 그러면서 몸이 제대로 움직이면 좋은 숫자는 따라오기 마련이라고 말했다. 그러면서 이렇게 물었다. "스윙이 좋고, 시속 145킬로미터짜리 속구를 제대로 맞힐 수 있으면 어떻게 되죠?" 나는 정답을 안다. "타구 속도가 높아진다"고 대답했다. "타구 속도가 높아지죠." 라타는 만족스러운 듯 내가 한 말을 되풀이했다.

"오늘은 기자님의 몸이 만들어진 대로 기능하도록 도와드린 것뿐입니다." 어쩌면 내가 책상 앞에 앉아서 하는 일은 운명이라기보다 선택일지도 모른다. 그렇게 말하고 나서 내가 듣고 싶었던 말을 덧붙인다. "기자치고는 정말 잘하셨어요. 정말이에요."

객관적 수치를 알려주는 첨단 장비들 _____

신체적 한계에 직면하는 일이 그렇게 마음의 상처로 다가오지는 않았다. 나는 메이저리거가 되고 싶은 마음도, 될 수 있다는 기대도 없기 때문이다. 앤디 매케이 시애틀 선수 육성 부장도 마찬가지였다. 그런데 메이저리거를 만들어내는 일을 한다. 그는 그렇게 하기 위해 최신 장비들을 온몸으로 받아들였다. 브라이언 버밀리에이 사장은 '지금 모든 구단 중에서 시애틀이 가장 열혈 고객'이라며, K-베스트 장비 총 여덟 대를 보유하고 있다고 밝혔다. 시애틀 매리너스에 한 대, 각 산하 마이너리그 구단에 한 대씩, 그리고 휴대용 한 대를 보유했다.

매케이는 2008년에 노스우즈 리그Northwoods League에 소속한 라크로스 로거스La Crosse Loggers라는 팀(NC 다이노스에서 뛰었던 에릭 테임즈Eric Thames가 이 팀 출신 — 옮긴이)의 감독을 맡았다. 그곳은 대학 야

MVP 머신

구 선수들을 위해 운영하는 하계 리그였다. 그는 오후 7시 홈경기가 있는 날이면, 오후 1시까지 경기장에 나올 것을 요구했다. "하계 리그잖아"라는 말을 밥 먹듯이 하며 느슨하게 운영되는 리그였기에 흔하게 제시되는 요구 사항은 아니었다. 선수들은 경기가 시작하기 전까지 남는 시간 동안 자신이 원하는 기술을 의도를 가지고 연습해야 했다. 당시 매케이는 예를 들어 2루수가 매일 15분씩 병살 플레이를 실전처럼 연습하면, 사나흘 후에 나타나는 결과가 엄청나다고 설명했다. 당시 가졌던 사고방식은 바뀌지 않았지만, 시간을 활용하는 능력만큼은 변했다. "과거에는 선수를 평가할 때 실력이 좋아졌는지를 놓고 지금 하는 것처럼 '확실히 좋아졌다'거나 '아니다'라고 말할 수가 없었습니다."

매케이에 따르면 기량이 크게 발전한 투수는 7~8명이고, 타자도 그 정도거나 더 많으며, 전부 K-베스트나 블래스트, 랩소도 같은 첨단 기술을 활용한 결과라고 한다. "그런 장비를 써서 선수 한 명이 메이저리그에 가서 한 경기를 더 이겼다고 한다면, 그만큼 돈값을 한 것이라고 생각합니다." 물론 세부적으로는 다르겠지만, 선수 기량을 측정하겠다는 욕구는 40야드(약 36.6미터) 달리기를 평가하겠다는 스카우트의 마음과 비슷하다고 할 수 있다. "스카우트들은 절대로 뛰는 모습만 보고 '진짜 빠르다'거나 '느린 것 같다'고 말하지 않습니다. 스톱워치를 가져가겠죠. 이제는 다른 부분을 위한 스톱워치들도 생긴 셈입니다."

구단에서 문제점을 발견한다고 선수가 모두 고칠 수 있다는 뜻은 아니다. 그렇지만 문제점을 발견하지 못하거나, (최악의 경우) 잘못 진단했을 때보다는 고칠 수 있는 확률이 높다. 못해도 잘하는 것처럼 보이는 선수가 있고, 잘해도 못하는 것처럼 보이는 선수가 있다. 하지만 객관적으로 측정하면 '효과적인 동작'과 '자세만 예쁜 동작'을 구별할 수 있다고 매케이는 말한다. 장비들이 알려준 차이점을 선수들에게 전달하면, 단순히 한 사람에게서 나온 의견으로 일축시키기는 힘들다. "제 의견은 아니고, 모두가 인정하는 확실한 데이터죠."

'모두'는 조금 과장된 표현이다. 하지만 매케이는 반대 의견이 있어도 크게 아랑곳하지 않는다. "진실을 말해주는 진짜 데이터를 얻는 것보다 육안이나 20년 경력이 더 가치 있다고 주장하는 사람이라면 얼마든지 논쟁할 수 있습니다. 세상에 그런 식으로 운영하는 분야가 어디 있습니까? 과거에는 장비들이 없었기 때문에 확실하게 인정하지 못했지만, 지금은 장비들이 있잖습니까." 맞는 말이다. 나도 장비들을 직접 체험했다. 그리고 내 자존심은 용납하지 않지만, 거짓말을 하는 장비는 없었다.

MVP 머신

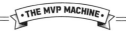

12장 동료를 돕는 일

인생의 큰 부분을 야구공을 잡으면서 보냈는데, 그만두고 나서 보니 정반대였다
는 것을 깨달았다.

　　　　　　　　　　 － 짐 바우튼Jim Bouton, 전직 투수이자 《볼포Ball Four》 저자

바워, 올스타가 되다

2018년 7월 8일, 일요일 저녁이었다. 트레버 바워는 오하이오주 웨스트
레이크Westlake에 살고 있는 아파트에서 아메리칸 리그를 대표하는 올스
타로 선정되었다는 소식을 접했다.

　WAR(5.2)이 메이저리그 1위였고, 2.24의 평균 자책점은 크리스 세일
(2.23) 다음으로 2위에 올랐다. 전반기 평균 자책점은 클리블랜드 인디
언스 투수 가운데 1991년 톰 캔디오티Tom Candiotti 이후로 가장 낮았
다. 바워는 전반기에 136이닝 동안 6홈런만 허용하면서 탈삼진을 무려
175개나 잡았다. 비록 저스틴 벌랜더가 부상으로 빠지는 바람에 대체자
로 선발되어서 치욕으로 받아들이기는 했지만, 올스타라는 개인 목표는
일단 달성했다. 물론 거기서 더 큰 포부를 가졌다. 확실한 사이영 상 후
보로 등극한 것이다.

7월 10일, 올스타전 일주일 전이었다. 클리블랜드는 홈에서 신시내티 레즈를 맞이했고, 바워가 선발로 등판했다. 그리고 승부 안에 승부가 벌어졌다. 리그에서 가장 지능적인 투수와 조이 보토Joey Votto라는 신시내티 스타 1루수이자 리그에서 가장 지능적인 타자 간의 맞대결이 벌어졌다.

클리블랜드 포수 로베르토 페레스는 '둘 다 똑같은 인간'이라고 표현했다.

바워는 1회에 다음과 같은 투구 배합으로 보토를 상대했다.^{QR-15} 포심 속구(볼), 포심 속구(스트라이크), 체인지업(볼), 포심 속구(스트라이크), 투심 속구(파울)로 이어진 후 타자의 벨트 높이에서 발뒤꿈치까지 떨어지는 커브를 던졌으나 보토는 파울을 쳐서 살아남았다. 그러고 나서 보토는 타자석에서 한 발짝 나간 뒤 미소를 싱겁게 지었다. 둘은 바로 직전 비시즌에 UFC 경기를 같이 관람하면서 서로 대화를 나눈 적이 있다. 그리고 각자 야구를 대하는 방식을 서로 존경했다. 보토는 삼진을 잡기 가장 힘든 선수 중 하나인데, 바워는 자신의 구종이 대부분 노출되어버렸다. 투 스트라이크에서 보토는 항상 그래왔듯이 배트를 매우 짧게 잡았다. 극단적으로 짧게 잡는 선수들이 많지 않다는 것을 개의치 않았다. 바보 같아 보이는 것도 신경 쓰지 않았다. 그도 바워처럼 자신이 될 수 있는 최고가 되기를 원했다. 바워는 일단 페레스의 사인을 한 번 거절했

QR-15
URL https://youtu.be/zKzlbM-xnRk?t=822

MVP 머신

다. 페레스는 두 손가락을 내리며 커브를 냈다. 바워는 고개를 저었다. 페레스는 이번에 세 손가락을 내리며 슬라이더를 냈다. 바워는 또다시 고개를 저었다. 그러자 페레스는 세 손가락을 내린 후 왼쪽 허벅지 쪽으로 가져갔다. 구종과 위치를 합친 사인인데, 바워가 거의 던지지 않았던 일명 컴백 슬라이더comeback slider(또는 백도어 슬라이더backdoor slider)를 의미했다.

페레스는 이렇게 설명한다. "보토는 좋은 공을 전부 커트해내더라고요. 어떤 공을 내야 할지 난감했죠. 바워는 백도어 슬라이더가 나올 때까지 거부했습니다."

백도어 슬라이더란 오른손 타자의 타자석을 향하다가 가운데로 꺾여서 홈 플레이트 위를 지나가는 공을 뜻한다. 보토는 그런 식으로 들어온 세 번째 스트라이크를 바라만 봤다. 그리고 이닝은 종료되었다. 바워는 완벽한 공을 던졌다. 그는 마운드를 내려오면서 보토를 바라보며 검지로 자신의 모자를 가리켰다(머리를 써야 한다는 의미 — 옮긴이). 하지만 보토는 보지 못했다.

바워는 '나한테 당했지'라는 의미로 보토한테 그런 손짓을 했다고 말했다. "그게(백도어 슬라이더) 올해 두 번째로 던진 겁니다. …… 그 순간, 그 카운트에서 노릴 만한 공을 던지지만 않으면 되는 거죠. 한 가지만 갖고 보토를 이길 수 없어요. 핫 존, 콜드 존 다 좋은데, 콜드 존에 계속 던지면 당연히 적응합니다. 물론 콜드 존에 던지면 절대 못 치는 타자들이 있습니다. 신시내티 외야수 스콧 셰블러Scott Schebler가 그런 경우인데, 커브를 던진다고 알려줘도 못 쳐서 세 타석 내내 그렇게 했죠. 하지만 보토의 경우에는 스카우팅 보고서에 커브를 못 친다고 적혀서 커브

세 개를 연달아 던지면 세 번째는 반드시 후려칩니다."

투수들의 소위 '움짤(움직이는 사진)'을 제작해서 SNS에 공유하는 것으로 잘 알려진 롭 프리드먼Rob Friedman은 바워가 페레스의 사인에 고개를 젓는 얼굴을 버블헤드 인형 몸뚱이 위에 붙여서 움짤을 만들었다. 세계 최초로 고개가 좌우로 흔들리는 버블헤드일 것이다. 바워의 공을 받는 일은 쉽지 않다. 페레스의 경우 2013년부터 바워와 호흡을 맞췄다.

선발 등판 전마다 칼 윌리스 클리블랜드 투수 코치는 바워에게 프런트에서 수집한 상대 팀 스카우팅 데이터를 자신의 의견과 함께 전달한다. 경기 시작 몇 시간 전부터 정보를 짚고 넘어간다. 보통 이런 회의에는 포수도 참여한다. 하지만 페레스가 보이지 않으면, 굳이 찾지 않는다. 바워와 윌리스 코치는 이렇게 대화한다.

윌리스 코치: 페레스는 왜 안 왔어?
바워: 코치님, 신경 쓰지 않으셔도 됩니다. 어차피 제가 던지고 싶은 공 던질 건데요.
윌리스 코치: 응, 알아.
바워: 아무리 말씀하셔도 제가 생각하는 공을 던질 겁니다.

페레스는 다음과 같이 말한다. "같이 갖고 가는 전략은 없어요. 바워가 타자들을 어떻게 요리해야 하는지 알고, 저는 거기에 맞춥니다. ……(바워는) 아는 게 많아요. 스카우팅 보고서를 같이 살펴보지만 자기만의 생각이 있습니다. …… 물론 사인을 받아주면 좋겠죠. 포수라면 다 그렇게 생각할 겁니다. 그런데 저는 익숙해졌어요. 경기의 주인공은 투수잖

MVP 머신

아요? 저는 어떤 공을 던지면 좋을지 제안만 하는 거죠. …… 타자를 어떻게 잡을지는 본인이 가장 잘 알고 있습니다."

페레스는 바워의 사인 거부를 감정 상할 일로 여기지 않는다. 그리고 바워는 일방적인 관계는 아니라고 말한다. 그는 페레스가 타자의 스윙을 더 자세하게 파악하는 능력과 투구들에 대한 의견을 소중하게 생각한다.

바워는 자신을 상대로 리드하는 게 쉽지 않을 것이라고 말한다. "제시하는 공이 더 효과적일 수 있지만 제 생각과 다르면 대부분 거절합니다. …… 저는 같은 것을 자주 반복하지 않는 걸 투구 배합이라고 생각하거든요. …… 타자의 타이밍에 맞춰서 던져야 합니다."

신시내티를 상대했던 경기는 바워가 가장 잘 던진 경기에 속했다. 8이닝을 무실점으로 막았고, 탈삼진 12개에, 주자는 일곱 명만 허용했다. 게다가 그해 들어 슬라이더가 가장 잘 먹혔다. 수평으로 평균 25.9센티미터, 수직으로는 평균 1.5센티미터 꺾였다. 자신이 그토록 원했던 슬라이더를 완성했다. 7월 한 달 동안 수평 움직임은 22.9센티미터를 기록했다. 2018년 시즌에 평균 수평 움직임이 가장 큰 투수는 마이크 클레빈저로, 24.4센티미터나 꺾었다.

신시내티전 등판으로 평균 자책점은 2.23으로 낮아졌다. 게다가 명품 구종을 새로 완성했다. 새로운 슬라이더의 전체 스윙 횟수에 대한 헛스윙 비율이 41.4퍼센트로, 2018년 시즌에 전체 투수가 던진 슬라이더 중에 18위였다. 그리고 100구 당 득점 가치가 평균 대비 2.8득점으로 블레이크 스넬Blake Snell과 마일스 마이컬러스Miles Mikolas에 이어 전체 3위에 올랐다. 평균 구속도 시속 153.5킬로미터로 개인 단일 시즌 최고 기록을 세웠다. 제구도 그 정도로 좋았던 적이 없었다. 하지만 신시내티전

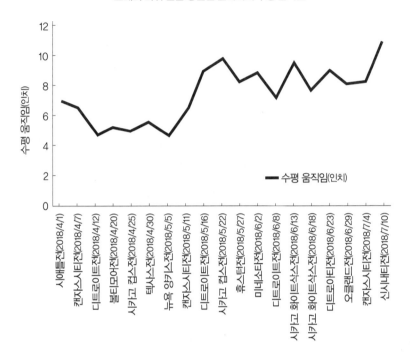

트레버 바워 선발 등판별 슬라이더 수평 움직임

등판은 일종의 절정이었다고 할 수 있다.

　바워는 7월 15일, 일요일에 네 명의 팀 동료와 함께 올스타전에 참가하기 위해 전세기를 타고 워싱턴 D. C.로 향했다. 바워는 올스타전에서 엇갈린 경험을 했다. 자신을 크게 드러내지는 않았다. 대화도 많이 하지 않았다. 본 경기 전날에 MLB 네트워크 세팅장 데스크로 불려가 투구 그립에 대해 이야기를 나누기는 했다. 생방송 도중에 어린 시절 우상이었던 페드로 마르티네스와 손 크기를 비교하기도 했는데, 마르티네스의 손은 바워의 손을 삼켜버릴 정도였다.**QR-16** 그리고 방송에서 자신의 WAR을 알고 있는지 묻자, 바워는 '당연히 안다'며 빈정대기도 했다. 아

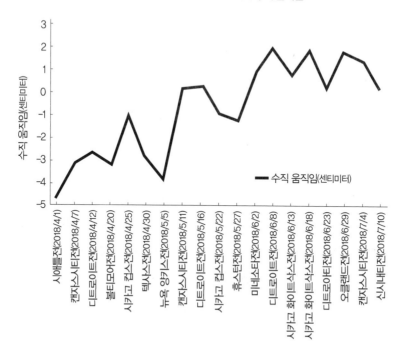

트레버 바워 선발 등판별 슬라이더 수직 움직임

수직 움직임(센티미터)

— 수직 움직임(센티미터)

메리칸 리그 클럽하우스 안에서는 휴스턴 애스트로스 무리로부터 냉대를 받았다. 앨릭스 브레그먼이 휴스턴 동료들과 함께 있는 모습을 보자 군이 인사를 건넸다. 그 결과 어색한 정적만 흘렀다. 아울러 바워는 이미 전주 일요일에 등판했기 때문에 올스타전 미출장 선수로 등록되었다. 그는 사이영 상을 향한 질주를 다시 시작하기 위해 경기가 끝나자마

QR-16
URL https://www.youtube.com/watch?v=aP4L0J0yLps

자 워싱턴을 떠났다.

바워는 2018년에 기량 면에서 크게 바뀌었다. 2017년 5월 말에 리그 최악의 투수라고 할 수 있었지만, 결국 올스타로 선정되었다. 하지만 그뿐만이 아니었다. 그는 팀 동료로서의 평판도 뒤바꿨다. 자신의 투구 능력만으로 가치를 발휘한 것이 아니다. 팀 동료들에게도 귀중한 선수가 되었다. 그는 동료들의 제구를 돕는 일에 특별한 관심을 쏟았다.

입스 극복하기

7월 말, 조시 톰린Josh Tomlin이 클리블랜드 홈구장 깊숙이 자리 잡은 트레이너실에서 바워를 찾았다. 그는 지난 몇 년 동안 클리블랜드 투수진에서 제구가 가장 좋았다. 2014년 시즌부터 9이닝 당 볼넷이 1.2개에 불과하고, 그 기간에 상대한 모든 타자 가운데 3.2퍼센트만이 볼넷으로 나갔다. 그런데 2018년 여름에 제구가 잡히지 않았다. 6월 한 달 동안 볼넷률은 6.7퍼센트로 올랐고, 공은 시즌 내내 스트라이크 존에서 많이 벗어났다. 메이저리그에서 시속 145킬로미터가 되지 않는 속구로 살아남으려면 날카로운 제구가 뒷받침되어야만 한다. 그는 2018년 7월 10일에 허벅지 안쪽이 당겨서 부상자 명단에 올랐지만, 금방 복귀한다는 것을 알았다. 그 사이에 어떤 방법이라도 찾아야 했다. 그는 도움이 필요했다. 당시 바워는 찜질을 받고 있었다. 바워에게 질문을 갖고 찾아간 적이 있었지만, 이번에는 달랐다. 바워는 톰린이 '자신의 제구에 문제가 생긴 이유를 모르겠다'는 식으로 말했다며, 그로 인해 '바로잡아줄 기회'가 생겼다고 말한다.

그는 톰린에게 이렇게 말했다. "형님, 지난 2주 동안 투구 동작에만 너무 신경 썼어요. 무슨 로봇처럼 돼버리셨어요. '다리는 이렇게 들어야 한다', '어쩌구 저쩌구' 그런 식으로요. 너무 속으로만 생각하고. 고민이 많으세요. 가서 유격수나 뛰시죠."

톰린은 자신의 문제를 그제서야 알아차렸다.

바워는 스포츠과학을 구성하는 모든 분야에 관심을 가졌다. 거기에는 심리학도 포함되었다. 그는 정신적인 면을 훈련하고 향상시켜서 제구를 잡는 방법이 가장 완성하기 힘든 기술이라고 느꼈다. 그래서 더 나은 훈련법을 찾는 데 특이나 관심이 많았다.

바워는 로버트 나이데퍼Robert Nideffer 박사의 '주의 집중 유형 및 개인 특성 이론Theory of Attentional and Personal Style'이 선수의 기량과 관련 있어서 관심을 가졌다. 나이데퍼 박사는 1976년에 기량을 펼치는 마인드셋에 대한 이론을 퍼넷 사각형Punnett Square(유전자 분리의 법칙을 설명할 때 사용하는 모식도 ─ 옮긴이) 비슷하게 나타냈다. 그는 한순간에 운동선수의 주의 집중은 폭과 방향이라는 두 가지 차원으로 결정된다는 것을 알아냈다. 폭은 집중이 넓게 또는 좁게 이루어지는 것, 방향은 내적이나 외적 집중을 의미한다. 따라서 '협역-내적', '광역-내적', '협역-외적', '광역-외적' 집중이라는 총 네 가지 마인드셋으로 구분할 수 있다. 내적 집중은 선수가 자신의 동작을 의식적으로 생각하는 일을 말하며, 투수에게는 방해가 된다. 집중이 넓게 이루어지는 것은 선수가 자신을 둘러싼 환경을 대부분 인식하는 일을 뜻한다. 바워는 협역-외적 집중을 원했다. 협역-외적 집중은 자기 자신에서 특정 과제나 업무로 주의를 전환하는 것을 말한다. 그런 유형은 투수가 공을 던지거나, 농구 선수가 슛을 하거나, 골프 선수가 퍼팅을 할 때 이상적이다.

바워는 찜질을 마치고 톰린과 함께 경기 전에 텅 비어 있는 홈구장 그라운드로 가서 캐치볼을 했다. 톰린의 다음 등판까지는 이틀 남았다. 그는 바워가 시키는 대로 다양한 무게의 웨이티드 볼로 롱 토스를 진행했다. 그러고 나서 역동적인 동작으로 던져야 했다.

바워가 기억하기로는 톰린에게 "저를 믿으세요. 오늘은 공이 어디로 가든 신경 쓰지 말고"라고 말했다.

톰린은 마치 2루수에게 공을 받고 1루로 송구해서 병살 플레이를 마무리 짓는 상황처럼 속구와 커브를 던져야 했다. 공을 받고 송구 자세로 들어가기 위해서는 스텝이 빨라야 하기 때문에 기술이나 동작을 잠시나마 잊을 수 있었다.

바워는 "잠시 잊게 하려고 다른 걸 시켰습니다. 그렇게 해서 고쳤죠"라고 말한다.

톰린은 재활 등판을 산하 더블A 애크런 러버덕스Akron Rubber Ducks 소속으로 3이닝을 퍼펙트로 막아 예리한 모습을 보였다. 후반기에 클리블랜드에 다시 합류한 이후로 볼넷을 9이닝 당 0.84개 허용했다. 즉, 2.1퍼센트의 볼넷률을 기록했다.

물론 바워의 치유 방식이 전부 통했던 것은 아니다. 그렇지만 자신에게 조언을 구하는 동료나 투수들은 적극적으로 도왔다. 톰린은 어쩌면 가벼운 '입스yips'에 걸린 것이었을 수도 있다. 입스란 운동선수가 공을 던지거나 골프공을 정확하게 때리는 등 수천 번도 넘게 해온 일을 하지 못하게 되는 불가사의한 상태를 말한다. 바워는 제구에 더 심한 악영향을 주는 심리적인 방해 요인으로부터 탈출하기 위한 극단적인 치료법을 실험한 적이 있다.

입스 환자 중 일부는 자기가 원하는 곳에 던지는 능력을 되찾는다. 반면, 스티브 블래스Steve Blass나 릭 앵키얼Rick Ankiel처럼 이전에 보였던 제구력을 영영 회복하지 못하는 경우도 있다. 바워는 2년 전 비시즌 때 드라이브라인에서 친구인 코디 버컬Cody Buckel을 돕기 위해 감각 차단용 불펜 제작에 참여했다. 버컬도 선수 생명이 기로에 설 정도로 입스에 걸리는 바람에 고생하고 있었다.

바워와 버컬은 열세 살 때 만나 메이저리그를 꿈꾸며 우정을 쌓았다. 버컬은 2012년에 바워를 자신의 멘토라고 말한 적이 있다. 그는 2010년 신인 드래프트 2라운드에서 텍사스 레인저스에 지명되었다. 2011년에 아직 10대였던 그는 클래스A 수준을 제압했고, 《베이스볼 아메리카》는 그를 텍사스 마이너리그 선수 가운데 제구가 최고인 투수로 꼽았다. 이듬해에는 구단 내 올해의 마이너리그 투수로 선정되었고, 2013년 봄에는 메이저리그 전지훈련에 초청받아서 참여했다. 그런데 첫 시범 경기 등판에서 다섯 타자를 볼넷으로 내보내고, 아웃은 한 개밖에 잡아내지 못했다. 두 번째 등판에서는 아웃 카운트 두 개를 잡고 강판됐다. 마이너리그 시즌이 시작되자 여유를 갖기보다 스스로에게 더 부담만 지웠다. 그해 5월 1일까지 평균 자책점이 무려 20.25나 되었다. 그러나 무엇보다도 우려스러웠던 점은 타자 66명을 상대해서 볼넷을 28번 허용한 것이었다.

이후에 그는 텍사스 심리 상담사들과 키스 콤스톡Keith Comstock 마이너리그 재활 코디네이터를 만났다. 콤스톡도 입스를 극복한 적이 있다. 그도 여러 무게의 웨이티드 볼로 불펜 투구를 하거나 플라이오케어 공을 던지는 등 바워로부터 영감을 받은 훈련들을 시도했다. 하지만 효과를 본 것은 없었다.

시안 바일락Sian Beilock 시카고대학교 심리학 교수는 입스가 무의식적인 사고에서 의식적인 사고로 전환하는 것과 연관이 있다고 말한다.

바일락 교수는 "사람들이 여러분을 주목하면, 여러분도 여러분 자신을 살펴보게 됩니다"라고 말한다.[1]

선수보다는 환경이 문제가 될 수도 있는 것이다. 바워는 친구가 4년 동안 스트라이크를 제대로 던지지 못해 고생하는 것을 보고, 2016~2017년 겨울에 드라이브라인 연구개발동에 있는 불을 전부 껐다. 어두우면 일단 눈에 들어오는 환경은 사라진다. 훈련장은 레이저 포인터에서 나오는 빨간 점과 투구 연습용 표적 외에는 그대로 암흑이었다. 버컬이 던지는 모습은 보이지 않았다. 결과도 보이지 않았다.

그는 그런 식으로 드라이브라인에서 훈련하는 동안 스트라이크 비율이 50퍼센트에서 60퍼센트로 늘었다. 카일 보디는 각 구단에 버컬의 투구 영상과 구속, 회전수 등을 정리해서 보냈다. 그리고 2017년 1월에 로스앤젤레스 에인절스가 그 자료를 보고 버컬과 마이너리그 계약을 맺었다. 그런데 실전 상황에 놓이고, 사람들의 시선이 쏠리자 정신적 장벽이 다시 나타났다.

더블A에서 20.2이닝 동안 21개의 볼넷을 허용하고 나서 프로 투수로서 마침표를 찍었다.

그는 "어느 순간부터 실전에서 승부하는 것보다 훈련하는 걸 더 즐기는 내 자신을 발견했다"고 말한다. 하지만 선수 생활은 끝났을지 몰라도 관계자 생활은 그때부터 시작됐다. 처음에는 시애틀 매리너스, 그리고 지금은 클리블랜드에서 도관 역할을 맡았다.

바워는 투구를 하기 위해 가져야 할 마인드셋을 잘 안다. 그런 마인드셋을 잘 갈고 닦아서 프로 투수 마운드에서도 꾸준히 보여주는 것이 과제다.

그는 드라이브라인에서 다른 수강생들과 미니 게임이라고 부르는 활동들을 하면서 제구와 관련된 운동 학습 속도를 늘린다. 예를 들어, 보디가 12미터 가량 떨어져서 '시작!'이라는 구호와 함께 고무공을 하늘 높이 던지는 게임이 있다. 그때 바워는 뒤로 돌아서 있다가 공이 땅에 닿기 전에 몸을 돌려서 맞춰야 했다. 의식적인 사고를 배제하기 위해서였다. 원래는 버컬을 치료하기 위해 개발한 훈련 중 하나였다. 하지만 그런 실험들이 전부 성공한 것은 아니다. 그래도 2018년에 톰린은 도울 수 있었다. 바워는 클레빈저와 자주 야구에 관한 대화를 나누었다. 애덤 플룩토Adam Plukto에게는 회전축을 가르쳤다. 2018년 5월에 닐 라미레스Neil Ramírez라는 투수가 합류하자, 몇 주 간 지켜보고 나서 새로운 구종을 익혀볼 것을 권했다.

라미레스는 '같이 더그아웃 난간에 팔을 걸치고 경기를 보고 있었을 때'였다고 기억한다. "제가 바워에게 스플리터에 대해 물었어요. 그러자 바워가 '네 구종들이 어떤 성적을 찍었는지 좀 봤는데, 커브를 던지는 게 훨씬 나을 것 같다'고 말하더군요."

라미레스의 속구 구속(시속 153.4킬로미터)과 회전수(2,436rpm)는 평균보다 높았고, 슬라이더도 적당한 수준으로 던졌다. 바워는 종으로 떨어지는 변화구가 필요하다고 생각했다.

바워는 다음과 같이 설명한다. "라미레스에게 좋은 변화구를 던질 수 있게 만들고, 속구를 40퍼센트 던지라고 하면 특급 투수가 되는 겁니다."

수많은 프로와 아마추어 코치들은 백지 상태에서는 평균 이상 되는 변화구를 개발할 수 없다고 믿는다. 회전을 먹이는 감각은 타고난 것이라고 생각하는 코치들도 있다. 하지만 바워는 경험을 통해 그런 고정형 마인드셋이 틀렸다는 것을 알았다.

닐 라미레스는 메이저리그에서 살아남겠다는 절실함 때문인지 다른 투수들에 비해 마음이 열려 있었다. 그는 비시즌에 케일럽 코섬이 지도하는 웨이티드 볼 훈련을 통해 속구를 시속 3.5킬로미터 늘렸다(2017년에 시속 149.9킬로미터에서 2018년에 시속 153.4킬로미터). 프로 투수였고 드라이브라인 출신인 코섬은 당시 더 블레드소 에이전시The Bledsoe Agency 소속으로 일했다. 클리블랜드는 불펜이 너덜너덜해지자 5월에 보강 차원에서 트리플A에 있던 라미레스를 승격시켰고, 코섬은 라미레스에게 팀에 합류하면 바워를 찾으라고 조언했다.

라미레스는 "바워는 마음에 드는 친구예요. 경기 끝나고 들어오면 '쫄보같이 151이 뭐냐?'라고 농담을 건네요"라며 낄낄거린다. "저는 누군가를 제대로 알기 전까지는 그 사람을 일반화하지 않습니다. 바워는 등판할 때마다 나가서 싸우고, 최선을 다하는 친구입니다. 밖에서 봤을 때도 그랬고, 클리블랜드에 와서 봐도 그렇습니다. …… 사람들은 잘 모르는 일에 두려움을 갖기 마련이죠."

둘은 올스타전 휴식기 전부터 변화구 개발에 힘썼다. 에저트로닉 카메라를 사용해 라미레스가 처음부터 잡았던 커브 그립도 찍었다. 그리고 라미레스는 바워와 캐치볼을 하면서 여러 가지 그립을 시험했다. 게다가 바워로부터 팔꿈치를 나선형으로 회전한다는 개념을 배워서 팔 스웡을 향상시킬 수 있었다.

바워는 다른 투수와 투구 동작이 다르다. 미식축구공을 던지는 동작과 거의 흡사하다. 글러브에서 공을 쥐어서 투구 동작을 시작하면, 던지는 팔을 2루를 향해 뒤로 쭉 빼지 않는다. 바워는 전부 동작만 낭비하고, 쓸데없는 압박만 생긴다고 여긴다. 오히려 던지는 팔의 팔꿈치를 1루 방향까지 젖히고, 팔뚝은 지면과 평행하게 가져간다. 그리고 앞발이 마운드 앞에 착지하자마자 팔뚝은 팔과 90도를 이루도록 위로 회전한다. 마치 미식축구의 쿼터백이 귀 옆에 공을 들고 있는 모습과 크게 다르지 않다. 팔 스윙을 짧고 효율적으로 가져가는 것이다. 던지기 위한 자세로 가기까지 팔꿈치가 나선 계단을 오르는 모습이라고 해서 나선형으로 회전한다고 말한다.

보디와 드라이브라인 관계자들은 데즈카 가즈시手塚一志라는 일본인 지도사가 쓴《피칭의 정체ピッチングの正体》(국내 미번역)라는 책을 통해 팔꿈치를 나선형으로 회전한다는 개념을 알게 되었다. 아쉽게도 영어 번역본이 존재하지 않아서, 보디는 사비를 털어서 번역을 의뢰하기까지 했다. 드라이브라인 관계자들은 팔꿈치를 나선형으로 회전한다는 데즈카의 개념을 부분적으로 수정하면서도, '외회전과 뒤침의 결합'이라는 근본 개념이 독특하고 팔을 더 효율적으로 움직일 수 있다고 생각했다. 바워는 드라이브라인에서 피벗 픽과 함께 배운 훈련으로 팔 스윙을 짧게 가져가기도 했지만, '어린 시절부터 많이 던졌고, 그 훈련량을 버티려고 몸이 적응했던 것' 때문에 자연스럽게 터득한 부분이 더 컸다고 말한다. 그렇게 공을 뒤로 많이 가져가지 않는 동작을 스스로 '중립 상태 neutral position'라고 부른다. 그래서 대부분 투수보다 몸이 멀쩡하다고

여긴다. 그는 지금까지 부상자 명단에 오르거나 선발 등판을 거른 적이 없다.

반대로 라미레스는 팔 스윙이 지나치게 커서 제대로 된 커브를 던지는 데 부정적인 영향이 있었다. 던지는 팔을 2루 방향으로 길게 뻗을 때 팔뚝을 안으로 돌렸다, 밖으로 돌렸다, 공이 손에서 떠날 때는 다시 안으로 돌렸다.

바워는 '움직이는 부위가 너무 많다'고 정리해서 설명한다. 하지만 나선형으로 회전하면 팔뚝을 안으로 돌리는 동작은 공을 손에서 놓기 직전에만 일어난다.

어쨌거나 바워는 닐 라미레스의 새로운 변화구가 완성 단계에 접어들었다고 생각했다. 하지만 코치진은 새로운 변화구가 라미레스의 슬라이더에 악영향을 끼친다고 판단했고, 이로 인해 변화구 개발 프로젝트는 중단되었다. 바워는 오히려 차별적 반복 훈련으로 좋아졌다고 느꼈지만 라미레스는 코치진에 대항하고 싶지 않았고, 결국 구단의 방침을 묵묵히 따랐다. 그래도 라미레스는 비시즌 동안 블레드소 투수 연구소에서 커브를 장착하고 팔꿈치를 나선형으로 완벽하게 회전할 수 있도록 만드는 것을 우선순위로 놓았다.

바워는 팀 동료들만 도운 것이 아니었다. 이듬해부터 홈구장에 에저트로닉 카메라 설치를 원했던 프런트 직원들이 있었다. 그해 여름에 그들과 만나 이야기를 나눴다. 구장에 설치해야 할 위치와 설치하는 방법이 궁금했던 것이다. 하루는 구단이 루벤 니에블라 마이너리그 투수 코디네이터를 메이저리그 클럽하우스로 불러 바워와 투구 디자인이나 새로운 구종으로 이득을 볼 마이너리그 투수들에 대해 이야기를 나누는 자리를 마련했다. 바워는 한 경기 내내 더그아웃 난간에 팔을 걸치고 투구 디자인의 원리를 설명했다. 그는 점점 구단과 건설적인 대화가 이루어지고, 자기가 하는 말이 구단 관계자들에게 인정받고 있다고 느꼈다.

라미레스의 경우에는 커브를 비교적 빨리 가르칠 수 있다고 생각했다. 구속이 나오게 한다는 것은 간단한 개념이라고 믿었다. "공을 세게 던지려고 하면 몸이 알아서 거기에 맞춰 적응합니다." 2018년 여름에 그 말이 맞다는 것을 증명할 만한 일이 많았다.

2016년 봄, 로스앤젤레스 다저스는 당시 구단 컨설턴트로 일했던 카일 보디에게 마이너리그에서 최하위권에 속하고, 루키 수준을 벗어나지 못하는 투수 10명을 모르모트로 제공했다. 다저스는 보디의 드라이브라인 관계자들이 선수들의 구속을 늘릴 수 있는지를 알아보기 위한 실험이었다. 이 실험은 애리조나주 피닉스 서쪽에 위치한 다저스의 캐멀백 랜치Camelback Ranch 시설에서 있었다. 2015년도 신인 드래프트에서 전체 702번째로 뽑히고 루키 리그에서 평균 자책점 8.38을 기록한 앤드루 이슬러Andrew Istler와 같은 해 드래프트에서 전체 942번째로 뽑힌 오클라호마대학교 출신 코리 코핑Corey Copping도 거기에 포함되었다. 이슬러는 대학 시절에 최고 시속 142킬로미터를, 코핑은 시속 145킬로미터를 찍었다.

코핑은 당시 경험을 이렇게 말한다. "저희만의 세상에 있었던 거나 다름없었죠. 팀에서는 승격이 안 돼서 확장 캠프에 남아야 한다고 했습니다. …… 드라이브라인이 오더라고요. 손목 중량 밴드랑 웨이티드 볼을 쓰라는데, 태어나서 처음 사용해봤습니다. 정말 새로운 경험이었어요."

보디와 확장 캠프를 보낸 두 투수는 2018년 여름까지 구속과 성적이 올랐고, 유망주와 트레이드 매물이라는 존재로 급부상했다.

2018년 7월 31일에 다저스는 가을 야구를 준비하려고 불펜을 보강하기 위해 코리 코핑을 토론토 블루제이스로 보내고 구원 투수 존 액스포드John Axford를 영입했다. 8월 31일에는 앤드루 이슬러를 워싱턴 내셔널스로 보내고 라이언 매드슨Ryan Madson을 영입했고, 매드슨은 데이브 로버츠Dave Roberts 감독이 가장 신뢰하는 셋업 투수가 되었다.

보디는 구속이 증가한 것을 '공돈이었다'고 표현한다.

보디와 바워는 구속은 증가시킬 수 있고, 구종은 습득할 수 있다는 것을 증명했다. 그런데 제구는 더 복잡했다. 바워는 2015년에 10.6퍼센트였던 볼넷률을 2016년에 8.6퍼센트, 2017년에 8.0퍼센트, 2018년 전반기에는 7.5퍼센트까지 점진적으로 낮췄지만, 슬라이더나 2014년에 구속이 증가했던 것처럼 급격한 발전은 일어나지 않았다. 8월이 되자, 제구가 흔들리기 시작했고 좀 더 강력한 치료법이 필요했다.

투수코치 최고의 마운드 방문

2018년 8월 6일, 홈구장에서 바워의 협역-외적 집중은 내적 집중으로 점차 기울고 있었다.

바워는 다음 날 부모님과 아침 식사를 하면서 "켄 자일스Ken Giles가 될 뻔했어요"라고 말했다. 자일스는 휴스턴의 구원 투수로, 시즌 초반에 만족스럽지 못한 등판을 하고 자신의 얼굴에 주먹을 휘두른 적이 있다. "어젯밤에는 두 번이나 가운데로 던지질 못하겠더라고요."

그 두 번 중 첫 번째는 미네소타 트윈스전 2회에 나타났다. 그는 맥스 케플러Max Kepler에게 5구만에 볼넷을 허용했는데, 네 번째 공이 바깥쪽 높게 빠져버렸다. 그리고 다음 타자 로건 포사이스Logan Forsythe를 상대하자마자 공 세 개가 연달아 빠졌다. 바워는 마운드에서 잠시 내려왔다. 그는 모자를 벗고, 저지 소매로 눈썹 부위를 닦은 뒤 다시 마운드에 올랐다. 그러고 나서 스트라이크 세 개를 연달아 던졌다. 게다가 마지막 스트라이크를 시속 153킬로미터짜리 속구로 모퉁이에 꽂아 넣자, 포사이스는 헛스윙을 하며 삼진을 당했다.**QR-17** 그렇다면 바워의 제구는 왜 흔들렸고, 어떻게 빨리 잡았을까?

바워는 이렇게 설명했다. "공이 여기저기 날리다가 갑자기 거의 같은 곳에 세 개를 연달아 던졌습니다. 그런 일이 있으면 …… 생각을 다른 데로 돌리려고 말 그대로 제 자신을 한 대 때리죠. 그러면 몸은 부교감신경을 억제하죠. 아닌가? 교감 신경이었나요? 어쨌든 그중 하나를 억제합니다. 좀 복잡해요."

그는 이닝 도중에 던지는 감을 잃으면 공수 교대가 이루어지고 나서 더그아웃을 떠나 플라이오케어 볼을 던진다. 야구공을 던진다는 느낌을 없애서 감을 되찾는 것이다. 게다가 스스로 뺨을 때리면 정신을 다시 차릴 수 있는지 시도도 해봤다.

바워의 어머니 캐시 바워Kathy Bauer는 교감 신경은 무언가를 맞서 싸워야 하는 상황을 책임지고, 위협이 된다고 느낄 때 몸의 반응을 조절한다며 조금 더 알아듣기 쉽게 설명한다.

QR-17
URL https://youtu.be/cj_qCWv4Ulc?t=1924

바워의 어머니는 최근에 바워의 무의식이 작용했던 때가 있다고 말한다. 2018년 7월 25일 피츠버그 파이리츠와 홈경기에서 바워는 1회에 그레고리 폴랑코Gregory Polanco를 상대로 시속 152킬로미터짜리 속구를 던졌다. 폴랑코가 좌타자였기에 몸 쪽 낮게 던지려고 했지만, 홈 플레이트 위로 몰려버렸다. 폴랑코가 받아친 타구는 바워에게로 바로 향했다. 오후 경기라 햇볕이 내리쬐는 가운데 바워는 직선 타구가 얼굴을 가격하는 상황을 간신히 면했다. 클리블랜드 유격수 프란시스코 린도르Francisco Lindor가 수비 시프트에 의해 바워 뒤에 서 있어서, 타구를 원바운드로 잡아 처리해서 이닝을 종료시켰다.**QR-18**

그런데 바워는 2회에 다시 마운드에 오르자 구속이 떨어졌다. 같은 해 4월에 영하의 날씨였던 캔자스시티 원정 때 던졌던 수준이었다. 조시 벨Josh Bell을 상대로 시속 147.6킬로미터를 던졌고, 콜린 모런Collin Moran을 상대로도 같은 구속이 하나 나왔다. 바워의 2018년 시즌 평균 속구 구속은 시속 152.2킬로미터였다.

바워는 당시 상황을 다음과 같이 설명한다. "(폴랑코의) 타구가 제 글러브와 얼굴 사이로 지나가더라고요. 그 이후로 던진 느낌이 안 납니다. 더그아웃으로 가는데, 엄청 지쳤던 느낌이었어요. 뭔가 맥이 빠진 느낌이었습니다. 1회에는 느낌 좋았거든요. 2회에 나가는데 (시속) 145(킬로미터)밖에 안 나오더라고요. 기운이 없었습니다." 구속이 뚝 떨어진 것이

QR-18
URL https://youtu.be/T5BlyK12Gz8?t=5

문자 중계에 드러났다. "윌리스 코치님은 어디 다친 줄 알았습니다. 이닝이 끝나고 '이봐, 괜찮아?'라고 물으시더라고요. 저는 '네, 뭐 때문인지 모르겠는데 몸이 잠들어버린 느낌입니다'라고 했죠. 몸이 놀랐던 거죠. 변화가 일어나는 거고요. …… 그런 부분을 이제 좀 이해하고 대응하기 시작했습니다."

2회가 끝나고, 바워는 더그아웃 뒤에 카메라가 잡히지 않는 곳으로 가서 스스로 뺨을 때렸다. 그는 그런 행동을 빌로 슬랩velo slap(원래 구속을 회복하기 위해 스스로 또는 타인이 뺨이나 등을 때리는 행위 — 옮긴이)이라고 부른다.

"말 그대로 제 뺨을 때렸습니다. 부정적인 마인드셋에서 빨리 빠져나와야 합니다."

3회 초가 끝나고, 그는 더그아웃에 있던 클레빈저에게 다가가서 물었다.

"2회 끝나고 어디 있었던 거야?"

클레빈저는 "클럽하우스에. 왜?"라고 말했다.

그러자 바워는 이렇게 대답했다. "쯧쯧, 나한테 싸대기를 날릴 기회를 스스로 버리네." 클레빈저는 바워의 뺨을 마구 때려보지 못한 것이 내심 아쉽다는 표정을 감추지 못했다.

비시즌에 드라이브라인에서는 자신의 최고 구속을 갱신하는 것을 꺼려하면 훈련 파트너가 뺨을 힘껏 때린다. "온 힘을 다해 후려친다"고 바워의 아버지는 말한다.

바워는 이렇게 설명한다. "바로 아드레날린이 솟구칩니다. 대개 시속 3킬로미터는 오릅니다."

또한 빌로 슬랩은 제구를 잡는 데 유용할 수도 있다.

8월 6일, 클리블랜드가 미네소타를 6 대 0으로 이기고 있었고, 6회 2사 상황이었다. 바워는 미겔 사노Miguel Sanó를 상대로 3-1 카운트에서 승부했다. 그런데 제구가 또다시 흔들렸다. 시속 156킬로미터짜리 속구가 낮게 가버렸다. 바워는 잠시 마운드에서 내려갔다. 흰색 유니폼에 빨간 양말을 농군 패션으로 올려 신었던 그는 글러브로 입을 가린 채 "F×ck!"라고 크게 외쳤다. 기자실까지 들릴 정도로 소리가 컸다. 윌리스 코치가 마운드 중앙을 향해 슬슬 갔다.^{QR-19} 바워는 속이 끓어올랐다. 경기는 이미 끝났다고 볼 수 있고 아메리칸 리그 중부 지구는 사실상 판가름났지만, 아메리칸 리그 사이영 상을 향한 경쟁은 끝나지 않았다.

바워는 "'지금 FIP가 좋은데. 젠장! 다 말아먹었잖아'라고 생각하고 있었다"고 말한다.

윌리스 코치는 마운드로 가면서 분노가 가득 찬 바워의 모습을 봤다. 왜 화가 났는지는 알고 있었고, 웃음이 나오고 말았다.

바워는 "저 그때 정말 무척 열받았어요"라고 말한다. "코치님이 나오시는데, 화난 걸 보고 그냥 웃으시더니 '음, 얘는 낮은 공 잘 치니까, 음, 공 잘 잡고 던져'라고 말씀하셨습니다."

우리는 바워가 경기 도중에도 팬그래프스의 WAR 공식(fWAR라는 약자로 통용 — 옮긴이)을 실시간으로 염두에 두는지 물었다. 팬그래프스는

QR-19
URL https://youtu.be/Y95WKUInyRs?t=7656

투수의 WAR을 계산할 때 수비수들의 도움을 제외한 순수 득점 억제력을 판단하기 위해 FIP를 사용한다. 볼넷도 계산식에 큰 부분을 차지한다.

"당연하죠. 항상 그렇습니다." 바워의 아버지가 웃으면서 끼어들었다. "유일하게 fWAR보다 더 중요하다고 생각하는 건 탈삼진입니다. 탈삼진이 fWAR보다 앞섰다는 이유 때문이죠."

마운드 방문도 가치가 있었을까? 턱수염도 희끗희끗하고 전통적인 배경을 가진 윌리스 코치가 바워를 방문하면 어떤 가치가 있을까? 바워의 아버지가 또다시 입을 열었다.

"정말 효과적인 마운드 방문에서는 투구에 관한 이야기를 하지 않습니다. 가서 투구에 대한 이야기를 할 거면, 차라리 강판시키는 게 낫습니다. …… 기술적인 부분을 바꾸라고 하면 잘 던지기 위한 마인드셋을 망쳐 놓습니다."

그러자 바워가 털어 놓는다.

"제가 당사자의 호의로 지금까지 들었던 최고의 마운드 방문을 말씀드릴게요. 브렌트 스트롬 코치님 이야기입니다. 어느 팀인지 기억은 안 나지만, 투수 코치셨어요. 신인 투수가 메이저리그 두 번째 선발 등판을 하고 있었어요. 볼넷, 볼넷, 안타. 그런 이닝이었어요. 1사 만루입니다. 감독이 그러는 거예요. '투수 코치, 좀 나가 봐.' 스트롬 코치님은 속으로 생각하셨대요. '쟤가 어떤 애지? 동작 이야기는 하면 안 되는데.' 그래서 엉덩이 살을 안으로 꽉 모으고 마운드로 걸어갔어요. 그리고 나서 이렇게 말씀하셨습니다. '어이, 신입생. 너 혼자 야구할 거야? 나 힘들다. 지금 바지에 지리겠다. 너가 끝내야 화장실 갈 수 있다고.' 코치님은 다시 엉덩이 살을 안쪽으로 꽉 모으고 더그아웃으로 걸어 들어오셨죠. 그러고 나서 2구만에 병살타가 나와서 이닝이 끝났습니다." 스트롬 코치는 협역-외적 집중으로 전환시켰던 것이다.

어쨌든 윌리스 코치가 마운드를 방문하고 가자 바워는 집중력을 다시 찾았다. 바워는 다음 타자 맥스 케플러에게 3-2 카운트까지 갔지만 바깥쪽 모퉁이에 스트라이크를 꽂아 넣어서 삼진을 잡고 등판을 마무리했다. 그는 크리스 세일과 아메리칸 리그 WAR 1위를 놓고 막상막하였다. 그리고 미네소타전이 끝나고 대체 선수 대비 5.7승으로 올라, 5.6승이었던 세일을 앞섰다.

그는 7이닝을 무실점으로 막았고, 탈삼진은 11개를 잡으며 시즌 200탈삼진을 넘겼다. 3회에 보비 윌슨Bobby Wilson을 삼진으로 돌려 세우며 200탈삼진 고지에 올랐다. 관중은 일제히 기립 박수를 보냈다. 바워의 아버지는 스카우트 지정석에서 참관하고 있었다. 에저트로닉 카메라를 들고 가서 경기가 시작할 때부터 촬영했다. 그는 경기 전에 홈 플레이트 후면과 관중석 맨 앞 열 사이에 있는 난간에 설치했다. 경기 도중에는 스카우트 지정석에서 노트북으로 영상을 실시간으로 살펴보고 수정했다. 어떤 일을 하는지, 어떤 카메라인지 물어보는 스카우트가 있었는지 묻자 그는 "몇 년 전에 한 분이 궁금해하셨다"고 말한다. 단 한 사람뿐이었다.

바워는 선수 생활을 하면서 최고 시즌은 물론, 최고 한 달을 보내고 나서 꾸준한 제구 감각이 필요하다는 것을 알았다. 무의식과 집중력, 특히 협역-외적 집중을 정리해야만 했다. 차별적 반복 훈련이 필요했지만, 그럴 기회를 얻지 못했다.

13장 투수보다 어려운 타자 육성

홈런을 쳐야겠다는 마음가짐으로 타자석에 들어선 적이 있는지 물어본 사람이 있

었다. 나는 "그럼요. 매번 그렇습니다"라고 말했다.

— 미키 맨틀

터너의 타격 자세 교정 _____

6월의 아침, 저스틴 터너는 경기가 시작하기 전에 피츠버그 홈구장의 원

정 클럽하우스 한가운데 있는 인조 가죽 소파에 앉아 십자말풀이를 풀

고 있었다. 대개 메이저리그 라커룸에서는 이렇게 시간을 죽인다. 적어

도 머리 좋은 선수들에 한해서는 그렇다. 운동선수들은 활동이 없는 시

간이 많다. 즉, 머리가 자기 성과와 실패로 꽉 찰 시간이 많다는 뜻이다.

터너는 딴 생각이 필요했다.

　2018년 애리조나 전지훈련이 끝날 무렵, 터너는 오클랜드 애슬레틱

스 투수 켄들 그레이브먼Kendall Graveman이 잘못 던진 속구에 맞아 왼

쪽 손목이 골절되었다. 결국 정규 시즌 시작과 동시에 5주나 결장해야

했다. 그런데 부상에서 복귀하자 성적이 곤두박질쳤다. 타율 0.243와 출

루율 0.325, 장타율 0.343로 최근 기준에 훨씬 못 미쳤다. 80타석에서

홈런은 한 개밖에 치지 못했다. 다저스는 내셔널 리그 최상위권 팀으로 꼽혔지만, 30승 30패에 머무르며 피츠버그 원정을 떠났을 당시 내셔널 리그 서부 지구 3위에 그쳤다.

더그 라타는 터너의 전 타석을 될 수 있으면 생중계로 보려고 한다. 성공하는 스윙을 유지하기 위해서는 관심도 꾸준하게 가져줘야 하기 때문이다. 라타는 복귀 이후 터너의 문제점을 발견했다. 손목이 약해져서 나타난 영향이 낙수 효과처럼 몸 전체로 퍼졌고, 다른 부위들이 손목의 역할을 보완하고 있었다. 몸의 균형이 깨지자, 시즌 중에 사타구니 쪽 근육도 손상되었다. 라타와 터너는 해결책을 찾기 위해 노력했다.

스윙을 고치는 일은 하나의 예술이라고 할 수 있다. 라타와 터너는 거의 매일 문자로 대화를 나누고 아이디어들을 서로 공유한다. 터너는 이렇게 말한다. "끊임없이 대화를 주고받습니다. 서로 다른 생각이나, 시도해볼 만한 것들이나, 더 나아지기 위해 해야 할 것들을 다양하게 얘기합니다."

터너는 여러 부분을 고치더라도 몇 가지 원칙은 고수했다고 말한다. 그는 최대한 앞으로 나가서 치고, 균형을 잡으며, 어깨 밑으로 손이 파고 들어가게 휘두르고자 했다. 하지만 그런 원칙들을 제외하고는 고칠 부분들이 꽤 있었다. 두 사람은 스윙뿐 아니라 배트를 잡는 위치도 다양하게 실험했다. 7월 초에는 준비 자세에서 배트를 잡는 위치가 더 낮았다. 라타는 배트를 잡은 손에 좀 더 '여유를 둬야' 한다고 느꼈다. 즉, 몸과 홈플레이트 사이에 반응할 공간을 말한다.

터너는 6월 한 달간 4홈런을 치고 wRC+가 139여서 반등하는 모습을 보였다. 하지만 7월에 들어서서 40타수 동안 홈런이 없으면서(wRC+

89) 부진이 이어졌고, 자세 교정도 계속해서 이어졌다. 그런데 8월 초에 터너는 눈에 띄게 달라진 타격 자세를 선보였다. 몸을 크게 열어놓았다. 다시 말하면, 앞(왼)발이 마운드와 평행하게 섰던 상태에서 발끝이 3루 쪽으로 향하도록 바꿨다. 배트를 잡은 손을 좀 더 자유롭게 하고, 여유를 주기 위해 생각해냈다.

전반기에 터너는 0.258/0.354/0.393를 치고, wRC+가 110이었다. 그런데 후반기에는 공격력이 리그에서 두 번째로 좋았다. 타율이 0.356, wRC+가 190로 내셔널 리그 MVP를 수상한 밀워키 브루어스의 크리스천 옐리치Christian Yelich(타율 0.367, wRC+ 220) 다음으로 높았다. 직선 타구 비율도 전반기에 20퍼센트에서 후반기에는 31.4퍼센트로 크게 증가했다.

베이스볼 프로스펙터스의 대체 선수 대비 승리 기여도WARP: Wins Above Replacement Player를 600타석으로 비례 계산하면 8.9승으로 터너가 내셔널 리그 MVP였고, 메이저리그 전체에서는 무키 베츠(10.9승)와 마이크 트라우트(10.8승)에 이어 3위였다. 거기까지 가기 위해 라타와 터너는 미세하게 고칠 점들을 서로 주고받았다.

라타는 "'이 훈련 하라. 저 훈련 하라. 잘될 거다'라고 말하는 사람들이 있는데 그런 조언이 수준 높은 프로 타자에게 실제로 필요한 말일까요?"라고 말한다.

그는 자기 방식이 통한다는 것을 증명했다. 라타는 터너를 MVP급 선수로 탈바꿈하는 것을 도왔다. 또한 무키 베츠는 스윙을 바꾸자 개인 단일 시즌 최다 홈런(32)과 최고 장타율(0.640), 최고 wRC+(185)를 기록하면서 2018년에 아메리칸 리그 MVP상을 받았다. 또한 2017년에

40.4퍼센트였던 땅볼 비율을 2018년에 개인 최저인 33.9퍼센트로 낮췄고, 팀 하이어스와 더그 라타의 타격 이론으로 갈아탄 이후 홈런 대비 뜬공도 10.1퍼센트에서 16.4퍼센트로 높였다.

뜬공 혁명은 지금도 널리 퍼지고 있다. 젊은 선수와 노장 선수가 취하고, 지도자와 구단이 전도하며, 기술 장비와 피드백 덕분에 모두가 효과적으로 누리게 되었다. 그리고 혁명의 다음 단계는 어쩌면 엄청날 수도 있다.

드라이브라인의 제이슨 오차트

2014년에 조 매든Joe Maddon 당시 탬파베이 레이스 감독은 구단들이 추적 기술을 득점보다는 득점 '방지'에 사용하는 데 더 많이 활용한다고 지적했다. 그는 다음과 같이 설명했다. "지금은 타자들이 완전히 불리해졌다. 그런데 앞으로도 타자가 유리해질 조짐이 보이지 않는다. 그렇기 때문에 창의적으로 많이 생각해야 한다. …… 공격력은 지금 후퇴하고 있고, 투수나 수비수들을 보면 계속해서 뒤떨어질 것이다. 데이터, 영상, 모든 정보가 투수나 수비수들에게 유리하다."

사실 매든 감독이 그렇게 언급한 뒤로 공격력은 세 시즌 연속으로 증가했다. 그렇지만 그것은 공인구에 변화가 생기면서 홈런이 증가한 이유가 컸다. 매든 감독이 관찰한 데이터 분석에서 오는 힘의 불균형은 여전히 일어나고 있었다. 샘 폴드 코디네이터는 이렇게 말한다. "투수는 본인이 주도하는 입장이기 때문에 정보를 사용하고 경기력에 변화를 주기가 용이합니다. 자신이 내린 판단을 통제하는 편이 더 쉽죠. 반대로 타격은 반응해야 하는 부분이 굉장히 큽니다."

제이슨 오차트 전 드라이브라인 선임 타격 지도사만큼 그런 불균형을 잘 아는 사람은 없다. 그는 2018년 12월에 필라델피아 필리스의 마이너리그 타격 코디네이터로 채용되었다. 그는 타자의 삶을 구렁에 빠뜨리는 데 일조하는 드라이브라인에서 타자들이 훈련하는 데 힘썼다. 오차트는 2018년 여름에 다음과 같이 말했다. "사실 괴롭죠. 짐승들의 소굴에 있잖습니까. 투수들이 앞서 나가고 있는 걸 다 보고 있는 거죠. 그런데 타자들을 만나서 얘기해보면 아직도 땅볼이 좋은지 뜬공이 좋은지 갖고 싸우고 있는 거예요."

오차트는 "타자들이 일반적으로 타격에 대해 아는 지식이 적다"고 한탄했다. 그렇지만 타자들은 뒤늦게라도 대응하고 있으며, 수비-공격 불균형의 격차는 점차 줄어들기 시작했다. 드라이브라인은 비록 투수 훈련을 획기적으로 바꾼 업체지만, 이제는 타자 육성이 성장 가능성이 가장 큰 분야라고 여긴다.

오차트의 코치 생활도 여타 신세대 코치들처럼 미천하게 시작했다.

그는 캘리포니아주 글렌데일Glendale 출신으로 글렌데일커뮤니티칼리지Glendale Community College에 다녔으며 이후 샌프란시스코주립대학교로 편입했는데, 자신이 형편없는 선수였다고 인정한다. 신체운동학을 전공한 오차트는 스포츠과학과 신체역학에 관심이 많았다. 남동생 애덤 오차트Adam Ochart는 애서튼Atherton이라는 실리콘밸리의 마을에 위치한 멘로칼리지Menlo College에서 야구 선수로 활동했다. 당시 야구부 타격 코치 자리가 공석이 되는 바람에 동생은 오차트에게 야구 코치를 해볼 생각이 없는지 물었다. 오차트는 바로 지원서를 제출했고, 최종 합격했다. 멘로칼리지가 그의 첫 실험실이 되었다.

"여러 가지 시도를 해보려고 했죠. 왜냐하면 우선 제가 선수로서 잘하지 못했기 때문에 거기에 대한 자존심을 접었고, 그러고 나니 재미있다고 생각하는 것을 시험해볼 수 있는 무대가 되었습니다. 그래서 운동 학습이나 일반적인 스포츠과학에 관한 이론을 적용해봤습니다."

그런데 2013년에 멘로칼리지는 34승을 올려 창단 이래 최다승 기록을 세웠고, 전미대학간체육협회NAIA: National Association of Intercollegiate Athletics(NCAA에 비해 학교와 운동부 규모가 작은 학교들이 가입되어 있는 협회. NCAA 2부 리그 수준 정도로 보고 있으며, 2년제 대학에서 뛴 선수들이 NAIA 학교로 많이 편입한다 — 옮긴이) 전국 대회 출전권마저 따버렸다. 원래는 투수와 수비가 우수한 팀이었지만, 상대했던 팀들에 비해 홈런을 더 많이 쳤고(32 대 6), 장타율은 0.100(0.415 대 0.305), 출루율도 0.050(0.378 대 0.328)이 더 높았다. 실험 환경이 이상적이었다. 선수들은 자존심을 접어둔 실험쥐들이었다.

"그런 방식이 실제로 효과가 있겠구나 싶었습니다."

오차트는 자신만의 독특한 훈련 방식을 트위터에 올리기 시작했다. SNS나 유튜브에서는 미심쩍은 지도 방식이나 조언들을 종종 찾을 수 있는데, 그것을 미국에서는 '히팅 트위터Hitting Twitter'라는 용어로 비꼰다. 전문가의 지도와 근거 없는 조언을 구분하는 일은 쉽지 않다. 그렇지만 자격 없는 코치의 홍수 속에서도 좋은 아이디어나 한 번쯤 탐구해볼 만한 가치가 있는 생각들은 존재한다. 카일 보디는 오차트가 데이터 추적 기술을 어떻게 활용하는지, 무게가 다른 배트로 고중량 및 저중량 훈련을 어떻게 진행하는지, 발사각에 대해 어떻게 생각하는지 궁금했다. 보디는 오차트에게 연락했고, 오차트는 보디가 2014년에 구속 향상에 대해 작성한《해킹 더 키네틱 체인Hacking the Kinetic Chain》(국내 미번역)을 읽었다.

오차트는《해킹 더 키네틱 체인》이 굉장히 인상적이었다고 말했다. "제 생각에 당시 선수 육성이라는 분야에서 그 책만큼 과학적인 근거를 제대로 제시해서 작성한 책은 없었습니다. 그동안에는 야구를 그런 식으로 이야기하지 않았죠. 야구 책은 대부분 실망스러웠어요. 책을 읽고 호기심이 생겼는데 마침 대표님께서 드라이브라인과 함께할 생각이 없는지 물어보셨습니다. 미래에는 타격도 다룰 계획이라고 하셨죠. 그래서 당연히 그러고 싶다고 대답했습니다."

그렇게 오차트는 시애틀로 향했다.

"(멘로칼리지에서는) 한 50달러(약 55,000원) 정도의 경비에, 학교도 작고, 하나 있는 타격 연습장 그물에는 구멍이 수두룩하고, 상태 안 좋은 공들만 있는 상황이었는데, 대표님은 '자, 법인 카드 있으니까 사고 싶은 거 다 사. 기록만 잘 해놔. …… 6개월 후에 확인한다'라고 말씀하시더라고요. 좀 당황했죠. 그래서 더 무서웠습니다. 그냥 처음에 얼어서 '아, 어떡하지? 무엇부터 시작해야 하는 거지?' 싶었습니다."

밀어 치기와 당겨 치기

오차트는 드라이브라인의 투수 훈련에 담긴 기풍을 지키기 위해 항상 측정하고 의문을 품는 습관을 가졌다. 데이터는 당겨 친 뜬공이 타자가 바랄 수 있는 가장 좋은 결과를 가져온다고 말한다. 하지만 수십 년 동안 수많은 코치는 당겨 치지 말라고 가르쳐 왔다. "저희한테 훈련받는 아마추어 선수는 대부분 당겨 칠 때 발사각이 마이너스입니다. 결국 잘 당겨 치는 것도 기술이고 쉽지 않습니다. 최상위권 타자들은 이걸 잘합니다. 기자님 때는 어땠는지 모르지만, 제가 고등학교 때, 심지어 대학교에 가서도 당겨 치는 훈련을 하는 선수는 없었어요. 늘 밀어 쳐야 했죠. 밀어 치는 연습을 하고, 부채꼴로 칠 수 있도록 연습해야 했죠. 제가 지도하는 선수 대다수가 아마추어인데, 당겨 치는 걸 정말 못합니다."

그러나 당겨치는 방법도 얼마든지 가르칠 '수' 있다. 라타도 지금까지 당겨 치기를 가르쳐왔다. 게다가 다른 곳에서 배운 사례도 나온다. 힘들다고만 여긴 변신이 점점 늘고 있는 것이다. 프란시스코 린도르와 호세 라미레스의 경우를 보자. 두 선수는 2018년에 야구 사상 가장 예상치도 못한 강타자들이 되었다.

베이스볼-레퍼런스에 의하면 한 선수가 단일 시즌에서 38홈런 이상 기록한 경우가 역대 462건 있었고, 178명의 타자가 이를 달성했다. 그중에 신장이 180센티미터 이하인 선수가 기록한 경우는 22명(46건)뿐이었다. 린도르는 180센티미터고 라미레스는 175센티미터도 되지 않지만 두 사람은 가장 최근에 이 명단에 올랐다. 더 믿기 힘든 점은 둘이 팀 동료라는 것이다.

라미레스와 린도르에게 어떤 방식으로 타격에 임하는지 물으면 겸손하게 나온다. 심지어 린도르는 끝까지 자신이 강타자가 아니라고 고집한다. 하지만 클리블랜드라는 구단은 구식 타법에 이의를 제기한다. 타이 밴버클리오Ty Van Burkleo 타격 코치는 한때 '볼 야드'에서 라타의 두뇌 집단 모임에 참석했다. 클리블랜드는 비야구인들을 마이너리그 코치로 채용해왔다. 그리고 산하 마이너리그 팀에서 타격 연습을 진행할 때는 코치 대신 실전 구속으로 나오는 피칭 머신을 세워놓는다. 클래스A

레이크 카운티 캡틴스Lake County Captains의 경우 실내 연습장에서 타자 들끼리 경쟁을 붙여서 타구 속도와 발사각 순위를 게시한다. 타격 훈련을 재고하는 구단은 클리블랜드 뿐만이 아니다. 휴스턴 애스트로스의 타일러 화이트는 구단에서 확장 캠프 때 새로운 형태의 훈련을 진행했다고 개인 SNS에 알렸다. 타격 연습장마다, 그리고 그라운드에서 타격 연습할 때 속구 피칭 머신과 변화구 피칭 머신을 설치했다. 그리고 코치는 뒤에서 양손에 공을 들기 때문에 타자는 어떤 공이 올지 알기 힘들다.

프란시스코 린도르는 2018년에 38개의 홈런을 쳤다. 호세 라미레스는 39개를 쳤다. 린도르의 파워가 평균(단일 시즌 15~20홈런 — 옮긴이)을 넘을 것으로 예측한 스카우팅 보고서는 없었고, 마이너리그에서 단일 시즌 다섯 개 넘게 쳐본 적이 없는 라미레스의 경우 대부분 그보다 훨씬 낮게 평가했다. 참고로 린도르는 마이너리그에서 한 시즌에 일곱 개 이상 치지 못했다. 라미레스의 메이저리그 데뷔 시즌 장타율은 0.340이었다.

그는 ESPN 인터뷰에서 "제가 이만큼 홈런을 칠 거라고 아무도 생각하지 못했습니다. 체격이 작다는 이유 때문이죠"라고 말했다.

그런데 두 선수는 2018년에도 타구 속도 면에서 특별히 강한 모습을 보이지는 않았다. 라미레스는 규정 타석을 채운 타자 332명 가운데 뜬 공과 직선 타구의 타구 속도가 166위(시속 148.7킬로미터)밖에 되지 않았다. 린도르는 80위(시속 151.8킬로미터)에 올랐다. 하지만 멀리 보낼 수 없는 공은 피하고, 앞에 놓고 칠 수 있는 구간을 노렸다. 린도르는 스트라이크 존 전체를 활용하려고 하면 힘들어진다고 말한다. "존 전체를 활용하라면 할 수는 있습니다. 인플레이 타구는 언제든지 만들 수 있어요.

하지만 그렇게 한다고 제 자신이나 팀을 위해 좋은 건 아니잖습니까."

홈 플레이트 앞에 놓고 치면 당겨 치는 타구가 나오는 배트 각도가 형성된다. 구단도 권하고 데이터 결과도 그런 타법을 옹호하자, 린도르와 라미레스는 당겨서 타구를 띄우기 시작했다.

2018년에 라미레스는 당겨 친 타구의 땅볼 비율(43.7퍼센트)이 11번째로 낮았다. 베츠(46.3퍼센트)는 28번째로, 린도르(50.9퍼센트)는 68번째로 낮았다. 리그 평균은 58.7퍼센트였다. 참고로, 터너는 43.4퍼센트로, 규정 타석을 채운 타자 가운데 10번째로 낮았다.

전부 이전에 비해 크게 좋아진 수치들이다. 2017년에 라미레스는 당겨 친 타구 중에 땅볼을 48.8퍼센트나 쳐서 48번째로 낮았다. 린도르는 52.8퍼센트를 쳐서 94번째, 베츠는 50.0퍼센트를 쳐서 70번째로 낮았다. 2016년 성적을 보면, 라미레스는 당겨 친 타구의 57.1퍼센트가 땅볼이어서 132번째로 낮았다. 린도르는 64.6퍼센트여서 246번째로, 베츠는 54퍼센트여서 88번째로 낮았다.

라미레스, 베츠, 린도르 이 세 타자의 변신은 주목할 만했다. 강타자들이지만 체구가 작았고, 어느 날 갑자기 타구를 135미터 이상 날리는 힘을 얻은 것이 아니다. 그보다는 최적의 스윙을 찾아서 최적의 타구를 만드는 법을 배웠다.

타구를 공중에 띄운 것이 1차 뜬공 혁명이었다. 린도르와 라미레스가 그렇게 해서 매년 평균 발사각과 홈런 개수를 늘렸다.

그리고 당겨서 띄우는 것이 2차 뜬공 혁명으로, 사실 1차 뜬공 혁명보다 더 중요하다. 보통 공을 띄우려고 하면 헛스윙이 많이 나온다는 부작용을 예상하겠지만, 두 선수는 진화하는 것을 헛스윙과 맞바꾸지 않았다.

MVP 머신

2018년 당겨 친 홈런 순위를 보면 다음과 같다.

1위 호세 라미레스 32

2위 프란시스코 린도르 27

3위 무키 베츠 26

당겨 친 뜬공 개수로 따지면 2018년에 라미레스가 2위(251), 역시 체구가 작은 휴스턴의 MVP 후보 앨릭스 브레그먼이 3위(246), 린도르는 8위(226), 베츠는 18위(205)였다. 전부 키가 180센티미터 이하지만, 당겨 치되 타구를 띄우는 법을 터득하자 MVP 후보들이 되었다. 2013년,

프란시스코 린도르

시즌	평균 발사각	홈런	헛스윙 비율(%)
2015	3.8	12	8.6
2016	7.6	15	7.7
2017	13.6	33	6.4
2018	14.5	38	7.4

호세 라미레스

시즌	평균 발사각	홈런	헛스윙 비율(%)
2015	9.5	6	4.2
2016	12.9	11	4.9
2017	14.8	33	5.4
2018	18.8	39	4.7

《베이스볼 아메리카》는 당시 열아홉 살이었던 베츠가 클래스A에서 홈런 없이 전반기를 마치자 보스턴 레드삭스 유망주 31위에 올리면서 이렇게 품평했다. "체격이 좋지도 않고 타구에 힘이 실리지 않기 때문에 진정한 60점짜리 툴이 있는지가 의문이다." 그렇지만 2018년에 250타석 이상 나갔던 타자들을 봤을 때 신장과 순장타율 사이의 상관관계가 1954년 이후로 가장 낮게(0.23) 나왔다. 타자가 스마트하면 체구가 크지 않아도 홈런을 칠 수 있다.

아직도 갈 길이 먼 타자 육성 ────────────────

더그 라타에게는 최적의 타구를 가르치는 일이 하나의 예술이다. 그는 '균형'과 '타이밍'에 대해 끊임없이 이야기한다. 라타는 타구 속도를 높이는 방법을 가르치려 하지 않는다. 발사각에 대한 이야기는 꺼내지도 않는다. 그럼에도 불구하고 많은 타자를 변신시켰다.

반면, 드라이브라인은 물론 프로 구단과 대학 야구부 등에서는 데이터를 기반으로 최적의 스윙을 지도한다. 오차트와 대화를 나눴을 때 '균형'이나 '타이밍'이라는 단어는 단 한 번도 언급되지 않았다. 그렇다고 그가 그런 개념을 믿지 않는 것은 아니다. 두 개념은 라타의 핵심 교리를 이루지만, 오차트의 핵심 교리는 모든 것을 측정하고 정량화하는 데서 비롯된다. 그는 스트라이크 존을 아홉 개의 구역으로 나눠서 각 구역에서의 타구 결과를 분석한다. 오차트는 아마추어 타자들의 데이터를 보여주면서 한 눈에 보고 진단했다. 한 명은 발사각이 낮았고, 다른 한 명은 가운데로 오는 공은 잘 쳤는데 존 안팎으로 들어오는 공에는 고생했다. 그러고 나서 "이 친구는 이런 부분을 고치는 훈련으로 조정한다"

며 임상적으로 마무리지었다.

오차트는 타자들의 배트 본체와 손잡이 부분이 도는 속도를 모두 측정하고, 두 측정값 사이의 연관성이 얼마나 효율적인지 계산한다. 그것은 그가 자체적으로 고안한 스탯이다. 그는 효율성은 '배트 속도 나누기 손잡이 속도'라고 설명했다. "손잡이가 도는 속도가 완전히 똑같은 타자라도 배트 속도는 천차만별입니다. 거기에는 여러 가지 원인이 있습니다. 배럴 부분을 가속하기 위해 손이 움직이는 속도를 얼마나 잘 줄이느냐가 중요하죠. 배트를 잡는 것과도 연관이 있어요. 선수들이 배트 잡는 방법을 다양하게 바꿔봤는데, 배트 속도의 수치가 오르는 경우가 있었습니다. 어떤 선수는 손목 가동성을 늘리는 게 문제가 되기도 해요. 어떤 선수들을 팔을 안쪽으로 돌리는 게 잘 안 되는 경우도 있죠."

과학 용어들은 주로 트레버 바워와 카일 보디가 사는 투수들의 세상에서 나오는 말처럼 들린다. 반면 타자 쪽에서는 과학적인 측면보다 예술적인 측면이 여전히 높다.

오차트는 그것을 다음과 같이 설명한다. "좋은 투수는 어떻게 하는지, 어떤 것들이 성공과 상관관계가 있는지에 대한 기본적인 이해가 있습니다. …… 반면 타격의 경우 아직도 애매한 부분이나 어림짐작이 많죠. 그래서 저는 아직도 타격이라는 분야는 데이터 연구가 기본이 되고, 데이터를 통한 훈련들이 이루어지지만 결국에는 운동 능력이 좋은 선수들이 성과를 내는 것 같습니다."

드라이브라인 관계자들이 구단에서 일하는 것보다 드라이브라인에 있는 것이 야구 발전을 위해 더 많이 공헌할 수 있다고 말하는 것을 심심치 않게 듣는다. 앨릭스 캐러밴Alex Caravan 드라이브라인 계량 분석원은 이렇게 말한다. "현장에 영향을 줄 수 있는 능력을 광범위하게 발휘할 수 있다고 생각합니다. 구단 소속이 되면 투수들이 다음 주에 상대할 타자들을 잡을 수 있는 방법만 계획했겠죠. 구단은 도울 수 있겠지만, 전반적으로 볼 땐 한계가 있습니다."

오차트도 2018년 여름에 비슷한 생각을 내비쳤으나 그해 말에 필라델피아에 입단했다. 그래도 드라이브라인과 계속해서 업무 관계는 유지하기는 한다. 프로 수준에서 더 좋은 타자들을 육성할 수 있을지도 모른다. 구단에서는 반드시 그를 필요로 할 것이다.

그는 트레버 바워 같은 선수가 타자였다면 메이저리그까지 가지 못했을 것이라고 말한다. "바워의 경우 타고난 운동 능력이 없었기 때문에 주변에 모든 자원을 흡수하고 자신을 쥐어짜서 자신의 최고 모습을 보일 수 있었습니다. 거기에 비해 타격은 물에 빠져서 가라앉거나 헤엄치는 수준이죠. '누가 빠져 나와서 정상까지 가는지 봅시다' 하는 겁니다."

　　　　　　　　　　　　　　　　　　　MVP 머신

14장 그냥 잘하면 된다

그렇다면 사람은 잘못하고 있는 것을 알면서도 멈추지 못할 때 자기 자신을 경멸
하게 된다.

— 대니얼 키즈Daniel Keyes 《앨저넌에게 꽃을Flowers for Algernon》

그 시절, 트랙맨과 K-베스트가 있었다면……

브랜치 리키는 선수 육성에 엄청난 영향력을 가졌지만, 고칠 수 없는 결
점도 있다고 생각했다.

톰 윈셋Tom Winsett의 경우를 살펴보자. 윈셋은 세인트루이스 카디널
스 마이너리그 좌타자였다. 신장은 188센티미터로 1930년대에는 큰 키
여서 '롱 톰Long Tom'이라는 별명이 붙었다. 그는 좌익수였는데 수비가
형편없었다. 하지만 1934~1936년에 마이너리그에서 매 시즌 타율은 최
소 0.348였고, 장타율은 최소 0.617를 기록했다. 1936년에는 0.731라는
장타율을 기록하며, 536타수에 50홈런을 쳐서 아메리칸 어소시에이션
American Association(당시 트리플A 수준으로 간주되었던 리그 — 옮긴이) 홈
런왕에 올랐다.

리키는 대외적으로는 윈셋을 '베이브 루스의 재림'이라고 설명하며

"아, 윈셋의 방망이가 지나가는 자리로 던지는 투수는 슬프도다"라고 읊은 적이 있다. 그런데 리키는 루스의 재림으로 불렸던 타자에게 출전 기회를 이상하다 싶을 만큼 주지 않았다. 윈셋은 세인트루이스에서 고작 12타수밖에 얻어내지 못했다.

그 이유는 이후에 밝혀졌다. 1936년 8월, 리키는 브루클린 다저스와 트레이드를 단행했는데, 스물여섯 살짜리 윈셋을 내주고 세 명의 선수와 현금을 얻었다. 그는 윈셋을 "아름다운 스윙을 가졌다"고 표현했지만, "공이 어떻게 오든 같은 평면에만 대고 휘두른다"고도 말했다. 메이저리그 투수라면 대부분 윈셋의 스윙이 지나가지 '않는' 구간에 꽂아 넣을 수 있었다. 그는 브루클린에서 세 시즌을 뛰었고 465타수, 타율 0.241, 장타율 0.357를 기록하면서 홈런은 7개에 그쳤다. 통산 메이저리그 성적을 보면, 통산 600타석 이상 얻은 타자 가운데 윈셋보다 삼진율이 높은 타자는 단 한 명뿐이었다. 리키는 윈셋의 아름답지만 불완전한 스윙을 고치지 못하자, 브루클린 다저스에 좋아 보이는 불량차를 팔았던 셈이다.

리키는 균형과 파워가 극대화되지 못하게 스트라이드를 길게 가져가는 타자도 질색했다. 대학 야구 코치 시절에는 포환던지기에서 사용하는 발 막음대를 타자석 투수를 향하는 쪽에 놓아서 타자가 스트라이드를 너무 길게 가져가면 걸려 넘어지도록 만들었다. 계속해서 걸려 넘어지고 발목을 접질리는 타자들이 발생하자 발목에 밧줄을 묶는 방법까지 사용했다. 그러자 타자가 너무 묶여 있는 느낌이 강했다. 결국 리키는 1950년에 《더 뉴요커The New Yorker》의 로버트 라이스Robert Rice 기자에게 "스트라이드가 과한 선수는 고칠 수 없다"며 굴복했다.

다만 고친 사람도 있긴 있었다. 1980년 신인 드래프트에서 클리블랜드 인디언스가 1라운드 지명한 외야수 데이브 갤러거Dave Gallagher는 1986년이 되자 마이너리그 7년차에 돌입했고, 3년째 트리플A 단계에서 보내게 되었다. 그는 0.700대 OPS를 넘기지 못했고, 스트라이드가 과했던 것을 탓했다. 1989년에 《스포츠 일러스트레이티드》 인터뷰에서는 "몸이 자꾸 먼저 나가버리는 바람에 균형이 깨져버렸다"고 설명했다. 그는 리키의 밧줄에 대해서는 몰랐지만, 플라스틱 사슬과 벨크로(찍찍이) 등 좀 더 최신 재료로 비슷한 장비를 만들고, 이를 스트라이드 튜터Stride Tutor라고 불렀다. 그 장비는 일부러 의식할 필요 없이 알아서 스트라이드를 억눌렀다.

그렇게 갤러거는 스트라이드 튜터를 훈련에 사용한 결과, 트리플A에서 좋은 성적을 올리고 스물여덟 살이었던 1988년에 메이저리그에 올라갈 수 있었다. 그리고 그해 최우수 신인상 투표에서 5위에 올랐고, 이후로 일곱 시즌을 더 뛰었다. 그는 스트라이드 튜터에 대한 특허를 받고 1988년에만 5,000개를 판매해 자기 연봉보다 더 많은 수입을 거두었다. 2012년 인터뷰에서는 스트라이드 튜터 덕분에 전환점을 맞이할 수 있었다고 진술했다. 오래된 아이디어를 더 고급지게 완성한 사례였다. 어쩌면 윈셋은 K-베스트가 있었다면 더 유연한 스윙을 만들었을지도 모르고, 트랙맨으로 훈련했다면 배트가 나갔던 높은 공을 거를 수 있었을지도 모른다. 스트라이드가 과했던 선수들은 갤러거의 덕을 봤을 수도 있다.

하지만 잘 생각해보면, 갤러거는 좋은 사례였고 대부분의 마이너리그 선수들은 지금도 메이저리그로 올라가는 길목에서 오도 가도 못한다.

선수를 위해 모든 것을 갖추고 있는 구단에서 뛰는 유망주들도 수없이 실패한다. 따라서 메이저리그는 선수 육성의 한계가 어디까지인지를 가장 궁금해한다. 브라이언 배니스터 보스턴 레드삭스 투수 육성 부사장은 "전부 어떤 것이 불변하고, 어떤 것을 고칠 수 있는지를 진단하려고 한다"고 말한다.

가장 똑똑한 야구인, 크레이그 브레즐로

보스턴 레드삭스가 2014년 3월에 리치 힐을 방출했을 때, 크레이그 브레즐로Craig Breslow는 남기기로 결정했다. 그도 공이 느린 좌완 구원 투수였는데 힐처럼 보스턴 소속으로 지난 두 시즌을 던졌다. 브레즐로는 힐보다 5개월 젊고, 어깨 인대 파열로 부상자 명단에서 시즌을 시작했음에도 불구하고 로스터 자리는 항상 보장되었다. 2012~2013년 동안 120이닝 이상 던진 구원 투수 가운데 구장 조정을 거친 평균 자책점 공동 6위였고, 올스타 마무리 투수들만 그보다 성적이 좋았다. 그가 메이저리그에 데뷔했던 2005년부터 2013년까지 400이닝 이상 던진 투수가 300명이 넘는데, 브레즐로는 구장 조정을 거친 평균 자책점 부문에서 공동 8위에 올랐다. 다저스의 에이스 클레이턴 커쇼, 단일 시즌 세이브 기록 보유자인 프란시스코 로드리게스Francisco Rodríguez 등과 어깨를 나란히 했다.

키가 183센티미터인 브레즐로는 밀워키 브루어스가 26라운드에서 지명했고, 최상위권 유망주나 올스타, 혹은 마무리 투수가 되어본 적이 없다. 심지어 밀워키는 그를 지명한 지 2년 만에 방출했다. 힐과 마찬가지로 독립 리그에서 잠시 뛰다가 샌디에이고 파드리스에 입단 테스트를 받고 계약금 1달러(약 1,100원)에 계약했다. 샌디에이고는 그를 한 시즌 만에 방출했고, 그는 다시 보스턴과 계약했다. 그 이후로 웨이버에 따른 양도 선수로 세 차례나 영입되고, 두 번 트레이드되었다. 삼진율이나 볼넷률이 훌륭했던 것도 아니고, 일부 추정 평균 자책점ERA estimator은 실제보다 실점이 더 많았어야 한다고 시사했다. 그와 장기 계약을 맺으려는 구단은 없었다. 그럼에도 불구하고 약한 타구를 유도하고, 당겨 치는 것을 막으며, BABIP와 홈런 비율을 낮춰서 아웃을 계속 잡아냈다. 데뷔하고 첫 여덟 시즌 동안 브레즐로의 평균 자책점은 3.80을 넘지 않았다.

브레즐로는 시속 140킬로미터대 중반을 던지고 헛스윙 유도가 적었기 때문에 실수를 용납할 수 있는 상황이 아니었다. 그런데 2014년부터 겨우 아슬아슬하게 유지해왔던 기량이 통하지 않게 되었다. 아마도 어깨 부상 때문인지 포심 속구가 시속 130킬로미터대까지 떨어졌다. 거기에 따라 볼넷률이 오르고, 홈런 비율은 치솟았으며, 평균 자책점은 5.96으로 상승했다. 이듬해에는 나아졌지만, 한창때만큼은 아니었다. 보스턴은 더 이상 재계약하지 않았고, 그는 2016년 전지훈련이 시작하기 직전에 마이애미 말린스와 계약했으나 그해 7월에 방출되었다. 곧바로 텍사스가 영입해서 트리플A 구단으로 보냈지만 몇 주 만에 다시 방출했다. 36번째 생일을 맞이하기 하루 전날이었다. 종착점이 아닌가 싶었다.

그러나 브레즐로는 그렇게 되지 않겠다고 결심했다. 은퇴할 마음이 없었다. 그는 2017년에 우리에게 "사람들은 제가 야구 말고도 다른 일을 할 '수' 있으니까 다른 일을 하고 '싶어 할' 것이라고 생각한 것 같다"

고 말했다. 사실 브레즐로를 보면 야구 선수가 되기에는 너무 똑똑한 것이 아닌가 싶을 정도로 두뇌가 우수했다. 그는 예일대학교에서 분자 물리학과 생화학을 이중 전공했다. 게다가 만만치 않은 학업은 물론 엘리트 야구부 주장으로 활동하면서도 평점 3.5를 유지했다. 그는 밀워키가 방출하고 샌디에이고와 계약하기까지 공백기 동안 미국 의학 전문 대학원 시험MCAT: Medical College Admission Test을 보고 여러 의대에 지원서도 넣은 결과 뉴욕대학교로부터 합격 통지를 받았다. 어쩌면 브레즐로가 의사 선생님이 되지 못한 것은 샌디에이고 때문이었을지도 모른다.

2008년에 구단 전담 기자는 브레즐로를 '가장 똑똑한 야구인'으로 표현했고, 그 별명이 굳어버렸다. 비야구인들은 야구가 브레즐로에게 걸맞지 않는 젊을 때 해보는 경험이고, 언젠가 훌륭한 일을 하기 위해 야구를 포기할 것이라고 생각했다. 그런데 본인은 그렇게 생각하지 않았다. 그에게 야구만큼 심장을 뛰게 하고, 아드레날린을 빨리 분비시키면서 두뇌를 사용하도록 만드는 것은 없었다. 그는 야구가 가진 특징이 '비판적 사고와 문제 해결이라는 지적인 요소에 신체적인 준비 과정과 경쟁의식을 조합한 것'이라고 말한다.

하지만 그런 배경에도 불구하고, 브레즐로는 몇 년 동안 자신이 공부한 내용을 투구에 적용하지 않았다. 2006년에 베이스볼 프로스펙터스와 진행한 인터뷰에 의하면, 당시 스물여섯 살이었던 브레즐로는 학업과 야구를 분리시켰다. 그는 '생화학은 고유한 과학'이라면서 "굉장히 분석적이고 조직적이어서 그런 사고방식은 야구하는 데 오히려 지장을 줄수 있다"고 말했다. 11년 후에 브레즐로는 젊은 시절을 돌이켜보며 "아마 좋은 성적을 거두는 동안 생각이 짧았고, 그런 시절이 영원할 거라고 생각했던 것 같다"고 말했다. 투수는 한 시즌을 진행하면서 뭔가 새로운 것에 관심을 갖거나 새로운 정보를 사용하면, 스스로 현재의 신체리듬이 깨져 위험에 노출시키는 것이 아닌가 하는 사고 과정을 거친다고 덧붙였다.[1]

브레즐로는 2011년에 처음으로 성적이 크게 떨어졌다. 9월 12일까지 평균 자책점이 4.00보다 높았다. 그는 당시 상황을 다음과 같이 말한다. "나는 던지는 공도 똑같고, 제구도 변함없다고 속으로 계속 생각했죠. 탈삼진도 똑같은 비율로 잡는 느낌이었고, 볼넷은 적게 내줬습니다. 그런데 타구가 수비가 없는 곳으로만 날아가는 것처럼 보였습니다."

그는 한 시즌을 평가하는 데 느낌이나 인상에만 의존해서는 안 된다는 것을 깨달았다. 스탯이 의미하는 것들이 눈에 들어왔다. 일단 스탯이 자기 생각을 입증했다는 점에서 마음이 놓였다. 투구 내용은 이전보다 좋지는 않더라도 이전만큼은 던졌다. 다만 수비 그물을 통과한 단타가 많이 나오면서 BABIP가 큰 폭으로 올랐다. 험난했던 시기는 불운이 한 차례 갑작스럽게 찾아온 것일 뿐이었고, 메이저리거로서의 수명이 다했다는 징후는 아니었다. 던지던 대로 던지고, 반등을 기다리면 되었다.

그러나 이후 5년이 지나자 그를 안심시킬 만한 스탯이 보이지 않았다. 심지어 트리플A에서도 많이 얻어맞았다. 2014년 시즌처럼 부상 때문이었다고 핑계 댈 수도 없었다. 현실을 직면해야 했다. 이전 실력을 보여준 지 3년이 지났는데, 보통 그 나이에서는 하락세로부터 반등하는 경우가 드물다. 그는 다음과 같이 말했다. "더 이상 아무 이유 없이 그냥 이전보다 더 나아질 거라고 주장할 수는 없었습니다. 이제는 선택지가 구종이나 능력, 기술을 완전 갈아엎거나, 그라운드를 떠나는 것뿐이었어요."

그는 최대한 많은 구단 스카우트들에게 연락했다. 2017년 시즌에 자신을 필요로 하는 구단이 많지 않다는 것은 알았다. 그리고 스스로에게 질문을 던졌다. 어째서일까? 어떤 점을 간과했을까? 구단들의 관심을 받기 위해서는 어떤 변화를 줘야 할까? 여러 번 고민한 결과 답이 나왔다. 좌타자를 상대로 성적이 좋아야 했다. 브레즐로는 진정한 좌타자 사냥꾼이었던 적이 없다. 즉, 결정적인 순간에 상대 왼손 거포가 나오면 감독이 소환할 수 있는 그런 투수가 아니다. 메이저리그 구단들은 불펜에 좌타자를 상대로 아웃 한두 개를 재빨리 잡을 수 있는 왼손 투수를 위한 자리를 종종 마련해둔다.

브레즐로는 자신의 제한 변수는 언제나 구속이었다고 말한다. 웨이티드 볼 훈련도 하고, 스피드건에 찍히는 숫자를 올려보겠다고 드라이브라인에 다녀보는 것도 고려했다. 하지만 시속 130킬로미터대 중반에서 140킬로미터대 중반으로 올린다고 해서 월등히 나아지는 것도 아니었다. 그저 평균 미만에서 평균으로 올리는 꼴이었다. "어떻게 해도 시속 142킬로미터에서 158킬로미터로 올릴 수 있는 방법은 없습니다."

그렇지만 브레즐로에게는 '어제보다 오늘 더 나아지기 위해 끊임없이 추진하는 근성'이 있었다. 그게 그에게는 '속구'라고 비유적으로 표현한다. 실제 속구는 축 늘어졌을지 몰라도, 표상적인 속구는 적절한 페이스를 막 찾았다.

그는 공을 던지는 동작을 잘 숨기는 것이 좌타자를 상대로 강해지기 위한 가장 유효하고 달성 가능한 방법이라고 판단했다. 그리고 그렇게 하기 위한 가장 좋은 방법은 던지는 각도를 오버핸드에서 낮은 스리쿼 터로 낮추는 것이라고 생각했다. 그렇게 하면 좌타자들이 공을 볼 수 있는 시간이 줄어들어서 헛스윙이 많이 나올 수 있다. 게다가 포심 속구와 싱커, 커터, 체인지업에 의존하고 거의 던지지 않았던 변화구 구종을 다듬으면 구단들의 관심을 끌 수 있는 투수의 모습을 갖출 것이었다.

선수 생활도 얼마 남지 않았고, '새로운 접근법과 새로운 동작, 새로운 구종'을 습득하는 데 비시즌의 시간은 부족했기 때문에, 변신에 박차를 가하려면 가장 체계적이고 효율적인 피드백을 찾아야 했다. 저렴하고 휴대하기 편하면서도 움직임과 회전을 관찰할 수 있는 장비를 찾았다. 그 결과, 3,000달러짜리 랩소도 장비와 업체에서 연습 투구 내용을 저장해주는 클라우드 계정을 500달러에 구매했다. 그러고 나서 2016년 9월에 본래 던지던 동작으로 불펜 투구를 진행해서 진행 상황을 비교할 수 있는 기준을 설정했다.

브레즐로는 2006년에 베이스볼 프로스펙터스에 "팔 각도를 낮추려고 시도해보니까 오른손으로 던지는 것만큼 느낌이 생소하다"라고 밝혔다. 2016년에 시도했을 때도 그만큼 생소하게 느껴졌다. 그런데 영상으로 확인해봤더니 과감하다고 느꼈던 변화가, 던지는 손의 위치는 고작 5.1센티미터 낮아졌을 뿐이었다. 아마 다른 사람이라면 팔 각도가 바뀐 것을 알아보지도 못했을 것이다. 그래도 취업이라는 보상을 바라보면서 계속해서 밀고 나가며 노력했다.

그는 보스턴 칼리지와 다른 시설에서 팔 각도를 낮추는 훈련을 진행했고, 그때마다 모투스스로motusTHROW 장비를 착용했다. 메이저리그 경기에 최초로 허용된 착용 기술 장비다. 압박 소매 안에 내장된 작은 추적기에는 회전의와 가속도계가 있어서 팔 각도와 속도, 압력 등을 기록한다. "팔 각도를 낮추니까 팔꿈치에 무리가 덜 가고, 구속은 오히려 올랐습니다. 그러고 나서 아주 당연하게도 '지난 35년 동안 왜 이렇게 던지지 않았을까?'라는 질문을 제 자신에게 던졌죠." 잦은 반복 훈련을 통해 브레즐로의 두뇌는 새로운 동작이 자연스럽게 느끼도록 재구성했다. 그리고 4개월이 지나자, 그는 "원래 던졌던 팔 각도가 오히려 지금보다 더 어색하게 느껴진다"고 밝혔다.

팔 각도를 낮추는 일이 모든 걸 충족해주지는 못했다. 트레버 바워가 진심으로 치켜세운 코리 클루버나 마커스 스트로먼처럼 브레즐로도 모범적인 구종을 찾아 그 특징들을 받아들여 보기로 했다. "왼손 투수가 좌타자를 상대로 써먹는 변화구를 이야기하자면 앤드루 밀러의 슬라이더가 떠오르죠. 싱커라면 잭 브리튼Zach Britton이 떠오르고요." 하지만 친구인 브리튼이나 전 팀 동료였던 밀러만큼 공이 빠르지도 않았지만, 그들만큼 앞에서 던지지도 못했고, 제구력도 달렸다. "저는 키가 2미터도 안 되고, 팔이나 손가락이 길지도 않습니다. 길게 늘릴 수도 없는 법이고, 더 이상 유연해지지도 않아요. 저에게는 밀러가 가진 힘은 없습니다."

그런 최상위급 구종을 복제하기는 힘들었지만, 비슷하게 모방할 수는 있었다. "변화구의 궤적이나 회전축은 모방해볼 수 있는 부분입니다." 원래 던졌던 싱커와 슬라이더는 회전 효율이 떨어진다는 측정 결과가 나왔다. 그래서 팔 각도와 그립, 손가락으로 눌러주는 힘을 바꾸고, 공을 던질 때마다 랩소도의 피드백을 받으며 모범이라고 생각하는 왼손잡이들의 공에 근접했는지 확인했다. 그 결과 회전을 제어해서 움직임을 더

MVP 머신

많이 가하고, 자신에게 '최적의 변화구'라고 여기는 구종을 만들었다.

빠른 시간 안에 공의 움직임이 좋아졌다. 랩소도로 확인될 정도였다. 그리고 캐치볼 상대인 리치 힐이 10월 말에 NLCS에서 패해서 보스턴 근처로 복귀했을 때, 육안으로도 보일 정도가 되었다.

지난 몇 년 동안 둘의 상황은 뒤바뀌었다. 브레즐로는 2014년 당시에는 보스턴 메이저리그 로스터에 합류했지만, 지금은 실직 상태가 되었다. 반면 힐은 2014년에 방출 통보를 받았지만, 현재는 NLCS에서 선발 등판을 하고 6주 후에 로스앤젤레스 다저스와 큰 규모의 계약을 맺었다. 브레즐로는 "힐은 모두에게 희망을 준다"고 말한다. 그는 "팔 각도와 움직임이 달라져서 받기가 힘들어졌다"고 힐이 말해주자 더 큰 희망을 가졌다. 받기가 힘들어졌다면, 치는 것도 힘들어지지 않을까?

실패 이후, 새로운 길을 걷다

브레즐로는 2006년에 야구와 화학이 어떻게 다른지 이야기했을 때 다음과 같이 말했다. "실험실에서 하는 일은 특수성이 있어서 마운드에서는 할 수 없습니다. 그런데 마운드에서는 적응해야 하는 부분이 있는데, …… 실험실에서는 그렇게 할 수 없습니다."

그는 2016년 말부터 2017년 초까지 자신이 제작한 야구 실험실에서 반등할 수 있는 요소를 탐색했다. 그런 요소를 기술 장비를 통해 찾기는 했지만, 비시즌 실험이 학문적 노력으로만 끝나지 않기 위해서는 실제 마운드에서 증명해야 했다.

2017년 1월 23일, 15개 구단 관계자들이 매사추세츠주 월섬Waltham에 위치한 실내 연습장으로 집결했다. 브레즐로의 에이전트는 소속 선수가 얼마나 공들였는지 보여주기 위해 그들을 초대했다. 운에 맡긴 투수라면 말로만 평소 실력보다 좋다고 홍보하겠지만, 브레즐로의 경우 에이전트가 선수의 주장을 뒷받침하는 데이터와 영상을 구단에 뿌렸다. 그렇다 하더라도 스카우트나 임원들은 직접 보기를 원했다. 그는 수개월 만에 압박감 속에서 던졌고, 새로운 구종들을 자랑했다. 속구 구속은 여전히 시속 130킬로미터대였지만, 1월에는 크게 상관하지 않는다. 새로운 팔 각도나 싱커와 슬라이더를 수정한 조합이 더 중요했다. 지금까지 구단들이 알고 있고, 더 이상 관심을 갖지 않았던 브레즐로가 아니었다.

브레즐로는 곧바로 여러 방면에서 유망주가 되었다. 구단들은 그의 투구 능력만큼이나 그가 가진 사고방식을 원했다. 마운드에서 이전 같은 모습, 정확하게는 새로운 자세로 과거의 성적을 보이지 못하더라도 반등을 노리는 선수들의 멘토가 되어주거나 프런트 직원이 될 만한 가치가 있었다. 게다가 구단들은 J. D. 마르티네스나 리치 힐 같은 선수들이 갑자기 튀어나오자, 브레즐로 역시 반등할 것으로 기대했다.

그렇게 쇼케이스를 한 지 며칠이 지나고, 브레즐로는 10개 구단으로부터 입단 제의를 받았다. 비록 전지훈련 초청을 동반한 마이너리그 계약들이고 메이저리그 로스터 자리를 보장하지는 않았지만, 아무도 관심을 보이지 않았던 2016년 여름에 비하면 상황이 나아졌다. 그는 결국 미네소타 트윈스를 선택했다. 메이저리거가 될 수 있는 가능성이 가장 크거나 돈을 가장 많이 제시해서가 아니었다. 최근에 구단이 채용한 고위 관계자 데릭 팔비가 여러 차례 전화로 통화하면서 몇 시간씩 데이터 기반 육성에 대해 이야기를 나눴기 때문이었다. 팔비 사장은 구단과 브레즐로를 '동업자 관계'로 표현하면서, 당시 현재 진행형이었던 브레즐로의 변신을 돕겠다고 했다.

　브레즐로의 실험은 이미 절반은 성공했다. 새로운 팔 각도는 자연스러워졌다. 랩소도 데이터를 통해 슬라이더와 싱커의 움직임이 원하는 수준에 근접했다. 그리고 무엇보다도 소속팀이 생겼다. 그는 전지훈련 직전에 미네소타주 미니애폴리스Minneapolis 지역지《스타 트리뷴Star Tribune》에 "데이터는 타자를 잡을 수 있는지에 대해서만 말해주지 않는다"며 농담을 던졌다. 그는 플로리다 시범 경기에서 아홉 경기에 등판해 1실점만 허용했지만, 탈삼진과 볼넷 수가 각각 일곱 개로 같았다. 전지훈련이 끝나자 12번째 메이저리그 시즌을 맞이하게 되었다.

　브레즐로의 2017년 메이저리그 데이터는 과거와 전혀 다른 투수의 모습을 묘사한다. 감을 잃어버린 커터는 사라지고, 그 자리를 싱커가 대체했다. 때로는 커브로 분류되는 그의 슬라이더는 어쩌다 던지는 공에서 주무기가 되었다. 공이 손에서 나오는 높이는 평균 22.9센티미터 낮아져서 200구 이상 던진 왼손 투수 가운데 가장 낮은 5퍼센트 안에 들었다. 싱커와 체인지업은 원래보다 종으로 10.2센티미터 더 떨어졌고, 횡으로도 5센티미터 이상 더 휘었다.

　그런데 한 가지 문제점이 있었다. 그렇게 구종을 새로 디자인했지만, 여전히 타자를 잡아내지 못했다. 미네소타에서 찍은 성적은 보스턴이나 마이애미에서 낸 성적보다 좋지 못했고, 7월 29일에 결국 방출되었다. 그렇게 시험해보는 기간 동안 그는 30경기에 출장하고, 갈비뼈 통증으로 부상자 명단에도 오르며 평균 자책점 5.23을 기록했다. 그리고 8월 8일, 클리블랜드에 입단하고 트리플A로 배정되었다가 9월에 승격되면서 바워와 재회했다. 둘은 애리조나에서 바워가 메이저리그 데뷔를 한 해에 잠깐 팀 동료로 지낸 바 있다. "저나 바워나 새로운 일을 분석적으로, 조직적으로 접근하는 부분에 있어 비슷합니다. 물론 잘 알다시피 바워가 결과를 훨씬 좋게 냈죠."

좋은 소식이 한 가지 있다면 브레즐로는 좌타자를 상대로 비록 탈삼진은 많지 않았지만 피OPS를 0.580으로 묶었다. 좋지 못한 소식은 우타자에게 약점이 크게 드러나게 되었고, 아니나 다를까 우타자들을 상대로한 피OPS는 0.934가 되었다. 게다가 우타자를 좌타자보다 두 배 많이 상대해야 했다.

그는 거기에 구애받지 않고, 2018년 2월에 토론토 블루제이스와 마이너리그 계약을 맺었다. 그리고 서른일곱 살에 더블A에 배정되어 재활 시기를 제외하면, 2005년 이후 처음 더블A에서 던지게 되었다. 거기서 허벅지 부상으로 한 달 반가량 빠지고, 트리플A로 올라갔다. 그리고 시즌이 종료될 때까지 승격을 알리는 전화는 울리지 않았다.

그는 메이저리그 도전에 정신이 팔렸던 나머지 낮은 연봉과 부족한 선수 복지는 눈에 들어오지 않았다고 한다. 자기가 준비해온 과정이 왜 통하지 않았는지 이유를 몰라 짜증이 났다. 마이너리그 통합 28.1이닝 동안 30탈삼진을 잡았지만, 볼넷도 24번이나 허용했다. 좌타자 피OPS는 0.865였고, 평균 자책점은 5.40으로 마무리했다. 그는 행여나 터널링이나 공을 숨기는 동작, 투구 배합 등이 알려주는 수수께끼를 놓치지 않았나 싶어서, 등판할 때마다 트랙맨 데이터를 살펴보기 위해 구단 프런트와 자주 연락을 취했다. "객관적으로 측정한 투구 데이터에 의하면 좌타자를 상대로 성적이 좋아야 합니다. 그렇다면 성적이 좋지 않다면 어떤 부분이 문제였을까요?"

익명의 타 구단 프런트 분석원은 2018년 브레즐로의 마이너리그 트랙맨 데이터를 분석했고, 원인은 생각보다 명확하다고 말한다. 브레즐로의 변화구가 좋아졌다는 사실에 동의하지만, 스카우트가 사용하는 20~80등급으로 치면 35~40점(평균 미만 — 옮긴이)짜리 변화구에서 45~50점짜리(평균에 근접~평균 — 옮긴이)로 올린 것뿐이라고 설명한다. "속구가 (시속) 142(킬로미터)면, 얻어맞을 수밖에 없다"고 분석원은 말한다. 커터와 공 끝이 좋았던 포심 속구를 버렸더니 타자를 상대할 무기가 줄어들었다. 게다가 나이도 무시할 수 없었다. "우타자에게 약해져서 좌타자에게 강해지기 위해 어떻게 해서든 보완하게 된 거라고 생각합니다. 하지만 구속 저하와 수많은 볼넷 때문에 구종에 변화를 준 게 무색해졌어요. 그렇게 해서 오히려 더 안 좋아졌습니다."

그는 브레즐로가 좌타자를 상대로만 강해지려고 했던 전략이 적절했는지에 대해 의문을 가졌다. 또한 투수들이 스스로 변해보겠다고 할 때 문제가 종종 발생한다고 지적한다. 특히 에저트로닉 카메라 없이 진행하는 경우에 그렇다고 한다. 브레즐로도 구매를 고려했지만, 최종적으로 포기했다. "투구 디자인을 잘한다는 건 구단에게는 여전히 경쟁력입니다. 왜냐하면 제대로 하는 것을 사람들이 잘 모르거든요." 그 분석원은 구속을 늘렸더라면 브레즐로에게 더 도움이 되었을 것이라고 말했다. 하지만 그것도 반드시 옳다고는 말할 수 없다. 궁극적으로는 그가 잘못했다기보다는 시간을 거스를 수 없기 때문이다.

브레즐로는 "실험실 같은 공간에서 전혀 새로운 투수를 만드는 흥미와 전망을 배웠지만, 한편으로는 한계도 알게 되었다"고 말한다. 한 구단 프런트 직원은 '이전에도 기술의 도움으로 야구에 눈을 뜬 사례가 있었기 때문에 브레즐로에 대해 낙관적인 믿음을 가졌다'는 부분을 인정했다. 그리고 '재기하려는 선수를 비교적 저렴하게 영입할 기회'라는 점과 '프런트가 제시하는 것을 과감하게 수용하려는 선수'라는 점이 기대감으로 작용해 구단의 판단을 흐렸을 수 있다는 점도 인정했다.

메이저리그 로스터에 진입하지 못한 일은 2007년 이후 처음이고 실망감이 있었지만, 브레즐로는 "그 과정이나 그 결심에 대해서는 사실 변함없다"고 말한다. 그러나 그의 인생은 마침내 그라운드로부터 멀어지고 있다. 아내와 어린 쌍둥이를 먹여 살려야 하고, 2017년 12월에는 셋째도 맞이했다. 마운드에 남아 있으면 식구들과 보내는 시간을 반납해야 한다. 그리고 시즌이 끝나고 얼마 지나지 않아 마운드에 남아 있는 것이 더 이상 선택 사항이 아니라는 확신이 섰다. 그는 12월에 "팀들이 저를 현역 선수보다는 선수 이후의 진로 때문에 더 많이 찾는다"는 것을 알았다. 시원섭섭했지만 어쩌면 야구 인생의 다음 단계로 넘어가기에 적절한 시기였다. "데이터 분석을 가르치는 방법을 배우고, 투수로서 제 자신을 알아가고, 특정 데이터에 맞춰 적용하거나 던지는 방법을 배운 것들이 …… 다음에 할 일에 큰 도움이 될 겁니다."

그 일은 머지않아 시작됐다. 시카고 컵스는 2019년 1월에 그를 전략기획 부장으로 채용했다. 도관 역할을 광범위하게 하며 투수 육성에도 관여하게 되었다. 브레즐로는 옛 모습을 되찾기 위해 스스로 재건을 시도했지만 아쉽게 실패하고, 그 대신에 새로운 모습을 찾은 셈이다.

MVP 머신

2018년 2월, MLB 네트워크 방송 중에 신시내티 레즈의 스타 타자 조이 보토는 발사각의 중요성에 대한 질문을 받았다. MVP 수상 이력이 있는 보토는 꾸준한 출루 머신이며, 내야 뜬공을 치지 않는 능력으로 잘 알려졌다. 발사각이라는 주제에 대해서도 확신을 가진 선수다. 그는 2018년에 타구의 45.9퍼센트를 8~32도라는 이상적인 발사각에 집중시켜 모든 주전 타자 가운데 이 부문 선두에 올랐다. 그는 방송에 이렇게 말했다. "많은 타자가 직선 타구를 치거나 외야수들 사이로 타구를 보내는 방식에서 뜬공을 더 쳐서 이득을 보는 방식으로 타법을 바꿨다고 생각합니다. 그런데 그 타자들의 완성도가 얼마나 높은지에 대해서는 언급되지 않는 것 같습니다."

다시 말하면, 데이터의 힘으로 스윙을 바꿔서 최상위권 대열에 합류한 타자들은 이미 변화에 성공할 수 있는 능력을 가졌기 때문일 수 있다는 뜻이다. 외야수 출신 앨릭스 해선Alex Hassan 미네소타 선수 육성 차장도 같은 의견을 제시한다. 그도 2018년에 도관 역할로 채용되었다. "여기서 간과할 수 있는 점은 크리스 테일러는 뜯어 고치기 이전에 이미 메이저리그를 밟았다는 겁니다. 저스틴 터너도, J. D. 마르티네스도 마찬가지죠. 이 선수들은 스윙을 고쳐서 유명세를 타기 전에 이미 메이저리그였던 거예요." 이들은 '잘하는' 메이저리거들은 아니었지만, 좋지 않은 타법으로도 메이저리그에 올라갈 재능이 있었던 것이다.

앨릭스 해선에 의하면 타격 자세나 방법을 고쳐 성과를 낸 선수들이 메이저리그에서 살아남기 때문에 '생존자 편향의 오류'가 발생한다. 우리는 그렇게 살아남은 선수에 대해 언급하지, 크게 활약해줄 수 있는 선수가 되지 못하거나 메이저리그 자체를 밟지 못한 선수를 이야기하지는 않는다. 그런 선수는 아무도 모르기 때문에 그들의 이야기는 주목받지 못한다.

해선도 그런 선수 중 하나였기 때문에 그 느낌을 잘 안다. 그는 듀크 대학교 출신으로 2009년 신인 드래프트 20라운드에서 보스턴에 선택받았고, 마이너리그에서 한 시즌에 한 단계씩 착실히 밟아나갔다. 그런데 스물다섯 살이었던 2013년에 트리플A를 재수하면서 0.891의 OPS를 올리고도 승격되지 않았다. 그해 해선은 BABIP가 높아서 공격 지표가 높게 나왔고, 210타수에 홈런은 네 개에 그쳤다. 키가 190센티미터인 코너 외야수로는 이상적인 성적이 아니었다. 선구안은 좋았지만, 자신과 메이저리그 사이의 장벽을 넘기 위해서는 파워 업이 필요하다고 판단했다.

그해 비시즌에 잘 알려진 '타격 도사'에게 자기 자신을 맡겼다. 누군지는 알려주지 않았다. 오른손 타자인 해선은 타구를 좌측 외야 방향으로 띄우도록 스윙을 고쳤다. 중심 이동을 공격적으로 가져가기도 했고, 배리 본즈Barry Bonds처럼 배트를 기울여보기도 했다. 참고로, 본즈는 스윙을 시작하기 직전에 배트의 배럴이 반대편 타자석을 향했다. 그런데 그렇게 바꾼 자세가 도움이 되기보다 실수만 늘어났다. "안 되더라고요. 제 자신이라는 느낌도 없었고요. …… 바꾸기 전에는 그러지 않았는데, 스트라이크 존 안에서 헛스윙도 많이 나왔습니다. 그리고 타구가 멀리 뻗지 못했어요."

같은 겨울에 새롭게 개조한 마르티네스가 베네수엘라 동계 리그LVBP. Liga Venezolana de Béisbol Profesional를 폭격하고 있을 때, 해선은 도미니카 동계 리그LIDOM: Liga de Béisbol Profesional de la República Dominicana에서 죽 쑤고 있었다. 그러고 나서 새로운 스윙으로 트리플A에 갔더니 2014년 5월까지 OPS가 0.621였고, 홈런 한 개에 30퍼센트의 삼진율을 기록했다. 그런데 얄궂게도 그때 메이저리그로 승격되었다. 해선은 펜웨이파크로부터 19킬로미터 떨어진 동네에서 뒷마당에 그린 몬스터 모형을 세우는 그런 가정에서 자랐다. 그는 부상 선수를 잠시 대체하기 위해 소환되었고, 첫 선발 출전에 중견수 쪽으로 안타를 쳤다. 메이저리그 데뷔 첫 안타라는 커다란 부담을 덜어냈더니 자신감이 생겼다. 그리고 트리플A로 복귀한 뒤에도 시즌이 끝날 때까지 맹타를 휘둘렀다.

하지만 해선은 2014년 이후에 메이저리그를 다시 밟지 못했다. 메이저리그 통산 성적에 1안타만 남기고 스물여덟 살에 은퇴했다. "남은 선수 생활은 스윙에 고칠 만한 부분이 없나 고민하고, 이리저리 바꾸면서 보냈습니다. 다른 선수들은 해답을 찾는데, 저는 결국 못 찾았습니다. 어떤 선수들은 변화를 주면 성과가 바로 나타나지만 그렇지 못한 사람도 있는 것 같아요."

그는 자신을 지도한 '타격 도사'가 추천한 방식이 틀렸다고 말하지 않는다. 대신 자신이 따라가지 못했다고 말한다. 그리고 스윙이나 공을 추적하는 장비들이 편재하지 않았던 시절이라, 그가 바라던 만큼 데이터의 힘을 빌리지 못했던 점도 있었다. "결과를 측정할 수 있었다면 스윙을 바꾸는 데 조금 더 나은 길잡이가 됐을 겁니다." 기술의 발전이 강타자 해선을 만들었을지도 모르겠지만, 어디까지나 알 수 없는 일이다.

모든 타자가 뜬공을 '쳐야만' 하는 것은 아니다. 타구가 빠르지 않거나 공을 덜 맞춘다면 오히려 역효과가 날 수 있다. 공식 통산 최고 뜬공 비율 기록은 샌디에이고 파드리스의 공갈포 내야수 라이언 심프Ryan Schimpf가 보유하고 있다. 그는 2017년에 0.158를 치고 35.5퍼센트의 삼진율을 기록하고, 마이너리그로 강등되었다가 네 달 동안 세 차례 트레이드된 후에 방출되었다. 올려 쳐서 혜택을 받은 타자들도 변화가 필요했다. 한편 당장 멀리 날리는 타자들도 더 높이 치려다 이카로스의 운명을 맞이할 위험에 놓여 있다.

볼티모어 오리올스의 마크 트럼보Mark Trumbo는 2016년에 47홈런으로 메이저리그 홈런왕에 올랐다. 그러나 2017년에는 파워가 푹 꺼져 버렸다. 그는 2018년 1월에 "작년에는 다양한 숫자와 데이터 분석, 발사각으로 인해 크게 산만했었다"고 설명했다. 그는 좋은 공을 노려서 잘 갖다 맞추는 방식으로 되돌아가겠다고 결심했고, 실제로 그렇게 해서 2018년에 개인 단일 시즌 최고 평균 타구 속도와 스위트스폿sweet spot 비율(발사각이 8~32도인 타구 ─ 옮긴이)을 올렸다. 다만 평균 발사각은 개인 단일 시즌 최저였다. 톰 탱고Tom Tango MLB 어드밴스트 미디어 Advanced Media 선임 스탯 데이터베이스 설계사가 2018년에 진행한 연구에 따르면 "타자들은 성적이 좋아지면 발사각을 유지할 가능성이 크다. 반면에 부진에 빠진 타자들은 이전에 통했던 방식으로 되돌아가려는 경향이 있다"고 지적했다.

밀워키의 크리스천 옐리치는 2018년에 뜬공을 쫓지 않고도 내셔널 리그 MVP로 선정되었다. 그는 땅볼 비율이 높아서 뜬공을 치면 혜택을 받을 수 있는 타자로 판단되었다. 콜로라도 로키스 소속 선수들을 제외한 내셔널 리그 타자 가운데 홈런을 가장 많이 쳤음에도 불구하고 타구의 절반이 땅볼이었다. 옐리치는 그해 10월에 MLB닷컴을 통해 "일부러 변화를 준 것도 없고, 발사각을 믿지도 않았다"고 말했다. 오히려 치기 좋은 공에 배트를 내고 바깥쪽 공을 더 앞에 놓고 치는 등 미세한 변화를 줘서, 굳이 스윙을 갈아엎지 않고도 스위트스폿 비율과 강한 타구의 평균 발사각을 높였다.

스윙을 바꿔서 기적을 이루기도 하지만, 그런 기적이 사라지기도 한다. 드래프트 전체 7순위 지명 선수였던 1루수 욘더 얼론소Yonder Alonso는 2016년 이후에 나이 서른을 바라보았고, 메이저리그 2,000타석 넘게 평균보다 못한 공격력을 보였다. 그는 일곱 시즌 동안 39홈런에 그쳤고, 단일 시즌 최다 홈런이 9개를 넘지 못했다. 얼론소는 노장 타자들이 탈바꿈해서 반등하는 모습을 보고, 팬그래프스에서 뜬공에 대해 읽어보고 나서 자신의 힘을 스윙에 더 반영하기로 결심했다. 그는 우리에게 이렇게 말했다. "100킬로그램이 넘는 제 체중을 온전히 타구에 싣지 못하고 68킬로그램 정도 나가는 선수처럼 쳤습니다." 그는 영상도 보고, 조이 보토에게 조언도 구하고, 레그 킥도 더하며, 타구를 띄우고 멀리 뻗게 하기 위해 하체를 이용했다.

그의 노력은 통했다. 2016년까지 통산 장타율 0.387였던 타자가 2017년에 장타율 0.501에 28홈런을 치고 올스타로 선정되었다. 뜬공 비율도 통산 32.6퍼센트였는데, 그해 43.2퍼센트를 기록했다. 한편 삼진율은 당연히 높아졌지만, 파워를 위해 갖다 맞추는 것을 포기할 만했다. 당시 팬그래프스 편집국장이었던 데이브 캐머런은 얼론소를 '뜬공 혁명의 새 얼굴'이라고 불렀다.

시즌이 끝나고, 얼론소는 클리블랜드와 계약했다. 그런데 2017년 이전보다는 홈런을 많이 치긴 했지만, 욕심을 내다가 다른 부분에서 성적이 떨어졌다. 볼넷은 적어졌고, 스윙은 많아졌으며, 스트라이크 존 아래로 낮게 떨어지는 변화구에 배트가 나가는 바람에 타구도 약해졌다. 그렇게 급격하게 역변하자 wRC+가 2015~2016년에 97이었던 것이 2017년에 133까지 올랐다가 2018년에는 다시 97로 떨어졌다. 결국 구단은 12월에 그를 지구 라이벌인 시카고 화이트삭스로 보내고, 랭킹이 없는 유망주로 맞바꿨다.

사람들은 성공에 매료되어 실패를 간과하기가 쉽다. 또한 개인마다 과정이 다른데 일반화해버리는 경우도 많다. 옐리치는 2018년 10월에 "한 가지 타법만 존재하지 않는다"라고 말했다. 마찬가지로 선수 육성도 한 가지 방법만 존재하는 것은 아니다.

육성을 최적화하는 데는 선수의 강점만큼이나 약점을 파악하는 것이 중요하다. 모든 약점을 다 고칠 수는 없는 법이다. 브라이언 배니스터는 "일정 부분은 선수가 가진 유전자의 최대치 때문에 제한된다"고 말한다.

예를 들면, 투수의 경우 "원래부터 공도 잘 안 보이고, 빠르고, 헛스윙이 많이 나오는 좋은 속구를 만들어내는 팔 스윙이 있습니다. 수준 높은 보조 구종을 만들어내는 팔 스윙도 있고요. 그런데 둘 다 가능한 경우는 극소수입니다." 그런 재능을 가진 투수라면 구단들이 돈을 쏟아부어서 드래프트나 아마추어 시장에서 잡아채버린다. "그런 능력을 인위적으로 얻으려면 몸을 어느 정도까지 손볼 수 있는지 아직 답을 찾지 못했습니다."

배니스터는 구속은 주로 근육과 관련되어 있다고 생각한다. 즉, 어느 선까지는 훈련을 통해 늘릴 수 있다는 뜻이다. 그런데 속도보다 무게를 잘 이겨내는 근육을 가진 유형이 있듯이 구속도 신체 구조에 영향을 받는다. 즉, 무거운 것은 들 수 있는데 가벼운 것은 빨리 들지 못하는 사람이 있는 반면, 가벼운 것을 빨리 들어도 무거운 것을 들지 못하는 사람도 있다. 그래도 근육은 최대치 안에서는 발달시킬 수 있다.

회전수는 전혀 다른 능력이다. 빠르지만 일직선으로 던지는 투수가 있고, 리치 힐처럼 공이 느리지만 회전이 많은 투수가 있다. "회전수나 공을 원하는 궤적으로 던지는 능력은 각 관절의 가동 범위와 결합 조직의 탄력에 크게 달려 있습니다." 인대나 힘줄이 뻣뻣하고 반응이 느린 선수가 있는 반면, 몸을 움직이기 1,000분의 1초 전부터 엄청난 양의 위치 에너지를 저장하는 선수도 있다. "그런 선수는 결합 조직이 정말 잘 늘어나는데, 마치 고무줄을 사용하기 전에 가볍게 잡아당기는 느낌입니다. 그래서 던질 때 근육도 움직이면서 반동에 의한 효과도 생깁니다. 배니스터는 탄력이 있는 투수로 크리스 세일을 꼽았다.

따라서 탄력과 회전수에도 최대치가 존재한다. 배니스터는 "대체로 유전이 되고, 가르치거나 훈련으로 키울 수 있는 능력은 아니다"라고 말한다. 스트라이드가 과한 선수는 고칠 수 있어도 탄력이 부족한 선수는 고치지 못한다.

앨릭스 해선도 마이너리그에 있는 시간이 길어졌을 때 "싫으면, 잘하면 되잖아"라는 말을 지겹도록 들었다고 이야기한다. 그는 너무나도 간단명료해서 잊어버리기 쉽지만, 정말 진실하고 좋은 메시지라고 생각한다. '그냥 잘하면 된다'는 말을 들으면 더 노력하고 집중하는 선수가 있는 반면, 그 말을 복종하기 힘든 심오한 명령으로 여기는 선수도 있다. 누구든지 잘할 수 있지만, 야구에서 잘하는 것만으로는 충분하지 않을 때가 있다.

예상치 못한 부상

2018년 8월 22일 저녁, 트레버 바워는 중고로 구매한 픽업트럭(누적 주행 거리가 225,300킬로미터)을 몰고 클레이그 공원Clague Park으로 향했다. 오하이오주 웨스틀레이크 주거지에 자리잡은 녹지로 대부분 공터로 이루어졌다. 바워는 주로 이곳에서 드론을 날린다. 2016년에 오른 새끼손가락을 베었던 드론도 바로 이 공원에서 날렸다. 그는 사람이 없는 야외 테이블을 찾아서 드론 가방을 그 위에 올렸다. 드론을 조립하고 날리면서 야구를 잊는다. 개인 3D프린터로 부품을 찍어내기도 한다. 탄소 섬유로 이루어진 동체의 규격을 직접 제작해서 동네 가게에 가서 자른다. 공원으로 갖고 간 드론 두 개 중 하나를 꺼내들고는 "제가 혼자 만든 겁니다"라고 자랑스럽게 말했다.

바워는 그렇게 지목한 드론을 '멍키 비즈니스Monkey Business'(속임수 또는 못된 장난이라는 관용구 — 옮긴이)라고 부른다. 나무에 걸려 있는 시간이 많기 때문이다. 이미 클레이그 공원에서 드론 두 개를 잃어버렸다. 찾아주는 사람에게 보상하겠다는 글을 트위터에 올려봤지만, 답변은 없었다. 시간이 지나면서 드론의 디자인은 중요한 진화 과정을 거쳤다. 바로, 동체가 거꾸로 제작되었다는 점이다. 하판을 상판 자리에 올려서 손가락을 벨 위험 없이 배터리를 충전하고 장착할 수 있게 되었다. 일반적인 배터리 위치는 아니다. 기류를 흐트러뜨려서 비행에 악영향을 끼칠 수도 있다. 그런 식으로 무언가 맞바꿔야 하는 상황을 관리하는 일은 투구 디자인 이론과 큰 차이가 없다.

바워의 드론에는 카메라가 달렸다. 고글처럼 생긴 헤드셋도 있는데, 카메라가 찍는 영상을 바로 연결해서 조종사가 마치 하늘에 떠 있는 느

MVP 머신

낌을 준다. 드론에 달린 프로펠러 날개가 돌아가면서 예초기 소리 같은 고음을 낸다. 드론은 여정을 시작한다. 나무와 전망대 사이를 지나 호기심이 생긴 개와 저녁 마실 나온 부부 위를 지나간다. 나뭇가지 하나를 꺾지만 비행을 유지한다.

바워의 드론은 기동력이 상당하다. 현기증 나는 동선을 그리며 날아간다. 나무, 잔디밭을 지나서 지붕널이 보인다. 그러다 화면이 갑자기 꺼진다. 그는 "자주 그래요"라고 말한다.

멍키 비즈니스는 전망대 지붕과 충돌했다. 바워는 90미터 가량 떨어진 사고 현장으로 걸어간다. 지붕 위에 드론 파편과 노란색 플러그가 널브러졌다. 그는 동체부터 찾아서 자세히 살펴본다.

"이런…… 이건 일찍 퇴근해야겠네요." 손봐야 할 부분이 많지만, 그는 냉정을 유지하며 말한다. 그리고 끊어진 케이블 선들을 가리킨다.

"보통 한 번 날리면 이렇습니다. 드론을 날리는 거의 모든 과정을 보셨어요. 보통 실제로 비행하는 시간보다 고치는 데 드는 시간이 많습니다."

투구도 마찬가지다. 적어도 바워가 믿는 과학 기반 투구는 그렇다. 바워는 픽업트럭으로 이동한다. 오른발에 의료용 부츠를 신고 절뚝거리면서 갔다. 드론은 그의 취미이자 시즌을 일찍 마감할 수 있다는 현실을 잊기 위한 자기만의 방법이다.

2018년 8월 11일, 시카고에서 마운드에 오른 바워는 사이영 상 경쟁에서 격차를 벌릴 수 있기를 기대했다. 게릿 콜은 전반기를 압도하고 나서는 뒷걸음질했고, 당시 바워의 최고 적수였던 크리스 세일은 어깨가 말을 듣지 않아 부상자 명단에 한 차례 올랐는데, 8월 18일에 한 번 더 오르면서 사이영 상을 향한 도전이 결국 종료되고 말았다. 바워는 스탯에서 강한 면모를 보였다. 아메리칸 리그 투수 가운데 WAR은 대체 선수 대비 5.7승으로 세일(5.6)을 간신히 제치고 1위에 올랐고, 평균 자책점은 2.25로 세일(2.04)과 블레이크 스넬(2.18)만 따돌리면 되었다. 스넬은 어느새 사이영 상 후보 명단에 다가섰다.

바워는 그날 첫 6이닝 동안 시카고 화이트삭스를 압도했다. 후반기에 들어 가장 날카로운 제구력을 선보였다. 볼넷 없이 탈삼진만 8개를 잡고, 2안타 1실점으로 막았다. 쾌투를 펼치고 있었다. 그때까지 총 100구를 던져서 25등판 연속 투구 수 100구를 기록했다. 1988년 투구 수를 기록하기 시작한 이래 너클볼 투수 톰 캔디오티의 구단 기록과 동률을 이뤘다.

부상자 명단에 단 한 번도 오르지 않았던 바워는 워낙 효과적인 투구 동작 덕분에 팔이나 어깨 관련 부상으로부터 끄떡없다고 느꼈다. 이닝 수가 많을수록 사이영 상 심사에 유리하기 때문에 가능한 한 많이 던지려고 했다. 심지어 '3일' 휴식만 달라고 구단에 요구하기도 했다(메이저 리그 선발 투수는 일반적으로 4일 휴식 후 등판 — 옮긴이). 그렇다고 단발성 전략은 아니었다. 그는 2020년 시즌이 끝나면 자유 계약 선수로 풀릴 수 있는 조건을 갖추는데, 그때 4일마다 등판하고 한 시즌에 250이닝 넘게 던질 수 있는 투수로 영업할 생각이다. 그리고 단년 계약만 원한다.

테리 프랭코나 감독은 3 대 1로 앞선 상황에서 7회에도 바워를 내보냈다.

7회에 바워의 두 번째 투구는 높게 빠진 시속 152킬로미터짜리 속구

MVP 머신

였다. 공을 던지려고 준비할 때 제이슨 베네티Jason Benetti 시카고 측 중계 캐스터는 시청자들에게 바워가 "사이영 상 후보로 거론될 것"이라고 설명했다. 그리고 바워는 던졌다. 상대 타자 호세 아브레우José Abreu는 휘둘렀고, 시속 148.5킬로미터짜리 타구가 나가면서 17미터 가량 떨어진 곳에서 마운드 위에 떠 있던 바워의 오른쪽 발목을 강타했다.**QR-20** 바워는 땅에 쓰러졌다. MRI 검사 결과 오른쪽 종아리뼈가 살짝 골절된 것으로 나타났다. 의사들은 4~6주 가장 쉬어야 한다고 소견을 냈다. 시즌 종료까지는 6주도 남지 않았다. 프로에 데뷔해서 처음으로 부상자 명단에 올랐다. 투구 동작이나 훈련 때문이 아닌 뜻밖에 일어난 부상 때문이어서 더 짜증 났다.

바워는 부상 초기에 우울 증세를 보였으나 오래 가지는 않았다. 아직도 '무척 화가 나 있는 상태'였지만, 어떻게 하면 의사의 진단보다 빨리 회복할 수 있을까 고민하는 데 에너지를 승화했다. 그는 부상을 입은 지 며칠 되지 않아서 롱 토스 훈련을 변형시켜서 무릎을 꿇은 채 진행했다. 하체를 재활하는 동안에도 상체와 투구 기술을 유지하고자 했다.

구단 의료진은 진단이 나오자마자 그에게 포르테오Forteo라고 주로 골다공증이 심할 때 투여하는 주사를 처방했다. 그는 "수많은 연구에서 골절상 회복이 빨라지는 결과가 나왔다"고 말한다. 또한 구단은 국소 항응고제도 계속 발랐다가 피부가 달아오르는 바람에 그만뒀다. 발목은

QR-20
URL https://youtu.be/Vp_GAfzJLog?t=268

부어오르고 통증이 심했지만, 소염제는 치유가 느려진다고 여겨져서 피했다.

그런데 바워는 구단의 재활 방식 때문에 다시 짜증 나기 시작했다. 그는 처음 MRI를 찍은 지 2주가 지나지 않았는데, 뼈가 얼마나 자랐는지 보고 싶은 마음에 재촬영을 졸랐다. 하지만 의료진은 더 기다려보자고 판단했다. 그러자 바워는 자기가 신뢰하는 외부 전문의들을 연락했다. 거기에는 개인 물리 치료사 존 마이어John Meyer와 개인 척추 지압사 커트 린딜Curt Rindal, 리 피오치Lee Fiocchi 로스앤젤레스 에인절스 체력 코치 등이 있었다. 피오치 코치는 참신한 이론과 운동을 소개하고, 바워가 시즌 초에 팔뚝이 불편했을 때 도와줬던 인물이다.

바워는 8월 중순에 그렇게 연락을 취하고 나서 레이저를 주문했다.

저출력 레이저 치료는 빛의 파장을 이용해 손상된 조직을 빨리 치유하도록 돕는다. 바워는 레이저를 뼈 자극기와 함께 사용하면 두 장비가 서로 영향을 줘서 골절을 치료하는 데 도움이 될 수도 있다는 것을 배웠다. 확실하다기보다는 하나의 실험에 가까웠다. 매일 밤 두 장비를 동시에 사용했다. 이에 마이클 바우먼Michael Baumann '더 링어The Ringer' 기자는 바워의 실험 정신에 착안해서 트위터에 짧은 글을 올렸다. "트레버 바워는 의사들이 제시하는 복귀 시점은 구식 주류 의학에 기반을 둔 것이라고 한다. 그리고 몸 안의 미국 중앙정보국의 나노 기기들을 없애기 위해 수혈과 은 용액 투입을 시작했다. 등판을 두세 차례 정도 거를 것으로 예상한다."

풍자성 글이었기에 특별히 문제될 만한 것은 아니었다. 그런데 MLB 네트워크에서 앵커가 실제 뉴스인 줄 알고 바우먼의 트위터 글을 보도

MVP 머신

하며 큰소리로 읽었다. 바워는 거기에 화가 많이 났다. 트위터 글이 오해를 사자, 바워만 이상한 사람으로 비쳤다.

진실은 바워는 마운드로 최대한 빨리 복귀하기 위해 규정을 어기지 않는 선에서 수단과 방법을 가리지 않는다는 것이다. 그는 2016년 포스트시즌에서도 손가락이 베인 상처가 더 이상 벌어지지 않도록 납땜인두를 쓰려고 생각했던 사람이다. 세일도 부상으로 빠지고, 콜과 저스틴 벌랜더도 격차를 벌리지 못하자 희망이 다시 다가오기 시작했다. 세 번만 등판할 수 있다면 사이영 상 경쟁에서 뒤지지 않을 수 있다고 생각했다. 구단은 9월 말 복귀가 현실적이라고 판단했지만, 바워는 9월 10일 복귀를 목표로 잡았다.

멀어져버린 사이영 상

숙소 근처에 아침과 점심 식사만 전문으로 하는 퍼스트 워치First Watch라는 카페가 있다. 바워는 9월 4일에 점심을 때우러 가서 서빙을 보는 직원에게 항상 주문하는 식사에 조금 손봤으면 좋겠다고 말했다. 바워는 그곳의 단솔 손님이다. 달걀 네 개를 볶고, 한 컵 반 정도 분량의 과일과 4분의 1컵 정도의 호두를 시켰다.

"오늘은 이렇게 먹어야 돼요." 바워가 말했다.

직원은 주문을 받고, 바워의 얼굴 표정을 보자마자 이렇게 말했다. "제가 퀴노아 다이어트를 한 1년 정도 했는데요. 먹으러 가야 할 때마다 제가 짓는 표정이네요."

바워는 웃었다. "가끔은 파스타 한 그릇 해치우면 소원이 없겠어요."

잠시나마 낙관적이었던 분위기는 오래 가지 못했다. 재활은 지연되고, 9월 10일 복귀는 매우 불가능해보였다. 체중을 빠르게 감량했던 것도 문제가 되었다. 4.5킬로그램 가까이 빠졌다. 대부분 근육 손실이어서 구속이 나오지 않을 수 있다.

"2014년에는 한 달 사이에 6킬로그램 정도 빠진 적이 있었습니다. 구속이 시속 155.3킬로미터에서 150킬로미터까지 떨어졌었어요."

구단 트레이너들은 "웨이트 훈련을 100퍼센트 강도로 하기 시작하면 근육은 돌아온다"며 그를 안심시켰지만, 발목을 자극하지 않도록 저중량으로 훈련해야 했다. 바워는 짜증이 났다. 구단이 재활을 너무 조심스럽게 진행한다고 여겼고, 구단에서 제공한 식단 때문에 근육량이 빠르게 줄어든다고 의심했다. 그는 트레이너들을 귀찮게 했다.

"솔직히 제가 말하는 방식이 잘못된 건 사실입니다. '이건 바뀌어야 한다', '이거 고쳐라'는 식으로 거칠게 말할 때가 있어요. 그런데 정중하게만 요청하면 고쳐지지 않을 때가 많습니다."

바워는 주방 저울을 갖고 다니면서 몸에 들어가는 것을 거의 모두 재왔다. 그리고 결국에는 심박계를 하루 종일 달고 다니면서 1,400칼로리가 부족했던 것으로 추정했다. 칼로리도 더 필요했고, 웨이트 훈련도 더 필요했다. 식단도 결국 바꿨다. 그리고 근손실을 회복하기 위해 웨이트 훈련도 100퍼센트로 재개하기로 결정했다.

또 한 가지 문제점은 발목의 가동 범위가 작아졌다. 발목을 조금만 압박해도 통증이 심해서, 8월 28일에 불펜 투구를 시도했다가 짧게 끝내야 했다. 진단을 다시 받기 위해 의료진을 방문했다. 그리고 클리블랜드 클리닉Cleveland Clinic의 의사는 바워가 발목 충돌 증후군을 앓고 있다고 말했다. 즉, 관절 주머니 또는 관절낭이 부어서 가동성이 떨어졌다는

MVP 머신

뜻이다. 발목을 구부리는 능력이 본인 기준에 크게 미치지 못했다. 전지 훈련 때만 해도 발목 관절을 회전해서 양쪽 모두 발을 12.5센티미터까지 위로 올렸다. 하지만 9월 1일에는 오른발이 8센티미터까지밖에 올라가지 않았다. 구단은 코르티손cortisone 주사는 반대하며, 통풍 환자에게 주는 소염제를 택했다. "12센티미터까지 올려야 해요. 그게 제 정상 수치입니다." 그러나 그것은 불가능하다는 소견이 나왔다.

9월 3일, 발목 가동성은 그대로였다. 그는 다른 의사를 찾았고, 그 의사는 발목에 주사기를 꽂더니 수액을 7세제곱센티미터 뽑고 나서 코르티손 주사를 놨다. 발목은 유연해지기 시작했다.

9월 18일까지는 체중도 조금씩 올랐다. 구단도 모의 투구를 실시해도 좋다고 허락했다. 날 잡았던 늦은 오후에 밥 체스터 팀장은 홈구장에 에저트로닉 카메라를 설치했다. 프런트 직원들은 더그아웃으로 모여 난간에 팔을 걸쳤다. 꽤 많은 야수들이 타자로 나서기로 했다. 바워는 그들을 큰 문제없이 처리했다. 슬라이더의 움직임은 거의 유지했다고 볼 수 있었다. 속구 구속은 떨어졌지만, 그래도 시속 140킬로미터대 중반에서 150킬로미터대 중반을 형성했다. 강한 타구도 많이 나오지 않았다. 체스터는 이닝이 끝날 때마다 노트북을 가져가서 구단 관계자들에게 에저트로닉 영상을 보여줬다. 클리블랜드의 간판 타자 호세 라미레스도 직접 치지는 않고 더그아웃에서 참관만 했다. 휴식 시간에 그는 바워에게 큰소리쳤다.

"보여주는 것도 없이 입만 살았네?" 바워가 능글맞게 웃으면서 대응했다. "칠 수 있으면 한 번 쳐봐." 그는 모의 투구를 끝내고, 복귀 준비가 "거의 끝났다"고 선언했다.

바워는 9월 21일, 보스턴과 크리스 세일을 상대로 마운드에 복귀했다. 세일도 부상에서 복귀하는 과정을 겪었다. 두 선수 모두 공백이 생각보다 길어졌는데도 불구하고, 9월 11일까지 fWAR에서 각각 1위와 2위에 올랐다. 나머지 투수보다 크게 앞서 있었다는 증거라고 할 수 있다. 그러나 바워는 역행했던 순간이 너무 많았고, 원래 목표로 했던 복귀일보다 11일이 늦어졌다. 그는 자신을 스스로 메이저리거로 만들고, 효과적인 슬라이더도 직접 개발하며, 에이스급 투수로 변신시켰다. 매번 벽에 부딪힐 때마다 신체의 한계를 어떻게 해서든 극복하고 불가능을 가능하게 만들었다. 그렇지만 스스로 의사들이 예상한 날짜보다 더 빨리 회복하게 만들지는 못했다. 그에게도 한계가 있었던 것이다.

31일 만에 던진 첫 투구는 시속 152킬로미터짜리 높은 속구였고, 린쯔웨이林子偉가 휘둘렀지만 헛스윙이었다. 2회에는 예리한 슬라이더로 스티브 피어스Steve Pearce를 상대로 헛스윙을 유도했다. 그렇지만 같은 이닝에 브록 홀트Brock Holt에게 던진 슬라이더는 가운데로 몰리는 바람에 우익수 앞으로 굴러가는 안타로 이어졌다.**QR-21** 그것이 34번째 투구이자 그날의 마지막 투구였다. 그는 시즌 종료 전까지 두 차례 더 등판했다. 9월에 9.1이닝 동안 2실점 하고, 탈삼진 7개에 볼넷 1개를 기록했다. 평균 속구 구속은 시속 150.0킬로미터로, 5월 1일 이후부터 부상당하기 전까지 평균 구속보다 시속 2.3킬로미터 떨어졌다.

QR-21
URL https://youtu.be/tTKs5C5TSVY?t=663

바워는 "중간계로 다시 내려온 느낌입니다. 훈련 특이성을 높은 수준으로 유지해야 구속도 유지될 것 같습니다. 지금은 가장 좋은 상태가 아닙니다"라고 말했다.

복귀는 했지만 사이영 상 경쟁에서 밀려났다는 것을 알았다. 그런데 9월 26일에 설상가상으로 테리 프랭코나 감독이 감독실로 불러서 휴스턴 애스트로스와 맞붙을 ALDS에서 4차전까지는 선발로 쓸 계획이 없다고 전했다. 바워는 불펜에서 ALDS를 맞이하고, 클리블랜드는 에이스 없이 ALDS를 치러야 했다. 야구의 신들은 자비롭지 못할 때도 있는 법이다.

15장 야구 외적인 요소들

우리 감독님은 로저스 혼스비였어. 그리고 날 "나불거리는 돼지 똥 같은 새끼"라

고 하셨어. 그때 경기장에는 우리 부모님이 미시간에서부터 와계셨지. 내가 뛰는

모습을 보고 싶으셔서 말이야! 그때 내가 울었을 거 같아? 안 울었어! 안 울었다

고! 왠지 알아? 야구에선 우는 게 없어. 야구에선 우는 게 없다고! 우는 건 없어!

                                − 지미 두건Jimmy Dugan, 영화 〈그들만의 리그A League of Their Own〉

마음챙김 훈련

한때 포수였던 존 베이커John Baker는 이제 도관 역할을 맡는다. 트리플

A 시절에 팀의 감독은 '악마 같은 계부'처럼 굴었다. 투수가 선두 타자

에게 볼넷을 허용하면, 베이커는 100달러(약 11만 원) 벌금을 내야 했다.

공을 깔끔하게 잡지 못하면, 감독은 공을 잡을 '마음'이 없다고 야단쳤다.

베이커는 더 이상 못 참겠다고 생각한 적이 있었다고 기억한다. "감독실

에 들어가서 '이걸 잘하려면 어느 분과 상의하면 됩니까?'라고 말씀 드렸

어요. 그런데 '그런 사람 없어. 네 스스로 알아내야지'라고 하셨습니다."

베이커는 지금 시카고 컵스의 심리 기술 훈련 코디네이터로 일한다

(2021년 3월 현재 피츠버그 파이리츠 코칭 및 선수 육성 부장 ─ 옮긴이). 자

기가 과거에 마이너리그 감독에게 물었던 질문을 요즘 선수들도 와서 묻는다. 하지만 그는 그런 상황에서 '스스로 알아내야 한다'는 식으로 말하지 않는다.

베이커는《머니볼》의 주인공 오클랜드 애슬레틱스에 지명받았고, 2000년대 중반에 트리플A에 올랐다. 선수 생활을 하는 동안에도 분위기는 꾸준히 바뀌었다. 그는 이렇게 말한다. "야구인 중에 가장 오래된 세대는 강하고, 순간적으로 위험도 감수할 줄 알고, 술도 잘 마시고, 슬럼프버스터slumpbuster(외모와 체형이 성적 매력을 느끼지 못할 만큼 부족한 여성을 지칭하는 은어. 미국 야구에서는 개인 또는 팀이 부진에 빠졌을 때 사창가나 공공장소에 가서 가장 못생기고 뚱뚱한 여자를 골라 성관계를 맺으면 부진에서 탈출한다는 미신 — 옮긴이)를 찾을 수 있는 더러운 카우보이 같은 놈을 좋은 야구 선수라는 패러다임을 강요하는데, 너무하죠. 이제는 그런 걸 꼭 패러다임으로 보기에는 무리가 있다는 걸 알게 됐어요. …… 기껏해야 결혼 생활을 망치고, 불행한 삶을 사는 패러다임이겠죠." 베이커는 지난 몇 년 동안 새로운 패러다임이 생겼다며 말을 잇는다. "사람들은 더 부드러운 면에 마음을 좀 더 열게 됩니다. 지금까지 훈련한 기술을 실행하기 위해서는 자기 자비와 마음챙김mindfulness(깨어 있는 의식을 통해 심신을 자기 관찰하여 지금-현재 경험하고 느낀 것을 받아들인다는 명상의 한 종류 — 옮긴이), 순간을 사는 자세가 중요하지, 반드시 정신적으로 강하고 자신감 넘치는 것만이 아니라는 것을 잘 이해합니다."

시카고 컵스 선수들은 2018년에 새로운 패러다임으로부터 용기를 얻고 모든 투구를 추적하는 기술만큼이나 생각지도 못한 일을 도입했다. "전지훈련 때 야수들끼리 모여서 그라운드에서 기분이 더러웠던 일을 전부 털어놓았습니다. 앤서니 리조Anthony Rizzo나 크리스 브라이언트Kris Bryant부터 가장 낮은 단계에서 뛰는 마이너리거까지 서로 마음을 열고, 대화를 나누면서 모두가 상처 받기 쉬운 존재라는 걸 보였죠. 그것이 저희에게는 커다란 전환점이었습니다. 왜냐하면 선수들이 완벽하지 않아도 괜찮다고 느낄 자유를 얻었기 때문이죠."

그런데 메이저리그 구단들이 경쟁에 앞서나가기 위해 이것저것 정량화했더니 재미있는 일이 발생했다. 구단과 선수들이 발사각이나 타구 속도, 분당 회전수, 구속 등으로 쉽게 증명하지 못하는 분야에서 일어나는 혁신도 더 수용하는 자세를 보였다. 과학기술이 발전할수록 통계적으로 담고 표현할 수 있는 면이 줄어들지만, 사고방식이 열리고 아직 남아 있는 미지의 영역에 대한 연구가 치열해진다. 베이커는 이렇게 말한다. "회전수나 타구 속도 같은 지표 때문에 우리가 야구를 바라보는 시각이 얼마나 달라졌는지 생각해보세요. 과학적으로 뒷받침해주니까 효력이 있는 것입니다. 덕분에 과학이 뒷받침하는 다른 분야에도 진입할 수 있었습니다. 거기에는 마음챙김이나 명상 훈련, 제가 교육받았던 주의 집중 훈련이 있습니다." 제리 디포토 시애틀 매리너스 단장은 선수 육성이 좀 더 전체론적인 노력으로 바뀌었다고 설명한다.

소프트 사이언스soft science(복잡한 사회, 경제, 생화학 현상 등을 해결하는 종합적이고 새로운 과학기술로, 주로 소프트웨어적인, 즉 정신적인 면을 강조하는 개념 — 옮긴이)라는 개념은 1950년 3월 2일에 메이저리그에 들어왔다. 그날 데이비드 F. 트레이시David F. Tracy라는 뉴욕시 맨해튼 출신 심리학자가 세인트루이스 브라운스St. Louis Browns(볼티모어 오리올스의 전신 — 옮긴이)에서 일을 시작했다. 당시 구단 선수 트레이너가 심리학이 다른 분야에 도움을 준다면 야구에도 도움이 될 수 있다며 빌 디윗 주니어 구단주를 설득했다. 데이비드 트레이시는 1951년 저서 《타석에 나간 심리학자The Psychologist at Bat》(국내 미번역)에 심리학이 팀에 기여한 내용을 격찬하며 적었다. 그는 전지훈련 때 조별 훈련에 맞춰 하루에 두 번씩 심리학 수업을 진행했고, 선수들은 자유롭게 선택해서 들을 수 있었다. 메리 J. 매크래컨Mary J. McCracken과 앨런 S. 콘스팬Alan S. Kornspan은 2003년에 작성한 트레이시에 대한 논문에서 다음과 같이 적었다. "트레이시가 진행한 수업은 선수들의 경기력을 높이기 위해 최면술과 자기 암시, 기분 전환과 자신감 키우기 등으로 편성되었다."[1] 그는 브라운스 선수들이 무대 공포증이 있다고 판단해서 '부정적인 생각에서 긍정적인 생각으로 전환시키는 일'에 노력을 많이 쏟았다. 예를 들면 브라운스 투수들이 긴장하면 마운드에서 내려와 심호흡을 크게 세 번 하라고 가르쳤다.

《9회말 2아웃에 시작하는 멘탈 게임The Mental Game of Baseball》을 쓴 하비 도프먼Harvey Dorfman이나 《야구 경기를 위한 심리 기술 훈련 Heads-up Baseball》을 쓴 켄 래비자Ken Ravizza와 같은 선구자 덕분에 오늘날에는 스포츠 심리학자들이 1950년대보다 더 흔하고 인정도 더 받는다. 당시만 해도 데이비드 트레이시는 선수들에게 자기가 하는 일이 효과가 있다는 것 자체를 한참 설득해야 했다. 하지만 지금 선수들이 걱정하는 부분은 그 당시에도 걱정했다. 어쩌면 선수들이 지켜보는 눈과 때로는 몸에 부착한 감지기가 모든 행동을 기록한다는 것을 인식하다 보니, 과거에 비해 더 민감해졌을지도 모른다. 베이커는 그 부분에 대해 이렇게 말한다. "우리가 과학기술 과도기 속에서 살면서 과학기술이 우리 삶에 대한 역할이 점점 커지다 보니, 결과적으로 불안 장애와 우울증 비율이 엄청나게 높아졌습니다."

그나마 다행인 것은 현대 구단들이 선수의 신체적 기량을 최적화할 수 있는 도구들이 많아졌듯이 선수들을 심리적으로 안정시킬 수 있는 방법도 다양해졌다. 컵스는 신경과학자이자 마이애미대학교 심리학 부교수인 아미시 자Amishi Jha 박사와 '자 연구소The Jha Lab'에서 마음챙김 연습 과정을 운영하는 스콧 로저스Scott Rogers에게 자문을 구했다. 자 박사의 연구소는 매사추세츠대학교 병원의 스트레스 감소를 위한 마음챙김 연습MBSR: Mindfulness-Based Stress Reduction을 변형한 기법을 개발하기 위해 군부대나 미식축구 선수들과 협업했다. MBSR은 약물의 도움 없이 우울증이나 불안 장애를 처방하는 방법을 말한다.

컵스는 자 박사의 MBSR에 대한 데이터를 얻었는데, 베이커는 "일주일 내내 매일 연습하면 인지 능력이 증가하는 모습을 보였고, 주 3회, 12분씩만 연습해도 인지 능력이 안정을 유지한다"고 전한다. 구단도 교육 리그에 참가한 선수들을 대상으로 자체적으로 연구를 진행할 계획이다. 전지훈련이 시작하면 모든 단계의 선수들에게 마음챙김 연습이 주는 과학적 효과를 종이 한 장으로 요약해주며, 무료 명상 앱을 규칙적으로 사용하라고 권한다. 그렇게 해서 하드웨어적 과학과 금욕주의, 동양철학 등을 혼합한 연습법이 만들어졌다. 베이커가 말하기를 "저희가 진행하는 연습은 일반 대중도 항상성을 유지하는 데 좋은 효과를 보입니다. 그런데 최상위권 선수에게 그걸 적용하면 지금보다 높은 위치로 올려놓을 것이라고 기대합니다."

베이커는 투수들이 공을 던지기 전에 산만함을 없애고 의식을 재충전하는 것을 훈련해 그동안 최신 기술 장비를 써서 연습과 훈련해온 것이 표출될 수 있도록 한다고 말한다. 그는 그렇게 하기 위해서는 "개인적인 생각은 버리고 일부러 지금 이 순간으로 돌아와서 '그런 일이 일어났군. 이제 어떻게 할 것인가?'를 스스로 물어야 한다"고 말한다.

구단마다 각자의 심리적인 훈련 방식이 있지만, 베이커가 보기에는 겹치는 부분이 많다. 연구개발 부서들은 대체로 입이 무겁지만, 담당자들은 정보와 지식을 서로 공유하는 편이다. 해당 분야가 아직 새롭고 제대로 정립되지 않은 상태라는 부분도 있지만, 베이커는 "명상이라는 건 구단에 귀속된 기밀이 아니다"라고 덧붙인다. 그가 속한 부서에서는 설문 조사를 통해 마음챙김 연습이 심리 상태와 실전 기량에 어떤 영향을 줬는지 알아본다. 하지만 베이커는 다음과 같이 평가한다. "'아, 10분 명상해서 2안타 쳤네'라는 식으로 정량화할 수는 없습니다. 직접적인 연관관계가 아니니까요." 그래도 최근에 구단들이 깨달은 것이 있다면, 지금 당장 측정할 수 없다고 해서 앞으로도 측정할 수 없다는 뜻은 아니라는 점이다.

외국인 선수의 적응 관리

선수들이 "지금은 평온을 찾자"라는 말을 습관처럼 쓰려고 한다는 것은 발전이 있다는 것을 나타낸다. 그렇지만 마음챙김은 선수들이 접하는 스트레스 증세를 어느 선까지만 다룬다. 따라서 구단들은 스트레스의 '원인'을 어느 정도 찾아서 대처하고 있다.

2018년 시즌에 메이저리그 개막일 등록 명단에는 총 750명의 선수가 올랐고, 그 가운데 254명이 미국 영토 밖에서 태어났다. 그리고 그해 메이저리그에서 뛴 모든 선수 중에 스페인어권 국가 출신이 3분의 1을 차지했다. 특히 이제 막 미국에 도착해 마이너리그에 소속된 선수들은 속구와 변화구만 알아내야 하는 것이 아니라 외국어도 배워야 하고, 문화 충격도 경험해야 하며, 때로는 빈곤에 시달렸던 존재에서 프로 선수로 전환하는 과정을 적응해나가야 한다. 물론, 마이너리그 삶도 빈곤이나 다름없다고 볼 수 있지만 아무튼 구단들은 베네수엘라나 도미니카공화국에서 온 선수들에게 생명 유지 장치 하나 없이 마이너리그 팀이 있는 지방 소도시로 보내기보다는, 그들이 적응하면서 겪는 어려움을 덜어주는 데 점점 더 많이 투자하고 있다. 아무런 지원 없이 보내면 기량도 해칠 뿐만 아니라 재능이 만개하기도 전에 짐 싸서 돌려보내야 하는 경우도 발생한다.

도리스 곤살레스Doris Gonzalez 휴스턴 애스트로스 선수 교육 과장은 2006년부터 구단의 외국인 선수 교육과 문화 적응, 언어 발달 등을 이끌었다. 그녀는 외국인에게 영어를 가르치는 강사로 오랫동안 일했다. 열한 살 때 온두라스에서 미국으로 이민 와서 자신도 영어를 외국어로 배운 경험이 있다. 그리고 미국 문화에 적응할 때 겪는 어려움을 잘 이해하기 때문에 적임자라고 할 수 있다. 과거에 야구팬은 아니었지만 선수들에 대한 애정도 금방 생겼고, 더 잘할 수 있도록 돕는다는 개념이 매력적이라고 생각했다. 그리고 선수들도 그녀에 대한 애착이 그만큼 빨리 형성되면서 그녀를 '어머니'라고 불렀다.

곤살레스는 나이 어린 휴스턴 선수들을 가르치자마자 말하기 능력은 시작에 불과하다는 것을 깨달았다. 그래서 이제는 영어 수업과 함께 정

MVP 머신

규 교육 사업을 감독한다. 그 교육 과정을 졸업한 선수는 고등학교 졸업장을 받는다. 그녀는 미국 문화를 가르치는 것은 물론 중남미 문화와 비교하며 다양한 상황(예를 들면, 경찰이 불러 세울 때)과 환경에서 행동하는 방법을 알려준다. 또한 인성 교육과 사회성을 높이는 방법에 집중하고 있으며, 거기에는 '성장형 마인드셋'과 '의도를 가진 연습'이라는 개념도 소개한다. 그 외에 야구사와 세계사, 약물 남용의 위험성, 성교육, 운전 교육 등을 가르친다.

금융 문맹을 퇴치하는 것도 그녀의 교육 과정에 포함된다. 곤살레스가 처음 강사를 시작했을 당시에는 선수들이 급여 및 세금 신고서인 W-2 서식을 무엇인지도 모르고 던져버렸다. 이제는 은행 업무와 세금 업무, 돈을 관리하는 방법 등을 배운다. 그들은 수입의 일부를 식구들을 먹여 살리기 위해 고국으로 송금한다. 아울러 수업을 듣는 선수들에게 홈스테이 가정을 찾아주는 업무도 한다. 영어가 서툰 선수를 선뜻 받아주는 가정이 많지 않기 때문이다. 마이너리그 임금이 적어서 형편도 어려운데, 홈스테이 가정이 없으면 상황은 더 악화된다.

곤살레스가 아무리 짐을 덜어줘도 그녀가 가르치는 선수 대부분은 메이저리그까지 올라가지 못한다. 그렇지만 그녀를 통해 인생을 배운 선수들은 야구 이후의 사회생활을 준비할 수 있다. 그녀가 열심히 활성화시킨 덕분에 비슷한 사업을 진행하는 구단도 늘었다. 그런 부분을 스스로 가장 자랑스러워한다. 바로 '이루기 힘든 꿈을 좇는 데 인생의 전부를 거는 수천 명의 중남미 선수들'을 보살피는 것이다.

도리스 곤살레스의 노력은 스윙 교정이나 투구 디자인과 거리가 멀게 느껴지겠지만, 휴스턴이 기술 장비들을 새롭게 유행시키는 일과 긴밀하게 협력한다. 한 가지 분명한 것은, 영어가 모국어가 아닌 선수는 영어를 쓰는 코치에게 적절한 관심을 받을 가능성 적고, 결국 구단의 육성 훈련을 이행하기가 힘들어진다. 물론 요즘은 구단들이 스페인어권 코치 채용의 중요성을 인식하고 있다. 향수병에 걸리거나, 외톨이가 되거나, 경제적으로 힘들어지면 회전수를 공부할 마음의 여유는 없어진다. 그라운드 내에서 선수를 육성할 때 곤살레스는 그라운드 외적인 방해 요소를 제거해주면서 최신 첨단 기술 장비만큼이나 메이저리거를 만들고 있는 것이 분명하다.

곤살레스는 베이커와 마찬가지로 자신이 진행하는 교육 훈련은 정량화하기 어렵다는 점을 인지하지만, 사례 하나하나가 데이터가 되는 경우라고 할 수 있다. 그녀는 이렇게 설명한다. "삶이 고달파지니까 저한테 와서 '방출 요청서가 필요하다. 집에 가고 싶다'고 말하는 선수들이 있어요. 그러면 제 사무실로 끌고 와서 매일 공부시키고, 멘토링도 하고, 상담도 하고, 자신을 표현하고 소통하는 법을 더 잘할 수 있도록 도와줬죠." 그녀는 자신이 돌봤던 선수 중에 휴스턴에서든 타 구단에서든 현재 메이저리그에서 뛰고 있는 선수들이 있다고 말한다. "그 친구들한테 이런 문자가 와요. '어머니, 고맙습니다. 덕분에 메이저리그에 가게 됐습니다. 그리고 여기까지 오는 데 어머니의 도움이 컸다는 걸 알려드리고 싶어요.' 이것이 모든 걸 이야기해준다고 봅니다."

시애틀 매리너스에서 곤살레스와 같은 업무를 담당하는 사람으로는 레슬리 매닝Leslie Manning 육성 부장 겸 선수 육성 차장이 있다. 그녀도 곤살레스와 마찬가지로 2개국어를 구사하며 선수들을 교육했다. 그런데 그 외에도 운영부 직원들에게 효과적인 소통과 실천 방법을

MVP 머신

지도했다.

여성은 야구 운영의 모든 방면에서 여전히 극소수를 차지한다. 참고로, 2015년에 어맨다 홉킨스Amanda Hopkins라는 여성이 시애틀 스카우트로 채용되면서 1950년대 이후 첫 여성 정식 스카우트가 되었다. 그중에서도 선수 육성은 마이너리그나 메이저리그 선수 경력이 더 이상 채용 자격이 아님에도 불구하고 인구 통계학적으로 성비가 가장 치우쳤다. 2018년 11월 MLB 사무국이 제공한 명단에 의하면, 메이저리그 구단 선수 육성 부문에서 일하는 여성은 행정 담당자를 제외하면 매닝을 포함해서 세 명뿐이었다. 게다가 코디네이터보다 직위가 높은 여성은 매닝뿐이었다. 그녀는 "제가 알기로는 의사 결정권이 있는 부장급 인사에, 이 정도로 야구에 집중하는 역할을 맡은 여성은 없는 것 같습니다"라고 말했다.

아쉽게도 매닝은 2019년 2월에 사직했다. 사유는 밝히지 않았지만, 지금은 개인적으로 선수들을 지도한다. 하지만 메이저리그의 극심한 성차별에도 여전히 아랑곳하지 않는다. "여자라서 걱정하는 부분은 없습니다. 오로지 최고가 되는 데 집중합니다." 구단들도 선수 육성을 가장 잘하기를 원한다면, 육성 인력을 더 넓은 인재풀에서 뽑아야 할 것이다.

마이너리그의 열악한 환경

메이저리그 구단의 가치는 수십억 달러에 달한다. 대부분 기업이 소유하고 있는데 가운데 매년 상당한 수익을 올리고 있어서 마이너리그 선수들이 메이저리그까지 가는 것을 가로막는 그라운드 외적인 방해 요인을 줄이거나 없애는 비용을 충분히 지불할 능력이 된다. 그럼에도 불구하고 수년 동안 그러지 않았다. 대부분 구단주가 불필요한 비용은 단돈 1센트도 쓰지 않으려고 하기 때문이며, 연대를 깨고 타 구단주들의 노여움을 살 정도로 모험할 필요는 없기 때문이다.

MLB 사무국은 미국 연방의회에 수백만 달러를 로비한 결과, 의회는 2018년에 이름에 전혀 걸맞지 않는 야구구제법Save America's Pastime Act을 통과시켰다. 이 법안은 노조가 없는 마이너리그 선수를 계절(단기) 근로자로 분류해서 미국 공정근로기준법 적용 대상에서 제외시킨다. 마이너리그 선수는 정규 시즌 동안 최저 1,160달러의 월급만 받는다면 초과 근무 수당 지급 대상에서 제외되고, 전지훈련과 비시즌 기간에는 임금을 받지 않는다. 따라서 수많은 마이너리그 선수는 정규 시즌 동안에 돈을 최대한 아끼고, 비시즌에는 훈련할 시간에 부업을 뛰어야 한다. 트리플A 선수들이야 월급을 평균 1만 달러 정도 받지만, 마이너리그 월급은 1,160달러에서 시작하고 원정 경기일마다 25달러의 식사비를 추가로 받는다. 마이너리그에서 생활하는 동안 걱정 없이 먹고 살 정도의 입단 계약금을 받는 선수는 극소수에 불과하다.

과거에는 양은 적고 당분이나 지방이 높은 고행자 식단이 마이너리그 선수의 형편없는 생활수준을 대변했다. 보스턴의 브라이언 배니스터는 "세계에서 물가가 가장 비싼 도시에서 2주에 250달러씩 받았던 게 가장 힘들었다"고 말한다. 그는 단기 시즌 클래스A 브루클린 사이클론스 Brooklyn Cyclones에서 프로 선수로 데뷔했다. "부모님이 놀러오셨을 때 저랑 팀원들 전부 코스트코로 끌고 가셨어요. 게토레이랑, 인스턴트 라면, 마카로니, 치즈를 산더미 같이 사서 쟁여놨죠. 그렇게 세 가지 식품

군으로 몇 달을 버텼습니다."

배니스터의 절친인 데이브 부시 코치도 비슷한 기억이 있다. "저희 때는 마이너리그에서 제공한 음식이 간신히 버틸 수준이었습니다. 경기 전에 땅콩버터나 딸기잼 샌드위치를 나눠줬는데 그게 전부였어요. 경기가 끝나고 음식이 없었던 경우도 있었습니다. 그땐 마이너리그가 그랬어요. 무슨 정신력을 시험하는 무대 같았죠. 정말 어려운 상황을 버틸 정도로 강하다는 걸 증명해야 했습니다. 그렇게 하지 못하면, 메이저리그에 갈 자격이 없다고 보는 거죠(우리나라에서는 추신수 선수가 언론에 비슷한 내용을 소개한 적이 있다 — 옮긴이)." 배니스터와 부시 코치는 베이커처럼 아직 마흔 살도 되지 않았다. 즉, 앞서 설명한 것은 그렇게 오래전 이야기가 아니라는 뜻이다.

높은 수준에서 프로 선수로 뛴다는 일은 본질적으로 힘들다. 굳이 선수들을 굶기고, 얼마 받지도 않는 돈을 고열량 저영양 음식을 사 먹는 데 쓰게 할 필요가 있을까? 러셀 칼턴 베이스볼 프로스펙터스 기자는 2012년에 다음과 같이 적었다. "신체에 영양이 결핍되거나 몸이 지치면, 두뇌는 인지 기능들을 분류하기 시작한다. 가장 먼저 주의 집중이나 패턴 인식, 기획 및 의사 결정 같은 고도의 신경계 기능부터 포기하고, 그다음에는 소근육 운동 기능이 저하된다. …… 그라운드에서 뛰는 데 도움이 되는 기능들이다." 그는 구단이 가장 현명하게 투자하는 방법은 마이너리그 식단에 돈을 쓰는 것이라고 주장하면서 현재 구단들은 "선수들이 영양소가 부족한 음식만 먹을 수 있는 상황을 만들어서 그들을 제대로 발달시키고 성장시킬 수 있는 요소들을 구조적으로 빼앗고 있다"고 지적했다. 육성 머신도 연료가 없으면 효과적으로 작동할 수 없는 법이다.

다행히 뒤늦게라도 선수들을 고급 연료로 가득 채우는 구단들이 생겼다. 부시 코치는 "보스턴 레드삭스도 낮은 단계 선수들까지도 필요한 음식을 제공한다"고 말한다. 그런 경우가 메이저리그 전반으로 점점 확산되고 있다.

2018년에 스물네 살을 맞이한 시카고 컵스의 마이너리그 중견수 코너 마이어스Connor Myers는 앞서 설명한 변화를 직접 목격했다. 그는 2016년 신인 드래프트 27라운드에서 뽑히고 계약금 5,000달러(약 550만 원)를 받고 입단했다. 세금을 제외한 실수령액 3,200달러는 오래 가지 못했다. 프로 선수로 데뷔할 당시에 주급은 2주에 330달러(약 36만 원)였고, 2018년에는 더블A로 승격했지만 2주 주급은 여전히 500달러를 겨우 넘었다고 한다. 그런데 다행스럽게도 식비 걱정은 이전만큼 할 필요가 없었다. 그는 "컵스가 (2016년에) 월드 시리즈를 우승한 이후에 모든 단계에 걸쳐 식단에 돈을 많이 썼다"고 말한다. "단계마다 영양사를 고용하고, …… 단백질 셰이크도 있고, 체중 증량 셰이크도 있고, 수분 보충 셰이크도 있습니다. 필요한 건 다 있다고 보시면 됩니다."

마이어스는 심호흡 옹호론자이기도 하다. 심리 기술을 담당하는 직원들에게 배웠다. 그라운드 안팎에서 스트레스를 받으면 5초 동안 숨을 들이쉬었다가, 잠시 숨을 참고, 다시 5초 동안 내쉰다. 그렇게 하면 어떤 상황 속에서도 몰입하는 데 도움을 준다고 한다. 그는 자신의 트랙맨 기록도 공부하고, 컵스 코치진에 대해서는 "기량을 한 단계 올려줄 수 있는 정보를 항상 제공해준다"며 찬사를 아끼지 않는다.

그렇다 하더라도 상대적으로 마이너리그 생활이 녹록치 않은 것은

MVP 머신

사실이다. 단기 시즌 클래스A 팀에 있을 때는 한 아파트에서 다섯 명이 비좁게 지냈다. 게다가 마이너리그의 연봉이 많지 않으니 최대한 절약한다 하더라도 야구만으로는 먹고 살기 힘들다. 그렇기 때문에 비시즌에는 택배 기사로 일하고 있다.

거기서도 모든 움직임은 추적당하고, 효율적으로 움직여야 한다. 그 와중에도 히트트랙스와 랩소도 장비가 있는 시설에서 훈련할 시간을 마련한다. 근무와 훈련, 수면 시간을 조율하기가 쉽지 않지만 마이어스는 불리한 입장을 즐기는 유형이라 불평하지는 않는다. 그래도 돈과 관련된 질문을 던지면 "돈이 더 많았더라면 기계, 회복용 장비나 '그런 것들'을 더 많이 살 수 있었을 것"이라고 인정한다.

운동 능력 향상과 부상 관리

코너 마이어스가 언급한 '그런 것들'은 다양해지는 제품과 접근법들을 말한다. 구단들이 신체 조건의 한계 속에서도 선수의 기량을 극대화할 수 있는 기술에 돈을 들이는 것은 사실이다. 하지만 마이크 패스트는 정말로 생각이 앞서나가고 싶다면, 그런 것들은 이미 한물갔다고 봐야 한다고 말한다. "야구의 미래는 스포츠과학과 체력 관리가 함께할 겁니다."

베이커나 배니스터, 부시 코치보다도 젊은 샘 풀드는 자신이 마이너리그 시절에 구단들이 체력 코치를 채용하기 시작했다고 말한다. "트리플A에서도 …… 저희 선수 트레이너의 경우, 원래 트레이너 업무는 10퍼센트뿐이었고, 나머지 90퍼센트는 서무를 보거나 선수들의 교통편을 관리해줬습니다." 물론 오늘날 마이너리그에서는 그렇게 하지 않지만, 변화가 일어나기까지 얼마나 오랜 시간이 지났는지를 가늠할 수 있다. 패스트는 이렇게 설명한다. "야구 내에서 체력 관리의 세계는 여전히 뒤처졌습니다. 웨이트 트레이닝을 하면 근육이 팽팽해져서 유연성이 떨어지니까 하지 말라고 얘기하는 사람들이 있습니다."

패스트는 휴스턴이 스포츠과학과 체력 관리의 세계에 입문할 당시 '단순하게 하늘에서 주신 야구 재능'이라고 여겨왔던 능력이 좋아지는 선수들을 봤다고 말한다. 구단 프런트 분석원이나 코치가 원하는 목표에 도달하기 위해 어떤 동작을 취해보라고 조언하는 일은 쉽다. 그러나 풀드는 "선수가 그 동작에 적응하는 건 본인의 신체 구성에 달려 있다"고 말하며, 선수 육성의 다음 단계는 분명히 코칭과 선수 트레이닝을 통합하는 것이라고 언급한다.

미국의 온라인 경제 매체인 쿼츠Quartz가 대학들이 미국 교육부에 제공하는 연간 통계 자료를 분석한 결과, 경기 침체(2008~2017년) 이후에 미국 내에서 가장 급속도로 성장하는 전공은 스포츠과학인 것으로 나타났다. 같은 기간 내 다른 모든 전공과 비교했을 때 131퍼센트나 증가했다.[2] 그렇게 스포츠과학 관련 학위를 원하는 학생들이 많다는 것은 수행 능력을 어떻게 향상시키는지 이해하는 것이 성장 시장임을 시사한다. 미국 야구계도 마찬가지다. 스포츠과학 또는 운동 능력 향상 부서들이 불쑥불쑥 생기고 있다.

물론 구단마다 차이는 있겠지만, 보통 훈련량 관찰과 회복, 부상 방지와 체력 관리 등을 담당하며, 피드백을 받기 위해 전부 착용 장비나 신체 역학 장비, 추적 기술을 사용한다. 그 방면에서는 토론토 블루제이스가 가장 공격적으로 키웠다. 2016년에 설립한 운동 능력 향상 부서는 정신적 수행 능력 코치부터 트레이너, 재활 전문가, 영양사, 요리사, 심지어 '영양 섭취 코디네이터'까지 포함시키면서 그 영역을 점점 확장하고 있다.

구단 스포츠과학 부서 담당자들은 야구 경험이 전혀 없는 국제 지도자라는 한 가지 공통점을 가진다. 2016년에 입사한 호세 페르난데스Jose Fernandez 휴스턴 스포츠과학 분석원은 가장 최근에 잉글랜드 프리미어리그Premier League 축구 구단들과 협업하고 국제 농구 무대에서 일한 경험이 있다. 2018년에 입사한 댄 하월스Dan Howells 선임 체력 코디네이터는 잉글랜드 럭비 구단에서 오래 몸담았다. 두 사람 모두 입사하기 전까지 야구 관련 업무를 해본 적이 없다. 토론토의 운동 능력 향상 부서의 각각 부장과 차장을 맡고 있는 앵거스 머그퍼드Angus Mugford와 클라이브 브루어Clive Brewer는 둘 다 영국에서 왔다. 브루어는 럭비계에서 경력을 쌓기 전에는 스코틀랜드 국가스포츠위원회SportScotland에서 수년 동안 선수 육성 기획 과장으로 근무한 바 있다. 데이비드 화이트사이드David Whiteside 뉴욕 양키스 선임 스포츠과학자는 이전에 호주 테니스협회Tennis Australia에서 근무했다.

구단들이 해외 인력을 찾는 이유는 미국의 스포츠과학 연구는 교수들이 연구비를 지원받아서 진행하기 때문에 학구적인 경향이 있기 때문이다. 패트릭 처베니Patrick Cherveny 전 캘러웨이 골프Callaway Golf 혁신 전문가이자 전 블래스트 모션Blast Motion 스포츠과학 부장은 "연구 내용이 좋긴 하지만, 현장에 응용하기에는 적합하지 않다"고 말한다. 처베니도 2018년 11월에 클리블랜드 인디언스의 스포츠과학 분석원으로 채용되었다. 그는 해외에서는 스포츠과학 업무가 재능 발굴에 초점을 더 맞추고 있어서 선수 육성과 직접적인 연관이 있다고 설명한다.

어느 정도까지는 인재 풀의 규모에서 나타나는 불균형에서 나온 결과이기도 하다. 미국은 인구 크기 덕분에 운동 능력의 보고가 형성되다 보니가 개개인의 육성을 극대화하는 일은 우선순위에서 밀려난다. 처베니 말하기를 인구가 크게 적은 나라에서는 "메달권에 들어갈 수 있도록 재능을 확인하고 발달시키는 데 더 많은 노력을 기울입니다. …… 그런 나라에서는 인재 풀에서 운동선수는 한정되었기 때문에 국가 기관에서 스포츠 수행 능력 향상 사업을 운영하며 극대화시키려고 하죠."

야구가 다른 종목에 비해 스포츠과학이 뒤처진 이유는 선수가 입는 부상이 특이하다는 점도 있다. 축구와 럭비, 미식축구, 농구, 아이스하키 등에서 발생하는 부상은 연부 조직에서 일어난다. 처베니는 말한다. "최근 착용 장비가 발달해서 통제하기가 수월해졌습니다. 정확한 운동량이나 가속, 감속을 관찰할 수 있게 되었으니까요." 일부 선수들의 허리 두께만 봐도 야구는 유산소를 기반으로 하는 운동이 적다는 것을 알 수 있고, 선수의 몸도 다른 방식으로 고장 난다. "야구는 지금도 어깨나 팔꿈치 부상이 압도적으로 많고, 특히 공을 던질 때 많아 발생하죠."

앤디 매케이 시애틀 선수 육성 부장은 구속이 성공을 예측한다는 건 우리 모두 아는 사실이라고 말한다. "하지만 부상도 예측해줍니다. 정답은 모르지만, 뭔가 음양의 원리가 일어나고 있는 셈이죠." 만일 정답을 찾는다면 충분한 보상이 기다린다. 베이스볼 인저리 컨설턴츠Baseball Injury Consultants에 의하면 2018년 시즌에 메이저리그 선수들의 누적 부상일수는 잔부상으로 하루이틀 결장한 것을 포함해서 총 3만 6,876일로, 2002년 기록하기 시작한 이래 부상 일수가 가장 많다. 온라인 선수 계약 분석 사이트인 스포트랙Spotrac은 선수들이 부상자 명단에만 올랐던 기간이 3만 4,126일이었고, 구단은 여기에 7억 4,500만 달러 넘게 쓴 것으로 추정한다. 가장 비용이 많이 발생한 부상은 투수의 팔과 어깨 관련 부상이다.

배니스터는 "투수의 부상을 예방하려면 구단들이 아직 보유하지 못한 데이터를 얻어야 합니다. 주로 신체 역학 정보가 되겠죠"라고 말한다. 보스턴은 키나트랙스를 통해 그런 정보를 얻는다. 마커리스 모션 캡처 경쟁사인 시미 리얼리티 모션 시스템스Simi Reality Motion Systems의 고객인 구단도 있다. 컴퓨터 비전과 기계학습 전문가 스티븐 커데이비드Steven Cadavid 키나트랙스 사장은 자폐증을 나타내는 지표를 빨리 알아내기 위해 유아와 엄마 사이의 상호 작용을 추적하면서 자신의 기술을 발전해나갔다. 그러고 나서 자신이 배운 것을 야구에 적용했다. 그는 부상 전후 데이터를 놓고 보면 분명히 차이가 있고, 구단들은 그 차이를 사용할 수 있다고 말한다. 그리고 부상으로부터 너무 일찍 복귀해서 잘 던지지 못한 투수를 일례로 들었다. 키나트랙스의 데이터에 따르면 복귀 직전에 던진 불펜 투구에서도 부상의 여파가 남아 있다는 점이 나타났다. 커데이비드 사장은 트레이드도 키나트랙스 데이터를 보고 결정한다고 말한다.

선수들의 데이터와 인권 침해 문제

선수 육성 혁명에서 소개된 장비들이 수백 명의 선수를 도왔고, 셀 수 없는 선수들을 더 도울 것이라는 사실은 논할 필요가 없다. 그리고 똑같은 장비로 인해 피해를 본 선수가 있는지는 여전히 불분명하다.

회복을 직접적으로 돕는 장비는 단점이 많지 않다. 시애틀 매리너스는 2018년에 이동 거리가 6만 5,634킬로미터로 메이저리그에서 가장 높았다. 대부분 선수는 미국 식품의약품청에서 승인받은 파이어플라이 Firefly라는 밴드를 무릎 바로 아래에 착용했다. 이 기계는 전기로 종아리 신경을 자극하고, 순환계를 촉진시키며, 근육통을 줄이고, 이동 시 부기를 예방한다. 어떤 구단은 정기적으로 초음파 장비로 근육 영상을 찍어서 회복을 촉진시키고, 또 다른 구단은 재활 과정에 가속도를 내기 위해 여러 기술 장비를 혼합해서 사용한다.

마커스 스트로먼은 2015년 3월에 십자 인대가 찢어져서 시즌이 끝났다고 여겼다. 하지만 9월에 복귀했고, 등판을 네 차례나 더 하면서 포스트시즌 진출을 향해 가는 토론토를 도왔다. 세 가지 장비가 그의 이른 복귀를 도왔다. 캐터펄트는 근력과 생리 부담을 측정했고, 폴러Polar는 심박수를 관찰했으며, 오메가웨이브Omegawave는 심박 변이도나 과도한 운동을 나타내는 지표들을 측정했다. 그런 장비들 덕분에 관계자들은 회복을 위해 부상이 재발하지 않는 선을 지켜가며 스트로먼을 밀어붙일 수 있었다. 결국 그의 복귀 시간은 데이터가 결정했다. 선수나 트레이너, 의사의 직감 또는 회복에 대한 일반적인 기대치는 잘못 해석될 가능성이 있다.

그런데 이런 데이터를 그라운드 밖에서도 사용하거나 소득 능력이나 출전 시간에 악영향을 주기 위해 정보를 은밀하게 제공하는 것은 위험하다.

그런 이유 때문에 2017~2021년 노사 협약CBA: Collective Bargaining Agreement이 체결되면서 착용 기술에 관한 합동위원회Joint Committee on Wearable Technology가 발족되었다. 정원이 다섯 명인 위원회는 메이저리그 사무국과 메이저리그선수협회(이하 선수 노조) 관계자로 구성되어 착용 장비의 사용을 통제한다. 위원회에서는 2018년까지는 캐터필트 감지기와 제퍼 바이오하니스Zephyr Bioharness, 모터스 신체 역학 소매와 우프 스트랩Whoop Strap 심박 측정기 이상 네 가지를 공인 착용 장비로, 블래스트와 다이아몬드 키네틱스Diamond Kinetics를 포함한 네 가지를 공인 배트 감지기로 승인했다. 배트 감지기의 경우 마이너리그에서는 경기 중에도 사용할 수 있으나, 메이저리그에서는 그라운드 내 경기 외적인 상황에서만 사용 가능하다. 노사 협약에 첨부된 내용에는 착용 장비를 사용하는 것은 '전적으로 개인의 자발적인 의사'에 달렸고, 구단이 넌지시 강요하는 행위를 일체 금지한다고 적혔다. 또한 구단의 특정 인사만 해당 정보를 접근할 수 있도록 제한해 데이터를 기밀로 보관하고, 선수 요청에 따라 선수에게 제공하거나 데이터를 삭제하며, 상업적 용도로 사용하는 것을 금지한다고 규정한다. 그러나 이를 위반할 경우에 어떤 징계나 처벌이 주어지는지는 명시된 것 같지는 않다.

한편 마이너리그 선수는 착용하도록 강요할 수 있다. 존 베이커는 다음과 같이 설명한다. "메이저리그 선수에게 이런 장비는 하나의 선택 메뉴라고 할 수 있습니다. 선수가 결정해서 저를 찾아와서 자기가 하고 싶은 걸 요구하면 제가 해당 장비를 써서 훈련하는 걸 그 선수의 훈련 일과에 편입시킵니다. 거기에 비해 마이너리그 선수는 정반대입니다. 갑자기 제가 장비를 들고 나타나서 '오늘은 이걸 해야 돼. 이런 걸 같이 해볼 거야'라고 말할 수가 있죠. 보통 '앞으로 이러이러한 연구를 진행한다. 다음 6주 간 매일 12분씩 나랑 앉아서 진행할 거야. 다른 건 일체 못 해'

라는 식으로 설명하죠."

컵스 외에 몇 개 구단은 마이너리그 선수들에게 우프 스트랩이나 레디밴드ReadiBand를 지급한다. 선수들은 잠잘 때마저도 착용하고, 구단은 그들의 휴식 습관이나 피로도를 판단할 수 있다. "밥을 제대로 먹지 않는 선수나 체중이 줄고 있는 선수를 알아내면, 해당 정보는 심리 기술 훈련 담당자들에게 전달됩니다. 가끔 저희는 어떤 상황인지 알아내는 일을 합니다. 저희가 지상군인 셈이죠. 그래서 묻기 어려운 질문을 저희가 하고 있는 겁니다."

그렇게 개입하는 일은 구단과 선수 모두에게 이득이 될 '수도' 있다. 수면의 질이 낮은지도 모르거나, 그것이 수행 능력을 해치고 있는지도 모르는 선수들이 있다. 휴스턴 투수 조시 제임스Josh James는 재능이 부족하고 최대치도 낮은 신인 드래프트 34라운더에 불과했지만, 지금은 앞날이 창창한 메이저리거가 되었다. 룸메이트로부터 코를 심하게 곤다는 말을 듣고 수면 전문가를 찾았고, 전문가로부터 수면 무호흡증에 시달리고 있다는 진단을 받아 지속형 양압기를 사용하기 시작했다. 제임스와 비슷한 일을 겪는 마이너리거들이 분명 더 존재할 것이다.

그렇지만 그라운드 밖에서 선수를 관찰한다는 일 자체가 사생활을 침해하는 성향이 있다. 앨런 밀스타인Alan Milstein 템플대학교Temple University 로스쿨 겸임 교수는 이를 심각한 '사생활 침해'로 해석한다. "프로 선수라고 해서 다르지 않다고 생각합니다. …… 선수들도 다 같은 성인이고, 경기장 밖에서 구단의 통제나 비판 없이 자신의 생활 방식을 선택할 권리가 있습니다." 밀스타인은 영화 〈아폴로 13Apollo 13〉에서 보인 '의학에 대한 항명'과 비슷한 반란이 일어날 것이라고 생각한다.

MVP 머신

영화에서는 승무원들이 비행 제어 장치로 정보를 전달하는 신체 역학 감지기를 전부 떼어버리는 장면이 나온다. 그 일을 주도한 짐 러벌Jim Lovell(톰 행크스Tom Hanks 역) 사령관은 "내 콩팥 상태가 어떤지 온 서방 세계가 아는 게 답답해서 미치겠다"고 말한다.

베이커와 동료들은 다른 선수 육성 관계자들과 정기적으로 유선 회의를 가진다. 거기서 기술을 수정하는 데 어려움을 겪는 선수가 있다는 소식을 접하기도 한다. 그는 "그렇게 되면 저희가 선수에게 문자를 보내거나 전화를 하죠. 그러고 나서 누군가가 직접 가서 그런 기술적인 적응이 필요한 이유를 설명해줍니다"라고 말한다.

그런데 대화를 나누는 과정에서 심리 기술진이 민감한 정보를 알게 되는 경우도 있다. 선수가 파티광이거나 약물 또는 음주에 빠졌을 수도 있다. 전문가에게 털어놓으면 도움이 되겠지만, 선수가 구단 직원에게 마음을 연다는 것은 여전히 위험 부담이 따른다. "저희 선수들은 저한테 이야기한다고 해서 모든 내용이 구단에 전달되지 않는다는 것을 압니다. 제가 선수들을 일러바치려고 그 자리에 있는 건 아니니까요. …… 단장님께 바로 전화해서 '아무개가 이런답니다!'라고 하지 않으니까 선수들은 저를 믿습니다."

그는 자신의 역할이 선수를 옹호하고 지원하는 것이지, 순수하게 경기력을 바탕으로 결정 내리는 일만 하는 것은 아니라고 생각한다. 그럼에도 불구하고 체력 관리와 선수 트레이닝, 신경과학, 영양, 심리 기술 등 모든 분야의 담당자들과 선수에 대해 터놓고 이야기하는 관계라고도 말한다. 아마도 선수 출신인 베이커는 '비밀로 유지해야 할 선수들의 정보'를 누설하지는 않을 것이다. 하지만 다른 누군가는 그럴 수도 있다.

특히 페넌트레이스나 수백만 달러가 한 선수의 기여도에 달려 있는 와중에 감지기가 '문제가 발생했다'고 알린다면 더욱 그렇게 할 것이다.

구단은 이러한 정보가 표면적으로는 '더 좋은 선수가 되는 데 도움을 주기 위한 것'이라고 말한다. 메이저리거 출신이기도 한 제리 디포토 시애틀 매리너스 단장도 그렇게 주장한다. "선수와 구단 모두에게 좋은 겁니다. 구단은 해당 선수가 보일 수 있는 최고의 모습을 얻고, 선수는 자신의 가치를 극대화하게 되죠. …… '구단이 나를 억누르려고 이런 정보를 수집한다'는 말을 하는 선수들이 있습니다. 사실은 정반대입니다." 그렇지만 밀스타인 변호사는 그 말에 동의하지 않는다. "데이터를 통해 선수에게 신체적인 문제가 있다거나 그라운드 외적으로 문제가 있다는 사실을 알게 되면, 구단은 그 선수를 다른 데로 보내는 게 낫다고 판단하게 됩니다. 그렇게 사용하는 정보가 '선수 개인이 향상'에만 사용된다는 보장도, 그렇게 명시된 계약도 없습니다."

《머니볼》 이후 디스토피아 같은 어두운 평행 세계의 상상 속에서는 구단들이 선수들을 검사해서 특정 질환에 걸리기 쉬운 요인을 찾아낼 수 있다. 물론 그런 세계는 동떨어진 이야기일 수 있다. 2008년에 유전자 정보 차별금지법 통과되어서 고용주는 유전자 검사를 강요하거나 유전자 정보를 바탕으로 채용 여부를 결정할 수 없다. 그러나 2009년에 MLB 사무국은 위장 신분을 찾아내려는 목적으로 도미니카공화국 유망주들에게 유전자 검사를 요청한 적이 있다고 시인했다. 밀스타인 변호사는 선수 노조나 개인이 언젠가 유전자 정보를 자발적으로 넘기겠다고 결정하는 날이 올 수도 있다고 경고한다. "유전자라는 선을 넘는 순간, 모두가 조심해야 합니다." 하지만 그때가 되면 검사 결과에 나타난 결점

들을 고칠 수 있을지도 모른다. 그리고 유전자 편집 기술이 있는 세상이
라면, 인류가 곧 더 잘한다는 것이 어떤 의미인가를 논할 분야가 야구에
만 국한되지는 않을 것이다.

16장 만들어놓으면 그들이 올 것이다

이 세상에는 세 가지 야구 선수가 존재한다. 실현시키는 선수, 그것을 바라보는
선수, 그리고 무슨 일이 일어났는지 궁금해하는 선수가 있다.

－ 토미 라소다Tommy Lasorda

2017년 11월, 뉴욕 맨해튼 서쪽 124번가와 125번가 사이에 위치한 할
렘의 세인트니컬러스St. Nicholas대로에 낯선 형태의 공사가 시작했다. 콜
로라도 로키스 투수 애덤 오터비노는 건물 앞에 빈 점포를 접수했다. 주
변에는 할인매장과 패밀리 레스토랑이 늘어섰다. 입구 앞에는 탑차가 정
차했다. 화물칸에 오터비노가 주문한 이동식 마운드와 인조 잔디 한 롤
이 자리잡고 있다.

　오터비노는 문제를 창의적으로 해결하기 위해 새로운 공간을 마련했
다. 그는 브루클린에서 자랐고, 그곳에서 아내와 두 돌이 지난 딸과 함께
살았다. 그때까지는 비시즌에 롱아일랜드로 가서 훈련했지만, 아직 어린
딸을 보살피면서 통근하는 일이 부담스러워졌다. 거기에 엎친 데 덮친
격으로 그동안 캐치볼 상대였던 뉴욕 메츠의 스티븐 마츠Steven Matz가
테네시주 내슈빌로 이사했다. 메츠의 또 다른 투수 맷 하비Matt Harvey가

맨해튼에 사는 몇 안 되는 프로 투수라는 사실을 알았다. 그는 하비에게 함께 캐치볼을 할 장소를 찾자고 제안했지만, 하비는 거절했다.

오터비노는 2018년 5월에 가진 인터뷰에서 "당시에는 망했구나 싶었습니다. 눈앞이 깜깜했죠"라고 말했다. 2017년 말의 비시즌은 그냥 비시즌이 아니었다. 선수 생활에 위기가 찾아왔다. 그는 개인 최악의 시즌을 보냈고, 그해 10월에는 콜로라도 와일드카드 출전 명단에서마저 빠졌다. 9이닝 당 6.5볼넷을 허용했는데, 50이닝 이상 던진 메이저리그 투수 가운데 두 번째로 높았다. 나이는 서른두 살이고, 계약 마지막 해에 접어들었다. 던질 곳, 실력을 키울 곳, 그리고 '실험'할 수 있는 곳이 필요했다.

그때 부동산 일을 했던 오터비노의 장인이 한 가지 제안을 했다. 장인은 지하철역에서 한 블록 떨어진 상가 건물에 공실을 소유했다. 그는 오터비노에게 그 공간을 겨울 동안 실내 불펜으로 쓸 수 있도록 허락했다. 단, 조건이 있었다. 올스타였던 팀 동료 놀런 에러나도Nolan Arenado의 친필 사인 배트를 달라고 했다. 할인을 엄청나게 받은 것이다. 이전 세입자였던 나인웨스트Nine West 신발 매장은 22,000달러(약 2,400만 원)의 월세를 냈다.

오터비노는 말했다. "그 일은 몇 명만 알았습니다. 경비원 토머스와 장인어른, 그리고 장인어른의 사무실 사람들뿐이었죠."

당시 맨해튼에 있는 다른 훈련 시설과는 달리, 오터비노는 랩소도 장비와 에저트로닉 카메라를 설치했다. 선수 육성을 통해 배운 교훈이 있다면, 공간이 넓거나 시설이 화려하다고 기량이 좋아지는 것은 아니다. 빈 점포는 약 25미터 정도의 길이여서 투구를 하기에는 충분했다. 매력적인 장소는 아니지만, 반등하는 데 필요한 것은 전부 갖췄다.

제리 와인스틴 콜로라도 코치는 "우리에게는 육성하지 못하는 것이란 없다"고 말한다. 그는 2018년에 《베이스볼 아메리카》에서 선정하는 토니그윈Tony Gwynn 공로상을 받았고, 오래 전부터 선수의 적응력을 옹호해왔다. 지금에 와서는 그것을 '성장형 마인드셋'이라고 부른다.

와인스틴 코치는 1960년대부터 미국 야구계에 몸담았고, 레이더 스피드 건이나 웨이티드 볼, 고중량 및 저중량 배트 훈련 등을 최초로 시도했던 사람들 중 하나다. 카일 보디는 일흔다섯 살인 와인스틴 코치를 '야구계의 대부'로 부른다. 와인스틴 코치는 미지의 두려움을 이용 대상으로 여긴다. 그는 '정보를 가진 자가 승리한다'고 말한다.

선수 육성이 개편되자, 정보를 가진 자는 개인 지도사와 프런트 분석원들이었다. 그런데 선수 육성 혁명이 꽃을 피우자, 정보를 가진 자는 선수들이었다. 와인스틴 코치는 최고의 교훈은 스스로 깨닫는다고 말한다. "선수들에게 제 일을 없애는 게 제 일이라고 말합니다. 즉, 스스로 성장하는 방법을 가르치는 게 제 일이죠." 그것이 현대 선수 육성에서 가장 흥미로운 면이라고 할 수 있다. 선수들은 스스로 도태되기보다는 생산 수단을 취해서 능력을 '스스로' 향상시키고 있다.

새 구종을 개발하다

오터비노는 2017년에 부진을 겪는 동안 해답을 찾아 나섰다. 트레버 바워가 드라이브라인에서 진행했던 훈련에 대해 읽고 카일 보디가 트위터에 전도하는 모습을 보자, 투구 디자인을 자세히 배우고 싶었다. 이제는 대부분의 투수가 드라이브라인이라는 이름을 알고 있지만 오터비노가 말하기를 드라이브라인에서 행해지는 일에 의심을 품는 사람은 여전히 많았다. 그해 10월에 그는 어떤 일이 벌어지는지 직접 보겠다며 시애틀로 향했다.

"메이저리그에서 드라이브라인에 대한 이야기가 긍정적이지는 않았고, …… 그런 점에 더 끌렸던 것 같습니다. 이들은 남들이 어떻게 생각하든 신경 쓰지 않는 집단입니다. 그냥 자기들이 통한다고 생각하는 걸 하는 거죠. …… 그리고 솔직히 바워 같은 선수가 자주 찾는 곳이라는 것만으로도 믿음이 갑니다. 바워를 개인적으로 아는 사이는 아니지만, 어떤 유형의 투수인지는 알기 때문이죠."

드라이브라인 관계자들은 오터비노의 투구 동작에 손대지 않기로 판단했다. 시속 150대 중반을 던졌고, 투구할 때 양다리가 교차되는 동작에 방향성 문제가 있다는 점은 이미 스스로 알고 있고 또 해결했다. 단, 제구를 향상시키는 방법에 대해서는 이야기가 오갔다. 그는 조시 톰린과 마찬가지로 '내적 집중'을 하고 있었다. '외적 집중'으로 바꿔야 했다.

맷 대니얼스 당시 드라이브라인 투수 코디네이터는 웨이티드 볼을 이용한 차별적 반복 훈련이 가진 장점을 설명했다. 그리고 오터비노는 당시에 배웠던 제구 훈련법을 할렘에 있는 새로 만든 자기만의 소규모 드라이브라인에서 진행했다. 또한 고무판으로 제작한 스트라이크존인 투구 패드를 장만했다. 거기에는 구역마다 서로 다른 색깔과 숫자가 표시되었다. 훈련 파트너가 있는 날에는 오터비노가 투구 동작에 들어갈 때 파트너가 던져야 할 숫자나 색깔을 불러줬다.

또한 그는 투구 디자인이라는 과학을 배워왔다. 물론 바워가 일찍부터 그 분야를 자기 것으로 만들었지만, 얼마나 많은 사람들이 바워의 훈련 과정을 그대로 따라할 수 있을지는 앞으로 두고 볼 일이다. 맷 대니얼스는 "오터비노의 경우 첫 번째 유의미한 시도였다"고 말했다.

오터비노가 드라이브라인에 갔을 당시, 메이저리그 최상위급 변화구를 던졌다. 그의 변화구는 위플볼처럼 횡으로 휘면서 지나가는데 수평 움직임이 엄청났다. 하지만 2017년에는 상대 타자들이 그의 슬라이더에 배트를 내지 않았다. 43퍼센트만 스트라이크 존 안에 들어갔다는 이유도 있고, 너무나도 치기 어렵다 보니 타자들이 골라내는 방법을 터득했다는 이유도 있다.

2016년에는 상대 타자들이 그의 슬라이더에 스윙한 비율이 38.1퍼센트였지만, 2017년에는 28.2퍼센트로 떨어졌다. 모든 공에 대한 스윙 비율을 보면 2016년에 42.2퍼센트였던 것이 35퍼센트로 떨어졌고, 그보다 낮은 선수는 델린 베탄세스(34.6퍼센트)밖에 없었다.

드라이브라인이 떠오른 생각은 동일한 터널 구간을 형성하고, 구속과 움직임은 그의 속구와 슬라이더 중간 정도 되며, 슬라이더를 보완하는 공을 만드는 것이었다. 대니얼스는 그 프로젝트를 앞장서서 맡았다.

오터비노가 처음 방문한 날, 드라이브라인에서는 커터와 슬라이더를 섞은 공을 영상으로 보여줬다. 수직 움직임이 거의 없다는 부분에서 그가 던지는 슬라이더와 비슷했지만, 수평 움직임은 그의 슬라이더보다 작았다. 모방할 수만 있다면 움직임이 전혀 다른 세 번째 구종이 생기는 것이다. 그는 연구개발동 마운드에 올라 공을 던졌다.

"저희는 루이스 세베리노Luis Severino와 존 그레이Jon Gray의 영상을 봤고, 둘이 던지는 것처럼 해보자고 결정했습니다. 그런데 그렇게 던지니까 힘이 잘 안 들어가더라고요. 기본적으로 완벽한 총알 회전이 먹히

MVP 머신

도록 던지면서 시속 130킬로미터대 후반에서 140킬로미터대 중반이 나와야 하는 거였죠."

오터비노와 대니얼스는 에저트로닉과 랩소도를 통해 다양한 그립을 시험해본 결과 총알 회전을 하는 커터와 슬라이더를 섞은 구종으로 가기로 했다. 대니얼스는 랩소도에 '회전 효율 15퍼센트'가 나오기를 기대했다고 말했다. 즉, 15퍼센트는 수직 회전, 85퍼센트는 총알 회전이 일어나는 것을 뜻한다.

오터비노는 이렇게 설명했다. "회전 효율이 저희가 원하는 범위 안에 들어갈 때와 안 들어갈 때를 표시해뒀어요. 그러고 나서 영상을 봤습니다. 회전이 제대로 먹히면 손가락으로 누르는 모습이 어떻게 다른지 볼 수 있었죠. 그렇게 해서 그립을 고쳐나갔습니다. 그리고 거의 하루만에 '그래, 이거구나'라고 했습니다."

하루밖에 걸리지 않았다. 그것은 에저트로닉과 랩소도, 의도를 가진 연습을 결합할 때 나오는 마법이라고 할 수 있다.

커터를 섞어 넣은 구종은 또 한 가지 특징이 있었다. 오터비노의 투심 속구와 터널 구간을 공유했다. 그는 2017년에 30퍼센트였던 포심 속구 구사율을 2018년에는 5퍼센트까지 줄였다. "제 투심 속구와 커터를 번갈아가면서 던졌어요. 같은 팔 각도에서 편하게 던질 수 있는지, 같은 화면에 놓고 비교하면 어떻게 보이는지 알아보고 싶었죠. 그렇게 며칠 더 연습하고, 바로 집으로 왔습니다."

오터비노는 새로운 구종을 개발하는 방법만 배운 것이 아니다. 그는 연습을 극대화하는 방법도 터득했던 것이다.

오터비노는 할렘에서 4개월 동안 일주일에 며칠씩 투심 속구와 슬라이더, 새로 터득한 커터를 던졌고, 개인 랩소도와 에저트로닉으로 전부 관찰했다. 웨이티드 볼을 투구 패드에 던지기도 했다. 포수를 봐줄 사람을 찾아서 좁은 공간에 초대하기도 했다. 그리고 혼자서 23리터짜리 양동이에 가득 담긴 공을 그물에 던지기도 했다. 2018년에 구사율이 10.1퍼센트였던 커터를 추가한 것은 정말 중요했다. 그런데 그것보다도 던지는 느낌이나 제구가 좋아진 부분을 더 환영했다. 그는 애리조나 전지훈련에 웨이티드 볼과 에저트로닉을 들고 갔다. 이것들을 사용한 콜로라도 투수는 오터비노가 유일했다. 그 어느 때보다도 준비된 느낌이 들었다. 하지만 눈으로 직접 봐야 믿는 법이다. 콜로라도의 코치진은 새롭게 변신한 오터비노를 아직 보지 못했다.

"감독실로 불려 가서 어떤 것을 배웠고, 어떻게 해서 제가 좋아질 것인지 설명해야 했습니다. 이유만 잘 대면 거기에 대고 뭐라고 할 사람은 없습니다."

그렇다 하더라도 구단은 에저트로닉만큼은 부정적으로 바라봤다. 버드 블랙Bud Black 콜로라도 감독과 코치진은 이렇게 물었다. "이거 때문에 머리만 더 복잡해지는 거 아니야?"

오터비노는 겸손했고, 머리가 좋은 선수라는 평판이 있었지만, '사색가'라는 평가도 있었다. 메이저리그 클럽하우스에서 생각이 많은 사람이라는 꼬리표가 붙으면 위험해질 수 있다.

그는 자신이 처한 문제를 이렇게 털어놓았다. "지적이거나 사색가라는 인식이 붙은 선수가 부진에 빠지면 생각이 많아서 그런 걸로 치부하죠." 바워도 같은 일을 겪었다. "'너는 생각이 많아서 그래'라는 말은 2017년에 많이 들었던 말 중에 하나입니다."

그래서 오터비노는 코치들에게 오히려 에저트로닉 덕분에 생각도 줄고, 협역으로 집중할 수 있게 해준다고 반박했다. "뭐라고 하셔도 저는 계속 생각할 겁니다. 그런데 이 장비가 있으면 어떤 것을 생각해야 할지 알게 됩니다."

오터비노는 여러 코치들이 팔짱을 낀 채 바라보고 있는 가운데 마운드에 올라 새로운 구종을 선보였다. 코치들이 지난 시즌 그가 던지는 모습을 마지막으로 봤을 때, 그는 엉망이었다. 그런데 이번에는 달랐다. 커터를 던졌는데, 공은 대부분의 구간을 직선을 따라 날아가다가 홈 플레이트 근처에서 예리하게 떨어졌다. 얼마 지나지 않아 실전 투구에서 변신한 모습을 보였다.

"라이브 배팅에서는 거의 모든 타자들을 압도했죠. 코치님들은 흥분했고요. 어느 순간 제가 원하는 투구를 많이 던질 수 있었습니다."

그는 완전 다른 투수가 되었다. 신형 오터비노는 멋진 선수였다. 캑터스 리그Cactus League(애리조나에서 전지훈련을 진행하는 구단들 사이에서 벌어지는 시범 경기 리그 — 옮긴이) 첫 등판에서는 얻어맞았지만, 이후에는 6이닝을 주자를 내보내지 않고 무실점으로 막았다. 그런 모습을 정규 시즌에도 이어나갈 수 있다는 것을 어떻게 해서든 증명해야 했다.

콜로라도와 오터비노는 3월 29일에 애리조나에서 정규 시즌을 맞이했다. 그의 2018년 시즌 첫 상대 타자는 애리조나 다이아몬드백스의 간판타자 폴 골드슈밋Paul Goldschmidt이었다. 초구는 횡으로 크게 꺾이는 슬라이더를 던졌다. 골드슈밋의 무릎 쪽을 향하다가 홈 플레이트로 걸쳐 들어오면서 스트라이크 판정을 받았다. 그 공은 누구나 이전부터 봐왔다. 그런데 다음에 승부한 공은 본 적이 없었다. 오터비노는 처음으로 총알 회전을 하는 커터와 슬라이더를 섞은 공을 2구로 던졌다. 골드슈밋은 시속 142킬로미터짜리 공이 날카롭게 꺾이면서 스트라이크 존을 걸치는 모습을 바라보기만 했다. 오터비노는 심호흡을 크게 한 뒤에 다시 던질 준비를 하고, 시속 152킬로미터짜리 투심 속구를 던졌다. 공은 바깥쪽에서 시작했다가 층류에 의해 홈 플레이트 쪽으로 꺾이면서 세 번째 스트라이크 판정이 나왔다. 골드슈밋은 아무런 항의 없이 더그아웃을 향해 걸어갔다. 이어서 제이크 램Jake Lamb은 빠르게 움직이는 투심 속구에 헛스윙하면서 삼진으로 물러났다. 이후 대니얼 데스캘소Daniel Descalso에게 볼넷을 허용하자, 오터비노는 다시 제구를 잡아서 앨릭스 어빌라Alex Avila도 날카롭게 꺾이는 투심 속구로 헛스윙 삼진을 잡았다.**QR-22**

오터비노는 4월에 55명의 타자를 상대했다. 그중에 '30명'을 삼진으로 돌려 세웠다. 그리고 16이닝 동안 4안타, 4볼넷, 1실점을 허용했다. 구원 투수 중에 가장 압도적인 모습을 보였다. 그렇다고 요행수도 아니었다. 5월에는 44명의 타자를 상대해서 4안타, 2실점만 내줬다.

그는 전반기에만 평균 자책점 1.62를 기록했고, 구원 투수 WAR 공동 6위로 시즌을 마무리했다. 2017년에 9.9였던 삼진 대 볼넷 비율도

QR-22
URL https://youtu.be/z_hmTCgV-gE?t=12427

2018년에는 24.6까지 올려서 역대 세 번째로 큰 증가폭을 보였으며, 볼넷률도 4.4퍼센트 떨어뜨리면서 역대 아홉 번째로 큰 감소폭을 나타냈다.

2018년에 오터비노의 커터는 수평 움직임이 9.7센티미터였고, 구원투수 가운데 4위에 올랐다. 수직 움직임도 9.9센티미터에 달했다. 공이 굉장히 희한했다. 그런 움직임을 보이는 공도 드물지만, 일단 타자에게 통했다. 그는 2018년 시즌 동안 새로 장착한 구종을 129번 던져서 거기에 나온 전체 스윙 중에 50퍼센트가 헛스윙이었다. 상당히 경이로운 기록이고, 커터로 분류된 투구 중에 가장 높았다. 수평 움직임을 보면 각이 작은 슬라이더 같지만, 반대 방향으로 꺾여서 자신의 투심 속구처럼 가라앉았다. 슬라이더는 늘 움직이던 대로 평균 24.1센티미터의 수평 움직임을 보였고, 이 부문에서 모든 투수 중에 5위에 올랐다. 그런데 새로운 구종과 더 나아진 제구를 결합하자, 타자들의 스윙 비율은 41.1퍼센트로 다시 올랐고 그중에 36.8퍼센트는 헛스윙으로 이어졌다.

6월에 오터비노는 클럽하우스에서 동료 투수 채드 베티스Chad Bettis에게 에저트로닉 카메라를 보여줬다. 베티스는 정육면체 모양의 에저트로닉을 신기하다는 듯이 다뤘다.

오터비노는 "베티스가 내일 불펜에서 제 에저트로닉을 쓸 거예요. 그리고 타일러 앤더슨Tyler Anderson이랑 존 그레이는 비시즌에 드라이브라인에 가고 싶답니다. 이제는 그런 방향으로 흘러가는 것 같습니다. 여기서 가장 중요한 건 그렇게 하는 게 더 이상 금기시되지 않는다는 겁니다. 금기시돼서도 안 되고요."

그는 2018년 성적으로 2019년 1월에 뉴욕 양키스와 3년, 2,700만 달러짜리 계약을 맺었다. 앞으로 장인어른의 공간을 더 이상 쓸 수 없다면,

양키스타디움을 사용하면 되지 않을까?

타순지 압수 사건 _____

2018년 9월 2일 밤, 필라델피아 홈구장에서 컵스 유격수 애디슨 러셀 Addison Russell(2020년 키움 히어로즈 외국인 야수 — 옮긴이)이 8회 초 2사 상황에서 카일 슈워버Kyle Schwarber의 대타로 나왔다. 필라델피아 필리스의 신인 좌완 투수 오스틴 데이비스Austin Davis는 8회 초가 시작할 때 등판했다. 그는 뒷주머니에 손을 넣어서 타순지를 꺼냈다. 거기에 타자마다 어떻게 대처해야 하는지 적어놓았다.

그날 3루심이자 심판 조장이었던 '카우보이'(그라운드에서 보인 거친 모습과 컨트리 음악 가수 활동 때문에 붙은 별명 — 옮긴이) 조 웨스트Joe West 심판은 데이비스의 수상쩍은 행동을 보고 말았다. 웨스트는 나이가 예순다섯 살이었고, 역대 최장 근무 연수인 41년째 메이저리그 심판으로 일하고 있었다. 그는 마운드로 느릿느릿 걸어가서 마치 교실에서 쪽지를 전달하는 데이비스의 모습을 잡아냈다는 듯이 손바닥을 내밀었다. 데이비스는 타순지를 넘겼고, 웨스트는 자기 뒷주머니에 넣고는 바로 자기 자리로 느릿느릿 걸어갔다. 데이비스는 불복했지만, 무시당했다. 게이브 캐플러 당시 감독도 나와서 항의했지만, 웨스트 심판은 규칙을 자기가 해석한 대로 고수했다.[QR-23] 데이비스는 자기가 규칙 6.02(c)

_____

QR-23
URL https://youtu.be/mdrwiLcbiCs?t=8587

(7)을 위반했던 것이라고 말했다. 거기에는 "투수가 이물질을 신체에 붙이거나 지니고 있는 행위를 해서는 안 된다"고 명시한다. 웨스트 심판은 타순지를 압수할 수 있지만, 데이비스가 이미 숙지한 내용을 잊게 만들 수는 없었다. 러셀은 결국 헛스윙 삼진으로 물러났다.

어떤 면에서는 메이저리그의 구시대적인 사고방식과 새로운 사고방식 간의 대립이었다. 어쩌면 구시대적이라기보다는 생각이 없는 것일 수도 있다. 조 웨스트는 1976년에 내셔널 리그 심판위원으로 데뷔했다. 그 시절에는 투수가 고의로 유리해질 수 있는 방법은 공인구를 손보는 일밖에 없었다. 물론 지금도 같은 방법을 쓰는 투수들이 있지만, 신세대 선수들은 끈끈한 이물질보다는 정보로 혜택을 본다. 그런데 웨스트는 '정보'를 '이물질'로 여긴 것이다. 그를 편들자면 아주 최근까지는 이물질이 맞았다.

데이비스는 2018년 6월에 메이저리그 데뷔전을 가졌다. 그가 처음 타순지를 보기 시작한 것은 7월 14일 마이애미 말린스전이었다고 한다. 외야수는 수비 페이퍼를 많이 들고 나간다. 포수도 과거 어느 때보다 매 경기, 매 시즌 상대해야 하는 투수의 숫자가 많아지다 보니 투수와 상대 타자를 어떻게 접근해야 하는지 손목 밴드에 적어서 착용한다. 그런데 투수가 마운드에서 타순지를 참고한 것은 데이비스가 처음이었다.

스물다섯 살짜리 신인 드래프트 12라운더 출신인 데이비스는 열린 사고를 하는 전형적인 신세대 야구 선수다. 그는 겨울 동안 애리조나주 스코츠데일에 있는 시설에서 신인 드래프트 1라운더 출신인 루크 해거티Luke Hagerty와 함께 훈련하고, 랩소도 장비를 이용해 그립을 조정한다. 해거티는 13년 동안 야인으로 지내면서 입스를 극복하고, 2019년에는 서른일곱 살이라는 나이에 기술을 이용해 현역 복귀를 꿈꿨다. 그도 드라이브라인의 방식을 지지한다. 아무튼 데이비스가 타순지를 들고 경기에 임하는 것은 완벽한 투구를 만들겠다는 노력의 연장선이라고 할 수 있다. 그는 타순지가 있으면 100퍼센트 확신을 갖고 고민 없이 던질 수 있다고 말한다.

타순지를 사용해도 되는 날이면 그는 경기 전에 남는 타순지 하나를 가져가서 필라델피아 전력 분석원들이 작성한 스카우팅 보고서를 보고 상대 타자들의 장단점들을 쭉 적어놓는다. 데이비스가 말하기를 스카우팅 보고서는 선수들에게는 '매우 쉽게 이해할 수 있는 형태'로 제공된다. 그렇게 타자마다 몇 자 적어서 다음 타자가 나오는 사이에 들여다보면 어떻게 승부할 것인지 결정이 쉽다. 특히 2이닝 이상 던지거나 예정된 타자가 나오지 않을 때 유용하다.

경기가 한창 벌어질 때 역효과가 생기는 사색 방식이 있다. 하지만 데이비스는 타순지를 마치 에저트로닉이 애덤 오터비노에게 주는 영향처럼 산만함을 없애주는 수단으로 여긴다. 보스턴 레드삭스 투수 릭 포셀로Rick Porcello는 2016년부터 타순지에 스카우팅 보고서 내용을 적었다. 정보를 기억하는 데 도움이 되기 때문이다. 하지만 타순지를 더그아웃에 두고 마운드에 오른다. 데이비스는 거기서 한 발짝 더 나갔다. 그는 이렇게 묻는다. "종이쪽지에 써서 뒷주머니에 넣으면 되는데, …… 어째서 그걸 다 기억하고, 상대할 타자를 전부 공략하는 데 정신적인 에너지를 낭비합니까?" 외우지도 않고 경기에 임하는 행위를 '동네 야구' 수준으로 비춰질까 봐 걱정하는 투수도 있다. 그러나 데이비스는 캐플러 전 감독이 이런 말을 해줬다고 한다. "사람들의 시선을 바탕으로 실행에 옮길지 말지 판단하는 것은 좋지 못하다."

8월 초에 한 번은 데이비스가 애리조나 다이아몬드백스의 A.J. 폴록
A. J. Pollock을 상대할 때 타순지에 적힌 내용을 외면한 적이 있다. 그러
자 바로 폴록에게 엄청난 타구를 얻어맞았다. 필라델피아 우익수 닉 윌
리엄스Nick Williams가 높이 뛰어서 낚아채지 않았더라면 담장을 넘어갔
을 것이다. 데이비스는 그 위험천만했던 순간이 '주어진 정보를 전부 활
용하지 않으면 스스로 강한 타구를 맞을 위험에 빠뜨린다'는 점을 상기
시켜줬다고 말한다. 같은 달에 브라이언 배니스터의 전 동료였던 잭 그
레인키가 데이비스의 선례를 밟아 마운드에서 자기만의 타순지를 엿봤
고, 데이비스는 그 모습을 보고 자신의 판단이 옳았다는 징표로 받아들
였다. 데이비스는 FIP 3.68에 한 이닝 당 탈삼진 1개 이상으로 시즌을
마무리했다.

9월에 웨스트 심판위원과 데이비스가 서로 신경을 곤두세웠던 이후,
MLB 사무국은 웨스트 심판위원에게 데이비스의 항변이 옳았다고 판단
했다. 데이비스의 타순지는 공식적으로 규칙을 위반한 것이 아니었다.
결국 카우보이로 불리는 심판위원은 필라델피아 클럽하우스에 연락해
서 데이비스에게 사과했다.

정보의 가치

선진 구단들은 원정 경기 분석원이나 도관 역할을 하는 관계자, 탐구적
인 코치 등을 통해 정보를 실제로 그라운드에서 활용한다. 그런데 그런
노력은 비교적 최근에 일어난 일이고, 그 부분에서 여전히 뒤처진 구단
들이 있다. 뒤처진 구단의 스타 선수가 외부에서 통계학적 지원을 찾는

사례가 종종 있다.

2011년 초에 한 스탯 중심 웹사이트 기자가 웹사이트 문의 양식을 통해 이메일 한 통을 받은 적이 있다. 이메일 작성자는 당시 최상위급 타자였고, 본인의 관심을 끌었던 주제로 기사를 써줄 것을 제안하는 내용을 적었다. 기자도 흥미로운 주제라고 생각하고 기사를 써서 게시했다. 그 선수는 기사를 마음에 들어 했고, 둘은 이후에도 서로 연락을 주고받으면서 지냈다.

머지않아, 선수는 기자에게 곧 계약 협상이 있는데 선수 계약 비교 평가서 작성을 도와줄 수 있는지 물었다. 선수는 에이전트가 있었지만, 계약이 성사되어도 아무런 혜택을 요구하지 않는 사람에게 도움을 받고 싶었다. 기자는 이렇게 기억한다. "선수의 계약을 도왔고, 그 이후에 '정기적으로 일거리를 받는 건 어떻겠느냐?'고 묻더라고요." 그래서 2013년에 기자는 부업으로 아무도 모르게 데이터에 빠진 스타 선수의 스탯 컨설턴트로 일했다. "제가 알기로는 동료들의 90퍼센트가 금요일 밤을 불태우겠다며 클럽에 가는데, 그 선수는 저한테 스트라이크 존을 벗어나는 공에 자기 배트가 얼마나 나갔는지 문자를 보냅니다. 스탯에 엄청 빠져 있었어요."

그 선수는 기자에게 기밀 유지 계약에 서명하라고 요구했다. 이런 도움을 받고 있는 사실이 소속 구단에 알려지지 않기를 바랐기 때문이다. "구단이 마찰을 일으킬 만한 외부 조언을 받는 것을 탐탁지 않게 생각할 거라고 애초부터 크게 걱정했습니다. 제멋대로인 선수로 낙인찍히고 싶지 않았던 거죠." 개인적으로 스윙 지도를 받는 선수는 많지만, 개인 스탯쟁이는 전혀 새로웠다. 그 선수는 프런트나 동료와 얼굴을 붉히고 싶지는 않지만, 실력을 더 키우고는 싶었다. 그러나 자신이 필요한 데이터를 구단이 전달해줄 것이라고 신뢰하지는 않았다.

"대부분 경기 준비를 위한 데이터였습니다. 80퍼센트는 해당 경기의 상대로 인해 자신에게 어떤 전후 관계가 작용할지 파악하는 일이었어요." 구단에서 제공하는 스카우팅 보고서는 내용이 진부했다. 투수가 어떤 공을 던지고, 얼마나 빠르고, 얼마나 자주 던지는지가 담겼다. 그 선수는 더 많은 걸 알고 싶었다. 타자가 구종마다 배트를 얼마나 내는지, 그럴 때 어떤 결과가 나왔는지, 심판과 포수의 스트라이크 존은 어떤 모양을 이루는지 등의 내용을 원했다. 기자는 그 선수를 돕기 전에는 '부진'이 무작위로 생기는 것이라고 생각했다. 그런데 투수들이 타자와 어떻게 승부하고, 타자는 어떻게 대처해야 할지에 관해 분석해본 결과 비야구인들은 잘 모르는 그들만의 쫓고 쫓기는 게임을 엿볼 수 있었다. "확실히 '자, 투수들이 나를 이렇게 승부하면 된다고 알아냈구나. 이제 거기에 어떻게 대처하고, 다르게 승부하도록 유도하는 방법을 알아내야 겠다'와 같은 요소들이 있습니다."

기자는 스카우팅 보고서를 보내주는 것 외에도 그 선수의 경기력을 분석해줬다. 그때 존을 벗어난 공에 배트가 나간 비율과 땅볼 비율, 당겨 친 비율, 강한 타구 비율 등 결과보다는 과정을 담아내는 여러 스탯 표식을 사용했다. "그 선수는 정타가 얼마나 나왔는지, 공을 얼마나 잘 갖다 맞추는지, 그리고 스트라이크에 배트가 나가는지에만 신경 썼어요." 기자는 매주 보고서를 작성해서 앞서 언급한 지표들이 전주에 어떻게 변했는지, 계절성 및 이동 평균과 함께 보냈다. "그 선수는 그게 도움이 됐다고 생각해요. 덕분에 '이번 주에 19타수 3안타였으니 뭔가 고쳐야겠다'는 생각을 멀리 했거든요. 괜히 어설프게 이것저것 고치는 걸 막은 게 아마 그 선수에게는 가장 두드러진 성과였을 겁니다."

아울러 포수와 구심의 조합을 공부했던 것도 크게 도움이 되었다. 선수가 몸 쪽으로 높게 들어오거나 바깥쪽 낮게 오는 공은 스트라이크 판정이 나오지 않는다는 것을 확신해서 해당 구역으로 들어오는 공은 무시해도 되었던 경기도 있었다. "그 선수가 경기 전에 언급했던 공을 보내는 걸 구경하고 있었죠. '오늘 이 공은 무조건 볼'이라는 식이었어요. 존에 들어가도 구심 손이 절대 안 올라갑니다. 그리고 한 번은 3-1 카운트에서 존 안쪽 절반에 들어오는 공을 보내자마자 배트를 떨어뜨린 뒤에 1루로 걸어 나갔어요. 투수는 마운드에서 분노하고 있는데, 그 선수는 능글맞은 미소를 지었죠. '하! 오늘 그 공은 스트라이크 판정 못 받는다는 거 몰랐지? 하지만 나는 다 알고 있었다'고 속으로 말했겠죠. …… 그 선수보다 그날 스트라이크 존을 잘 알았던 선수는 없었습니다."

만일 예상치 못한 판정이 나오면, 그 선수는 심판의 판정들을 쭉 살펴보기 원했다. "다음 타석에 들어가기 전에 더그아웃에 자주 들어가서 기자에게 스트라이크 존 지도 좀 보고 싶다고 말한다. 그러면 기자는 선수가 직접 투구 위치는 물론 구종과 기타 정보를 실시간으로 확인할 수 있는 웹사이트에 접속할 수 있도록 도왔다.

스탯캐스트가 도입되자, 선수와 스탯쟁이 기자는 거기에서도 활용 가치를 찾았다. 스탯캐스트가 도입되고 난 뒤 어느 해에는 그 선수가 대부분 수비 지표가 낮게 나오면서 수비가 좋지 못한 야수로 평가되었다. 선수는 기분이 나빴다. "그 선수는 나이가 들고 있다는 건 알겠는데 쪽팔릴 정도로 수비를 못하고 싶진 않다고 하더라고요." 기자는 여기저기 수 소문해서 선수에게 조언할 수 있는 스탯캐스트 정보를 얻을 수 있었다. 자리 잡는 위치를 바꿔서 스탯캐스트 지표를 공략하는 방식이었다. 그 결과 한 비시즌 만에 수비 문제를 해결했다.

그러나 기자는 수비를 고쳐준 것 외에는 자신이 한 일이 선수에게 얼마나 도움이 되었는지 확실하지 않았다고 말한다. 그 선수는 알고 지내기 이전부터 이미 좋은 성적을 내고 있었다. 그리고 업무 관계로 지낸지 몇 년이 지나고 나서, 기자는 이직했고 더 이상 선수를 도울 수 없었다. 우연인지는 모르겠지만, 선수는 기자의 도움이 사라지자 평년에 비해 저조한 성적을 냈다. "그 선수는 그런 정보가 없다는 데서 상실감이 컸습니다." 기자는 준비되지 않았다는 '생각'이 정보의 부재만큼이나 선수에게 타격을 입혔다고 추측한다. 완벽주의자 선수는 '오늘 최대한 잘할 수 있도록 할 수 있는 모든 것을 실제로 완벽하게 다했다'는 생각으로 타자석에 들어서기를 원했다고 한다. 만일 구단이 그렇게 생각하도록 돕지 못한다면, 그 선수는 그렇게 해줄 사람을 또다시 밖에서 찾을 것이다.

에이전시, 선수 육성을 위한 새로운 매개체

매년 배움을 열망하는 선수는 점점 많아지고, 그들이 필요로 하는 장비를 갖추지 못한 구단은 점점 줄어든다. 그래도 선수들이 구단을 신뢰하지 못하는 이유가 있다. 프런트가 착용 장비에서 나온 데이터를 보유하는 것을 원하지 않을 수도 있고, 당장 페넌트레이스에 도전하지 않는 구단의 경우 성적을 향상시키기보다는 연봉 조정 때 금액을 깎는 데 사용할 수도 있다. 이때 선수 육성을 위한 새로운 매개체가 들어설 공간이 생긴다. 에이전시가 바로 그 매개체다.

에이전트는 통상적으로 선수의 이전 성적을 토대로 최대한 많은 돈을 받아내려고 노력했다. 하지만 성적을 향상시키는 일에는 그다지 도움을 주지는 않았다. 케일럽 코섬은 새로운 유형의 선수 대리인이 어떤 것인지 모범을 보이고 있다. 그는 2018년 5월에 자신이 "연봉 조정도 돕고, 커브도 잘 던지도록 도울 수 있는 사람"이라고 말했다.

코섬은 양키스가 2009년 신인 드래프트 5라운드에서 지명했다. 2013년에 트리플A까지 밟았지만, 2013~2014년에 26경기에 등판해 평균 자책점 5.46을 기록하고는 더 이상 올라갈 수 없었다. 그는 메이저리그가 그렇게 멀게 느껴진 적이 없다고 말했다. "올라갈 창구는 빠르게 닫히고 있었죠. 그래서 훈련할 때 좀 더 모험이 필요했다는 걸 알았던 거 같습니다." 2014년 시즌이 끝나자, 그는 드라이브라인에서 한 달 반을 보냈다. 구속 향상 훈련을 통해 시속 143킬로미터였던 평균 속구 구속을 시속 150킬로미터까지 끌어올리고, 랩소도와 에저트로닉으로 슬라이더를 예리하게 갈았다. 그렇게 해서 2015년 시즌이 시작하고 더블A와 트리플A에서 총 27경기에 등판해 평균 자책점 2.17을 올리고 한 이닝 당 탈삼진 한 개 이상을 잡아냈다. 그리고 7월 말에 메이저리그로 승격했다. 전부 겨울 동안 진행했던 훈련 덕분이었다고 그는 말한다. "이전에 했던 대로 훈련했다면 불가능했죠."

그는 2017년 전지훈련을 끝으로 선수 생활을 마치고, 블레드소 형제의 에이전시에 들어가서 일을 시작했다. 거기서 그는 에이전트 자격증도 따고, 에이전시가 드라이브라인과 유사한 사내 훈련장과 웨이트 트레이닝 연습장, 첨단 기술 장비를 갖춘 타격과 투구 훈련 시설을 구축

MVP 머신

하는 데 기여했다. 20여 명 되는 소속 선수 중에는 메이저리거도 있고, 2018년 신인 드래프트 전체 1순위로 지명된 케이시 마이즈Casey Mize도 있다. 대부분 비시즌 동안 코섬에게 직접 지도를 받으며 훈련했고, 영상으로 상담받은 선수도 있다.

코섬은 소속 선수들이 프로에서 기대할 수 있는 훈련법을 미리 이용하도록 준비시키는 일과 잘못된 정보로부터 미리 예방하는 일에서 자신의 가치가 나온다고 생각했다. 모든 언어적인 단서나 훈련의 원리를 이해하면, 이상한 길로 빠져서 선수 경력을 불투명하게 만들 확률을 낮출 수 있다. 그뿐만 아니라 코섬은 실력 향상을 우선순위에 두지 않은 구단에서 홀대 받고 있는 선수들이 찾아갈 수 있는 인물이기도 했다. 대부분의 경우 구단과 선수, 에이전시의 이해관계는 맞아떨어져야 한다. 이론상으로는 모두가 선수의 실력이 좋아지기를 바란다. 하지만 에이전시는 좀 더 맞춤형 서비스를 제공할 수 있다. "구단에서 신경 써야 할 선수는 굉장히 많습니다. 물론 전부 다 좋아지기를 바라죠. 하지만 필요한 정보를 제때 얻지 못하는 경우가 있는 것 같습니다. 자신이 필요한 언어적 단서 하나를 더블A 투수 코치가 갖고 있는데, 상급 클래스A를 빠져나오지 못할 수도 있습니다." 그럴 때 코섬이 개입한다.

코섬은 2016년에 신시내티 레즈 소속으로 던졌을 때 토니 싱그라니Tony Cingrani와 다른 투수 두 명과 함께 타격 연습 전후로 모여서 블로커스Blokus라는 추상 전략 보드 게임을 하곤 했다. 보드에 테트리스 블록처럼 생긴 조각들을 특정 패턴으로 맞추면서 게임인데, 이 게임을 하면서 어떻게 하면 '게임처럼 빠진 부분을 채워서 자신들의 투구 계획을 완성할 수 있는지' 고민을 나눴다. 싱그라니는 코섬처럼 드라이브라인을 다녔고, 그곳을 신뢰한다. 그런데 2017년 7월에 신시내티에서 로스 앤젤레스 다저스로 트레이드되면서 운세가 크게 바뀌었다. 그는 같은 달에 블레드소 에이전시와 선수 대리 계약을 맺었다. 싱그라니가 말하기를 "신시내티에서는 관계자들이 구시대적인 야구인들 같았던 반면, 다저스는 데이터 분석을 수용하려고 노력했다"고 한다. 신시내티도 선수들에게 정보를 일부 공유했지만, 내용도 빈약하고 개개인의 재능에 맞춰서 제공하지 않았다. "알아서 해야 하는 상황이었습니다. '모두 성공할 수 있도록 행운을 빈다' 뭐 그런 거죠."

그래도 신시내티는 부족했던 부분을 해결했다. 그리고 2019년 1월에 코섬을 보조 타격 코치로 채용했다. 그가 선수 생활에 마침표를 찍었을 당시의 소속 구단은 좀 더 현대화된 모습으로 변화한 뒤에 그를 복귀시킨 것이다. 그는 "새롭게 바뀐 부분이 어떨지 알아보고, 새로운 장비로 훈련할 선수들을 도울 생각에 기대된다"고 말한다. 비록 더 이상 에이전시 소속 선수들을 돕지 못하지만, 다른 사람들이 도와줄 것이라고 기대한다. 어쩌면 차세대 선수들은 코섬의 도움이 필요 없을지도 모른다.

메이저리그 1루수 출신 네이트 프라이먼Nate Freiman은 2013~2014년에 오클랜드 애슬레틱스에서 뛰었고, 키가 203센티미터로 최장신 야수 기록에 동률을 이뤘다. 그는 2018년 3월에 서른한 살의 나이에 은퇴하자마자, 야구라는 종목을 더 배우는 데 전념했다. 지금 야구가 데이터 쪽으로 빠르게 움직이고, 구단들은 데이터를 선수 육성에 사용할 방법을 알아가고 있다며 자신도 따라잡기를 원했다.

듀크대학교에서 부전공으로 수학을 공부한 프라이먼은 기계학습과 프로그래밍 언어를 배우려고 온라인 강의를 듣기 시작했다. 그리고 야구 분석 글을 열심히 읽었고, 머지않아 자신이 글을 쓰기 시작했다. 메이저리그 출신으로서는 처음으로 팬그래프스에 글을 기고했고, 2018년 8월에는 수습 신분으로 여러 개의 기사를 연달아 게시했다.

프라이먼의 이력서에는 메이저리그 9홈런과 여섯 건의 팬그래프스 기사, 프로그래밍 언어 여러 개가 적혔다. 도관 역할에 이 정도의 이력을 가진 인물은 흔치 않다. 그리고 프라이먼은 2018년 12월에 클리블랜드 인디언스에 입사해서 광범위한 역할을 맡고 있다. 그는 "현역이나 은퇴 선수가 조언을 구한다면 틀리는 걸 두려워하지 말고, 모른다고 말하는 걸 두려워하지 말라고 얘기해줄 것"이라고 말한다. 그리고 프로그래밍 언어를 배우라고 조언할 것이라며 대화를 마무리했다. "적어도 무엇이든 기꺼이 배우겠다는 자세를 보여주니까요." 신세대 메이저리거라면 가져야 할 가장 중요한 자질이 아닐까.

17장 한계는 없다

야구는 과거에 비해 더 어려워졌다. …… 차세대 선수들이 무대를 밟았고, 정말 잘한다.

— 애덤 존스Adam Jones, 서른두 살의 메이저리그 외야수

끊임없이 성장하는 메이저리그 선수들의 실력 ──────────

2018년 10월 26일, 월드 시리즈 3차전이 시작하기 몇 시간 전의 일이었다. 전설적인 홈런 타자 행크 에런은 롭 맨프레드Rob Manfred MLB 총재와 크리스천 옐리치, J. D. 마르티네스와 단상에 나란히 앉았다. 옐리치와 마르티네스가 행크에런 상을 받기로 되었다. 매년 방송인과 팬들이 정규 시즌 양대 리그 최고 타자를 선정해서 수여하는 상이다. '살아 있는 역대 최고 선수'라고 하면 에런이 가장 많이 거론되는 인물 중 한 명이지만, 그는 그 자리에 자신의 주요 경쟁 상대의 이름을 언급했다. 그러고 나서 "윌리 메이즈Willie Mays에게 만일 우리가 지금 시대에 뛰면 지금 같은 투수들을 어떻게 상대해야 할지 몰라서 클래스D 단계로 강등되었을 것"이라고 말했다. 그리고 옐리치를 가리키면서 이렇게 덧붙였다. "이 친구가 뛰는 모습을 봤습니다. 타자석에 들어가서 시속 161킬로미터를

던지는 사람의 공을 치는데, 저는 속으로 '세상에! 난 저렇게는 못할 텐데'라고 말했죠."^{QR-24} 에런이 그렇게 발언한 지 오래 지나지 않아, 시속 161킬로미터까지는 아니지만 시속 160.6킬로미터는 던져 본 애덤 오터비노가 MLB닷컴에서 진행하는 〈스탯캐스트 팟캐스트Statcast Podcast〉 방송에 출연해 "베이브 루스라면 상대할 때마다 삼진을 잡았을 것"이라고 말했다.

야구 선수의 성적은 동시대에 활동한 선수들에게 달려 있기 때문에 일반 팬들이 서로 다른 시대에 활동한 선수들의 실력을 평가하기란 쉽지 않다. 그런데 2007년 4월에, 데이비스 개스코David Gassko 하드볼 타임스 기자는 야구에서 경쟁의 질이 어떤지 연구했다. 그는 메이저리그가 시작했을 때부터 각 시즌마다 26~29세 선수들을 파악하고, 선수마다 한 시즌의 성적을 다음 시즌 성적과 비교했다. 해당 나이대 안에 있는 타자들은 나이로 인해 성적이 하락하는 경우가 많지 않기 때문에 한 시즌 만에 일어난 성적의 변화가 리그에서 뛰는 나머지 선수들의 수준을 반영한다고 볼 수 있다.

개스코 기자는 그렇게 해서 놀라운 점 한 가지를 발견했다. 선수들의 실력이 더 이상 늘지 않는 것처럼 보였다. 거기에 대해 이렇게 적었다. "지난 15년 동안 경쟁의 질에 변동이 없는 것이나 다름없다. …… 신체 능력이 어떤 한계에 부딪힌 것이 드러났다고 생각한다."[1]

QR-24
URL https://www.youtube.com/watch?v=SaFBCHcfJRI

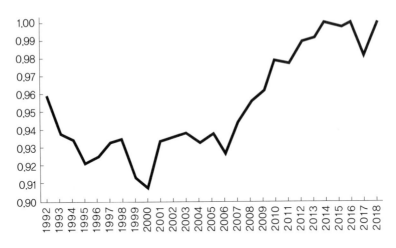

1992~2018년도 메이저리그 경쟁의 질적 변화

당시에는 사실인 것처럼 보였다. 하지만 인간이 후퇴한다는 쪽에 내
기를 거는 것은 보통은 손해를 보는 장사다. 우리는 세이버메트릭스 전
문가 미첼 릭트먼Mitchel Lichtman의 도움으로 개스코의 연구 결과를 업
데이트할 수 있었다. 위의 도표는 변동이 없어진 이후에 메이저리그 경
쟁의 질이 어떻게 변했는지를 보여준다.

메이저리그 선수들의 실력이 정체되지 않았을 뿐만 아니라, 반대로
실력이 향상되는 속도가 역대 가장 빠르다. 만일 최고점이 존재한다면,
아직 근접하지도 못했다.

최근에 경쟁의 질이 높아짐과 동시에 젊은 선수들의 활약이 역사적
으로 두드러졌다. 공격력이 높은 선수가 더 많은 영향을 줄 수 있도록
WAR에 가중치를 둔다면, 2018년에 전체 타자의 평균 연령은 지명 타
자가 도입되었던 1973년 이후로 가장 낮았다. 그리고 모든 구단의 타자

MVP 머신

평균 연령이 1977년 이후 처음으로 30세 미만으로 나왔다. 25세 이하 타자들이 메이저리그 총 타석에서 가장 많은 지분을 가져간 것은 자유 계약 선수 제도 도입 초창기였던 1978년 이후 처음 있는 일이다. 그들은 리그 전체와 비교했을 때 전체 볼넷률은 역대 가장 높았고, 전체 순장타율은 역대 두 번째로 높았다. 심지어 삼진율도 평년보다 좋게 나왔다.

리그 수준에 영향을 주는 요인은 다양하다. 우선 예비 선수 풀의 규모가 있다. 인종에 대한 유리 천장이 깨지고, 인구가 증가하며, 야구의 국제화가 이루어지면서 인재 풀의 규모는 더 커졌다. 메이저리그에 대항하는 리그들 또는 야구와 맞서는 다른 종목이나 다른 형태의 여가 및 유흥 활동도 영향을 준다. 그밖에 선수 연봉이나 야구를 택했을 때 받는 보상의 인상과 신생 구단 창단, 선수 평가 방식의 발전 등도 있다. 여기에다가 선수 육성의 발전도 경기력 수준이 계속해서 오르는 것을 보장한다. 데이브 부시 보스턴 코치는 메이저리그에서는 최고 선수와 최악인 선수의 차이가 굉장히 작다고 말한다. "1퍼센트 나아지는 정보가 있다면, 그것만으로도 충분히 메이저리그에서 살아남을 수 있습니다."

최신 기술로 인해 선수를 평가하는 속도도 빨라지다 보니, 선수들이 메이저리그 무대를 그 어느 때보다 일찍 밟고 있다고 짐작할 수도 있다. 하지만 실제로는 그렇지 않다. 2018년에 타자와 투수의 평균 데뷔 연령(타자 24.8세, 투수 25.1세)은 지난 20년 내내 거의 변함이 없다. 또한 메이저리그를 밟기 전까지 마이너리그에서 보내는 평균 시간이 짧아진 것도 아니다.

오히려 우수한 유망주를 마이너리그에 필요 이상으로 묶어 둬서 근속 연수가 시작되는 시기를 늦추는 구단들도 있다. 또한 전통적으로 노장 선수를 버리고 유망주를 올리는 일을 너무 조심스럽게 접근하는 구단도 있다. 새로운 육성 수단의 혜택을 받은 선수들은 비슷한 방식으로 성장한 선수들과 경쟁하기 때문에, 메이저리그에 입성하는 기준도 높아지고 그만큼 더 오래 걸린다. 어쩌면 메이저리그급 선수가 되기 위해 쌓아야 하는 경험치가 정해져 있는 것일 수도 있다. 마이크 패스트는 다음과 같이 설명한다. "투수들은 좀 더 빨리 올릴 수 있는데, 타자는 좀 달랐습니다. 새로운 단계에서 실전 투구를 많이 봐야 투수들의 수준이 더 높아도 적응할 수 있습니다." 그것은 아마도 유망주들의 두뇌가 아직 성장하고 있기 때문이다. 전두엽 피질이 두뇌에서 가장 늦게까지 성장하는 부분인데, 이는 패턴 인식과 연관이 있다. 어쩌면 투구에 적응하는 능력도 여기에 들어간다.

마지막으로 최근에 일어난 기술의 발전은 유망주만 향상시킨 것이 아니라, 새로운 기술과 기법이 들어오기 전에는 메이저리그급 선수라고 여기지 않았던 선수도 돕기 때문에 승격 양상이 정체된 것처럼 보일 수도 있다. 일례로 왼손 투수 브랜던 맨Brandon Mann은 2018년 7월에 텍사스 레인저스 소속으로 메이저리그 데뷔전을 치렀다. 당시 맨의 나이는 서른세 살을 막 넘겨서 2002년 이후 메이저리그에 데뷔한 선수 중 가장 늦은 나이에 메이저에 올라선 선수가 되었다. 텍사스는 그해 1월에 그가 드라이브라인에서 던지는 모습을 보고 계약했다. 맨은 드라이브라인에서 진행한 웨이티드 볼 훈련 덕분에 시속 130킬로미터대 중반에서 140킬로미터대 초반을 형성했던 속구가 시속 140킬로미터대 중반에서 150킬로미터대 중반까지 올랐다고 한다. 텍사스에서 메이저리그를 밟을 기회를 얻기 전까지 인생의 절반을 메이저리그가 아닌 프로 무대(네 개 구단의 마이너리그 팀들과 일본 프로 야구 구단, 독립 구단)에서 공을 던지는 데 보냈다. 그는 《힐 컨트리 뉴스Hill Country News》와 진행한 인터뷰에서 다음과 같이 밝혔다. "지금 메이저리그가 돌아가는 모습을 보면, 내 자신이 더 나이 들었다는 생각은 들지 않는다. 나도 회전수 같은 데이터를 나한테 유리한 방향으로 활용하려고 한다. 야구는 이렇게 변했다. 서른네 살이 아니라 스물다섯 살 때 이런 걸 했어야 했다."[2]

선수 육성 발전의 명암

비록 선수 육성 규모가 커진다는 것은 긍정적인 이야기만으로 들리겠지만, 앞으로 몇 년 안에 곪아서 터질 수도 있는 문제점들도 보인다. 오클랜드 애슬레틱스의 데이비드 포스트 단장은 "이런 혁신이나 발전으로 더 좋은 선수들이 나와서 돈도 더 많이 벌고, 야구의 수준을 더 높여줄 수 있기를 기대한다"고 말한다. 그렇지만 실제로는 '더 좋은 선수'가 나온다는 부분을 제외하면 부정적인 면도 있다.

재정적인 부분이 첫 번째 적신호다. 구단들의 선수 육성이 크게 발전하면서 1970년대부터 이어져온 보상 구조가 흔들리고 있다. 그 당시 구단이 선수를 묶어두는 보류 조항을 폐지하고, 근속 연수를 기반으로 한 제도로 대체해서 연봉 조정과 자유 계약으로 선수를 보상하기 시작했다. 선수는 연봉 조정 자격을 얻기 전에는 실력에 관계없이 리그 최저 연봉 정도를 받는다. 다만 이론상으로는 자기 기량을 여러 시즌 유지하면 자유 계약을 통해 목돈을 기대할 수 있다. 그런데 2017~2018년 비시즌을 시작으로 그런 모델은 효력을 잃었다. 이전 같았으면 엄청난 몸값을 챙겼을 자유 계약 선수들이 영입 제의도 받지 못하거나 시장 가격보다 낮아 보이는 금액에 합의했다. 2004년 이후 처음으로, 지난 50년 사이에 파업이나 담합이 이루어졌던 시즌을 제외하면 두 번째로, 메이저리그 평균 연봉이 하락했다.

그처럼 시장이 붕괴된 이유는 여러 가지였지만, 한 가지 원인은 구단 프런트들이 선수를 효율적인 방법으로 영입했기 때문이다. 1승을 올리는 데 드는 비용으로 따진다면, 자유 계약 선수는 절대 좋은 투자가 아니다. 보통 선수는 자유 계약 선수 자격을 얻을 때면 전성기가 이미 지나고 하락세로 접어든다. 그럼에도 불구하고 과거에 보여준 성적에 걸맞은 대우를 기대한다. 전통을 고수했던 구단도 데이터 분석을 받아들이자 선수 이동의 모든 것을 노쇠화 양상이나 성적 예측에 대한 이해도로 통제하기 시작했고, 돈을 열성적으로 퍼붓는 큰손들이 사라졌다. 갑자기 자유 계약 시장에서 가치가 떨어진 선수에게 아무도 최고 금액을 주려고 하지 않았다. 게다가 연봉 조정 자격이 끝나가는 선수에게 계약을 제시하지 않고 보류권을 풀어버리는 구단도 점점 늘고 있다.

강력한 선수 육성으로 인해 문제는 갈수록 심해졌다. 브랜치 리키 시절부터, 육성을 잘하면 구단이 외부에서 선수를 영입하는 데 돈을 쓰지 않아도 되었다. 오늘날에는 구단들이 검증된 노장 선수를 영입하기보다는 유망주들은 완성시키는 데 더 많이 노력한다. 비슷한 성적을 더 저렴한 금액에 뽑아낼 수 있다면, 굳이 이름 있는 자유 계약 선수에게 웃돈을 줄 필요가 있을까? 스윙을 제대로 손보거나 투구에 변화를 잘 준다면, 이미 정점을 찍고 곧 하락세로 접어들 노장 선수보다 훨씬 낮은 금액으로 더 효율적인 선수를 사용할 수 있다.

비록 메이저리그에는 개인 연봉 상한제가 없지만, 선수단 연봉 총액

MVP 머신

에 대한 유연 상한제 역할을 하는 '구단 사치세'가 연봉을 억누르는 효과를 주고 있으며, 국내외 아마추어 선수 시장에 사용하는 계약금도 이제는 엄격히 통제한다. 구단들은 벌금이나 징계 없이 돈을 쓸 수 있는 기반이 점점 줄어들다 보니, 연구개발 분야에 투자를 집중한다. 육성 노하우를 가진 분석원이나 임원들도 엄청난 보상을 받는다. 따라서 앞서 나가는 구단의 핵심 인력을 빼낼 기회가 생기면, 프런트 간의 치열한 먹이 다툼이 벌어진다. 브라이언 배니스터는 이렇게 설명한다. "언론에 제대로 공개된 내용은 아닌데, 제 생각에는 프런트 직원들의 자유 계약 시장이 선수들보다 더 열이 오른 것 같습니다."

구단주들은 대개 금융 부문 출신이기 때문에 현명한 투자를 보는 안목이 있다. 배니스터는 말을 잇는다. "6,000달러짜리 고속 카메라로 해외 아마추어 투수 다섯 명 중에 한 명이 터지는 걸 두 명이 터질 수 있게 한다면 전혀 아깝지 않은 투자죠. 더군다나 카메라에 6,000달러를 써서 메이저리거를 한 명 더 배출한다면, 더 이상 말할 필요도 없죠." 그런데 명백한 장점들이 있음에도 불구하고, 각 구단 사이에서 육성에 들이는 돈에도 커다란 불균형이 존재한다. 돈 쓰는 데 더 인색한 구단주들은 지갑도 꽉 닫아버린다는 일관성을 보여주기 때문이기도 하다. 데이비드 포스트 오클랜드 단장은 "메이저리그 선수단의 연봉 총액에 돈을 더 많이 쓰는 구단일수록 육성에 쓸 돈도 많을 겁니다. 2억 달러와 8,000만 달러를 연봉 총액으로 따졌을 때만큼은 아니지만, 차이는 분명히 존재합니다"라고 말한다.

외부 시설에 다양한 투자가 이루어지는 와중에도 스타 선수들은 여전히 돈을 많이 받는다. 그리고 그중에는 상당수가 리치 힐과 저스틴 터너,

J. D. 마르티네스처럼 개간 사업을 거친 선수들이다. 그들은 선수 생활 도중에 그렇게 많은 돈을 벌 것이라고 상상도 못했을 것이다. 최근 육성 혁명은 선수들이 기량이 늘고 돈도 더 많이 벌 수 있도록 도왔지만, 전체적으로 보면 선수들에게 손해가 되고 있다. 선수 보상제도, 더 나아가 야구에서 노사 간의 평화는 자유 계약 선수 제도라는 토대에 안주하고 있는데, 그 토대는 부서지기가 쉽다.

'머니볼'은 연봉 총액이 적은 구단들이 메이저리그의 큰손들과 겨루기 위한 방법을 찾는 과정에서 나타났던 하나의 움직임이다. 결과적으로는 큰손들도 현명해져서 중소 규모 구단들이 유리했던 부분을 무효화했다. 따라서 메이저리그에서 동서부를 대표하는 양대 산맥, 뉴욕 양키스와 로스앤젤레스 다저스처럼 자금력이 많은 구단들이 선진 선수 육성도 일찍 시작했다. 아직은 연봉 조정까지 가지 않은 값싼 선수 집단도 자유 계약 시장에서 경쟁에 밀리는 구단들에게 유리한 상황이지만, 포스트 단장은 묻는다. "그런 상황이 과연 얼마나 오래 갈까요?"

선수들은 현행 노사 협약이 만료되는 2021년 12월 1일까지만 기다리면 된다는 데 희망을 건다. 구단 프런트들이 계속해서 고가의 선수들을 우회하고, 원석들을 기여도가 높고, 소득 능력이 상대적으로 적으며, 보류권도 행사할 수 있는 선수로 길러낸다면 선수 노조로서도 전략 수정이 불가피해진다. 노사 협약 만료일이 점점 다가오고 있는 가운데, 선수 노조는 더 이른 시기부터 목돈을 챙길 수 있도록 노력하겠지만, 리그도 쉽게 양보하지는 않을 것이다.

구단주들과 선수 노조 사이에는 체면치레와 화려한 언변만 늘고 있다. 구단주들은 구단의 가치 상승과 대규모 중계권 계약, MLB 사무국의 온라인 사업 수익 등 선수와 분담하지 않는 형태로 돈을 쓸어 담고 있다. 이들은 전체적으로 이익을 팀 성적으로부터 분리시키면서 돈을 써서 얻는 혜택을 억제한다. 결국 메이저리거들이 버는 돈은 전체 수익 구조에서 극히 일부에 지나지 않지만, 일반인 기준으로는 엄청난 돈을 지급받기 때문에 메이저리그와 불화를 일으키는 일을 꺼릴 수도 있다. 그래도 지난 몇 차례의 노사 협약에 비해서는 협상 공방이 더 치열해질 요소들이 존재하며, 이런 상황이 펼쳐진 데는 어느 정도 선수 육성에도 책임이 있다.

과학적 야구와 미학적 야구

또 한 가지는 실존적인 문제는 머니볼과 머니볼 이후 선수 육성 혁명이라는 원투 펀치가 이어지면서 스타일과 미적인 부분에서 제기된다. 세이버메트릭스는 투수들이 인플레이 타구를 억제하는 능력의 중요성을 다졌다. 볼넷이 중요해지고 삼진은 평균적으로 다른 형태의 아웃보다 나쁘지 않고, 삼진이 많은 타자는 볼넷을 골라내고 홈런을 치는 경향이 있어서 잘 갖다 맞추는 타자보다 기여도가 높다는 등 공격에 대한 새로운 사실도 다졌다. 탈삼진을 많이 잡는 투수들의 가치가 점점 올라가고, 삼진이 많은 타자에 대한 오명이 사라지자, 경쟁에서 발생하는 압력으로 인해 삼진율은 이례적으로 치솟았다. 삼진은 특히 투수에게는 소득이나 다름없다. 휴스턴 애스트로스의 사이 스니드Cy Sneed가 말하기를 "삼진을 잡아 놓고 '아, 이런 젠장'이라고 말하는 투수는 없다."

대신에 '아, 이런 젠장'이라는 말은, 관중석에서 더 많이 터져나고오 있다. 최근 메이저리그에서 삼진이 급격하게 증가하면서 관중석에서 보이는 우려는 배가 되었다. 구단들은 더 이상 지금 당장 탈삼진을 많이 잡는 이름난 투수들에만 의존하지 않는다. 이제 '구단'은 투수들의 투구를 디자인하고, 투구 배합을 바꿔주고, 구속도 늘려서 탈삼진을 더 많이 가공해낼 수 있게 되었다. 게다가 타자들은 홈런을 위해 타율을 희생하고 있다. 메이저리그 삼진율은 13년 연속으로 증가하는 모습을 보였다. 2018년에는 사상 처음으로 삼진 수가 안타 수보다 많았고, 삼진과 볼넷, 홈런이라는 '세 가지 순수한 사건'은 전체 타석 중에 역대 가장 높은 33.8퍼센트를 기록했다. 게다가 몸에 맞는 공도 현대 야구에서 역대 가장 많이 나왔다. 속구가 빨라지고, 변화구가 많아지고, 아무래도 끈끈한 이물질이 충분치 않다 보니 일어난 일이다. 그 결과 몸에 맞는 공까지 포함하면 전체 타석의 35퍼센트는 타자가 뛰거나, 야수가 타구를 처리할 일이 없다.

"야구 전통주의자들은 우리가 인플레이 타구를 없애려고 하는 걸 싫어하죠. 그런데 이기는 게 목표라면 결과를 최대한 통제하는 게 중요해요"라고 배니스터는 말한다. 그는 타자들이 타구를 더 멀리 보내는 일에 능숙해질수록 투수 입장에서는 맞지 않도록 하는 일이 더 중요해진다고 말한다. 수비의 경우 선진 육성 방식이 아직 제대로 시작조차 하지 못했다. 마이크 패스트는 "수비 훈련이 어려운 이유는 동작이 많아서 일일이 추적하기가 힘들기 때문이라고 지적하지만, 결국 기술의 세계는 수비까지 확장할 것"이라고 말한다. "스탯캐스트 자료든, 필드f/x든, 뭐든 얻을 수는 있어요. 다 좋아요. 그런데 선수들에게 그걸 보고 훈련하라고 하면…… 글쎄요. 화면에 점 하나가 이리저리 움직이는 걸 보고 싶어 하진 않는 것 같습니다. 어떻게 움직이는지를 알고 싶어 하죠." 수비

MVP 머신

기술을 향상시키기 위해 수비수들을 고속 카메라에 담기 시작한 구단들이 생겼다.

포수의 경우에는 이미 수비가 좋아졌다. 프레이밍이 블로킹과 송구보다 더 각광받으면서 포수의 역할 개념이 빠르게 재정립되었다. 추적 기술이 도입된 지 10년이 지났는데, 프레이밍 기술의 격차는 베이스볼 프로스펙터스의 프레이밍 득점으로 볼 때 절반으로 줄어든 반면, 모든 구단의 변화량은 역대 가장 낮게 나왔다. 익명의 내셔널 리그 단장은 "이제 구단들이 프레이밍을 지도할 수 있다 보니 평균 수준의 프레이밍이 5년 전보다 높아졌다"고 말한다. 즉, 타자가 굳이 휘두르지 않아도 삼진 수는 더 늘어난다.

타격을 억제하려는 작전은 지금도 진행 중인데, 동기나 보상이 일치하지 않는 현상으로 볼 수 있다. 기본적으로 선수나 구단은 자기들에게 가장 이득이 되는 것을 행한다. 농구와 미식축구에서는 각각 3점포와 장거리 패스가 데이터 상으로도 유리한 플레이고, 관객의 눈에도 즐겁다. 그러나 야구에서는 승부에 가장 적합한 플레이는 팬 입장에서는 반드시 최선이라고는 할 수 없다. 포스트 단장은 이렇게 설명한다. "구단에서는 더 좋은 선수와 더 좋은 승리 공식을 만듭니다. 그런데 산업적인 측면에서 경기의 질이 좋아졌는지 물으시면, 그건 맨프레드 총재가 답변해야 할 내용인 것 같습니다."

지금까지 맨프레드 총재는 공식 석상에서 연설한 일 외에는 우유부단하게 처리해왔다. 다만 총재 입장에서는 선수 노조가 강하다 보니 리그 전반에 걸쳐 일괄적으로 바꾸는 일은 쉽지 않다. 사무국이 인플레이 타구를 늘리는 방법은 다양하다. 공인구의 반발 계수를 줄이거나, 스트라이크 존을 축소하거나, 마운드 높이를 낮추거나, 마운드 자체를 뒤로 옮길 수도 있다. 투수들의 신장이 과거에 비해 커지다 보니 공이 손에서 나오는 지점도 홈 플레이트와 더 가까워졌다.

사실 야구는 골프에서 배울 점들이 많다. 골프는 선수들이 변신한 시대를 일찍부터 겪고, 거기서 파생된 결과와 이미 씨름을 벌였다. 프로 선수들은 데이터를 사용해서 공을 더 멀리 보내고, 더 효율적으로 치며 골프에 변화를 가했다. '골프계의 빌 제임스'로 불리는 마크 브로디Mark Broadie 컬럼비아대학교 경영대학원 교수는 다음과 같이 말한다. "전통주의자들은 그런 현상을 정말 좋아하지 않습니다. 하지만 '자신들이 더 잘했기 때문에 나타난 결과'라며 이러한 현상이 진화의 일부라고 말하는 선수도 있습니다. …… 선수들의 능력 상승이나 과학기술 발전의 혜택은 …… 코스 난이도를 높여서 고의적으로 상쇄했기 때문에 점수대는 비슷해졌습니다."

MLB 사무국은 상품을 끊임없이 손보는 종목과는 달리 1988년에 스트라이크 존 윗부분 경계를 낮춘 이후로는 삼진을 효과적으로 줄이기 위한 방법을 실행한 적이 없다. 하지만 2019년에 2020년 시즌부터 투수가 등판하면 최소 타자 세 명을 상대해야 한다는 규정을 도입하겠다는 방안을 내놓았다. 또한 새로운 마운드 거리와 트랙맨의 도움을 받는 스트라이크 존 등을 실험하기 위해 애틀랜틱 리그Atlantic League라는 독립 리그와 업무 협약을 맺었다. 존 손John Thorn MLB 사무국 공식 야구사학자는 2018년 말에 다음과 같이 적었다. "구단주와 선수, 팬들이 겪는 딜레마는 진보의 역설Paradox of Progress로 이해할 수 있다. 우리는 경기 수준이 좋아졌다는 것을 안다. 하지만 어째서 많은 이들은 더 나빠졌다고 느끼는 것일까? 구단들은 이길 수 있는 전략을 사용한다. 따라서 그라운드에서 승리를 얻는 것은 '과학'이지만, 사람들의 마음과 정신을 얻는 것은 '미학'이라고 이야기할 수 있다." 선수들의 실력이 아무리 좋아진다 한들, 그들을 보러 가는 사람이 줄어들면 아무 소용없다.[3]

타격의 미래

MLB 사무국이 개입하지 않는 한 삼진율은 아마도 계속해서 높아질 것이다. 그렇지만 삼진율의 증가를 늦추거나 일시적으로 멈출 수 있다는 한 줄기 희망도 있다. 역사적으로 보면, 시간이 흐르면서 삼진율은 대체로 증가해지만, 시대적으로 보면 항상 그랬던 것은 아니다. 1951년보다 1911년 시즌의 삼진율이 높다. 1993년보다 1963년 시즌의 삼진율이 높다. 더 최근에는 1997년과 2007년 시즌의 삼진율은 동일하다. 삼진 곡선은 한 방향으로만 가지 않는다. 다만, 타자들이 공의 회전을 공략해야만 공을 더 많이 맞힐 수 있다.

짐 크레이턴Jim Creighton은 1860년대 초에 공을 회전시켜서 타자들과 승부했고, 그렇게 야구를 치고, 잡고, 달리는 일이 핵심인 경기에서 투수와 타자 간의 대결이 모든 것을 우선하는 경기로 바꿨다. 투수와 타자의 대결 구도는 지금까지도 야구가 가진 주요한 특징이다. 그리고 불같은 속구가 하나의 상품으로 발전하자, 구단들은 크레이턴을 보고 한 가지 힌트를 얻었다. 배니스터는 그것을 이렇게 말한다. "구속은 누구나 찾을 수 있기 때문에 이제는 회전이 사실상 모든 걸 끌고 가는 힘이나 다름없습니다. 야구에서는 앞으로 5년 간 투구 디자인이 대세일 겁니다. 전부 그쪽으로 가고 있습니다."

그렇게 여러 세기에 걸친 대결 구도는 최근에 배니스터가 설명하기를 "타자는 완벽한 스윙 평면을 가져가려 하고, 투수는 매 투구가 완벽한 스윙 평면을 최대한 피하도록 던지는 형태"로 이루어진다. 타자들은 투구 궤적이 내려앉는 지점을 이용할 수 있는 스윙을 만든다. 대부분의 투구 궤적은 지면에서 6도 떨어지는 곡선을 그리며 들어온다. 따라서 대부분 타자는 오차를 최대한 줄이고, 타구 속도는 최대한 높이기 위해 같은 각도로 올려친다. 깨어 있는 구단 소속 투수라면 이에 맞서 정타를 맞을 수 있는 구간을 피한다. 이론상 8도 떨어지는 변화구와 4도만 떨어지는 속구로 승부하면 타자들이 구분하지 못하도록 숨길 수 있다. "잘하는 팀들은 이제 공의 움직임을 더 확장하고 있습니다. 존 밖으로 더 던집니다. 그런 식으로 타자와 춤을 추는 셈이죠."

그런데 대부분 타자는 스텝도 밟을 줄 모른다. "높은 공을 던져도 대부분 6도 올려치는 스윙으로 맞히려고 한다"고 배니스터는 말한다. 하지만 그것도 바뀌고 있다. 야구를 지배하는 전략은 주기적으로 바뀐다. 투수들이 낮게 던졌던 시기에는 타자들이 혼내주려고 올려쳤다. 타자들이 낮은 지점에서 올려치자, 투수들은 높게 던졌다. 이제 타자들에게 스윙을 높게 하라고 가르치는 구단도 생겼다.

휴스턴 외야수 토니 켐프가 트랙맨으로 가장 도움이 받았던 것은 공끝이 좋은 투수를 구별하게 된 일이라고 말한다. 휴스턴 코치진은 3연전이 시작하기 전에 회전수가 높은 투수들을 설명해주고, 타자들은 거기에 맞춰 적응한다. 켐프는 말한다. "알다시피 공이 들어오는 곳에 대고 쳐야 한다고 배웠습니다. 하지만 이제는 회전수라는 게 나왔고, 회전수가 높고 공 끝이 좋은 포심을 던질 줄 아는 투수들이 있습니다. 그 투수

MVP 머신

들이 던지면 공이 배트 위를 지나간다는 걸 알 수 있죠. 그래서 이제는 스윙을 공보다 높게 가져가는 이야기까지 나오고 있습니다."

설명처럼 쉬운 일은 아니다. 시속 150킬로미터 후반의 높게 들어오는 공을 친다고 상상해보자. 그런데 들어온다고 생각하는 위치에 들어오지 않는다. 그것이 타격의 미래다. "능력을 세밀하게 조정해서 투수를 따라잡는 겁니다. 저도 공을 치려고 배럴이 지나가는 구간을 조정하려고 스윙을 바꾼 적이 있습니다." 캠프의 동료들도 마찬가지다. 2018년에 휴스턴 타자들은 높은 포심 속구 구간에 대한 wOBA가 0.359로, 보스턴 레드삭스와 클리블랜드 인디언스를 제치고 메이저리그에서 가장 높았다.

타자들의 발전이 더딘 이유 중 하나는 실전에서 보는 공으로 훈련할 수 없다는 점이다. 지금 존재하는 피칭 머신에서 나오는 공의 회전수는 메이저리그 최상위권 회전수만큼 나오지 않는다. 배니스터는 구속을 올려도 회전수가 높아지지 않으면 아무 소용없다고 말한다. "그래서 타자는 회전수가 최상위급인 투수의 공으로 훈련할 방법이 전혀 없습니다."

훗날에는 가상현실이 그 부분을 해결해줄 수 있겠지만, 아직까지는 화질이나 해상도가 많이 떨어진다. 그래도 시험해보는 구단은 있다. 독립 리그 출신인 데이비드 포스트 오클랜드 단장은 최근에 헤드셋을 끼고 가상 트레버 바워를 상대했으나 공을 따라잡지 못했다. 그는 "가상현실 같은 걸로 어떤 공이 볼이고 스트라이크인지 구분하는 훈련으로 기량을 어느 정도 늘릴 수 있는지는 앞으로 두고 볼 일"이라고 말한다. 그래도 획기적인 장비가 나오면, 타자들이 유리한 부분이 한 가지 있다. 투수가 다치지 않고 전력으로 던지는 불펜 투구 수보다 타자가 전력을 다해 휘두를 수 있는 횟수가 훨씬 많기 때문이다. 타자들이 계속해서 휘두르다 보면 언젠가 따라잡을 수 있지 않을까?

아니면 휘두를 필요가 없을지도 모른다. 어쩌면 타격은 머리 안에서 이루어지는 것이 아닐까?

과학기술이 발전할 때마다 첨단 장비는 박스 스코어에서 볼 수 있는 기본적인 결과로부터는 한 발짝씩 뒤로 물러난다. 우리는 타자에 대해 아는 것이라고는 100년이 넘도록 삼진과 단타, 홈런 등 타석에서 이루어지는 결과밖에 없었다. 이후에 트랙맨과 같은 장비가 나오자, 얼마나 좋은 타구를 치는지 알게 되면서 타자의 경기력을 결과와 별개로 추정할 수 있게 되었다. 최근에는 스윙 과정을 쪼개서 이해하기 시작했다. 구단들은 이제 몸과 배트가 움직이기도 전에 두뇌에서 어떤 일이 일어나는지 알아내려고 한다. 운동선수를 존재론적으로 이해하기 위한 여정을 밟아갈 때마다 실력을 향상시킬 수 있는 새로운 길이 열리고, 더 일찍부터 개입하는 것이 가능해졌다.

제이슨 셔윈Jason Sherwin과 조던 머래스킨Jordan Muraskin은 디서보deCervo 공동 설립자이며, 야구에 뇌 영상과 두뇌 훈련을 접목시키려고 한다. 두 사람은 컬럼비아대학교에서 박사 과정을 밟으면서 만났다. 셔윈은 전문 음악가들이 음악을 어떻게 처리하는지 분석했고, 머래스킨은 뇌 영상으로 전문 기술이 두뇌를 어떻게 만드는지 측정했다. 둘은 합심해서 야구 선수를 연구하기로 하고, 모의 구종을 인식할 때마다 사용자의 속도와 정확도를 시험하는 맞춤형 소프트웨어를 설계하고 무선 뇌파 캡을 연결했다. 뇌파 캡은 전극을 통해 반응, 즉 뇌에서 '슬라이더'나 '커브'를 뜻하는 신호를 나타내는 신경 세포를 감지한다. 대학 1부 리그 선수들을 상대로 운동 수행 능력에 대해 시험한 결과 일반인에 비해 '지각

MVP 머신

과 동작의 연속성과 억제 조절 능력이 강화되었다'는 것이 밝혀졌다.

두 사람은 처음에 자신들이 제작한 제품을 무키 베츠의 사례처럼 선구안이 뛰어난 선수와 공을 골라내는 속도가 느린 선수를 구별하는 스카우팅 장비로 생각했다. 베츠는 아마추어 시절에 뉴로스카우팅 NeuroScouting에서 진행하는 시험을 봤는데 그 능력이 매우 뛰어나서 보스턴이 그 결과를 바탕으로 큰 관심을 가졌다고 알려졌다. 뉴로스카우팅은 디서브 이전에 설립한 업체로 메사추세츠주 케임브리지Cambridge에 기반을 뒀다. 그런데 디서보를 사용하는 구단들은 측정치를 최종 결과가 아닌 시작점으로 바라봤다. 셔윈은 "다음 질문은 항상 '어떻게 하면 잘할 수 있나?'였습니다. 그래서 육성 쪽에 관심이 더 많다는 걸 재빨리 깨달았죠."

2018년에는 네 개 메이저리그 구단이 마이너리그에 디서보의 소프트웨어를 사용했다. 그중 다섯 개 산하 팀에 설치한 구단도 있었다. 디서보는 비용 절감과 현장에 전문가가 진행해야 하는 번거로움을 없애기 위해 모바일 앱으로도 개발했다. 물론 인과 관계를 입증하기는 힘들지만, 디서보는 앱과 실전에서 수행 능력이 좋아지는 데 강한 상관관계를 이뤘다고 주장한다. 어쩌면 그들에게 다음 단계는 스윙 감지기나 착용 장비 제작업체와 연계하는 것이다. 그렇게 될 경우 리틀 야구에서 메이저리그에 걸쳐 선수가 머릿속으로 인지하는 순간부터 마지막 동작까지 평가할 수 있는 거대한 통합 추적 체계를 구축할 수 있다. 셔윈은 어린 아이들이 가장 큰 효과를 볼 것이라고 말한다. "7~12세가 좋습니다. 왜냐하면 신경계가 가장 발달하는 연령대이기 때문입니다."

그는 "디서보 앱으로 처음 실험했던 구단은 한 시즌이 지나자 '선수들이 사용하면 할수록 더 좋아졌다'고 평가했다"고 말한다. 그렇게 한 가지 의문은 풀렸지만, 또 한 가지 의문이 생긴다. 어째서 꾸준히 연습하는 선수가 있는 반면, 대충 연습하다가 인스타그램으로 넘어가는 선수가 있는 걸까? 여기서 발생하는 딜레마를 해결하려면 다시 미지의 영역으로 돌아가야 할지도 모른다. 즉, 전문가는 어떻게 능숙해지는가, 또는 전문가의 수행 능력은 선천적인가에 대한 것이다. 서원과 머래스킨은 그러한 미지의 영역에 이끌려서 뇌 과학이라는 분야로 들어왔다. 머래스킨은 다음과 같이 말한다. "훈련을 더 효율적으로, 더 현명하게, 그리고 더 열심히 진행하도록 하는 기반은 '본능적인 부분'이 아닌가 싶습니다." 아마 구단들이 가장 알고 싶은 부분은 트레버 바워와 같은 '본능'을 가진 선수를 선별해내는 것이 아닐까? "조금만 있으면 그런 부분을 찾아낼 수 있을 겁니다."

경제적 불평등을 드러내는 야구

'모든' 선수가 일찍부터 첨단기술의 도움을 받기 전까지는 선수 기량이 갑자기 좋아지는 현상들이 종종 나타나서 비공개 정보에 접근하지 못하는 예측 모델들의 허를 찌를 것이다. 앤디 매케이 시애틀 매리너스 육성 부장은 이를 다음과 같이 설명한다. "오늘날 데이터 분석은 항상 예측하려는 습성이 있는데, 돌직구만 보진 않을 겁니다. 선수 육성 기술은 나아지겠다는 의지가 있는 선수가 도약하는 데 충분한 정보를 제공할 겁니다."

구단들이 그런 불확실성을 최소화하기 위한 한 가지 방법은 선수 육성에 더 적극적으로 임하고, 밑에서부터 시작한 혁명을 위에서부터 시작한 혁명으로 전환해야 한다.

앨릭스 해선 미네소타 선수 육성 차장은 과거에는 비시즌에 선수와 구단 사이에 연락이 뜸했다고 지적한다. "대부분 비시즌이 시작되면 '자, 다들 열심히 하고, 내년에 봅시다'라고 말하곤 그대로 헤어집니다." 그런 부분은 이제 점차 바뀌고 있다. 구단들은 육성을 선도했던 수많은 사설 지도사들을 채용하고 있다. 새로운 아이디어와 목소리가 더그아웃을 채운다. 이노 새리스Eno Sarris 디 애슬레틱 기자는 2018년 12월 당시 메이저리그 타격 코치의 평균 임기는 고작 1.4년으로 지난 10년 동안 가장 낮았다는 것을 알았다. 2019년 시즌이 시작할 때 당시 각 소속팀에서 3년차 이상인 타격 코치는 다섯 명 뿐이었다고 한다.

데이브 부시 보스턴 코치는 이렇게 표현한다. "어디든 외부에서 도움 받는 것에 대해 저는 부정적으로 생각하지 않습니다. 아플 때 전문의를 찾아가는 거라고 생각합니다. 항상 가던 의사만 찾진 않잖아요? 어떤 분야를 조금이라도 더 아는 사람이 있다는 걸 아니까요." 만일 그런 전문가가 '내부'에 있다면 구단 입장에서는 더욱 좋을 것이다. 자격을 갖추지 못한 사람을 만날 위험도 적어지고, 내부와 외부 지도자 간의 갈등이 일어날 가능성도 적으며, 구단이 가진 데이터와 통합도 잘 이루어질 수 있다.

과거에는 구단들이 선수에게 손대는 것을 너무나도 망설였던 나머지 선수가 실패할 때까지 기다렸다. 이런 방식은 '잘못 손대서 선수를 망칠 수 있는 위험'을 줄일 수는 있었지만 길 잃은 선수를 돕지 않는 것으로 이미 충분히 망친 것이나 다름없다. 그래서 외부의 더그 라타나 카일 보디 같은 사람들에게 선수를 간접적으로 내몰았다. 이제는 배니스터가 말하기를 "우리도 드라이브라인 같은 맞춤형 방식을 제공하려고 합니다. …… 더 좋은 육성 정보를 얻으려고 비시즌에 외부 전문가를 만나러 갈 필요가 없습니다." 선수를 제대로 지원한다는 평판을 쌓는 구단들은 반등이 필요한 자유 계약 선수들의 마음을 끌 수도 있다. 2018~2019년 비시즌에 메이저리그 구단들은 제이슨 오차트와 맷 대니얼스를 포함해 총 여덟 명의 드라이브라인 직원을 데려갔다.

배니스터는 더 많은 선수들이 미국 PGA 골프선수나 바워에게 자극을 받고 훈련을 1년 내내 지속할 수 있도록 개인적으로 감지기나 추적기, 카메라 등을 장만하기를 기대한다. 물론 그렇게 하면 더 숙달되고 기술 문맹을 퇴치하는 효과도 생기지만, 야구가 겪는 또 다른 문제점을 악화시킬 가능성도 있다. 낮은 단계에서는 야구가 점점 값비싼 활동으로 변하고 있는 것이다.

외교 안보 및 경제 정책을 연구하는 애스펀연구소Aspen Institute에 의하면 2017년에 소득이 2만 5,000달러 미만인 가정의 아동 중에 34퍼센트만이 단체 종목을 뛰었다. 그에 비해 소득이 10만 달러가 넘는 가정에서 자란 아동의 경우 69퍼센트가 단체 종목에 참여했다. 2011~2017년에 소득이 7만 5,000달러 이상인 가정의 스포츠 참여율은 증가했지만, 저소득 가정의 참여율은 감소했다. 조직화된 스포츠를 하기에는 비용이 많이 든다.

스타 외야수 앤드루 매커천Andrew McCutchen은 2015년에 '플레이어스 트리뷴Players' Tribune'에 다음과 같이 썼다. "야구는 과거에 가난한 아이들의 탈출구나 다름없었다. 하지만 지금은 트래블 야구travel baseball(유료로 운영되는 높은 수준의 사설 유소년 야구 리그 — 옮긴이)에 참여시킬 만한 경제력이 없는 부모 밑에서 자란 아이들을 내쫓는 스포츠로 변했다." 의도를 가진 연습이 보이는 힘은 경제적인 배경과 상관없지만, 시간과 기술 장비, 지도가 필요하다. 전부 저소득 가정에서 자란 어린이에게는 부족한 부분이다. 마찬가지로, 아마추어 선수들은 트랙맨과 같은 장비 덕분에 관심과 지명을 받지만, 그런 장비를 설치한 팀이나 대회에 참가할 수 있는 경제력이 받쳐줘야 그것도 가능하다. 저소득층은 머니볼 시대 이후에 오히려 더 뒤처지고 말았다.

MLB 사무국과 미국 야구협회는 2016년 말에 유료화된 유소년 야구의 구조에 맞서 유망주 육성 파이프라인PDP: Prospect Development Pipeline이라는 대회를 설립했다. 여기에는 고등학교 선수들이 팀 소속으로 초청받아서 무료로 참가할 수 있다. 그리고 2018년 말에는 MLB 사무국에 의해 PDP 리그로 확장되어서, 2019년 6월 중순부터 7월 초까지 로열스 아카데미 같은 '육성과 쇼케이스' 체험을 제공한다. MLB닷컴 공지에 따르면, 80명의 참가자가 '최신 기술로 기량을 평가해서 선수마다 맞춤형 육성 과정을 받을 것'이라고 약속했다.

또한 2018년에도 양측은 외부 지도사 협력 사업을 개시해서 "메이저리그 단계에서는 일반화된 모든 최첨단 평가 장비를 국제 아마추어 시장에 어느 정도 소개한다." 이 사업은 그해 11월에 도미니카공화국 보카치카Boca Chica에서 3일 간 쇼케이스를 개최했고, 2019~2020년 국제 아마추어 선수 계약년도부터 계약 자격을 획득할 도미니카공화국 선수 120명을 선보였다. 거기서 모든 투구와 타구, 달리기 시간 등이 꼼꼼하게 기록되었다.

위와 같은 조치들은 어린 선수들이 현실적으로 겪는 문제를 다루지만, MLB 사무국이 순수하게 이타적인 의도로 지원하는 것은 아니다. 두 사업 모두 의사 결정권자들이 데이터에 대한 끝없는 갈망을 해소시켜서 구단이 겪는 문제를 해결하고 있다. 국제 아마추어 선수 시장에서는 선수가 계약 자격을 갖추기 3년 전부터 구단과 구두로 입단에 합의할 수 있지만, 계약 자격을 갖추기 1년이 남은 시점까지는 구단 아카데미로 데려오지 못한다. 결국 구단들은 정보를 선수의 트레이너들에게 의존해야 하는 상황이 발생하고, 트레이너들은 그런 상황을 이용해 대가를 요구했다. 배니스터는 수습이 안 되는 느낌이 든다고 말한다. "선수 데이터를 빨리 얻을수록 좋은데, 아카데미에 데리고 오는 건 안 된대요. 결국 휴대용 장비를 활용하거나, 트레이너들한테 돈을 주고 정보를 사야 하는 상황입니다." 아니면 선수를 무료 쇼케이스로 끌어들여서 카메라를 돌린다.

알아야 할 것이 아직 많이 남았다 ─────────────

의도가 어찌되었던, 해외 유소년 야구 무대에 정보가 이 정도로 풍부했던 적이 없었다. 하지만 좋든 나쁘든, 객관적인 측정은 경쟁심을 부추기고, 어린 아이들이 야구에 새로운 재미를 붙일 수 있는 방법이기도 하다. 스탯 때문에 야구 보는 재미가 줄었다고 말하는 사람들은 발사각과 회전수 역시 야구 보는 재미를 감소시키는 원인으로 삼을 가능성이 높다. 그러나 야구를 다른 방식으로 심오하게 알아가는 것에 흥미를 느끼는 사람들은 발사각과 회전수 등의 데이터로 야구를 좀 더 잘하게 된 것에 재미를 느낀다.

그리고 선수들이 일찍부터 데이터에 익숙해지면 머지않아 '머니볼'이

MVP 머신

거의 멸종시켰던 부류가 돌아올 수도 있다.

더스틴 팰머티어Dustin Palmateer 베이스볼 프로스펙터스 기자가 제공한 자료에 의하면, 1980년대에 선임된 모든 단장의 44.1퍼센트가 메이저리그 선수 출신이다. 2010년대에 선임된 단장 중에 메이저리거 출신은 데이브 스튜어트Dave Stewart와 제리 디포토 두 명뿐이다. 마이너리그 포함 선수 출신 신인 단장의 비율은 1980년대에 67.6퍼센트였던 것이 2010년대에는 20.6퍼센트로 떨어졌다. 2010년대에 선임된 단장의 약 40퍼센트가 아이비리그 명문대 출신인데, 1970~1990년대에는 그 비율이 3퍼센트 이하였다. 구단을 운영하는 위치에 비선수 출신을 배제하지 않는다는 점은 그만큼 앞서나갔다는 것을 보여준다. 그런데 구단 프런트들은 한 방향으로 너무 치우친 나머지 한 부류를 다른 부류로 아예 대체해버리고, 좀 더 젊고 소위 마니아 집단으로 변신시켰다. 단장들은 전부 남성이고, 백인이 압도적으로 많으며, 아이비리그 출신이 점점 늘고 있다. 어쩌면 인구 통계학적 다양성이 떨어지는 일은 사고방식의 다양성도 떨어뜨린다고 볼 수 있다.

디포토 시애틀 단장은 메이저리그에서 일어난 스탯 혁명으로 도태된 이전 세대 선수들과 달리 신세대 선수들은 야구를 배우면서 한다고 말한다. "그렇게 해서 25년, 35년 전처럼 프런트나 선수 영입에 개입하는 역할로 돌아오는 선수들을 보게 될 것이라고 생각합니다." 탬파베이 레이스에서 도관 역할을 하는 콜 피게로아Cole Figueroa는 거기에 이렇게 덧붙인다. "정말 조화로운 중도의 길이 있다고 생각합니다. 언젠가 선수 출신이 구단을 운영하고, 생각이 앞서 나가는 비선수 출신이 더그아웃에서 지도하는 모습을 보게 될 겁니다." 탬파베이는 2018년 12월에 조너선 얼릭먼Jonathan Erlichman 데이터 분석 부장을 메이저리그 최초의 '데이터 분석 코치'로 선임하면서 비선수 출신이 더그아웃에서 지도한다는 부분을 실행에 옮겼다. 얼릭먼은 티볼 야구밖에 해보지 않았고, 프린스턴대학교에서 수학을 전공했다. 심지어 학사 논문을 「은하단에서 발생하는 중력 적색 편이」라는 주제로 썼다. 그는 2019년에 유니폼을 입고 케빈 캐시Kevin Cash감독의 코치진에 합류하게 된다. 스탯쟁이가 유니폼을 입게 된 것이다. 그는 《탬파베이 타임스Tampa Bay Times》와의 인터뷰에서 "사람들은 이번 기회로 어떤 교훈을 얻을 수 있을지 흥미롭게 바라본다"고 말했다.

빌 제임스는 2015년에 이렇게 말했다. "내가 바라보는 세상에는 거대한 무지의 바다와 지식이라는 작은 섬이 존재한다." 야구에 대한 발언은 아니었지만 야구에도 적용할 수 있다. 패스트는 다음과 같이 말한다. "우리가 있는 섬은 과거보다 100배나 커진 건 분명하다고 생각합니다. 그렇다고 해서 바다가 그만큼 작아졌을까요?"

무지에 대한 공포는 누구에게나 있다. 그러나 한편으로는 흥분된다. 그만큼 배울 것이 많다는 뜻이기 때문이다.

야구라는 독자적인 테두리 안에서는 실력이 좋아져서 이룰 수 있는 것에 한계가 있다. 신생 구단을 창단하는 일을 제외하면, 메이저리그 로스터 자리는 정해져 있고, 30개(미래에는 어쩌면 32개 또는 34개) 구단에 돌아가는 승수도 한정되어 있다. 선수 육성을 아무리 잘한들 평균 승률은 0.500이고, 평균 수준의 선수의 가치는 과거와 다를 바가 없으며, 월드 시리즈 우승팀도 다음 시즌을 0승 0패로 시작한다.

그러나 스포츠라는 테두리 밖에는 그런 제약은 없다. 세상의 다른 부분을 악화시키지 않고도 좋아질 수 있다. 여러분 개개인, 그리고 우리 모두 스윙을 바꾸기 이전의 저스틴 터너나 커브를 100퍼센트 활용하기 이전의 리치 힐, 슬라이더를 바꾸기 이전의 트레버 바워일 수 있다. 어쩌면 인류는 이제 막 눈을 뜨기 시작한 것일 수도 있다. 빌 제임스가 말한 바와 같이 "아직까지는 우리는 잠재적으로 할 수 있는 일에 비해 한 것이 아무것도 없다."

에필로그 '행운'은 투구를 디자인하면서 나온 잔여물이다

성공은 안일함을 부른다. 안일함은 실패를 부른다. 편집광만이 살아남는다.

— 앤디 그로브Andy Grove, 인텔 전 최고 경영자이자 반도체 산업의 선구자

투구 디자인의 위력

브라이언 배니스터의 아버지는 메이저리그에서 15년을 뛰고, 포스트시즌에 한 경기 출장했다. 배니스터보다 한 경기나 더 많이 출전했다. 아버지나 아들이나 월드 시리즈 경험은 없다. 보스턴 레드삭스는 2017, 2018 두 시즌은 ALDS에서 탈락하는 불운을 맛봤고, 그 직전 해에는 포스트시즌 진출이 좌절되었다. 그래서 보스턴이 ALCS에 진출해서 휴스턴 애스트로스와 상대하고, 또 월드 시리즈까지 올라가서 로스앤젤레스 다저스를 상대했을 때, 배니스터는 나머지 구단 사람들과 똑같은 생각을 가졌다. '이런 절호의 기회를 낭비할 수 없다.'

현대 야구는 포스트시즌이 되면 다른 인기 종목에 비해 새로운 모습으로 바뀌는 정도가 크다. 구단과 선수들이 자기 보조를 맞추면서 일상생활을 보내는 모습에서 휴식일이 추가되고 보상이 커지는 부분에 발맞춰 기량을 몇 단계나 끌어올리는 모습으로 변신한다. 감독들은 선발 투

수를 일찍 빼고, 구원 투수(때로는 정규 시즌 선발 투수도 포함)의 행렬을 무섭게 돌리며, 마무리 투수에게 평소보다 더 오래 던지고 더 많은 이닝을 소화할 것을 요구한다. 구단은 가장 좋은 투수를 선보이고, 투수는 매번 전력투구에 가깝게 던지며 가장 좋은 공을 선보인다. 배니스터는 가을 야구의 표어는 "최고 투구의 질, 최고 투구 실행, 최고의 볼 배합"이라고 말한다.

특히 월드 시리즈에 적절한 표현이다. 전력을 비축할 필요 없이 7전 4선승제를 질주해야 한다. "그해 뿌린 씨, 육성 쪽에서는 이전부터 뿌렸던 씨들이 다 함께 결실을 맺는 순간입니다. 더 이상 육성 시나리오가 아닌 거죠. 실행하는 데만 집중합니다."

그러나 어떤 의미에서는 현재 진행 중인 선수 육성 혁명으로 인해 육성과 실행의 경계가 모호해졌다. 비록 스윙 교정이나 새로운 구종을 장착하는 일 같은 대규모 사업은 보통 비시즌이나 전지훈련 때로 미루지만, 신세대 코치나 선수들은 선배들에 비해 개조하고 조율하는 데 끊임없이 몰입하는 편이다. 보스턴은 배니스터의 이동식 피칭 랩과 펜웨이 파크에 설치된 여러 감지기 덕분에 투수진을 자체적으로 관찰하고 경기를 내줄 수 있을 만한 투구를 사전에 찾아낸다. 그는 이제는 변화구 제구를 끝까지 유지하는 일이 중요해졌다고 말한다. "회전축이 15도만 바뀌어도 변화구 수준이 60~70점(상위권~최상위권 변화구 — 옮긴이) 사이를 왔다 갔다 합니다. 그립 문제일 수도 있고, 시즌이 지나면서 피로도가 쌓인 걸 수도 있고, 아니면 단순한 컨디션 난조일 수도 있고요."

보스턴은 포스트시즌에 들어가면서 그런 문제에 부딪혔다. 조 켈리 Joe Kelly(당시 30세)와 히스 헴브리Heath Hembree(당시 29세)로 인해 톱

니바퀴 같은 불펜이 삐걱거렸다. 컨디션이 좋은 날에 두 투수의 결정구는 슬라이더로 평가받았다. 켈리의 슬라이더는 2016년 포스트시즌에서 "80점(특급 — 옮긴이)에 가깝게 던졌다"고 배니스터는 말한다. 사악한 궤적을 그리며 시속 150.5킬로미터로 들어왔다. 켈리는 그해 포스트시즌에 세 번 등판해서 슬라이더를 41퍼센트나 던졌다. 자신의 구종 중에 가장 많이 던졌다. 2018년 시즌 초반까지도 켈리의 슬라이더는 여전히 위협적이었다. 헴브리도 마찬가지였다. 배니스터는 헴브리의 슬라이더 움직임이 '완벽했다'고까지 표현한다.

그런데 정규 시즌을 진행하면서 켈리와 헴브리의 고약했던 슬라이더는 점차 구위를 잃었다. 배니스터에 의하면 슬라이더를 많이 던지는 구원 투수들은 미식축구공을 던지듯이 손바닥이 안으로 틀어진 상태에서 공을 놓는 경향이 있다. 그러면 슬라이더에 회전이 더 많이 걸린다. 한편, 손바닥이 홈 플레이트와 일직선이 되게 던지면 속구가 올라오는 느낌이 더 생긴다는 점과 비교해볼 수 있다. 켈리와 헴브리는 시즌이 시작했을 당시 손바닥에 각도가 형성된 채로 던져서 슬라이더의 회전 효율이 좋았던 반면 속구의 폭발력은 덜했다. 그러다가 둘 다 같은 문제를 겪기 시작했다. "시즌이 지나면서 어떤 이유인지는 모르겠지만, 손을 점점 공 뒤에 놓고 던져서 속구는 그만큼 힘이 붙는데, 슬라이더 구위는 점점 잃어가는 게 보였죠." 4월에는 손을 대지 못하던 슬라이더가 배트도 나오게 하지 못하는 '밋밋한 커터'로 퇴화했다.

그런데 그런 무의식적인 변화 속에서도 긍정적인 부산물이 한 가지 있었다. 손바닥이 홈 플레이트와 일직선이 되게 던지는 투수는 커브가 좋은 경향이 있다. 따라서 배니스터가 설명하기를 "켈리와 헴브리의 슬라이더는 나빠지는데, 커브는 좋아지는 걸 볼 수 있었습니다."

2018년에 보스턴은 에저트로닉이나 키나트랙스와 같은 고감도 장비 덕분에 팔 스윙을 기준으로 투수를 분류하는 일이 중요하다는 것을 알았다. 예를 들어, 트랙맨은 두 투수가 공을 놓는 지점이 같다고 측정해도, 둘은 전혀 다른 동작으로 해당 지점에 도달할 수 있다. 그리고 투수를 어깨와 팔꿈치, 손으로 이어지는 일련의 동작을 토대로 분류할 수 있다. "공을 던질 수 있는 방법은 굉장히 다양합니다." 배니스터는 투수가 공을 쥔 손이 지나가는 각도를 훅hook(안쪽으로 크게 휘는 타구)과 드로 draw(안쪽으로 작게 휘는 타구), 스퀘어square(목표물과 일직선으로 정렬되는 자세), 페이드fade(바깥쪽으로 작게 휘는 타구), 슬라이스slice(바깥쪽으로 크게 휘는 타구)라는 골프 용어로 묘사한다. 투수를 분류하면 "투수들의 요구 사항을 각자 보이는 각도나 비율에 맞춰 구체적으로 처리할 수 있기 때문에 우리도 지도를 더 잘할 수 있다"고 배니스터는 말한다.

보스턴은 투수의 팔 동작이 한 방향으로 쏠리기 시작하면 골프 스윙을 하루아침에 고치기 힘든 것만큼이나 바로잡기 힘들다는 점을 알아냈다. 켈리와 헴브리는 '드로' 투수에서 '스퀘어' 투수로 바뀌었던 것이다. 구단은 처음에 대응해보려고 했지만, 받아들여야 현명하다는 것을 곧 깨달았다. "'유형이 바뀌었다'는 걸 발견했을 때, …… 필요한 부분이 달라질 거고 대응도 다르게 해야 한다 걸 알았습니다."

포스트시즌은 다가오는데 두 투수가 슬라이더에 대한 자신감이 떨어지자, 데이나 러밴지 투수 코치는 큰 결정을 내렸다. "슬라이더를 아예 포기하고, 커브로 가자고." 비록 두 투수가 제대로 던진 슬라이더가 제대로 던진 커브보다 수준이 높았지만, 슬라이더는 실행하지 못했던 반면

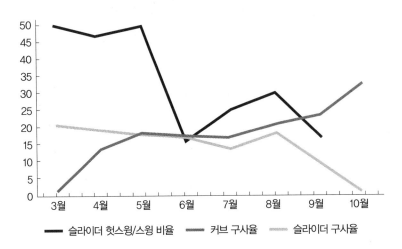

2018년 시즌 조 켈리의 월별 슬라이더 및
커브 구사율과 슬라이더 헛스윙 대비 스윙 비율

━━ 슬라이더 헛스윙/스윙 비율　　━━ 커브 구사율　　┈┈ 슬라이더 구사율

커브는 실행할 수 있었다.

켈리는 9월 19일에 시즌 마지막 슬라이더를 던졌다. 헴브리는 9월 29일에 던졌다. 위 도표는 켈리와 헴브리의 슬라이더의 헛스윙 비율이 9월까지 매달 떨어지는 모습을 나타낸다. 또한 슬라이더가 점점 커브로 대체되고, 10월에는 마침내 슬라이더를 던지지 않은 모습도 보인다.

새로운 전략으로 놀라운 성공을 거뒀다. 헴브리는 포스트시즌 네 경기에 등판해 무실점으로 막았고, 혈투를 벌였던 월드 시리즈 3차전에서는 11회를 무리 없이 막았다. 켈리는 평균 자책점이 그다음으로 낮았다. 아홉 경기에 등판해 팀 내 최다 구원 이닝인 11.1이닝을 던져서 1실점만 허용했고, 볼넷 없이 탈삼진만 13개를 잡았다. 보통 볼넷을 종종 허용하는 투수로는 굉장한 업적을 남겼다. 그리고 정규 시즌에 평범한 성적을 남겼음에도 불구하고, 2018년 12월에 다저스와 3년, 2,500만 달러에 계

　　　　　　　　　　　　　　　　　　　MVP 머신

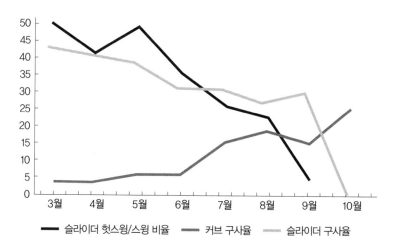

2018년 히스 헴브리의 시즌 월별 슬라이더 및
커브 구사율과 슬라이더 헛스윙 대비 스윙 비율

━━ 슬라이더 헛스윙/스윙 비율 ━━ 커브 구사율 ━━ 슬라이더 구사율

약했다.

보스턴이 가진 기술로는 켈리와 헴브리의 슬라이더 구위가 떨어지는 것을 막지 못했다. 그래도 보스턴은 데이터를 통해 잘못된 점(혹은 커브처럼 잘된 점)을 이해하고, 해결책을 찾았다. "만일에 장비도 없고 어떤 일이 벌어지고 있는지에 대한 신체역학이나 물리학 지식이 없었으면, 그런 결론을 내릴 수가 없었을 겁니다."

배니스터는 포스트시즌에서 보스턴 투수진을 도울 수 있는 방법을 찾기 위해 2015년 플레이북을 다시 꺼냈다. 맷 반스Matt Barnes라는 커브 의존도가 높은 오른손 구원 투수가 또 있었다. 그는 정규 시즌 커브 구사율이 39.1퍼센트였고, 40이닝 이상 던진 투수 중에 커브 구사율 8위에 올랐다. 리치 힐보다 한 순위 낮았다. 그런데 배니스터가 한 번은 매우 결정적인 순간에 커브 비율을 높이라고 설득한 적이 있었다.

"반스는 한 번씩 찾아와서 '뭐 재미나는 거 없습니까?'라고 물어요."
10월 14일이 그런 날이었다. ALCS 2차전이 시작하기 전에 오른쪽 외야
에 설치한 피칭 랩에서 벌어졌다. 휴스턴이 1승을 먼저 챙긴 상태였다.
"반스에게 '매컬러스랑 프레슬리가 나와서 변화구로 우릴 아주 매컬러
스해버리고 있군'이라고 말했어요." 그러고 나서 배니스터는 반스에게
이렇게 제안했다. "네가 나가면 똑같이 던져서 복수해보는 건 어때?"

그날 밤, 반스는 5회 말에 보스턴이 한 점차로 앞선 가운데, 2사 1,
2루 상황에서 데이비드 프라이스를 대신해 구원 등판했다. 그는 마르윈
곤살레스Marwin González를 커브 네 개(스트라이크, 헛스윙, 파울, 헛스윙
삼진)를 연달아 던져서 위기를 모면했다. 다음 이닝에 다시 나와서 11구
중에 10구를 커브로 던져서 땅볼과 내야 뜬공, 땅볼로 처리했다.**QR-25** 그
렇게 해서 올린 커브 구사율 93퍼센트는, 2구 이상 던진 등판에서는 개
인 최고 기록이라는 것은 의심할 여지도 없다. "그건 휴스턴에게 '야, 너
희가 그러면, 우리도 그렇게 하는 애들이 있다'는 걸 전달한 것"이라고
배니스터는 말한다.

보스턴은 7 대 5로 승리를 거두며 시리즈를 다시 원점으로 돌렸고,
반스가 승리 투수로 기록되었다. 반스의 등판은 그만큼 결정적이기도
했지만, 남은 경기에 심리적인 효과도 줬을 것이다. 오늘날처럼 철저히
데이터 위주로 전력 분석이 이루어지는 시대에, 선수가 지금까지 해오

QR-25
URL https://youtu.be/SWB_uB8Pu5A?t=7048

MVP 머신

던 방식에서 크게 벗어난 모습은 의심의 씨를 뿌리는 행위나 다름없다. "보통 때보다 표준 편차가 크게 벗어난 모습을 보일 수 있다는 이미지가 굳어지면, 남은 시리즈나 남은 포스트시즌 동안 확실히 결과가 더 좋아지는 것 같습니다. 그때까지 작성한 전력 분석 보고서는 다 휴지통으로 가는 셈이죠."

아울러 구종 선택과 심리 효과를 이야기하자면 선발 투수 릭 포셀로를 빼놓을 수 없다. 그는 반스가 강판되고 두 이닝 지나서 구원 등판했다. 정규 시즌에는 자신의 구종 중에 싱커를 가장 많이 던졌다. 그런데 스탯을 보면 그렇게 잘 던지는 공은 아니었고, 오히려 포심 속구와 슬라이더가 나았다. 다만, 싱커 덕분에 타구를 유도해서 타석을 빨리 끝내고, 많은 이닝을 던질 수 있었다. 하지만 포스트시즌에서는 구원 투수가 투구 수를 절약할 필요는 없다. 헛스윙만 유도하면 된다.

ALDS 1차전 8회에 짧게 등판해서 홀드를 올린 것이 포셀로의 2018년 포스트시즌 첫 등판이었다. 그리고 그는 ALCS 2차전에서 메이저리그 생활 10년 동안 처음으로 등판해서 싱커를 단 1구도 던지지 않았다. 포셀로는 토니 켐프를 커브로 땅볼 아웃을 유도하고, 곤살레스를 포심 속구로 돌려 세우고, 카를로스 코레아를 바깥쪽 낮게 떨어지는 슬라이더에 배트가 나가게 만들어서 이닝을 마무리했다. 그는 마운드를 내려오면서 크게 소리 지르고 양팔에 힘을 줬다.^{QR-26}

QR-26
URL https://youtu.be/SWB_uB8Pu5A?t=11367

"제 생각에는 그게 우승까지 가는 과정에서 가장 결정적인 순간이었습니다"라고 배니스터는 말한다. 이전까지는 "항상 구원 투수가 한 자리 부족하다거나 불펜이 저희 팀 약점이라는 이야기가 나왔는데, 포셀로가 나와서 그런 걸 다 끊어버리는 모습이 …… 팀 전체에게 큰 힘이 됐죠. 그 순간에 저희는 '우승까지 간다'고 느꼈으니까요."

그리고 실제로 월드 시리즈 5차전에서 우승했을 때는 클레이턴 커쇼에게 홈런 세 방(J. D. 마르티네스가 한 개 MVP를 타게 될 무키 베츠가 두 개)을 뽑아내고, 데이비드 프라이스가 포스트시즌 세 번째 등판에서 호투를 보인 데 힘입었다. 프라이스의 과거 10월 성적은 엉망이었다. 2018년 포스트시즌 첫 두 번의 등판에서도 흔들리면서 새가슴이라는 평판을 바꾸지 못했다. 홈런 두 개를 전부 커터로 허용하고 탈삼진을 아예 잡지 못하자, 바로 충고가 날아왔다.

배니스터는 경기가 끝나자마자 "제일 자신 있는 공을 안 던졌다"는 피드백을 마치 CD가 고장 나서 튀는 것처럼 반복했다. 그러자 세 번째 등판에서는 프라이스가 배니스터의 조언을 새겨 들었다.

프라이스는 휴스턴 홈구장에서 열린 ALCS 5차전에서 6이닝 호투하며 팀을 월드 시리즈로 진출시켰을 때 약한 타구가 나오는 공을 줄였다. 정규 시즌에 30퍼센트 가까이 던졌던 커터를 '10퍼센트'가 조금 넘는 수준으로 대폭 낮춘 것이다. 그리고 지금까지 헛스윙 비율이 가장 높은 공인 체인지업을 5차전에서 개인 최고 기록인 43퍼센트를 던졌다. 월드 시리즈에서는 두 번 등판해서 압도적인 모습을 보였고, 커터를 7퍼센트보다 낮게 구사했다. 2015년 전반기 이후 커터 구사율이 그 정도로 낮았던 적은 없었다. 그렇게 교정했던 것이 프라이스를 영웅으로 만들었다.

MVP 머신

더 베이스볼 게이지The Baseball Gauge라는 역대 스탯 분석 웹사이트에 의하면, 켈리와 헴브리, 반스, 포셀로, 커터를 포기한 프라이스의 포스트시즌 활약은 보스턴이 월드 시리즈를 이길 확률을 37.1퍼센트 증가시켰다. 보스턴은 정규 시즌에 108승을 올렸지만, 데이터가 정규 시즌 양상으로부터 탈피해야 한다고 알렸을 때 그것을 적극적으로 수용해서 월드 시리즈를 우승한 것이다. 가을 야구를 이기려면 약간의 운도 있어야 한다. 하지만 브랜치 리키는 "운이란 디자인하면서 나온 잔여물"이라고 말했다. 보스턴에게는 운이란 '투구'를 디자인하면서 나온 잔여물이다. 배니스터는 포스트시즌에서 공 한 번 던져보지 못했지만, 다른 투수들이 포스트시즌에서 던져야 하는 공을 결정하도록 도왔다. 그리고 자신도 거기에 걸맞게 더그아웃에 들어갈 수 있는 코치 숫자 제한을 무시하고, 5차전 마지막 순간을 클럽하우스에서 나와 선수들과 함께 맞이했다.

"5차전 9회를 제외하면 (코치로서) 더그아웃에 들어가본 적이 없어요. 그 순간만큼은 놓치고 싶지 않았습니다." 배니스터라면 결코 놓치지 말았어야 했다. 그 덕분에 그 모든 것이 이루어지지 않았는가?

트레버 바워의 연봉 조정 심사

보스턴이 다저스타디움에서 서로 부둥켜 얼싸안기 몇 주 전, 클리블랜드 인디언스는 5전 3선승제인 ALDS에서 2연패를 한 뒤 3차전을 치르기 위해 홈으로 복귀했다. 1차전에서는 코리 클루버가 얻어맞았다. 2차전에서는 트레버 바워를 포함한 불펜이 일찍부터 앞섰던 상황을 무색하게 만들었다. 10월 8일, 마이크 클레빈저가 3차전 선발로 나와 탈락 위기 속에서 5이닝 동안 1실점 9탈삼진으로 휴스턴 타선을 침묵시켰다.

5회 말에 프란시스코 린도르가 댈러스 카이클의 공을 좌측 담장으로 넘겨 주차장으로 이어지는 보행교 앞에 달린 디지털시계를 맞췄다. 관중은 행복감에 도취했다.^{QR-27} 2 대 1로 앞서면서 강한 휴스턴 팀을 상대로 한 줄기의 희망에 매달리고 있었다. 그리고 테리 프랭코나 감독은 바워를 내보냈다. 시리즈에서 세 번째 구원 등판이었다.

바워의 속구는 시리즈 내내 평균 시속 153킬로미터를 보이며 돌아온 것처럼 보였다. 그러나 여전히 공백 이후로 자기 모습을 되찾지 못한 느낌을 풍겼다. 우선 선두 타자 토니 켐프에게 단타를 허용했고, 켐프는 바워의 견제구가 빠지자 3루까지 이동했다. 이어서 조지 스프링어가 단타로 출루했다. 앨릭스 브레그먼은 투수 쪽으로 약한 땅볼을 쳤고 바워는 병살플레이를 노렸지만 송구가 중견수 쪽으로 빠져버렸다. 곤살레스는 이어서 적시 2루타로 2점을 보태며 휴스턴은 4 대 2로 연전했다. 바워는 강한 타구를 내주지는 않았지만, 이닝은 엉망이 되었다. 클리블랜드의 포스트시즌 생명이 다해가자, 오후 경기여서 생긴 그림자도 점점 드리웠다. 결국 11 대 3 완패로 경기는 물론 클리블랜드의 시즌도 종료되었다.

휴스턴은 남의 집 잔디 위에서 자축했다. 클리블랜드 선수단은 경기가 끝나자마자 침울한 클럽하우스로 물러났다. 바워는 기자단의 질문에 얼른 답하고 자리를 떠났다. 나머지 선수도 곧 해산하고, 대부분 야구를

QR-27
URL https://youtu.be/SWB_uB8Pu5A?t=7048

MVP 머신

잠시 떠나 심신의 휴식을 취했다. 하지만 바워는 그러지 않았다. 다음 날 밤, 그는 클리블랜드에서 카일 보디와 저녁 식사를 가졌다. 그러고 나서 바로 훈련에 돌입했다.

시즌이 끝나고 며칠 후에 바워는 매년 그래왔듯이 스탠포드대학교에 가서 팔꿈치와 어깨 영상을 찍고, 투구 동작을 매핑했다. 그 어느 프로 야구 투수도 자기 투구 동작과 팔 내부 영상을 보관하는 일에 있어서는 바워를 따라가지 못한다.

"더 좋은 곳도 있는데, 매년 똑같은 사람한테 가서 신체 역학 영상을 찍어요. 바워에겐 정밀함이 중요한 게 아니라, 자기만의 이력이 중요하기 때문이죠"라고 보디가 말한다.

바워는 모든 정보를 모아서 외부 전문가와 함께 훈련이나 투구 동작 중 고칠 부분을 검토한다. 2018년 11월에 그는 모든 영상 촬영을 마치고 테네시주 내슈빌로 또 이동했다. 그곳에 위치한 블레드소 에이전시에서 케일럽 코섬을 만나고, 닐 라미레스의 비시즌 훈련 계획을 도왔다.

바워는 팀 동료로는 여전히 어려웠다. 라미레스에게 선심을 베풀었던 반면, 11월 29일에는 트위터에 다음과 같이 올리면서 전혀 반대되는 인상을 줬다. "반전. 내가 올해 클루버보다 잘했다." 그러고 나서 "클루버도 훌륭했지만, 나도 마찬가지"라는 해명성 글을 따로 올렸다. 2018년에 클루버보다 뛰어났다는 바워의 주장이 맞다는 스탯들이 많았다. 그럼에도 불구하고, 클루버는 사이영 상 최종 후보에 올랐지만, 바워는 그러지 못했다. 결과적으로 탬파베이의 블레이크 스넬이 수상하고, 바워는 투표에서 6위에 올랐다. 어쨌거나 SNS라는 공간에서 팀 동료와 성적을 비교하는 선수는 많지 않다. 바워의 입장에서는 후세에 알리기 위해 정보를 바로잡은 것뿐이다.

MLB 네트워크는 바워를 방송에 초청해 SNS 게시물에 대한 이야기를 듣고자 했다. 아울러 클리블랜드가 그를 트레이드 매물로 내놨다는 깜짝 소식도 물었다. 바워는 초청에 응했다. 원격으로 진행된 생방송 인터뷰에서 그는 클리블랜드가 자신을 보내겠다면 2019년 시즌 이후에 해야 한다고 말했다. 그러면서 2019년에 '잉여 가치'가 더 높다는 이유를 댔다. 2019~2020년 비시즌이 되면, 그는 최초로 연봉 조정을 네 번이나 거친 선수가 된다. 그는 2,000만 달러에 달하는 연봉을 바라볼 수 있지만, 클리블랜드가 그런 금액을 줄 가능성은 낮았다.

2019년 2월에 바워는 구단을 상대로 2년 연속 연봉 조정 위원회에서 승리를 거둠으로써 시즌 연봉이 1,300만 달러가 되었다. 연봉 조정 위원회에서는 보통 그라운드에서 보여준 성적만을 토대로 주장한다. 그런데 바워는 중재 판사 앞에서 발언할 때 마지막 10분 동안 구단 측 변호사들이 자신을 '인신공격'했다고 고발하며, 거기에 2018년에 자신이 진행한 '69일 간의 나눔69 Days of Giving'이라는 기부 행사도 언급했다. 당시 그는 69일에 걸쳐 68개 기부 단체에 420.69달러(420은 대마초 흡연자들 사이에서 쓰는 은어. 69는 성교 체위를 의미하는 숫자 — 옮긴이)씩 기부했다. 이후에 바워는《USA 투데이》를 통해 "구단 측은 행사명만 언급하고, 기부 행사라는 것을 설명하지 않았다. 그리고 기본적으로 내가 형편없는 인간이라고 했다"고 밝혔다.[1]

바워는 2019년 1월에 SNS에서 더 큰 논란을 일으켰다. 그는 한 여대생과 이틀에 걸쳐 트위터 언쟁을 벌였다. 그녀가 모욕적인 발언을 몇 차례 남기자, 바워가 거기에 응답했다. 이어서 바워를 포함해 13만

4,000여 명에 달하는 그의 팔로워 중 일부로부터 댓글이 산더미 같이 달렸다. 그러자 여성은 괴롭힘 당한 느낌이었다고 밝혔다. 대중으로부터 부주의하고 감수성이 부족하다는 비난이 거세지자, 바워는 트위터에 "인터넷에서 어그로 끄는 행위로부터 나 자신을 지키려는 부분이 있다"고 남겼지만, 결국 "앞으로 공개적인 공간이 가진 책임을 더 책임감 있게 행사하겠다"고 덧붙였다.

기술 장비를 통한 새로운 선수 육성의 시대 _____

투수들은 대부분 2월에 전지훈련을 시작하면서 구속을 늘려 나간다. 하지만 바워는 11월부터 드라이브라인 본관 그물망에 대고 원 스텝으로 시속 169킬로미터로 전력투구를 시작했다. 그리고 자신이 던지는 모든 구종을 시험했다. 최근에 체인지업을 향상시키려는 프로젝트도 거기에 포함되었다.

2018년에는 좌타자를 바깥쪽 낮게 공략하는 것이 미흡했다. 비록 체인지업의 헛스윙 비율이 평균이 넘고, 그 덕분에 그해 체인지업을 100구 이상 던진 선발 투수 중에 피안타율과 피장타율 10위권 안에 들었지만, 자신이 원하는 수직이나 수평 움직임이 나오지 않았고 제구도 불안했다. 그는 슬라이더 프로젝트를 시작했던 드라이브라인 연구개발동의 마운드에서 에저트로닉과 랩소도가 작동하는 가운데 새로운 프로젝트에 다시 돌입했다. 슬라이더와 터널 구간을 공유하다가 완전히 반대 방향으로 꺾이는 궤적을 원했다. 그래서 드라이브라인의 투구 디자인 전문가로 알려진 에릭 예이거스Eric Jagers(2019년 3월에 필라델피아 필리스에 코치로 채용)와 함께 검정색 매직펜으로 던질 공들에 띠를 그려

넣어서 회전축이 잘 보이도록 만들었다. 던지면 검정색 테두리가 적도가 기울어진 것처럼 보인 공이 몇 구 있었다. 진전이 보였다.

바워와 드라이브라인 관계자들은 여러 영상을 겹치도록 편집해서 각 구종의 움직임을 비교했다. 그리고 투구들이 최대한 공유하는 구간을 영상에 녹색 고리로 표시되도록 편집했다. 바워의 슬라이더와 포심 속구, 체인지업에는 녹색 고리가 홈 플레이트로 이동하는 거리의 절반 동안 나타났다. 그러고 나서 슬라이더는 왼쪽으로 꺾였고, 체인지업은 오른쪽 낮은 곳으로 떨어졌다.

바워는 과거 비시즌보다 실전 모의 투구를 일찍 시작했다. 드라이브라인을 다니는 선수로 이루어진 구경꾼들이 연습장 주변에 모여서 바워가 온갖 타자들을 상대하는 모습과, 히트트랙스에 나타난 결과를 지켜봤다. 바워는 기합을 넣으면서 모든 구종을 선보였다. 상대가 되지 않은 타자들이 헛스윙을 할 때마다 구경꾼들은 재미있다며 웃었다.

바워는 2019년에는 지금보다 더 좋아질 것이라고 믿는다. 하지만 두려움도 있다. 2019년에 만으로 스물여덟 살이 된다. 선수 기량이 보통 정점에 이미 도달했거나 어쩌면 내리막길을 걷고 있는 시기라고 통계가 말한다. 물론 자신만큼은 예외라는 것을 보여주겠다는 마음은 있다. 참고로, 2018년에 보통 노쇠화로 인해 구속이 떨어져야 할 시기에 오히려 구속이 올랐다. 다시 본론으로 돌아오면, 사이영 상 3관왕 중에 아직 하나도 받지 못했다. 그는 다저스의 워커 뷸러Walker Buehler나 애덤 오터비노처럼 선천적인 재능이 더 뛰어난 투수들이 자기 방식을 모방하면 어떤 일이 벌어질지 걱정한다. 보디는 "바워가 자신의 로드맵에 문제가 있다고 생각합니다. 어떤 걸 증명하기 위해 남보다 그만큼 더 노력해왔

MVP 머신

는데, …… 앞으로는 남들도 다 같은 방식으로 노력할 거라는 생각 때문이죠"라고 말한다. 동일한 방법으로 동일하게 노력한다면 다른 투수들이 바워보다 더 빠른 성장을 보일 가능성이 크다.

"쓸데없는 걱정이라고 볼 순 없어요. 하지만 바워에게 이렇게 되물었죠. '비시즌에 너만큼 훈련에 시간을 투자하는 선수가 또 있을까?'"

바워는 말문이 막혔다. 선수 대부분이 바워의 노력을 따라가지 못하는 것처럼, 거의 모든 구단은 여전히 휴스턴을 추월하지 못했다. 물론 다른 구단들이 뒤늦게라도 따라잡아보겠다고 해서 그랬는지, 샌스트리크에서는 2019년 1월에 에저트로닉 카메라 3개월치 물량이 하루 만에 동난 날이 있었다. 보디는 2019년 2월에 트위터에 이런 글을 남겼다. "대부분의 구단은 (지금 일어나는 현상을) 여전히 받아들이지 못하면서, 단지 안 하면 안 된다는 생각 때문에 최신 기술을 사용한다." 선수 육성 혁명은 아직 초기 단계일 뿐이다. 어쩌면 초기 단계의 끝자락일 수도 있다.

이번 선수 육성의 시대는 기술 장비와 데이터를 도입하고 통합하는 일에 의존해서 선수를 새로운 고지로 올리는 데 박차를 가한다. 그렇지만 선수를 변신시키는 원동력은 더 나아지겠다는 욕망이라는 인간의 천성에서 나온다. 미래에는 호기심을 가진 자와 추진하는 자만이 모두를 능가할 것이다. 편집광들만이 살아남는다.

보디는 그런 세상을 위해 태어났다. 다만 메이저리그 프런트에서 일하겠다는 마음은 없다. 그럴 필요까지 있을까? 드라이브라인은 직원이 30명이 넘고, 하나의 브랜드로 자리 잡았다. 드라이브라인 캠퍼스의 세 번째 건물은 창고로 쓰이고 있다. 형광등이 한참 있다 점등하고 있는 가운데 밑에 나무 상자들이 천장까지 쌓여 있는 모습이 보인다. 나무 상자 안에는 웨이티드 볼과 손목 중량 밴드 등 기타 드라이브라인 제품이 들어 있다. 전부 중국에서 생산해서 해상으로 들여온다. 2018년도 윈터 미팅에서 각 메이저리그 구단들에 드라이브라인의 신기술을 소개하는 90분짜리 설명회를 제안한 결과, 가용 시간대를 전부 채웠다. 또한 궁금해하는 기자들을 위해 만달레이베이호텔Mandalay Bay Hotel에서 설명회도 가졌는데, 인파가 몰려오는 바람에 침실까지 개방해야 했다.

《퓨젓사운드 비즈니스 저널Puget Sound Business Journal》잡지는 2018년 가을에 드라이브라인을 시애틀 지역에서 성장이 두 번째로 빠른 소수계 소유 기업으로 소개하면서 2017년 순이익이 312만 달러로 2015년보다 374퍼센트나 증가했다고 밝혔다. 그럼에도 불구하고 보디가 마다하지 않고 승낙하겠다는 자리가 하나 있다. 바로 메이저리그 구단 투수 코치다. 궁극의 비야구인에서 궁극의 야구인으로 변신할 수 있는 자리라고 할 수 있다.

2018년 10월 30일, 로스앤젤레스 에인절스는 투수 코치로 더그 화이트 휴스턴 전 불펜 코치를 선임했다. 화이트는 프로 선수 경력이 없고, 캘리포니아주 남부에 훈련 시설을 차려서 야구계에 뛰어들었다(안타깝게도 1년 만에 성적 부진을 이유로 해임되었다 — 옮긴이). 보디와 바워는 그 소식을 듣고 트위터에서 대화를 주고받았다.

보디: 와! 이제 메이저리그 투수 코치를 아무나 채용하네. (더그 형님, 축하합니다!)
바워: 드디어 형님에게도 희망이 찾아오네요. 실화면 대박.
보디: 2023년 필라델피아 투수 코치 가즈아!
바워: 형님이 무슨 일론 머스크입니까? 그때까지나 기다려야 돼요? 2021년에

MVP 머신

오클리Oakley's 선글라스 끼고 필라델피아 유니폼 입는다에 한 표 겁니다. 모델 3Model 3(테슬라 차종—옮긴이)나 얼른 내놓으시죠.

메이저리그의 궁극의 비야구인 두 명 '모두' 유니폼을 입는 날이 오지 않을까? 하지만 그러기 전에 우선 체인지업부터 완성해야 한다. 2019년 1월 초, 바워는 드라이브라인 연구개발동 마운드에 올라 23리터 분량의 공을 또 던졌다. 개막일은 점점 다가오고, 바워는 실력을 더 키워야만 했다(바워는 2020년에 결국 신시내티 레즈 소속으로 내셔널 리그 사이영 상을 수상하고, 2021년 2월에 로스앤젤레스 다저스와 선수 옵션 2년을 포함한 3년, 1억 200만 달러짜리 계약을 맺었다 — 옮긴이).

MVP
MACHINE

후기 카피캣 리그

하나의 혁명은 칵테일 한 잔과 같다. 다음을 준비하기 위해 정리해준다.

– 월 로저스Will Rogers

휴스턴의 성과지상주의와 그 폐해

2019년 10월 29일 밤은 휴스턴 애스트로스의 최고와 최악인 모습을 동시에 보여줬다. 우선 수백만 관객은 휴스턴이 그라운드에서 승리하는 모습을 목격했다. 하지만 그 뒤에 일어난 불쾌한 모습을 본 사람은 극히 일부에 불과했다.

그날 밤, 휴스턴은 ALCS 6차전에서 뉴욕 양키스를 물리치고 아메리칸 리그를 우승했다. 양키스도 선수 육성이 강한 구단이다. 대부분 전문가와 예측 모델은 휴스턴이 두 번째 우승을 거머쥘 것이라고 예상했다. 2019년 시즌은 2010년대 후반에 보여준 성과의 절정을 대변했기 때문이다. 2017~2019년 휴스턴 팀은 역대 여섯 번째로 3년 연속 100승을 달성했다. 2019년 팀은 107승 55패를 올렸고, 세 시즌 중에 전적이 가장 좋았다. 참고로 제프 루노가 단장으로 처음 부임했던 해에 55승 107패를 올렸다. 2019년 팀 타선은 리그 수준과 비교했을 때 1920년대

말 양키스의 일명 '살인 타선Murderers' Row'만큼이나 강했다. 역대 네 번째로 높은 단일 시즌 WAR를 기록했고, 역대 최초로 투수진은 리그 최다 탈삼진율을, 타선은 리그 최소 삼진율을 올렸다. 2018~2019년 휴스턴 팀은 시합의 점수 득실차가 +543점이었고, 한 구단이 두 시즌에 걸친 득실점차가 1939~1940년 양키스 팀 이후 가장 높았다.

그러나 휴스턴이 그라운드 안에서 보여준 경기력은 구단에 커다란 영광을 안겼는데, 프런트는 전혀 반대되는 반응을 일으켰다. 호세 알투베가 우승을 확정짓는 끝내기 홈런을 친 지 한 시간 정도 지나서 브랜던 타우브먼Brandon Taubman 휴스턴 부단장은 클럽하우스에서 스테퍼니 앱스틴Stephanie Apstein 《스포츠 일러스트레이티드》 기자를 포함한 여성 기자 세 명에게 불쾌한 발언을 했다. 타우브먼은 다른 사람들이 보는 앞에서 "오수나를 영입한 덴 다 이유가 있다고! 오수나를 얻어서 ×나 기쁘다고!"라고 반복해서 외쳤다.

타우브먼이 소리 지른 이름은 루노가 2018년에 영입한 마무리 투수 로베르토 오수나를 말한다. 당시 영입은 오수나가 토론토에서 세 살짜리 아이의 엄마를 폭행한 혐의로 체포된 후에 MLB 사무국으로부터 72경기 출전 정지를 받고 이행하는 도중에 일어났다. 아이 엄마가 캐나다로 다시 가서 그를 상대로 증언하지 않기로 결정했고, 그는 선행 보증(캐나다 법에서 일정 기간 동안 해당 문제를 일으키지 않아야 한다는 명령. 일종의 접근 금지 명령 — 옮긴이) 명령에 합의했다. 루노가 오수나를 영입하겠다고 결정하자, 수많은 프런트 직원들이 이를 반대했다. 하지만 타우브먼은 그러지 않았다는 것이 드러났다. 그때까지도 언론인들이 오수나의 영입을 비난하자, 속이 안달 났던 당시 서른네 살이었던 타우브먼은 그 순간을 빌어 기자단에게 악담을 퍼부었다. 심지어 그중에는 가정 폭력 인식 기억 팔찌를 찬 기자도 있었다.

앱스틴 기자는 이틀 후에 그 상황을 《스포츠 일러스트레이티드》에 기사화하면서 "불쾌감을 줬고, 소름끼쳤다"고 묘사했다. 휴스턴은 《스포츠 일러스트레이티드》의 인터뷰는 거절했지만, 앱스틴의 기사가 뜨자 공식 입장문을 통해 '오인의 소지가 있고, 전적으로 무책임한 기사'로 간주하고, "《스포츠 일러스트레이티드》가 존재하지도 않는 이야기를 꾸며내려고 했다"고 고발했다. 휴스턴 입장은 타우브먼이 기자 면전에 이야기한 것이 아니라 단순히 오수나를 지지한 의도로 발언했다는 것이다. 오수나는 그날 9회 초에 세이브 상황에서 동점을 허용했지만, 알투베가 9회 말에 경기를 끝내준 덕분에 책임을 면할 수 있었다.

하지만 휴스턴이 입장문을 급하게 허위로 짜 맞췄고, 타우브먼의 진술과 그를 지지한 직원들이 뒷받침한 내용만 참고했다는 것이 금세 드러났다. 앱스틴의 기사가 사실이라는 것을 입증한 기자들도 있었다. 그리고 한 미국 전국 공영 라디오NPR: National Public Radio 기사는 타우브먼이 이전부터 기억 팔찌를 찬 기자가 트위터에 올린 오수나 관련 글에 불만을 제기해왔다고 밝혔다. 결국, MLB 사무국에서 조사를 실시했다. 앱스틴의 기사가 올라온 지 하루가 지나자, 타우브먼은 입장문을 통해 자신의 행동으로 인해 불쾌감을 느낀 분들에게 죄송하다는 말을 남겼다. 그는 '부적절한 언어'를 사용한 것에 대해서는 사과했지만, 《스포츠 일러스트레이티드》가 자신의 의도를 잘못 해석했다는 입장은 여전히 고수했다. 게다가 자신은 '진보적이고 인정이 많은 사람'이라고 밝혔다. 짐 크레인 휴스턴 구단주도 구단이 진행하는 자선 사업을 언급하면서 구단

MVP 머신

이 가정 폭력에 대한 인식을 고쳐시키는 데 전념한다고 주장했다.

휴스턴은 앱스틴의 기사가 올라온 지 사흘이 지나고 나서야 타우브먼을 해임했다. 구단은 그가 한 명 이상의 기자를 겨냥해서 발언했다는 것을 인정하고, 앱스틴 기자와 《스포츠 일러스트레이티드》에 사과했다. 그런데 크레인이 최초 구단 입장문을 철회하기까지는 그로부터 이틀이 더 걸렸다. 타우브먼이 쫓겨난 이후에도 루노는 "우리 구단에만 해당되는 일이 아니며, 조직 문화에 문제가 있는 것은 아니다"라고 주장했다. 그러나 자신을 포함한 많은 구단 관계자가 최초 입장문이 나가기 전에 검토했다고 시인함으로써 사태의 심각성과 계속되는 오수나의 비난을 크게 간과하고 있었다는 점만 비쳤다. 그러자 "그라운드 밖에서 벌어지는 일을 신경 쓰지 않고 그들만의 야구를 하고, 샴페인을 터뜨릴 수 있기만을 바란다"고 앱스틴 기자는 적었다.

타우브먼의 행동과 휴스턴의 부끄러운 언론 대처로 인한 어두운 분위기는 월드 시리즈까지 이어졌고, 7차전까지 가서 워싱턴 내셔널스에 우승을 내주고 말았다. 조직 운영에 대한 재평가도 늘었다. 다재다능했던 2019년 팀을 보면 휴스턴이 선수단을 얼마나 잘 꾸렸는지, 거기에 선수 육성 역량이 얼마나 큰 부분을 차지했는지를 확인할 수 있다. 그러나 오수나의 경우를 보면, 잉여 가치를 무분별하게 좇은 결과 구단은 도덕이나 윤리보다 승리를 우선순위에 두는 위험한 방향성을 드러냈다. 휴스턴은 비난을 받으면서도 비정상적인 운영 전략을 되풀이했다. 탱킹 tanking(운동 경기에서 정규리그 하위권 팀이 다음 시즌 신인 드래프트에서 상위 지명권을 노리는 것은 물론 세대교체를 목적으로 경기에서 고의로 지는 일 ─ 옮긴이)을 실시하고, 수비 시프트를 걸고, 탠덤tandem 선발 체제(선발 유형 투수 두 명에게 한 경기를 맡기는 투수 운용 전략 — 옮긴이)를 운용하며, 인터넷 덕후를 채용하고, 2014년 신인 드래프트 1라운더로 브레이디 에이킨Brady Aiken을 지명했는데 신체검사에서 팔꿈치 문제가 발견되자 계약 제시를 철회하며, 스카우트진을 축소하고, 선수 육성에 신기술을 도입했다. 그리고 그라운드에서 보여준 성과를 되풀이하면서 구단 행보의 정당성을 입증했다. 어쩌면 자기들은 항상 옳다거나 이기면 모든 것이 정당화된다는 생각을 갖기 시작했는지도 모른다.

휴스턴의 사인 훔치기 스캔들

11월 중순, 타우브먼이 유발한 분노가 가라앉으려고 할 즈음 휴스턴은 다시 한 번 메이저리그의 주목을 받았다. 이번에는 메이저리그에서 가장 실망스러운 일에 엮이면서 조직 문화뿐만 아니라 그라운드에서 보여준 성과에도 그림자를 드리웠다. 디 애슬레틱의 켄 로즌솔Ken Rosenthal과 에번 드렐릭Evan Drellich 기자는 휴스턴이 2017년 정규 시즌은 물론 어쩌면 그 이후에도 사인 훔치기를 진행해왔다고 주장했다. 이를 뒷받침하기 위해 2017년 당시 휴스턴 소속이었던 마이크 파이어스Mike Fiers와 익명을 요구한 소식통 여러 명의 발언을 인용했다. 많은 이들이 휴스턴이 오래 전부터 사인을 훔쳐왔다고 의심했지만, 그 기사는 사인 훔치기 과정을 매우 상세하게 다뤄 신뢰도를 높였다. 로즌솔과 드렐릭 기자가 파이어스가 고백한 내용을 적기로는, 휴스턴이 홈구장 외야 담장 뒤에 카메라를 설치하고 상대 포수가 사인을 내는 위치로 방향을 돌려서 더그아웃과 클럽하우스 사이 이동 통로에 설치한 화면에 실시간으로 영상을 전송했다. 구단 직원과 선수들은 영상을 보고 사인을 해독해서 쓰레기통을 쳐서 타자에게 어떤 공이 올 것인지 알려줬다. 이는 MLB 사무국이 포수 사인을 훔치거나 경기 중에 소통하기 위해 전자 장비 사용을 금지한 규정을 위반한 사항이다.

그러자 네티즌 수사대가 수많은 휴스턴 홈경기에서 쓰레기통으로 알리는 신호 체계가 초반부터 자주 사용되어왔음을 밝혔다. 심지어 이동 통로에 설치된 화면이 나타난 장면도 있었다. 그렇게 상도를 벗어난 행위에 대한 소문이 이어지자, MLB 사무국은 2018년에 포스트시즌부터 사인 훔치기 규정을 강화했다. 하지만 파이어스가 내부 고발을 하기 전까지는 그런 의혹에 대해 침묵으로 일관했다. 휴스턴은 사실 선수의 결점을 잡아내고 교정을 위해 사용할 목적으로, 다소 생소하지만 규정을 어기지 않는 선에서 카메라를 사용했다. 그런데 선수 육성을 목적으로 주로 사용했다고 알려진 카메라를 공정 경쟁을 저해하는 목적으로도 사용함으로써 그간 정정당당하게 진행한 노력에 어두운 그림자를 던졌다.

디 애슬레틱의 폭로로 인해 MLB 사무국은 조사에 바로 착수했다. 두 달 간 벌인 조사에서 사무국은 68명의 관계자와 면담을 가졌다. 현역 또는 이전 휴스턴 선수 23명이 거기에 포함되었다. 그 결과 롭 맨프레드 총재가 발표한 약식 보고서에 따르면 휴스턴은 2017년 정규 시즌과 포스트시즌 내내 소위 '두드리기 작전'으로 표현한 사인 훔치기를 진행했고, 기사의 내용이 대부분 사실인 것으로 확인되었다. 거기서 사인을 알려주는 행위는 2018년 시즌까지 이어졌지만, MLB 사무국은 휴스턴이 2018년 언젠가부터 사인 훔치기를 그만뒀다고 결론을 내렸다. 어쩌면 상대팀이 사인을 숨기려는 시도나 MLB 사무국의 강화된 감시 때문에 단념한 것일지도 모른다. 예를 들면, 워싱턴은 2019년 월드 시리즈에서 사인이 탄로 나는 것을 막기 위해 수신호를 통해 구종을 선택하는 방법 다섯 가지를 준비하고 종이에 출력해서 투수와 포수들에게 나눠주는 극단적인 과정을 거쳤다.

다만 MLB 사무국은 맨프레드 총재가 '선수가 주도한 계획'으로 규정했음에도 불구하고 선수를 처벌하지는 않았다. 개인의 죄책감을 판단하기도 어렵고, 2017~2018년에 휴스턴 소속이었던 선수들이 소속을 옮기기도 하고, 선수들이 숨김없이 털어놓도록 설득해야 했으며, 선수 노조의 반발을 살 수 있는 가능성이 있었기 때문이다. 그래도 타 구단에게 본보기를 보여주는 차원에서 몇 가지 가혹한 징계를 내리기는 했다. 우선 크레인 구단주는 책임으로부터 사면받았다. 총재가 모시는 30개 구단주 중에 한 명 아닌가? 하지만 루노와 A. J. 힌치 감독에게는 사인 홈치기를 예방하거나 중단시키지 못한 이유로 2020년 월드 시리즈가 종료될 때까지 자격을 정지시켰다. 보고서에 따르면 루노는 적어도 판독실에서 벌어졌던 일을 인지하고 있었다. 물론 본인은 규정 위반을 알고 있었다는 것을 부인했다. 또한 타우브먼도 클럽하우스에서 보인 품행을 이유로 자격을 정지시켰다.

아울러 구단에는 벌금 500만 달러를 부과했다. 사무국이 부과할 수 있는 최고액이다. 게다가 향후 2년 간 신인 드래프트 1, 2라운드 지명권을 박탈하는 더 엄중한 징계도 추가해서, 휴스턴이 유망주 풀을 보충할 수 있는 능력을 앗아갔다. 사무국 보고서의 여파로 휴스턴은 루노와 힌치 감독을 경질한 후에 탬파베이 레이스 임원인 제임스 클릭James Click을 단장으로, 구세대지만 존경받고 있는 더스티 베이커Dusty Baker를 감독으로 선임했다. 보스턴 레드삭스와 뉴욕 메츠도 각각 사인 훔치기를 계획했던 인물로 지목된 알렉스 코라와 카를로스 벨트란Carlos Beltrán 감독을 교체했다(벨트란은 메츠 감독으로 선임된 지 76일 만에 옷을 벗음 ─ 옮긴이). 상대팀 선수와 팬들은 휴스턴의 행위에 대한 경멸을 표하고, 2017년도 우승의 정당성에 대해 의문을 품었으며, 리그 전반에 걸쳐 사인 훔치기가 벌어지고 있었던 것이 아닌지에 대한 의혹을 가졌다. 그만큼 휴스턴은 야구에 대한 대중의 신뢰감에 큰 타격을 입혔다. 맨프레드 총재는 팬들의 믿음을 되살리기 위해 포수가 손가락으로 투구를 결정하는 방식 대신에 사인 훔치기가 이론적으로 불가능한 기술도 고려했다.

사실 휴스턴이 전자 장비나 기계를 써서 사인을 훔친 최초의 구단은 아니다. 보스턴도 2017년에 애플워치Apple Watch로 타자들에게 구종을 알려주는 방법을 썼다가 벌금을 물었다. 그리고 휴스턴이 조사를 받는 과정에서 코라 감독이 이끌었던 2018년도 보스턴 팀에 대한 조사가 새롭게 진행되었다. 그러나 맨프레드 총재는 스탯만 봐서는 휴스턴이 사인 훔치기를 통해 혜택을 얼마나 받았는지 결론을 내리기 어렵다고 밝혔다. 다시 말해 휴스턴이 부정행위로 더 좋아졌을 수는 있으나, 부정행위 하나 때문에 성과를 낸 것은 아니라는 소리다. 하지만 구단이 부정행위에 대한 뻔뻔함을 보였고, 오만하고 야비하다는 평판이 있었기 때문에 강한 비난이 쏟아졌다. 맨프레드 총재는 휴스턴의 행위 자체를 매도하기도 했지만, '편협한' 구단 운영으로 무엇보다 '성과 보상'만 중요시하는 문제투성이 조직 문화 또한 비난하고 나섰다. 그런 문화는 휴스턴이 정당하게 달성한 성과마저도 더럽히고 말았다.

데이터 기반 선수 육성의 문제점

오수나의 트레이드와 타우브먼의 자폭, 사인 훔치기 사건을 보면, 휴스턴의 선수 육성 방식도 구단이 가진 문제적 성향의 일부로 해석할 수도 있다. 어째서 메이저리그의 선수 육성 혁명 선동자들은 사건사고를 일으키고 거기에 따른 비웃음을 사는 경향이 있는 것일까? 2019년 7월 28일, 시즌 내내 기복이 심했던 트레버 바워는 경기가 잘 풀리지 않았다. 테리 프랭코나 감독이 마운드로 가서 투수 교체를 진행하자, 바워는 공을 외야 중앙 담장 너머로 던져버렸다.**QR-28** 바워는 경기 후에 사과했지만, 클리블랜드 인디언스 소속으로 사과한 것은 마지막이었다. 사흘 후에 그는 신시내티 레즈로 트레이드되었다. 혁신과 불성실한 태도는 서로 없어서는 안 되는 관계인가? 남을 신경 쓰지 않으면 창의력은 발휘할 수 있겠지만, 이유가 있는 규칙이나 관행을 무시해서 손해를 볼 수도 있다.

휴스턴이 메이저리그의 관행을 너무 대수롭지 않게 여겼던 부분 때문에 선수 육성이 앞서 나갔다 하더라도, 선을 넘는 행위나 발언들 때문에 선수 육성 혁명이 긍정적이지 않았다고 말할 수는 없다. 선수 육성이 발전하면서 많은 효과를 봤다. 선수들은 능력의 최대치와 가치를 높였고, 색다른 이론을 가졌던 지도사들은 뒤늦게나마 현대 메이저리그의 확장된 테두리 안에 들어갔다. 야구를 더 잘한다는 것은 본질적으로 나

QR-28
URL https://youtu.be/_Yna9ufEXCU?t=19

뻔 것이 아니다. 그리고 휴스턴의 평판은 무너졌더라도 다른 구단들은 그들의 방식을 모방하는 데 더 많은 노력을 기울였다. 아니면 선수 육성의 힘을 대변하는 선수들을 노렸다. 2019년 12월에는 자유 계약 선수 자격을 얻은 게릿 콜이 양키스와 역대 투수 최고액에 해당하는 9년, 3억 2,400만 달러짜리 계약을 맺었다.

그렇다 하더라도 강한 선수 육성으로 발생한 가치는 잉여 가치를 만들어낸 선수보다는 그들을 고용하는 구단주에게 더 많이 돌아간다. 선수 육성은 적어도 간접적으로나마 비용 절감과 항상 연관되었다. 명예의 전당 선수 행크 그린버그Hank Greenberg는 클리블랜드의 마이너리그 운영 부장으로 활동하다가 1950년에 단장으로 부임했다. 그는 브랜치 리키가 돈 쓰는 법에 감탄하며 다음과 같이 말했다. "브랜치 리키 단장은 시장에 나가 새로운 선수를 영입하는 데 돈을 쓰는 경우가 드물다. 자기 선수의 가치나 육성 방법에 대해서 더 잘 안다. 자신이 한 선택으로부터 최대한 뽑아내는데, 그렇게 할 수 있는 사람은 그 외에는 없다."

2019년에는 휴스턴이 처음 도입했던 비야구인들의 육성 기술이 급속도로 퍼지자, '베터볼', 즉 '더 나은 야구'는 보편화가 되었다. 그 때문에 시대에 뒤떨어진 방식을 고수한 선수와 구단은 더 뒤처지게 되었다. 그리고 구단들은 최신 육성 방식에 두 배 이상 몰입한 덕분에 더 젊은 선수를 찾는 분위기가 형성되었다. 하지만 메이저리그 노사 협약은 연차가 적은 선수들이 시장 가치보다 수백만 달러 적게 받는 급여 체계를 지시한다. 메이저리그의 순이익은 증가한 반면, 메이저리거들의 개막일 평균 연봉이 2년째 감소세를 보이면서 육성 혁명의 방향성에 대한 의문이 점점 커져갔다. 그런 현상은 자유 계약 선수가 도입된 이후 이례적인 일이다. 성과를 이룬 자유 계약 선수의 가치가 줄어드는 상황 속에서 데이터 기반 육성은 선수 권익을 신장시켜주는 것인가, 아니면 착취하고 있는 것인가? '더 나은 야구'는 과연 누구를 위해 더 나아진다는 말인가?

볼티모어 오리올스의 붕괴 ────────────

2019년에 볼티모어 오리올스 투수 존 민스John Means가 데이터 기반 육성이 선수의 권익을 신장시키는 매개체라는 논리를 가장 잘 대변했다. 민스는 유망주는 아니었지만, 최신 방식으로 기량을 극대화해서 야구에 눈을 뜨고 메이저리그를 밟은 사례였다. 그러나 민스의 성공 사례에서 우리는 2019년에 들어서 휴스턴을 막강하게 만든 기술이 일용품이 되어버리는 것을 볼 수 있었다. 만일 데이터 기반 육성에서 크게 뒤처진 볼티모어 같은 구단이 휴스턴과 같은 방식을 차용한다면, 혁명 이후에 한쪽으로 치우친 리그 수준이 균형을 맞추어질 것을 예고한다.

민스는 캔자스시티 근교 올레이서Olathe 출신 좌투수로, 고등학교를 졸업하고 1부 리그 대학교의 부름을 받지 못했지만, 2년제 대학 야구부에 입단해서 열심히 노력했다. 그 결과 1부 리그 소속인 웨스트버지니아 대학교 야구부로 편입할 수 있었다. 그리고 볼티모어는 그를 2014년 신인 드래프트 11라운드에서 지명했다. 그는 느긋하게 단계를 밟아가다가 마이너리그 5년차였던 2018년 9월에 보스턴을 상대로 메이저리그에 데뷔했다. 하지만 그날 구원으로 등판한 민스는 5실점이나 허용했고, 밑바닥을 기었던 볼티모어는 19 대 3으로 패했다. 민스는 비시즌에 들어가자 입지가 불투명해졌다. 《베이스볼 아메리카》는 볼티모어의 마이너리그 체계를 30개 구단 중 22위로 평가했는데, 민스는 팀 내 30대 유망주

안에도 들지 못했다.

"그때 아마 140~142를 던졌을 겁니다. 제 키가 190센티미터고, 몸무게가 104킬로그램이 나가는데, 그 정도밖에 못 던지고 있었던 거죠"라고 민스는 기억한다. 비록 시즌 막판에 메이저리그 무대를 밟아서 기뻤지만, 그렇게 던져서는 살아남을 수 없다는 것을 알아차리지 못할 정도로 둔하지는 않았다.

민스는 이전부터 여러 선수들에게 P3 또는 프리미어 피칭 & 퍼포먼스Premier Pitching & Performance라는 곳을 추천받았다. P3는 최첨단 기술로 투수를 지도하는 시설로, 미국 중서부의 드라이브라인으로 불렸다. 그전까지는 비시즌마다 현실에 안주했고, 올레이서에서 세인트루이스에 위치한 P3 시설까지 차로 4시간이 걸리는 먼 길이어서 그곳을 찾지 않았다. 그렇지만 이번에는 가보기로 결정했다. 구속이 느리다고 느끼고, 볼티모어가 현대화된다는 것을 감지하고는 자극을 받은 것이다. 2018년 11월, 볼티모어 임원인 존 앤젤로스John Angelos와 루이스 앤젤로스Louis Angelos 형제는 서른다섯 살인 마이크 일라이어스를 새로운 단장으로 선임했다. 앤젤로스 형제는 현재 투병 중인 피터 앤젤로스Peter Angelos 구단주의 아들들이다. 일라이어스도 타우브먼처럼 휴스턴 전 부단장이었고, 볼티모어로 넘어오면서 휴스턴 임원 시그 메이달과 크리스 홀트를 데려가서 각각 부단장과 마이너리그 투수 코디네이터(이후에는 투수 육성 부장)라는 직책을 부여했다. 볼티모어는 어떤 면에서 휴스턴의 방식대로 재건될 계획이었다.

볼티모어를 현대화시키는 일은 대규모 사업이나 다름없었다. 그만큼 너무 뒤처져 있었기 때문이다. 과거에는 브랜치 리키스러운 '오리올 방식Oriole Way'을 내세우며 선수 육성에 대한 자부심이 대단했다. '오리올 방식'은 1950년대 말에 폴 리처즈Paul Richards와 짐 매클로플린Jim McLaughlin 마이너리그 운영 부장이 기획한 표준 지도 체계로 얼 위버 Earl Weaver 감독이 이후에 계승했다. 볼티모어는 그렇게 해서 1960년부터 1980년대 중반까지 25년 간 메이저리그에서 최고 승률을 자랑했다. 그러나 일라이어스가 단장으로 부임하기 훨씬 전부터 '오리올 방식'은 방향성을 잃고 말았다.

"언제 적 볼티모어예요? 이 팀은 지난 5년 간 과거에 사로잡혀 있었던 것 같습니다"라고 민스는 말한다. 메이달은 볼티모어 오리올스를 '메이저리그에 일어난 증거 기반 데이터 혁명에도 끄떡없는 구단'으로 표현했다. 볼티모어는 고속 카메라도 없었고, 심지어 휴스턴의 그라운드 컨트롤처럼 프런트에 중앙 데이터베이스도 없었으며, 파벌 싸움도 이어지고 있었다. 일라이어스 단장이 부임하기 전부터 근무했던 한 직원은 다음과 같이 말한다. "프런트와 프런트가 주입시키려는 철학은…… 현장 코치진과 확실히 달랐고, 이로 인해 분열되었습니다."

그런 분열로 인해 볼티모어는 공개 망신을 여러 차례 당했다. 2007년에 지명한 제이크 애리에타는 2010~2013년 동안 평균 자책점이 5.46이었다. 구단에서 양다리가 엇갈리는 크로스로 던지는 동작을 고치고, 압도적인 커터를 봉인해버리는 바람에 힘을 제대로 쓰지 못했다. 구단은 커터가 애리에타의 포심 속구 구위를 떨어뜨린다고 생각했다. 그런데 2013년에 시카고 컵스로 이적하고 나서 애리에타는 기량이 만개했다. 거기서는 투구 동작을 고치기보다는 기존 동작을 토대로 개선해나갔다. 그는 2015년 내셔널 리그 사이영 상을 받고 나서, 2016년에 톰 버두치

Tom Verducci 기자에게 "볼티모어에서는 자기와 맞지 않는 투수가 되느라 큰 불편함을 안고 가야했던 투수가 많았다"고 밝혔다.

볼티모어의 전 마무리 투수 잭 브리튼은 2018년 7월에 지구 라이벌인 양키스로 트레이드된 이후에 데이비드 로릴라David Laurila 팬그래프스 기자에게 이렇게 말했다. "이 팀이 데이터 분석을 활용하는 방법을 볼티모어와 비교하면 천지 차이다." 이어서 한 말은 게릿 콜이 피츠버그 파이리츠를 나와 휴스턴에서 전성기를 맞이했던 이야기와 결이 비슷했다. "이렇게 많은 정보를 접한 적이 없었다. …… 생각지 못했던 부분에 눈을 뜨게 되는 것 같다."

양키스가 브리튼을 영입하기 직전에 로스앤젤레스 다저스는 볼티모어 유격수 매니 마차도Manny Machado를 트레이드로 영입했다. 그때 데이브 로버츠 다저스 감독은 구단이 수비 위치를 자리 잡거나 수비 기술을 개선해서 마차도의 수비를 향상시킬 수 있는 점을 내비쳤다. 로버츠 감독은 "볼티모어가 어느 정도 적극적이었는지 모르겠지만 우리가 그 방면에서는 더 적극적인 편"이라고 말했다. 마차도는 전반기에 볼티모어에서 유격수로 뛸 때 수비 득점이 평균 대비 18득점 낮았지만, 다저스 소속으로 뛴 후반기에는 평균 대비 5득점 높았다.

2017년 10월에 댄 듀켓Dan Duquette 단장과 벅 쇼월터Buck Showalter 감독이 경질된 후에, 듀켓은 기자들에게 어째서 다른 구단으로 이적하고 나서보다 더 잘던지는 투수들이 그렇게 많았는지 의문을 제기하면서 쇼월터를 저격하는 듯한 발언을 했다. "어째서 에이전트들이 프런트에 연락해서 메이저리그 코치진이 데이터 분석을 더 수용하도록 운영해달라고 호소할까?"라며 생각하는 바를 그대로 입 밖에 냈다.

볼티모어가 얼마나 많이 뒤처졌는지 깨달은 직원도 있었지만, 긍정적인 생각을 잃지 않았다. 익명을 요구한 구단 임원은 이렇게 말한다. "열심히 일하는 방법밖에 없다는 자세를 취했습니다. 그리고 열심히 하다 보면 언젠가 따라잡을 수 있다는 희망을 가졌습니다. 항상 잘한다는 법은 없잖아요?"

볼티모어에게도 그런 법은 없었다. 그들은 2012~2016년에 아메리칸 리그에서 가장 많이 승리했고, 강한 불펜과 약간의 운으로 매년 예상을 뒤엎었다. 그런데 주축을 이뤘던 자체 육성한 선수들이 노쇠하자, 팀은 붕괴했다. 일라이어스 단장은 부임하자마자 팀이 54승 108패를 기록했다. 같은 해에 휴스턴은 55패를 당했다. 그래도 볼티모어 입장에서는 좋아졌다고 봐야 한다. 2018년 팀은 47승 115패를 기록했다. 휴스턴이 2018~2019년에 득실차가 +543점이었던 반면, 볼티모어는 -522점이었다. 1962~1963년 뉴욕 메츠 팀 이후 두 시즌을 합쳐서 볼티모어보다 최악이었던 구단은 2002~2003년 디트로이트 타이거스밖에 없다.

거꾸로 갔던 볼티모어는 민스나 다른 선수들을 성장시키지 못한 것으로 끝나지 않았다. 2019년 전까지는 선수 성장을 적극적으로 지체시켰다. 민스는 "항상 코치들의 이야기만 들었다"고 말한다. "코치님들이 결정하니까 코치의 이야기를 듣고, 그대로 따라야 했어요. 그런 분도 계셨죠. 저희 투수 코디네이터님인데, 모든 투수들에게 타자 무릎 위로 던지면 나쁘다고 대놓고 말씀하고 다니셨습니다. 사실 저는 그와 정반대로 해야 하는 유형입니다." 2019년에 민스의 포심 속구 회전수는 메이저 리그 평균보다 훨씬 높았다. 회전수가 높아서 스트라이크 존 높게 던지는 것이 유리한데도 불구하고, 2019년 이전까지는 역효과를 내는 조언

MVP 머신

을 받아들였던 것이다. "계속 무릎 높이, 무릎 높이, 무릎 높이로 꽂아 넣었다가 무릎 높이에서 얻어맞았죠." 볼티모어는 민스가 표현하기를 '실패를 향해 가는 방식'으로 운영했다.

또한 과거의 볼티모어는 투수들에게 웨이티드 볼이 부상을 일으킨다고 가르쳤다. 그것은 민스가 P3 방문을 주저했던 이유이기도 했다. 하지만 그는 배우고 열심히 훈련하는 일을 좋아했고, P3의 훈련법을 받아들이자 바로 성과를 보였다. 훈련 과정을 마치기 직전에 그는 시속 150킬로미터를 찍었고, 전지훈련까지 구속 상승이 이어졌다. "첫 등판에서 시속 148~153킬로미터가 나왔는데, 저는 150킬로미터를 넘겨본 적이 없었어요. 그래서 'P3에는 뭔가 있구나' 싶었습니다."

볼티모어에 불어오는 새로운 변화의 바람

민스는 휴스턴과 양키스 같은 구단이 투구 디자인에 고속 카메라를 사용하기 시작했다는 이야기는 들었는데, 자신은 2019년 전지훈련이 되어서야 그런 카메라 앞에서 직접 던져보게 되었다고 말한다. 그는 새로운 유형의 피드백을 활용해서 체인지업 그립을 교정했다. 그의 체인지업은 속구처럼 움직였기 때문이다. "체인지업을 속구 던지듯이 던지라고 배웠습니다. 그래서 그렇게 던졌어요. 시속 137~139킬로미터로 화살처럼 곧게 뻗어나가죠. 제 속구랑 똑같습니다." 카운트가 불리할 때 스트라이크 판정을 받을 정도는 던질 수 있지만, 헛스윙을 유도하지는 못했다. 하지만 가능성은 보였다. 홀트는 민스에게 "손바닥을 바깥쪽으로 던지면서도 공을 숨길 수 있다. 공 안쪽을 훔치듯이 던져야 한다"고 알려줬다. 민스는 그렇게 해서 공이 나오는 궤적을 바꾼 결과 공에 달아

나는 효과와 낙폭이 생겼다.

민스는 전지훈련을 통해 메이저리그 로스터에 다시 진입한 뒤 세 번 연속 구원으로 양키스 타선을 막아냈다. 그리고 선발진에 합류해서 붙박이로 남으며 155이닝을 던졌다. 그가 스트라이크 존 상단 3분의 1과 그보다 높게 던진 포심 속구는 53.6퍼센트로 메이저리그 평균인 47.9퍼센트보다 높았다. 이것도 사실 투구 추적을 시작한 이후 역대 최고치였다. 그는 시즌이 지나면서 변화구를 더 활용했다. "'속구로 승부하는 일'은 더 이상 없다"고까지 말한다. 새롭게 변신한 체인지업은 팬그래프스 구종 가치 7위에 올랐다. 그는 10이닝 이상 던진 팀 내 투수 중에 평균 자책점(3.60)과 WHIP(1.135)가 1위였고, 베이스볼레퍼런스에서 계산하는 WAR(bWAR로 통용 — 옮긴이)은 팀 전체 1위를 기록했다. 그리고 팀 내에서 유일하게 올스타전에 출전했다. 게다가 아메리칸 리그 최우수 신인상 투표에서 휴스턴의 요르단 알바레스Yordan Álvarez에 이어 2위에 올랐다.

과거의 볼티모어는 투수들에게 장비를 쓴 적도 없고, 구종을 평가해주는 스탯을 제공한 적도 없다. 그런데 휴스턴 출신 단장이 들어오자마자 구단 철학이 180도 바뀌었다고 민스는 말한다. 일라이어스 단장은 컵스에서 코치와 선수 육성부장을 거쳤던 브랜던 하이드Brandon Hyde를 감독으로, 휴스턴 코치였던 더그 브로케일Doug Brocail을 투수 코치로 채용했다. 민스는 새로운 코치진은 투구가 정확히 어떻게 움직이는지, 정확히 어디에 던져야 하는지, 스윙을 정확히 어떻게 유도하는지 알 수 있도록 정보의 자유로운 흐름을 보장한다고 말한다. "그냥 나가서 어떻게 되는지 눈으로만 보는 게 아니라, 조금 수학적인 측면이 있습니다.

해답을 그냥 알려주는 느낌입니다."

민스에게는 그것만으로도 변화를 주기에 충분했다. "만일 하던 방식대로 계속 했으면, 야구를 분명 그만둬야 했을 겁니다. 만일 새로운 방식을 더 일찍 썼다면, 아마 메이저리그에 더 빨리 올라왔겠죠." 그는 0.256라는 BABIP의 도움도 있었다. 150이닝 이상 던진 투수 75명 중에 여덟 번째로 낮았다. 2020년에는 탈삼진율을 높이고 인플레이 타구와 행운에 대한 의존도를 낮추기 위해, 횡으로도 꺾이며 우타자 뒷발 쪽으로 빠르게 떨어지는 커브를 완성하고 있다.

볼티모어의 혁명에서 민스가 가장 잘 알려졌지만, 볼티모어의 마이너리그에도 자신을 개조한 투수들이 있다. 볼티모어가 2017년 신인 드래프트 3라운드에서 지명한 마이클 바우먼Michael Baumann(14장에서 소개한 기자와는 동명이인)은 마이너리그에서도 육성 방식이 천지 차이로 변한 것을 체험했다. 그는 "다른 구단은 저희보다 훨씬 앞섰다는 이야기만 들었지, 어느 정도였는지는 몰랐습니다"라고 말한다. 볼티모어의 새로운 두뇌 집단은 웨이티드 볼과 에저트로닉 카메라, 실질적인 지도법, 단계마다 일관된 지도 내용 등을 도입하면서 초반부터 새로운 기준을 마련했다.

10년 전부터 알았어야 할 정보였다고 바우먼은 말한다. "하지만 첨단 장비와 데이터 분석 면에서는 밑바닥에 있다가 정상 수준으로 올라간 것 같습니다." 그는 상위 클래스A에서 더블A로 승격했고, 그곳에서 10탈삼진 노히터를 던졌다. 그는 새로 얻은 안목 덕분에 자기 공에 대한 자신감이 크게 붙어서 2018년에 19.9퍼센트였던 탈삼진율이 2019년에는 28.9퍼센트까지 올랐다.

바우먼과 민스는 구단의 맞춤형 육성 계획을 높게 평가했다. "타자의 무릎보다 높게 던지지 마라"라는 일반적인 방식을 일괄적으로 적용하기보다 선수마다 장점에 맞춰 계획을 세웠다. 물론 데이터 기반 육성은 회전수가 높은 속구를 높게 던지고 변화구를 스트라이크 존 낮게 던지는 조립식 투수를 대량으로 찍어내며 기계화되고 인격을 빼앗는 듯한 느낌을 주는 부분이 있다. 하지만 오늘날 유행하는 공식일 뿐이다. 휴스턴과 모방 구단들은 그런 유형에 맞는 투수를 찾지만, 볼티모어가 한때 애리에타에게 선입관을 주입시켰던 것과 달리 누구에게도 강요하지 않는다.

바우먼도 구단 덕분에 오히려 자기만의 공을 던지게 되었다. 《베이스볼 아메리카》는 봄에 그를 볼티모어 팀 내 유망주 21위에 올렸는데, 9월에 구단 내에서 올해의 마이너리그 투수로 공동 선정되자 선수층이 더 두터워졌는데도 10위로 상향 조정했다. 팬그래프스는 2019년 시즌 초반 볼티모어의 마이너리그 체계를 30개 구단 중에 26위로 평가했다. 그러나 시즌이 종료될 시기에는 10위까지 올랐다. 2019년 신인 드래프트 전체 1순위를 지명하게 된다는 사실과 바우먼처럼 소속 선수들의 실력이 향상되었던 점에서 비롯된 것도 있다. 볼티모어는 2019년 전체 1순위 지명권을 그해 드래프트 최대어로 꼽힌 오리건주립대학교 포수 애들리 러치먼Adley Rutschman을 뽑는 데 사용했다.

2018년에 볼티모어 마이너리그 투수들의 전체 탈삼진율은 30개 구단 중에 23위에 그쳤다. 하지만 2019년에는 6위까지 올랐다. 그렇다고 휴스턴과 견줄 정도는 아니었다. 그들은 모든 구단에 비해 2퍼센트 가까이나 앞섰다. 2018년에 휴스턴이 지명한 첫 여섯 명의 대졸 투수들은 2019년에 9이닝 당 최소 10.5탈삼진을 기록했다. 이미 월등했던 휴스턴의 탈삼진율은 2019년에도 거의 변함이 없었다. 반면 볼티모어는 직전 해에 비해 3.1퍼센트가 올라 변동 폭이 30개 구단 중에 가장 높았다. 밀워키 브루어스가 변동 폭이 두 번째로 높았다. 밀워키 역시 루노 사단의 참모였던 데이비스 스턴스David Stearns가 운영 사장을 맡고 있다.

어쨌거나 볼티모어가 밑바닥을 탈출하기까지는 많은 시간이 필요하고, 새로 다진 투수들의 역량으로도 팀의 간판타자 크리스 데이비스Chris Davis의 망가진 타격을 고치지는 못했다. 그래도 최근 변화는 일라이어스 단장이 말하는 '오랫동안 마이너리그 투수 육성에 어려움을 겪은 구단'에게는 분수령과 같다. 볼티모어의 단일 시즌 탈삼진율이 상승한 것은 "영리해지는 것보다 바보가 안 되는 것이 더 이득"이라는 필 번바움의 격언을 다시 한 번 증명했다.

모든 구단이 뛰어들고 있는 선수 육성 혁명 _____

일라이어스 단장과 메이달은 바보가 되지 않고, 영리해질 수 있는 새로운 길을 모색하면서 볼티모어에서 첫해를 보냈다. 그리고 어떻게 해야 업계 선두 주자들을 따라잡을 수 있는지 고민도 했다. 하지만 그런 격차를 줄이기 전에, 성적이 가장 좋았던 구단에서 가장 나빴던 구단으로, 기술에 가장 능숙했던 구단에서 가장 뒤처진 구단으로 옮기면서 잃어버린 방향 감각부터 되찾아야 했다.

일라이어스는 이렇게 설명한다. "휴스턴이 얼마나 발전되고 기술력이 좋은지 설명하기가 힘듭니다. 디지털 하부 구조뿐만 아니라 물적 자본 하부 구조도 그렇습니다. 그렇기 때문에 휴스턴에 있다가 소수를 제외한 다른 구단으로 가면 충격을 먹을 거예요. 익숙했던 도구나 과정, 사람들 등 시스템이 없으니까요. 저도 모르게 '아, 그라운드 컨트롤(휴스턴이 사용하는 야구 관련 데이터베이스. 9장에서 소개 — 옮긴이)에는 어떻게 나왔을까'라는 생각이 떠올라요. 그리고 나서 저희가 그렇게 의존해왔던 도구가 더 이상 없다는 걸 실감하게 됩니다."

사실 일라이어스와 메이달이 이와 같은 상황에 놓인 것이 처음은 아니다. 세인트루이스 카디널스에서 월드 시리즈 우승을 경험한 두 사람은 제프 루노와 함께 당시 최하위 팀이었던 휴스턴으로 자리를 옮겼다. 휴스턴은 그때 세이버메트릭스에도 빈약하고, 성적도 최하위였다. 휴스턴은 2011년 말에 2018년 말의 볼티모어처럼 노장 선수들을 내보내고 이렇다 할 유망주도 많지 않았다. 하지만 두 사람은 휴스턴이 정상까지 가는 데 일조했고, 지금은 시시포스의 형벌을 기꺼이 받아들이고 정상을 향해 바위를 다시 밀어 올리고 있다.

다만, 이번에는 바위가 덜 무거울 것이라고 생각했다. "앤젤로스 가문은 저희가 이런 과정을 겪었고, 선수 육성 혁명을 시작부터 함께했다는 데 관심을 가졌습니다"라고 일라이어스 단장은 말한다. 그리고 "그래서 저희가 이미 경험해봤으니까 한계가 어디인지 아주 잘 알았고, 그런 한계들을 잘 피해갈 수 있었습니다"라고 말한다. 일라어스 단장과 메이달은 이미 한 번 겪었기 때문에 막히거나 오류가 많이 발생했던 부분을 건너뛰어서 단기간에 성과를 낼 수 있는 투구 디자인에 집중하고, 경험상 도움이 된다고 느낀 장비와 기술에 투자했다.

볼티모어의 지도부는 휴스턴에서 이기는 법을 거쳤기 때문에 사람들로부터 인정받았다. 2010년대 초에는 그런 인정은 없었다. 앞으로 몇 년 간 50몇 승밖에 올리지 못해도 나중에 보상받는다고 2013년에 휴스턴이 주장하는 것과 2019년에 볼티모어가 주장하는 것은 이야기가 전혀 다르다. 볼티모어가 나아가고자 하는 방향이 어떤 것인지는 휴스턴의 연도별 성적이 매번 상기시켜준다. 2019년에 볼티모어는 40년 만에 최저 관중을 기록했듯이 프런트든 팬이든 패배를 즐기지 않았다. 그렇지만 휴스턴에서의 경험과 실적 덕분에 볼티모어 프런트의 장기 계획에 대한 내외부인들의 근심이 줄었다.

메이달은 "휴스턴에서는 희망 덕분에 버틸 수 있었습니다. 하지만 볼티모어에서는 희망뿐만 아니라 휴스턴에서 희망을 실현시켰다는 데서 나오는 자신감도 있습니다."

자신감은 전염될 수 있다. 일라이어스 단장은 볼티모어가 과거에는 다음과 같은 문제에 시달렸다고 말한다. "선수 영입과 선수 육성을 담당하는 부서 간에 단절이 있었습니다. 메이저리그에서, 그리고 동부 지구처럼 경쟁이 치열한 곳에서 그런 불화까지 안고 갈 여유는 없습니다." 그는 휴스턴에서 메이저리그 단계보다는 아마추어 선수 스카우팅을 주로 맡아서, 스카우트와 선수 육성 부서 간의 화합을 도왔다. 볼티모어에 와서도 뿔뿔이 흩어진 부서들을 통합해나갔고, 드래프트 회의에 선수 육성 관계자도 무조건 참여시켰다.

일라이어스 단장과 메이달이 휴스턴의 사인 훔치기 작전에 대해 인지하고 있었는지, 휴스턴의 조직 문화를 우려하는지, 그런 부분이 볼티모어로 옮아가지 않도록 예방책을 강구했는지에 대한 질문에는 함구했다. 일단 여태까지는 휴스턴에서 일어난 불미스러운 일은 대부분 피했고, 프런트를 안정시킨 것처럼 보인다. 로즌솔 기자는 2017년에 볼티모어 프런트를 '유별난 사내 정치' 때문에 마찰과 갈등이 빚어졌다는 말로 표현했다. 익명의 볼티모어 관계자는 말한다. "당시에는 사내 정치가 상당히 해를 끼쳤는데, 이제는 그런 게 없어졌습니다. 일라이어스 단장이 들어오면서 절차를 실행하고 간소화하는 부분에서 방식이나 철학을 따지는 사람은 없었습니다. 첫날부터 '우리가 앞으로 나갈 방식을 공개했는데 모두가 한 배를 타기로 하고 동참했습니다."

물론 모두라는 것은 해고되지 않은 직원들만 해당된다. 일라이어스 단장은 프런트와 스카우트, 육성 부서를 휴스턴에서처럼 정리했다. 2019년 시즌이 끝날 무렵 30명이 넘는 직원을 해고하거나 재계약하지 않겠다고 통보한 것으로 알려졌다. 그는 밀워키의 스턴스 사장과 마찬가지로 루노가 프로 스카우트들을 정리했던 방식을 비슷하게 밟으며 휴스턴식 스카우팅 분석원을 제외하고 두 명만 남겼다. 또한 스콧 맥그레거Scott McGregor와 브레이디 앤더슨Brady Anderson, B. J. 서호프B. J. Surhoff 등 선수 출신 프런트 철밥통들을 내쫓았다. 심지어 그중 세 명은 오리올스 명예의 전당에 오른 선수들이었다. 서호프는 해임되자마자 디 애슬레틱에 "사람을 대하는 방식이 마음에 들지 않는다"며 불편함을 내비쳤다.

휴스턴의 선수 육성 개편을 기획한 인원들처럼 일라이어스 단장도 절대로 전통에 맡기지 않는다. 볼티모어의 전통은 성과를 내지 못했다. 일라이어스 단장은 세인트루이스 스카우트로 야구계에 첫발을 내디뎠고, 휴스턴의 프로 스카우트진을 해체시키는 데 관여했는데, 그 과정에서 연관된 모든 이들에게 좋지 못한 인상을 남겼을 것이라고 말한다. 그렇다고 볼티모어에서 비슷한 절차를 진행하는 데 주저하지 않았다. 야구는 비즈니스고, 그 비즈니스는 이제 변했기 때문이다. "세상이 기술적으

MVP 머신

로 빠르게 변하기 때문에 …… 그렇게 기술과 환경이 변하면 자신이 가진 기술도 빠르게 뒤처질 수 있습니다."

어쩌면 볼티모어가 예산을 줄이기 위해 스카우트들을 정리했다는 소식이 뉴욕주 대법원이 볼티모어가 큰 지분을 가진 미드애틀랜틱 스포츠 네트워크Mid-Atlantic Sports Network가 소수 지분의 협력사인 워싱턴 내셔널스에게 1억 달러를 지불할 의무가 있다는 판결을 유지했던 주에 나온 것이 우연만은 아니었을 것이다. 그렇게 스카우트를 정리한 일을 볼티모어를 장기간 담당해온 기자인 댄 코널리Dan Connolly는 '비용 절감 실습'으로 표현했지만, 구단은 휴스턴의 경험에 착안해서 다른 분야 인력을 추가할 것이다. 메이달이 볼티모어로 이직할 당시, 운영부에는 개발자 한 명만 있었고 분석원은 아예 없었다. 얄궂게도 휴스턴은 볼티모어의 소규모 분석팀을 이끌었던 인물을 채용했다. 그리고 구단은 메이달이 입사 1주년을 맞이하기 직전에 그라운드 컨트롤과 같은 데이터베이스를 구축했다. 볼티모어를 배경으로 한 드라마 〈더 와이어The Wire〉의 등장인물 이름을 따서 OMAROrioles Management Analytics Reporting로 불렀다. 아울러 개발자와 분석원을 합친 숫자도 열 명이 되었다. "지금 제 손 안에 있는 정보가 새로운 운영진이 오기 전과 비교하면 …… 비약적인 차이가 납니다"라고 익명의 볼티모어 관계자는 말한다.

2019년 9월, 볼티모어는 맷 블러드Matt Blood를 새로운 선수 육성 부장으로 선임했다. 블러드도 세인트루이스 스카우트 출신이고, 미국 야구협회 만 18세 이하 대표팀 부장으로 근무한 바 있다. 그리고 나서 2018년 11월부터 텍사스 레인저스의 선수 육성 부장을 맡았는데, 그곳에서 지도 방식을 급격하게 바꾸려다 마찰을 일으키고 1년을 채우지 못하고 나왔다. 하지만 볼티모어는 마이너리그 코치진에 육성 코치와 기초 요건 코치라는 보직을 추가해서 블러드의 역량을 확장시켰다. 2019년 월드 시리즈가 끝난 다음 날, 볼티모어는 운영부 15개 부문에 대한 채용 공고를 냈다. 그중 10개는 선수 육성과 관련되었고, 자격 요건에 성장형 마인드셋을 갖춰야 한다고 적었다.

일라이어스 단장은 최근 구단마다 채용 경향이 비슷해졌다고 말한다. "전부 선수를 극대화할 수 있는 육성이나 체력, 수행 능력, 영양, 심리 기술과 같은 분야의 사람을 채용하고 있습니다." 메이달은 장비가 주는 효과는 일시적이라고 덧붙인다. "단순히 카메라나 기술 장비를 더 많이 사는 건 어렵지 않습니다. 저희도 그런 일은 금방 했죠. 그걸 현장에 도입하고 효과를 최대한 보는 부분이 어렵습니다. 저희도 그 부분만은 아직도 애쓰고 있습니다." 그래서 2019년 11월에 구단에서는 그것을 이끌어나갈 인물로 또 한 명의 휴스턴 임원 출신인 이브 로즌바움Eve Rosenbaum을 채용해서 야구 발전 부장이라는 신설 보직으로 임명했다.

볼티모어에서는 휴스턴이 2012년에 겪었던 선수와 코치들의 거센 반발은 없었다. 이제는 수비 시프트에 반발하는 사람은 없다. 만일 선수가 좋아질 수 있는 정보를 구단이 제공하지 않으면, 선수들이 오히려 이상하게 생각한다. 바우먼이 말하기를 "선수들은 시대에 뒤떨어지고 싶어 하지 않는다."

어떻게 보면 시대적인 상황 덕분에 짐을 덜 수 있다. 메이달은 이렇게 이야기한다. "변화를 요구하는 조직이 우리뿐이면 정말 어렵습니다. 하지만 업계에서 대부분 진행하고 있는 변화라면, 그 요구가 훨씬 쉬워지죠." 휴스턴은 혁명을 처음 시작할 당시에 그런 후폭풍을 버텨내야 했다.

하지만 엄청난 선점자로서의 이익을 얻었다. 지금은 상승 물결이 모든 구단의 선수 육성에 영향을 미쳤기 때문에, 볼티모어는 그때만큼 이익을 얻지는 못했다.

일라이어스 단장은 지금 리빌딩하면서 불리해진 건 이런 일을 안 하는 구단이 없다는 것이라고 말한다. "2012년 휴스턴처럼 전체적인 사고방식이 극소수 구단에만 유리했던 상황이 아닙니다." 2019년 10월에는 K-모션이 볼티모어의 '선수 육성 협력 업체'이며 '공식 3D 모션 데이터 기술 장비'임을 공식 발표했다. 그런데 보도 자료에는 K-모션과 협업하는 '메이저리그 구단이 22곳이 넘는다'고도 언급되었다. 이 협약 덕분에 볼티모어는 더 뒤처지지는 않겠지만, 그렇다고 해서 앞서나가는 데 크게 도움이 되지는 않을 것이다.

볼티모어는 2018년 휴스턴 수준으로 팀을 끌어올리겠다고는 하지만, 기존의 노력으로는 충분하지 않다는 것을 잘 안다. 나머지 구단들이라고 가만히 있지는 않는다. "다른 구단들이 어떤 일을 하고 있을지 생각만 해도 밤에 잠이 안 오고 겁나죠. …… 목표를 향해 노력하는 이들은 모두가 두려워할 겁니다."

선수 육성에도 평준화가 이루어질까

볼티모어뿐 아니라 같은 지구의 다른 팀들 역시 활발하게 변하고 있었다. 우선 양키스는 2019년에 이례적으로 선수들의 줄부상에 시달렸는데, 그럼에도 불구하고 103승이나 올렸다. 그 이유는 캐머런 메이빈Cameron Maybin과 마이크 토크먼Mike Tauchman, 지오 우르셀라Gio Urshela 등 수많은 후보 선수들이 개인 최고 성적을 찍었던 것이 주전 선수들에게 기대했던 성적과 맞먹거나 능가했기 때문이다. 위에 언급한 세 명은 개인 타격 지도사나 양키스 소속 코치에게 스윙을 교정했다. 시즌이 끝나고 양키스는 카일 보디에게 영향을 준 에릭 크레시를 채용해서 구단의 체력 관리 부서를 감독하는 임무를 부여했다. 그리고 새로운 투수 코치로 크레시 스포츠 퍼포먼스와 클리블랜드에서 지도사로 근무했던 맷 블레이크를 채용하기도 했다.

탬파베이도 2018년에 진행한 트레이드 덕분에 96승이나 올릴 수 있었다. 당시 올스타 2관왕 크리스 아처Chris Archer를 피츠버그로 보내고 오스틴 메도스Austin Meadows와 타일러 글래스노Tyler Glasnow, 마이너리그 오른손 투수 셰인 바즈Shane Baz를 얻었다. 최상위급 유망주였던 메도스와 글래스노는 피츠버그에서 찬밥 신세가 되었지만, 탬파베이로 넘어가서는 꽃을 피웠다. 메도스는 33홈런을 쳤고, 글래스노는 비록 팔꿈치 부상으로 몇 달 빠졌지만 이닝 당 WAR로 볼 때 리그 최고 투수임이 틀림없었다. 반면, 아처는 평균 자책점이 5.00까지 치솟으면서 트레이드는 재앙 수준으로 낙인 찍혔다.

강속구 투수 바즈는 클래스A에서 평균 자책점을 3.00 미만을 기록했고, 세 명 가운데 탬파베이의 육성 방식이 가진 장점에 대해 목소리를 가장 크게 냈다. 그는 《피츠버그 포스트-가제트Pittsburgh Post-Gazette》를 통해 "탬파베이에서는 안다고 생각하는 건 아마 모르는 거라고 알려줬다"고 밝혔다. MiLB닷컴(마이너리그 공식 매체 — 옮긴이)에는 "투구를 바라보는 시각도, 접근하는 방법도 완전히 새로웠다"고 말했다.

사실 탬파베이가 글래스노에게 가르친 것은 피츠버그와 크게 다르지 않았다. 그런데 탬파베이의 지도법이 맞아 떨어졌던 것이다. 닐 헌팅턴

Neal Huntington 당시 피츠버그 단장은《피츠버그 포스트-가제트》에 "탬파베이는 우리가 글래스노에게 적용시키려고 노력했던 부분을 그가 받아들일 수 있게 만들었다"고 말했다. 피츠버그는 글래스노와 다른 선수들이 재능을 터뜨리는 데 실패하자 2019년 시즌이 끝나고 클린트 허들 감독과 레이 시어리지Ray Searage 투수 코치를 해임하기로 결정했고, 나중에는 헌팅턴 단장과 프랭크 쿠널리Frank Coonelly 사장도 옷을 벗어야만 했다.

밥 너팅Bob Nutting 피츠버그 구단주는 2019년 10월에 헌팅턴을 해임하고 기자들과 함께한 자리에서 메도스와 글래스노, 바즈, 콜, 그리고 조던 라일스Jordan Lyles까지 피츠버그를 떠난 뒤 꽃피운 선수들을 언급했다. 그는 "피츠버그에 있을 때 경기력을 극대화시키고 있는가?"라는 질문을 던진 후에 '이것이 피츠버그가 반드시 고쳐야 하는 부분'이라는 의견을 덧붙였다. 불과 몇 년 전까지만 해도 피츠버그는 투수들이 가서 실력을 키우는 곳으로 인식되었지만, 선수 육성 혁명에 대응하지 못했다. 그 결과 지도부가 대가를 치렀다.

잠시 볼티모어 이야기로 돌아가자면, 지구 라이벌 보스턴은 10월에 체임 블룸Chaim Bloom 탬파베이 운영 선임 부사장을 채용해 최고 야구 운영자라는 직함을 수여했다. 그는 크리스 아처 트레이드를 기획한 인물 중 하나로 꼽힌다. 블룸은 보스턴이 월드 시리즈를 우승한 지 1년도 지나지 않아 데이브 돔브라우스키Dave Dombrowski 운영 사장을 해임했다. 그리고 당시 벤 셰링턴 단장은 우승 주역들을 자체적으로 키우는 데 공을 세운 후 피츠버그 단장으로 선임되었다.

피츠버그는 결국 내셔널 리그 중부 지구 꼴찌로 시즌을 마무리했다.

바로 위에는 매년 투수난에 시달렸던 신시내티가 자리했다. 하지만 신시내티도 대학 야구 코치 출신인 데릭 존슨Derek Johnson과 드라이브라인의 사도였던 케일럽 코섬의 지휘하에 내셔널 리그 15개 구단 중 팀 투수 fWAR 4위에 올랐다. 그리고 10월에는 카일 보디를 투수 육성 사업 부장 겸 투수 코디네이터로 선임했다. 보디는 주로 마이너리그 투수를 봐주는 업무를 맡았지만, 일단 바워와 한솥밥을 먹게 되었다. 그는 입사하자마자 마이너리그 훈련 방식이나 코치와 선수 사이의 훈련 진행 과정을 촬영하고 기록해서 선수들의 실력 향상을 돕고, 단계별로 지도가 일관되게 이루어지도록 감독하며, 선수들의 기술 발전에 따른 코치 수행 평가를 도입하는 데 반영했다. 하지만 보디는 드라이브라인에도 발을 걸쳐 완전한 야구인은 되지 않았고, '뼛속까지 비야구인'임을 보였다. 그래도 그에게 계약을 제시한 구단이 여럿 있었고, 관심을 보인 구단은 더 많았다. 그만큼 기성 야구계가 드라이브라인을 받아들이기 시작했다는 뜻이다.

신시내티는 드라이브라인 출신이자 필라델피아 필리스에서 일하고 있던 에릭 예이거스도 데려왔다. 그리고 양키스와 다저스, 컵스도 샘 브렌드와 롭 힐Rob Hill, 케이시 제이컵슨Casey Jacobson 등 드라이브라인에서 오래 있었던 인물들을 투수 전문가로 채용했다. 그렇게 리그 전반에 걸쳐 코치와 지도자 영입 경쟁이 심해졌다. 샌프란시스코 자이언츠는 브라이언 배니스터를 투수 총괄 부장으로 선임했고, 덕분에 배니스터는 집에서 통근할 수 있게 되었다. 한편, 보스턴은 데이브 부시 코치를 메이저리그 팀의 코치로 승진시켰다.

기술 장비의 공략도 거세졌다. MLB 사무국은 2018년 윈터 미팅에 아예 야구 운영 기술 전시회Baseball Operations Technology Expo를 열어서 장비 업체들이 30개 구단 앞에서 상품을 소개할 수 있는 장을 마련했다. 2019년에는 전시회 규모가 두 배 가까이 늘면서 창업주들이 가상현실이나 마커리스 모션 캡쳐, 기계학습 등을 극찬하는 모습을 볼 수 있었다.

선진 육성 방식을 수용하고 선수를 가치주보다는 성장주로 여겨서 2019년에 가장 이득을 본 구단은 미네소타 트윈스라고 할 수 있다. 미네소타는 2018년에 5할 승률도 달성하지 못했지만, 2019년에는 모든 이들의 예측을 깨고 101승을 올리면서 클리블랜드를 제치고 아메리칸 리그 중부 지구에서 우승했다. 직전 시즌에 기대 이하의 성적을 거둔 선수들은 새로운 코치진 앞에서는 최상의 모습을 보일 수 있었다. 전 시즌에 비해 WAR 상승폭이 가장 큰 선수 35위권 안에 미치 가버Mitch Garver와 호르헤 폴랑코Jorge Polanco, 미겔 사노, 맥스 케플러 이상 네 명이나 올랐다. 미네소타는 30홈런 타자가 다섯 명이나 있는데, 폴랑코와 사노, 케플러가 여기에 포함된다. 그리고 팀 전체가 307홈런을 쳐서 역대 단일 시즌 기록을 깼다. 물론 탱탱볼이었던 공인구의 영향도 있었지만, 타자들의 평균 발사각(14.7도)이 리그 1위였던 것을 보면 더 공격적이고 영리하게 타격에 임한 것을 알 수 있다. 2018년에는 리그에서 초구 스트라이크에 가장 적게 휘둘렀지만, 2019년에는 가장 많이 휘둘렀다.

웨스 존슨 투수 코치도 놀라운 성과를 거뒀다. 미네소타는 팀 투수 fWAR이 전체 21위에서 3위로 껑충 뛰어올랐다. 그는 10월에 데이비드 로릴라 기자에게 "조금만 손보면 되는 투수들이 많았으며, 그렇게 해서 큰 효과가 나기도 한다"고 밝혔다. 미네소타 선수들 중 미치 가버가 미네소타의 마력을 가장 잘 구현했다. 그는 93경기밖에 출전하지 않고

400타석이 되지 않았지만 포수 fWAR 공동 1위에 올랐다. 스물여덟 살인 가버는 대체 선수 정도의 이력으로 시즌을 임했다. 하지만 비시즌 동안에 앨릭스 브레그먼처럼 뜬공을 당겨 치는 훈련을 하고 나서 리그 최고 공격형 포수로 거듭났다. 그는 《스타 트리뷴》에 "500~600타수도 얻지 못하는데 스윙을 낭비할 필요가 있냐?"고 물으며, "더 과학적으로 접근할 필요가 있다"고 말했다.

가버는 포수 역할도 과학적으로 접근했다. 대학 야구에서 넘어온 태너 스완슨Tanner Swanson 포수 코디네이터의 도움으로 한쪽 무릎만 꿇어서 포구 자세를 취하고 프레이밍 기술을 늘렸다. 스완슨은 대학 때 포수를 해본 적도 없었고, 2017년에 미네소타 코치진에 합류하기 전에는 프로 지도자 경력도 없었다. 덕분에 틀 안에 갇혀 있지 않고 제1원리에 의해 생각하고, 웨이티드 볼이나 탄력 밴드처럼 독특한 훈련 도구를 사용했다. 그는 '파이브서티에이트' 기사를 통해 다음과 같이 밝혔다. "'나 때는 이렇게 했다', '나 때는 이렇게 배웠다'는 식의 편견을 갖지 않았다. 코치들이 여러 훈련법을 익히지만, '원리'를 완전히 이해한다거나 이렇게 훈련하면 정말 좋아지는지에 대해 의문을 갖는 경우가 드물다."

이제 미네소타도 휴스턴처럼 두뇌 유출을 당하고 있다. 경쟁 구단들은 코치를 빼 가고, 아이디어를 차용한다. 2019년 시즌이 끝난 지 몇 주만에 피츠버그가 데릭 셸턴Derek Shelton 수석 코치를 감독으로, 마이애미 말린스는 제임스 로슨James Rowson 타격 코치를 수석 코치로, 뉴욕 메츠는 제레미 헤프너Jeremy Hefner 투수 보조 코치를 투수 코치로, 보스턴은 피터 팻시Peter Fatse 마이너리그 타격 코디네이터를 타격 보조 코치로 채용했다. 한편, 양키스는 미네소타의 방식을 모방해서 여러 대학 야구 코치들을 만나 메이저리그 투수 코치 자리를 제안했다. 그러고 나서 스완슨을 영입해 포수 및 퀄러티 컨트롤 코치로 임명했다. 몇몇 구단이 선수 육성에 앞서 나가더라도 선두 자리에 앉아 있는 기간은 점점 짧아지고 있다.

그러나 아직 혁명 초기 단계라 그런지 선수 육성에 대한 관심이 편중되어서 팀 전적에 대한 불균형이 전체적으로 뚜렷하게 나타나기도 했다. 크레이그 에드워즈Craig Edwards 팬그래프스 기자는 11월에 "2019년 시즌에 100승 또는 100패를 올린 구단이 역대 가장 많았던 여덟 팀이나 있고, 팀 승률에 대한 표준 편차가 1954년 이후로 가장 높았으며, 팀 WAR에 대한 표준 편차는 역대 가장 높았다"고 지적했다. 일라이어스 단장은 이렇게 설명한다. "업계에 널리 확산되는 인력도 많고, 널리 퍼지는 아이디어도 많기 때문에 앞으로 몇 년 안에 리그가 평준화될 수 있는지도 지켜봐야겠죠." 그러면서 이렇게 마무리짓는다. "저는 얼마 안 가 팀들이 이번 혁명이 일어나기 전 수준만큼 어느 정도 동등해질 거라고 생각합니다."

앞으로 일어날 변화의 무게

선수 육성에 대한 노하우가 나머지 구단들에도 전파되자 평균 발사각은 역대 가장 높게(2015년 10.1도에서 12.2도로 증가), 땅볼 비율은 가장 낮게 나타났다. 게다가 공인구의 항력마저 점점 증가하자 홈런 비율이 치솟았다. 삼진율도 또 다시 올랐다. 리그 포심 속구 평균 구속은 시속 150.8킬로미터로 증가했고, 투수들은 싱커를 헛스윙을 유도하는 변화구로 대체해서 슬라이더와 체인지업 구사율이 역대 가장 높았다. 젊은 타자들도 최고의 해를 보냈다. 이미 스타로 발돋움한 다저스의 코디 벨린 저는 데이터와 훈련을 통해 스윙 궤적과 타격 자세를 교정해서 bWAR 전체 1위에 올랐다. 그 와중에 노장 타자들도 요령을 새롭게 배웠다. 존 민스와 함께 올스타전에 나간 선수 중에는 서른여섯 살의 헌터 펜스 Hunter Pence도 있었다. 자유 계약 선수였던 펜스는 메이저리그 계약을 따내지 못했다. 그도 더그 라타의 지도하에 스윙을 고쳐서 텍사스와 마이너리그 계약을 맺을 수 있었다. 오랜 기간 부진했던 그는 2013년 이후 가장 좋은 성적을 내며 반등했다.

펜스는 '자기 스윙을 아는 것'은 상당히 효과적이라고 말한다. 라타를 더 일찍 만나지 못한 것을 한탄했던 것이 마치 민스가 했던 말처럼 들렸다. "지금까지는 말 그대로 '공을 오는 걸 보고 친다'는 식이었다고 할 수 있죠. 전부 감으로 대처했고, 제 스윙이 어떤지 잘 몰랐습니다. 운동 능력 하나만 믿고 뛰었습니다."

선수 육성 기술이 좋아지자, 펜스와 같은 노장 선수들이 옛날에는 더 잘했다고 주장하기가 힘들어졌다. "지도 방식도 훨씬 좋아지고, 정보도 훨씬 좋아졌다는 걸 부정할 수가 없습니다. 어린 선수들은 더 준비된 상태로 올라오고, 야구도 정말 잘합니다."

그런 정서라면 데이터 기반 육성에 대한 결론은 언뜻 보기에 단순하다. 새로운 육성법 덕분에 선수 생활이 가능해진 선수도, 선수 생활을 연장한 선수도 많아졌다. 일라이어스 단장은 이렇게 말한다. "메이저리그급 재능이 있는 사람이 잘못된 조언이나 지도를 받거나 예방할 수 있는 부상을 당하면 안타깝죠. 그래서 선수 육성이 점점 앞서나가는 건 정말 좋다고 생각합니다. 그리고 프로 야구가 과거에는 선수 육성 혁명을 선도하지 못했더라도 지금은 선도하고 있습니다."

선수들이 더 잘할 수 있도록 돕고 싶다는 일라이어스 단장의 말은 진심이다. 존 민스 같은 선수를 보면 개인적으로 만족스러웠을 것이다. 그런데 2019년 2월에 일라이어스는 《뉴욕타임스》에 다음과 같이 밝히기도 했다. "양질의 조직을 형성하고, 드래프트 지명을 잘하고, 현명하게 결정하며, 자유 계약 선수나 연장 계약에 대해 감정적이거나 무책임한 결정을 내리지 않으면 장기간 경쟁할 수 있는 상태를 유지할 수 있다." 그것은 마치 체임 블룸 단장이 보스턴 입단 기자 회견에서 "장기간 지속가능성과 경쟁력을 우선순위에 두겠다"고 선언한 내용과 엇비슷하다.

일라이어스나 블룸 같은 임원들은 선수들이 성공하는 모습을 보고 싶어서 도우려 한다는 것은 사실이고, 감동적이다. 공교롭게도 두 사람 모두 서른일곱 살이며, 예일대학교 출신이고, 명문대 출신 백인 남성이라는 현대 메이저리그 단장의 전형적인 유형에 부합한다. 어쨌거나 구단 임원은 같은 경기를 이기더라도 비용을 최소화하라는 구단주의 명령을 받는다. 따라서 더 오랫동안 싼값에 기여할 수 있는 젊은 선수를 주축으로 선수단을 구성하는 데 적극적일 수밖에 없다. 선수 육성이 발전한다고 로스터 자리가 늘어나지는 않는다. 즉, 야구에 눈을 뜨는 선수가 나오면 누군가는 밀려나기 마련이다. 거기에 현재 메이저리그의 재정 구조마저 고려한다면 브랜치 리키의 시절처럼 현명하고, 이지적이며, 책임감 있는 결정으로 평균 연봉이 낮아질 수 있다.

일라이어스가 단장으로 부임한 첫해에 볼티모어는 국제 아마추어 선수 시장에 돈을 더 많이 썼다. 그 이전에는 피터 앤젤로스 구단주의 뜻에 따라 국제 아마추어 시장에는 관심을 두지 않았다. 참고로, 2019년까지 볼티모어가 가장 잘 키운 도미니카공화국 출신 선수는 다니엘 카브레라Daniel Cabrera로, 2004~2008년에 800이닝 넘게 던지면서 평균 자책점 5.05를 올렸다. 어쨌거나 볼티모어는 전해에 비해 성적이 약간 나아졌음에도 불구하고 연봉 총액은 리그 19위(1억 3,050만 달러)에서 28위(7,340만 달러)로 떨어졌다. 2019년 시즌 후에 구단은 스물여덟 살 외야수 조나탄 비야르Jonathan Villar를 전력 외 선수로 통보한 후 마이애미로 보내서 14라운더 출신 선수를 받았다. 비야르는 2019년에 bWAR에 의하면 볼티모어에서 두 번째로 우수한 선수였지만, 당장 우승하겠다는 구단이 아니다 보니, 앞으로 비싸질 몸값을 원하지 않았다. 그는 2019년에 482만 5,000달러를 받았고, 마이애미와 2020년도 연봉을 820만 달러에 합의했다. 2020년에 볼티모어는 최저 승수를 올리고, 두 번째로 낮은 연봉 총액을 기록할 것이라는 예측도 나왔다. 일라이어스 단장은 12월에 인내심을 설교하면서 "포스트시즌에 진출하는 팀을 캠던 야즈Camden Yards에서 보일 것이며, 거기까지 가는 데 한 가지 방법밖에 없다"고 명시했다. 그러나 다른 구단도 극단적인 재건 사업에 돌입하고 메이저리그 노사 협약에서 드래프트 지명 선수와 국제 아마추어 선수에 쓸 수 있는 돈을 제한하고 있기 때문에 볼티모어의 탱킹 방식이 휴스턴 때만큼이나 통할지는 미지수다.

그 외에 또 중요한 것은 지구 라이벌이 우승 반지를 끼게 되면서 몸값이 높은 선수에 투자해야 한다는 데 주목할 만한 사례를 만들었다. 2019년 12월에 샘 밀러Sam Miller(보스턴 바이오모션 설립자와 동명이인 — 옮긴이) ESPN 기자는 최근 몇 년 사이에 팀을 이적한 자유 계약 선수가 원 소속 팀과 재계약한 자유 계약 선수보다 투자 수익률이 더 좋았다고 지적했다. 전통적으로는 원 소속 구단과 계약하는 것을 선호했지만, 그런 추세도 약화되거나 반전되었다는 점을 시사한다. 과거에는 아무래도 소속 선수에 대한 정보가 많기 때문에 새로운 선수를 영입하는 일보다 소속 선수를 잔류시키는 데 더 능했다. 하지만 밀러 기자는 선진 육성 시대에는 '이적한' 선수들이 새로운 프런트나 기술 장비, 팀 동료, 그리고 봉인을 해제시킬 수 있는 새로운 정보를 접하는 것으로 확실하게 이득을 볼 수 있다고 추측했다.

2019~2020년 비시즌에는 자유 계약 선수에 들인 금액이 전체적으로 증가했다. 시장에 좋은 선수들이 나왔고, 포스트시즌에 도전하는 구단들이 바뀌었기 때문이다. 하지만 지난 두 비시즌에 연봉 총액이 줄었다는 것은 노사 협약 만료일(2021년 12월 1일)이 다가오고 있는 가운데 데이터 기반 육성이 업계의 방향을 나타내는 것을 조명해준다. 2019년에는 수익 분배를 놓고 파업이 일어날 가능성에 대한 우려가 높아지면서 25년에 가까운 무파업 신화가 깨질 위기에 놓였다. 머니볼 혁명은 더 효율적으로 이기는 데이터베이스화된 로드맵을 제시하면서 구단들이 압도적으로 유리해졌다. 거기에 선수 육성까지 극대화되다 보니 구단들은 선수들의 재정 구조를 떠받드는 기둥이라고 할 수 있는 자유 계약 시장과 연봉 조정에서 지갑을 열지 않을 가능성이 크다.

그러나 선수 육성 혁명도 머니볼 혁명과 마찬가지로 자금도 여전히 집중시키지 않았다. 게다가 수익은 한 방향으로만 쏠리고 있거나 선수들은 우위를 점하지 못하고 시장 상황에 몸을 맡겨야 하는 입장에 놓였다. 전체적으로는 연봉 액수를 억누르고 있지만, 덕분에 선수 생활에 대한 주도권을 잡고 돈도 더 많이 벌게 된 선수도 있는 만큼 야구

스적인 성향을 보이기도 한다. 또한 한때 비야구인은 들어오지 못하게 만들었던 장벽도 허물어져서 신세대 코치들이 진입할 수 있게 되었다. 2019~2020년 비시즌에 양키스와 컵스는 마이너리그 코치 자리에 여성(레이철 밸코벡Rachel Balkovec과 레이철 폴든Rachel Folden)을 고용했고, 샌프란시스코는 얼리사 내킨Alyssa Nakken을 최초 여성 메이저리그 정식 코치로 채용했다. 즉, 차별 없는 성과주의로 지도가 이루어진다는 뜻이다.

일시적인 현상은 아니다. 자본의 흐름이 선수들을 덜 착취하는 구조로 가면서 전통을 뒤집어야 하는 상황이 더 많이 발생할 것이다. 일단 선수 노조부터 근속연수보다는 성과주의에 따라 임금을 받는 방식을 대변해야 할 것이다. 만일 젊은 선수들이 메이저리그에 진입하자마자 기여도에 대한 보상을 두둑하게 받을 수 있는 제도가 마련되면, 최적화된 선수 육성에 의해 메이저리그에 막 들어온 선수들이 자리를 차지하면서 임금의 상향평준화가 이루어지게 된다.

메이저리그와 마이너리그 간의 계약인 프로 야구 협약Professional Baseball Agreement은 노사 협약보다 더 빠른 2020년 시즌 직후에 종료된다. 2019년 말에 MLB 사무국은 160개 마이너리그 구단 가운데 42개를 정리하겠다는 대규모 개편을 제안했다. 물론 비용 절감에 힘입은 계획이지만, 굳이 많은 단계 없이도 선수 육성이 가능해진 이유도 있다. 휴스턴은 육성 기술에 투자했을 당시, 선수를 평가하는 시간도 짧아지고 유능한 코치들의 지도를 가장 유망한 선수들에게 집중시킬 수 있다는 이유로 산하 마이너리그 구조도 '축소'했다. 휴스턴은 심지어 널리 흩어져 있는 산하 구단을 두는 것보다 대형 유럽 축구단 또는 로열스 아카데미처럼 집중화된 표준 육성 시설로 가야 한다는 아이디어를 논의했다. 아니나 다를까, 위에 언급한 MLB 사무국의 계획에 휴스턴이 앞장섰고, 밀워키와 볼티모어가 지지했다는 보도가 나왔다. 참고로 일라이어스 단장과 메이달은 여기에 대해 함구했다.

만일 수백 명의 마이너리그 선수들이 일자리를 잃는다면, 과학기술과 효율성으로 인한 역효과를 보여주는 사례가 아닌가 싶다. 그런데 다저스 투수 워커 뷸러는 '파이브서티에이트' 기사를 통해 다른 해석을 내놓았다. "어떤 산하 구단을 가든 메이저리거가 될 수 있는 선수는 세 명이다. 나머지는 그 세 명이 경기를 뛸 수 있기 위해 존재한다. 불공평하다고 생각한다. 그 선수들의 꿈을 이용하는 것이 아닌가?"

한 시즌에 1만 달러도 되지 않는 기본급을 받는 마이너리그 선수들이 많다. 사실, 메이저리그 구단주들은 그보다 더 줄 수 있는 경제력을 갖고 있다. 어쨌든 대부분 선수는 단지 유망주들이 연습할 수 있는 환경을 만들어주느라 자신의 야구 인생을 연장하고 있을 뿐이다. 하지만 잘 생각해보면 유망주로 여기지 않은 선수들이 야구에 눈을 뜨기도 하고, 그러지 못하더라도 마이너리그를 밟아가며 추억거리를 만들기도 한다. 몇 푼 되지도 않는 마이너리그 임금에 의존할 정도로 빈곤한 지역에서 온 선수도 있다. 구단에 가장 효율적인 방법이 팬과 지역 이해 관계자들에게는 호의적이지 않을 수 있다. 마이너리그 구장에 돈을 들인 지역 사회들도 있다. 마이너리그는 2019년에 4,150만 관중을 동원했다. 42개 구단을 정리하면 수많은 미국인들이 프로 선수를 직접 보기가 더 힘들어진다. 2019년 11월에는 100명이 넘는 미국 의회 의원이 MLB 사무국과 구단에 '계획한 절차대로 가는 것'을 적극적으로 재검토해달라는 서한을 보냈다.

선수 육성을 위한 첨단 기술이 등장할 당시만 해도 위와 같은 부차적인 영향은 거의 예측하지 못했다. 일라이어스 단장은 이렇게 설명한다. "야구를 하는 방식 자체를 아예 바꿔야 할 정도의 힘이 있다고는 …… 아무도 상상하지 못했어요. 선수 육성의 일부를 공격적으로 진행하고 커다란 성과를 보고 나서야 앞으로 벌어질 변화의 무게가 어느 정도였는지 확실히 느끼게 되었습니다."

그다음 야구 혁명은 어떤 모습일까

닐 어윈Neil Irwin 《뉴욕 타임스》 수석 경제 전문 기자는 자신의 저서 《어떻게 승자독식 세계에서 승리할 수 있는가How to Win in a Winner-Take-All World》(국내 미번역)에 첨단 기술이 닿는 곳이라면 어디든지 변화가 일어난다고 적었다.

"일을 잘한다는 개념이 변하는 속도는 대부분 사람이 그 변화를 파악하는 능력보다 빠르다. …… 그렇게 해서 일터는 더 무서워졌다. 특히 일찍 출근하고, 열심히 일하고, 기술을 습득하라는 부모님 말씀으로는 충분하지 않다는 것을 깨달은 경력 중기 직장인들이 주로 느낀다. 하지만 그런 변화로 인해 접근 방식을 바꿀 수 있을 만큼 전략적인 사람에게는 그만큼 유리해졌다는 점도 중요해졌다."

직장 생활은 정보의 홍수나 다름없다. 하지만 운동선수가 아니더라도 어윈 기자는 "자신이 속한 사내 조직에서 더 가치 있는 인력으로 성장하도록 정보를 채굴할 수 있다"고 말한다.

어윈 기자의 기사에 의하면, '데이터를 기반으로 성공적인 직원이 될 수 있는 지침'을 마련하기 위해 '조직분석학'을 알아보는 기업들이 있다. 예를 들면, 마이크로소프트 인적 자원 부서 분석원들은 주당 근로 시간이 많다고 해서 적게 일한 직원보다 반드시 생산적이지는 않다는 것을 알았다. 그리고 관리자들이 다수의 인원과 회의를 지나치게 많이 잡는데, 오히려 부하 직원과 개별 면담을 진행하는 중간 관리자가 더 성공하는 것을 발견했다. 또한 타 부서 직원들과 연락을 취하는 직원들이 더 보람 있는 사내 생활을 즐긴다는 점도 알았다.

위와 같은 통찰력들은 야구로 따지면 '변화구를 더 많이 던져라'와 '앞에 놓고 쳐라'가 되는 셈이다. 그렇게 해서 백만장자가 되는 것은 아니겠지만, 야구계에서 가장 잘나가는 숫자 전문가들을 따라 우리에게 주어진 정보를 최대한 활용하는 것을 목표로 삼아보는 것은 어떨까? 그러면 변화의 파도에 휩쓸리기 보다는 파도를 타볼 수 있을 것이다. 볼티모어처럼 아무도 업계 추세에 뒤늦게 합류하고 싶어 하지는 않는다.

2019년 말, 과거 볼티모어 선수가 우리에게 이렇게 알렸다. "좋은 타자는 만들어지는 게 아니에요. '공에 대고 올려쳐라', '좋은 타자가 되려면 이 모든 걸 해야 한다'는 식으로 알려줄 수도 없습니다. 타고 나야 합니다." 아흔여덟 살 에디 로빈슨의 입에서 나온 말이다. 당시 생존하고 있는 메이저리거 출신 중에 나이가 두 번째로 많은 인물이다. 1940~1950년대에 올스타 4관왕 1루수였던 로빈슨은 폴 리처즈 당시 단장 밑에서 코치와 선수 생활을 하고, 휴스턴의 초대 마이너리그 육성 부장이 되었다. 이후에 오클랜드 애슬레틱스와 애틀랜타 브레이브스에서도 같은 역할을 맡았다. 로빈슨은 《머니볼》이 나오기 훨씬 전부터 볼넷을 선호했으며, 텍사스 단장으로 있으면서 크레이그 라이트를 채용했다.

하지만 그는 머나먼 과거의 선수 육성에 대한 믿음을 되풀이한 것이다.

그런데 그렇게 먼 과거도 아니다. 《머니볼》이 반향을 일으킨 지 9년이 지난 2012년, 베이스볼 프로스펙터스는 《엑스트라 이닝Extra Innings》(국내 미번역)이라는 책을 출간해서 야구의 최대 난제들을 광범위하게 살폈다. 그때쯤 야구에 빅 데이터가 등장하면서 세이버메트릭스를 주창한 베이스볼 프로스펙터스 같은 웹사이트로 인해 선수 평가에 혼란을 줬다. 게다가 베이스볼 프로스펙터스는 미래 프런트 인력을 키우는 사관학교로 성장했다. 《엑스트라 이닝》의 저자 13명 가운데 다섯 명이 메이저리그 구단에 입사했다.

그렇지만 메이저리그를 선도하는 이들 데이터 분석가들도 선수 육성을 선수 계약이나 트레이드, 드래프트 지명만큼이나 가치 있는 주제라고 생각하지는 않았다. 제이슨 파크스Jason Parks 베이스볼 프로스펙터스 기자만 "선수는 어떻게 스카우트하고, 영입하고, 육성하는가?"라는 제목으로 한 단원을 적었다. 그는 이후에 컵스에서 스카우트와 단장 특별 보좌관으로 일한 후, 지금은 애리조나 다이아몬드백스의 프로 스카우트 부장이 되었다.

제이슨 파크스마저도 선수 스카우팅과 영입은 19쪽을 채웠는데, 육성은 두 쪽밖에 할애하지 않았다. 파크스는 "선수 육성은 재능으로 압축할 수 있다"고 적으며 수십 년 된 믿음을 되풀이했다. 유능한 아마추어 선수를 영입하면 유능한 프로 선수가 된다는 믿음이다. 평균보다 못한 아마추어 선수를 영입할 경우, '쓰레기가 들어가면 쓰레기가 나온다'는 육성 과정을 거친다.

하지만 해당 챕터를 오늘날에 쓴다면 내용이 달라질 것이다. 선수 육

MVP 머신

성은 더 이상 스카우팅과 영입 이야기 뒤에 덧붙이는 글이 아니다. 이제는 야구의 핵심 내용이며, 어떤 선수에게는 해피엔딩으로 끝나고, 어떤 선수에게는 비극으로 끝난다. 어쩌면 이야기가 계속 이어지다가 엄청난 반전을 맞이할 수도 있다.

일라이어스 단장은 이렇게 말한다. "언젠가 지금 일어나는 선수 육성 혁명을 어떻게 부르든지 역사책 안에 넣을 수 있을 겁니다. 그리고 그 단원에는 기간이 꽤 명확하게 나오겠죠. 역사는 그렇게 돌아가는 게 아닌가 싶거든요. 그런데 그 기간이 얼마나 될지는 잘 모르겠습니다." 말이 나와서 말이지만, 다음 혁명은 어떤 모습일지도 잘 모르겠다.

감사의 글

벤 린드버그 ———————————————————

야구 관계자들이 야구계의 이야기들을 솔직하고 자세하게 이야기한다
고 해서 특별한 보상을 받는 것은 없다. 그럼에도 불구하고 우리와 인터
뷰를 하고 자세한 이야기를 들려준 분들에게 감사를 전한다. 그중 선수
들이 좋아질 수 있을 만한 지식을 공유하는 일을 소중하게 생각하신 분
들도 있다. 그분들이 없었다면 책 두께는 상당히 얇았을 것이다.

초반에 다양한 읽을거리를 추천해주신 샘 밀러와 스티브 골드먼Steve
Goldman, 잭 크램Zach Kram과 롭 나이어Rob Neyer, 연구 활동에 도움과
환대를 주신 크레이그와 캐시 라이트Cathy Wright 부부, 영상 자료를 관대
하게 공유해주신 리처드 퍼저 박사, 소속 선수들을 설득시켜준 폴 궈Paul
Kuo, 스탯 도움을 주신 롭 아서와 미첼 릭트먼, 롭 매쿼운Rob McQuown,
대런 윌먼Daren Willman, 우리의 노력을 알린 R. J. 앤더슨R. J. Anderson,
마크 아서Mark Arthur, 러셀 칼턴, J. J. 쿠퍼, 데이비드 로릴라, 조 르미
어Joe Lemire, 댄 레빗, 리 로언피시, 이노 새리스, 제프 설리번, 톰 버두
치 기자, 그리고 더 링어에서 부업을 뛸 수 있도록 해주신 빌 시먼스Bill
Simmons 대표와 션 페네시Sean Fennessey 기자, 맬러리 루빈Mallory Rubin
편집자, 저스틴 세일스 Justin Sayles 편집자에게 감사를 전한다. 아내 제시

바버Jessie Barbour와 옆에서 꼬마 글벗이 되어준 그럼킨Grumkin(애견)에게 사랑과 고마움을 표하며, 인내와 지지해준 것에 대해서도 감사한다.

우리 책은 굉장히 촉박한 시간 안에 담은 수많은 녹취록에서 나왔다. 그렇게 진행한 인터뷰들을 옮겨 적는 데 도움을 주신 수많은 분이 없었다면, 아무 쓸모도 없었을 것이다. 개빈 화이트헤드Gavin Whitehead, 데이비드 시거David Seeger, 재러드 보몬트Jared Beaumont, 크리스 배버Chris Baber, 리 시그먼Lee Sigman, 케니 켈리Kenny Kelly, 마이클 카버Michael Carver, 앨릭스 베이즐리Alex Bazeley, 보비 와그너Bobby Wagner, 스콧 홀컴Scott Holcombe, 키스 프팃Keith Petit, 루크 릴러드Luke Lillard, 미치 매코너헤이Mitch McConeghey, 롤런드 스미스Roland Smith, 트로이 카터Troy Carter, 모하메드 하마드Mohamed Hammad, 앤드루 컬래그너Andrew Calagna, 아리아 거슨Aria Gerson, 엑토르 로사다Hector Lozada, 제이슨 마바크Jason Marbach, 조 코커리Joe Corkery, 존 스투키John Stookey, 조던 엡스틴Jordan Epstein, 마크 뉴언슈원더Mark Neuenschwander, 매슈 퐁Matthew Fong, 리키 가오나Ricky Gaona, 잭 브레이디Zach Brady, 에런 울프Aaron Wolfe, 번 샘코Bern Samko, 브래들리 빌Bradley Beale, 콜비 윌슨Colby Wilson, 에릭 올리버Eric Oliver, 에릭 피터스Eric Peters, 그레그 빈스Greg Vince, 제러마이아 넬슨Jeremiah Nelson, 존 길버트John Gilbert, 조마 본Jorma Vaughn, 조지프 버니언Joseph Bunyan, 야마자키 가즈토山崎和音, 마이클 해터리Michael Hattery, 미셸 렌하트Michelle Lenhart, 미첼 크롤Mitchell Krall, 몰리 매컬로Molly McCullough, 로버트 프레이Robert Frey, 새뮤얼 유댁Samuel Ujdak, 팀 무어Tim Moore, 앤드루 버크하이머Andrew Berkheimer에게 감사드린다.

이 책을 쓰면서 인터뷰한 분들의 소속을 추적하는 일이 상당히 어려웠다. 구단들이 데이터 기반 육성에 배로 집중하면서 절반 정도가 책을 쓰고 있는 와중에 소속이 바뀌었다. 그리고 탈바꿈한 선수 사례를 추가할 때마다 어느 정도부터 지나치다는 느낌이 드는지 판단하는 일도 어려웠다. 내용에 들어가지는 않았지만, 우리와 이야기를 나눈 재러드 베일리스Jarod Bayless와 션 보일Sean Boyle, 토니 싱그라니, 타일러 플라워스, 브라이스 몬테스데오카Bryce Montes de Oca, 마이클 플래스마이어 Michael Plassmeyer, 데이비드 스피어David Speer, 콜 스튜어트Kohl Stewart, 로스 스트리플링Ross Stripling, 맷 트레이시Matt Tracy에게 감사한다. 전부 스스로 실력을 키운 선수들이다. 그들과 같은 진보적인 선수들이 해마다 늘고 있다.

수많은 (대부분 내 것이었지만) 이메일을 응대해준 에이전트 시델 크레이머Sydell Kramer와 책 내용을 더 간결하고 좋게 만드는 데 도움을 주신 제프 알렉산더Jeff Alexander 편집자에게도 감사드린다. 그리고 당연하지만 트래비스 소칙에게도 인내심이 많고, 든든하며, 협조적인 공동저자가 되어준 것에 감사를 전한다. 책을 함께 쓰면 한 권을 전부 쓰지 않아도 된다는 점이 가장 좋다. 그리고 스트레스를 분담할 수 있는 파트너가 있다는 것이 그다음으로 좋다.

트래비스 소칙

이야기를 쓰기 위해 인터뷰를 수십 차례 진행했고, 아무도 모르게 진행하기 위해 전국을 누볐다. 애리조나 전지훈련지에서 로스앤젤레스와 시애틀의 산업 단지, 몬태나주의 한적한 도시까지 왕래했고, 특히 오하이오주 웨스틀레이크에 위치한 크로커 공원을 수없이 방문했다. 이 책이 나올 수 있었던 것은 이번 혁명을 주도한 인물들이 재능을 만들어내고, 최대치를 늘려주는 비법을 기꺼이 알려주려고 했기 때문이다. 기자라면 해당 주제에 대해 최대한 많이 배우고, 독자들에게 알려줄 수 있기를 소망한다. 지금까지 잘 알았다고 생각한 스포츠에 대해 더 많은 것을 배웠다. 여러분이 앞서 읽은 내용에 등장한 모든 분들께 은혜를 입었다. 우리가 그분들의 이야기와 우리 모두 좋아질 수 있다는 생각을 올바로 다뤘기를 바란다.

훌륭한 에이전트인 시델 크레이머에게 큰 감사를 전한다. 벤 린드버그와 책을 함께 쓸 수 있는 장을 마련해주셨다. 그리고 제안 단계에서 원고 마감까지 인내심을 갖고 도와주셨다. 제프 알렉산더 편집자는 글을 만드는 데 있어 개인 트레이너 같고, 기적을 만들어주신다. 베이직 북스Basic Books 출판사는 우리만큼이나 이 이야기가 중요하다고 믿었다는 데 감사를 표한다. 아울러 2018~2019년에 본업을 하면서도 책을 쓸 수 있도록 배려해주신 네이트 실버 대표와 데이비드 어펠먼David Appelman 대표에게도 감사를 표한다.

이번 책을 쓰는 데 벤 리드버그만 한 파트너가 없었다. 집필 과정에 큰 애정을 가진 공동 저자만큼 중요한 요소는 없다고 생각한다. 본업과 팟캐스트까지 하고 있는 가운데 집필 작업에 끊임없이 임했던 모습은 감탄할 만하다. 함께 쓰고 출판했기 때문에 홀로 진행할 때보다 결과물이 좋게 나왔다고 생각한다.

아내 레베카Rebecca는 집필하는 동안 인내심을 가진 조언자 역할을 해줬다. 아내의 지지가 없었다면, 집필 과정이 그만큼 어려웠을 것이다.

적어도 평균 정도는 될까 말까 한 작가로 키워주신 부모님께도 무한한 감사를 드린다. 아울러 듀크 마스Duke Maas 편집국장님께서 내가 신문 기자 시절에 야구 기사를 쓸 수 있는 기회를 마련해주신 데 대해 늘 감사하다. 편집국장님은 2019년 초에 세상을 떠나셨다. 편집국장님 고맙습니다. 기사를 쓰는 일과 책을 쓰는 일은 절대 혼자 노력한다고 될 일이 아니라는 사실을 깨달았습니다.

《머니볼》은 지금도 심심치 않게 대화에 등장할 정도로 우리 머릿속에 상당히 뿌리 깊게 각인되었다. 2000년대 초 당시에 내용이 워낙 혁신적이기도 했고, 브래드 피트Brad Pitt가 주연한 영화가 관객과 평론가들로부터 호평을 받았기 때문이다.

《MVP 머신》은 거기에 대한 도전장이다. 《머니볼》은 기존의 데이터로 평가 절하된 선수를 찾는 것이라면, 《MVP 머신》은 첨단기술과 새로운 데이터로 선수들의 잠재력을 꽃 피울 수 있도록 만드는 것이다. 《머니볼》은 출판된 지 10년쯤 지나서 영화로 제작되어 더욱 각광받았는데, 얄궂게도 이미 그즈음부터 《MVP 머신》의 내용이 싹트고 있었다. 2013~2014년쯤 "선수 육성이 새로운 '머니볼'"이라는 문구를 여러 매체를 통해 접했다. 어느 순간부터 새로운 훈련 장비를 소개하는 외부 업체들이 늘더니, 구단들도 거기에 발맞춰 기본 마이너리그 훈련 시설에 대한 투자를 확대하는 모습을 보였다. 지난 2~3년 사이에 마이너리그 현장을 직접 체험할 기회가 있었는데, 환경이 열악했던 과거와는 많이 달라져 있었다.

그렇다고 이 책이 '선수 육성 혁명'을 마냥 찬양하는 것만은 아니다. 기술 장비의 한계, 효율성에 치중해서 생긴 부작용, 그 외에 다양한 부정적인 영향도 소개하면서 앞으로의 발전 방향을 고민한다. 그리고 그 발전 방향은 야구에만 국한되지는 않는다. 저자들은 우리도 더 나은 삶을 개척하고, 앞만 보고 달리다가 놓치는 것은 없었는지 이 책을 통해 교훈을 얻기를 바란다. 기자 생활과 팟캐스트 진행을 오래 하면서 시대의 흐름을 간파하고 그 안에서 삶의 지혜를 찾았을 것이다.

우리나라에서도 최근 들어 새로운 육성 방식을 추구하는 프로 구단들이 있고, 첨단 장비를 마련한 개인 시설들도 늘어났으며, 야구팬들 또한 더 스마트해졌기 때문에 이 책의 내용에 관심을 보일 것이라고 생각한다. 다만 미국은 선수가 코치에게 언제든지 동등한 입장으로 도전할수 있어서 소통이 활발하게 이루어지는 문화라는 점을 염두에 두고 읽을 필요는 있다.

지난 몇 년 간 미국 야구의 최신 동향을 소개하는 책이 번역되지 않아 아쉬워하는 분들의 마음을 담아 이 책을 번역했다. 그리고 무엇보다도 좋은 정보들이 온라인 매체에 편중되어 있는 현실에 돌을 던지고 싶었다. 화면보다 활자에 익숙한 독자들에게도 최신 야구 지식이 공급되기를 기대한다. 마지막으로 책의 내용을 옹호하든 반대하든 다양한 의견이 오갔으면 하는 바람이다.

《MVP 머신》의 내용을 국내 독자들에게 전달하기까지 고마운 인연들이 함께했다. 유지호 연합뉴스 기자님의 강력한 추천이 있었기에 번역을 시작할 수 있었다. 손윤 칼럼니스트님과 백정훈 KIA 타이거즈 스카우트님 덕분에 현장 용어를 배워서 번역의 질을 한층 높일 수 있었다. 에런 타사노Aaron Tassano 삼성 라이온즈 국제 스카우트님을 통해 저자인 벤 린드버그와 직접 소통할 수 있게 되었고, 책 내용에 대한 궁금한

점을 바로바로 해소할 수 있었다. 아울러 필립 데일Philip Dale 캔자스시티 로열스에서 아시아·태평양 스카우트 팀장님의 지지 덕분에 마음 편하게 번역에 임할 수 있었다.

　마지막으로 출판 번역에 입문할 수 있게 해 준 테드 스미스Ted Smith와 번역을 진행하는 동안 인내심을 발휘해준 식구들에게 고마움을 전하고 싶다. 그리고 이 책을 위해 큰 도움을 주신 아버지께 특별히 감사하다는 말씀을 드리고 싶다.

옮긴이 김현성

MVP
MACHINE

1장　구세주메트릭스

1 Michael Lewis, Moneyball: The Art of Winning an Unfair Game (New York: Norton, 2003).

2 Bill James, "An Interview with Billy Martin," Esquire, May 1984, 71–72.

3 Mark L. Armour and Daniel R. Levitt, Paths to Glory: How Great Baseball Teams Got That Way (College Park, MD: Potomac, 2004), 312.

4 John Harper, "A's GM Still Putting 'Money' Where His Mouth Is," New York Daily News, August 3, 2003.

5 Phil Birnbaum, "Eliminating Stupidity Is Easier Than Creating Brilliance," Sabermetric Research, June 13, 2013, http://blog.philbirnbaum.com/2013/06/eliminating-stupidity-is-easier-than.html (blog).

2장　타고난 광기와 만들어진 운동 능력

1 Harry Hillaker, "Tribute to John R. Boyd," Code One Magazine, January 28, 2015, www.codeonemagazine.com/f16_article.html?item_id=156.

2 Angela Lee Duckworth, "Grit: The Power of Passion and Perseverance," TED Talk, published May 9, 2013, www.youtube.com/watch?v=H14bBuluwB8.

3 Ben Brewster, "Four Ways to Improve Your External Rotation to Throw Harder," TreadAthletics, August 5, 2016, https://treadathletics.com/

external-rotation-throw-harder/.

4 Tianyi D. Luo, Gregory Lane Naugher, Austin Stone, Sandeep Mannava, Jeff Strahm, and Michael T. Freehill. "Ultra-long-toss vs. Straight-line Throwing for Glenohumeral Range of Motion Recovery in Collegiate Baseball Pitchers," Orthopaedic Journal of Sports Medicine, July 31,2017, https://www.ncbi.nlm.nih.gov/pmc/articles/PMC5542142/.

5 Kevin E. Wilk, "Insufficient Shoulder External Rotation Increases Shoulder Injury, Surgery in Pitchers," Healio: Orthopedics Today, December 2015, www.healio.com/orthopedics/sports-medicine/news/print/orthopedics-today/%7Bb565af15-810c-4ec0-8b50-8acedc98391a%7D/insufficient-shoulder-external-rotation-increases-shoulder-injurysurgery-in-pitchers.

6 Lee Jenkins, "Trevor Bauer Will Not Be Babied," Sports Illustrated, August 15, 2011.

3장 노새를 경주마로 만들기 _____

1 Mark L. Armour and Daniel R. Levitt, In Pursuit of Pennants: Baseball Operations from Deadball to Moneyball (Lincoln: University of Nebraska Press, 2015), 70.

2 Ibid., 75.

3 Ibid., 78.

4 Ibid., 74.

5 bid., 78.

6 Lee Lowenfish, Branch Rickey: Baseball's Ferocious Gentleman (Lincoln: University of Nebraska Press, 2007), 113.

7 Fresco Thompson, Every Diamond Doesn't Sparkle (Philadelphia: David McKay, 1964), 71.

8 Lowenfish, Branch Rickey, 122.

9 Thompson, Every Diamond Doesn't Sparkle, 125.

10 Richard J. Puerzer, "The Chicago Cubs' College of Coaches: A

Management Innovation That Failed," The National Pastime: A Review of Baseball History, no. 26, Society for American Baseball Research (2006): 3–17, http://research.sabr.org/journals/files/SABR-National_Pastime-26.pdf.

11 Christopher D. Green, "Psychology Strikes Out: Coleman R. Griffith and the Chicago Cubs," History of Psychology 6, no. 3 (2003): 267–283.

12 Charlie Grimm with Ed Prell, Jolly Cholly's Story: Baseball, I Love You!(Washington, DC: Regnery, 1968), 240.

13 Al Wolf, "Cub Pilot Plan Poses Problem," Los Angeles Times, February 15, 1961, C2.

14 Edward Prell, "Col. Whitlow Takes Over—Cubs Appoint Athletic Director," Chicago Daily Tribune, January 11, 1963, C1.

15 Kevin Kerrane, Dollar Sign on the Muscle (New York: Beaufort, 1984), 128.

16 Ibid., 128.

17 Richard J. Puerzer, "The Kansas City Royals' Baseball Academy," The National Pastime: A Review of Baseball History, no. 24, Society for American Baseball Research (2006): 3–13, http://research.sabr.org/journals/files/SABR-National_Pastime-24.pdf. Sporting News, September 5, 1970.

18 Spike Claassen, "42 Survive Cuts for Royals' Academy," The Sporting News, September 5, 1970.

19 Spike Claassen, "Kauffman Dedicates 'Dream' Academy," The Sporting News, April 3, 1971.

20 bid.

21 Ted Williams and John Underwood, The Science of Hitting (New York: Simon & Schuster, 1970), 14.

22 Leigh Montville, "A Gripping Tale: The Accidental Discovery of a Two-Seam Changeup Has Made Atlanta's Tom Glavine Baseball's Best Pitcher," Sports Illustrated, July 13, 1992, www.si.com/vault/1992/07/13/126807/

a-gripping-tale-the-accidental-discovery-of-a-two-seamchangeup-has-made-atlantas-tom-glavine-baseballs-best-pitcher.

23 Peter King's Football Morning in America, "Week 2," aired September 17, 2018, NBC Sports, https://profootballtalk.nbcsports.com/2018/09/17/ patrick-mahomes-chiefs-nfl-week-2-fmia-peter-king/?cid=nbcsports#the-lead-mahomes.

24 Craig R. Wright, The Diamond Appraised (New York: Simon & Schuster, 1989),

25 Ibid., 12.

4장 제1원리 _____

1 Elon Musk, "The Mind Behind Tesla, SpaceX, SolarCity," TED Talk, February 2013, www.ted.com/talks/elon_musk_the_mind_behind_tesla_spacex_solarcity#t-232078.

2 Chris Anderson, "Elon Musk's Mission to Mars," Wired, October 21, 2012.

3 Barry Bearak, "Harvey's Injury Shows Pitchers Have a Speed Limit," New York Times, September 16, 2013, www.nytimes.com/2013/09/17/sports/ baseball/harveys-injury-shows-pitchers-have-a-speed-limit.html.

4 Michael G. Marshall, Coaching Pitchers, section 9, chapter 36, www. drmikemarshall.com/ChapterThirty-Six.html.

5 Kyle Boddy, "Reviewing ASMI's Biomechanical analysis of Dr. Marshall's Pitchers," Driveline Baseball, October 10, 2011, www.drivelinebaseball. com/2011/10/reviewing-asmis-biomechanicalanalysis-of-dr-marshalls-pitchers-focus-performancevelocity/ (blog).

6 David McCullough, The Wright Brothers (New York: Simon & Schuster, 2015), 63.

7 Ibid.

8 Kyle Boddy, "Weighted Balls, Safety, and Consequences," Driveline Baseball, March 3, 2016, www.drivelinebaseball.com/2016/03/weight

edbaseballs-safety-and-consequences/ (blog).

9   Frans Bosch, Strength Training and Coordination: An Integrative Approach (Rotterdam, Netherlands: Uitgevers, 2010), 227.

10   Eric Cressey, "Weighted Baseballs: Safe and Effective, or Stupid and Dangerous?," Eric Cressey, December 15, 2009, https://ericcressey.com/weighted-baseballs-safe-and-effective-or-stupid-and-dangerous.

11   G. S. Fleisig, A. Z. Diffendaffer, K. T. Aune, B. Ivey, and W. A. Laughlin, "Biomechanical Analysis of Weighted-Ball Exercises for Baseball Pitchers," Sports Health 9, no. 3 (May/June 2017): 210–215, www.ncbi.nlm.nih.gov/pubmed/27872403.

12   Brendan Gawlowski, "Soft Toss: Behind Driveline Baseball,"Baseball Prospectus, December 23, 2015, www.baseballprospectus.com/prospects/article/28102/soft-toss-behind-driveline-baseball/.

6장 1만 투구의 법칙 _____

1   K. Anders Ericsson, Peak (New York: Houghton Mifflin Harcourt, 2016), 31.

2   K. Anders Ericsson, Ralf Th. Krampe, and Clemens Tesch-Römer, "The Role of Deliberate Practice in the Acquisition of Expert Performance," Psychological Review 100, no. 3 (1993): 363–406.

3   Rod Cross, "How to Curve a Baseball or Swing a Cricket Ball," January 24, 2012,

7장 현장과 데이터 이론을 이어주는 도관 역할 _____

1   D.K. Willardson, Quantitative Hitting: Surprising Discoveries of the Game's Best Hitters (Hitting Tech, 2018).

2   Seymour B. Sarason, The Culture of the School and the Problem of Change (Boston: Allyn and Bacon, 1971), chapter 2, https://archive.org/

details/cultureofschool00sara.

3 https://groups.google.com/d/msg/rec.sport.baseball/0RK6WRWEQks/R80tkdYC5bQJ.

4 Nick Piecoro, "Dan Haren, Burke Badenhop Among New Wave in Front Office," Azcentral Sports, USA Today Network, March 26, 2017, https://www.azcentral.com/story/sports/mlb/diamondbacks /2017/03/26/dan-haren-burke-badenhop-among-new-wave-front-offices/99521052/.

5 Larry Stone, "Bannister Digs into Stats to Pile Up Pitching Feats," Seattle Times, April 20, 2008.

6 Tyler Kepner, "Use of Statistics Helps Greinke to A.L. Cy Young, New York Times, November 17, 2009, www.nytimes.com/2009/11/18/sports/baseball/18pitcher.html.

8장 절대 감각 _____

1 Adam Kilgore, "'Granny' Shot Master Rick Barry Is Glad Someone Had the Guts to Bring It Back to the NBA," Washington Post, December 27, 2016.

2 Kellie Green Hall, Derek A. Domingues, and Richard Cavazos, "Contextual Interference Effects with Skilled Baseball Players," Perceptual and Motor Skills 78 (1994): 835–841, www.gwern.net/docs/spacedrepetition/1994-hall.pdf.

9장 선수 육성의 제왕 휴스턴 애스트로스 _____

1 Carol Dweck, "What Having a 'Growth Mindset' Actually Means," Harvard Business Review, January 13, 2016, https://hbr.org/2016/01/what-having-a-growth-mindset-actually-means.

12장 동료를 돕는 일

1 Travis Sawchik, "For Pirates' Alvarez, the Struggle with the 'Yips' Is Real," Trib Live, August 9, 2014, https://triblive.com/sports/pirates/6571471-74/alvarez-sax-blass.

14장 그냥 잘하면 된다

1 David Laurila, "Prospectus Q&A: Craig Breslow," Baseball Prospectus, December 18, 2006, www.baseballprospectus.com/news/article/5769/prospectus-qa-craig-breslow/.

15장 야구 외적인 요소들

1 Alan S. Kornspan and Mary J. MacCracken, "Professional Baseball: The Pioneering Work of David F. Tracy," NINE: A Journal of Baseball History and Culture, University of Nebraska Press 11, no. 2 (Spring 2003).

2 Dan Kopf, "The 2008 Financial Crisis Completely Changed What Majors Students Choose," Quartz, August 29, 2018, https://qz.com/1370922/the-2008-financial-crisis-completely-changed-what-majorsstudents-choose/.

17장 한계는 없다

1 David Gassko, "League Difficulty (Part 4)," Hardball Times, April 16, 2007, https://tht.fangraphs.com/tht-live/league-difficulty-part-4/.

2 Zach Smith, "Never Say Die: Brandon Mann Makes MLB Debut After More Than 16 Seasons," Hill Country News (Cedar Park, TX), July 11, 2018, http://hillcountrynews.com/stories/never-say-die-brandon-mannmakes-mlb-debut-after-more-than-16-seasons,77745.

3 John Thorn, "The Sky Is Falling, Baseball Is Dying, and the Roof May Leak: The Consolations of History in Calamitous Times," Our Game (blog), November 19, 2018, https://ourgame.mlblogs.com/the-sky-isfalling-baseball-is-dying-and-the-roof-may-leak-e3f7e0b0e48d.

에필로그

1   Bob Nightengale, "Trevor Bauer Says He Suffered 'Character Assassination' but Insists There's No Ill Will with Indians," USA Today, February 14, 2019, www.usatoday.com/story/sports/mlb/columnist/bob-nightengale/2019/02/14/trevor-bauer-cleveland-indiansarbitration/2869671002/.

메이저리그 선수 육성 시스템의 대전환

MVP MACHINE

1판 1쇄 발행 2021년 3월 25일
1판 1쇄 발행 2021년 4월 1일

지은이 벤 린드버그, 트래비스 소칙
옮긴이 김현성

발행인 이성현
책임 편집 전상수
디자인 방유선

펴낸 곳 도서출판 두리반
주소 서울특별시 종로구 사직로 8길 34(내수동 72번지) 1104호
편집부 전화 (02)737-4742 **| 팩스** (02)462-4742
이메일 duriban94@gmail.com

등록 2012. 07. 04 / 제 300-2012-133호
ISBN 979-11-88719-09-9 03690